HISTOIRE
DE
L'ADMINISTRATION
CIVILE
DANS LA PROVINCE D'AUVERGNE
ET LE DÉPARTEMENT DU PUY-DE-DOME

DEPUIS LES TEMPS LES PLUS RECULÉS JUSQU'A NOS JOURS

SUIVIE D'UNE

REVUE BIOGRAPHIQUE ILLUSTRÉE DES MEMBRES DE L'ÉTAT POLITIQUE MODERNE
(DÉPUTÉS ET SÉNATEURS)

PAR

Georges BONNEFOY

Membre de diverses Sociétés savantes de l'Auvergne et du Velay, etc.

PREMIER VOLUME

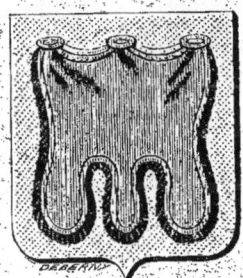

PARIS
LIBRAIRIE HISTORIQUE DES PROVINCES
ÉMILE LECHEVALIER
QUAI DES GRANDS-AUGUSTINS, 39

1895

FAURE (Félix-François)
Né à Paris le 31 janvier 1841,
Président de la République française

Ancien Armateur au Havre,
Ancien membre de la Chambre de Commerce,
Ancien Sous-Secrétaire d'État aux Colonies,
Député du Havre en 1889, réélu en 1893,
Vice-Président de la Chambre des Députés en 1894,
Élu Président de la République française le 17 janvier 1895
En remplacement de M. Casimir Périer, démissionnaire.

HISTOIRE

DE

L'ADMINISTRATION CIVILE

DANS LA PROVINCE D'AUVERGNE

ET LE DÉPARTEMENT DU PUY-DE-DOME

CLERMONT-FERRAND, IMPRIMERIE MONT-LOUIS, RUE BARBANÇON.

HISTOIRE
DE
L'ADMINISTRATION
CIVILE
DANS LA PROVINCE D'AUVERGNE

ET LE DÉPARTEMENT DU PUY-DE-DOME

DEPUIS LES TEMPS LES PLUS RECULÉS JUSQU'A NOS JOURS

SUIVIE D'UNE

REVUE BIOGRAPHIQUE ILLUSTRÉE DES MEMBRES DE L'ÉTAT POLITIQUE MODERNE
(DÉPUTÉS ET SÉNATEURS)

PAR

Georges BONNEFOY

Membre de diverses Sociétés savantes de l'Auvergne et du Velay, etc.

PREMIER VOLUME

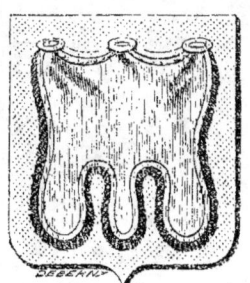

PARIS

LIBRAIRIE HISTORIQUE DES PROVINCES

ÉMILE LECHEVALIER

QUAI DES GRANDS-AUGUSTINS, 39

1895

CLERMONT-FERRAND — VUE DE LA PRÉFECTURE

DÉDICACE

A MESSIEURS

BARDON, Préfet du Puy-de-Dôme ;

Les SÉNATEURS et DÉPUTÉS du département ;

Et les PRÉSIDENT, VICE-PRÉSIDENTS, SECRÉTAIRES et MEMBRES du Conseil général du département,

Hommage de respectueux dévouement.

Georges BONNEFOY.

INTRODUCTION

DE L'ADMINISTRATION EN GÉNÉRAL.

L'administration ou autorité administrative considérée comme une des branches principales du pouvoir exécutif peut être définie ainsi : « *L'en-* » *semble des services publics destinés à concourir* » *à l'exécution des lois d'intérêt général et des* » *actes du gouvernement.* »

Cette définition donnée, nous nous sommes attaché à faire dans cet ouvrage : « L'histoire de l'administration civile dans la province d'Auvergne et le département du Puy-de-Dôme, depuis le règne d'Henri II (1549-1559) jusqu'à nos jours (1895). »

L'apparition en Auvergne, des intendants placés à la tête des circonscriptions administratives de l'ancienne France, remonte en effet à 1555; nous indiquerons succinctement pour la période antérieure les divers modes administratifs employés, les documents pour faire cette étude d'une façon plus complète manquant absolument.

Ce travail embrassera donc l'histoire de l'ensemble des services publics destinés à concourir à l'exécution des lois et des actes du Gouvernement et contiendra l'exposé de la législation organique de l'administration civile, mais seulement en ce qui concerne la province d'Auvergne et le département du Puy-de-Dôme ; nous y joindrons, pour rendre cette étude plus complète, la Revue biographique des membres de l'Etat politique moderne ou pouvoir législatif (députés et sénateurs), qui forment eux aussi une autre branche du même pouvoir exécutif, en raison de leur intervention dans l'action de ce pouvoir.

Nous mettrons ensuite en appendice, à la fin de cet ouvrage, le texte complet des lois de pluviôse an VIII, du 10 août 1871, les lois constitutionnelles des 24 et 25 février 1875, du 16 juillet 1875, sur les rapports des pouvoirs publics, la loi municipale du 5 avril 1884, et celle du 9 décembre 1884, qui a modifié sur plusieurs points la loi organique du Sénat.

Nous diviserons cette monographie en trois parties :

Sous la *première*, figurera : « L'histoire de l'administration civile, depuis les temps les plus reculés jusqu'à la Révolution de 1789, la liste des intendants d'Auvergne, avec leurs biographies et leurs portraits et enfin une étude sur leur administration générale pendant le xviiie siècle. »

La *deuxième partie* fera l'objet de : « L'histoire de l'Administration civile, depuis la Révolution de 1789 jusqu'à nos jours ; et sera subdivisée elle-même en 10 chapitres qui comprendront, savoir :

Le premier, l'Administration civile, à partir de la Révolution de 1789 jusqu'à l'an VIII (1800);

Le deuxième, la Législation organique de l'Administration civile, depuis l'an VIII jusqu'à nos jours ;

Le troisième, la Revue Biographique avec les portraits des différents Préfets ou Commissaires du Gouvernement qui ont administré le département du Puy-de-Dôme, depuis l'an 1800 jusqu'à 1895 ;

Le quatrième, l'énumération avec la biographie de chacun d'eux, des divers fonctionnaires, tels que : Sous-Préfets, Secrétaires généraux et Conseillers de Préfecture, qui, sous l'autorité des Préfets, ont coopéré à l'administration de notre département, depuis la même époque (1800) jusqu'à 1895 ;

Le cinquième, des tableaux qui donneront la date de la nomination ou de l'élection des membres qui ont composé notre assemblée départementale, depuis la loi du 22 pluviôse an VIII jusqu'à nos jours ;

Ces tableaux dans lesquels nous avons condensé les résultats des élections dans chacun de nos cinquante cantons, nous paraissent être, à eux seuls, un document essentiel pour l'histoire du suffrage universel considéré dans l'une de ses grandes manifestations.

Nous y joindrons sous un titre spécial la composition de la Commission départementale depuis sa fondation en 1871, jusqu'à 1895 ;

Le sixième, le dépouillement minutieux des procès-verbaux des séances du Conseil général, et donnera, avec les dates extrêmes de chaque session, la composition des bureaux et les faits, les votes ou les vœux qui présenteront un intérêt direct pour l'histoire générale et particulière de notre beau département ;

Le septième, une galerie biographique où tous les Conseillers généraux du département du Puy-de-Dôme ont, dans l'ordre alphabétique, leur notice individuelle.

L'importance de ces notices est très grande, car elle aidera puissamment à compléter l'histoire des familles de l'Auvergne.

Le huitième chapitre, des tableaux dans lesquels seront mentionnés avec la date de leur nomination ou de leur élection, les divers conseillers d'arrondissements du département, depuis 1800 jusqu'à 1895 ;

Le neuvième chapitre, l'énumération des différentes municipalités des diverses communes du département, depuis la même époque (1800) jusqu'à 1895 ;

Le dixième et dernier chapitre, la liste des divers commissaires centraux et de police chargés de la police dans la ville de Clermont-Ferrand aussi depuis 1800 jusqu'à nos jours.

Enfin la *troisième partie* comprendra :

1° La Revue biographique avec les portraits des membres de l'Etat politique moderne, depuis 1789 jusqu'à nos jours, en deux paragraphes, dont l'un sera destiné aux Députés, et le second aux Sénateurs ; ces derniers depuis la Constitution de 1875 seulement, car les personnages qui faisaient partie de cette assemblée avant cette époque étaient, pour la plupart, étrangers à ce département ; aussi n'avons-nous pas cru utile de les faire figurer ici ;

2° L'appendice dont il a déjà été parlé ;

3° Une table alphabétique des noms de toutes les personnes citées ;

4° Enfin une table générale des matières qui terminera ce travail et facilitera les recherches.

Nous considérons maintenant comme un devoir pour nous de remercier les nombreuses personnes qui nous ont aidé dans notre tâche et de nommer tout spécialement :

M. Rouchon, archiviste du département ;

M. Vernière, président de l'Académie des sciences, arts et belles-lettres de Clermont-Ferrand ;

M. Grellet de la Deyte, Emmanuel, conseiller général et maire d'Allègre (Haute-Loire) ;

M. Le Blanc Paul, de Brioude ;

M. le Baron de Croze, Charles, demeurant au château de Chassaignes, par Paulhaguet (Haute-Loire) ;

M. Francisque Mège, membre de l'Académie des sciences, arts et belles-lettres de Clermont-Ferrand.

M. Vimont, bibliothécaire et conservateur du Musée de la ville de Clermont-Ferrand ;

M. Cirgues Jaloustre, le regretté chef de division de la Préfecture ;

M. Combaud, sous-archiviste du département,

Auxquels nous devons les éléments de notre travail.

Enfin M. COHENDY, Oscar, conseiller municipal, ancien président du Tribunal de Commerce de Clermont-Ferrand, qui a généreusement mis à notre disposition la belle bibliothèque de son père, l'ancien archiviste du Puy-de-Dôme, auteur de divers ouvrages sur l'Auvergne, dans lesquels nous avons puisé bien des renseignements.

Nous les prions d'agréer l'expression de notre reconnaissance et de notre gratitude.

GEORGES BONNEFOY.

HISTOIRE
DE
L'ADMINISTRATION CIVILE

DANS LA PROVINCE D'AUVERGNE

ET LE DÉPARTEMENT DU PUY-DE-DOME

DEPUIS LES TEMPS LES PLUS RECULÉS JUSQU'A NOS JOURS

PREMIÈRE PARTIE

ADMINISTRATION CIVILE DANS LA PROVINCE D'AUVERGNE, DEPUIS LES TEMPS LES PLUS RECULÉS JUSQU'A LA RÉVOLUTION DE 1789.

Les empereurs romains, après en avoir fait la conquête, administraient la Gaule par l'intermédiaire de dix-sept comtes soumis à un vicaire impérial, révocables et relevant pour leurs attributions judiciaires et financières des bureaux du Palais installés à Rome. Les fonctions militaires séparées des fonctions civiles étaient confiées à un maître de la milice qui commandait aux légions et aux armées barbares cantonnées dans la province. Quand les fonctionnaires impériaux se replièrent de Rome sur Byzance, ce fut un des chefs militaires, le souverain d'une des nations armées que Rome avait à sa solde qui s'empara du pouvoir vacant et joignit avec les titres de patrice et de consul l'autorité civile avec l'autorité militaire.

Les comtes et les ducs mérovingiens représentèrent

exactement le pouvoir des souverains et exercèrent leur autorité en vertu d'une délégation du prince et après avoir prêté le serment entre ses mains.

Mais ne recevant aucun traitement fixe et régulier, n'ayant que les revenus aléatoires de quelque bénéfice royal, ils vécurent au détriment des provinces.

Les Carolingiens de 752 à 987 retardèrent d'un siècle le mouvement qui emportait la société vers la forme féodale, ils maintinrent les privilèges des immunitaires; ils conservèrent les ducs et les comtes, mais ils tinrent la main à l'exécution des uns et à l'obéissance des autres.

Les comtes et les ducs furent nommés par le roi et désignèrent au-dessous d'eux leurs vicomtes, viguiers et centeniers.

Sous le gouvernement de Charlemagne, l'administration des comtes fut soumise par l'organisation régulière des *missi dominici* à une surveillance plus fréquente et plus sévère qu'à l'époque mérovingienne; tous les ans, au commencement de chaque saison, deux *missi*, ordinairement un évêque et un comte du Palais, détachés d'auprès de Charlemagne, comme étant les plus pénétrés de l'esprit de sa politique, ses conseillers les plus éclairés et aussi ses serviteurs les plus fidèles, faisaient une tournée dans la circonscription qui leur avait été assignée (*missatica legatio*), et qui comprenait plusieurs *pagi* (territoires qui environnaient chaque *civitas*).

Ils tenaient chaque fois, en des lieux différents, un plaid (*placitum*) auquel étaient convoqués tous ceux qui avaient part à l'administration temporelle ou spirituelle de la région; c'est-à-dire les comtes accompagnés de leurs vicomtes, centeniers, vicaires et scabins, les vassaux du roi, les évêques, les abbés et leurs avoués.

Ils examinaient la gestion des fonctionnaires royaux, entendaient leurs observations et les griefs formulés contre eux, faisant ensuite des rapports détaillés au souverain sur la conduite et la gestion de chacun des agents.

Ce n'était pas seulement par les *missi* que l'empereur était mis en rapports réguliers avec les comtes. Ceux-ci étaient convoqués tous les ans, comme à l'époque mérovingienne, aux assemblées générales du royaume que l'empereur tenait au mois de mai et en automne.

La révolution retardée par Charlemagne reprit son cours après la mort de l'empereur avec une violence accrue par les obstacles mêmes qu'il lui avait opposés.

Sous les successeurs de ce grand monarque, à mesure que s'affaiblissait le pouvoir central l'autorité personnelle des comtes dans leur province grandit aux dépens de celle du roi qu'ils représentaient et dont ils se rendirent peu à peu indépendants; aussi l'institution des *missi dominici* tomba peu à peu en désuétude et finit par disparaître à la fin du IXe siècle. L'administration des comtes échappa alors à tout contrôle sérieux. Les guerres de sécession qui remplissent tout le IXe siècle, les invasions normandes, l'affaiblissement et l'appauvrissement du souverain donnèrent prétexte aux bénéficiers de consacrer par une possession longtemps continuée et bientôt définitive, l'aliénation du domaine; aux fonctionnaires, de se perpétuer dans leurs offices et leurs honneurs.

En résumé, lorsque finit au Xe siècle l'époque carolingienne, si les comtes étaient encore nominalement des fonctionnaires royaux, en fait, les uns agissaient en maîtres, les autres subissaient l'autorité des ducs, dont ils dépendaient, ou des comtes voisins plus puissants qu'eux.

Au milieu de la désorganisation et de l'anarchie qui éclataient partout, l'administration royale n'était plus qu'une ombre.

A partir du XIe siècle, la révolution commencée sous les derniers Carolingiens est entièrement accomplie. Le titre de comte cesse alors de désigner, en France, les fonctionnaires royaux, chargés de l'administration des provinces.

A cette époque, l'administration de la province d'Au-

vergne était entre les mains des comtes d'Auvergne, depuis l'an 473 ou 475, époque à laquelle « Ecdicius, fils
» de l'empereur Avitus, après avoir repoussé Evarix ou
» Euric, roi des Visigoths ou Goths occidentaux, qui avait
» assiégé la capitale des Arvernes, appelée Nemossus ou
» Nemetum, Augusto-Nemetum, de nos jours Clermont-
» Ferrand, fut lui-même vaincu et l'Auvergne passée
» entre les mains des Visigoths, dont le roi Evarix ou
» Euric établit un comte bénéficiaire auquel il confia
» l'administration de notre province; cette organisation
» administrative fut maintenue par les Francs en la per-
» sonne de Clovis, petit-fils de Mérovée, lorsqu'après la
» bataille de Vouillé, en 507, il détruisit le royaume des
» Visigoths, dans le midi de la Gaule. »

Ces comtes d'Auvergne, dont plusieurs surent se faire remarquer par une grande sagesse, laissèrent également pour un certain nombre d'entre eux la réputation d'hommes tyranniques, prévaricateurs, en un mot d'indignes fonctionnaires.

Quand les premiers rois capétiens organisèrent l'administration de leur domaine propre et plus tard celle de leur royaume, ils évitèrent avec soin de donner à leurs agents un titre qui rappelait les usurpations des officiers carolingiens. Philippe-Auguste, notamment, remit l'autorité administrative à des fonctionnaires nouveaux, des connétables qui eurent la haute administration des finances, de la justice et de la milice.

Cette charge de connétable fut supprimée à la fin de son règne, en 1275, par le roi Philippe III dit le Hardi, qui la remplaça, pour l'Auvergne, par celle de « bailli général d'Auvergne ».

Il y eut un bailli subalterne spécial pour la Basse-Auvergne. Ces fonctionnaires n'eurent point de résidence fixe pendant quelque temps; celui de la Basse-Auvergne siégeait à Cebazat ou à Gerzat; vers l'an 1287, il se fixa définitivement à Riom, comme chef-lieu de la plus grande des prévôtés du bailliage d'Auvergne (1). Malgré son droit de résider à Riom, il paraît que ce bailli d'Auvergne ne laissait pas que de tenir ses assises dans les diverses prévôtés du bailliage : Par un acte de 1460, on voit que l'on pouvait s'adresser au sénéchal ou bailli, partout où il pourrait être. (SECOUSSE, t. I, p. 69.)

En 1360, l'Auvergne fut séparée du domaine de la Couronne où elle était restée unie depuis la mort du prince Alphonse, décédé en 1271, à Gênes, en revenant de la Terre-Sainte; cette séparation fut faite par le roi Jean Ier, surnommé le Bon, qui l'érigea en duché-pairie, avec la cité de Riom pour capitale, en faveur de Jean de France, duc de Berry, son troisième fils.

Cet apanage revint à la couronne en 1531, par suite de la confiscation qui avait été faite des biens du connétable de Bourbon, dans la famille duquel il avait passé lors de la mort du prince Jean, en 1416.

Lors de l'érection en duché de la terre d'Auvergne, en 1360, les baillis généraux furent supprimés et l'administration de la province confiée à un gouverneur militaire.

La nomenclature de ces gouverneurs, ainsi que celle des ducs et comtes et de tous les autres fonctionnaires dont nous avons parlé et qui les ont précédés, est donnée d'une façon complète dans le grand *Dictionnaire historique du département du Puy-de-Dôme*, publié en 1877 chez Desrosiers, à Moulins, par Ambroise Tardieu, pages 28 et suivantes, auquel nous renvoyons le lecteur désireux d'avoir des détails à ce sujet.

L'autorité de ces gouverneurs étant presque entièrement concentrée sur l'administration de la guerre, leur influence et par suite leur autorité sur les autres branches administratives était bien affaiblie, et cela avec d'autant plus de raison que, depuis le XIIIe siècle, des États particu-

---

(1) Voir *Tablettes historiques d'Auvergne*, tome I, p. 487, manuscrit d'Audigier, extr. par Dulaure, Biblioth. de Clermont, n° 241.

liers étaient chargés d'administrer les affaires locales et de consentir librement les impôts demandés par les rois (1).

Ces États avaient fonctionné à peu près sans encombre jusqu'au xviie siècle.

A cette époque, on songea à laisser tomber l'institution en désuétude.

Depuis que l'impôt, de temporaire était devenu fixe, depuis que le pouvoir royal, vainqueur de la féodalité, s'était affermi, les États provinciaux étaient devenus, sinon inutiles, du moins fort gênants.

On voulut s'en débarrasser. Richelieu, le grand centralisateur, porta un rude coup à ces gardiens de l'indépendance provinciale en rétablissant et en généralisant par l'édit de mai 1635, une fonction particulière de commissaires-royaux qu'il désigna sous les noms de : présidents, intendants et trésoriers de France.

(1) Voir *Les États provinciaux de la France centrale*, par A. Thomas.

INTENDANTS

On donne généralement, à ce propos, Richelieu comme le véritable créateur des intendants, magistrats armés de pouvoirs discrétionnaires pour faire exécuter dans les provinces les ordres du roi et de son Conseil et par qui réussit à s'établir en France la centralisation administrative et le Pouvoir absolu ; on s'accorda aussi à la fixer de 1631 à 1637, époque à laquelle Richelieu dispose en maître de l'État après la Journée des Dupes et s'apprête à entamer contre la maison d'Autriche la lutte glorieuse que Mazarin et Louis XIV devaient terminer.

Richelieu n'a cependant pas créé les intendants, il n'a pas innové le principe de leur institution ; il l'a reçu de ses prédécesseurs, il n'a fait que perfectionner cet instrument de gouvernement, en régulariser et en généraliser l'usage (1).

De tous temps, en effet, les souverains se préoccupèrent de surveiller leurs agents dans les provinces, de contrôler leur administration, de recueillir les plaintes et les réclamations de leurs sujets, de tenir la main à l'exécution de leurs édits : telle fut l'origine de l'institution des *missi dominici*, dont nous avons déjà parlé, antérieurs à Charlemagne et qui survécurent à son règne ; des maistres

---

(1) Voir Caillet, *De l'Administration en France sous le ministère du cardinal de Richelieu*, p. 38-54. Paris, 1857. — Gabriel Hanotaux, Les premiers Intendants de justice (*Revue historique*, numéros de mai 1882 à janvier 1883), et *Origines de l'institution des Intendants des provinces*, 1884. Paris, Champion, libraire.—Rodolphe Dareste, *Études sur les origines du Contentieux administratif en France*, p. 3-47. Paris, 1855. — Chéruel, *Histoire de l'Administration monarchique en France*, tome I, p. 291-293.

enquesteurs que saint Louis envoyait dans ses provinces en tournées ou chevauchees pour lui faire leurs rapports sur la gestion des baillis et de ses prévôts, des commissaires départis que nous trouvons à la fin du règne de François Ier et sous Henri II, choisis parmi les maîtres de requêtes de l'Hôtel ; tous sont des agents supérieurs royaux, investis de commissions temporaires, munis d'instructions spéciales, pénétrés de l'esprit qui domine dans le Conseil et qui servent de lien entre ce Conseil qui décide et l'Administration qui obéit.

Les intendants participent des uns et des autres sans toutefois leur ressembler tout à fait. Les chevauchées des maîtres de requêtes, dont l'inquisition gênait tellement la noblesse et le clergé que ces deux ordres demandèrent et obtinrent leur suppression momentanée aux États de Blois, existaient encore sous Richelieu, puisque le Code Michau les maintient à côté des Commissions des intendants ; il est vrai que cette institution, faisant double emploi, finit par disparaître ; du reste ces maîtres de requêtes voyaient, écoutaient, rapportaient, mais ne pouvaient accomplir des actes d'autorité.

Les commissaires départis ne sont pas non plus des intendants ; on ordonnait, en effet, des commissaires suivant les circonstances, pour les objets les plus divers. Les intendants sont des commissaires, mais dont les attributions sont fixées dans la lettre de leur commission : intendants de Justice, Police, Finances et du Militaire (1).

Ils ne possédèrent pas tout d'abord ce titre complet ; il y eut des intendants de justice et des intendants militaires avant que les mêmes personnages réunissent sur leur tête une double et triple commission.

Richelieu, par l'édit de mai 1635, régularisa donc et généralisa l'usage de ces intendants en divisant les provin-

---

(1) Voir Hanotaux, *Revue historique*, numéros de mai, juin 1882, et *Origines de l'institution des intendants des provinces*, 1884. Paris, Champion, libraire.

ces du royaume en trente-une généralités, qui formèrent autant d'intendances, et en instituant d'une manière fixe et permanente, dans chacune d'elles, un intendant.

Cette division, essentiellement administrative, n'eut aucun rapport avec celle qui existait déjà en gouvernements et parlements.

En outre de ces trente-une intendances, il y en eut encore six dans les colonies françaises.

Ce fut là la véritable organisation du Pouvoir centralisé, dont l'action administrative acquit par l'unité et l'esprit de suite une force inconnue jusqu'alors.

Représentants d'un pouvoir absolu, instruments dociles d'une volonté unique, souveraine, ces délégués du roi furent investis par son gouvernement de l'autorité la plus complète et d'une indépendance entière, afin que rien ne les entravât dans la stricte exécution des ordres émanés de sa volonté personnelle ou de celle de ses ministres.

On comprend, dès lors, que, serviteurs exclusifs de la Cour, investis d'une autorité immense par la délégation qui leur était faite du pouvoir royal, en possession d'attributions sans limites, ils durent assurer de la manière la plus complète la prépondérance royale.

Leurs attributions embrassaient en effet toutes les parties du gouvernement et de l'administration de leur province.

Ils y décidaient seuls de la répartition des impôts.

En outre du département des impôts qui entraient nets dans les coffres du roi, l'intendant avait encore le pouvoir d'imposer les taxations des consuls et collecteurs, des receveurs particuliers des Élections et receveur général de la province, à raison de quatre deniers pour chacun des premiers et d'un denier pour le receveur général; plus une somme de cinq mille livres pour la confection des rôles.

A l'intendant appartenaient aussi l'initiative et le droit d'imposer un excédent destiné à fournir des secours aux paroisses et aux particuliers qui avaient éprouvé des pertes par incendies, grêle, orages, inondations, épizooties, et à suppléer aux erreurs, double emploi, etc.

L'intendant prélevait encore sur cet excédent les sommes nécessaires aux frais de ses bureaux, au paiement de ses employés, les gratifications qu'il accordait à ses subdélégués et autres personnes employées sous ses ordres, les indemnités dues aux garde-étalons, aux commissaires des rôles, les encouragements accordés à l'industrie et enfin les sommes nécessaires à des créations ou essais d'établissements qu'il jugeait avantageux pour la province.

C'était un supplément de plus de 200,000 livres à ajouter aux impositions générales de la province qui s'élevaient, en 1725, sous l'intendance de M. Bidé de la Grandville, à 4,877,973 livres, et qui, par leur accroissement progressif d'année en année avaient atteint, en 1760, la seconde année de l'administration de M. de Ballainvilliers, le chiffre de 6,005,816 livres, bien qu'elles n'eussent été au commencement du XVIIe siècle que de 800,000 livres (1).

Eux seuls décidaient de la quantité et du moment des corvées, de la création des établissements de commerce, de la distribution des troupes dans les différentes parties de la province, du prix et de la répartition des fourrages accordés aux gens de guerre.

C'était par leurs ordres que se faisaient les achats de denrées pour remplir les magasins du roi.

Ils présidaient à la levée des milices et décidaient de toutes les difficultés qui survenaient à l'occasion de cette levée.

Ils réglaient seuls tout ce qui concernait l'entretien des routes et édifices publics, les dépenses et la comptabilité des villes et communes.

(1) Voir L'État de l'Auvergne en 1765, par M. de Ballainvilliers, intendant, publié par M. Bouillet, tome VII des *Tablettes historiques de l'Auvergne*, pages 34, 44, 65, 69, 72, 73.

C'était par eux que le Ministère était instruit de l'état des provinces, de leur production, de leurs débouchés, de leurs charges, de leurs pertes, de leurs revenus, etc.

Eux seuls avaient mission de signaler les améliorations et réformes.

Dans les pays d'élections (une élection était autrefois une circonscription soumise à la juridiction financière de magistrats appelés *élus*; la création des élus remontait aux États généraux de 1356, pendant la captivité du roi Jean, et qui ont été rendus célèbres par les troubles qu'excita alors dans Paris le prévôt Etienne Marcel) où n'existaient pas d'États particuliers, ils étaient les seuls administrateurs du pays au nom du roi lui-même, les seuls organes des vœux, les seuls défenseurs des droits, les seuls interprètes des besoins des populations.

Comme on le voit par ce qui précède, les intendants exerçaient un pouvoir absolu, bien qu'il y eût en même temps dans leur province ou généralité un gouverneur militaire.

Cette charge, ainsi que nous l'avons déjà vu plus haut, s'était tellement amoindrie qu'elle ne consistait guère plus que dans le commandement de la milice provinciale et était devenue presque nulle par l'autorité que le roi donnait aux intendants, bien que les gouverneurs pussent quelquefois, dans des circonstances pressantes, ordonner des deniers publics.

Les intendants n'appartenaient pas comme les gouverneurs à des familles puissantes, ils pouvaient être révoqués à volonté et étaient par conséquent les instruments dociles du ministre dans les provinces. De là, la haine des grands et des parlements qui, à l'époque de la Fronde, réclamèrent vivement et obtinrent la suppression des intendants (Déclaration du 13 juillet 1648). Mais la Cour qui n'avait cédé qu'à la dernière extrémité se sentait, par cette suppression, blessée à la prunelle de l'œil, comme le dit le cardinal de Retz. Elle maintint des intendants en Languedoc, Bourgogne, Provence, Lyonnais, Picardie et Champagne.

Ils furent ensuite rétablis par Mazarin en 1654 et des intendances furent alors instituées successivement dans toutes les généralités.

A l'origine, les intendants furent chargés d'une mission temporaire qui n'était pas encore circonscrite aux limites de la généralité mais qui s'étendait à la province et s'étendit même plus tard aux provinces voisines. La commission qui leur était délivrée ne visait que les affaires politiques ou civiles, à l'exclusion des opérations militaires réservées aux gouverneurs, à l'exclusion aussi des affaires criminelles réservées aux Grands Jours quand elles n'étaient pas jugées par les tribunaux ordinaires ; ces intendants différaient de nos inspecteurs généraux actuels en ce que leur surveillance ne se bornait pas à tel ou tel service, mais sur la totalité de la chose publique dans les bornes que nous venons d'indiquer.

Avant Richelieu, l'institution des intendants était encore mal assise, ces fonctionnaires itinérants avaient autorité tantôt sur un groupe de provinces, tantôt sur un autre, chevauchant à leur gré de ville en ville sans résider nulle part, légiférant sur place et se hâtant de quitter le pays dès qu'ils jugeaient leur mission terminée.

Avec le ministère Richelieu et vers 1637, l'institution change de caractère. Nous avons vu que les intendants deviennent un pouvoir permanent, des fonctionnaires résidants, chargés tout spécialement de représenter le roi dans la généralité en correspondance fréquente par la voie des courriers avec le gouvernement central. Si leurs attributions sont encore peu nombreuses, du moins elles sont si précises qu'il n'y a plus guère de place pour les rôles politiques qu'ils ont joués jusque-là.

De durables modifications s'introduisirent à la fin du xviie siècle et vers le milieu du siècle suivant dans leur caractère par suite de l'extension donnée à leurs attributions.

Ainsi : « L'intendant de 1740, dit Tocqueville dans son ouvrage l'*Ancien régime et la Révolution*, ne s'occupait guère que de maintenir sa province dans l'obéissance, d'y lever la milice et surtout d'y percevoir la taille. »

Mais du jour où les gouverneurs militaires avaient cessé de résider dans leurs provinces respectives pour aller prendre rang à Versailles et faire cortège à la royauté de Louis XIV, ce furent en effet les intendants qui héritèrent de la charge de maintenir « les peuples » dans l'obéissance.

Du second rang qu'ils occupaient en suivant l'ordre d'importance, ils passèrent en fait au premier. Leurs attributions furent surtout de police et d'administration.

« Ils étaient chargés, dit Chéruel dans son *Dictionnaire des institutions*, de surveiller les protestants, ils administraient les biens des religionnaires qui sortaient du royaume et devaient tenir la main à l'exécution des édits qui les concernaient.

» Les Juifs qui n'étaient légalement tolérés que dans la province d'Alsace étaient aussi placés sous la surveillance directe des intendants. Ces magistrats jugeaient les procès concernant les fabriques des églises paroissiales et étaient chargés de pourvoir à l'entretien et à la réparation de ces églises, ainsi qu'au logement des curés. Les portions congrues, les économats, la régie et la conservation des biens des gens de main-morte, les pensions des oblats, etc., étaient dans les attributions des intendants. Les universités, collèges, bibliothèques publiques étaient aussi placées sous leur surveillance.

» L'agriculture et tous les objets qui s'y rattachent..., le commerce, les manufactures, les arts et métiers, les voies publiques, la navigation, les corporations industrielles, l'imprimerie, la librairie, l'enrôlement des troupes, les affaires militaires dans le sens le plus large de ce terme, les milices bourgeoises, la police, le service de la maréchaussée, la construction des édifices publics, les postes, la mendicité, le vagabondage, l'administration municipale, la nomination des officiers municipaux, l'administration des biens communaux, la conservation des titres des villes, les revenus municipaux..., les droits de joyeux avènement, les péages, les amendes..., en un mot les impositions de toute nature dépendaient aussi des intendants (1). »

Il convient cependant de dire : Que le point de départ de la grande extension des fonctions des intendants en Auvergne remonte à l'administration de M. Bidé de la Grandville qui encouragea l'industrie et fit construire à Clermont la place de la Poterne.

Que cette extension augmenta encore par suite du besoin d'améliorations matérielles qui s'était emparé de la nation tout entière sous l'intendant Trudaine qui possédait au plus haut degré l'activité et l'esprit d'initiative joints aux plus grandes capacités, qui s'occupa des routes et chemins avec la plus grande sollicitude, créant celle du Languedoc, de Clermont à Montpellier, par le Puy, protégeant l'industrie en créant des manufactures dans les hôpitaux de Clermont et de Riom.

Qu'elle continua sous les intendants Rossignol, de Moras, de la Michodière et Ballainvilliers, ce dernier créant des promenades autour de la ville de Clermont, bâtissant la salle de spectacle, la halle aux blés, le poids de ville avec le produit de sommes que ses utiles réformes arrachèrent aux désordres de dilapidations, qu'elle se maintint aussi sous l'homme vertueux et habile administrateur qu'était Montyon, et sous le dernier intendant de Chazerat, magistrat éclairé et secourable aux malheureux, qui se fit remarquer par une grande douceur et par la droiture de son cœur et de sa justice.

Enfin il est juste de dire également, pour résumer, qu'il

---

(1) Voir aussi *Traité des Offices*, de Guyot, tome III, p. 119 et suivantes

y eut cinq phases à distinguer dans l'histoire des intendants d'Auvergne.

De 1555 à 1605, leur rôle fut politique et de haute police.

De 1616 à 1648, il fut plutôt administratif, leurs fonctions quoique peu nombreuses se précisèrent.

De 1648 à 1654, ils furent supprimés, et de 1654 à 1698 les intendants virent croître leur pouvoir et augmenter leurs attributions dans une mesure considérable. Ils sont les principaux et dévoués instruments de Mazarin et de Colbert dans l'œuvre administrative que poursuivent ces deux ministres.

De 1698 à 1740, le pouvoir des intendants en France reste stationnaire, abandonnés à eux-mêmes, ne recevant plus d'impulsion, ils font peu de bruit et de besogne. En Auvergne il y eut exception à cette règle, car ce fut à partir de 1723, sous l'administration de M. Bidé de la Grandville, magistrat poussé par un grand esprit d'initiative, que commença l'ère des réformes. Enfin, grâce à la quasi omnipotence dont jouissaient les intendants depuis 1740, ils furent les exécuteurs des réformes économiques et sociales qui remplirent les cinquante dernières années de l'ancien régime.

Malgré les services rendus, les travaux accomplis, les intendants au moment de la révolution étaient en butte à l'hostilité de leurs administrés qui les considéraient comme un des plus sérieux obstacles à la réalisation des réformes que réclamait l'opinion publique.

Les intendants furent supprimés ainsi que les subdélégués par lettres patentes du roi de janvier 1790, rendues sur décret de la Constituante du 22 décembre précédent pour l'organisation des nouvelles assemblées administratives. L'article 9, section 3, porte : « Il n'y aura aucun intermédiaire entre les administrations de département et le pouvoir exécutif suprême; les commissaires départis, intendants et leurs subdélégués cesseront toute fonction aussitôt que les administrations du département seront en activité. »

Ces dispositions furent rappelées incidemment dans d'autres lettres patentes du 4 juillet 1790, relatives à la confection des « rôles de supplément sur les ci-devant privilégiés. »

Le premier intendant dont on ait connaissance en Auvergne (jusqu'à présent du moins), paraît être Jean Coutel, seigneur d'Ardanne, né à Saint-Flour, qui fut intendant en 1555.

Voici, au surplus, la liste connue des intendants d'Auvergne, elle m'a été fort obligeamment communiquée par le savant et distingué archiviste de notre département, M. Rouchon. Nous donnerons ensuite la biographie de tous ces intendants et les portraits de ceux de ces fonctionnaires qu'il aura été possible de nous procurer.

Parmi les personnages signalés, il en est un certain nombre qui n'ont pas eu le titre d'intendant et qui n'ont été que de simples commissaires. Nous croyons devoir cependant les indiquer.

Plus d'un d'entr'eux, en effet, a exercé des fonctions analogues à celles des intendants et par là leur histoire peut être utile à connaître.

LISTE DES INTENDANTS D'AUVERGNE [1]

1. Coutel (Jean), seigneur d'Ardanne, intendant d'Auvergne de 1555 à 1557.
2. Spifame (Jacques-Paul), évêque de Nevers, intendant d'Auvergne en 1558.
3. De Lamire (Guillaume), seigneur de Breuille, *intendant des finances établies par le roi en pays d'Auvergne, Limousin, Rouergue et Quercy, par les princes de Navarre et de Condé* (1590).
4. Le Febvre de Caumartin (Louis), seigneur de Caumartin et de Boissy-le-Chastel en Brie (1597-1599).
5. Miron (Robert), seigneur de Tremblaye et de Sève, intendant d'Auvergne en 1599.
6. Merault (Jacques), *intendant en chef de la justice dans les provinces du haut et bas pays d'Auvergne* (1607).
7. Aubery (Robert), seigneur et marquis de Vatan, *intendant de Justice en Bourbonnais et Haute et Basse-Auvergne* (1616).
8. Legay, *intendant de la justice, police et finances* en Auvergne (1616-1618).
9. Thevin (François), vicomte de Montrouveau, baron de Bohardy, seigneur de Villerault et de la du Bellière, chevalier, conseiller du roy en ses conseils d'État et privé, maistre des requetes ordinaire de son hostel, *intendant de la justice, police et finances en ses pays et duchés d'Auvergne et de Bourbonnais* (1618-1621).

(1) Nous avons cru utile de mettre *en italique* sous le nom de chaque intendant les qualifications prises par chacun d'eux dans le préambule de leurs ordonnances.

10. Seguier (Pierre), duc de Villemor, comte de Gien, seigneur d'Autry (le futur chancelier), intendant d'Auvergne du 27 avril au 4 juillet 1621.

11. De Voyer d'Argenson (René), comte d'Argenson et de Rouffiac, conseiller du roy en son conseil d'Estat et maistre des requestes ordinaire en son hostel, *intendant de la justice, police et finances en Auvergne et provinces circonvoisines* (1633-1635).

12. Jean VII de Mesgrigny, chevalier, marquis de la Villeneuve-Mesgrigny, conseiller du roy en son conseil d'Estat et maistre des requestes ordinaire de son hostel, *intendant de la justice, police et finances en Auvergne et en Bourbonnais* (1635-1637).

13. De Chaulnes (Jacques), seigneur de Longcormes, Guiherville, Cohonville, conseiller du roy en ses conseils, maistre des requestes ordinaire de son hostel, *intendant de la justice, police et finances en la province d'Auvergne* (1638-1643).

14. De Sève (Alexandre), seigneur de Châtignonville et de Châtillon-le-Roi, conseiller ordinaire du roy en ses conseils d'Estat et privé, *intendant de la justice, police et finances en Auvergne* (1644-1645).

15. De Ligny (Jean), seigneur de Groménil, Greugneul, Saint-Piat et autres lieux, conseiller ordinaire du roi en ses conseils d'Estat et privé, et *intendant de la justice, police et finances de la province d'Auvergne* (1645-1648).

16. Voisin (Daniel), conseiller du roi en tous ses conseils d'Etat et privé, et direction de ses finances, maistre des requestes ordinaire de son hostel, *estant en la province d'Auvergne avec les ordres et commissions de S. M. pour le bien de son service et soulagement de ses subjects de ladite province* (1648-1655).

17. De Garibal (Jean), seigneur et baron de Saint-Sulpice, intendant d'Auvergne en 1655.

18. De Verthamon (François), chevalier, comte de Villemmon et de Sernon, seigneur en partye de Brie-

Comte-Robert, conseiller du roi en tous ses conseils et direction des finances, maistre des requestes ordinaire de son hostel, *intendant de la justice, police et finances sur les soupjets de S. M. et commissaire desparty pour l'exécution de ses ordres en la généralité d'Auvergne* (1658-1659).

19. LEFEBVRE (Antoine), seigneur de la Barre, conseiller du roy en tous ses conseils, maistre des requestes ordinaire de son hostel, *intendant de la justice, police et finances es généralitez de Moulins et Auvergne, et commissaire départi par S. M. pour l'exécution de ses ordres ès dites généralités* (1659-1662).

20. DE CHOISY (Jean-Paul), chevalier, seigneur de Beaumont, conseiller du roy en ses conseils d'État et privé, *intendant de la justice, police et finances en la province d'Auvergne et commissaire départy par S. M. pour l'exécution de ses ordres en la dite province* (1662-1663).

21. DE POMEREU (Auguste-Robert), chevalier, seigneur de la Bretesche, conseiller du roy en ses conseils, maistre des requestes ordinaire de son hostel, président en son grand conseil, *intendant de la justice, police et finances dans les généralitez de Moulins et de Riom* (1663-1664).

22. DE FORTIA (Bernard), chevalier, seigneur du Plessis et de Créreau, conseiller du roy en tous ses conseils, maître des requêtes ordinaire de son hôtel, *commissaire desparty et député par S. M. pour l'exécution de ses ordres en la province et généralité d'Auvergne* (1664-1668).

23. LE CAMUS (Jean), chevalier, conseiller du roy en ses conseils, maistre des requêtes ordinaire de son hostel, *commissaire départi et député par Sa Majesté pour l'exécution de ses ordres concernant la justice, police et finances en la province d'Auvergne et généralité de Riom* (1669-1671).

24. De Marle (Bernard-Hector), chevalier, seigneur de Versigny, conseiller du roy en ses conseils, maître des requêtes ordinaire de son hostel, *commissaire départy pour l'exécution de ses ordres en la province d'Auvergne et généralité de Riom* (1672-1681).

25. De Malon (Anne-Louis-Jules), chevalier, seigneur de Bercy, conseiller du roy en tous ses conseils, maistre des requestes ordinaire de son hostel, *commissaire départy en la généralité de Riom pour l'exécution des ordres de Sa Majesté* (1681-1683).

26. Le Goux de la Berchère (Urbain), chevalier, seigneur du dit lieu, marquis d'Inteville et de Santenay, comte de la Rochepot, baron de Choisy, conseiller du roi en ses conseils, maistre des requestes ordinaire de son hostel, *intendant de justice, police et finances en la généralité de Riom et province d'Auvergne* (1684).

27. De Bérulle (Pierre), chevalier, seigneur et vicomte de Guyencourt, conseiller du roi en ses conseils, maistre des requestes ordinaire de son hostel, *intendant de justice, police et finances en la généralité de Riom et province d'Auvergne* (1685-1686).

28. Desmaretz de Vaubourg (Jean-Baptiste), chevalier, seigneur de Vaubourg, baron de Cramaille, conseiller du roi en ses conseils, maistre des requestes ordinaire de son hostel, *intendant de justice, police et finances en la généralité de Riom et province d'Auvergne* (1687-1691).

29. Gilles de Maupeou (François), chevalier, comte d'Ableiges, conseiller du roi en ses conseils, maistre des requestes ordinaire de son hostel, *intendant de justice, police et finances en la généralité de Riom et province d'Auvergne* (1691-1695).

30. Le Fèvre d'Ormesson (Antoine-François de Paule), chevalier, conseiller du roy en ses conseils, maistre des requestes ordinaire de son hostel, *intendant de justice, police et finances en la généralité de Riom et province d'Auvergne* (1695-1703).

31. Le Blanc (Claude), chevalier, seigneur de Passy, Essigny, Saint-Nicolas et autres lieux, conseiller du roy en ses conseils, maistre des requestes ordinaire de son hostel, *intendant de justice, police et finances de la généralité de Riom et province d'Auvergne* (1704-1707).

32. Turgot (Marc-Antoine), chevalier, conseiller du roy en ses conseils, maistre des requestes ordinaire de son hostel, *intendant de justice, police et finances en la généralité de Riom et province d'Auvergne* (1708-1713).

33. Béchamel (Louis-Claude), chevalier, seigneur et marquis de Nointel, conseiller du roy en ses conseils, maistre des requestes ordinaire de son hostel, *intendant de justice, police et finances en la généralité de Riom et province d'Auvergne* (1713-1717).

34. Boucher (Claude), seigneur d'Hebecourt, Sainte-Geneviève, etc., conseiller en la Cour des Aydes, président en la même Cour, et *intendant de justice, police et finances en la généralité de Riom et province d'Auvergne* (1717-1719).

35. Brunet d'Esvry (Gilles), chevalier, seigneur de La Palisse et autres lieux, baron de Châtel-Montagne, conseiller du roy en ses conseils, maistre des requestes ordinaire de son hostel, *intendant de justice, police et finances en la généralité de Riom et province d'Auvergne* (1720-1722).

36. Bidé de la Granville, seigneur de la Granville, conseiller du roy en ses conseils, maistre des requestes ordinaire de son hostel, *intendant de justice, police et finances en la généralité de Riom et province d'Auvergne* (1723-1730).

37. Trudaine (Daniel-Charles), chevalier, seigneur de Montigny, conseiller du roy en ses conseils, maistre des requestes ordinaire de son hostel, *intendant de justice, police et finances en la généralité de Riom et province d'Auvergne* (1730-1734).

38. Rossignol (Bonaventure-Robert), chevalier, sei-

gneur de Juvisy, Balagny, etc., conseiller du roi en ses conseils, maistre des requestes ordinaire de son hostel, *intendant de justice, police et finances en la généralité de Riom et province d'Auvergne* (1734-1748).

39. Peyrenc de Moras (François-Marie), chevalier, seigneur de Saint-Priest, Saint-Etienne et autres lieux, conseiller du roy en ses conseils, maistre des requestes ordinaire de son hostel, *intendant de justice, police et finances en la généralité de Riom et province d'Auvergne* (1750-1752).

40. De la Michodière (Jean-Baptiste-François), chevalier, comte d'Hauteville, seigneur de la Michodière, Romeny et autres lieux, conseiller du roy en ses conseils, maistre des requestes ordinaire de son hostel, *intendant de justice, police et finances en la généralité de Riom et province d'Auvergne* (1753-1757).

41. Bernard de Ballainvilliers (Simon-Charles-Sébastien), chevalier, conseiller du roy en ses conseils, maistre des requestes ordinaire de son hostel, *intendant de justice, police et finances en la généralité de Riom et province d'Auvergne* (1758-1767).

42. Aujet de Montyon, baron de Montyon, chevalier, conseiller du roy en ses conseils, maistre des requestes ordinaire de son hostel, *intendant de justice, police et finances en la généralité de Riom et province d'Auvergne* (1768-1773).

43. De Chazerat (Charles-Antoine-Claude), chevalier, vicomte d'Aubusson et de Montel, baron de Lignat, Bor et Codignac; seigneur de Ligones, Seychalles, Mirabelle, Saint-Agoulin et autres lieux, conseiller du roy en tous ses conseils, premier président du Conseil supérieur de Clermont-Ferrand, *dernier intendant de justice, police et finances en la généralité de Riom et province d'Auvergne* (1773-1789).

NOTICES BIOGRAPHIQUES

CONCERNANT LES INTENDANTS D'AUVERGNE

1. COUTEL (JEAN)

Seigneur d'Ardanne, Intendant d'Auvergne (1555-1557).

Jean COUTEL, seigneur d'Ardanne, né à Saint-Flour (Cantal), vers 1490, conseiller au Grand Conseil, le 30 septembre 1533, maître des requêtes de l'Hôtel du Roy en juillet 1540, président au Grand Conseil le 17 juin 1544, intendant d'Auvergne en 1555, mourut en mars 1557.

Il dut son avancement à la reine Catherine de Médicis.

Il fut commis pour l'instruction du procès criminel fait à Philippe Chabot, amiral de France.

Il avait épousé : 1° le 22 juin 1525, Lucrèce Brugier ; 2° le 4 juin 1532, Madeleine d'Albiat, fille de Michel, seigneur de la Combaude, son contrat de mariage fut passé le même jour à Montferrand.

De ce second mariage naquirent deux enfants :

1° Antoine, conseiller au Parlement de Bretagne, puis en celui de Paris ;

Et 2° Gabrielle, mariée à Jean Texier, seigneur de Grandvilliers, président des enquêtes (1).

(1) Voir : *Généalogie des familles Bonnefoy et Pons de Pouzol*, par Georges Bonnefoy, pages 174 et 180. Clermont-Ferrand Mont-Louis, 1894.

2. SPIFAME (Jacques-Paul)

Intendant d'Auvergne (1558).

Né à Paris en 1502, exécuté à Genève le 23 mars 1566, après avoir été président aux enquêtes et conseiller d'État, il embrassa l'état ecclésiastique, fut nommé à l'évêché de Nevers en 1546, qu'il céda en 1599 à son neveu Egide Spifame. Il prit alors le nom de Passy, terre dont Jean Spifame, son père, était seigneur; il avait assisté aux États tenus à Paris en 1557 et avait ensuite été nommé, en 1558, intendant d'Auvergne. Il alla, à Genève, abjurer le catholicisme et là, au moyen d'un faux contrat, fit consacrer son mariage avec une femme dont il avait eu deux enfants et fut ordonné pasteur. Il rentra en France et, malgré l'arrêt de mort rendu contre lui par le Parlement de Paris (1562), se mêla activement aux affaires des réformés auxquels il rendit de grands services, mais il s'attira l'inimitié de Jeanne d'Albret qui le dénonça à Calvin lorsqu'il revint à Genève (1565). Arrêté et traduit devant les magistrats, il fut, comme coupable de faux, condamné à mort et décapité.

On a de lui des harangues et quelques écrits. *(Dictionnaire Lalanne.)*

3. DE LAMIRE (GUILLAUME)

Seigneur de Breuille,
Intendant des Finances établies par le roi en pays d'Auvergne,
Limousin, Rouergue, Quercy,
par les princes de Navarre et de Condé (1580).

Malgré toutes mes recherches, je n'ai pu arriver à découvrir quoi que ce soit sur le compte de cet intendant, il m'a même été impossible de me fixer sur son identité. Une famille de Lamire a existé en Picardie où elle a été comprise dans les recherches de la noblesse : Lucie de Lamire, fille de Gabriel, seigneur de Lamette, commandant à Pignerol, et de Marie de Foileville, fut mariée à Pierre-François de Cardevac d'Havrincourt, vers 1670 environ, deuxième fils de Pierre de Cardevac, baron d'Havrincourt, et de Anne-Jeanne de Thieulaine de Fermont.

Marie-Christine de Cardevac d'Havrincourt, nièce de Pierre-François qui précède et fille d'Antoine-François, marquis d'Havrincourt, brigadier des armées du roi, gouverneur d'Hesdin, et de Anne-Gabrielle d'Osmont, fut mariée, le 24 novembre 1769, à François-Melchior, comte de Lamire en Artois, d'où : *a*. Gabrielle-Françoise de Lamire, religieuse à Montreuil; *b*. Charlotte de Lamire, mariée à Charles comte de Noue, brigadier des armées du roi; *c*. Anne-Françoise de Lamire (1).

On trouve encore François-Jean de Lamyre, comte de Maury, capitaine des gardes du prince de Conti, chevalier honoraire de Malte, marié à Marie-Anne-Thérèse de Chamborant, dame d'honneur de la princesse de Conti, d'où postérité (2).

(1) Voir : *Tableaux généalogiques de la Noblesse*, par le comte de Waroquier, tome I, p. 155-156.
(2) *Ibidem*, tome III, p. 126.

4. LE FÈVRE (Louis) ou LE FEBVRE de CAUMARTIN

Seigneur de Caumartin et de Boissy-le-Chastel, en Brie,
Intendant d'Auvergne (1597-1599).

Louis Le Fèvre ou Le Febvre, premier du nom, chevalier, seigneur de Caumartin et de Boissy-le-Chastel, en Brie, baron de Saint-Port, vicomte de Rue, garde des sceaux de France, naquit, en 1552, de Jean Le Fèvre, deuxième du nom, seigneur de Caumartin, de Rossignol, de Vic-sur-Authie, de Saint-Marc et de Sauvillers, baron de Saint-Port, général des finances en Picardie, mort à Paris le 6 décembre 1579, et de Marie Varlet qu'il avait épousée le 25 septembre 1548, morte le 10 juillet 1581.

Il fut reçu conseiller au Parlement de Paris le 1er août 1579, rendit hommage au mois de janvier 1580; obtint un relief de la seigneurie de Caumartin, tenue en plein hommage du roi, à cause du comté de Ponthieu, et partagea noblement, avec ses frères et sœurs, les successions de leurs père et mère en 1582. Il fut nommé maître des requêtes le 4 octobre 1585, et président au Grand Conseil le 2 juin 1587. Le roi le nomma intendant de justice en l'armée du Poitou en 1588. Après la mort du duc de Guise, il fut chargé de se transporter à Tours, à Nantes et dans d'autres villes voisines, pour y maintenir les habitants dans l'obéissance due à Sa Majesté et les informer des événements tragiques de Blois.

Il s'acquitta de cette commission avec autant de prudence que de courage. Nommé, en 1590, intendant de la province de Picardie, il rendit des services considérables dans cette nouvelle fonction qu'il remplit pendant 32 ans,

LE FÈVRE (Louis) ou LE FEBVRE de CAUMARTIN

Seigneur de Caumartin et de Boissy-le-Chastel, en Brie.
Né en 1552, décédé à Paris le 21 janvier 1623.
Intendant d'Auvergne de 1594 à 1599.

quoiqu'à diverses époques le roi l'eût pourvu de la même
charge en d'autres provinces du royaume.

Lors de la surprise d'Amiens par les Espagnols, il ne put
sortir de cette ville et recouvrer sa liberté qu'après avoir
payé une forte rançon. Il prêta serment pour la charge de
secrétaire d'État le 19 octobre 1594.

En 1597, il fut envoyé en Lyonnais, en Berry et en
Auvergne pour rétablir l'ordre dans l'administration des
finances.

Après la paix de Vervins, on lui confia une mission
semblable en Normandie; et ensuite, par ordre de Henri IV,
il se rendit en Auvergne auprès de la reine Marguerite
de Valois, pour obtenir de cette princesse son consente-
ment à la dissolution de son mariage.

Sa vigilance et sa fermeté apaisèrent en même temps
quelques troubles séditieux qui s'étaient élevés dans la
Haute-Auvergne.

Il fut reçu conseiller d'honneur au Parlement de Paris
au mois de janvier 1600 et fut chargé de régler les différends qui s'étaient élevés au sujet des limites des royau-
mes de France et d'Espagne.

La grande habileté qu'il déploya dans toutes les négociations qui lui furent confiées lui acquit un crédit tel,
qu'il n'y eut guère d'affaires importantes où il ne fût employé avec succès.

Envoyé en ambassade en Suisse en 1605, il renouvela
l'alliance avec les Cantons; il assista souvent, comme conseiller du roi, aux États de Languedoc et de Bretagne;
suivit Louis XIII dans toutes les guerres de religion et fut
donné pour conseil au connétable de Luynes, quand il
tenait les sceaux, comme il l'avait été du maréchal de
Biron sous Henri IV.

Après la mort de Merry de Vic, seigneur d'Ermenon-
ville, il fut élevé à la dignité de Garde des Sceaux de
France par lettres patentes données au camp devant
Montpellier, le 23 septembre 1622. On attendait beaucoup

de la prudence et de la lumière de ce vertueux magistrat dans l'exercice de cette nouvelle charge; mais la mort le surprit peu de temps après son arrivée à Paris, avec la cour, le 21 janvier 1623; il fut inhumé à Saint-Nicolas-des-Champs, dans une chapelle qu'il avait fondée en cette église dès l'an 1587. Il avait fait, le 14 décembre 1618, son testament par lequel il fonda à perpétuité une messe par semaine, dans l'église de Saint-Port, pour le roi Henri IV et un anniversaire le 14 mai.

Il avait épousé, en 1582, Marie Miron, fille de Marc Miron, seigneur de l'Hermitage, conseiller du Conseil privé du roi, et de Marie Gentien.

Elle mourut le 4 juin 1645, ayant eu quatre fils et deux filles.

Son petit-fils, Louis-François, né le 16 juillet 1624, maître des requêtes en 1653, fut nommé par le roi, en 1665, commissaire pour la tenue des Grands Jours d'Auvergne (1).

Armes : D'azur à cinq trangles d'argent.

Portrait : D'après une très belle gravure du temps que je possède dans ma collection.

(1) *Hist. général. des Pairs de France*, par le chevalier de Courcelles, tome III : Généalogie des Le Fèvre de Caumartin, pages 5-6.

5. MIRON (ROBERT)

Seigneur de Tremblaye et de Sève, Intendant d'Auvergne en 1599.

Fils de François, médecin de Charles IX et auteur de la Relation de la mort de Henri de Lorraine, duc de Guise, imprimée dans l'*Histoire des Cardinaux*, par Auberi, part. V, page 551, in-4°; Robert Miron fut d'abord conseiller au Parlement de Paris en 1595, et devint ensuite successivement président aux requêtes du Palais, ambassadeur en Suisse et intendant de la Police et Finances en Auvergne en 1599, puis en Languedoc, prévôt des marchands de Paris et président de l'Assemblée du Tiers État tenue à Paris les ans 1614 et 1615. Il a laissé des mémoires concernant les affaires des Suisses et de la Valteline, pendant son ambassade, depuis 1619 jusqu'en 1624. Ces mémoires ne sont point imprimés. Il mourut en 1641, âgé de 72 ans.

On a imprimé son épitaphe sur une feuille in-folio.

Nous allons la reproduire, parce qu'elle nous apprend plusieurs circonstances de la vie de ce grand magistrat.

ÉPITAPHE.

Hic Jacet Robertus Miro, eques, dominus du Tremblay, comes consistorianus, spectatæ in omnibus muniis prudentiæ; primum in supremo senatu Parisiensi consiliarius anno 1595. Unde in Arverniam et varias regni partes, nec non ad exteros, de rebus gravissimis delegatus, ubique semper egregiam operam navavit; plerisque urbibus et provinciis, quæ ad defectionem et res novas spectare videbantur, ac Henoticorum reliquiis ad obsequium et fidem revocatis.

Præterea finibus regni cum archiduce Flandriæ et duce Lotharingiæ rite constitutis anno 1601, apud gentes illas variis honoribus et curis nomine præfecti justitiæ functus, inde redux à rege honorifice exceptus, in numerum consiliariorum interioris admissionis meruit cooptari, anno 1604, cum aliquot ante annis judicialis provocationum curiæ prœses fuisset.

Anno 1610, cum iterum in exercitû regio jus dicturus esset, profectus in Campaniam, audita Henrici magni deploranda morte, celeriter ad urbem redire coactus est, in quâ anno 1614, Præfectus mercatorum creatus est; ad pro ejus muneris ratione, venientem ex Hispania reginam, magnifice excepit; quæ et illum sibi procuratorem catholicum delegit. Nec multo post, comitiis regni Lutetiæ habitis, tertii status prœses interfuit : Donec anno 1617, legatus ad Helveticos profectus, ibi decenium exegit; regis et sociorum consentientibus suffragiis, ob res prudenter juxtà ac feliciter administratus, laudatus. Domum reversus, interjectu trium annorum, missus est in Septimaniam anno 1631, ut provinciæ comitis juri dicundo præesset, magno regis commodo, formidolosis temporibus, inter infaustos rebellantium conatus.

Quibus oppressis, iterum Duci Halluinio, ejus provinciæ præsidi, adesse jussus est, majore habita ejus in rebus gerendis solertiæ ratione, quam admissa ætatis et fontici morbi excusatione, unde missionem vix impetrare potuit. Tandem mense Junio anni 1640, penatibus suis redditum morbus continenter lecto affixit; orbitate insuper cumulatus lectissimæ ac delectissimæ uxoris, Margaretæ Bretæ; tanto majore viri dolore, quod eam omnium itinerum comitem et legationum fere semper habuerat, præter spem suam ei superstes, qui vitam continuis morbis afflictam jam dudùm traheret. Itaque perculsus admodum jactura charissimæ conjugis cum quâ supra 40 annos summâ concordia vixerat : quam exacerbabat trium filiorum in ætatis flore paulò ante extinctorum memoria : tot animi et corporis malis demûm succubuit idus Augusti 1641, anno ætatis 72, nono post elatam uxorum mense, eodem diè, eademque horà et gemino morbo quo illa interierat, nimpe inflammatione pulmonis.

Sexdecim liberorum sex supersunt; tres mares, totidem feminæ : Robertus Miro, regis consiliarius et magister in curia rationum : Carolus Miro, eques melitensis et ursus Franciscus Miro, adolescens ; Maria Mironia, vidua Antotonii de Valles, Mesuilii domini, regi à consiliis et totius Galliæ rationum dispunctoris atque antigraphi : Margareta Mironia, uxor Christophori Leschassier, cameræ rationum magistri et Magdalena Mironia, vestalis Ursulinarum professa.

Qui liberi, mares et feminæ, quantum memoriæ et meritiis ergà se optimorum parentum deberent, hoc posito epitaphio, posteris testatum esse voluerunt (1).

A la même famille, originaire de l'Orléanais, appartiennent plusieurs magistrats célèbres, des conseillers d'État et un archevêque de Lyon qui prononça, à Saint-Denis, l'oraison funèbre du roi Henri IV.

Armes : De gueules au miroir arrondi d'argent pommeté et cerclé d'or.

(1) *Diction. hist. de Moreri*, tome VII, page 571. (Biblioth. de Clermont.)

6. MÉRAULT (Jacques)

Intendant en chef de la Justice dans les Provinces du Haut et Bas-Pays d'Auvergne (1607).

Jacques Mérault, fils de Jean Mérault et de Nicole Le Brun, fut conseiller au Grand Conseil, reçu le 28 février 1592, maître des requêtes le 31 janvier 1602 et nommé en juin 1606, un des commissaires pour la révision des comptes et réformation des abus de la maison royale de la charité chrétienne, sise à Paris, faubourg Saint-Marcel. Il devint intendant d'Auvergne en 1607, puis ensuite conseiller d'Etat.

Il avait épousé, le 18 août 1596, Marie Saichet, fille de Jean Saichet, commissaire des guerres.

Armes : D'azur au chevron d'or accompagné de trois molettes de même, celle de la pointe surmontée d'une merlette d'argent.

Cette famille paraît être originaire de Bretagne.

7. AUBERY (Robert)

Seigneur et marquis de Vatan, Intendant d'Auvergne (1616).

Robert Aubery, seigneur de Brevannes, Saint-Pois, Trilport, Courcy, marquis de Vatan, par création faite en sa faveur par lettres patentes du roy, du mois d'août 1648, registrées au Par'ement de Paris, le 7 septembre 1650 et à la Chambre des comptes le 11 janvier 1651, était fils de

Claude Aubery, secrétaire du roy, et de Catherine Vivien, sa seconde femme.

Il fut d'abord conseiller au Grand Conseil, maître des requestes le 7 septembre 1609, intendant de justice en Bourbonnais et haute et basse Auvergne, en 1616, institué président de la Chambre des comptes par lettres du 4 avril 1619, fit le serment le 8 mai suivant et reçu le 11 janvier 1620, il fut fait ensuite conseiller d'Etat en considération de ses services et de ceux du feu seigneur Aubery, son oncle, par lettres du 10 décembre 1629, et conseiller d'Etat ordinaire par brevet du 17 janvier 1651 par lequel il est qualifié maître des requestes ordinaire de l'hôtel et second président de la Chambre des comptes.

Il avait épousé en premières noces par contrat du 28 juin 1605, Anne Le Gruel, veuve de Jean Joly, conseiller au Parlement ; 2° par contrat du 25 janvier 1629, Claude de Presteval, veuve de Jean du Boutillac.

Il eut de la première femme huit enfants, quatre garçons et quatre filles ; les quatre fils furent aussi conseillers du roy.

Armes : D'or à cinq trangles de gueules.

8. LEGAY

Intendant de la Justice, Police et Finances en Auvergne
(1616-1618).

Il m'a été également impossible de découvrir quoi que ce soit sur le compte de cet autre intendant, dont l'existence n'a été révélée que par la mention qui en a été faite par Michel Cohendy, dans son ouvrage intitulé : *Modes successifs de l'administration dans la province d'Auvergne.* Clermont, Thibaud. 1856.

9. THEVIN (François)

Vicomte de Montrouveau, Baron de Bohardy,
Seigneur de Villerault et de la du Bellière, Chevalier,
Conseiller du Roy,
Intendant d'Auvergne (1618 à 1621).

François THEVIN, vicomte de Montrouveau, baron de Bohardy, seigneur de Villerault et de la du Bellière, chevalier, conseiller du roy en ses conseils d'Estat et privé, fut conseiller au Parlement de Rennes, puis en celui de Paris où il fut reçu le 3 septembre 1602, maître des requestes reçu le 18 janvier 1613, il fut nommé intendant de la justice, police et finances en ses pays et duchés d'Auvergne et de Bourbonnais de 1618 à 1621.

Il résigna son office de maître des requestes en 1633, eut des lettres d'honneur le 2 janvier 1634 et mourut en 1636.

Il était fils de Robert Thevin, seigneur des Hameaux.

Il avait épousé Marie Le Franc, fille d'Estienne Le Franc, maître des comptes en Bretagne.

Armes : D'or à une étoile de sable accompagnée de trois coquilles de même.

SEGUIER (Pierre)

Seigneur d'Autry,
Intendant d'Auvergne du 27 avril au 4 juillet 1621,
Né à Paris le 28 mai 1588,
Décédé à Saint-Germain-en-Laye le 28 janvier 1672.

10. SEGUIER (Pierre)

Seigneur d'Autry,
Intendant d'Auvergne du 27 avril au 4 juillet 1621.

Pierre SEGUIER, duc de Vilemor, comte de Gien, seigneur d'Autry, naquit à Paris le 28 mai 1588, de Jean Seguier, seigneur d'Autry, et de Marie Tudert, neveu d'Antoine, président à mortier au Parlement de Paris et ambassadeur à Venise en 1620 auquel il succéda dans sa charge de président à mortier en 1624, il avait été au préalable conseiller au Parlement, maître des requêtes, intendant d'Auvergne du 27 avril au 4 juillet 1621, président à mortier (1624). Sa capacité et son dévouement aveugle à Richelieu le firent choisir pour garde des sceaux (1633), puis pour chancelier (1635). Louis XIII le trouvait bien jeune pour remplir une place de cette importance; mais il obtint son suffrage en lui disant qu'il n'en serait que plus longtemps à son service.

Les émotions populaires s'étant élevées en Normandie, il passa dans cette province en 1639 pour y châtier les va-nu-pieds; il déploya dans cette mission la plus impitoyable rigueur, il fut aussi l'instrument servile du cardinal de Richelieu dans différentes affaires criminelles, et entr'autres dans celle de Cinq-Mars. Il ne se signala pas moins dans les troubles des Barricades et il osa résister au Parlement soulevé contre le ministère. A la mort de Louis XIII, il conserva sa place jusqu'en 1650 où les sceaux furent donnés à Châteauneuf; on les lui rendit d'avril à septembre 1651, puis en 1656 et il les garda jusqu'à sa mort. A cette charge, il joignait les titres de duc de Vilemor et de protecteur de l'Académie française dont il faisait partie. La haine populaire était vive contre lui et il avait failli périr dans une émeute de la Fronde. Ce Pierrot déguisé en tartuffe, comme l'appelait Arnaud d'Andilly, joua un rôle honteux dans le procès de Fouquet, et ce ne fut pas sa faute si le malheureux surintendant ne monta pas sur l'échafaud. Il contribua aux ordonnances de 1669 et de 1670 qui réformèrent la justice.

Seguier, qui avait réuni une magnifique bibliothèque qu'il légua à l'abbaye de Saint-Germain-des-Prés, se montra toute sa vie le protecteur des arts et des lettres. L'Académie française, après la mort du cardinal de Richelieu, lui eut de nombreuses obligations et il aida puissamment à la création de l'Académie des inscriptions (1663).

L'Académie de peinture et de sculpture n'eut pas moins à se louer de sa protection et de son zèle.

Il mourut à Saint-Germain-en-Laye le 28 janvier 1672. Il avait épousé Magdeleine Fabri de Champanzé, dont il eut : *a* Magdeleine Seguier, mariée : 1º le 5 février 1634 à César de Cambout, marquis de Coislin; 2º à Guy, marquis de Laval et de Sablé ; *b* Charlotte Seguier, mariée : 1º le 3 février 1639, à Maximilien de Béthune, duc de Sully, pair de France ; 2º le 29 octobre 1668 à Henry de Bourbon, duc de Verneuil, pair de France, fils naturel de Henri IV et de Catherine-Henriette de Balzac d'Entraigues.

Le chancelier Seguier, disent les biographes, avait plus de talent pour être magistrat que ministre; mais le secret qu'il eut d'intéresser à sa gloire la plupart des gens de lettres, a effacé ou fait oublier tous les propos de la médisance et de l'envie, et il a laissé un nom des plus illustres de la magistrature et du ministère.

Sa correspondance se trouve à la Bibliothèque nationale. M. Floquet a publié le journal de son voyage en Normandie (1842), in-8º.

DE VOYER DE PAULMY (René)

Chevalier, seigneur d'Argenson,
Intendant d'Auvergne de 1633 à 1635,
Né le 21 novembre 1596,
Décédé à Venise le 14 juillet 1651.

Armes : D'azur au chevron d'or accompagné de deux étoiles de même en chef et d'un mouton tranquille d'argent en pointe.

Portrait : D'après une superbe gravure de Mellan que je possède dans ma collection.

11. DE VOYER DE PAULMY (René)

Seigneur d'Argenson, Conseiller du Roy en son Conseil d'Estat,
Maître des Requestes ordinaire de son hostel,
Intendant de la Justice, Police et Finances en Auvergne
et Provinces circonvoisines (1633-1635).

Le comte René DE VOYER DE PAULMY, chevalier, seigneur d'Argenson, était fils de Pierre de Voyer, chevalier, seigneur d'Argenson, gentilhomme ordinaire de la Chambre du roi, d'une ancienne maison originaire de Touraine. Il naquit le 21 novembre 1596, devint successivement avocat, conseiller au Parlement de Paris en 1619, puis conseiller d'Etat en 1625, maître des requêtes en 1628, intendant d'armée pendant le siège de La Rochelle, intendant du Dauphiné en 1630, il fut deux ans plus tard nommé intendant de justice, police et finances en Limousin, haute et basse Marche et Poitou ; une nouvelle commission, datée du 12 août 1633, étendit son action sur le Berry, la Touraine et l'Auvergne (1), il conserva ses fonctions jusqu'en 1635. Les besoins de l'Etat le firent souvent changer de poste et on lui confia toujours les plus difficiles. Quand la Catalogne se donna à la France, il fut mis à la tête de cette nouvelle province

---

(1) Moreri. *Dict. historiq.* au nom tome X.

dont l'administration demandait un mélange singulier et presque unique, de hauteur et de douceur, de hardiesse et de circonspection. Dans un grand nombre de marches d'armées, de retraites, de combats, de siéges, il servit autant de sa personne et beaucoup plus de son esprit qu'un homme de guerre ordinaire. L'enchaînement des affaires l'engagea aussi dans des négociations délicates avec des puissances voisines, surtout avec la maison de Savoie alors divisée. Enfin, après tant d'emplois et de travaux, se croyant quitte envers sa patrie, il songea à une retraite qui lui fût plus utile que tout ce qu'il avait fait. Comme il était veuf, il embrassa l'état ecclésiastique; mais le dessein que la Cour forma de ménager la paix du Turc avec Venise le fit nommer ambassadeur extraordinaire vers cette république. Il n'accepta cet emploi que par un motif de religion, à condition qu'il n'y serait pas plus d'un an, et que quand il en sortirait, son fils que l'on faisait dès lors conseiller d'Etat lui succèderait.

A peine était-il arrivé à Venise, en 1651, qu'il fut pris, en disant la messe, d'une fièvre violente dont il mourut le 14 juillet 1651.

On a de lui un traité de la *Sagesse chrétienne* et une traduction de l'*Imitation de Jésus-Christ*.

Armes : Écartelé aux 1 et 4, d'azur à deux lions léopardés d'or, lampassés, armés et couronnés de gueules, l'un sur l'autre (qui est de Voyer); aux 2 et 3 d'argent à la fasce de sable (qui est de Gueffaut d'Argenson), devise : *Vis et prudentia vincunt.*

Portrait : D'après une belle gravure de Jac. Picimus que je possède dans ma collection.

DE MESGRIGNY (Jean VII)

Chevalier, marquis de la Villeneuve-Mesgrigny,
Intendant d'Auvergne de 1635 à 1637.

12. DE MESGRIGNY (Jean VII)

Chevalier, Marquis de la Villeneuve-Mesgrigny,
Intendant de la Justice, Police et Finances en Auvergne
et en Bourbonnais (1635-1637).

Jean de Mesgrigny, septième du nom, chevalier, marquis de la Villeneuve-Mesgrigny, seigneur de Briel, de la Loge-sous-Nièvre, de Bréviandes, de Vandœuvre de Champigny, des grandes et petites Epoisses et de Courcelles, vicomte de Troyes, fils de Jean de Mesgrigny, sixième du nom, écuyer, seigneur de la Villeneuve, de la Loge, de Briel et autres lieux, conseiller du roi et général en la Cour des Aides et de Nicole de Grené, dame des Epoisses, de la Loge-sous-Nièvre et de Courcelles, qu'il avait épousée le 4 décembre 1572, fut conseiller, maître des comptes sur la résignation de son père, le 29 décembre 1610, puis conseiller d'Etat, et en 1635 intendant d'Auvergne et du Bourbonnais où il demeura jusqu'en 1637. A cette époque, il avait adressé à Richelieu un curieux mémoire sur l'Auvergne qui a été publié sous le titre de : *Relation de l'état de la province d'Auvergne* (1).

Par contrat du 12 mai 1638, il acquit la terre de Vandœuvre de la maison de Piney-Luxembourg et rendit hommage au roi pour la vicomté de Troyes le 10 juillet 1640. Il obtint aussi l'érection de la baronnie de la Villeneuve en marquisat sous la dénomination de la Villeneuve-Mesgrigny par lettres patentes d'octobre 1646, registrées au Parlement et en la Chambre des comptes de Paris les 25 et 31 mai 1647 ; il avait épousé, par contrat

---

(1) Voir *Tablettes historiques de l'Auvergne*, par Bouillet, tome III.

du 6 novembre 1597, Marie Bouguier, dame d'Echarson, fille de Christophe, conseiller au Parlement de Paris, et de Marie Chartin, cette dernière, fille de Mathieu, deuxième du nom, seigneur d'Allainville et de Lassy, et de Marie de Montholon, fille de François, garde des sceaux de France.

Jean de Mesgrigny fut aussi premier président au Parlement de Provence en 1645 et mourut avant le 9 septembre 1650, ayant eu de Marie Bouguier :

Jean, huitième du nom ; Louis de Mesgrigny, reçu chevalier de l'ordre de Saint-Jean de Jérusalem, dit de Malte, au grand Prieuré de France, le 6 septembre 1624, qui était capitaine au régiment de Navarre lorsqu'il fut tué au siège de Wattre en 1644. Il avait été blessé au siège de la ville d'Aire le 21 juin 1641 étant à la tête des enfants perdus.

Et Jacques, chevalier, seigneur d'Epoisses, conseiller du roi, président à mortier au Parlement de Rouen, et conseiller d'honneur au Parlement de Paris, mort en 1679.

Ses armes étaient : d'argent au lion de sable.

Portrait : D'après une gravure que je possède dans ma collection.

---

13. DE CHAULNES (Jacques)

Seigneur de Longcormes, Guiherville, Cohonville,
Intendant de la Justice, Police et Finances
en la province d'Auvergne
(1638-1643).

Jacques DE CHAULNES, seigneur de Lépinay, Longcormes, Guiherville, Cohonville, fils de Jacques de Chaulnes, fut lieutenant général des Eaux et Forêts, de la Table de marbre au Palais, à Paris, conseiller à la Cour des Aides en 1631, puis maître des requêtes, reçu le 5 janvier 1637.

Il fut ensuite intendant d'Auvergne de 1638 à 1643. Il dut quitter Clermont nuitamment, en mai 1643, pour échapper à des émeutiers qui le poursuivaient.

En 1644, il siégeait dans le Conseil du roi; peu de temps après, on le trouve conseiller d'État et intendant de Picardie. Rappelé d'Amiens à la fin de 1646, il est nommé intendant de la Généralité de Limoges (1) au commencement de 1648.

M. de Chaulnes, que Pierre Robert, dans A. Leroux (*Chartes, Chroniques*, etc., p. 301), place au nombre de ceux qui furent « gens de bien », quitta ses fonctions après la Déclaration royale de 1648.

Il avait épousé Anne de Paris, fille de Claude de Paris, maître des requêtes.

Il eut, entr'autres enfants, Françoise de Chaulnes, morte le 1er mars 1716, qui avait épousé Paul Le Gendre, chevalier, seigneur de Lormoy, près Montlhéry; conseiller du roi en ses Conseils, maître des requêtes honoraire de son Hostel, conseiller d'État, procureur général au Parlement de Metz, mort en 1713, à l'âge de 94 ans.

On trouve à la même époque Anne de Chaulnes, mariée à Charles de Calonne, marquis de Courtebonne, maréchal de camp, lieutenant pour le roi au pays d'Artois, commandant à Calais, d'où Anne de Calonne-Courtebonne, mariée le 19 décembre 1684 à François Le Tonnelier de Breteuil, chevalier, marquis de Fontenay, Trésigny, sire de Villebert, baron de Boitron, etc., conseiller au Parlement, maître des requêtes, intendant de plusieurs provinces, notamment en Picardie et Artois, intendant d'armée, puis intendant des finances et conseiller d'État.

---

(1) Voir: *La Généralité de Limoges*, par Leroux, p. LXVII. Limoges, Plainemaison, imprimeur, 1891.

Et Joseph de Chaulnes, fils de Claude, président du Bureau des finances à Grenoble, qui fit ériger en marquisat sous le nom de Chaulnes, par lettres de mars 1684, la seigneurie de Nogarey en Dauphiné.

Jacques de Chaulnes fut l'auteur d'un règlement du 25 février 1643, qui réduisit à 73 le nombre illimité des habitants qui prenaient part aux assemblées générales pour la nomination du Conseil de ville de Clermont et qui fixa le mode d'élection des échevins et des 25 membres qui devaient former le Conseil.

---

14. DE SÈVE (Alexandre)

Seigneur de Chatignonville et de Châtillon-le-Roi,
Intendant de la Justice, Police et Finances en Auvergne.
(1644-1645.)

Alexandre DE SÈVE, seigneur de Chatignonville et de Châtillon-le-Roi, secrétaire du cabinet de Louis XIII, conseiller au Grand Conseil, maître des requêtes, reçu le 1er septembre 1633, intendant en Dauphiné, et en Auvergne de 1644 à 1645, conseiller d'État et d'honneur au Parlement en 1653, l'un des 14 conseillers d'État de semestre réservé à la réforme du Conseil en 1657, prévôt des marchands de Paris en 1654, continué pendant 8 ans; conseiller au Conseil royal des Finances en 1661, conseiller d'État ordinaire en 1666, l'un des 6 conseillers d'État que le roi nomma pour assister au sceau lorsque le roi le tenait. Il mourut à Saint-Germain-en-Laye, le 22 février 1673, âgé de 69 ans, après en avoir employé 49 au service du roi; et fut inhumé à Paris, à Saint-Germain-l'Auxerrois. Il était fils de Guillaume de Sève, seigneur de Saint-Julien, tré-

DE SÈVE (Alexandre)

Seigneur de Chatignonville et de Châtillon-le-Roi,
Intendant d'Auvergne de 1644 à 1645,
Décédé à Saint-Germain-en-Laye le 22 février 1673,
à l'âge de 69 ans.

sorïer de l'épargne, conseiller du roi en 1622, et de Catherine Catin.

Il avait épousé, en 1639, Marie-Marguerite de Rochechouart, dame de Châtillon-le-Roi, fille unique de Gui II, seigneur de Châtillon-le-Roi, de Grineville, etc., capitaine de 50 hommes d'armes, tué au siège de Saint-Jean-d'Angely le 23 juin 1621, et de Louise d'Estampes. Ils laissèrent, entre autres enfants, Gui de Sève de Rochechouart, docteur de Sorbonne, abbé de Saint-Michel-en-Thiérache, nommé évêque d'Arras en 1670, qui, par une disposition testamentaire de sa mère, fut obligé de porter le nom et les armes de Rochechouart.

A la même famille appartenaient :

Benjamin de Sève, seigneur de Saint-Julien, receveur et payeur des rentes, qui vivait le 3 novembre 1602, et Jean de Sève, baron de Fléchers, à qui la princesse Marie de Bourgogne, souveraine du pays de Dombes, donna, en 1620, des lettres d'échange pour les confins de cette baronnie. Autre Jean de Sève, conseiller du roi en ses Conseils d'Etat et privé, fut le père de Claude de Sève, dame de Champigny, mariée à Antoine de Girard, comte de Villetaneuse, procureur général en la Chambre des Comptes de Paris; Pierre, comte de Sève, chevalier, seigneur de Laval, de Gravines, en Dombes, de Cuires et de la Croix-Rousse, fut premier président du Parlement de Dombes; Guillaume, comte de Sève, seigneur de Laval, etc., premier président du même Parlement, fut le père de Marie de Sève, comtesse de Laval, etc., mariée en avril 1708 à Louis, marquis de Rochebonne, exempt des gardes du corps, colonel, maistre de camp de cavalerie et officier de grand avenir, tué en 1709, à la bataille de Malplaquet, à la tête du régiment de Villeroy qu'il commandait (1).

---

(1) Il avait pour frères : 1° Charles-François, comte *de Rochebonne*, évêque et duc de Noyon, pair de France, archevêque de Lyon en 1731 ; 2° Louis-Joseph, comte *de Rochebonne*, chanoine-comte, chamarier et doyen du chapitre de Saint-Jean de Lyon, aumônier du roi en 1713, évêque de Carcassonne en 1720, et cinq sœurs, religieuses à

Armes : Fascé d'or et de sable à la bordure contre-componée des mêmes émaux. — Devise : « Justice ».

Portrait : D'après une très belle gravure de Nanteuil que je possède dans ma collection.

---

15. DE LIGNY (Jean)

Seigneur de Greugneul, Groménil, Saint-Piat et autres lieux,
Conseiller ordinaire du Roy en ses Conseils d'État et privé,
Intendant de la Justice, Police et Finances
de la province d'Auvergne
(1645-1648).

Jean DE LIGNY, seigneur de Rentilly, Groménil, Grogneul ou Greugneul, Saint-Piat, Boigneville, Chartrainvilliers, fils de Jean, maître des requêtes, et de Charlotte Séguier, sœur du chancelier, fut reçu conseiller au Parlement le 5 février 1638, puis conseiller d'État, et devint intendant en Auvergne de 1645 à 1648. Il mourut en novembre 1682.

Il avait épousé Elisabeth Boyer, fille d'Antoine Boyer, dont il eut Marie de Ligny, fille unique, mariée, en 1677, avec Antoine, prince de Furstemberg et de l'Empire.

Armes : De gueules à la fasce d'or, au chef échiqueté d'argent et d'azur de trois tirés.

Portrait : D'après une très belle gravure existant à la Bibliothèque Nationale de Paris, département des Estampes et dont je possède une photographie dans ma collection.

---

la Visitation de Lyon, tous enfants de Charles-François *de Châteauneuf*, marquis *de Rochebonne*, comte d'Oingt, Thizy, Chambost, lieutenant général des armées du roi, maistre de camp du régiment de cavalerie de la reine, gouverneur et commandant pour le roi dans les provinces de Lyonnais, Forez et Beaujolais, marié le 20 octobre 1668 à Marie-Thérèse *d'Adhémar de Monteil de Castellanne de Grignan*. Mme *Grellet de la Deyte*, née *de Rochebonne*, décédée à Allègre (Haute-Loire), le 16 juin 1844, a été la dernière représentante de cette illustre maison aujourd'hui éteinte.

DE LIGNY (Jean)

Seigneur de Greugneul, Groménil, Saint-Piat et autres lieux
Intendant d'Auvergne de 1645 à 1648,
Décédé en novembre 1682.

16. VOISIN (Daniel)

Conseiller du roi en tous ses Conseils d'État et privé,
et direction de ses finances,
Maistre des requestes ordinaire de son Hostel,
Estant en la province d'Auvergne avec les ordres et commissions
de S. M. pour le bien de son service
et soulagement de ses subjetcs de lad. province.
(1648-1655.)

Daniel VOISIN était fils de Daniel Voisin, greffier criminel du Parlement de Paris, et de Marguerite de Verthamon, seigneur du Plessis-aux-Bois, Sverny, la Barte, la Malmaison, les Essars, Cuisy, Cerisay, Villebourg et la Moraye, conseiller du roi en tous ses Conseils et conseiller ordinaire en son Conseil d'État. Il fut premièrement reçu conseiller au Grand Conseil le 23 février 1640, puis pourvu de l'office de maître des requêtes de l'Hôtel du roi par lettres du 18 avril 1646 et reçu le 20 du même mois. Intendant de Justice, Police et Finances en Auvergne de 1648 à 1655, ensuite en Champagne, il devint Prévôt des marchands de Paris le 16 août 1662, continué dans cette charge pendant 6 ans, conseiller d'honneur au Parlement de Paris en 1664, et il fut nommé conseiller d'État de semestre en 1666 il fut l'un des 16 conseillers d'État ordinaires choisis et nommés par le roi le 4 février 1672 pour assister Sa Majesté lorsqu'elle tiendrait le sceau, et pour avoir voix délibérative en ce Conseil; il fut aussi l'un des 3 commissaires de la Chambre établie à l'Arsenal contre les poisons en 1679. Il mourut à Paris le 22 novembre 1693, et fut inhumé à Saint-Cosme le 23 du même mois.

Il avait épousé (paroisse de Saint-André-des-Arts, à

Paris), le 7 janvier 1642 : 1° Jeanne Broé, fille de François Broé, seigneur de la Guette, conseiller, président aux Enquêtes ;

2° Marie Talon, fille d'Omer Talon, avocat général au Parlement.

Il eut de la première deux fils morts jeunes.

De la deuxième :

Omer-Louis Voisin, conseiller du roi au Châtelet de Paris, mort jeune ;

Et Marie-Jeanne Voisin, l'une des plus riches héritières du royaume, mariée en 1674 à Chrestien-François Lamoignon, marquis de Basville, président à Mortier au Parlement de Paris (1).

A la même famille appartenaient :

Joseph-François Voisin, conseiller au Parlement de Bordeaux, 1649, député de Paris sous la Fronde ; Jean-Baptiste Voisin, seigneur de la Moraille et du Mesnil, conseiller au Grand Conseil, maître des requêtes de l'Hôtel, intendant en Normandie et en Touraine ; Daniel-François Voisin, seigneur de la Moraille et du Mesnil, né à Paris en 1656, ministre de la guerre, chancelier de France en 1714; enfin Jean-Baptiste Voisin, baron de Gartempe, conseiller au Parlement de Bordeaux, 1785, pair de France, conseiller à la Cour de Cassation en 1819, dont le fils a épousé, en Auvergne, Marie-Charlotte Teilhot de Maupertui, veuve de M. Valette de Rochevert, dont la postérité existe au château de Maupertui, près Riom (Puy-de-Dôme), et au château de Gartempe (Creuse).

Armes : D'azur à un croissant d'argent accompagné de trois étoiles d'or.

Portrait : D'après une très belle gravure que je possède dans ma collection.

---

(1) Voir Bibl. nat., Paris. Fonds français 18074, Cabinet des Titres, Dossiers bleus, Vol. 677, Dossier Voisin.

VOISIN (Daniel)

Intendant d'Auvergne de 1648 à 1655,
Décédé à Paris le 22 novembre 1693.

17. DE GARIBAL (Jean)

Seigneur et baron de Saint-Sulpice,
Intendant d'Auvergne (1655).

Jean DE GARIBAL, seigneur et baron de Saint-Sulpice et de Vios, fils de..... de Garibal, mort en 1620, et de Catherine de Prohenques, fut conseiller au Parlement de Toulouse le 28 novembre 1637, de Grenoble le 9 mai 1639. Maître des requêtes par lettres du 20 février 1644, reçu le 4 mars, il s'en démit le 8 mars 1644, devint alors président au Grand Conseil en 1653, et intendant d'Auvergne en 1655. Il eut des lettres de permission de désunir l'office de maître des requêtes de celui de président le 18 février 1664, registrées le 15 mars et mourut en juillet 1667.

Il avait épousé Jeanne Bertier, fille de Jean, premier président au Parlement de Toulouse, morte en 1647, dont il eut deux enfants : Jean-Louis, mort sans alliance en 1674, et une fille mariée à Gabriel Nicolas, maître des requêtes (1).

---

(1) Voir Biblioth. nat. de Paris, Fonds français, Histoire des Maîtres de Requêtes.

18. DE VERTHAMON (François)

Chevalier,
Comte de Villemmon et de Sernon,
Seigneur en partie de Brie-Comte-Robert, de Vincy et de Vernois,
Intendant de la Justice, Police et Finances
sur les soupjets de S. M.
et Commissaire desparty pour l'exécution de ses ordres
en la généralité d'Auvergne.
(1658-1659.)

François DE VERTHAMON, chevalier, comte de Villemmon et de Sernon, seigneur en partie de Brie-Comte-Robert, de Vincy et de Vernois, fils de François de Verthamon, seigneur de Bréau, conseiller au Parlement en 1588, fut conseiller au Parlement le 17 avril 1618, maître des requêtes reçu le 29 mai 1626, intendant de l'armée au siège de La Rochelle, puis de celle d'Italie et de celle de Guyenne, depuis 1630 jusqu'en 1638, conseiller d'État en 1643, eut des lettres d'honneur en 1644 et fut l'un des douze conseillers d'État ordinaires réservés à la réforme du Conseil en 1657, il devint ensuite intendant en Auvergne en 1658, où il resta jusqu'en 1659, puis il mourut à Paris en octobre 1666 et fut inhumé le 22 octobre aux Minimes de la place Royale.

Il était frère de Marguerite de Verthamon, mariée, en premières noces, à Daniel Voisin, secrétaire du roi, greffier criminel du Parlement, dont il a été parlé précédemment.

Il avait épousé Marie Boucher, fille unique de Pierre Boucher, seigneur de Houille, dont il eut Michel de Verthamon, maître des requêtes, et deux filles, savoir :

DE VERTHAMON (François)

Chevalier,
Comte de Villemmon et de Sernon,
Intendant d'Auvergne de 1658 à 1659,
Décédé à Paris en octobre 1666.

Catherine, mariée à Louis-François Le Fèvre de Caumartin, maître des requêtes ;

Et Elizabeth, mariée à Guillaume de Puechperon et de Comminges, comte de Guitant.

Portrait : D'après une très belle gravure du temps que je possède dans ma collection.

19. LE FÈVRE (Antoine)

Seigneur de la Barre,
Conseiller du Roy en tous ses Conseils,
Maistre des requestes ordinaire de son Hostel,
Intendant de la Justice, Police et Finances ès généralitez
de Moulins et Auvergne,
Commissaire départi par S. M.
pour l'exécution de ses ordres ès dites généralitez.
(1659-1662.)

Antoine Le Fèvre, seigneur de la Barre, fils d'Antoine Le Fèvre, mort conseiller d'État en 1659, et de Jeanne Huraut, né en 1622, fut conseiller au Parlement de Paris le 3 février 1645, maître des requêtes par lettres du 2 mars 1653, reçu le 4 du dit mois, résigna en 1663. Intendant de Paris pendant la guerre civile, il devint ensuite intendant de Grenoble, puis de Moulins et d'Auvergne depuis mai 1659 jusqu'en 1662, nommé ensuite lieutenant général et commandant pour le roi dans toutes les îles françaises de l'Amérique, il fut nommé lieutenant général des armées de Sa Majesté, gouverneur du Canada en juin 1682, et mourut à Paris en mai 1688, puis fut inhumé à Saint-Gervais.

Il avait épousé Marie Mandat, fille de messire Galliot, maître ordinaire en la Chambre des comptes, et de Marguerite Le Rebours, dont il eut dame Jeanne-Françoise Le Fèvre de la Barre, qui épousa, en l'année 1682, Antoine-François de Paule Le Fèvre d'Ormesson, baron du Cheray, seigneur de la Sacière, les Tournelles et autres lieux, qui fut aussi intendant d'Auvergne et dont nous donnerons ci-après la biographie, laquelle dame mourut le 4 juillet de l'année 1735 et fut inhumée à l'église de Saint-Nicolas-des-Champs, et Antoine Le Fèvre de la Barre, enseigne puis capitaine de vaisseau, gouverneur de Cayenne, commandant la marine à Dieppe.

Nous allons donner ci-dessous la copie d'une lettre adressée par Colbert à l'intendant De la Barre, qui dépeindra l'état dans lequel se trouvait la province d'Auvergne à cette époque.

Lettre de Colbert à M. de la Barre, intendant à Riom :

« De..... juillet 1662.

» Il a été fait diverses plaintes au Roi de ce que pendant le temps de la moisson on a employé les troupes pour le recouvrement des impositions dans vostre généralité, ce qui causoit beaucoup de désordre et réduisoit les peuples à une grande extrémité après avoir essuyé une mauvaise année. J'ai bien assuré Sa Majesté que vous y remédieriez promptement et que vous ne souffrirez en aucune manière que pendant les mois de juillet et d'août on fît aucune contrainte contre les paroisses, estant raisonnable de leur donner le temps de faire la récolte, afin qu'elles puissent après satisfaire à ce qu'elles doivent. Je vous prie d'y tenir la main (1). »

(1) Voir Bibliothèque Nationale de Paris. Arch. de la Marine : Recueil de diverses lettres, fol. 34.

20. DE CHOISY (Jean-Paul)

Chevalier,
Seigneur de Beaumont,
Intendant de la Justice, Police et Finances en la province d'**Auvergne**
et Commissaire départy par S. M.
pour l'exécution de ses ordres en la dite province.
(1662-1663.)

Jean-Paul de Choisy, seigneur de Beaumont, Baleroy, l'Estanville, Grandcamp, etc., était fils de Jean de Choisy, seigneur de Beaumont, conseiller d'État, et de Catherine Huraut.

Conseiller au Parlement de Toulouse et à la Chambre de l'Édit de Castres en 1654, il devint chancelier de feu Gaston, duc d'Orléans, en 1656; conseiller d'État réformé en 1657 et intendant d'Auvergne en 1662, il fut ensuite intendant de Lorraine, des trois évêchés : Metz, Toul et Verdun, et de Barrois en 1663 jusqu'en 1673, passa comme intendant de l'armée du roi à Marsal en 1663, de celle du prince de Condé en 1672, et devint après conseiller d'honneur au Parlement de Metz. Il se retira en son château de Baleroy, en Basse-Normandie, où il mourut en juin 1697.

21. DE POMEREU (Auguste-Robert)

Chevalier,
Seigneur de la Bretesche,
Conseiller du Roy en ses Conseils, Maistre des requestes ordinaire
de son Hostel,
Président en son Grand Conseil,
Intendant de la Justice, Police et Finances dans les Généralités
de Moulins et de Riom.
(1663-1664.)

Auguste-Robert DE POMEREU, chevalier, seigneur de la Bretesche, Saint-Nom, Valmartin, baron des Riceys, fut nommé au Grand Conseil le 18 janvier 1651, puis maître des requêtes le 31 juillet 1656, intendant du Bourbonnais en 1661, président au Grand Conseil en mars 1662 et intendant d'Auvergne en 1663.

Il passa de là à Bourges et à Moulins en 1664, fut ensuite nommé conseiller d'État, et prévôt des marchands en 1676.

Intendant en Bretagne, où il exerça le premier ces fonctions en 1689, il fut ensuite nommé, en 1697, président en la Chambre royale de l'Arsenal, conseiller au Grand Conseil des Finances, premier commissaire du roi aux Assemblées du clergé et mourut le 7 octobre 1702 à l'âge de 75 ans.

Il fut inhumé en sa chapelle, aux Charniers-des-Innocents.

Il avait épousé, en 1634, Agnès Lesné, fille d'Aubin Lesné, maître des comptes, et d'Agnès de la Barre.

De ce mariage sont issus :

1° Jean-Baptiste de Pomereu, chevalier, seigneur de la

DE POMEREU (Auguste-Robert)

Chevalier, seigneur de la Bretesche,
Intendant d'Auvergne de 1663 à 1664,
Décédé le 7 octobre 1702, à l'âge de 75 ans.

Bretesche, en faveur duquel la baronnie des Riceys fut érigée en marquisat ;

2° Agnès-Catherine, mariée à Gervais, seigneur d'Eaubonne ;

3° Michelle, mariée à Bonaventure Rossignol, seigneur de Juvizy ;

4° Françoise-Catherine, morte à l'Assomption, à Paris (1).

« Pomereu, dit Saint-Simon dans ses Mémoires, tome I, page 412, édition Hachette, 1856, était un conseiller d'État fort distingué en capacité, en lumière et en esprit, vif, actif, très intègre et laborieux, ayant des amis et sachant les mériter. »

Plus loin, tome II, page 299, Saint-Simon ajoute : « D'ailleurs, c'était un homme ferme, transcendant, qui avait et qui méritait des amis, il l'était fort de mon père et il était demeuré le mien. » Il dit aussi que ce fut le premier intendant « qu'on ait hasardé d'envoyer en Bretagne et qui trouva moyen d'y apprivoiser la province. »

Portrait : D'après une très belle peinture du temps, obligeamment communiquée par M. le comte de Pomereu.

---

(1) Renseignements dus à l'obligeante communication de M. le comte de Pomereu descendant de l'intendant de ce nom, maire du Héron, conseiller général de la Seine-Inférieure, demeurant alternativement au château du Héron et à Paris, rue de Lille, 67.

22. DE FORTIA (Bernard)

Chevalier, Seigneur du Plessis et de Cléreau,
Conseiller du Roy en tous ses Conseils,
Maître des Requêtes ordinaire de son hôtel, Commissaire desparty
et député par S. M. pour l'exécution de ses ordres
en la Province et Généralité d'Auvergne.
(1664-1668.)

Bernard DE FORTIA, sixième du nom, seigneur du Plessis, baron de Nouan, du Chesne, de Brichanteau, fut successivement conseiller au Parlement de Normandie en 1642, maître des requêtes le 16 juin 1649, intendant du Poitou, du pays d'Aunis et de La Rochelle en 1653, d'Orléans et de Bourges en 1659, puis d'Auvergne de 1664 à 1668.

La noblesse de cette province est redevable à M. de Fortia d'une recherche qui a été faite avec autant de soins et d'exactitude que d'intégrité, ce qui lui a valu quelques calomnies.

Ce travail que l'on peut consulter à la bibliothèque de la ville de Clermont est un monument précieux tant pour la noblesse d'Auvergne que pour la mémoire de cet intendant. Il mourut doyen des maîtres de requêtes le 20 octobre 1694. Il avait épousé le 8 juillet 1649 Marguerite Le Mairat, veuve de Michel du Faultray, seigneur d'Hières, conseiller au Parlement de Rouen, et fille de Jean Le Mairat, seigneur de Dreux, conseiller au Grand Conseil, et d'Anne Colbert de Saint-Pouange. Il était fils de François de Fortia, seigneur du Plessis et de Cléreau, conseiller au Parlement de Paris, maître des requêtes, intendant de la généralité de Guienne et conseiller d'Etat, et

LE CAMUS (Jean)

Chevalier,
Intendant d'Auvergne de 1669 à 1671,
Décédé le 28 juillet 1710, à l'âge de 73 ans.

de Anne de la Barre, fille d'Adam de la Barre, chevalier, seigneur de Nouau et de Beausseraie, président au Parlement de Paris, laquelle étant veuve avec sept enfants, se remaria en 1634 avec Achille de Harlay, marquis de Bréval et de Champvalon (1).

Cohendy, dans ses *Mémoires historiques*, page 16, nous indique que ce fut sous son administration qu'eurent lieu les Grands Jours de Clermont et que ce fut lui qui fit la liquidation des dettes de l'Hôtel de Ville.

Armes : D'azur à la tour d'or, crénelée et maçonnée de sable, posée sur un rocher de sept coupeaux de sinople, mouvant du bas de l'écu.

23. LE CAMUS (Jean)

Chevalier, Conseiller du Roy en ses Conseils,
Maistre des Requestes ordinaire de son hostel, Commissaire départi
et député par Sa Maiesté pour l'exécution de ses ordres
concernant la Justice, Police et Finances
en la Province d'Auvergne et Généralité de Riom.
(1669-1671.)

Jean Le Camus, frère cadet du cardinal Le Camus, cinquième fils de Nicolas Le Camus qui fut conseiller au Grand Conseil, procureur général de la Cour des Aydes en 1631, conseiller d'Etat en 1632, et mort en 1637, et de Marie de la Barre, laquelle se remaria à Jacques Le Tellier, seigneur de la Chapelle et intendant des finances. Elle mourut le 3 septembre 1661 ; et petit-fils de Nicolas Le Camus, secrétaire du roi en 1617, conseiller d'Etat en

---

(1) *Hist. généal. des pairs de France*, par de Courcelles. Généalog. de Fortia, page 12, tome 3.

1620, qui mourut à 80 ans en 1648, et de Marie Colbert, morte en 1642; fut d'abord conseiller à la Cour des Aides, puis maître des requêtes, intendant d'Auvergne de 1669 à 1671, et enfin lieutenant civil au Châtelet de Paris.

Il exerça pendant quarante ans cette dernière charge avec la réputation de l'un des plus intègres et des plus habiles magistrats de son siècle.

Il mourut le 28 juillet 1710, âgé de 73 ans, ayant eu de Marie-Catherine du Jardin, morte le 14 juin 1719 en sa soixante-dixième année, pour fille unique Marie-Catherine Le Camus, première femme de Jean-Emard Nicolaï, marquis de Goussainville, premier président de la Chambre des comptes, morte le 11 mai 1696 à l'âge de 25 ans (1).

Portrait : D'après une très belle gravure existant à la Bibliothèque nationale de Paris, département des Estampes, dont je possède une reproduction photographique dans ma collection.

24. DE MARLE (Bernard-Hector)

Chevalier,
Seigneur de Versigny, Conseiller du Roi en ses Conseils,
Maître des Requêtes ordinaire de son hôtel,
Commissaire départy pour l'exécution de ses ordres
en sa Province d'Auvergne et Généralité de Riom (1672-1681).

Bernard-Hector DE MARLE, seigneur de Versigny, etc., fils de Christophe-Hector de Marle, seigneur de Versigny, procureur général en la Cour des Aides, puis président en la Chambre des comptes, et de Marie Colbert,

---

(1) Renseignements obligeamment communiqués par M. le comte Le Camus, un de ses parents, demeurant à Paris, rue de Lille.

fille d'Oudart, et de Marie Le Fèvre, morte le 26 mai 1665, fut reçu conseiller au Parlement en 1652, puis maître des requêtes en 1665, il fut ensuite nommé intendant d'Auvergne de 1672 à 1681.

Il épousa Claude-Hector de Marle, sa cousine, fille de Jacques, seigneur de Beaubourg et de Clotomont, président au Grand Conseil, et de Claude Amariton, sa seconde femme.

---

25. DE MALON (Anne-Louis-Jules)

Chevalier,
Seigneur de Bercy, Conseiller du Roy en tous ses Conseils,
Maître des Requêtes ordinaire de son hostel,
Commissaire départy en la Généralité de Riom pour l'exécution des ordres de S. M.
(1681-1683.)

Anne-Louis-Jules DE MALON, chevalier, seigneur de Bercy, Conflans, Charenton, Carrières et la Grange-aux-Merciers, filleul de la reine Anne et de Louis XIV (représenté par Mazarin).

Fut conseiller au Parlement de Metz le 17 octobre 1662, au Parlement de Paris le 27 août 1667, maître des requêtes le 3 mars 1674, intendant en Auvergne en 1681, en Bourbonnais en 1684, à Lyon la même année, intendant de justice pour la visite des havres et ports de France en 1686, premier directeur de la Compagnie des Indes orientales en 1687, et enfin commissaire départi pour la réformation des amirautés et juge connaissant des causes maritimes du royaume en 1688. Mort le 5 octobre 1706, à l'âge de 63 ans. Il avait épousé en 1677 Angélique Le

Ragois, fille de Bénigne Le Ragois, seigneur de Brethonvilliers, président en la Chambre des comptes, et d'Elisabeth Perrot de Saint-Dié, dont il eut trois fils : Charles, maître des requestes, Jean, enseigne de vaisseau en 1705, Louis-Claude, sous-lieutenant, lieutenant, puis capitaine au régiment des gardes (1).

26. LE GOUX DE LA BERCHÈRE (Urbain)

Chevalier, Seigneur du dit lieu,
Marquis d'Inteville et Santenay, Comte de la Rochepot,
Baron de Choisy, Conseiller du roi en ses Conseils,
Maistre des Requestes ordinaire,
Intendant de Justice, Police et Finances en la Généralité
de Riom et Province d'Auvergne (1684).

Urbain Le Goux de la Berchère, marquis d'Inteville, comte de la Rochepot, baron de Choisy et Cipière, fils de Pierre Le Goux, chevalier, et de Louise Joly, fut d'abord conseiller au Parlement de Metz, puis maître des requêtes le 8 janvier 1674, successivement intendant de Moulins en 1683, de Riom en 1684, de Montauban la même année, de Rouen en 1691, honoraire le 17 août 1698, il mourut le 31 août 1721. Il avait épousé le 21 juillet 1675 Antoinette Le Fèvre d'Eaubonne, morte le 29 décembre 1708, fille de Jean et de Catherine de Verthamon.

Il eut pour fils Louis Le Goux, marié avec Madeleine-Charlotte Voisin, fille de Daniel-François Voisin et de Charlotte Trudaine.

(1) Voir Bibliothèque nationale de Paris, fonds français 14018. — Histoire des maîtres des requêtes, fol. 307, verso.

DE BERULLE (Pierre)

Chevalier, seigneur et vicomte de Guyencourt,
Intendant d'Auvergne de 1685 à 1687.
Décédé en 1723.

27. DE BÉRULLE (Pierre)

Chevalier, Seigneur et Vicomte de Guyencourt,
Conseiller du roi en ses Conseils, Maistre des Requestes ordinaire,
Intendant de Justice, Police et Finances en la Généralité
de Riom et Province d'Auvergne.
(1685-1686.)

Pierre, marquis DE BÉRULLE, chevalier, vicomte de Guyencourt, fils de Charles de Bérulle, chevalier, baron de Ceant-en-Othe, créé vicomte de Guyencourt par lettres patentes de février 1657, seigneur de Cérilly, de Rigny-le-Féron, de Vieil-Verger et de Flacy en partie, et de Christine de Vassan, fille de Jacques, écuyer, seigneur de Morsan, maître ordinaire de l'hôtel du roi, trésorier des parties casuelles, et de Madelaine Bailly du Séjour, conseiller du roi en tous ses conseils, maître des requêtes le 24 mars 1683, nommé le 20 mai et reçu le 14 novembre 1694, premier président au Parlement de Grenoble et commandant pour le roi en la province du Dauphiné, fut institué légataire universel de Jacques de Bérulle, son frère, le 27 juin 1704, et exécuteur de son testament. Il obtint des lettres patentes du mois de juin 1720 (registrées au Parlement le 9 avril 1748 et à la Chambre des comptes le 17 mai 1765) lesquelles, en considération des services rendus à l'Etat par la famille de Bérulle, particulièrement par le cardinal de Bérulle, et en même temps pour reconnaître ceux que Pierre de Bérulle, à l'exemple de ses ancêtres, avait rendus soit dans les fonctions de premier président au Parlement de Grenoble, soit dans la charge d'intendant de S. M. pour les provinces d'Auvergne de 1685 à 1686, et de Lyonnais, unirent les terres de Rigny-le-Féron, de Foissy et de Flacy, à la baronnie de Ceant-en-Othe pour ne former à l'avenir qu'une seule et même terre, sous la dénomination de marquisat de Bérulle et relever du roi, comme par le passé, à une seule foi et hommage.

Il mourut en 1723 et avait épousé :

1° Antoinette-Françoise Bouleau ;

2° Marie-Nicole de Paris de la Brosse, parente de Nicolas de Paris de Boissy, chevalier de l'ordre de Saint-Jean de Jérusalem, grand prieur de France, décédé dans sa quatre-vingt-cinquième année, le 17 janvier 1667, suivant son épitaphe qu'on voyait avant la Révolution dans l'église de Sainte-Marie-du-Temple à Paris, en la chapelle de Notre-Dame de Lorette, sur une tombe de marbre noir.

Du premier mariage naquit notamment :

Madeleine de Bérulle, mariée avec Charles de Ribeire, premier président en la Cour des Aides de Clermont en Auvergne.

Armes : De gueules, au chevron d'or, accompagnée de trois molettes d'éperon du même ; couronne de marquis, tenants : deux sauvages appuyés sur leurs massues.

Portrait : D'après une belle gravure que je possède dans ma collection.

28. DESMARETZ DE VAUBOURG
(Jean-Baptiste)

Chevalier,
Seigneur de Vaubourg, Baron de Cramaille,
Conseiller du roi en ses Conseils, Maistre des Requestes ordinaire,
Intendant de Justice, Police et Finances en la Généralité
de Riom et Province d'Auvergne.
(1687-1691.)

Jean-Baptiste Desmaretz de Vaubourg, chevalier, seigneur de Vaubourg, baron de Cramaille, fut nommé conseiller au Parlement en 1678, maître des requêtes par lettres du 7 mars 1681 reçu le dit mois, intendant de Béarn en 1685, d'Auvergne en 1687, de Lorraine, 1691, de Franche-Comté puis de Rouen d'où il eut permission de revenir en 1701, conseiller d'Etat de semestre puis ordinaire. Il avait épousé en 1682 Marie-Madelaine Voisin, fille de Jean-Baptiste Voisin, seigneur de La Noraye, dont il eut :

1° Paul-Etienne, conseiller au Châtelet puis au Parlement en 1714 ;

2° Henriette-Madelaine, mariée en février 1702 à Charles, marquis d'Angennes.

29. DE MAUPEOU (Gilles-François)

Chevalier, Comte d'Ableiges,
Conseiller du roi en ses Conseils, Maistre des Requestes ordinaire,
Intendant de Justice, Police et Finances en la Généralité
de Riom et Province d'Auvergne.
(1691-1695.)

Gilles-François DE MAUPEOU, seigneur d'Ableiges, fils de Gilles de Maupeou, fut conseiller au Parlement, en 1674, ensuite maître des requêtes en 1686, puis intendant des généralités de Poitiers en 1689, d'Auvergne de 1691 à 1695 et mourut maître des requêtes honoraire le 11 mai 1721.

C'est en sa faveur que la terre d'Ableiges au Vexin français fut érigée en comté en décembre 1691 par lettres patentes enregistrées le 12 mars 1692.

Il avait épousé Marie Guillemin, fille de Jean, secrétaire du Roy, dont il eut Gilles Marie, conseiller au Parlement, puis maistre des requestes en 1707 par la démission de son père.

Portrait : D'après une très belle gravure que je possède dans ma collection.

DE MAUPEOU (Gilles-François)

Chevalier, comte d'Ableiges,
Intendant d'Auvergne de 1691 à 1695,
Décédé le 11 mai 1721.

30. LE FÈVRE D'ORMESSON
(Antoine-François de Paule)

Chevalier,
Conseiller du roi en ses Conseils, Maistre des Requestes ordinaires,
Intendant de Justice, Police et Finances en la Généralité
de Riom et province d'Auvergne (1695-1703.).

Antoine-François de Paule Le Fèvre d'Ormesson, fils puîné d'Olivier Le Fèvre, seigneur d'Ormesson, et de Marie de Fourcy, d'une famille bien connue dans l'ancienne magistrature de Paris, seigneur du Cheray, des Tournelles et d'Ormesson, près Mormans-en-Brie, autre que la terre d'Ormesson, près Saint-Denys, qui appartient à la branche aînée des seigneurs d'Ormesson, né en l'année 1652, fut reçu conseiller au Grand Conseil en 1676, maître des requêtes en 1684, commissaire aux Grands Jours pour la réformation de la justice en 1688, puis nommé intendant de Rouen, ensuite d'Auvergne de 1695 à 1703 et enfin de Soissons où sa mémoire est encore en vénération pour sa probité et ses grandes charités.

Il mourut le 21 février 1712 et fut inhumé à Saint-Nicolas-des-Champs.

Il avait épousé en 1682 Jeanne-Françoise Le Fèvre de la Barre, fille d'Antoine, seigneur de la Barre, maître des requêtes, intendant de Paris et en même temps de Bourbonnais et d'Auvergne en 1660, puis gouverneur du Canada et lieutenant général des armées navales du roi, dont nous avons précédemment donné la biographie, et de Marie Mandat, laquelle était elle-même fille de messire Galliot Mandat, maître ordinaire en la Chambre des comptes, et de dame Marguerite Le Rebours, duquel mariage sont issus sept enfants.

Jeanne-Françoise Le Fèvre de la Barre, épouse d'Antoine-François de Paule Le Fèvre d'Ormesson mourut le

4 juillet 1735 et fut inhumée à Saint-Nicolas-des-Champs ; de cette union naquirent :

Olivier, intendant de Besançon, né le 20 septembre 1686, décédé le 31 mars 1718 ;

André-François, conseiller au Parlement, né le 28 mars 1693, mort le 9 octobre 1744 ;

Et Jeanne, née en juillet 1685, décédée le 25 mars 1744 (1).

Cet intendant fut l'auteur du mémoire concernant l'Auvergne dressé par ordre de Mgr le duc de Bourgogne en 1687-1698 et qui a été publié par M. Bouillet dans les *Tablettes historiques de l'Auvergne*, tome V, pages 541, 552, 645, 655 et 656.

Cette famille est aujourd'hui représentée par le marquis d'Ormesson, colonel du 51e régiment d'infanterie en garnison à Beauvais et par le comte d'Ormesson, ancien introducteur des ambassadeurs au palais de l'Élysée, aujourd'hui ambassadeur de France à Copenhague (Danemarck).

31. LE BLANC (Claude)

Chevalier,
Seigneur de Passy, Essigny, Saint-Nicolas et autres lieux,
Conseiller du roi en ses Conseils, maistre des Requestes ordinaire,
Intendant de Justice, Police et Finances en la Généralité de
Riom et Province d'Auvergne (1704-1707).

Claude Le Blanc, chevalier, seigneur de Passy, Essigny, Saint-Nicolas et autres lieux, naquit le 1er décembre 1669, et mourut à Versailles le 19 mai 1728. Il était fils de Louis Le Blanc, maître des requêtes, intendant en Normandie ; sa mère était sœur du maréchal de Bezons. Il fut reçu conseiller au Parlement de Metz en 1696, maître des requêtes

---

(1) Renseignements fournis par le marquis d'Ormesson, descendant de l'intendant d'Ormesson, colonel du 51e régiment d'infanterie en garnison à Beauvais.

LE BLANC (Claude)

Chevalier, Seigneur de Passy, Essigny, Saint-Nicolas et autres lieux,
Intendant d'Auvergne de 1704 à 1707,
Né le 1ᵉʳ décembre 1669,
Décédé à Versailles le 19 mai 1728.

en 1697, intendant d'Auvergne en 1704, de Dunkerque et d'Ypres en 1707, et membre du Conseil de la guerre en 1716. Le 24 septembre 1718, Le Blanc fut nommé secrétaire d'État du Département de la guerre. On lui doit d'utiles ordonnances, entre autres celles de mars 1720, portant réorganisation de la maréchaussée dans tout le royaume, et du 22 mai 1722 sur le service de l'artillerie. En 1719, il devint grand-croix, grand prévôt et maître des cérémonies de l'Ordre de Saint-Louis. Lors de la conspiration de Cellamare, Le Blanc fut initié au secret de cette affaire par Dubois, mais il n'en sut que ce que Dubois voulut bien lui laisser savoir. Le duc de Bourbon, ennemi de Le Blanc, saisit, pour le perdre, l'occasion de la banqueroute de La Jonchère, trésorier de l'extraordinaire des guerres, qui était un protégé de Le Blanc. Celui-ci fut accusé d'avoir puisé dans la caisse du trésorier et d'avoir contribué à sa faillite. Le Régent eut voulu sauver un homme qui l'avait bien servi, mais depuis longtemps sa volonté était soumise à celle de Dubois, qui n'osait déplaire au duc de Bourbon. Le Blanc dut donner sa démission, il fut remplacé par Breteuil. Le 1er juillet 1723, on mit Le Blanc à la Bastille, et la Chambre de l'Arsenal fut chargée d'instruire son procès. L'affaire ayant été renvoyée au Parlement, Le Blanc fut acquitté. On remarqua que le duc de Chartres couvrit l'accusé d'une protection toute spéciale. Le 19 juin 1726, Le Blanc, qui était en exil, se vit rappelé au poste de secrétaire d'État de la guerre qu'il occupait encore à sa mort.

Il avait épousé, en 1699, Madeleine Petit de Passy, fille du doyen du Parlement de Metz, dont il eut une fille, mariée au marquis de Tresnel, morte sans postérité.

Le Blanc avait deux frères dans les ordres, dont l'un fut évêque d'Avranches en 1719, et l'autre évêque de Sarlat en 1722.

Portrait : D'après une belle gravure du temps que je possède dans ma collection.

32. TURGOT DE SAINT-CLAIR (Marc-Antoine)

Chevalier,
Conseiller du roi en ses conseils, maistre des Requestes ordinaire,
Intendant de Justice, Police et Finances en la Généralité
de Riom et Province d'Auvergne (1708-1713).

Marc-Antoine Turgot de Saint-Clair, chevalier, né le 16 décembre 1668, fils d'Antoine Turgot de Saint-Clair, maître des requêtes, et de Jeanne du Tillet, fut reçu conseiller au Grand Conseil le 16 janvier 1692, maître des requêtes ordinaire de l'Hôtel du roi le 27 septembre 1703, sur la démission volontaire de Jean de la Cour du 11 août précédent, il préta serment le même jour entre les mains du chancelier de France, fut reçu au Parlement le 15 du même mois, aux requêtes le même jour, intendant de Justice, Police et Finances en Auvergne le 8 juin 1708, où il resta jusqu'en 1713, à Soissons en janvier 1720 d'où il revint en 1722, conseiller d'honneur au Parlement de Paris le 24 août 1723, il mourut maître des requêtes honoraire le 3 mars 1748.

Il s'était marié le 24 mars 1703 (à Saint-Nicolas-des-Champs), à Louise Le Goux-Maillard, fille de Benoît Le Goux-Maillard, président à mortier au Parlement de Dijon.

Portrait : D'après une belle gravure du temps que je possède dans ma collection.

TURGOT DE SAINT-CLAIR (Marc-Antoine)

Chevalier,
Intendant d'Auvergne de 1708 à 1713,
Né le 16 décembre 1668, décédé le 3 mars 1748.

33. BECHAMEIL (Louis-Claude)

Chevalier,
Seigneur et marquis de Nointel,
Conseiller du roi en ses Conseils, maistre des Requêtes ordinaire,
Intendant de Justice, Police et Finances en la Généralité
de Riom et Province d'Auvergne (1713-1717).

———

Louis-Claude BECHAMEIL, chevalier, seigneur et marquis de Nointel, fils de Louis Bechameil, substitut du procureur général au Parlement de Paris, maître des requêtes, conseiller d'État, naquit le 12 novembre 1682.

Il fut d'abord reçu conseiller au Parlement de Paris, en la 5e chambre des Enquêtes, le 20 mai 1705, puis maître des requêtes ordinaire de l'Hôtel du roi, nommé ensuite intendant de Justice, Police et Finances à Riom en 1713, à Soissons en janvier 1717.

Il fut nommé maître des requêtes par lettres données à Versailles le 1er mars 1710, fit serment le même jour entre les mains de M. de Pontchartrain, chancelier au Parlement le 15 du même mois et fut installé aux requêtes le 13 mai suivant.

Il avait épousé, le 10 juillet 1710, Angélique-Élisabeth Rouillé, fille de Jean-Louis Rouillé, maître des requêtes (1).

---

(1) Voir Bibliothèque nationale de Paris. Fonds français, Dossiers bleus, vol. 79.

34. BOUCHER (Claude)

Seigneur d'Hebecourt, Sainte-Geneviève et autres lieux,
Intendant de Justice, Police et Finances
en la Généralité de Riom et Province d'Auvergne (1717-1719).

Claude Boucher, fils de Nicolas Boucher, secrétaire du roi, puis grand audiencier de France, et de Marie Bannelier, naquit le 22 septembre 1673.

Seigneur de Livry, près Melun, conseiller en la Cour des Aides il fut reçu le 6 janvier 1693 par lettres de dispense d'âge, devint ensuite président à la même Cour le 14 mars 1699, au lieu et par la démission de M. Le Vasseur de Saint-Vrain, puis président honoraire, intendant en la Généralité de Riom de 1717 à 1719, ensuite de Bordeaux d'où il revint en 1743. Il épousa une fille du doyen du Parlement de Metz, Petit, seigneur de Passy.

Fils d'un secrétaire du chancelier Boucherat, qui s'y était fort enrichi, Claude Boucher était beau-frère de M. Le Blanc qui fut aussi intendant d'Auvergne en 1707 et dont nous avons précédemment donné la biographie, ils avaient épousé les deux sœurs. « Le Blanc, dit Saint-Simon dans ses Mémoires, tome XIV, p. 170, pointait fort auprès de M. le duc d'Orléans; il en obtint, en 1717, l'intendance d'Auvergne pour son beau-frère, qui était président en la Cour des Aides. Rien de si plaisant que le scandale que les maîtres des requêtes en prirent et que l'éclat qu'ils osèrent en faire. C'était le temps de tout prétendre et de tout oser, aussi firent-ils les hauts cris d'une place qui leur était dérobée, comme si, pour être intendant, il fallait être maître des requêtes et qu'on n'en eût jamais fait que de leur corps. Ils députèrent au chancelier pour écouter et porter leurs plaintes au Régent; tous deux se moquèrent d'eux et tout le monde aussi. »

35. BRUNET D'ESVRY (Gilles)

Chevalier,
Seigneur de La Palisse et autres lieux,
Baron de Chastel-Montagne,
Conseiller du roi en ses Conseils,
Maistre des Requestes ordinaire de son hostel,
Intendant de Justice, Police et Finances en la Généralité
de Riom et Province d'Auvergne (1720-1722).

Gilles Brunet, seigneur d'Esvry, chevalier, seigneur de La Palisse et autres lieux, baron de Châtel-Montagne, fut conseiller au Parlement de Paris en 1706, maître des requêtes en 1709, et intendant d'Auvergne de 1720 à 1722.

---

36. BIDÉ DE LA GRANDVILLE (Julien-Louis)

Seigneur de la Grandville,
Conseiller du roi en ses Conseils,
Maistre des Requestes ordinaire de son hostel,
Intendant de Justice, Police et Finances en la Généralité
de Riom et Province d'Auvergne.
(1723-1730).

Julien-Louis Bidé de la Grandville, fils de Charles-Piérre Bidé, seigneur de la Grandville, conseiller au Parlement de Bretagne, né le 4 mai 1688, fut reçu conseiller au Grand Conseil le 14 juin 1711, maître des requêtes au lieu de François du Gué, en vertu de lettres de dispense d'âge accordées le 3 avril 1715, intendant de Justice en Auvergne en 1723, de la Flandre française en 1730, d'Alsace en

1733, et conseiller d'État en mai 1740. Il avait épousé, le 12 avril 1714, Françoise Pinsonneau, fille unique de Mathieu Pinsonneau, maître ordinaire en la Chambre des Comptes de Paris (1).

Ce fut cet intendant qui fit construire la place de la Poterne, à Clermont-Ferrand, avec les sommes destinées aux fonds des lanternes. On lui donna, en reconnaissance, son nom qui fut ensuite remplacé par celui de la Poterne que cette place porte aujourd'hui.

---

37. TRUDAINE (Daniel-Charles)

Chevalier,
Seigneur de Montigny, Conseiller du roi en ses Conseils,
Maistre des Requestes ordinaire de son hostel,
Intendant de Justice, Police et Finances en la Généralité de Riom
et Province d'Auvergne (1730-1734).

Daniel-Charles Trudaine, conseiller d'État et aux Conseils royaux de Finance et de Commerce, intendant des Finances et honoraire de l'Académie des Sciences, naquit à Paris, le 3 janvier 1703. Il était fils de Charles Trudaine, conseiller d'État et de Renée-Magdeleine de Rambouillet de la Sablière.

M. Trudaine, son père, avait été successivement intendant de Lyon et de Dijon et prévôt des marchands de Paris. Il joignait aux principes de la probité la plus exacte un cœur sensible et droit, toujours vrai, toujours humain, toujours ferme dans ce qu'il croyait juste. Sa probité rigide n'avait pu se plier aux différentes circonstances. Le roi l'honorait de sa confiance. Le chancelier Voisins, qui

(1) Voir Bibliothèque nationale de Paris. Fonds français, Dossiers bleus, vol. 95.

avait épousé sa sœur, l'avait mis souvent dans le cas de faire valoir ses services. Il était encore prévôt des marchands dans le temps des billets de Banque : Law était alors contrôleur général des Finances; il proposa une opération sur les rentes dues par le Domaine de la ville de Paris. Trudaine crut ne devoir pas s'y prêter. Son inflexibilité sur ce point étant extrême, Mgr le duc d'Orléans engagea le roi à nommer une autre personne à sa place comme prévôt des marchands; mais il ne lui retira ni son estime, ni ses bontés. Il lui dit un jour : *Nous vous avons ôté votre place, parce que vous êtes trop honnête homme.*

M. Trudaine, père, rendu à sa tranquillité et aux fonctions de conseiller d'État, mourut peu de temps après.

Trudaine (Daniel-Charles) fut élevé au collège des Jésuites où il fit de bonnes études : il y prit un goût particulier pour la lecture des Anciens, qu'il a conservé jusqu'à la fin de sa vie.

Lorsqu'il fut sorti du collège, il fit son Droit et fut conseiller au Parlement en 1721. Il perdit son père à peu près dans le même temps. Le chancelier Voisins, son oncle, était mort en 1717. Sa fortune alors se trouvait fort bornée; sa mère, qui avait apporté la plus grande partie des biens dans la famille, était jeune encore et le bien de son père était partagé.

Dans cette position, âgé à peine de 17 ans, ayant à délibérer presque seul sur le parti qu'il avait à prendre, il se détermina à faire toute sa vie les fonctions de conseiller au Parlement pour lesquelles il se sentait de l'attrait. Il se plaisait souvent à dire que ce n'était pas sans regret qu'il s'était vu entraîné, par les circonstances, dans une carrière différente.

C'est alors qu'il acquit, dans sa première jeunesse, les principes de cette connaissance profonde des lois et des formes du royaume qui, depuis, l'ont rendu si utile, dans les différents Conseils où il a été appelé.

Il exerçait depuis sept ans ces fonctions avec une rare distinction, lorsque les circonstances lui firent changer de plan de vie et tournèrent du côté de l'administration des talents qu'il avait consacrés à la jurisprudence.

M. de Gaumont, conseiller d'État et intendant des Finances, avait une nièce, fille de M. Chauvin, conseiller au Parlement; il désirait la marier à un homme qui pût un jour lui succéder : il jeta les yeux sur Trudaine, comme sur un des magistrats le plus capable de remplir ses vues.

Le cardinal de Fleury parut approuver ce choix; il avait particulièrement connu Trudaine le père dans le temps qu'ils étaient l'un évêque de Fréjus, l'autre intendant de Lyon : il croyait même lui avoir quelques obligations. Il ne voulut pas proposer au roi, pour ce mariage, la survivance qu'on demandait de la charge d'intendant des Finances. Ce ministre était très opposé à ces sortes de grâces prématurées; mais il fit espérer qu'il en obtiendrait l'agrément pour Trudaine, après la mort ou la retraite de M. de Gaumont. Le mariage fait, Trudaine acheta une charge de maître des requêtes; il ne tarda pas à s'y distinguer.

Le chancelier d'Aguesseau conçut pour lui une véritable amitié; il lui trouvait des connaissances analogues à celles qu'il possédait lui-même dans le degré le plus éminent. Il l'employa souvent dans différentes affaires de législation très délicates et qu'il avait particulièrement à cœur; il aimait à les traiter avec lui, et il a dit souvent que le travail qu'il faisait avec Trudaine le délassait de celui qu'il avait fait dans le reste de la journée. Il a continué jusqu'à sa mort de lui marquer la même confiance.

Il lui trouvait des talents si décidés pour la législation, qu'il lui reprocha plusieurs fois de songer à la place d'intendant des Finances, qu'il regardait comme plus liée à l'administration qu'à la jurisprudence.

Le cardinal Fleury continuait de lui marquer de l'estime et de l'amitié; il l'admettait souvent dans son inti-

TRUDAINE (Daniel-Charles)

Chevalier, seigneur de Montigny,
Intendant d'Auvergne de 1730 à 1734,
Né à Paris le 3 janvier 1703,
Décédé le 19 janvier 1769.

mité et cherchait à le bien connaître avant de le proposer au roi pour une place d'administration.

Peu de temps après, M. Orry, qui avait été nommé à l'intendance de Valenciennes, fut fait contrôleur général. M. de la Grandville, intendant d'Auvergne, fut nommé à sa place et cette dernière intendance fut donnée à Trudaine deux ans après qu'il eut été fait maître des requêtes.

C'est dans cette nouvelle carrière que les talents de Trudaine commencèrent à se développer. Ses vues, ses projets, ses lumières ont toujours paru prendre de l'accroissement à mesure que ses occupations devenaient plus importantes. Il embrassa à la fois toutes les parties qui lui étaient confiées; il s'occupa avec ardeur à saisir les principes de chacune; il sut se les rendre si familières, qu'il en conserva toute sa vie la connaissance la plus solide et la plus sûre.

Son caractère de fermeté et d'intégrité, dans la répartition des impositions, commença par lui acquérir cette considération, qui est quelque chose de plus que l'estime, et qui est si nécessaire pour faire des choses vraiment utiles. Il se livra particulièrement à la construction des chemins qui étaient dans le plus mauvais état: il semblait qu'il prévît dès lors qu'il serait un jour chargé de cette administration importante.

La province d'Auvergne était séparée en deux parties, dont l'une comprenait les campagnes fertiles de la Limagne et des environs de Clermont, l'autre des montagnes presque inaccessibles en tout temps. Les moissons de la plaine et les dépouilles des troupeaux de la montagne ne procuraient pas aux habitants toutes les richesses qu'elles paraissaient leur promettre. Trudaine sentit et fit sentir aux ministres qu'il ne manquait que des communications pour établir un heureux échange entre ces productions utiles. Il travailla avec succès à procurer à cette province cet avantage précieux qui a été depuis perfectionné et qui y a attiré les richesses des provinces voisines.

C'est pendant son administration que la ville de Montferrand fut réunie définitivement à Clermont, ainsi que le bailliage de la même ville de Montferrand à la sénéchaussée et siège présidial de Clermont (1731), et que fut ouverte la route de Clermont en Languedoc, par Le Puy (1732). Il créa des manufactures dans les hôpitaux de Clermont et de Riom.

Après avoir rempli les fonctions d'intendant d'Auvergne pendant cinq ans, M. de Gaumont lui offrit, en 1734, de lui remettre sa place, et le cardinal de Fleury ayant proposé au roi de lui en donner l'agrément, il vint alors exercer la charge d'intendant des Finances. Il eut le département du Domaine qu'avait eu M. de Gaumont avant lui. Il y apporta des connaissances acquises depuis longtemps dans la jurisprudence, qui était la base principale des affaires de ce département. Il eut occasion de faire connaître dans cette place et la fermeté de son caractère et l'étendue de ses lumières. Orry, alors contrôleur général, lui confia, peu d'années après, la Direction des ponts et chaussées qui lui valut l'estime de la nation par l'étendue de ses projets, la suite qu'il mettait dans les détails et l'économie avec laquelle il en a dirigé tous les travaux.

Il remplit ces hautes fonctions pendant trente ans et forma pendant ce temps une école d'ingénieurs où tous les concurrents étaient également admis à venir essayer leur bonne volonté et leurs dispositions. Il plaça à la tête M. Perronnet, qui fut premier ingénieur des ponts et chaussées, membre de l'Académie des Sciences et d'Architecture, qu'il crut propre à cet emploi de confiance. Le succès répondit pleinement à ses vues. Trudaine réussit à entreprendre et à achever plusieurs grands ouvrages, notamment :

Le pont d'Orléans, entrepris par Hupeau, mort depuis, premier ingénieur des ponts et chaussées;

Le pont de Moulins, construit avec la plus grande solidité par de Regemorte, premier ingénieur des turcies et levées et de l'Académie d'architecture, sur un fond de sable et sur l'Allier, rivière orageuse, qui avait déjà détruit plusieurs fois les ouvrages pareils entrepris dans le même lieu;

Celui de Tours, conduit par M. Bayeux, inspecteur général;

Celui de Saumur, conduit par M. de Voglie, ingénieur de Tourraine; enfin les projets et les premiers fondements du pont de Neuilly, sur la Seine, par M. Perronnet, furent les fruits de l'affection particulière qu'il avait apportée à cet objet important.

Trudaine ne garda pas longtemps le département du Domaine dont il avait été chargé par la démission de M. de Gaumont; il eut celui des Fermes générales, après M. de Fulvy, et fut chargé de la principale administration du commerce, lorsque M. Rouillé, qui avait ce détail, fut nommé à la place de secrétaire d'État de la marine. Il traita, dans ces fonctions, les affaires de finances avec cette franchise noble qui lui gagna toujours les cœurs. L'amour de la Patrie et celui de l'humanité en général le portaient à chercher les moyens de soulager le peuple sans nuire aux intérêts du roi. Il gémissait et s'attendrissait souvent sur cette multiplication d'impôts que les circonstances avaient rendu nécessaires. Il mettait tout en usage pour en adoucir la charge par la facilité de la perception.

Dans les discussions qu'il avait quelquefois avec les Fermiers généraux, ou sur le prix de leur bail, ou sur quelque perception qu'il trouvait trop onéreuse, il écoutait leurs raisons; il tâchait de les pénétrer de sa façon de penser et y réussissait souvent; aussi était-il fort aimé et en a-t-il été sincèrement regretté.

Dans le département du Commerce, il suivit avec zèle et exactitude toutes les branches de manufactures et ne manqua aucune occasion de relâcher insensiblement les gênes et de donner de l'essor à l'industrie.

Les fonds destinés depuis longtemps à encourager l'industrie dans le royaume, souvent mal distribués et alors presque entièrement épuisés, revenaient de toutes parts, en silence, à leur destination naturelle. Après quelques années entièrement consacrées au rétablissement de l'ordre, il se trouva par ce moyen en état d'appeler dans le royaume les branches d'industries les plus florissantes chez l'étranger. Souvent quelques avances faites à propos, quelques secours donnés à des artistes laborieux et intelligents, excitèrent le travail et l'émulation dans des provinces prêtes à tomber dans la langueur. Ces secours, ménagés avec une économie attentive, paraissaient se multiplier. Il eut soin de ne confier, sous lui, cette administration qu'à des hommes honnêtes, actifs et intelligents ; il y ramena l'observation exacte des formes et des lois dans le détail.

Il s'attacha les négociants par la considération qu'il leur marqua et qu'il chercha à leur attirer de toutes parts. Il entretenait particulièrement une correspondance plus intime avec ceux qui étaient attachés au Conseil en qualité de députés des places commerçantes, et son nom était chéri dans ce corps respectable des représentants du commerce du royaume.

Indépendamment des différents départements de M. Trudaine, il était quelquefois appelé dans les Conseils pour y délibérer des affaires générales, et plusieurs ministres le consultèrent avec la plus entière confiance. Tous ceux enfin qui l'ont consulté en ont reçu des secours utiles et des lumières satisfaisantes.

Il avait été fait successivement conseiller d'État, conseiller au Conseil royal de commerce et au Conseil royal de finances.

Ces grandes occupations affaiblirent la santé de Trudaine qui laissa à son fils, qu'on lui avait donné pour adjoint, la plupart des détails les plus fatigants jusqu'à ce que enfin sa santé devenant de jour en jour plus mauvaise, il le chargea presque de la totalité de ses départements, ne

PEYRENC DE MORAS (François-Marie)

Chevalier, seigneur de Saint-Priest, Saint-Étienne et autres lieux,
Intendant d'Auvergne de 1750 à 1752.

se réservant que celui des ponts et chaussées, que sa longue habitude lui avait rendu plus familier et auquel il était surtout attaché. Il mourut vivement regretté le 19 janvier 1769.

Son fils, l'informant dans sa dernière maladie de l'intérêt universel qu'on prenait à son état et de la considération dont il jouissait : « Eh bien! mon ami, lui dit-il, je te lègue tout cela! »

Trudaine, qui aimait les sciences, fut admis, en 1743, dans la Société des gens de lettres et des savants.

Trudaine avait rassemblé, pendant le cours de sa vie, tous les biens de sa famille. Il joignit à ce patrimoine des bienfaits considérables du roi, il sut ménager et arranger sa fortune avec le même ordre qui l'avait dirigé dans les affaires publiques. Egalement éloigné de l'avarice et de la prodigalité, il destina ses revenus à tenir un état honorable et simple; il affectionnait surtout sa terre de Montigny, qu'il a passé beaucoup de temps à améliorer et à embellir; mais ce dont il s'occupait particulièrement était le bien-être des habitants de cette terre; il leur a procuré, par ses soins, des moyens de faire valoir leur industrie (1).

La ville de Clermont, en souvenir des bienfaits de cet intendant, a donné son nom à un de ses boulevards.

Portrait : D'après une très belle gravure de Carmontelle (1761) où il est représenté assis tenant un livre, que je possède dans ma collection.

---

(1) Sources : Éloge de Trudaine, lu à l'assemblée de l'Académie des Sciences le 5 avril 1769. — Bibliothèque de Clermont, cat. Auvergne n° 2973.

38. ROSSIGNOL (Bonaventure-Robert)

Chevalier,
Seigneur de Juvizy, Balagny, Conseiller du roi en ses Conseils,
Maistre des Requestes ordinaire de son hostel,
Intendant de Justice, Police et Finances en la Généralité
de Riom et Province d'Auvergne (1734-1748).

Bonaventure-Robert Rossignol, seigneur de Juvisy, Balagny, etc., baptisé le 25 novembre 1695, fils de Charles-Bonaventure Rossignol, conseiller en la Chambre des comptes de Paris, et de Michelle de Pomereu, fut reçu conseiller au Parlement, le 9 février 1716, et maître des requêtes, le 15 février 1719. Il eut des lettres de dispense d'âge et de service pour cet office à la place de Sébastien de la Grange-Trianon, devint ensuite intendant de justice en Auvergne, le 7 septembre 1734, à la place de M. Trudaine nommé intendant des finances et fut enfin grand-croix, secrétaire général et greffier de l'ordre de Saint-Louis en 1734. Il avait épousé le 8 mars 1731 Mlle de Bernage.

Cohendy dans ses *Mémoires historiques*, page 18, nous indique que l'intendant Rossignol fut le créateur de l'embranchement sur la route du Languedoc au-dessus du pont de Lempdes, d'une communication entre l'Auvergne et le Gévaudan par Saint-Flour; commencée en 1736, elle fut conduite à la Garde-Guérin en Gévaudan, en 1747, qu'il commença en 1737 la route de Clermont à Aurillac, par Rochefort, Bort et Mauriac, qui fut achevée en 1757; et qu'il commença aussi celle de Lyon à Limoges à travers l'Auvergne en 1735, la partie de Clermont à Lezoux n'ayant été ouverte qu'en 1750, sous son successeur.

Ce fut également sous son administration, en 1747, que fut créé la Société littéraire de Clermont qui est devenue par la suite l'Académie des Sciences, Arts et Belles-Lettres.

39. PEYRENC DE MORAS. (François-Marie)

Chevalier,
Seigneur de Saint-Priest, Saint-Etienne et autres lieux,
Conseiller du roi en ses Conseils.
Maistre des Requestes ordinaire de son hostel,
Intendant de Justice, Police et Finances en la Généralité
de Riom et Province d'Auvergne.
(1750-1752.)

François-Marie Peyrenc de Moras, chevalier, seigneur de Saint-Priest, Saint-Etienne et autres lieux, fils d'Abraham Peyrenc, seigneur de Moras en Brie, conseiller au Parlement de Metz, maître des requêtes de l'hôtel du roi en 1722, mort le 20 novembre 1732, et d'Anne-Marie-Joséphine de Farges, fut aussi conseiller au Parlement de Metz, maître des requêtes de l'hôtel du roi et intendant d'Auvergne de 1750 à 1752. Il fut ensuite conseiller d'Etat et ministre-secrétaire d'Etat de la marine en 1771.

Ce fut lui qui fut, par ordre du Conseil, le fondateur en Auvergne des pépinières de mûriers blancs pour l'élevage des vers à soie, dont les produits furent reconnus d'une qualité supérieure à celle des autres provinces du royaume.

Limitées d'abord à quatre, établies à Clermont, Riom, Brioude et Issoire, elles furent bientôt élevées à seize qui produisirent plus de 300,000 mûriers. Deux autres pépinières furent créées pour les arbres employés à la plantation des chemins (noyers dans la Limagne, frênes dans la montagne).

Il commença en 1752 le grand chemin de Clermont à Montbrison par Chignat, Ambert et Saint-Anthême (1).

Portrait : D'après une gravure existant à la Bibliothèque de Clermont dont je possède une reproduction photographique dans ma collection.

---

40. DE LA MICHODIÈRE (JEAN-BAPTISTE-FRANÇOIS)

Chevalier,
Comte d'Hauteville, Seigneur de la Michodière, Romeny
et autres lieux,
Conseiller du roi en ses Conseils,
Maistre des Requestes ordinaire en son hostel,
Intendant de Justice, Police et Finances en la Généralité de Riom
et Province d'Auvergne (1753-1757).

Jean-Baptiste-François DE LA MICHODIÈRE, fils de Jean-Baptiste, maître des requêtes, et de Louise-Elisabeth Rochereau d'Hauteville, né le 2 septembre 1720, comte d'Hauteville, seigneur de Romeny, fut conseiller au Grand Conseil le 11 septembre 1739, maître des requêtes le 19 août 1745, président au Grand Conseil le 2 janvier 1750, intendant en Auvergne en novembre 1753, de Lyon en octobre 1757, de Rouen en août 1762, conseiller d'Etat le 14 août 1758, prévost des marchands de Paris en mars 1772, et enfin conseiller d'honneur au Parlement de Paris, place dont il fit ses remerciements à Sa Majesté le 4 octobre 1778. C'est en sa faveur que la terre d'Hauteville en

---

(1) Voir Mémoires historiques de Cohendy, page 18.

DE LA MICHODIÈRE (Jean-Baptiste-François)

Chevalier,
Comte d'Haussonville, seigneur de la Michodière, Romeny
et autres lieux,
Intendant d'Auvergne de 1753 à 1757,
Né le 2 septembre 1720.

Champagne, élection de Vitry-le-François, fut érigée en comté par lettres du roi de 1751.

Il avait épousé le 17 mars 1745 Anne-Catherine Luthier du Plessis Saint-Martin, fille de Guillaume, maître ordinaire de la Chambre des comptes de Paris, dont il eut deux enfants, Alexandre-Michel de la Michodière et Anne-Adélaïde, mariée à Louis Thiroux, maître des requêtes, intendant de Rouen.

Portrait: D'après un très beau pastel se trouvant au Musée de la ville de Clermont et dont je possède une reproduction photographique dans ma collection.

41. BERNARD DE BALLAINVILLIERS
(Simon-Charles-Sébastien)

Chevalier,
Seigneur de Vilbouzin, du Cléry, du Ménil et autres lieux,
Conseiller du Roi en tous ses Conseils,
Maître des Requêtes ordinaire de son hôtel,
Grand-Croix de l'ordre royal de Saint-Louis,
Intendant d'Auvergne de 1758 à 1767.

Simon-Charles-Sébastien-Bernard, baron DE BALLAINVILLIERS, seigneur de Vilbouzin, du Cléry, du Ménil et autres lieux, conseiller du roi en tous ses Conseils, maître des requêtes ordinaire de son hôtel, grand-croix de l'ordre royal de Saint-Louis, intendant d'Auvergne de 1758 à 1767, naquit à Paris le 25 janvier 1721, de Simon Bernard, baron de Ballainvilliers, secrétaire du roi, et de Marie-Anne Labbé.

Ses parents pensèrent de bonne heure à cultiver son esprit par l'étude de la langue latine, par les sciences et par les exercices¹ qui font partie de la belle éducation. Comme on le destinait à la magistrature, après avoir fait le cours classique ordinaire dans le collège d'Harcourt, il s'appliqua à la jurisprudence, prit ses grades et devint successivement substitut du procureur général du Parlement, conseiller en la même Cour, maître des requêtes.

Dans l'exercice de cette dernière charge, il eut plus d'une fois occasion de faire usage de ses talents en présence du roi.

En 1757, M. de la Michodière qui, par sa douceur, sa politesse et sa bienfaisance s'était concilié l'estime et l'amour universel, fut transféré de l'intendance d'Auvergne à celle de Lyon. La province pleura son départ parce qu'il paraissait difficile de remplacer un aussi aimable magistrat et qu'on n'osait pas l'espérer.

Cependant le roi donna cette place à M. de Ballainvilliers : la province n'eût pas su faire un meilleur choix. Le nouvel intendant vint et commença cette brillante carrière qui a illustré sa vie et qui l'a fait regretter après sa mort.

Les circonstances où se trouvait le royaume mirent bientôt au jour les qualités du cœur du nouvel intendant.

Une guerre longue et ruineuse forçait le roi d'exiger de ses sujets une partie de leur substance. L'Auvergne fut taxée proportionnellement à la réputation d'opulence dont la Cour l'honorait fort mal à propos.

Bientôt elle menaça de tomber dans la plus profonde léthargie.

Le laboureur ne portait plus à la charrue une main égayée par l'espérance, il arrosait de ses larmes les pénibles sillons qu'il traçait ; dans son désespoir, il redoutait la rosée du ciel et la graine de la terre : contraint de renoncer au droit consolant de propriété, il ne se réservait que des bras mercenaires et il était réduit à l'état déplorable d'envier à la terre les trésors qu'il lui confiait.

D'un autre côté, l'industrie devenait insuffisante pour

BERNARD DE BALLAINVILLIERS
(Simon-Charles-Sébastien)

Chevalier, seigneur de Vilbouzin, du Cléry, du Ménil et autres lieux,
Intendant d'Auvergne de 1658 à 1767,
Né à Paris le 25 janvier 1721,
Décédé le 19 octobre 1767.

fournir à l'artisan de quoi payer les impôts ; la jouissance de son salaire n'était qu'instantanée : pour se l'assurer une prompte et furtive consommation lui présentait un moyen infaillible, mais pernicieux ; il s'y livrait et ses mains rebutées attendaient le cri de la nécessité pour retourner au travail.

Ballainvilliers se rendit compte de cet état et son cœur sensible en fut ému.

Il fatigua le ministère de représentations importunes ; peignit la province avec des couleurs tristes, mais trop réelles ; osa prononcer à la Cour le nom odieux de misère ; fit des remontrances si touchantes et si multipliées, réclama si vivement les droits de l'humanité qu'il obtint des diminutions considérables, et tous les ans les mêmes armes lui procurèrent les mêmes faveurs.

Si l'excès de l'impôt dessèche le germe de la prospérité commune, la mauvaise répartition frappe des coups meurtriers sur la prospérité particulière et ce vice est comme l'apanage de l'imposition arbitraire.

Ballainvilliers combina de son mieux les circonstances locales et personnelles qui doivent faire varier la répartition.

Quoiqu'il connût très bien tout le problématique d'un bon système en ce genre, il ne laissa pas d'en essayer plusieurs, et si le succès ne suivit pas ses desseins, son esprit fut la dupe de son cœur.

Dans le même temps qu'il mettait tout en œuvre pour extirper cette race de fainéants qui passent la nuit à mal faire et le jour à extorquer les charités publiques par des infirmités simulées, il tendait une main bienfaisante à ces misérables rebuts de la fortune qui, privés de ses faveurs, étaient sans moyen pour se les attirer.

Lorsque l'Académie prit en considération une proposition de M. Queyriau tendant à faire des expériences pour extraire d'os décharnés un suc très alimenteux et à lui donner la consistance nécessaire pour être longtemps conservé et supporter le transport, Ballainvilliers y vit un bien pour le public. Aussitôt après avoir fait l'essai du bouillon, il ordonna la confection des tablettes, prit à ses frais tout ce qui pouvait s'en manipuler, et en fit passer dans les paroisses de la Généralité pour être employées au soulagement des malades.

Ballainvilliers encouragea la culture, le commerce et les arts.

L'établissement des académies d'agriculture fixa les yeux des savants. Ballainvilliers se donna mille soins pour former celle de Clermont. Il encouragea de son mieux les citoyens académiciens, n'épargna rien pour donner de l'existence à leur théorie, et l'œil du philosophe accompagnant la main qui conduisait la charrue, il parvint, après plusieurs expériences, à apprécier les diverses méthodes proposées par les savants cultivateurs.

Par ses soins, des semences inconnues fécondèrent nos champs, des espèces nouvelles vinrent améliorer nos troupeaux, et il n'est aucun lieu propre aux plantations où il n'ait fait former par ses ordres de riches pépinières.

C'est ainsi que, améliorant la culture, il semait l'abondance de toutes parts et léguait de grands biens à la postérité.

Ballainvilliers comprenant que le commerce, cette profession cosmopolite qui fait participer aux richesses du monde entier, qui échange le superflu contre les productions étrangères, qui par son activité porte partout l'abondance, était d'une pratique difficile dans un pays éloigné des côtes maritimes, sans rivière constamment navigable, séparé de ses voisins par des montagnes presque inaccessibles et n'offrant qu'une issue commode du côté du nord, leva cette difficulté en enchérissant sur ses prédécesseurs et en ouvrant la province de toutes parts.

Ballainvilliers entreprit de réveiller l'industrie nationale, ensevelie depuis plusieurs siècles dans la plus profonde inertie; il aiguillonna le génie en mille manières, appela de toutes parts les arts utiles et les arts agricoles, se déclara hautement leur protecteur, accorda aux artistes des gratifications qui les mirent en état de cultiver leurs talents, et son accueil joint à sa libéralité fit qu'ils oublièrent leur patrie et se fixèrent dans la province.

C'était peu à l'intendant Ballainvilliers d'exercer son humeur bienfaisante envers les hommes vivants, il voulut aussi empêcher la dépopulation sensible du royaume et pour cela il établit dans l'étendue de la province des écoles où se formèrent des matrones versées dans l'art de soulager les femmes fécondes et instruites de tout le mécanisme des accouchements.

Il ne négligea pas non plus l'instruction. Persuadé que c'est l'éducation qui fait éclore les talents et germer le génie, il établit plusieurs espèces de fabriques, de manufactures et d'arts, et il obligea ceux qu'il mettait à la tête de ces établissements d'élever gratuitement dans leur profession un certain nombre de jeunes gens de la province.

Il visitait ces lieux consacrés à l'industrie et encourageait les talents dans leur naissance.

Il s'efforça aussi de relever le collège et pour donner à l'émulation un aiguillon jusqu'alors inconnu, il conviait à sa campagne les écoliers qui avaient mérité des couronnes. Là il leur procurait pendant la journée des amusements propres à leur âge et, finissant la fête en bon père, il les invitait à mériter l'année suivante les mêmes faveurs.

Assis sur un monticule, Clermont domine d'un côté sur une vaste plaine que la nature a ornée avec profusion, de l'autre des coteaux couronnés de vignes s'élèvent à de grandes distances. Mais, les fossés qui entouraient la ville étaient devenus des cloaques infects, d'inutiles remparts mettaient le citoyen à l'étroit et un bandeau devant ses yeux; des tas de terrains transportés et jetés hors de l'enceinte n'offraient que des chemins bourbeux et difficiles.

Ballainvilliers, choqué de ce spectacle, fit pratiquer autour des remparts des promenades délicieuses interrompues par des places agréables et par des décorations extérieures égaya la triste construction de cette ville.

Il comprit que dans une grande ville il fallait plus que des promenades, qu'il fallait aussi des spectacles plus piquants qui intéressent les habitants; dans ces vues il fit construire dans l'enceinte des murs de la ville de Clermont une salle de spectacle.

Le marché aux blés étant petit, sans abri et de difficile accès, il fit commencer la halle dans une place vaste et commode.

Mais toutes ces réparations lui suscitèrent des contradicteurs. Ballainvilliers, animé de l'enthousiasme du bien public, fut affligé de trouver des obstacles à ses grands desseins. Il chercha de la consolation dans les sentiments de sa bonne volonté et le plaisir délicat de s'éprouver bienfaisant fut le dédommagement et le prix de ses peines.

Sur ces entrefaites, le roi, juste appréciateur du mérite de Ballainvilliers, le récompensa de son zèle en l'élevant au poste d'intendant de Bordeaux. Mais Ballainvilliers était attaché à l'Auvergne, aussi refusa-t-il et il consacra toute son intelligence à améliorer sa province.

La mortalité des bestiaux causant un tort immense à l'Auvergne, il voulut enrayer ce mal en appelant des personnes intelligentes qui, connaissant l'organisation de ces machines animées, possédassent pour ainsi dire le talent de deviner leurs maux et l'art de les guérir.

Ballainvilliers n'aimait les sciences ni par frivolité ni par ostentation; il les aimait parce qu'il les connaissait, parce qu'elles ne sont jamais stériles, parce que leur fruit, par une heureuse contagion se communique et se répand. Aussi elles acquirent des secours et des avantages qu'elles n'avaient pas eus jusqu'alors.

Ballainvilliers possédait les plus aimables qualités

du cœur, un caractère franc et généreux, une tendance vers le bien que nul obstacle ne put détourner, et avec cela d'un empressement à obliger qui lui faisait accorder avec plaisir et refuser avec des grâces irrésistibles ; il possédait en outre une attention qui ne le laissait manquer à aucuns de ces petits riens qu'exigeait l'usage, avec cela une magnificence dans les honneurs de sa maison, un goût élégant à inventer des fêtes et une complaisance à procurer des amusements auxquels il prenait peu de part.

A son retour de Paris, le 11 septembre, il y eut à cette occasion une manifestation éclatante de la sympathie générale dont il était l'objet, et peu de temps après, atteint par la petite vérole et malgré les plus prompts et les plus puissants secours de l'art, il ne fut pas possible de vaincre le mal dont il mourut le 19 octobre 1767, dans un âge qui faisait espérer qu'on aurait joui longtemps encore de ses talents, de ses travaux et de ses vertus.

Ballainvilliers avait épousé, en 1755, Mlle Louise-Anne de Bernage, d'une famille depuis longtemps distinguée dans la Robe.

Il fut remplacé dans l'intendance et dans l'Académie par M. de Montyon qui le remplaça aussi dans toutes ses qualités aimables et fut pour les pauvres un père et pour la province un ami. La ville de Clermont, en reconnaissance, a donné son nom à l'une de ses rues.

Sources : Extrait de l'éloge de M. de Ballainvilliers, prononcé dans la séance publique de l'Académie, le 25 août 1768, par le Père Saunade, secrétaire de la Société littéraire de Clermont (1).

Portrait : D'après un beau pastel qui se trouve au Musée de Clermont-Ferrand et dont je possède une reproduction photographique dans ma colllection.

---

(1) Voir Biblioth. de Clermont. Catalogue Auvergne. N° 2766.

42. DE MONTYON
(Antoine-Jean-Baptiste-Robert-Aujet)

Baron de Montyon, Chevalier,
Conseiller du Roy en tous ses Conseils,
Maistre des Requestes ordinaire de son hostel,
Intendant d'Auvergne de 1768 à 1773.

Le baron de Montyon, Antoine-Jean-Baptiste-Robert-Aujet, né à Paris le 23 décembre 1733, était fils d'un maître des comptes qui jouissait d'une fortune considérable.

Le jeune Montyon obtint de brillants succès aux concours généraux de l'Université de Paris, dans les classes de seconde et de rhétorique. Une bonne éducation étendit son esprit naturel, et lui apprit à diriger l'extrême sensibilité de son cœur, non vers les objets qui pouvaient le satisfaire en y répondant, mais vers ceux à qui elle pouvait être utile. Nommé en 1755 (à vingt-deux ans) avocat du roi au Châtelet, M. de Montyon se montra dès lors ce qu'il fut toute sa vie: laborieux, intègre, désintéressé. Sa probité inflexible et sa constance à repousser rudement toute espèce de sollicitations, l'avaient fait surnommer le Grenadier de la Robe. Nommé bientôt conseiller au Grand Conseil, il était déjà maître des requêtes en 1760. Il fallait avoir trente-et-un ans pour remplir cette place; il n'en avait que vingt-sept; mais le roi Louis XV lui accorda des dispenses d'âge motivées « sur ses talents précoces et sa haute capacité ». Ses nouvelles fonctions le firent entrer au bureau du Conseil d'Etat chargé de la législation des colonies françaises. Il passa

DE MONTYON (Jean-Baptiste-Robert-Aujet)

Baron de Montyon, chevalier,
Intendant d'Auvergne de 1768 à 1773,
Né à Paris le 23 décembre 1733,
Décédé le 29 décembre 1820.

ensuite aux affaires de la librairie, dont M. de Malesherbes était directeur. Il s'opposa seul, en 1766, à ce que le Conseil fût transformé en Commission criminelle pour juger M. de la Chalotais.

Appelé, en 1768, à l'intendance d'Auvergne, M. de Montyon y obtint la reconnaissance, le respect et l'amour de tous les habitants, surtout des pauvres.

Quoiqu'il fût loin d'avoir la grande fortune qu'il a possédée plus tard, il avait pris jusqu'alors, régulièrement, sur ses revenus, 20,000 francs pour les pauvres; mais ces dépenses, il les faisait comme il aimait à les faire, sans que personne en fût instruit; les sommes étaient inscrites dans ses livres, sans désignation; seulement, il mettait en marge un signe que l'on a su depuis être celui qui indiquait ses belles actions. Dans le nouveau poste où il était appelé, il ne lui était plus possible de cacher le bien qu'il faisait. Toutes les horreurs d'une grande famine, prévenue, non par des aumônes, mais par des travaux publics qu'une sollicitude paternelle dirige; les agriculteurs, les artisans, objets d'un luxe de bienfaisance inconnu jusqu'alors; les riches, entraînés par l'exemple le plus touchant; voilà le spectacle de l'Auvergne administrée par M. de Montyon (1).

Pour donner du travail aux pauvres, il embellit les villes d'Aurillac et de Mauriac, de promenades auxquelles on a donné son nom. Dans ces deux villes, le corps municipal lui a fait ériger des monuments ornés d'inscriptions composées par Marmontel et par Thomas.

Nous croyons faire plaisir à nos lecteurs en reproduisant ci-dessous ces deux inscriptions :

La première qui se trouve à Mauriac est ainsi conçue :

>Aux rigueurs de l'hiver opposant sa bonté,
>Un ami de l'humanité
>A ces heureux travaux occupa l'indigence :

(1) Voir Fernand Labour. M. de Montyon, Paris, Hachette, 1880.

> Montyon, ton active et sage intelligence
> Eclairait Tournemine ; il t'a bien imité !
> Qu'à jamais cette pierre inviolable et sainte
>   Fasse lire aux siècles futurs
> Que, sans toi, tout un peuple eût péri dans les murs
>   Dont il a décoré l'enceinte.

Voici celle d'Aurillac, composée par Thomas :

> Nourrir un peuple entier de famine expirant,
> Par les mains de ce peuple embellir une ville,
>   Rendre le malheur même utile,
> Enfin par ses vertus faire adorer son sang :
>   Montyon, ce fut ton ouvrage !
>   Puisse ce monument, à jamais respecté,
>   Transmettre à la Postérité
> Nos maux et tes bienfaits, ta gloire et notre hommage !

Montyon aimait son intendance parce qu'il y faisait du bien ; mais il refusait d'installer les magistrats que lui désignait le chancelier Maupeou, ce que l'opinion publique ne repoussait pas moins que la justice. Au grand regret et malgré les réclamations de la province entière, on le révoqua et on le promena ensuite d'intendance en intendance, d'abord à Marseille, ensuite à la Rochelle. Fatigué de tant d'injustices, il fit enfin parvenir au nouveau roi (Louis XVI), en 1774, par M. de Malesherbes, un mémoire qu'il terminait par ces paroles remarquables : « Si dans les trois départements où j'ai servi, il est une » seule personne qui puisse articuler la moindre injustice » qui procède de moi ; si, dans ce mémoire, il est un seul » fait qui soit contraire à la vérité, je consens à perdre » la vie, mes biens et l'honneur. »

Le roi fut très frappé de ce mémoire : il donna ordre qu'on écrivît à M. de Montyon une lettre remplie de témoignages de satisfaction ; la lettre fut écrite, mais la place ne fut point rendue ; et pour que Montyon fût nommé conseiller d'Etat, il fallut que le duc de Penthièvre, ce bon prince dont Montyon lui-même a tracé le portrait, vint le recommander à Louis XVI, avec un zèle digne du protecteur et du protégé.

Montyon partageait sa vie entre ses travaux de charité et la composition d'ouvrages qui avaient encore pour objet l'utilité publique. En 1778, il fit paraître, sous le nom de son secrétaire, M. M..., l'ouvrage intitulé : *Recherches et considérations sur la population de la France*. Cet excellent ouvrage eut tant de succès, que l'on crut devoir récompenser celui qu'on en supposait être l'auteur. Le livre fut traduit en plusieurs langues. Dans le cours de la même année (1778), Montyon avait concouru pour le prix de l'Académie française dont le sujet était l'éloge du chancelier de l'Hospital. Il n'eut que l'accessit. Mme du Deffant, dans ses lettres, lui a donné le prix.

On a raconté diversement l'anecdote du comte d'Artois (depuis Charles X) et de ses jeunes compagnons, qui renouvelèrent, dit-on, pour le vénérable Montyon, le trait du grand Sully, en butte à la risée des courtisans du jeune roi Louis XIII. Le frère de Louis XVI répara noblement sa faute en nommant, peu de jours après, M. de Montyon chancelier de sa maison (1780). Le nouveau titulaire n'accepta ces fonctions qu'à condition qu'elles fussent gratuites. En 1787, M. de Montyon fut proposé pour être garde des sceaux. Voici ce qu'il répondit au Roi : « Dites à Sa Majesté que je suis confus de ses bontés. Si je fais un peu de bien dans la place que j'occupe, c'est que je ne suis pas en évidence ; en acceptant celle qu'on me propose, je serais exposé à toutes les intrigues, à toutes les cabales de l'envie ; je n'aurais peut-être ni le talent ni la force nécessaire pour y résister ; dans le doute, je dois m'abstenir. »

C'est à peu près ici que se termine la carrière judiciaire et administrative de M. de Montyon (1).

Dès 1788, ayant le pressentiment de nos troubles poli-

---

(1) Voir *M. de Montyon*, par Fernand Labour. Paris, Hachette 1880 ; p. 48.

tiques, il mit en sûreté une partie de sa grande fortune dont il faisait un si bel emploi.

Sans avoir eu besoin d'attendre l'épouvantable leçon que la Révolution allait donner à tant de riches, voici le tableau des prix annuels que Montyon avait fondés, comme bienfaiteur des Français, lorsqu'il n'en fut pas moins forcé de s'enfuir de France. Il avait toujours gardé l'anonyme.

En 1780, un prix pour des expériences utiles aux arts, sous la direction de l'Académie des sciences ; en 1782, un prix en faveur de l'ouvrage de littérature dont il pouvait résulter un plus grand bien pour la société, au jugement de l'Académie française ; et dans la même année (1782) un prix en faveur d'un mémoire ou d'une expérience qui rendrait les opérations mécaniques moins malsaines pour les artistes et les ouvriers, au jugement de l'Académie des sciences. Louis XVI fit écrire à l'Académie qu'il voyait avec plaisir cet acte de bienfaisance, et qu'il avait regret de n'en avoir pas eu lui-même l'idée.

En 1783, un prix en faveur d'un mémoire soutenu d'expériences, tendant à simplifier les procédés de quelque art mécanique, au jugement de l'Académie des sciences, et un prix pour un acte de vertu d'un Français pauvre ; enfin, en 1787, un prix sur une question de médecine, au jugement de l'Ecole de médecine. Les divers capitaux de ces fondations de prix, les secours envoyés, en 1783, aux pauvres du Poitou et du Berry, et le capital d'une rente viagère assurée, dans la même année, à un homme de lettres, que le donateur ne connaissait pas et qui n'a jamais su le nom de son bienfaiteur, s'élevaient ensemble à une somme de plus de 80,000 livres.

C'est à Genève que Montyon passa les premières années de son émigration. Il était encore dans cette ville lorsqu'il obtint, en 1792, le dernier de tous les prix que l'Académie française ait donnés, et qui avait été remis cinq années de suite sur ce sujet : « Conséquences qui ont

» résulté pour l'Europe de la découverte de l'Amérique,
» relativement à la politique, à la morale et au com-
» merce ».

L'auteur ne se nomma point ; mais il fut reconnu parce qu'au lieu de prendre le prix, qui était de 3.000 francs, il le destina à celui qui trouverait, au jugement de l'Académie des sciences, « les meilleurs moyens ou les meilleurs » instruments pour économiser ou suppléer la main- » d'œuvre des nègres ».

Forcé, par la marche des armées républicaines, de se réfugier en Angleterre, il y resta jusqu'à la première restauration des Bourbons. Continuant, dans les pays étrangers, à soulager ceux qui souffraient, sans s'informer de leur opinion, il consacrait chaque année, à Londres, 5,000 francs aux émigrés, ses compagnons d'infortune, et pareille somme aux soldats français républicains, prisonniers en Angleterre, tandis qu'une autre somme de 10,000 francs était envoyée régulièrement en Auvergne pour les besoins des pauvres sans exception. C'est encore M. de Montyon qui, entendant parler de la misère d'un vieux général, apporte, le lendemain, une somme de 8,000 francs pour le vieux militaire dont il ne demande pas le nom et veut absolument rester inconnu.

En 1796, M. de Montyon publia son rapport au roi (Louis XVIII), ouvrage remarquable. L'Académie de Stockholm lui décerna, en 1801, le prix sur ce sujet : « Progrès des lumières au xviiie siècle ». La Société royale de Gœttingue ayant mis au concours cette grande question : Quelle influence ont les diverses espèces d'impôts sur la moralité, l'activité et l'industrie des peuples ? M. de Montyon n'eut pas le prix. MM. de la Société n'avaient demandé, dirent-ils, qu'une brochure. Montyon avait fait un livre et un livre excellent. Son éloge de P. Corneille, présenté à l'Institut de France, en 1808, ne fut pas admis au concours. L'état statistique du Tonkin (1811) fut suivi (1812) des particularités et observations sur les contrôleurs généraux les plus célèbres de 1660 à 1791.

De retour en France, en 1814, M. de Montyon s'occupa, avec toute l'activité de son âme, de rétablir ses anciennes fondations d'utilité publique et d'en établir encore de nouvelles.

Pensant qu'il fallait être descendu au dernier degré de l'infortune pour emprunter de l'argent sur des nantissements sans valeur, il consacrait 15,000 francs par an, toujours incognito, à retirer du Mont-de-Piété les effets au-dessous de 5 francs appartenant à des mères indigentes. Il offrait 10,000 francs, moitié pour encourager les dessèchements et défrichements, moitié pour une Association de prêt sans intérêt aux artisans et aux laboureurs. La fondation du prix de statistique, ajoutée aux anciens prix Montyon, est de 1817.

Mais de tous les bienfaits de Montyon, le plus admirable, sans doute, car la bienfaisance portée à ce point est devenue une science sublime, c'est la fondation en faveur de la classe si nombreuse et si dédaignée avant Montyon, des pauvres convalescents des hospices. Les hôpitaux remplis de malades ne peuvent être l'asile des convalescents. Ces malheureux, privés de soins tout à coup, contraints par le besoin à travailler avant le retour de leurs forces, étaient bientôt ramenés, par des rechutes, aux hôpitaux où ils rentraient plus souffrants que la première fois. Montyon a prévenu cet aggravement de maux par une riche fondation qui fournit, dans les douze mairies parisiennes, aux convalescents indigents, les moyens de subsister jusqu'à ce qu'ils puissent se remettre, sans danger, à l'ouvrage. C'est au milieu de ces travaux, d'une charité si active et si ingénieuse, que la mort vint ravir Montyon le 29 décembre 1820 sans mettre un terme à ses bienfaits.

Son testament porta à près de sept millions ses donations aux hospices et aux Académies, ce sont ces fonds qui servent à payer tous les prix qu'il avait fondés et que distribuent chaque année, l'Académie française et l'Académie des sciences.

L'indépendance d'opinion et la tolérance furent, dans M. de Montyon, le résultat de son amour pour le bien, et aussi de cette parfaite justice dont il s'était fait un devoir et qui ne laissa jamais dégénérer sa bonté en faiblesse. C'est ainsi que, consultant M. Turgot sur les moyens d'approvisionner l'Auvergne, il réfuta l'opinion de celui-ci qui base son système sur l'intérêt comme sur le premier mobile des hommes; c'est ainsi qu'il ne craint point de critiquer Necker et s'expose au courroux de sa fille, véritable puissance alors; c'est ainsi enfin qu'il rend hommage à la divinité en reconnaissant l'imperfection humaine dans les paroles qui commencent son testament.

Puisse l'exemple de cet homme vertueux attendrir tous les cœurs !

Imiter M. de Montyon, c'est là le seul hommage qui soit digne de sa mémoire et du pays qui peut se glorifier d'avoir donné naissance au bienfaiteur idéal de l'humanité telle que notre civilisation l'a faite, je dirai plus, à ce génie de la bienfaisance.

Portrait : D'après une gravure de Lebreton *(Biographie des hommes utiles)* dont je possède une reproduction photographique dans ma collection.

43. DE CHAZERAT (Charles-Antoine-Claude)

Chevalier, Vicomte d'Aubusson et de Montel,
Baron de Lignat, Bor et Codignac,
Seigneur de Ligones, Seychalles, Mirabelle, Saint-Agoulin
et autres lieux,
Conseiller du Roy en tous ses Conseils,
Premier Président du Conseil supérieur de Clermont-Ferrand,
Dernier Intendant de Justice, Police et Finances
en la Généralité de Riom et Province d'Auvergne de 1773 à 1789.

De Chazerat, Charles-Antoine-Claude, né en 1728, du mariage de Antoine de Chazerat, premier président à la Cour des Aides, et de Mlle de Ribeire, fille aussi d'un premier président à la Cour des Aides auquel il succéda après son décès, fut élevé à la charge de premier président de la Cour des Aides de Clermont. Dans ce poste honorable et délicat qu'il occupa quelques années, il fut à la fois bon citoyen, magistrat vertueux, jurisconsulte profond, alliant la douceur à la sévérité, la justice et la bonne foi.

Des services signalés rendus à son pays, son rare mérite, son attachement à l'Etat, le firent ensuite nommer par le roi à l'intendance générale d'Auvergne en 1773.

Il ne resta pas au-dessous de sa mission, continua l'œuvre de ses prédécesseurs en faisant respecter l'autorité du souverain et en étendant les diverses branches du commerce, favorisa les arts et les lettres, soulagea l'infortune, protégea la faiblesse.

Lorsque les intendances furent supprimées, M. de Chazerat entra dans la vie privée. Il est décédé le 7 septembre 1824, âgé de 96 ans, et a été enterré au cimetière

DE CHAZERAT (Charles-Antoine-Claude)

Chevalier, vicomte d'Aubusson et de Montel, Seigneur de Ligones,
Seychalles, Mirabelle, Saint-Agoulin et autres lieux,
Intendant d'Auvergne de 1773 à 1789,
Né en 1728,
Décédé le 7 septembre 1824.

de Clermont où ses deux neveux, MM. Lecourt, lui ont élevé un superbe monument.

Les journaux de l'époque nous le donnent comme un homme vertueux et charitable.

M. de Chazerat, le dernier intendant, avait fait ouvrir une route au Mont-Dore alors qu'on ne pouvait arriver qu'à cheval ou en litière. De plus, il avait fait commencer les fondations d'un établissement qu'on asseyait sur des pilotis, mais ces derniers travaux étaient à peine entamés quand ils furent interrompus par la Révolution (1).

Portrait : D'après une belle peinture qui se trouve au musée de la ville de Riom et dont je possède une reproduction photographique dans ma collection.

---

(1) Voir Note sur l'établissement du Mont-Dore, par Ledru. *Mémoires de l'Acad. de Clermont,* t. X, p. 336.

ÉTUDE

SUR L'ADMINISTRATION DE LA GÉNÉRALITÉ D'AUVERGNE

PAR LES INTENDANTS

Au milieu du xvie siècle, la royauté, maîtresse de tous les grands services de l'État, étendit tout d'un coup ses attributions à une foule de questions qui ne l'avaient point préoccupée jusque-là, elle entendit alors se faire administrative. Elle voulut se substituer aux pouvoirs locaux dans la gestion des intérêts économiques et matériels.

Commencée par François Ier et continuée par Henri II, cette évolution se poursuivit vigoureusement sous Sully et Colbert, mais n'atteignit réellement son apogée que dans la deuxième moitié du xviiie siècle.

La centralisation politique conduisit à la centralisation administrative. A force d'attirer à lui tout ce qui naissait en France d'hommes d'action et de sciences, Paris devenait seul capable de gérer la chose publique.

C'est ainsi qu'il devint le tuteur légitime de toutes les provinces qu'il avait ramenées à l'âge de minorité.

Notre but est de retracer aussi succinctement que possible les effets de ce régime d'absorption, ou mieux, de déterminer comment le gouvernement central représenté par l'intendant de la province d'Auvergne aida au développement économique de cette province pendant le xviiie siècle seulement, car, soit que les intendants du xviie siècle aient négligé de transmettre à leurs successeurs les papiers de leur administration, soit que ces papiers aient été brûlés lors de l'incendie survenu (1) à l'Hôtel de l'Intendance le 22 décembre 1712, les archives antérieures à cette époque manquent généralement. Il aurait été nécessaire, pour que cette étude soit convenablement exposée, que l'inventaire du fonds d'archives du dépôt départemental du Puy-de-Dôme, que notre distingué et savant archiviste, M. Rouchon, établit en ce moment, fût complètement terminé; malheureusement cela nous aurait entraîné trop loin, nous nous bornerons donc à étudier et à analyser l'administration des intendants au XVIIIe siècle, en ce qui se rapportera à *l'agriculture*, à *l'industrie*, au *commerce*, aux *subsistances*, à *l'assistance publique*, qui composent le premier volume de l'inventaire des Archives départementales, laissant pour plus tard l'étude de la police générale, des affaires communales, des impositions, du domaine des affaires militaires, des travaux publics et des cultes qui formeront l'objet des trois volumes à paraître.

§ 1er. — AGRICULTURE.

La Limagne d'Auvergne, dit M. Chotard, l'ancien doyen de notre Faculté des Lettres, dans l'étude de cette question qu'il a faite d'une façon remarquable dans la *Revue d'Auvergne*, numéros de juillet et août 1893, pages 249 et suivantes, sous le titre : L'agriculture en Auvergne au XVIIIe siècle, et de laquelle nous allons faire une analyse, est justement célèbre pour sa fécondité; suivant une expression courante, elle est un des greniers de la France. Cette réputation, qu'elle doit à la qualité de son sol, à l'abondance et à l'excellence des produits de ce sol, n'est pas d'hier; elle a été de tous les temps. Aussi haut que l'on remonte dans l'histoire, on la trouve attestée par

---

(1) Voir H. Mosnier : Incendie de l'hôtel de l'Intendance à Clermont-Ferrand, dans la *Revue d'Auvergne* 1892, n° 3.

tous les écrivains qui, après avoir vécu dans ce riche pays ou l'avoir seulement traversé, l'ont décrit et vanté (1).

Tous les représentants de la royauté et notamment les intendants qu'elle plaçait à côté des gouverneurs militaires et des fermiers généraux pour tenir et régler ce qui ne relevait pas de la guerre et des finances, qui ont gouverné cette Auvergne, à quelque point de l'histoire que l'on se place, en ont compris la valeur et aussi celle de la population qui, aussi laborieuse que son sol est fécond, en fait sortir chaque année, sans l'épuiser, des richesses incalculables.

Ces intendants prenaient au sérieux leurs fonctions : agriculture, industrie, commerce, tout les occupait. L'impulsion leur vient d'en haut, car le ministre et sous le ministre le contrôleur général de l'administration exercent partout une influence décisive. Ce sont eux qui envoient les ordres de Versailles et les intendants ne font qu'obéir, mais ils obéissent avec une entente intelligente. Il suffit d'ouvrir les archives, celles du XVIIIe siècle, par exemple, qui vont nous occuper, pour trouver sur tous les points, en toute affaire, leur direction.

La centralisation était très forte, et le gouvernement en son centre tenait toute chose en main. Les affaires générales étaient de loin réglées, et uniformément pour toute la France; restaient dans chaque province des intérêts particuliers, dont chaque intendant prenait un soin spécial; mais il en référait à Versailles et au Conseil royal, dont l'examen autant que la décision étaient irrévocables. Cela est si vrai que l'on peut dire que qui connaît une province dans ses traits généraux les connaît toutes, et n'a plus qu'à saisir des traits particuliers qui tiennent à des différences dans la nature du sol et dans le génie propre des habitants.

---

(1) *Quod hujus modi est ut semel visum advenis multis sæpe oblivionem patriæ persuadeat.* (SIDOINE APOLLINAIRE.)

Au XVIIIe siècle, des intendants remarquables se sont succédé en Auvergne, et Clermont, où ils avaient leur siège, a conservé leur souvenir; ce sont les Trudaine, les Ballainvilliers, les Chazerat et d'autres, qui ont eu le mérite de ne faire que ce qu'on attendait d'eux, c'est-à-dire d'administrer la province. Ils avaient la bonne fortune de n'être que des hommes d'affaires et non des hommes politiques; ils ne se haussaient pas au delà de fonctions qui pourraient paraître terre à terre; tout allait pour le mieux; la province s'en félicitait et en profitait.

Les archives des anciennes provinces, qui sont aujourd'hui les archives des départements, fournissent partout les preuves de ce que nous avançons.

Dans notre chère et douce terre de France, il est un dicton qui ne saurait s'appliquer en toute vérité qu'à elle : quand les hommes ont du pain et du vin, leur existence est assurée. La culture du blé et de la vigne a été de la part des intendants du XVIIe siècle l'objet des plus grands soins. Les récoltes doivent être abondantes ou tout au moins suffisantes, et quand elles ne le sont pas, les pauvres gens sont secourus par des envois des provinces plus heureuses. Ainsi, dès 1692 et 1694, avant l'ouverture du XVIIIe siècle, sous Louis XIV, l'intendant d'Orléans, M. de Creil, expédie des blés dits « du Roi » qui, sur les quittances des curés, sont distribués aux pauvres de la généralité d'Auvergne. Il vient aussi de Bordeaux du froment, 2,000 boisseaux; et de ces distributions accordées par le roi, il est tenu un état très régulier. Quatre mille sacs avaient été fournis à l'armée d'Italie, et cette fourniture avait augmenté la pénurie. Dans la haute Auvergne, quelques villages supportaient de grandes souffrances, ceux des environs de Saint-Flour particulièrement. Le blé avait atteint un haut prix.

L'intendant doit prévenir la cherté excessive et s'opposer aux abus nuisibles, aux prêts usuraires au moment des semences, aux achats du blé sur pied qui sont interdits par les ordonnances, abus difficiles à combattre en Auvergne, où les riches habitants recherchent avec passion les bénéfices d'argent et les obtiennent au détriment des pauvres. « On n'a jamais vu, dit une ordonnance, arriver rien de pareil à ce que l'avarice des Auvergnats fait voir. » Des mesures sont prises contre les accapareurs, « ces sangsues du peuple », qui provoquent dans leur intérêt des hausses de prix factices.

Le Conseil d'État du roi ayant été saisi, le 16 mai 1693, a rendu une ordonnance qui prescrit la visite des blés dans les magasins des villes et autres lieux du royaume. Elle est dirigée contre les accapareurs, que l'on poursuit, dont on cherche à détruire l'action néfaste. Dans les paroisses de la généralité, les greniers sont visités, les blés recensés; le Conseil envoie les modèles des procès-verbaux et des états qui doivent être fournis. L'Élection de Riom est surtout surveillée; mais partout, à Clermont, Issoire, Brioude, Saint-Flour, Aurillac, Mauriac, des commissaires recenseurs sont nommés, et ils sont choisis dans les familles les plus honorables, familles qui existent encore de nos jours; par conséquent, ces noms méritent d'être cités : ce sont des Andrieux, des Besseyre, des Rome, des Matharel. Ils fournissent des tableaux qui établissent la quantité des terres ensemencées, la quantité des blés amassés, vieux ou nouveaux; les dîmes même accordées aux curés sont exactement signalées.

Une ordonnance de 1709 rend même ces déclarations obligatoires pour tous les propriétaires ecclésiastiques et laïques, et elles doivent comprendre l'étendue des terres cultivées en blé, avec l'indication des modes de culture, les quantités et espèces de blés récoltés, et spécialement des grains destinés aux semailles.

Malheureusement, la production est inférieure à la consommation; elle ne donne le plus souvent que trois ou quatre setiers pour un. Aussi les riches seuls, et aussi les artisans, surtout ceux de Thiers, mangent du pain de blé;

les autres mangent du pain de seigle, et les pauvres même sont obligés de mêler de l'orge au seigle. Toutefois, de bonnes années se rencontrent, et de 1725 à 1727, nous voyons Paris s'approvisionner en Auvergne. On peut même établir, de 1727 à 1731, des magasins de blé, des greniers de réserve.

Les années 1728-1729 furent mauvaises; il fallut faire une remise de 300,000 livres sur les impôts que l'Auvergne ne pouvait payer, lui avancer 150,000 livres pour acheter des blés et ensemencer les terres. En 1730, M. Le Peletier, contrôleur général, annonce même une diminution de 550,000 livres en faveur de la province sur les impositions, et prolonge pour un an le prêt des grains, substituant ainsi les prêts en nature aux prêts en argent.

Dans ce but, des greniers royaux sont institués, et nous en avons la liste : à Clermont, à l'Hôpital Général ; à Riom, à l'Hôpital Général ; à Issoire, chez un marchand nommé Charles Lafont; à Ambert; à Thiers, à l'Hôpital Général; à Brioude, chez un marchand nommé Guillaume Vidal; à Aurillac; à Saint-Flour. Les blés de ces greniers deviennent les *blés du roi*, et ils ne doivent être prêtés ou vendus que dans de bonnes conditions, et sous les plus grandes sûretés de recouvrement et de paiement.

En 1737, la disette fut excessive en Auvergne. L'intendant, M. Rossignol, écrit au ministre : « Les habitants sont réduits à la stricte nourriture d'une espèce de pain fait avec de la graine de chanvre, ou avec de la farine de fèves et du son; les moins pauvres mangent du pain d'avoine. » A Paris, M. le vicomte de Beaune fait en faveur de l'Auvergne les plus instantes démarches ; il en informe M. Rossignol, et il ajoute : « J'écris par le même ordinaire à notre très illustre évêque, Monseigneur Massillon, tout le détail dont je ne doute pas que vous ne raisonniés ensemble. » L'évêque avait écrit lui-même à Versailles; aussi le roi accorda-t-il un secours de 60,000 liv. à avancer par les receveurs des tailles et à répartir entre les élections. Il y eut dans la répartition de cette somme de graves abus; nous avons les réclamations de M. Cartalier, curé de Dreuil-en-la-Roche, sur la manière dont elle a été faite dans sa paroisse.

Cette insuffisance des récoltes ou, pour mieux dire, cette disette dura pendant de longues années, et ce mal était aggravé par les accaparements de certains particuliers qui n'entassaient les grains que pour les revendre à des prix exorbitants, et qui s'enrichissaient de la misère du peuple. L'intendant, M. Maupeou d'Ableiges, s'en émut, et, en 1749, il rendit une ordonnance qui « portait confiscation des blés conservés chez différents particuliers de Pont-du-Château, au mépris de la déclaration du roi Louis XIV du 5 septembre 1693 ». Les religieux de Sauxillanges avaient fait aussi de grandes réserves et avaient contribué à l'élévation des prix. Comme dernière mesure, la sortie des blés de la province fut défendue.

Ces restrictions au commerce des grains étaient certainement utiles, mais elles causaient une grande gêne ; aussi tout en les maintenant, le garde des sceaux, M. de Machault, s'applique à les limiter. En 1751, il recommande à l'intendant « de conserver toute liberté dans le commerce des grains, de ne jamais hasarder d'y donner la moindre atteinte, et même de soutenir le commerce par toute la protection et la faveur qui lui sont nécessaires, mais d'empêcher que cette liberté illimitée ne serve de prétexte aux désordres et aux monopoles ». Il est évident que c'est dans ces derniers mots que se trouve la véritable pensée du ministre.

En 1752, en se rendant aux instructions du ministre, l'intendant, M. de Moras, accepte le libre commerce des grains et leur transport dans l'intérieur du royaume, mais il se plaint que des blés sortent de la province achetés par l'étranger : « C'est une perte absolue non-seulement pour l'Auvergne, mais pour la France. »

En réponse à ces plaintes, le Conseil d'État, en 1753,

par un arrêt, « établit la liberté du commerce des grains et des farines dans l'intérieur du royaume ; mais le Conseil se réserve de statuer sur la vente des blés à l'étranger, lorsque les circonstances seront devenues plus favorables ». Il établissait en outre des primes pour l'importation des blés et des farines, et il en vint dans la suite une grande quantité des Etats-Unis.

Cet arrêt demeura en vigueur jusqu'en 1789, et comme conséquence, des mercuriales furent partout établies, et en réglant la vente des blés, elles contribuèrent fortement à empêcher le retour des misères précédentes.

La préoccupation des intendants est d'augmenter les ressources de nourriture et de les améliorer. Nous avons dit tout à l'heure que les pauvres gens n'avaient ordinairement que du pain de seigle et d'orge ; de 1778 à 1783, M. de Chazerat et ses subdélégués s'appliquent à substituer la culture du froment à celle du seigle, surtout dans les hautes terres où le froment était jusqu'alors à peu près inconnu. Dans les environs de Besse en Chandesse et d'Aurillac par exemple, les essais sont heureux, et la nouvelle culture a persisté comme nous en avons la preuve aujourd'hui. Dans les terres marécageuses, près des ruisseaux et surtout de l'Allier, on tente la culture du riz ; mais moins appropriée au climat, elle a été abandonnée.

Enfin, grâce aux efforts les plus tenaces, l'alimentation de la basse et de la haute Auvergne est à peu près assurée ; la récolte des grains se fait bien, et ils sont assez abondants dans les bonnes années pour suffire aux années médiocres. Non-seulement on s'attache à les produire en grande quantité, mais encore à les conserver en provision. C'est le souci des intendants de 1753 à 1785, comme l'atteste la correspondance du garde des sceaux, M. de Machault.

Au reste, l'attention du Gouvernement se porte sur toutes les cultures. Il arrive parfois que les prairies naturelles, à la suite de sécheresses ou même d'inondations causées par les grosses pluies et les orages, donnent des fourrages insuffisants ; M. de Chazerat encourage les prairies artificielles, soit en trèfle, soit en sainfoin, qui sont pour les terres arables un utile repos et qui, même après la récolte, fournissent par leurs débris un engrais bienfaisant. Afin d'en augmenter l'étendue, l'intendance favorise et prescrit des défrichements, et pour que les forêts et les bois soient toutefois maintenus en prospérité, elle établit sur bien des points des pépinières qui fournissent les essences d'arbres propres au pays. Les fourrages sont-ils cependant insuffisants, il est des plantes qui peuvent être d'un grand secours, les betteraves par exemple et surtout les *turneps* ou gros navets. M. de Vergennes, de 1785 à 1787, par un premier envoi en Auvergne fait distribuer 194 livres de graines, et par un second envoi, 320 livres par l'entremise de M. Gueyffier-Taleyrat, subdélégué de Brioude, qui écrit : « Je crois pouvoir assurer que l'espèce cultivée dans ce canton est la même que le *turneps* si vanté d'Angleterre. J'en ai lu la description dans le dictionnaire d'histoire naturelle de M. de Bomare au mot *turneps*, et la ressemblance est parfaite. On pourrait même conclure que la culture de ce genre de navet convient mieux à notre sol, puisque l'auteur cité, en parlant de leur poids, dit qu'il n'est pas rare d'en trouver de 5 à 6 livres, et n'ajoute pas, comme je puis le faire, qu'on en voit du poids de 12 à 14 livres. »

Les instructions pour cette culture se multiplient ; les subdélégués de l'intendance et les propriétaires demandent des graines ; nous pouvons citer M. le chevalier d'Orcet au château de Durtol ; M. Martin, curé d'*Omme* en faveur de ses paroissiens qui labourent en colonages les terres du seigneur d'*Omme* (Opme) ; M. de Tissandier de Tournebize. Ce dernier fait pour la distribution des graines quatre classes parmi les travailleurs : 1° Ceux qui font les corvées avec leurs bestiaux seuls ; 2° ceux qui font les charrois avec deux maisons ; 3° ceux qui n'ont que quelques vaches et brebis pour leur nourriture ; 4° les simples journaliers sans bestiaux.

N'oublions pas une culture nouvelle, dont on ne pouvait pas encore, à la fin du XVIIIe siècle, prévoir la grande utilité et le grand succès. Celle de la *pomme de terre* qui venait d'être importée d'Amérique par l'illustre Parmentier et qui fournissait du *pain tout fait*. Un mémoire sur la nature et sur l'usage de ce légume est envoyé en Auvergne et dans toutes les provinces. M. Bertin, contrôleur général, s'adresse spécialement à l'intendant de Clermont, M. de Montyon ; il l'engage à faire venir des semences du Forez et du Lyonnais, « où l'espèce des pommes de terre est meilleure qu'aucune autre part ». Le ministre Terray, dans un mémoire, reproche à un auteur anonyme d'avoir « inséré dans des feuilles hebdomadaires des observations alarmantes ; il rassure les populations et proclame, à la suite des expériences les plus concluantes, la bonté de l'aliment que la nouvelle plante produit ». Des instructions sont transmises aux subdélégués, particulièrement à Besse en Chandesse et à Aurillac, et la pomme de terre devient d'un usage constant ; elle nourrit et enrichit les cultivateurs.

Un roi de France, à qui l'on parlait des vignerons qui souvent buvaient jusqu'à perdre la raison, disait : « Laissez-les donc boire leur vin ; c'est un privilège français : leur vin est bon et ne peut leur nuire. » Il était en effet meilleur qu'il n'est aujourd'hui ; il était le pur jus de la vigne ; *on le faisait, on ne le fabriquait pas*. Combien de vins ou du moins de produits de l'industrie vendus comme vins, contiennent toutes choses, sauf le jus du raisin frais et mûr.

Quant à la coutume de brûler les vins pour faire de l'eau-de-vie, si répandue aujourd'hui, elle existait déjà ; il était venu des *instructeurs* de la Saintonge ; un industriel de Cognac s'était même établi à Dallet et avait créé une fabrique.

Vers la fin du XVIIIe siècle, c'est l'intendant, M. de Chazerat, qui a surtout mis en honneur la culture de la vigne. Dans les pièces importantes que l'on a recueillies de son administration, on trouve l'énumération des espèces de raisins que l'on récolte dans la province d'Auvergne : frayer, gamet, lyonnais, lyonnais rouge, nenou, pinatel, pineau, charpiney, tachoir ou teinturier ou teinchurier, damas, rousselet, anis, blanc, chanis ; toutes espèces excellentes, et plusieurs d'une grande finesse. Aussi sont-elles recherchées dans tous les pays vignobles ; on les apprécie et on veut se les approprier. Certes la Guyenne n'a rien à envier à aucun pays, et cependant son intendant, M. du Pré-de-Saint-Maur, entreprend d'acclimater, 1771-1783, dans les basses vallées de la Garonne et de la Dordogne les vignes d'Auvergne, à côté de toutes les vignes de France cultivées par échantillons.

Si l'intendance encourage et protège activement les cultures *nourricières*, elle porte aussi son attention sur des cultures qu'elle désigne comme de *ménage* et de *luxe*, cultures qu'elle tente d'introduire et qui ne se sont pas maintenues. Puisque le chanvre venait bien et donnait du bon fil, pourquoi n'aurait-on pas des mûriers et de la soie ? Pourquoi les vers à soie ne s'acclimateraient-ils pas comme les arbres qui les nourrissent ? on verrait s'élever des magnaneries, des filatures, des ateliers de tissage, des fabriques d'étoffes. Quand nous traiterons de l'industrie en Auvergne, nous reviendrons sur cette tentative et nous verrons comment elle n'a pas tourné à l'avantage de l'Auvergne. Le sol et surtout le climat étaient contraires.

Il en a été de même de la culture de la garance, si productive et si rémunérative dans la vallée du bas Rhône. De 1743 à 1780, que d'efforts n'a-t-on pas fait pour en doter l'Auvergne ; l'initiative partait de Versailles et elle était secondée par les intendants ; il n'y a qu'à citer les noms de M. Orry, contrôleur général ; de M. Trudaine, ministre du roi. et de MM. Rossignol, de Ballainvilliers, de la Michodière, de Chazerat, qui ont été successivement intendants de la Généralité auvergnate.

Toutefois des difficultés se rencontrent pour la culture, et l'on finit par l'abandonner, celle du chanvre étant trouvée plus productive.

Plus heureuse, la production de la laine a toujours existé, et nous verrons plus loin que l'industrie a toujours su l'utiliser. Ce n'est pas que la qualité des laines soit toujours irréprochable. On accuse la tonte prématurée des moutons, et l'on s'en préoccupe au ministère. M. Orry, contrôleur général, écrit à M. Trudaine, intendant d'Auvergne : « Je vous prie de prendre la peine de vous faire informer du temps auquel on est en usage de tondre les moutons dans votre département, et si c'est avant la Saint-Jean, des motifs qui peuvent engager à les tondre de si bonne heure ; est-il vrai que les laines coupées avant ce temps se vident au travail et que les étoffes qui en sont fabriquées diminuent de qualité aux apprêts ? » Il propose même un règlement fixant au 25 juin de chaque année l'époque de la tonte. Mais il était bien difficile de l'établir. Comment lutter avantageusement contre les habitudes des habitants, habitudes qui varient de contrée en contrée d'usage immémorial. Ainsi dans la plaine, la tonte se faisait du 15 avril au 15 mai, et dans la montagne du 15 mai au 30 juin. La routine fut la plus forte. Les produits du reste se localisaient ; dans un rapport d'inspection des manufactures, il est dit que les laines recueillies dans les élections de Clermont, Riom et Brioude, ne s'exploitent que dans les fabriques de camelots d'Ambert et de Cunlhat ; les laines de Saint-Flour, Mauriac et Aurillac sont employées dans les fabriques de cadis de Saint-Flour, de Chaudesaigues et de Saint-Urcize. Comme conclusion, le rapport ajoute que les laines suffisent pour les usages auxquels elles sont destinées. Les habitants n'estiment que les étoffes grossières, mais solides, durables et inusables; la réponse était péremptoire et le contrôleur général dut s'en contenter.

Ce n'était pas seulement la race ovine que les habitants de l'Auvergne estimaient et entretenaient avec soin; la race bovine, et d'autres, toutes les races d'animaux domestiques étaient à leurs yeux d'une grande valeur, et demandaient une grande attention. Les bestiaux, les porcs, les ânes et les chevaux constituaient une richesse considérable et précieuse, surtout dans les élections de Saint-Flour, de Mauriac et d'Aurillac. Si l'intendance tient à la bonne qualité de la laine des moutons afin que sur ce point la France puisse rivaliser avec l'Angleterre, il lui importe aussi que le pacage des autres bêtes soit bien établi, qu'elles se trouvent dans des conditions telles qu'elles se conservent aisément, qu'elles aient du fourrage en abondance, et qu'avec du sel ce fourrage devienne plus appétissant. Parfois le fourrage a fait défaut, et il en est résulté une dépopulation des plus préjudiciables; la laine a manqué aux tisserands et la viande aux habitants. La race bovine était aussi décimée que la race ovine.

Les chevaux d'Auvergne ont de tout temps été estimés; il était donc naturel que des haras royaux fussent créés et destinés à conserver la race chevaline, à l'accroître et à l'améliorer. On pouvait surtout prévenir sa décadence et son altération en concentrant les étalons sur quelques points. La surveillance serait facile, et si ces étalons sont bons et éprouvés, comme le pays abonde en pâturages excellents, on pourrait obtenir des chevaux de troupe et même des chevaux fins.

Il y eut aussi des haras particuliers, qui furent régis par une ordonnance royale. Un des plus importants fut créé par M. Damien de Saint-Priest de Fontanès, chevalier, seigneur du Crozet et des Ecures, dans ses domaines de la paroisse du Monestier, élection d'Issoire. Dans cette élection et dans celles de Clermont, Riom et Brioude, où se trouvent de bons pacages et où l'on peut réunir de belles juments, les haras furent visités rigoureusement par des inspecteurs qui s'inquiétèrent de l'âge des étalons, de leur robe, de leur taille, de leurs années de service. Le mémoire (liasse 1764-1766) adressé à M. de Ballainvilliers par M. Talemandier, inspecteur des haras de la basse Auvergne, « donne une idée générale de leur état, de la façon dont ils sont administrés, et indique les moyens de les faire fructifier sûrement et sous peu de temps dans cette partie de la province ».

Les idées développées dans ce mémoire sont bientôt dépassées et critiquées. M. de Tourdonnet adresse à ce même M. Talemandier, sous forme de lettre, une instruction l'informant « qu'il est question dorénavant de travailler sur d'autres principes que ceux développés dans son mémoire et de supprimer tous les privilèges des petites concentrations, *gardes-étalons* et *gardes-haras*. La réunion des étalons, quoique plus dispendieuse, paraît mériter la préférence à bien des égards ». M. de Ballainvilliers ordonne aussitôt, 1769, à chaque ville et chaque bourg de faire le recensement des juments; il est fait par élection, par subdélégation et par paroisse. Dans les élections de Clermont, Riom, Issoire et Brioude qui comprennent 231 paroisses, on recense 2,893 juments. Y avait-il un nombre proportionnel d'étalons ? il faut en douter.

N'est-il pas bon à ce propos de rappeler un mémoire bien antérieur, puisqu'il a été rédigé de 1723 à 1724, mais qui est encore d'une importante application. Il est l'œuvre de M. de Brancas, qui fut directeur général des haras du royaume de 1723 à 1730. « Rien n'est plus nécessaire, dit-il, au royaume que les chevaux ! Quelles sommes immenses le roi et ses sujets n'épargneraient-ils pas, s'ils trouvaient dans le royaume les chevaux qu'ils sont obligés d'aller chercher dans les pays étrangers ? Il y a beaucoup de prairies et de juments dans presque toutes les provinces; il n'y manque que des étalons qu'on y placerait aisément au moyen de quelques faveurs. » M. de Brancas avait reconnu l'existence de 12,000 juments pour un très petit nombre de chevaux entiers. Le gouvernement en fit acheter et en envoya partout. Le rôle de M. de Brancas fut alors très actif, et le bien qu'il fit s'étendit à l'Auvergne, où les intendants se firent ses continuateurs, et M. de Ballainvilliers se distingua entre tous.

Des fléaux terribles que la science moderne a en partie conjurés, mais qui au xviiie siècle étaient sans remède, tombaient de moment en moment sur ces races si utiles d'animaux domestiques et apportaient dans les campagnes la ruine et la misère. Les épizooties étaient aussi variées que funestes, et n'épargnaient les animaux ni dans les étables, ni dans les écuries.

« Ils ne mouraient pas tous, mais tous étaient frappés. » Il faut dire que les soins n'étaient ni intelligemment donnés, ni suffisants.

L'Auvergne étant un pays spécial d'élevage et d'engraissement de bestiaux, les pertes pouvaient être considérables, aussi prend-on des mesures préservatrices. On interdit tout commerce entre les paroisses indemnes et les provinces contaminées.

Dans les subdélégations de Clermont, Riom, Issoire et Mauriac, vingt-cinq paroisses sont contaminées. Aussi empêche-t-on la communication des bestiaux, et soumet-on le commerce des cuirs à de justes précautions. « M. Le Camus envoie une boîte, contenant les empreintes d'un plomb pour sceller les ballots de cuirs vérifiés et reconnus sains, dont les coins ont été gravés pour ce seul objet aux armes de la ville de Lyon. » Les gardes sur la frontière de la province sont chargés de la vérification.

Mais l'exécution des prescriptions est difficile et même parfois impossible : des bouviers maltraitent les gardes, entre autres celui de Paslières; les paysans font passer des cuirs et des bestiaux; malgré toute défense, ils en ont porté et conduit à la foire de Saint-Just, dans le Forez contaminé. Ils sont rebelles, et l'intendant ajoute : « Il faut avoir vécu parmi eux pour savoir de quoi ils sont capables ; ils risquent tout pour un écu, et la force seule peut les tenir en règle. » M. de Merville se plaint aussi qu'on continue, malgré les ordonnances, à écorcher les bêtes mortes de maladie ; les peaux porteront les maladies partout où l'on les enverra, et, outre le *charbon*, on désigne le *mal de jambe* ou *orette* et le *lestou*. M. de Sauvagnat, seigneur de Vinzelles, demande qu'on enterre les bêtes avec leur peau. C'était bien le meilleur parti.

Quant à interdire la vente des cuirs et la fréquentation des foires, c'est peine perdue. A la foire de Montferrand, il vient des cuirs du Bourbonnais infesté. Du reste, le danger naît de tous côtés ; la maladie sur les bêtes à corne règne dans les environs de Tulle, Guéret, Evaux et Montluçon. Les frontières sont-elles fermées ? On passe par violence. « Dès lors, à quoi bon les fermer ? Si de tels faits restent impunis, il est inutile de monter des gardes. » Turgot, dans le Limousin (1760-1763) prit pour garantir la province des mesures préservatrices ; il indique lui-même les symptômes du charbon, qui se déclare par des boutons chancreux sur la langue des bêtes.

La maladie que l'on croyait apaisée eut une recrudescence en 1772 ; elle revint du Rouergue et se répandit dans les subdélégations d'Aurillac, Mauriac, Issoire et Riom ; le bétail succombait en vingt-quatre heures. Les paysans l'attribuaient aux fortes chaleurs de l'été et à la température trop basse des eaux vives de la montagne, que le bétail boit avec avidité après avoir été exposé toute la journée à l'ardeur d'un soleil brûlant. Leur erreur était grande ; elle se comprend toutefois, et ils en sont eux-mêmes les victimes. Plusieurs d'entre eux, persistant à écorcher les bêtes mortes de la maladie, meurent eux-mêmes ; ils sont emportés en moins de huit heures, et les femmes qui les soignent succombent elles-mêmes dans leur dévouement. Les instructions et les indications de remèdes se succèdent. M. de Chazerat suspend les foires, fait enterrer les bêtes mortes, désinfecter tous les cuirs suspects. La maladie paraît arrêtée ; elle reprend à Méallet (1784) ; trois vaches de labour mortes ayant été jetées dans un bois voisin, l'infection se répand dans le village, et une jeune fille qui a touché les bêtes tombe dangereusement malade.

Dès 1771, M. Bertin avait envoyé à l'intendance d'Auvergne des vétérinaires sortant des écoles royales. Mais leur science, suffisante pour les cas ordinaires, se trouve ici en défaut ; ils ont eux-mêmes recours aux remèdes empiriques, par exemple à celui que recommandait M. Cheminade de Lormet : « On fait une incision dans la partie malade, et on introduit un morceau d'arsenic en pierre. » Ah ! Pasteur, vos bienfaits et votre gloire ne seront jamais assez célébrés !

A Riom, à Randan, la *morve* se déclare, et M. de Ballainvilliers constate qu'elle se communique aux hommes ; il signale la mort d'un jeune homme de vingt-trois ans. Les ravages s'étendent à Clermont, à Thiers, à Neschers, à Aurillac. Tous les chevaux deviennent *morveux*, et quel remède emploie-t-on pour arrêter le mal ? l'herbe appelée la *petite brochetée*. Ils sont même victimes de la maladie des bestiaux ; sur plusieurs points, ils meurent pour avoir été chargés des cuirs des bêtes mortes et écorchées.

Enfin, aucune espèce n'est épargnée : les porcs souffrent de tumeurs dessus et dessous la langue. Pauvre Auvergne ! c'est par millions de livres qu'en ces malheureux temps les pertes sont comptées !

Une grande industrie dépendait de la santé et du nombre des bestiaux : l'industrie fromagère, si intimement liée à la culture et à l'aménagement du sol qu'il est nécessaire de la classer sous le titre de l'agriculture ; en la classant ainsi, nous ne faisons que suivre, dit M. Chotard, les cahiers, les rapports et les mémoires de l'intendance.

Les fromages d'Auvergne avaient-ils un bon renom ? Nous serions tentés de répondre : Oui et non. Ils étaient certainement connus à Paris. M. Trudaine, intendant de la généralité, demande à ses subdélégués (liasse 1731-1733) quelle quantité de fromages les marchands de leur circonscription pourraient fournir à Paris, le contrôleur général étant disposé à interdire l'entrée des fromages de Hollande, si ceux d'Auvergne peuvent suffire.

M. Sadourny, d'Aurillac, répond que, comme on a souvent envoyé à Paris des produits inférieurs, les fromages d'Auvergne ne sont pas assez estimés. Cependant, ceux du Mont-Dore, de Besse, de Salers sont certainement bons; ils sont même les meilleurs de la province; viennent ensuite ceux du Cantal, c'est-à-dire ceux qui se font vers Aurillac; car ceux qui se font vers Murat, Alanche et Saint-Flour sont de moindre qualité; ceux qui se font du côté d'Ardes, de Besse et du Luguet sont les plus mauvais. On pourrait les transporter par mulets et par voitures jusqu'à Brassac, puis on les mettrait sur l'Allier. Le fromage vaut 17 livres le quintal, et le transport revient à 6 ou 7 livres. M. Sadourny rappelle qu'on en envoie par voitures jusqu'au Lot, et de là à Bordeaux, en Guyenne et en Gascogne, et la concurrence avec la Hollande est bien établie.

M. Besseyre, de Besse, dénonce 900 quintaux de fromage d'*Ecide* fait dans la montagne, de mai à octobre, et 200 à 300 quintaux de *Battards*, fabriqués hors des montagnes, dans des maisons particulières. Le prix de l'*Ecide* est de 19 à 30 livres le quintal, et celui des *Battards*, de 16 à 23 livres. Le transport s'opère par les Martres-de-Veyre et par l'Allier.

M. de Mallesaigne, de Bort, signale de 3,000 à 4,000 quintaux, avec un prix moyen de 17 livres.

M. de Vigier, de Mauriac, annonce que les paroisses de Salers, Mauriac, Apchon, Trisac, Manet et Fontanges produisent 8,160 quintaux, au prix de 15 livres le quintal. Il rappelle que M. Le Blanc, intendant d'Auvergne, avait voulu assurer le débit de ces fromages en les faisant voiturer jusqu'à la mer et en les dirigeant vers le Nord par navires ; mais ils se gâtaient pendant un voyage trop long.

M. Tassy de Montluc, de Saint-Flour, dit que sa circonscription peut fournir de 7,000 à 8,000 quintaux, au prix moyen de 19 livres. Le transport peut se faire par Maringues.

M. Boyer de la Salle, de Viverols, déclare 2,000 quintaux, au prix moyen de 19 livres. Le transport pourrait se faire d'Ambert, par Clermont et Maringues.

M. Trudaine annonce à M. Fagon que sa province pourrait expédier à Paris au moins 10,000 quintaux, au prix variable de 17 à 22 livres, avec 3 livres de transport par quintal ; mais il reconnaît que les marchands auvergnats ne paraissent pas disposés à abandonner le commerce qu'ils font avec le Languedoc et la Provence. Il rappelle en outre que la modération des droits a été accordée pour trois années, à compter du 1er octobre 1730.

M. Trudaine s'efforce de mettre l'Auvergne en état de soutenir la lutte avec avantage après ces trois années. Il présente au Conseil de commerce un mémoire sur les causes de la préférence accordée au fromage de Hollande ; il espère en triompher. Ces causes sont : 1° les frais de transport qui sont moindres de la Hollande à Paris que des montagnes de l'Auvergne ; 2° les fromages de Hollande ne paient pas d'entrée en France ; ceux d'Auvergne paient un droit de douane à la sortie de la province ; 3° les fromages de Hollande se conservent mieux et peuvent supporter la mer.

Le contrôleur général Orry, répondant à M. Trudaine, constate lui-même l'infériorité des fromages d'Auvergne ; il dit : « Les épiciers de Paris refusent de les acheter à cause de la mauvaise odeur et du mauvais goût qu'ils contractent pour peu qu'ils soient gardés, et à cause des déchets et du peu de soin apporté dans la fabrication. » La France entière est de l'avis des épiciers de Paris, car en deux années, 1730-1731, par Amiens, Bordeaux, Caen, Dax, La Rochelle, Lille, Montpellier, Nantes, Rennes et Rouen, il est entré 7,931,954 livres de fromage de Hollande.

Il importait donc de perfectionner la fabrication.

Alors M. Trudaine cherche à introduire en Auvergne la façon *Gruyère*, et nous avons un mémoire, dit toujours M. Chotard, où les façons en Auvergne et en Suisse sont comparées. « En Auvergne, une *baste*, ou *vacherie* de 30 vaches, est sous la garde de deux hommes : un *vacher* auquel on donne 50 livres de gage, et un *goury* qui reçoit de 20 à 30 livres, plus 3 livres de pain de seigle par jour et du lait ; pour deux vacheries, on prend en outre un *affermadon*, qui est payé 20 livres. Le *buron* est composé de quatre petites pièces : fougau, cabane, cabaneau et loge pour les porcs. Le lait tiré, on y jette la présure ; une demi-heure après, on rompt le caillé avec un bâton garni de rais, et la *toume* tombe au fond. En Suisse, on fait doucement chauffer le lait avant d'y mettre la présure. »

On étudie aussi la construction des fromageries suisses ; on envoie même M. Ladevie, prieur de Chastreix, pour examiner en Franche-Comté et en Suisse la manière de fabriquer le *Gruyère*. Au sujet de cette mission, une correspondance active est échangée entre M. Orry, contrôleur général ; M. Trudaine, intendant d'Auvergne ; M. de la Neuville, intendant de Franche-Comté, et M. Jobard, conseiller au bailliage et siège présidial de Besançon. M. de la Neuville écrit à M. Orry qu'il est inutile que M. Ladevie aille en Suisse : « Il se fait dans les montagnes de la Franche-Comté d'aussi bons fromages qu'en Suisse, d'ailleurs d'autant plus que ce sont des Suisses mêmes qui viennent les y fabriquer, se rendant à cet effet en grand nombre à Pontarlier, le jour de la foire de Saint-Georges, dans une place que l'on nomme pour cette raison *Gruière*, et qui donne aussi le même nom aux hommes et aux filles qui s'y trouvent, et où les Comtois propriétaires choisissent ceux qu'ils croient les plus expérimentés. »

M. de la Neuville envoie comme échantillon à M. Trudaine du sel de Salins et des fromages, en outre les devis et plans d'une fruiterie, lieu de fabrication, et il favorise un traité entre M. Ladevie et Laurent Mourot, fermier de M. le marquis d'Aschey pour l'engagement de vachers suisses.

Quatorze Suisses arrivent en Auvergne. Un bâtiment pour faire le gruyère est construit sous la direction de M. Guillaume, par les paroisses de Saint-Pardoux, Chastreix, Bagnols, Saint-Donat, dans les montagnes de la Roche, appartenant à M. de Chalindrat, trésorier de France en la généralité de Riom. M. de Chalindrat s'intéresse à la fabrication, et ne tarde pas à donner avis à M. Trudaine « des progrès et du travail des Suisses, en ajoutant un état des dépenses. Il a présenté à Mmes Trudaine du beurre et du fromage fabriqués suivant la nouvelle méthode ; elles ont trouvé l'un et l'autre excellents. Quand les fromages arrivèrent dans la rue des Gras, il y accourut du monde de toute part ; les Mallet les admiraient, et on eut bien de la peine à les empêcher qu'ils ne les piquassent. » Un envoi fut fait à Paris ; il fut partagé entre les Invalides, l'Hôpital Général et plusieurs épiciers. M. Mégret, en remerciant, dit : « Chacun trouve que le fromage est d'une pâte excellente et égale à celle des véritables *grières*, qu'on n'y trouve aucune différence, sinon qu'ils ne sont point autant salés et qu'ils n'ont point d'yeux. Il ajoute que l'on s'efforce à Paris d'encourager la fabrication des gruyères d'Auvergne ; on est décidé à diminuer encore les frais de transport en diminuant les droits perçus pour les péages et *peslières* et pour la douane de Vichy. M. Mégret offre en même temps de s'occuper de la vente ; il annonce qu'un épicier de Paris a acheté toute la provision de M. de Chalindrat au prix de 23 liv. 10 sols le quintal.

Les soins de M. Trudaine sont récompensés ; M. Fagon déclare en séance du Conseil *qu'il est le meilleur intendant du royaume ;* on l'engage à perfectionner encore la fabrication, à envoyer pour la faire connaître des fromages nouveaux dans les ports de Bordeaux et de La Rochelle. Car il ne faut pas perdre de vue que l'objet principal qu'on se propose est l'exclusion des fromages étrangers pour la fourniture de la marine. »

L'Hôpital Général, à Paris, la Salpétrière et la Pitié en consomment annuellement 110,000 milliers *(sic)* de fromages, pris à l'étranger, de 7 sols 5 deniers. Ceux d'Auvergne reviennent à 8 sols ; il faudrait que M. Trudaine abaissât ce prix pour avoir la préférence.

Du reste, M. Trudaine ne s'arrête pas dans ses efforts ; il écrit à ses subdélégués et « les exhorte à former des établissements pour la fabrication des *griers ;* il promet de leur en procurer le débit à 25 livres le quintal, pris sur place ; il s'engage en outre à accorder à ceux qui veulent entreprendre cette fabrication la remise de leurs impositions pour 1734 et de ce qui reste dû pour 1733, ensuite des cotes d'office taxées à un chiffre minime pendant six ans, enfin l'exemption de la milice pour leurs vachers ». C'était bien le vrai moyen de les encourager et de les contenter.

Les progrès continuent : on fait venir de nouveau des vachers suisses, 14, dont 4 pour Mauriac et Aurillac, 3 pour M. de Chalindrat, 1 pour M. Guillaume de la Tour, 2 pour Besse chez MM. Besseyre et Chandezon, 1 pour M. Morin *l'élu,* et 1 au Mont-Dore pour M. Sadourny. Ces deux derniers propriétaires construisent des burons à Besse et dans les montagnes de Lapeyrusse ; et pour favoriser M. Morin, M. Trudaine demande au marquis de Miramont de lui proroger le bail de ses herbages. M. Besseyre, de Besse, dans sa montagne de la Croix-Morand, a fait des essais de comparaison : avec 6 seaux de lait, contenant 32 pintes parisiennes, il a fabriqué 30 livres de fromage d'Auvergne, ancienne manière, et avec la même quantité de lait, 25 livres 1/2 seulement à la façon de gruyère ; mais le prix du gruyère étant plus élevé, il y a avantage à en produire.

En effet, plusieurs propriétaires se consacrent à cette production, et, pour assurer le succès de leur entreprise, ils demandent des secours et des privilèges. Le Conseil d'Etat les accueille favorablement, et par un arrêt du 20 avril 1734, arrêt que transmet M. Orry, il ordonne « que les particuliers de la province d'Auvergne qui y établiront des fabriques de fromages, façon suisse et de Franche-Comté, seront modérément taxés d'office pour la taille et autres impositions ; les cotes seront arrêtées d'après les registres des paroisses ».

Ce n'est pas qu'un certain nombre d'habitants ne soient hostiles à ces *nouveautés ;* des manœuvres coupables se produisent, et M. Ladevie est même menacé de mort pour avoir fait le voyage de Franche-Comté. Mais tout s'apaise enfin devant le succès. On a vendu le quintal à Bordeaux 25 livres ; enfin les fabriques se multiplient dans plusieurs paroisses : à Saint-Alyre-ès-Montagne, aux Bains du Mont-Dore, à Besse, Bagnols, Murat-le-Quaire, Le Vernet, Saint-Pardoux. C'est la conséquence des cotes d'office. Mais n'y a-t-il pas là une source d'abus ?

M. Trudaine n'est plus intendant ; il est ministre du roi. Il recommande à son successeur, M. Rossignol, le sieur Chandezon, le priant « de lui continuer les cotes d'office en raison des sacrifices qu'il a faits et des engagements qui ont été pris envers lui ».

Mais M. Rossignol, s'il ne se prononce pas contre ce qu'a fait M. Trudaine, est pris toutefois de quelques scrupules et émet quelques observations. En fait, si le roi a changé d'intendant, l'intendance paraît avoir changé de régime, aussi les fabriques de *griers* tombent en défaveur, et l'on revient pour longtemps à la fabrication de l'ancien fromage d'Auvergne. Ce n'est que de nos jours que des améliorations notables ont été accomplies, qu'on a fait au Mont-Dore et dans la Limagne des fromages et du beurre qui peuvent rivaliser avec les fromages et les beurres des autres parties de la France et de l'étranger.

Il faut toutefois savoir gré aux intendants, aux ministres et aux contrôleurs généraux des efforts qu'ils ont faits dans l'intérêt de l'agriculture ; leur vigilance s'étendait à toutes choses. Ils ont bien mérité de l'Auvergne et de ses habitants. Le nom de M. Trudaine est resté particulièrement honoré, et la ville de Clermont s'est montrée justement reconnaissante en attachant son nom à l'un de ses boulevards.

§ 2. — INDUSTRIE.

L'industrie, dit M. Chotard dans une autre étude qu'il a faite de cette question, dans la *Revue d'Auvergne* déjà citée, pages 105 et suivantes, et dont nous allons faire également l'analyse, n'a pas été moins prospère en Auvergne au xviiie siècle que l'agriculture.

A cette époque, l'intelligence et l'instruction des patrons et des ouvriers n'étaient pas à la hauteur de leur courage et faute de s'entendre et de se comprendre, ils allaient contre leurs intérêts et les sacrifiaient à de tristes illusions et à de vaines rancunes. Ils souffraient, mais le manque de confiance de part et d'autre, prolongeait et aggravait des souffrances qu'une entente avisée, qu'une résolution éclairée auraient épargnées ou terminées. L'intervention des intendants était toujours prompte, mais n'était pas toujours décisive ; elle était en tous cas toujours juste et équitable. Il est exact de dire qu'ils recevaient de Versailles et de Paris une direction forte et intelligente. La centralisation des ordres et même des encouragements que nous avons remarquée à propos de l'agriculture se fait aussi sentir à propos de l'industrie.

Tout intendant avait pour premier soin l'étude du pays

dans lequel il arrivait, et il était aidé dans cette étude par les traditions laissées par ses prédécesseurs ; il trouvait leurs papiers, leurs notes, leurs communications avec les agents secondaires, délégués et subdélégués ; il voyait comment avaient été appliqués les règlements généraux, et quels règlements particuliers avaient suscités la nature du pays, les mœurs des habitants. Ces traditions bien conservées, que nous retrouvons dans les dépôts départementaux, si bien ordonnés maintenant par les archivistes distingués sortis de notre école des Chartes, formaient une continuité d'efforts et de travaux si précieuse et si exacte que, malgré les changements de personnes, l'esprit de l'administration restait le même ; on aurait dit qu'un seul homme et toujours le même gouvernait à l'hôtel de l'intendance ; le nom changeait, l'âme, si je puis dire, était durable et persistante.

L'erreur n'était pas possible, et chaque administrateur savait à son arrivée ce qu'il devait attendre, ce qu'il pouvait exiger de la terre et des hommes. Il était préparé à ses devoirs par un stage salutaire dans les administrations locales et surtout à l'administration centrale. Il avait bien servi, il était donc propre à bien commander. Son action était strictement déterminée ; il s'enfermait dans les affaires de la province, de la généralité ; nul mouvement du dehors ne devait le troubler ; nulle exigence intérieure ne s'imposait à sa gestion ; nul soin politique, nul soin militaire ne le préoccupait ; il n'avait que le souci de son administration qui s'en trouvait bien. Dès son arrivée, il connaissait rapidement et aussi bien que ses prédécesseurs les ressources du pays et les avantages qu'il pouvait en retirer. C'était une chaîne ininterrompue d'autorité, de direction, et nous pouvons le dire en toute vérité à l'éloge des intendants, de bienveillance et même de sollicitude.

La terre d'Auvergne est une terre heureuse ; nous avons montré précédemment toute la fertilité de cette Limagne si justement célèbre et nous avons avec raison vanté ses produits et par conséquent ses richesses. L'intérieur de ce sol fortuné, le sous-sol, pour le désigner exactement, n'est pas moins riche.

Tous les métaux s'y trouvent, sinon par mines, du moins par traces irrécusables : le fer, même à l'état pur, le fer oligiste sur les pentes des cratères ; le cuivre aussi est assez abondamment pour qu'on l'exploite, l'argent et le plomb que recèlent autour de Pontgibaud des pierres que l'on fend, que l'on brise et qu'on contraint, soumises de nouveau au feu qui les a primitivement condensées, à se désagréger, à se décomposer, à diviser les matières diverses qui les constituent et à rendre leurs richesses argentifères si longtemps cachées.

Dans ce travail rémunérateur, la houille apporte son concours. Elle est abondante dans la vallée de l'Allier, en aval et en amont de la Limagne, et elle supplée aux forêts primitivement employées et qui se sont trop promptement épuisées. Les gisements connus ont de bonne heure fixé l'attention, et Louvois dans ses lettres à l'ingénieur de Chazerat en marque l'importance et en prédit l'utilité. Sans doute le bassin métallique et houiller de l'Allier n'atteint pas la richesse du bassin de la Loire, mais il en est si voisin qu'il peut la lui emprunter et par suite venir en aide à ses forges et à ses fonderies.

De nombreuses usines emploient et transforment les riches matières premières ; les unes en font la porcelaine, la faïence (1), les autres le verre, l'émeri, d'autres des briques, du plâtre, de la chaux, des vases de toute sorte, même des creusets dont la chimie se sert avec confiance dans ses expériences.

Le marbre sert aux constructions moins que les pierres sans doute qui sont sorties par couches des montagnes. Les unes comme le basalte fournissent de fortes assises,

---

(1) Nous avons au Musée de la manufacture de porcelaine de Sèvres une preuve de l'intérêt que les intendants portaient à la fabrication de la faïence ; une cruche avec un couvercle, une cruche à vin ou à bière portent le nom de l'Intendant, M. Rossignol.

les autres, celles de Volvic, s'élèvent en murs un peu sombres, mais solides et élégants, et décorent de beaux édifices et des églises merveilleuses. Car il s'est créé pour les pierres volcaniques de l'Auvergne un art particulier d'architecture, le Roman auvergnat, qui a construit ses monuments en dehors même de ses limites naturelles, dans le Velay et aux frontières du Languedoc. Mais la roche volcanique, si résistante en plein air, s'use vite sous les pieds des hommes et des chevaux si on l'emploie dans les rues des villes et sur les routes ; aussi est-on revenu au basalte, au granit et au trachite, et les rues et les villes, un peu noires d'aspect, n'en ont pas moins une certaine grâce, et surtout une solidité et une durée à toute épreuve.

Si le sous-sol de l'Auvergne est riche, le sol même à sa surface l'est plus encore. N'avons-nous pas déjà fait pressentir tout ce que l'industrie en retire d'avantages et de produits. Elle utilise les céréales et les soumet à tous les usages nourriciers ; elle conserve les fruits des arbres en les faisant cuire et en les imprégnant de sucre. Elle tire des plantes textiles, du lin et du chanvre, des toiles et des étoffes ; elle file la laine des troupeaux, elle la teint et la façonne en draps et en tapisseries. La peau des animaux, elle la tanne et l'approprie à tous les services de la carrosserie, de la sellerie, de la cordonnerie. Elle travaille le bois des montagnes résistant et compact, le chêne surtout ; elle en fait des voitures, des meubles ou simples, ou élégants. On lui doit les fauteuils des siècles précédents si recherchés aujourd'hui, les cadres de glaces et de portraits si bien fouillés que l'art contemporain contrefait avec des pâtes n'ayant pas toujours la patience et l'habileté de les imiter. Que dire des papeteries, des fabriques de toiles peintes, de velours. Tout a été tenté, tout a été réussi avec les métaux, les pierres, les produits du sol, que transforme l'activité humaine aidée par une riche nature, généreuse pour les animaux, comme pour les plantes, et que nous ne saurions trop admirer.

Le fer, ce métal précieux, qui jadis a marqué un âge nouveau dans le développement et la vie de l'humanité, crée une grande industrie dans les montagnes qui séparent l'Allier de la Loire. La vallée de la Loire, voisine de l'Auvergne, lui est d'un grand secours; elle lui livre ses richesses minérales. Elle les prodiguera dans le siècle suivant, dans le nôtre, et elle ajoutera à la matière première le [combustible nécessaire pour la traiter, la transformer et la soumettre à tous les usages, à tous les besoins. Entre les deux grands cours d'eau, et presque au point de partage, Thiers, ville industrieuse et déjà célèbre par ses couteaux et ses rasoirs, savait déjà convertir le fer en acier. Un industriel, M. Mercklein, avait parfaitement réussi ses expériences, comme l'atteste en 1786 une lettre de l'intendant M. de Chazerat.

L'Angleterre avait précédé la France dans le travail du fer, et elle ne se contentait pas de former chez elle des ouvriers, elle en envoyait au dehors, et non loin de l'Auvergne, à la Charité-sur-Loire s'établissait le sieur Alcock. Le Français Lecour se sépare du maître anglais et, après avoir visité Courpière et Thiers, il se fixe à Saint-Amant-Tallende, sous la protection du seigneur de Tallende, le comte de Tane, qui lui ouvre son château et n'exige aucun loyer. Le Conseil d'État fait à Lecour les conditions qu'il avait faites à l'Anglais Alcock et lui permet de créer des établissements, pourvu qu'ils soient à quinze lieues des frontières ou de la mer, mesure utile qui, en cas de guerre, les met à l'abri des invasions. Mais Lecour tient à rester pour l'écoulement de ses produits en rapport avec l'étranger; il songe à établir des magasins à Paris sans doute, et aussi à Lyon pour l'Italie et la Suisse, à Lille pour la Flandre, à Marseille pour le Levant, à Nantes pour l'Amérique, à Strasbourg pour l'Allemagne; et il demande l'exemption de tous droits d'entrée et de sortie.

On le traite comme avait été traité Alcock à la Charité; et le 18 décembre 1758 un arrêt du Conseil d'Etat du roi établit « dans le lieu de Talendes une manufacture de clinquaillerie, bijouterie et taillanderie, à l'imitation de celles d'Angleterre ». Les faveurs ordinaires sont accordées : l'exemption de la taille, du logement des gens de guerre, de la milice; la cote d'office à la capitation pour les entrepreneurs et les ouvriers. De plus, la demoiselle Malher, femme du sieur Lecour, est réputée régnicole et exempte du droit d'aubaine ainsi que les étrangers qui auront travaillé trois ans à la manufacture. L'arrêt est envoyé à l'intendant, M. de Ballainvilliers, et on lui fait savoir en même temps qu'il n'est pas possible d'accorder l'exemption des droits d'entrée et de sortie avant d'avoir consulté les Etats Généraux.

Lecour obtient l'autorisation de se servir du balancier de la monnaie de Riom pour marquer ses produits qui, s'ils ne sont pas exemptés des droits prescrits par le tarif de 1664, le sont des droits de 5 0/0 sur la valeur. Sans cette exemption, en effet, il n'aurait pu lutter avec les objets similaires anglais qui ne paient aucun droit, puisqu'ils sont prohibés et entrent en fraude. Il reçoit comme encouragement une gratification de 1,500 livres et le marquis de Broglie lui donne la jouissance de son parc de Saint-Saturnin.

La manufacture ne prospère pas ; Lecour est honnête et habile en son métier, mais il n'a aucune entente des affaires. Il cherche en vain des secours près des négociants de Lyon; il en demande aussi (1760) au contrôleur général, M. Trudaine, qui les refuse parce que le mal lui paraît sans remède « à moins que quelqu'un ne veuille profiter des fautes de Lecour et de son associé Fournier et acquérir leurs fonds à un prix avantageux ». Le désaccord entre Lecour et Fournier se termine par une séparation. Fournier reste seul chargé de l'affaire; mais seul, il ne peut réussir, il faudrait lui trouver un associé.

M. Jaoul, secrétaire de l'intendance, en trouve un, M. Vimal « qui a des fonds plus qu'il n'en faut et qui fera les meilleures conditions au sieur Fournier, à qui il a déjà remis 1,400 livres. M. Vimal a visité la manufacture en compagnie du P. Desenzes et de M. Sablon. Un des motifs qui ont encouragé son zèle a été de voir à la manufacture une vingtaine de jeunes filles et de petits enfants de Tallende. M. Vimal fera un don gratuit à la manufacture et entrera dans la société pour une somme qui pourra aller jusqu'à 50,000 livres; et il ne craindrait pas d'y mettre 2 ou 300,000 livres. Il demande des lettres de noblesse, rappelant que d'autres négociants ont déjà obtenu cette faveur : M. Julienne des Gobelins; M. Lecoureux, banquier à Paris, et M. Servant, fabricant de vinaigre au Puy ». Mais M. de Ballainvilliers s'oppose à la demande de M. Vimal, « le système actuel étant de ne point accorder ces lettres à ceux qui peuvent acheter des charges ». Dès lors M. Vimal se retire.

M. Fournier reste seul, mais il a des dettes, et bien qu'il ait payé 5 à 6,000 livres, il n'est pas libéré. Il est en outre poursuivi par son ancien associé Lecour, qui a établi à Lyon une fabrique analogue. M. de Ballainvilliers le couvre de sa protection, et pour qu'il ne soit pas exposé à être arrêté dans ses voyages, il lui donne un sauf-conduit. Il lui fait obtenir, en 1763, du ministre, M. de Choiseul, qui a été satisfait d'une première fourniture, une commande de boutons pour l'habillement des troupes ; il lui accorde successivement des secours annuels de 1,500, 1,800, 2,200 et 2,400 livres; il lui concède la jouissance du château et de ses annexes pour vingt-neuf ans. La manufacture devient prospère, et Fournier arrive à réaliser, même en vendant 15 0/0 moins cher que la manufacture de la Charité, des bénéfices de 33 0/0. Ses produits sont appréciés ; il imite heureusement le travail anglais, et le contrôleur général, M. Trudaine de Montigny le fait complimenter par M. de Ballainvilliers au sujet d'un tire-bouchon qu'il lui présente. Ses succès lui attirent de nouvelles gratifications et l'appui de quelques personnes riches qui lui constituent un fonds de 70,000 livres; ils lui assurent la protection de l'intendance contre un sieur Pacalet, fabricant de quincaillerie à Lyon, qui lui a débauché plusieurs ouvriers. L'intendant demande au contrôleur général que les nommés Jean, serrurier, et Dubois, fondeur, soient ramenés par la maréchaussée à Tallende; mais M. Trudaine répond, 1767, « qu'il est en principe que les ouvriers ne sont pas esclaves en France et qu'ils ne sont assujettis qu'aux clauses de leurs propres conventions ».

De 1770 à 1773, le nouvel intendant, M. de Chazerat, soutient avec le même soin la manufacture Fournier, et il lui fait obtenir, en raison des bons témoignages qu'il a recueillis, des subventions annuelles qui doivent être renouvelées jusqu'en 1776. En même temps, il lui donne une commande de 3,000 grosses de boutons pour l'Amérique; le bénéfice montera à 24,000 livres. Fournier a même l'honneur d'adresser au célèbre ambassadeur Franklin des échantillons, et l'intendant les fait parvenir. La protection se manifeste encore par une subvention en 1783, et malgré quelques embarras d'argent, la manufacture se soutient. Mais, il faut le reconnaître, elle est loin d'atteindre l'importance et la prospérité des fabriques de Thiers.

Thiers se trouvait en effet dans des conditions bien plus favorables que Tallende. Sans doute le cours d'eau qui passe à Tallende, une des Couses, venant de la montagne, a un débit assez fort et coule avec une rapidité assez grande pour créer par son poids, du moment que des chutes habiles sont ménagées, une force assez puissante pour faire tourner des roues et donner dans un moulin ou dans une manufacture une continuité de mouvement qui sera utilement employée pour mettre des machines en exercice. Ces conditions favorables avaient déterminé l'établissement de MM. Lecour et Fournier. Mais le cours de la Durolle qui descend des hauteurs du Forez et en porte les eaux à Thiers est bien plus puissant.

La ville de Thiers travaille donc le fer; elle fabrique des

couteaux, des rasoirs, tout ce qui coupe et tranche. Ses ouvriers que l'on voit actifs dans les fabriques et courbés sur leurs planches et sur leurs roues de pierre au bord de la rivière, étaient déjà nombreux au xviiie siècle.

L'acier employé à Thiers était excellent; celui de Nevers et aussi celui de Brives en Dauphiné et de Vienne étaient moins chers et de moindre qualité; il fallait en empêcher l'introduction, comme il fallait défendre la fabrication de couteaux en fer et même de couteaux d'acier avec des ressorts en fer. Toute production défectueuse, faite comme en fraude et souvent soutenue par de hauts intérêts, compromettait la réputation générale.

M. de Merville, subdélégué de l'intendant à Thiers, 1733, l'établit d'une façon péremptoire : « On ne peut employer les aciers de Nevers, dit-il, et par leur emploi, la Compagnie de Rives commet une friponnerie que rend manifeste la mauvaise qualité et le haut prix des objets fabriqués. Il est suprenant qu'on n'en sente pas les conséquences, et qu'on ne veuille pas se défier de ceux qui s'obstinent à la protéger de quelque nom et de quelque rang qu'ils soient. »

La protection contre la contrefaçon était effective. Chaque maître avait sa marque particulière qui était empreinte sur l'objet fabriqué, et comme les maîtres étaient nombreux, les marques l'étaient aussi. Il y en avait 1,100; en 1731, on en comptait 661 employées; en 1734, un autre document porte ce nombre à 657. Elles étaient divisées en quatre classes et produisaient un impôt de 1,577 livres, la première classe payant six livres, la deuxième deux livres, la troisième une livre et la quatrième quinze sols. C'est un graveur de Clermont, nommé Dauphin, qui avait gravé les marques. Elles étaient toutes empreintes sur une table dont la conservation était bien surveillée. Cette table, véritable matricule, étant en plomb, se détériorait par le temps et par l'usage, et souvent des lignes effacées causaient de graves contestations. Aussi demanda-t-on dès 1730 l'établissement d'une nouvelle table en argent, plus résistante par conséquent et indélébile; elle coûta 1,100 livres. Les marques furent soumises à une réformation minutieuse; on supprima toutes celles qui étaient tombées en désuétude, et la table nouvelle fut déposée au greffe de la chancellerie. Toutes les marques conservées n'étaient pas mises en œuvre; avant d'en créer de nouvelles, on devait utiliser celles qui étaient en réserve. Le contrôleur général, M. Machault, fit sur ce point, en 1749, les recommandations les plus strictes à l'intendant M. Rossignol.

Cette multiplicité de marques donnaient à des faussaires une grande tentation et une grande facilité pour les imiter. Malgré tous les règlements et le rappel fréquent des lettres patentes, en 1743 par exemple, la friponnerie était érigée en coutume. Les ouvriers souvent irrités contre les exigences des maîtres travaillaient à part et usurpaient les marques; c'était souvent comme une guerre déclarée et le prélude de difficultés prochaines et de réformes inévitables. Les visites des jurés ne servaient à rien; elles étaient prévues et comme annoncées.

De là des procès nombreux qui étaient préjudiciables à la fabrication de Thiers, aussi quelques signes de décadence se manifestèrent. Antoine Guillemot fils en profita, en 1784, pour établir près de Clermont, à Chamalières, une fabrique. Guillemot rendit un grand service en employant les enfants trouvés de l'Hôpital Général, mais Thiers n'eut réellement pas à souffrir de cette concurrence.

A Ambert, un sieur Fleuret fabrique des fleurets à coudre, à broder, à faire des rubans, des gances, des lacets; on lui conteste son privilège et l'intendant, M. Rossignol, n'arrête les attaques qu'en montrant qu'il est mal dans ses affaires et qu'aucune rivalité n'est à craindre.

Du fer nous passons au cuivre. Les manufactures où ce métal était traité étaient tout à fait indépendantes; elles avaient été d'abord régies par des lettres patentes du

19 août 1727 ; un arrêt du 5 septembre 1730 les avait révoquées ; mais, en février 1745, un édit du roi les constitua définitivement ; il portait que toutes les contestations qui s'élèveraient à leur sujet ressortiraient de la généralité de Riom.

Les forges ne sont soumises qu'à des règlements intérieurs qu'on peut appeler de discipline.

La terre d'Auvergne renferme d'autres trésors que les métaux : on peut suivre dans les bois, dans les champs, les vagues de pierre refroidie ; on peut les ouvrir et les exploiter autour de Clermont, à Volvic, pour la construction des maisons et des routes. Le marbre même ne fait pas défaut, et l'argile abonde pour la fabrication des briques de toutes sortes qui servent aussi aux maisons et qui en couvrent les toits. On fabrique de la faïence, de la porcelaine avec le kaolin du Mont-Dore, de Sauxillanges, de Besse, de Champeix et de Montaigut, et, avec certains sables, de la verrerie. On fait aussi de la poterie pour les usages domestiques et des creusets pour les laboratoires. On a même trouvé de l'émeri près de Saint-Flour. La mine est excellente, et M. Juéry, le propriétaire, demande la prohibition de l'émeri étranger.

La fabrication de la faïence mérite une attention particulière. En 1733, une usine est établie à Clermont par le sieur Savignac, avec l'aide de M. d'Alagnat, conseiller à la Cour des aides de Clermont-Ferrand. Savignac demande un privilège de vingt années pour débiter sa marchandise dans la province d'Auvergne. M. Trudaine demande à M. d'Alagnat un projet de lettres patentes : « J'examinerai, dit-il, si les clauses que vous proposez sont admissibles et avantageuses au public, et je vous tiendrai parole, peut-être au delà de ce que vous oserez espérer. »

Cette industrie réussit tout d'abord, mais elle tomba par la faute des entrepreneurs. On chercha à la ranimer. Le 21 avril 1766, le contrôleur général, M. Bertin, adressa à l'intendant d'Auvergne « un ouvrage de M. Guettard sur la fabrication de la porcelaine semblable à celle de Chine, et un arrêt du Conseil qui permit de fabriquer dans toute l'étendue du royaume des porcelaines à l'imitation de la Chine, tant en blanc que peintes en bleu et blanc, et camaïeu de même couleur. On réserve à la manufacture royale les ouvrages supérieurs en peinture de toutes couleurs sur un même fond, et l'emploi de l'or et des figures en relief ».

Toutes ces entreprises n'ont point été définitives.

On peut dire la même chose au sujet des verriers. Il en a existé : 1° au château des Escures, paroisse du Monestier ; M. Teyras, subdélégué résidant à Saint-Amant-Roche-Savine, annonce que deux gentilshommes lyonnais ont reconstruit une ancienne fabrique qui a été très bonne ; — 2° au terroir du Châtelet, paroisse d'Ambert; les sieurs Esnard et Robichon, verriers à Givors en Lyonnais, trouvent la terre nécessaire à leur industrie chez le sieur Flouvat, prêtre. Antoine Flouvat, frère du précédent, fait une opposition que lève une ordonnance de M. Rossignol du 20 mai 1750 ; — 3° dans la forêt de Chavanon, dépendant du domaine de Préchonnet. On y trouve les cailloux nécessaires pour la fabrication, de ce qu'on appelle en Allemagne *Glasstein* et en Italie *Cogoly*. Le seigneur de Préchonnet abandonne la coupe des bois et tous les autres avantages nécessaires ; il se contente de percevoir un dixième du produit net ; — 4° à Tallende, le sieur Fournier a remarqué que les matières propres à la fabrication du verre à bouteilles, du verre à vitres, ainsi que le charbon de terre abondent dans le canton ; — 5° au Montel-de-Gelat, à la Roche, une verrerie appartenant à M. Dauphin de Leyval ; — 6° dans la forêt de la Margeride, verrerie à M. le comte de Latour-d'Auvergne ; l'entrepreneur est le sieur Buffan de Paris; lettres patentes du 15 septembre 1775 ; — 7° à Brassac, verrerie du sieur Beaupied.

Citons encore celles de M. Augustin Fréchin, faubourg des Gras, à Clermont, et de M. Bourgerin de Merville. Elles sont toutes très actives. D'une seule, celle de la Margeride, il sort 90,000 à 100,000 livres de verre par an. Dans toutes on fait des bouteilles, des verres à vitres, de la gobeleterie fine et commune, et enfin des verres et des plats, façon de Bohême. Ces derniers produits sont plus que recherchés aujourd'hui ; on les paie fort cher.

Les richesses de la surface du sol sont plus grandes encore que celles du sous-sol. De quelque côté que l'on jette les yeux, on rencontre dans les vallées, surtout dans la Limagne, de belles moissons, des vergers superbes, des produits de toute sorte, et sur les coteaux, sur les montagnes des vignes vigoureuses, des bois splendides et des prairies luxuriantes.

La Basse-Auvergne est une des terres nourricières de notre France, et l'on peut la comparer à la Brie, à la Beauce. Les blés de la Limagne, grâce au terrain d'alluvion où ils poussent, ont une force qu'on ne trouve nulle autre part. Leurs tiges sont serrées et hautes ; ils donnent non-seulement beaucoup de grain, mais beaucoup de paille. Les blés durs fournissent une excellente farine, et de bonne heure on l'a utilisée non-seulement pour faire du pain, mais pour faire des pâtes alimentaires qui, perfectionnées et partout répandues, rivalisent maintenant avec les célèbres pâtes d'Italie. L'orge, l'avoine, etc., toutes les céréales prospèrent également ; rien ne leur nuit, pas même l'ombre, si fatale ailleurs, des arbres qui, au-dessus d'elles, donnent des noix, des poires, des abricots, des fruits de toute nature. Les champs produisent, comme des vergers, et les fruits si abondants ont de bonne heure inspiré aux habitants la pensée de les conserver ; ils les ont fait sécher, ils les ont fait confire dans des sirops de sucre, soit entiers, soit réduits en pâtes d'un nouveau genre, comme les abricots, et longtemps, même de nos jours, pendant la première moitié du siècle, la fabrication a été spéciale à l'Auvergne qui lui a dû une nouvelle renommée.

La vigne n'existe dans les vallées, dans les *bas*, comme on dit, que comme curiosité et amusement de culture ; elle y est soumise à des gelées printanières qui détruisent la récolte dans les bourgeons. Les cultivateurs ne l'y entretenaient pas plus au XVIIIe siècle que de nos jours. Mais dans les *hauts* elle prospérait. Sa prospérité remonte au commencement de notre ère, au temps où l'empereur Probus la fit planter dans la Gaule. Elle a toujours donné sur les coteaux auvergnats un vin de bonne qualité que les chanteurs populaires ont vanté. Il était estimé au XVIe siècle et à la cour de Henri IV. Les habitants en vinrent à le brûler. On signale en effet dans les papiers de l'intendance l'arrivée d'industriels de l'ouest, de l'Aunis et de la Saintonge, qui, munis d'appareils de distillerie, s'établissent à Dallet et fabriquent de l'*eau-de-vie*. L'usage s'en était répandu sous Louis XIV, qui s'en servit comme d'un médicament ; mais l'adjonction d'herbes aromatiques, de fruits, donna à cet *esprit du vin* un goût délicieux qui le fit rechercher comme un breuvage salutaire et d'un agréable emploi à la fin des repas.

On fabriquait le cidre avec les pommes, à l'exemple de la Normandie ; la bière avec l'orge et le houblon, à l'exemple de la Flandre. Mais l'usage n'en était qu'exceptionnel, et plutôt une fantaisie qu'une habitude ordinaire.

A la richesse de la terre d'Auvergne, répond l'industrie de ses habitants qui s'appliquent à l'employer, à la transformer, à la soumettre à tous leurs besoins et à tous leurs usages. Les troupeaux ne leur fournissent pas seulement leur chair, mais leurs peaux et leur laine. Les tanneries étaient, au XVIIIe siècle, en grande activité, partout où un cours d'eau en permettait l'établissement, à Thiers, à Maringues et surtout à Clermont. La place de Jaude en était couverte sur un de ses côtés, et le ruisseau de la Tiretaine qui la borde desservait les cuves où les cuirs étaient lavés, entassés et soumis aux préparations les plus minutieuses et les plus effectives. Elles en sortaient pour passer dans les ateliers des corroyeurs, des bourreliers, des fabricants de voitures, des cordonniers. Rien n'a changé, et la place de Jaude bien embellie est encore le centre d'une grande activité; la tannerie de tout temps y a enrichi bien des familles. Au milieu de la prospérité, des abus étaient toutefois signalés, et par suite des plaintes étaient adressées, en 1733 par exemple, à l'intendant général Orry; les cuirs étaient de mauvaise qualité. L'intendant, M. Trudaine, est avisé; il demande des renseignements à ses subdélégués et prépare un rapport sur la fabrication des cuirs et la police des tanneries. Il signale six tanneurs à Ambert, quatre à Brioude, quinze à Clermont. Il y en a aussi à Langeac, à Maringues. Le manque d'argent empêche de perfectionner la fabrication. De 1737 à 1749, des plaintes très vives arrivent de Beaucaire; à la grande foire de cette ville, les cuirs étaient mal séchés. M. Orry prévient M. Rossignol, l'intendant, qui recommande à ses subdélégués de veiller sur la qualité des cuirs. Le tannage doit être fait à l'orge et non à la chaux. Il ajoute « qu'il faut rassembler tous les matériaux propres à former un règlement général, afin de rendre, s'il est possible, la préparation uniforme dans tout le royaume en supprimant l'usage de la chaux ».

La race ovine donne plus à l'industrie que la race bovine; outre sa peau, elle donne sa laine d'un si universel usage, que l'on file partout; dans les petits villages, il n'est pas une ménagère qui ne soit fileuse; mais dans les centres importants des manufactures s'établissent et au filage de la laine s'ajoute le filage du coton, cette laine des arbres. Ces deux matières sont sous la protection des intendants.

Les filatures nous mènent aux manufactures de lainages et autres tissus. Nous parlerons tout d'abord des camelots, qui en Auvergne occupent une grande place. Le camelot est une étoffe de poil et de laine à laquelle on mêle parfois de la soie comme chaîne. Telle est la définition de Littré. Partout on tissait des étoffes; mais c'est en 1725 que les sieurs Verdier, Jean-François et Joseph, établirent en grand en Auvergne la fabrication des lainages, cameloterie, draperie et autres ouvrages de laine et de soie à la façon de Leyde, en Hollande. Ils obtinrent un privilège exclusif, avec l'exemption de tailles, de taxes et de logement des gens de guerre pour vingt ans; ils furent protégés contre les contrefacteurs par des amendes qui montaient jusqu'à 3,000 livres. Les fabriques de Sauxillanges et d'Olliergues furent surtout prospères; les ventes s'étendirent à l'étranger.

Le roi Louis XVI s'intéresse très particulièrement à la fabrication des étoffes de laine, et l'Auvergne n'est pas oubliée. M. de Calonne envoie un mémoire, lu par Daubenton à la rentrée publique de l'Académie des Sciences, au mois d'avril 1784, sur l'amélioration des laines et la fabrication du drap. Les commissaires du bureau de commerce demandent à l'intendant, M. de Chazerat, quels sont les entrepreneurs des manufactures en soie, laine et fil qui se sont distingués de père en fils, dans la Généralité. M. de Chazerat cite le sieur Bancal, directeur d'une manufacture de bas de soie. Le contrôleur général, M. Dodun, s'occupe du lavage des laines, et M. de Calonne oppose à la laine d'Espagne la laine d'Auvergne. C'est un grand honneur.

En ce qui concerne la fabrication de la toile, il n'est pas une ville, un bourg, un village, même le plus petit, où ne se trouvent des fileuses et des tisserands, qui emploient le lin et le chanvre. Ces produits sont abondants et excellents, grâce à la fertilité du sol, mais « la province est misérable, parce qu'on ne les vend pas au dehors. Si l'on pouvait les convertir en toiles fines, on aurait une source de richesse assurée, et l'Auvergne disputerait la préférence aux toiles de Flandre et de Troyes. Il suffirait de porter quelque attention dans le choix des chanvres et dans la manière de les filer. Un sieur Pérol recommande l'entreprise d'une manufacture qui soutiendrait les efforts isolés ; il s'engage à communiquer aux entrepreneurs ses découvertes sur la manière de préparer le chanvre et les connaissances qu'il a acquises dans l'étude du rouage des filatures. » La province est misérable, elle s'enrichira.

La teinture des toiles lui offrirait aussi de grandes ressources ; elle pourrait complètement s'affranchir de l'étranger.

A l'industrie du tissage se rattache la fabrication des bas, la bonneterie, car on y emploie la laine, le fil, le coton et aussi la soie. Cette industrie avait pénétré en Auvergne sous l'impulsion de Colbert. « Les maîtres et les ouvriers en bas et autres ouvrages de bonneterie étaient libres de travailler à la condition d'apposer leur marque à chaque paire ou pièce de leurs ouvrages. » Toutefois un arrêt du Conseil d'Etat, du 25 mars 1754, permit d'établir des métiers à faire des bas dans toutes les villes, et un autre arrêt, du 9 février 1758, permit le libre transport dans tout le royaume.

Vers 1750, un sieur Bancal se mit à faire des bas de soie ; il encourageait la culture des mûriers et l'élève des vers à soie. Mais il faisait ses conditions ; il exigeait un bâtiment, l'exemption des charges publiques et du logement des gens de guerre, une indemnité de 1,000 livres au début et une gratification annuelle par métier. Il s'engage à former des élèves et à employer de préférence la soie récoltée en Auvergne. Il avait quitté pour Clermont les environs de Montpellier et il se mettait à haut prix. L'intendant, M. de la Michodière, écrit à M. Trudaine et, sur l'avis favorable qu'il reçoit, il offre comme logement « un bâtiment qui a été élevé au commencement de l'administration de M. Rossignol, partie aux dépens de la ville, partie aux dépens des chevaliers de la Flèche. Ce bâtiment, qui est assez vaste, ne sert plus à rien ; la confrérie de la Flèche n'est plus composée que de petits marchands et artisans qui s'y rassemblent rarement pour des collations et parties de plaisir ». Il accorde en outre une indemnité de 7,000 livres pour dix ans, à laquelle prendront part le sieur Bancal et un sieur Cohendy, tuteur des mineurs Dufour, à qui appartient la maison de la Flèche. Un traité est passé entre M. Jaoul, secrétaire de l'intendance, et Dominique Bancal.

Bancal fut pendant quelque temps obligé d'envoyer teindre ses soies à Lyon et à Nîmes ; mais il obtient enfin des teinturiers de Clermont qu'ils se soumettraient à ses exigences et le satisferaient en perfectionnant leurs méthodes. En 1759, il va à Paris et se crée des débouchés ; il va en Languedoc et ramène des ouvriers ; et par ses succès il obtient l'extension de son privilège, qui est porté à vingt ans de jouissance. La province d'Auvergne lui fournit de la soie ; nous avons des chiffres pour plusieurs années : en 1760, 1,137 livres de cocons ; en 1761, 1,902 livres ; en 1762, 2,774 livres ; en 1763, 1,502 livres ; en 1764, 1,205 livres ; en 1765, 1,069 livres ; en 1766, 927 livres ; en 1767, 2,000 livres ; en 1768, 2,504 livres ; en 1769, 3,400 livres. Il y a bien quelques arrêts, mais la progression des achats est définitive. Aussi, en 1770, M. de Ballainvilliers lui fait acheter une maison ; il l'exempte d'impôts pour plusieurs années, et il lui accorde une gratification annuelle de 1,200 livres. Un mémoire du sieur Jubié, inspecteur des manufactures, constate en 1778 que la manufacture de Bancal est la plus importante du centre de la France pour le travail de la soie. Elle occupe 35 métiers et de 60 à 70 personnes ; on y fabrique des bas, des culottes et des habits. De plus, à Clermont, un métier indépendant, aux mains d'un élève de Bancal, fabrique des bas de filoselle. Le produit le plus important est le taffetas. Deux métiers s'en occupent et fabriquent annuellement 24 pièces d'une valeur de 9,072 livres. La valeur des autres produits monte à 69,120 livres. Honneur donc au sieur Bancal, à ses élèves et à ses ouvriers !

Signalons en passant les fabriques de chapeaux. Il y avait encore des castors vivant en Auvergne au XVIIIe siècle. Depuis la race est perdue. N'oublions pas l'élève des abeilles et les usages divers de la cire.

Nous arrivons à l'industrie extrêmement importante de la papeterie. Elle a été de bonne heure prospère en France et surtout en Auvergne. Dans un mémoire adressé en 1769 à M. de Montyon, il est écrit « que l'art de la papeterie, inventé dans le XIIIe siècle, a fait en France et surtout en Auvergne, *où il est né*, les plus grands progrès. C'est ce royaume qui fournissait des papiers à l'Europe ».

Les papiers d'Auvergne ont de la réputation ; celui de Thiers défie toute comparaison ; celui de Dupuy de la Grandrive, à Ambert, est recherché à Versailles ; celui de Chamalières ne leur cède en rien, cinq moulins le fabriquent (il y en avait eu jusqu'à douze, mais sept font de la farine) et il est estimé à Clermont par M. Boutaudon, imprimeur. Cavalier, imprimeur à Paris, en fait provision, et Prault et Cie, également à Paris, en demandent pour une édition de Molière : « Les figures de notre Molière, dit-il, sont d'un goût charmant ; l'édition sera d'une correction achevée, et il y a dans toutes les autres, même dans celles du temps de Molière, des fautes innombrables, même contre le sens de l'auteur, que nous reformerons, à ce que j'espère, sans en faire de nouvelles. » Il s'adresse aussi à Ambert, Chamalières ne le satisfaisant pas assez vite.

A Thiers, on fait des papiers destinés à être timbrés ; il en est de même aujourd'hui ; mais les papiers ordinaires n'y sont pas d'aussi grande dimension qu'à Ambert.

M. Trudaine, qui ne cesse pas de s'intéresser à l'Auvergne, envoie à M. de Chazerat, en 1774, un mémoire de M. Desmarets, membre de l'Académie des sciences, sur les principales manipulations qui sont en usage dans les papeteries de Hollande, dont les produits sont si recherchés. Il voudrait qu'on les imitât. Il appelle également l'attention sur les papiers peints, appelés *tontisses*. Il en défend la sortie du royaume sans les marques des fabricants qui méritent d'être connus. Il recommande les cartons que l'on fait à l'imitation des Anglais : « Ces cartons servent à donner de l'apprêt aux étoffes ; les sieurs Vimal en fabriquent qui manquent de lustre ; s'ils les perfectionnent, ils obtiendront l'autorisation de se servir de formes excédant celles du tarif. »

La prospérité des papeteries d'Auvergne, sans être interrompue, s'était de moment en moment ralentie, grâce à la réglementation des marques qui imposaient une gêne considérable. Elle est aujourd'hui entièrement restreinte à la fabrique du papier timbré à Thiers qui est arrivée à un haut degré de prospérité, sous la direction d'un chef intelligent, M. Gustave Maillet, lequel vient récemment d'être récompensé de ses travaux par la croix de chevalier de la Légion d'honneur.

Si l'industrie en général baissait, ce n'était pourtant pas que l'appui de l'Administration lui manquât. Une institution à laquelle rien ne correspond plus aujourd'hui était celle des inspecteurs des manufactures. Ils avaient été créés par édit du 7 octobre 1704. Chargés de veiller à l'exécution des règlements et de rechercher et appliquer les moyens propres au développement de l'industrie, ils nous ont laissé de nombreux mémoires qui révèlent des gens généralement capables et parmi lesquels il faut relever les noms : de Jean Hérier de Fontclaire, inspecteur des manufactures d'Auvergne et de Limousin en 1692 ; — du Plessix Pierre, inspecteur pour le roi des manufactures d'Auvergne, Limousin et Saintonge en 1711 ; — Barrière du Montsel, inspecteur pour le roi des manufactures d'Auvergne, Limousin et Saintonge en 1718 ; — de Fontfreyde, inspecteur des manufactures en 1720 ; — de Valois, inspecteur des manufactures dans la généralité du Languedoc; Jubié, d'abord chargé d'inspecter les pépinières de mûriers et l'industrie de la soie en Auvergne en 1756, ensuite inspecteur des manufactures d'Auvergne de 1767 à 1789, dans le Limousin, le Poitou, la Touraine, l'Anjou, le Maine et une portion de la généralité de Paris.

Et de fait la liberté de l'industrie fut une des plus grosses questions dont l'Administration eut à s'occuper au siècle dernier. Ici encore les documents ne font pas défaut.

De nombreux règlements existaient : la fraude était punie sévèrement, les gardes-jurés des métiers et les inspecteurs des manufactures devaient y veiller. Mais le contrôle était difficile et les règlements souvent inappliqués. Là surtout la mission des inspecteurs était difficile, nous les voyons souvent mal reçus, parfois battus. Ces règlements étaient une gêne pour le fabricant. Aussi, dès 1760, ils étaient devenus inapplicables, et dans l'intérêt même de l'industrie, on reconnaissait la nécessité de certaines tolérances. L'influence des économistes se faisait sentir; on s'acheminait vers l'adage : « Laisser faire et laisser passer. »

§ 3. — COMMERCE.

L'activité industrielle dont nous avons parlé dans un des paragraphes précédents amena par surcroît l'activité commerçante des localités où se fabriquaient les produits destinés à la consommation publique. Aussi ce fut de bonne heure que le pouvoir royal se préoccupa des intérêts commerciaux des provinces.

L'institution des bourses consulaires prodiguées par Charles IX aux bonnes villes de son royaume, en est une preuve.

La juridiction consulaire a été établie à Clermont par édit de Charles IX, du mois d'avril 1565. Elle était composée d'un juge et de deux consuls choisis chaque année dans le corps des marchands. Le juge devait avoir quarante ans et avoir passé consul, et le consul vingt-sept ans. On leur adjoignait trois anciens juges auxquels on donnait le nom de conservateurs. Ils étaient choisis par le corps, lors de la nomination des juges et consuls qui se faisait le jeudi le plus près de la fête de Sainte-Catherine.

Bouillet, dans son ouvrage intitulé *Histoire des Communautés des arts et métiers de l'Auvergne*, page 201, nous donne avec l'énumération des nombreuses corporations ouvrières qui existaient avant 1789, la liste de ces magistrats consulaires. Les lecteurs désireux d'avoir des détails pourront s'y reporter.

L'édit de création d'une semblable juridiction, à Riom, est de mars 1567. Thiers avait aussi la sienne depuis un édit de février 1565; Montferrand, de 1566 à 1731; Billom, 1569 et Brioude 1704.

Il n'y en eut pas dans la Haute-Auvergne. Les commerçants de cette partie de la province portaient leurs différends devant la juridiction de Brioude ou celle de Clermont, à leur choix.

La ville de Clermont dut la création de sa juridiction consulaire à la protection de la reine Catherine de Médicis qui était comtesse de Clermont et d'Auvergne.

Colbert, lorsqu'il s'occupa du tarif général des douanes, convoqua par un édit de 1664 « pour s'éclairer de leur avis un certain nombre de commerçants des villes ». C'est dans cette assemblée qui fut appelée « la maison du commerce » que réside la véritable origine des chambres de commerce de nos jours (1). Celle de Clermont date du 24 décembre 1802.

Après la mort de Colbert, le gouvernement cessa de se préoccuper du commerce et le peu de traces que l'on en retrouve sont des constatations de la misère croissante,

---

(1) Béquet, *Répertoire de droit administratif* (Chamb. de com.).

après la révocation de l'édit de Nantes et pendant la guerre de la ligue d'Augsbourg.

Dans la seconde moitié du règne de Louis XV, le commerce général de la France entra dans une nouvelle voie économique, grâce aux édits qui supprimaient les douanes intérieures, autorisant la circulation des grains et le libre échange des cuirs.

Sous Louis XVI, Turgot, comprenant les entraves que subissaient le commerce et l'industrie, voulut modifier la réglementation du monopole des corporations d'arts et métiers, formées en maîtrises et jurandes, en détruisant ces dernières par le célèbre édit portant suppression des jurandes, du mois de février 1776, enregistré le 12 mars en lit de justice, mais qui fut rapporté bientôt après le renvoi de Turgot du ministère, et qui ne fut ensuite proclamé défunt que par l'Assemblée constituante de 1789.

L'un des plus grands encouragements que le commerce national ait reçus de la royauté fut l'organisation et le développement progressif qu'elle donna au service des postes aux chevaux : on mettait quinze jours pour aller de Clermont à Paris avant le dix-septième siècle. A cette époque fut créé *le coche,* traîné par huit chevaux, qui fut remplacé à la fin du dix-septième siècle par *le carrosse,* voiture à six chevaux et fort coûteuse.

En 1762, le carrosse mettait huit jours et coûtait 36 livres pour aller de Clermont à Paris; le retour était de 48 livres.

En 1755 fut organisé un service de messageries de Clermont au Puy.

Louis XI établit les postes et relais pour son usage personnel, en 1464 ; les particuliers ne furent autorisés à s'en servir que par un édit de mars 1597.

La ville de Clermont était propriétaire de la poste aux chevaux au commencement du dix-septième siècle, et la donnait à bail à ferme. Plus tard, ces postes devinrent des propriétés privées.

Bien que le bureau des postes aux lettres soit toujours distingué, dans les annuaires, du bureau des messageries, il est bien certain qu'ils étaient au xviiie siècle encore dans une étroite relation. Non point que tous les courriers de lettres prissent des voyageurs et des malles, mais assurément toutes les messageries roulantes se chargeaient du transport des lettres.

Les nombreuses modifications qui furent introduites de 1765 à 1790 dans le service du roulage et des postes furent amenées par le développement progressif que prenait à cette époque le réseau des grandes routes.

Comme il n'y avait pas d'élection en Auvergne qui ne soit composée en totalité ou en partie de montagnes et de pâturages plus ou moins gras, le grand commerce, et le plus essentiel dans toute la province, était celui des bestiaux et du fromage. Nous ne parlerons pas du commerce réciproque de denrées qui se faisait dans chaque élection.

Nous voyons le gouvernement se préoccuper, en 1726, du commerce des bestiaux à tel point que M. de la Grandville, intendant à Riom, reçut une lettre de M. le Peletier, contrôleur général, l'invitant à lui faire savoir s'il y avait beaucoup de bestiaux dans sa généralité et quelle était l'importance du commerce qui s'en faisait avec Paris, et lui demandant, au cas où ce commerce aurait diminué, quelles étaient les causes de cette diminution afin qu'il puisse être « asseuré que la ville de Paris sera suffisamment fournie pour la consommation ordinaire qui s'y fait ». L'intendant ayant à son tour réclamé ces renseignements à ses subdélégués reçut une note de celui d'Aurillac lui indiquant qu'il y avait dans cette élection « environ 4,000 têtes d'herbages à mettre des vaches pour faire le fromage du Cantal », que l'on vendait environ 1,400 ou 1,500 taureaux de 2 à 3 ans aux provinces voisines ; que l'on engraissait des moutons et qu'il en sortait environ 9,000 à 10,000 par an.

De celui de Bort : que l'on avait engraissé dans les montagnes de ce département environ 5,000 bœufs ou vaches et que le débit s'en était fait surtout dans le Berry et le Bourbonnais.

De celui de Brioude : que les bestiaux engraissés dans cette subdélégation se vendaient à Lyon ou en Languedoc.

De celui de Chaudesaigues : que le commerce de bestiaux se faisait surtout avec la Provence et le Languedoc ; que ce département comprenait « environ 2,500 testes d'herbages pour faire le fromage et environ 200 où l'on y met des bœufs pour engraisser ».

De celui de Clermont : qu'il y avait un tiers de moins de bestiaux que l'année précédente.

De celui d'Issoire : qu'il n'y avait point de montagnes d'herbage ; que les bestiaux y étaient rares et chers.

De celui de Langeac : qu'il n'y avait point de commerce de bestiaux à cornes ; que l'on n'élevait que ce qui était nécessaire pour l'exploitation des domaines ; que les moutons gras se vendaient dans le Languedoc, la Provence, le Lyonnais.

De celui de Mauriac : qu'il y avait dans l'élection de Mauriac environ 6,000 à 7,000 têtes d'herbages à mettre des vaches à lait pour faire des fromages ; que les bestiaux n'y étaient pas mis pour engraisser et qu'ils étaient à cette époque à vil prix ; que l'on vendait quelques bœufs pour le labourage en Berry et en Bourbonnais ; que l'on vendait en Poitou environ 300 taureaux de 18 mois à 2 ans, et que le débit des moutons était peu considérable, 300 à 400 par an.

De celui de Saint-Flour : qu'il y avait dans ce département environ 4,500 à 5,000 têtes d'herbages, c'est-à-dire que l'on y mettait environ 4,000 vaches pour faire les fromages du Cantal et jusqu'à 1,000 bœufs ou vaches pour engraisser.

On engraissait de 7,000 à 8,000 moutons par an que l'on achetait en Quercy et en Rouergue et que l'on revendait pour le Languedoc et la ville de Marseille.

De celui de Viverols : qu'il sortait habituellement de la foire de Saint-Anthême pour 40,000 ou 50,000 écus de bestiaux et que cette année il en était au plus sorti pour 25,000 livres.

Il transmit alors au contrôleur général une note dans laquelle il disait : que l'Auvergne pouvait être considérée comme une véritable pépinière de bestiaux, mais que le prix en était considérablement diminué depuis un an; que les vaches qui ne donnaient plus de lait et un certain nombre de bœufs étaient engraissés pour la consommation de la province et des provinces voisines ; qu'il en allait très peu à Paris ou « du moins qu'ils étaient achetés par des » marchands du Limousin ou du Bourbonnais qui, après » avoir achevé de les engraisser avec des raves, les condui- » saient sur leur compte à Paris ; que la plus grande partie » des bestiaux engraissés en Normandie étant nés en Au- » vergne étaient ensuite élevés en Poitou », mis au travail en Poitou ou en Bretagne et finissaient par les pâturages de Normandie (1).

Dans une autre lettre au contrôleur général, du 21 mars 1735, sur la situation de sa généralité et en particulier sur le commerce des bestiaux, l'intendant dit que ce commerce avec celui des fromages fait l'unique richesse de la Haute-Auvergne, composée des élections d'Aurillac, Saint-Flour, Mauriac et en partie de celle de Clermont; que l'argent qu'apportent dans la Haute-Auvergne les marchands du Limousin, du Poitou, de la Guienne et du Languedoc se déverse ensuite dans la Basse-Auvergne où les gens de la montagne vont faire les achats des denrées qui leur manquent; la Basse-Auvergne, composée des élections de Riom, Issoire, Clermont et Brioude, produit en abondance les blés, le vin et les fruits, mais cette abondance lui est souvent à charge, parce qu'elle a peu de débouchés, l'Allier

---

(1) Voir Cohendy et Rouchon : *Invent. Arch. départ. du Puy-de-Dôme*, tome série C, n° 796, liasse.

étant à peine navigable; elle attend donc sa prospérité de celle de la Haute-Auvergne; or, le commerce des bestiaux a diminué, le prix étant plus bas de moitié, il est à craindre que la perception des impositions ne devienne difficile; et pour prévenir ce malheur, l'intendant propose de reverser à l'Auvergne la fourniture des bestiaux pour les troupes.

M. Orry répond que les états du prix des denrées n'indiquent pas que le prix des bestiaux ait subi de diminution sensible.

M. Rossignol, intendant, appelle l'attention de ses subdélégués sur cet état de choses, les invitant à lui donner des renseignements sur le prix et le nombre des bestiaux vendus à chaque foire, avec les noms de la province, des marchands qui les achètent (1).

M. Orry demande, par lettre du 18 mars 1737, à l'intendant un état de comparaison du prix des bestiaux de sa province avec les prix auxquels ils se sont vendus dans les marchés de Sceaux et de Poissy, et quelle quantité l'Auvergne pourra fournir aux dits marchés. L'intendant répond que l'on pourrait tirer environ 600 bœufs gras de la Haute-Auvergne pour être vendus aux marchés de Sceaux et de Poissy, qu'il faut en outre compter qu'il sort annuellement environ 1,000 bœufs qui sont engraissés en Limousin et en Poitou.

Les bœufs d'Auvergne se sont vendus, à Poissy, au même prix que dans la province (2).

La marine s'approvisionne de chanvres en Auvergne en 1727. C'est ainsi qu'une somme de 35,000 livres est payée à un sieur Tassin, commis principal des classes, chargé de faire passer les chanvres d'Auvergne au port de Rochefort (3).

(1) Voir Cohendy et Rouchon : *Invent. Arch. départ. du Puy-de-Dôme,* tome I, série C, n° 797, liasse.
(2) Voir Cohendy et Rouchon : *Invent. Arch. départ. du Puy-de-Dôme,* tome I, série C, n° 802, liasse.
(3) Voir Cohendy et Rouchon : *Invent. Arch. départ. du Puy-de-Dôme,* tome I, série C, n° 804, liasse.

En 1731, la manufacture de siamoises de Rouen s'approvisionne de fils de chanvre en Auvergne, chez le sieur Audembron, et par le sieur Damien Flouvat, fils d'Antoine, d'Ambert (1).

En 1732, M. Trudaine écrit à M. de Maurepas que Billom pouvait fournir 200 milliers de chanvre, Maringues 80 à 100 milliers, Thiers 25 milliers, Issoire 100 milliers, et le prie de continuer, en Auvergne, les approvisionnements pour la marine; que cette province pouvait en fournir de 200 à 300 milliers d'excellent. A la suite de cette correspondance intervint un traité entre les sieurs A. Sauvageon, négociant à Riom; Jean Berger, de Cusset, et Joseph Gros, négociant à Maringues, d'une part, et M. Courtin, écuyer, commissaire de la marine, d'autre part, pour la fourniture de 200 milliers de chanvre, du 21 novembre 1732 (2).

Les tanneries furent très florissantes en Auvergne jusqu'au milieu du XVIIIe siècle, mais le gouvernement, en 1759, en quête de ressources, ayant imposé aux cuirs un droit de marque, cette branche du commerce ne tarda pas à décliner.

Une préoccupation des intendants, au XVIIIe siècle, fut la création de nouvelles foires. C'est ainsi que le 14 février 1732, M. de Chavagnac demandant qu'il soit fondé trois foires à Blesle et trois autres au Bru, M. Trudaine, intendant, approuva ce projet en ces termes dans la réponse qu'il adressa à son subdélégué de Brioude. « Les » habitants de Blesle sont dans une extrême misère, peut- » estre que cet établissement pourra contribuer à les en » relever, en attirant quelque commerce dans cette petite » ville (3). »

(1) Voir Cohendy et Rouchon : *Invent. Arch. départ. du Puy-de-Dôme*, tome I, série C, n° 805, liasse.
(2) Voir Cohendy et Rouchon : *Invent. Arch. départ. du Puy-de-Dôme*, tome I, série C, n° 806, liasse.
(3) Voir Cohendy et Rouchon : *Invent. Arch. départ. du Puy-de-Dôme*, tome I, série C, n° 834, liasse.

Enfin en 1775, M. de Chazerat autorisa l'établissement en la ville des Martres-de-Veyre, près Clermont, de quatre foires par an et d'un marché par semaine (1).

Telle était à cette époque la situation générale du commerce dans notre province.

§ 4. — SUBSISTANCES.

L'ère des disettes, amenée de longue main par une série de fausses mesures économiques (2), commence en 1686 et existe encore en 1699.

La banqueroute qu'entraîna le système financier de Law augmenta encore la misère. Nous voyons alors le gouvernement établir des réserves de blés dans les provinces pour empêcher le peuple de souffrir de la disette dans certaines années.

Lors de la peste de 1721 qui sévissait dans le midi de la France, des mesures furent prises pour approvisionner Beaucaire. C'est ainsi qu'en juin et juillet de cette année, il fut envoyé d'Auvergne à Beaucaire, pour le compte du sieur Fulques, chargé des envois, 1,594 bœufs et 52,429 moutons (3).

Le gouvernement tint aussi la main en 1749 à l'approvisionnement des marchés. Cela résulte d'une correspondance entre les subdélégués de Maringues et de Thiers, concernant le projet de faire venir des grains étrangers, dans laquelle il est dit que l'on n'en peut tirer d'Orléans où il est trop cher; mais qu'il faudra s'adresser en Provence ou en Languedoc, et d'une lettre de M. Peyras, datée d'Arles

---

(1) Voir Cohendy et Rouchon : *Invent. Arch. départ. du Puy-de-Dôme,* tome I, série C, n° 835, liasse.

(2) Voir Clément P., *Histoire de Colbert*, page 111. — Joubleau, *Etudes sur Colbert*, tome II, pages 8-18.

(3) Voir Cohendy et Rouchon : *Invent. Arch. départ. du Puy-de-Dôme,* tome I, série C., liasse 855.

du 16 mars 1750, annonçant à l'intendant Rossignol qu'il tient à sa disposition, aux ordres de M. de Fulvy, 3,000 quintaux de seigle. Celui-ci écrit alors à ses subdélégués, le 4 avril 1750, leur annonçant qu'il a reçu des quantités considérables de blé et qu'il leur en fera passer quand leurs marchés seront dégarnis, afin que le prix n'en devienne pas excessif et que le menu peuple n'en souffre pas. Toutefois, comme il y aura perte sur ces grains et que cette perte devra être imposée en 1751 sur la province, il invite ses subdélégués à lui faire connaître le nom des particuliers qui refuseront de porter leurs grains aux marchés, afin qu'il puisse cotiser d'office ces particuliers et leurs domaines; ainsi les particuliers supporteront seuls la dépense extraordinaire à laquelle ils auront donné lieu.

Des plaintes ayant été formées contre M. Rossignol au sujet de cette introduction des grains, M. Landry, de Paris, écrit à l'intendant, le 9 avril 1750, une lettre dans laquelle il le rassure en ces termes : « Nous avons vu
» ce matin M. d'Ormesson, Monsieur, qui nous a dit de
» vous marquer de ne point vous inquiéter des discours
» du publicq, ny de tout ce que pourroient dire et faire
» M. l'Evêque de Clermont et M. de Buron; que vous
» vous comportez à merveille, usant avec œconomie de
» la faculté qui vous avoit été donnée de faire arriver
» des grains en Auvergne. »

Le 31 décembre 1749, M. l'intendant Rossignol demande que la liberté du commerce soit rétablie avec le Bourbonnais comme il a été obligé de la rétablir entre l'Auvergne et le Languedoc, disant que, suivant en cela son exemple, l'on pourrait exiger des certificats des voituriers ou prendre toute autre mesure qu'on jugerait convenable.

M. Angrave, secrétaire de l'intendance de Moulins, répond qu'il autorise M. Veytard, subdélégué de Gannat, à s'entendre avec l'intendant d'Auvergne pour faire passer dans cette province les grains nécessaires (1).

M. Olier, subdélégué de La Chaise-Dieu, ayant adressé à l'intendant un état des grains qui se trouvaient en avril 1750 dans sa subdélégation, disait : « Il y en aura
» pour cinq ou six semaines; il n'y a ni pois ni fèves;
» l'avoine fait encore partie de la subsistance du peuple
» dont la grande quantité en met plus de moitié dans son
» pain; encore n'ont-ils pas de quoi s'en donner réfection. »

M. Olier a pris toutes les mesures pour faire parvenir tous les grains du pays aux marchés de MM. les religieux de La Chaise-Dieu, et M. le comte de Boissieux l'eut secondé « de la meilleure grâce du monde ». Malgré tout, la disette est imminente et il demande des blés du roi.

L'intendant lui en envoie et l'invite à veiller pour empêcher la sortie des grains de la province (2).

Les mémoires envoyés par les subdélégués sur les moyens d'assurer les approvisionnements contiennent les renseignements les plus instructifs. Nous y voyons que, dans la plupart des cantons, la récolte aurait pu suffire sans l'exportation qui se faisait à tout prix pour les provinces voisines et pour Paris; nous y remarquons le peu d'empressement de certains propriétaires à se défaire des grains dont ils avaient pourtant en abondance.

Nous y voyons également que les blattiers étaient accusés, à tort peut-être, d'accaparement; aussi les gardait-on à vue dans leurs maisons, dans la crainte qu'ils n'allassent la nuit acheter des grains dans les fermes.

Enfin, à tous les marchés, des troupes étaient envoyées pour faire payer les droits d'aide.

---

(1) Voir Cohendy et Rouchon : *Inventaire des archives du département du Puy-de-Dôme*, tome 1er, série C., liasse 870.

(2) Voir Cohendy et Rouchon : *Inventaire des archives du département du Puy-de-Dôme*, tome 1er, série C, liasse 875.

Telle était la situation générale des subsistances dont l'Administration eut à s'occuper. L'importance de cette question était plus grande encore qu'aujourd'hui, à cette époque où les communications étaient plus difficiles et où une année mauvaise pouvait engendrer la disette.

§ 5. — ASSISTANCE PUBLIQUE. — AUMONES.

Le mode le plus simple de l'assistance publique consista sous l'ancien régime dans des remises d'impôts. C'est ce que nous voyons pratiquer par Colbert dans les cas de grêles qui, de son temps comme du nôtre, désolaient fréquemment notre pays. Mais l'Administration ne se contentait pas de venir au secours de la misère en moins prenant, elle appliquait aussi l'assistance directe en distribuant du blé et en créant des ateliers pour faire travailler les pauvres.

Un des moyens les plus efficaces d'exercer la charité était la fondation des hôpitaux. Une déclaration du roi, de septembre 1676, prescrivait l'établissement d'un Hôpital Général dans les villes et gros bourgs du royaume, d'autres hôpitaux furent dus à la bienfaisance particulière.

Les mendiants se trouvèrent placés par les édits de 1699 sous la coupe du premier magistrat de la généralité, lourde charge pour celui-ci au lendemain des grandes guerres de Louis XIV, des dures famines de la fin du XVIIe siècle, des désastres qui suivirent l'effondrement du système de Law. La mendicité prit en quelques années un développement inattendu. Des hommes sortis de tous les rangs de la société se trouvèrent confondus dans une commune misère. Non-seulement des paysans, des ouvriers, mais encore des bourgeois, des ecclésiastiques, des nobles ruinés durent mendier pour vivre, leur abaissement se trouve consigné sur les registres de dépenses de certains hôpitaux de campagne où ils s'arrêtaient pour recevoir une écuelle de soupe, une aumône en argent (1).

Des abus se commettant dans la distribution des aumônes et des charités fondées dans les paroisses, une ordonnance de l'intendant de la généralité, du 25 avril 1691, vint déclarer que le soin de faire les distributions de ces charités serait confié désormais au curé et à l'un des habitants que la paroisse choisira, qu'il serait dressé un état exact de tous les revenus à ce destinés et qu'il en serait rendu compte chaque année (2).

Le roi ayant accordé, en 1740, 8,000 livres aux pauvres de Clermont et de Riom, M. Orry, contrôleur général, en avisa M. Rossignol, intendant, en le prévenant qu'il pourrait en faire la distribution ainsi qu'il le jugerait à propos, soit aux hôpitaux de ces deux villes, soit directement aux pauvres; cette somme devait être acquittée sur la recette des octrois réservée pour les offices municipaux. A ce sujet, M. Rossignol adressa le 11 mars 1740 à son secrétaire, M. Dupin, une lettre ainsi conçue :

« Rien ne paroît plus convenable que de distribuer cette somme aux directeurs des hôpitaux, mais à la condition qu'il n'y en auroit qu'une très petite partie qu'ils pourroient appliquer à la subsistance des pauvres renfermés dans leurs maisons; il faudroit que du restant ils en fissent faire du pain et de la soupe pour être distribués journellement aux pauvres mendians qui ne peuvent être renfermés; on pourroit aussi faire distribuer du pain à des familles honteuses qui ne peuvent point aller mandier (3).

Une institution propre à l'ancien régime fut celle des

---

(1) *Invent. Arch. hospitalières de la Haute-Vienne.* Introduction, page 11, avec renvois aux sources.

(2) Voir Cohendy et Rouchon : *Invent. Arch. départ. du Puy-de-Dôme,* tome I, série C, n° 897, liasse.

(3) Voir Cohendy et Rouchon : *Invent. Arch. départ. du Puy-de-Dôme,* tome I, série C, n° 898, liasse.

Bureaux de charité qui furent organisés pour la première fois à la fin du XVIIe siècle (1).

Bientôt déchue, cette institution se releva en 1770, se régularisa et l'on peut dès lors se rendre compte de son fonctionnement. Là encore c'est l'intendant qui a l'initiative, tout en laissant à l'évêque la préséance.

Plus efficaces et plus durables furent les ateliers de charité institués vers le milieu du règne de Louis XV, mais généralisés seulement en 1770, à la suite de la grande famine qui désola le royaume.

Ces ateliers étaient destinés à fournir aux indigents un travail rémunérateur, au lieu de secours gratuits et arbitraires en argent ou en nature.

Ces travaux payés sur le fonds de charité « étaient : pour les femmes et les enfants, la filature; pour les hommes valides, la construction ou la réfection des chemins ruraux. »

L'idée n'était pas nouvelle. Nous avons vu précédemment que Colbert l'avait eue déjà, mais ce qui fut nouveau ce fut d'étendre le bénéfice de cette idée aux hommes valides et de l'appliquer avant tout et presque uniquement à l'ouverture des chemins vicinaux que l'on ne pouvait plus songer à construire, comme les grandes routes, par le système des corvées. C'est grâce à cette organisation qu'on réussit à doter les campagnes de chemins praticables qui reliaient aux grandes routes les villages les plus éloignés.

Cette institution subsista jusqu'à la Révolution.

M. de Montyon, dans une lettre du 14 août 1770 où il rend compte au contrôleur général de l'emploi des 75,000 livres accordées par le roi à la province d'Auvergne, vient corroborer nos précédentes déclarations :

Il n'a pu, dit-il, secourir qu'un très petit nombre des malheureux de cette généralité « qui, suivant une évalua-

---

(1) Voir : *Correspondances des Contrôleurs généraux*, par de Boislile, tome I, nos 1490 et 1838.

tion plus assurée qu'elles ne le sont ordinairement, contient plus de 600,000 âmes et dont les 5/6 étoient dans le cas de demander des secours ». Il a voulu du moins que ces secours ne fussent attribués qu'au besoin véritable, et pour cela, il a partagé idéalement tous les pauvres en deux classes, les valides et les invalides; il a compris dans la première classe tous ceux, vieillards, enfants ou femmes, qui n'étaient pas dans l'impossibilité absolue de travailler. Pour occuper ceux-là dans les villes où la misère était plus criante, on a entrepris des travaux publics où tous ceux qui se présentaient étaient admis; les villes ont elles-mêmes désigné les ouvrages les plus utiles et fait tous les frais autres que de main-d'œuvre, de sorte que les pauvres seuls ont bénéficié de l'argent du roi..... Il résulte de ces travaux que les villes se sont embellies dans le temps de leur plus grande misère : « Riom et Clermont ont raccomodé leurs remparts, le Mont-d'Or aura une promenade; Mauriac est changé, au milieu d'un petit amas confus de vilaines maisons s'est formée une place et une espèce de rempart qui est tout ensemble chemin et promenade, et des dehors de ville dont l'année précédente la possibilité n'auroit pas été soupçonnée; à Aurillac, une espèce de marais inégal et fangeux a été converti en une promenade régulière, bordée d'un coté par une rivière et de l'autre par un canal. »

« J'espère que la petite ville de Maurs pourra être délivrée d'eaux croupissantes qui infectent l'air qu'on respire et quelquefois causent des maladies; Murat aura un pavé neuf, des rues mieux alignées et d'une pente plus égale; Saint-Flour est la ville où la dépense due aux bontés du roy a eu de plus grands effets; on ne pouvoit avec sûreté arriver en voiture à cette ville placée sur un roc coupé presque à pic; une route facile et d'une pente égale vient d'être ouverte à travers le roc. Les ingénieurs n'avaient pas même conçu l'idée d'un travail aussi hardy; ce qui aurait du coûter des sommes considérables a été exécuté par la main-d'œuvre la plus mauvaise et choisie comme mauvaise »; il a fallu songer aussi à la subsistance des pauvres invalides, autant qu'on l'a pu on a évité de donner, mais on a fait distribuer des farines et des blés à bas prix pour ceux qui ne pouvaient atteindre même ce prix réduit; on a distribué des denrées qui n'ont point cours dans le commerce, fèves, vessards et autres grains de bas aloi « qui, par leur nature, ne pourroient tenter l'avidité de tout homme qui auroit d'autres moyens d'être alimenté ». Le riz a aussi rendu de grands services. Pour empêcher le cours des grains de monter à l'excès, on en a fait venir du dehors qu'on a revendu dans la Haute-Auvergne, et le roi n'a eu qu'à supporter la perte (1).

Telles furent les mesures prises pour arriver au perfectionnement de la bienfaisance publique, mesures qui furent complétées par l'Assemblée constituante de 1789.

Cette succincte analyse donnera quelques renseignements sur l'administration provinciale en Auvergne sous l'ancien régime. Il serait à désirer que quelque érudit entreprenne ce travail intéressant dès que l'Inventaire des archives sera terminé.

Nous avons vu dans cette analyse que les intendants, pendant les cinquante dernières années, furent les exécuteurs de véritables réformes économiques et de vigilants promoteurs de progrès; nous avons vu également qu'ils s'efforçaient personnellement ou par leurs délégués de calmer les esprits, faisant appel aux bons instincts et à la raison, cherchant en un mot à ramener la confiance et l'union. Ils ne réussirent pas toujours, mais l'Auvergne doit malgré cela tenir compte de leurs efforts et leur montrer de la reconnaissance.

(1) Voir Cohendy et Rouchon : *Invent. Arch. départ. du Puy-de-Dôme*, tome I, série C, n° 924.

PALAIS DE L'INTENDANCE

Les premiers intendants d'Auvergne résidaient à Riom. Hector de Marle qui administra la Province de 1672 à 1681 habitait à Clermont dans un hôtel situé près de la Cathédrale et qui était loué par la ville à son usage.

Cet hôtel était-il, dit M. Ambroise Tardieu, dans son *Histoire de la ville de Clermont*, vol. I, page 465, où je puise ces renseignements, le même que celui dont il va être parlé? je ne le crois pas; j'ai lieu de penser, dit-il toujours, que c'était le vaste bâtiment de la petite rue des Grands-Jours dans lequel se tinrent les séances de la Cour des Grands-Jours en 1665-1666.

M. de Bérulle fut le premier intendant qui transféra définitivement le siège de l'administration à Clermont-Ferrand.

Dès 1685 l'hôtel Poisson, situé rue Pascal, était loué par la ville de Clermont pour servir au logement de l'intendant. En 1757 M. Poisson profitant du départ de l'intendant de la Michodière proposa de vendre cet hôtel à la ville au prix de 40,000 livres et 2,400 livres de pots de vin; il observa que si la municipalité continuait son bail, il augmenterait son loyer qui était de 1,400 livres, de 200 livres. La Ville s'assembla à ce sujet le 10 novembre 1757, présenta une requête au Roi et obtint des lettres patentes qui en 1758 lui permettaient d'acquérir l'hôtel Poisson, ce qu'elle s'empressa de mettre à exécution la même année. Le palais de l'Intendance était à peine la propriété de la ville de Clermont lorsqu'un incendie arrivé dans la maison contiguë appartenant à M. de Chazerat, premier président de la Cour des Aides, causa de graves dommages à ce bâtiment; le toit fut presque littéralement écrasé ainsi que l'établissent les registres des délibérations municipales. Cet édifice servit de logement aux intendants jusqu'en 1789.

Depuis 1847 il a été transformé en Palais épiscopal, destination qu'il occupe encore actuellement (1).

(1) Voir aussi A. Delarbre. — Notice sur la ville de Clermont. Clermont, 1805, in-8°, — et Henry Mosnier, Incendie de l'Hôtel de l'Intendance à Clermont-Ferrand, dans la *Revue d'Auvergne*, 1892, n° 3.

GÉNÉRALITÉS

Ainsi que nous l'avons vu plus haut, ce fut sous le cardinal de Richelieu qu'eut lieu l'établissement de l'institution permanente des intendants dans les Généralités, il y en avait alors trente-une. Leur nombre varia souvent; au milieu du XIVe siècle on en comptait quatre :

La Langue d'oc.
La Langue d'oil.
La Normandie.
Et le pays d'outre-Seine.

La Généralité de Languedoil comprenait l'Auvergne, le Limousin, une partie de la Guienne, du Poitou, la Marche et une partie du Bourbonnais.

En 1515, sous François Ier, il y en avait seize.

La Généralité d'Auvergne date en réalité de 1558. C'est à cette époque que le roi augmenta celle de Poitiers des parties du Poitou et de la Guienne, créa une Généralité à Limoges avec un trésorier de France en même temps général des finances, et il ne resta en Auvergne qu'un général des finances.

Moulins fut créé en Généralité en 1587 au dépens de Riom.

Charles IX réduisit en février 1566 les dix-sept Généralités à sept, qui furent : Paris, Rouen, Lyon, Toulouse, Bordeaux, Tours et Nantes (celle de Bordeaux avait été créée après 1551); les autres furent supprimées : ainsi Riom qui déjà avait été réduit, en fut du nombre. Cette suppression de la Généralité de Riom ne fut pas de longue durée puisqu'elle fut rétablie en 1568 sans trésorier de

France et que maître Assolent, seigneur de Lempdes et de Chavanon, en fut continué général des finances seul jusqu'en 1570.

En 1787 on en comptait trente-deux, parmi lesquelles on distinguait :

Vingt Généralités avec élections (tribunaux chargés de juger en première instance les contestations relatives aux tailles, impôts, etc.), savoir : Amiens, Rouen, Caen, Alençon, Paris, Soissons, Châlons-sur-Marne, Orléans, Tours, Bourges, Poitiers, La Rochelle, Moulins, Limoges, Riom, Lyon, Grenoble, Bordeaux, Montauban, Auch ; douze Généralités sans élection : Flandre, Hainaut, Lorraine, Metz, Alsace, Bretagne, Bourgogne, Franche-Comté, Toulouse, Montpellier, Roussillon et Aix.

En dehors de ces trente-deux Généralités, il y avait dans les pays d'Etat, les derniers réunis à la France et qui avaient alors conservé leurs privilèges, un système d'administration locale et provinciale par les Etats de la province ou assemblées d'évêques, de seigneurs, de représentants de villes qui votaient eux-mêmes et sous leur propre autorité, l'impôt qui leur était demandé pour le roi par l'intendant réduit dans ces pays à certaines attributions de police, et en réglaient la perception : c'étaient les châtellenies de Lille et de Douai (dites Etats de Flandre), la Provence, le Béarn, la Basse-Navarre, le Bigorre, le comté de Foix et les pays de Soule, d'Armagnac, de Nébouzan et de Marsan (1).

(1) Voir Boulainvilliers, *Etat de la France*, 1727, 3 vol. in-folio, et 1752, 8 vol in-12.

GÉNÉRALITÉ DE RIOM OU D'AUVERGNE

La Généralité de Riom ou d'Auvergne comprenait environ un millier de paroisses réparties en sept élections qui portaient le nom de leur chef-lieu :
1° Celle de Clermont ;
2° Celle de Riom ;
3° Celle d'Issoire ;
4° Celle de Brioude ;
5° Celle de Saint-Flour ;
6° Celle de Mauriac ;
7° Celle d'Aurillac.

Des magistrats ou officiers qui tenaient leur nomination directement de l'intendant exerçaient dans différentes parties de la Généralité une portion de son autorité, et en raison de cette délégation de pouvoirs ils portaient le titre de subdélégués.

Ces officiers étaient chargés de la discussion et de l'instruction des affaires sur lesquelles ils faisaient des procès-verbaux ou rapports ; ils avaient, en d'autres termes, comme les sous-préfets de nos jours dont ils semblent être l'idée première, le droit de référer et non celui de décider.

Ils donnaient aussi des ordonnances, mais leurs ordonnances n'étaient considérées que comme des avis à l'intendant ; en tout état de cause les parties intéressées pouvaient toujours avoir recours à l'intendant qui décidait en définitive de toutes les questions.

Ils assistaient les intendants dans le *département* (répartition) des tailles et autres impôts, après avoir préalablement dressé des tableaux de la situation de chacune des paroisses de leur subdélégation.

C'était par eux que s'effectuaient toutes les opérations du tirage au sort, de la levée et conduite des miliciens, chacun dans son département (c'est là l'origine de la dénomination de département); ils avaient la direction et police des chemins royaux, etc.

Leur traitement qui était pris sur les fonds disponibles des divers services administratifs s'élevait à environ 2.000 francs, plus ou moins, suivant l'importance ou l'étendue de leur subdélégation.

Ils jouissaient en outre de l'exemption de la taille et autres privilèges.

Ils étaient soumis pour tous les actes relatifs à leurs fonctions, à la juridiction du roi et de son conseil.

Chaque élection comprenait une ou plusieurs subdélégations, ou contingent de paroisses qui formaient la circonscription où s'exerçait l'autorité du subdélégué.

Les circonscriptions de ces subdélégations n'étaient pas fixées d'une manière uniforme; leur étendue varia souvent suivant les temps, suivant les circonstances; elles étaient plus ou moins importantes, plus ou moins populeuses, d'un territoire plus ou moins vaste, qu'il convenait à l'intendant de les étendre ou de les amoindrir, en raison des personnages qu'il avait à placer et du cas qu'il faisait de chacun d'eux.

En outre de ces magistrats inférieurs, plusieurs subdélégations avaient encore certains autres officiers dans une condition hiérarchique plus humble, nommés par l'intendant sur la présentation du subdélégué et qui portaient le nom de correspondants; leur autorité s'exerçait sur un certain nombre de paroisses. Cette autorité, du reste, éminemment restreinte, était bornée à la simple transmission des ordres et des paquets que ces correspondants étaient chargés de répandre et de distribuer dans les *collectes ou villages* composant les paroisses.

La réunion plus ou moins nombreuse de ces paroisses portait le nom d'arrondissement de correspondance de la subdélégation de...

Ces correspondances n'avaient rien de fixe ni de réglé.

Plusieurs subdélégations en manquaient complètement ; d'autres n'avaient qu'un petit nombre des paroisses de leur ressort ou arrondissement qui en fussent pourvues.

En voici quelques tableaux de différentes époques qui en fourniront un aperçu :

M. Michel Cohendy, dans son ouvrage *Mémoire historique sur les modes successifs de l'administration dans la province d'Auvergne* où je puise ces renseignements, prétend que l'existence des subdélégués ne remonte pas au delà de l'administration de M. Le Blanc et qu'ils furent institués en l'année 1705. Il commet une légère erreur. L'édit de création en titre d'offices des subdélégués était du mois d'avril 1704, mais on trouve aussi antérieurement des subdélégués qui étaient sans doute commis temporairement par l'intendant.

Les cinq tableaux qui suivent comprennent à peu près toute la nomenclature des personnes que la confiance des intendants investit de ces fonctions.

Le troisième, qui est de l'année 1746, fut dressé à propos d'une levée de miliciens ; le sixième tableau est un état des subdélégations ayant des correspondances ; il est antérieur à 1770.

SUBDÉLÉGATION DE L'INTENDANCE D'AUVERGNE
DES 15 A 20 PREMIÈRES ANNÉES DU XVIIIe SIÈCLE.

Subdélégations.	Subdélégués.
1. Riom	CARAUD (1).
2. Thiers	DESASTIERS.
3. Montaigut	DE LA GRANGE.
4. Maringues	BARREL.

(1) En 1716, nous trouvons aussi Jacques Deserres, avocat du roi au présidial de Riom et Collonges, subdélégué à Riom en 1721.

HISTOIRE DE L'ADMINISTRATION CIVILE

Subdélégations.	Subdélégués.
5. Clermont	VASSADEL.
6. Courpière	TALLEMANDIER.
7. Bort	DE MALLESSAIGNE.
8. Besse	BESSEYRE.
9. Issoire	GUÉRIN.
10. Ardes	FAURE.
11. Ambert	DUMAS.
12. Viverols	BOYER DE LA SALLE.
13. La Chaise-Dieu	PELLET.
14. Brioude	ROCHETTE.
15. Langeac	TALLEMANDIER.
16. Saint-Flour	DE MONTLUC.
17. Chaudesaigues	BESSON D'ARJALET (1).
18. Murat	DANTY.
19. Aurillac	SADOURNY.
20. Mauriac	DE MONTJOLY DE COURBOULET.

SUBDÉLÉGATIONS DE L'INTENDANCE D'AUVERGNE
DE L'ANNÉE 1732.

Subdélégations.	Subdélégués.
1. Clermont	VASSADEL.
2. Billom	DE LA GARDETTE.
3. Vic-le-Comte	MONTAIGNAC.
4. Lezoux	BOUDAL.
5. Besse	BESSEYRE.
6. Bort	DE MALLESSAIGNE.
7. Riom	URION.
8. Thiers	ROUSSEL DE MERVILLE.
9. Montaigut	GEORGES DE MONTCLOUX.
10. Maringues	Fr. DE BENOIST DE CHASSIGNOLES.
11. Issoire	AULTERROCHE (2).
12. Ardes	RODDE DE CHALAGNAT.
13. Viverols	BOYER DE LA SALLE.

(1) Ce subdélégué a été remplacé par M. Podevigne du Bouchatel, décédé en 1746.
(2) M. Aulterroche remplace M. Cellin comme subdélégué en 1732.

Subdélégations.	Subdélégués.
14. La Chaise-Dieu..	PELLET (1).
15. Brioude........	ROCHETTE, de 1705 à 1732.
16. Langeac........	TALLEMANDIER, jusqu'en 1768.
17. Saint-Flour.....	DE MONTLUC.
18. Murat..........	TEILLARD.
19. Aurillac........	SADOURNY.
20. Mauriac........	DE VIGIER.

SUBDÉLÉGATIONS DE LA GÉNÉRALITÉ D'AUVERGNE EN 1746.

État du nombre des miliciens demandés à chaque subdélégué en 1746, de ceux qu'ils ont levés au pardessus, et de ce qui leur revient à chacun à raison de 5 livres de gratification par chaque milicien.

Nos D'ORDRE	SUBDÉLÉGATIONS	NOMS de MM. les Subdélégués	MILICIENS demandés	MILICIENS levés au pardessus	MONTANT de la gratification
1	Montaigut.........	Georges...........	26	14	200 l.
2	Riom..............	Urion.............	56	»	280
3	Rochefort.........	Ribeyre...........	24	»	120
4	Clermont..........	Tournadre.........	65	4	345
5	Besse.............	Godivel...........	18	»	90
6	Billom............	De la Gardette....	25	3	140
7	Thiers............	Roussel de Merville	35	»	175
8	Ceilloux..........	Boudal. (2).......	22	»	110
9	Issoire...........	Lafont............	31	»	155
10	Lezoux............	Boudal............	11	»	55
11	Vic-le-Comte......	Du Vernin.........	24	»	120
12	St-Amant-Roche-Sav.	Teyras............	22	»	110
13	Saint-Flour.......	Montluc...........	82	3	425
14	Brioude...........	J.-F. Croze de Montbrizet	34	2	180
15	Langeac...........	Tallemandier......	21	»	105
16	La Chaise-Dieu....	Olier.............	19	»	95
17	Ambert............	Madur (3).........	20	»	100
18	Lempdes...........	Jouzaucie.........	20	»	100
19	Aurillac..........	De Cébié..........	92	»	460
20	Mauriac...........	De Vigier.........	48	»	240
21	Bort..............	De Mallessaigne...	20	»	100
22	Ardes.............	Rode..............	11	»	55
		Totaux........	726	26	3.760 l.

(1) M. Pellet fut remplacé en 1733 par M. Nempdes du Poyet.
(2) Ce subdélégué signalé par M. Cohendy doit être le même que celui de Lezoux. Nous devons ajouter M. Podevigne, subdélégué à Chaudesaigues, mort en 1746, et M. Dutreuil, nommé subdélégué à Blesle en 1748.
(3) La subdélégation d'Ambert fut transférée à Saint-Amant-Roche-Savine en 1758.

SUBDÉLÉGATIONS DE LA GÉNÉRALITÉ DE RIOM
DE L'ANNÉE 1778.

Subdélégations.	Subdélégués.
1. Riom	TOUTTÉE.
2. Thiers	MIGNOT.
3. Montaigut	BICHARD (20 juin 1772).
4. Clermont	ALBO DE CHANAT.
5. Lezoux	BOUDAL.
6. Billom	DE LA GARDETTE.
7. Vic-le-Comte	BONNEL (1).
8. Besse	GODIVEL.
9. Bort	CHASTEAU fils (depuis 1777).
10. Issoire	LAFOND DE SAINT-MARTS.
11. St-Amant-R.-S.	TEYRAS DE GRANDVAL.
12. Brioude	GUEYFFIER.
13. Langeac	GUEYFFIER DE TALEYRAT.
14. La Chaise-Dieu	OLIER.
15. Saint-Flour	TASSY DE MONTLUC.
16. Murat	RUYNES (1773).
17. Aurillac	PAGÈS DE VIXOUSE.
18. Mauriac	DE TOURNEMIRE.

SUBDÉLÉGATIONS DE L'ANNÉE 1786.

Subdélégations.	Subdélégués.
1. Riom	TOUTTÉE.
2. Thiers	CHAUVASSAIGNES.
3. Landogne { Correspondance érigée en subdélégation en 1774. }	MAGNOL.
4. Montaigut	BICHARD.
5. Clermont	ALBO DE CHANAT
6. Lezoux	DUPUY.
7. Billom	DE LA GARDETTE-DESGIRAUD.

(1) La subdélégation de Vic-le-Comte fut supprimée en 1778 et les paroisses qui la composaient réunies à celles de Clermont, Issoire, Besse et Billom. — *Archives départementales du Puy-de-Dôme* (Intendance).

Subdélégations.	Subdélégués.
8. Besse	Godivel.
9. Tauves	Bléton (1777).
10. Bort	Chasteau fils.
11. St-Amant-R.-S..	Teyras.
12. Issoire	Lafont de Saint-Marts.
13. Brioude	
— Langeac	Gueyffier.
— La Chaise-Dieu..	
14. Saint-Flour	Tassy de Montluc.
15. Murat	N.
16. Mauriac	de Tournemire.
17. Aurillac	Pagès de Vixouse (1).

(1) M. Pagès de Vixouse donna sa démission en 1789 et fut remplacé par M. Mabron-Désauriers.

SUBDÉLÉGATIONS DE LA GÉNÉRALITÉ D'AUVERGNE

AYANT DES CORRESPONDANCES ANTÉRIEURES A L'ANNÉE 1770.

SUBDÉLÉGUÉS et Lieu de leur résidence	CORRESPONDANTS et Lieu de leur résidence	PAROISSES composant l'arrondissement des correspondants
	SUBDÉLÉGATION DE RIOM.	
De La Crène, à Riom.	Magnol, à Landogne.	Landogne. Villossanges. Briffons. Combraille. Saint-Genès-les-Monges. Puy-Saint-Gulmier. Condat. Montel-de-Gellat. Translègues. Chapdes. La Forest. Auteserre. Comps. Montfermy.
	Alleyrat, à Gyat.	Giat. Voingt. Fernoële. Saint-Avit. Herment. Heume-l'Eglise. St-Germain-près-Herment. Verneugheol. Tortebesse. Sauvagnat. Saint-Alvart.
	Lavaut, à Olby.	Olby. Mazayes et Chambois. Saint-Pierre-le-Chastel.
	Jurie, à Vitrac.	Vitrac. Queille. Saint-Angel. Lisseulle.

SUBDÉLÉGUÉS et Lieu de leur résidence	CORRESPONDANTS et Lieu de leur résidence	PAROISSES composant l'arrondissement des correspondants
De La Crène, à Riom.	Bidon, à Randan.	Rendans. Beaumont-sous-Rendans. Jussat. Saint-Priest-de-Bramefant. Pragoulin. Le Jaunet. Auterive.
	Andrieu, à Maringues.	Maringues. Vialle. Luzillac. Joze. Saint-Laure. Tissonnière.

SUBDÉLÉGATION DE THIERS.

Mignot, à Thiers.	Néant.	

SUBDÉLÉGATION DE BORT.

| De Mallesaigne, à Bort. | Tournadre, à Marcenat. | Marcenat et Aubijoux. Landeyrat. Petit-Allanche. Chazeaux et Malliargues. Saint-Bonnet-le-Haut. Saint-Bonnet-le-Bas. Montgrelleix. Condat-en-Feniers. Quartier d'Entraigues. Quartier de Mercœur. Egliseneuve-près-Condat. |
| | Bogros, à Bogros. | Bourg-Lastic. Messeix. Avèze. Savennes. Murat-le-Quaire. Singles. Laqueuille. Saint-Sauves. |

SUBDÉLÉGATION DE MONTAIGUT.

Chacaton de Villobié, à Montaigut.	Néant.	

SUBDÉLÉGUÉS et Lieu de leur résidence	CORRESPONDANTS et Lieu de leur résidence	PAROISSES composant l'arrondissement des correspondants
	Subdélégation de Clermont.	
Tournadre, à Clermont.	Magnol, à Landogne.	Saint-Ours. Bromont-Lamothe. Villemonteix et villages. Saint-Georges-de-Gelles. Saint-Etienne-des-Champs.
	Eschalier, à Rochefort.	Puy-la-Vèze, Bayonne et La Vezolle. Perpezat. Saint-Jean-les-Monges. Saint-Pierre-Roche. Saint-Martin-de-Tours. Rochefort. Orcival. Orcival, quartier de Douaresse.
	Subdélégation de Lezoux.	
Boudal, à Lezoux.	Néant.	
	Subdélégation de Billom.	
De La Gardette, à Billom.	Néant.	
	Subdélégation de Vic-le-Comte.	
Bonnel, à Vic-le-Comte.	Néant.	
	Subdélégation de Besse.	
Godivel, à Besse.	Néant.	

SUBDÉLÉGUÉS et Lieu de leur résidence	CORRESPONDANTS et Lieu de leur résidence	PAROISSES composant l'arrondissement des correspondants
	SUBDÉLÉGATION D'ISSOIRE.	
Lafont de Saint-Marts, à Issoire.	Desribes. à Ardes. Heyraud, à Saint-Germain-Lembron. Gerle, à Souxillanges. Dalbine, à Gemeaux.	N'ont point d'arrondissements particuliers.
	SUBDÉLÉGATION DE LEMPDES.	
Vialard, à Lempdes, mort en 1770.	Robert, à Lempdes.	Lempdes. Mauriac. Vichel-sous-Mousselet. Vergonghon. Léotoing. Azerat. Torciat. Saint-Jean-Saint-Gervais. Chanbeson. Champagnat-le-Jeune.
	Arpheuille, à Blesle.	La ville de Blesle. Notre-Dame-de-Laurie. St-Etienne-sur-Blesle. Autrac. Bousselargues. Leyvaud. Lussaud.
	Arpheuille, à Blesle.	Mollède. Quartier de La Bastide. Auriac. Quartier de Chavagnac. Quartier de Serres. Molompize. Saint-Victor-près-Massiac. La Chapelle-d'Allagnon. Bonnac. Saint-Mary-le-Plain. Charmensac.

SUBDÉLÉGUÉS et Lieu de leur résidence	CORRESPONDANTS et Lieu de leur résidence	PAROISSES composant l'arrondissement des correspondants
Viallard, à Lempdes.	Jurie, à Auzon.	La ville d'Auzon. Saint-Hilaire-sur-Auzon. Saint-Vert. Laval-sous-Champagnat. Champagnat-le-Vieux. Vals-sous-Châteauneuf. Sainte-Catherine. Peslières. Saint-Martin-des-Olières. Châteauneuf-du-Fraisse. Chassignolles.

SUBDÉLÉGATION DE SAINT-AMANT.

Teyras, de Grandval. à Saint-Amant.		Saint-Victor. Julianges. Craponne. Saint-Jean-d'Orbrigoux. Médeyrolles. Sauvassanges. Usson, côté d'Auvergne, premier quartier. Usson, côté d'Auvergne, 2me quartier.
	Imbert de Tremolles, à Viverols.	Viverols et les villages de Viverols. Glizolles. Saillans. Lachal. Saint-Anthème, quartier du Bourg. Saint-Anthème, quartier du Gueyt. Saint-Anthème, quartier de Monerdiol. Saint-Anthème, quartier du Bergounioux. Saint-Romain. Saint-Clément. Saint-Martin-des-Olmes. Grandrif. Baffie. Saint-Just-de-Baffie. Chaumont.

SUBDÉLÉGUÉS et Lieu de leur résidence	CORRESPONDANTS et Lieu de leur résidence	PAROISSES composant l'arrondissement des correspondants
	Rigodon.	St-Alyre pr. La Chaise-Dieu. Cistrières. La Chapelle-Geneste. Saint-Sauveur. Novacelles. Maire. Dore-l'Eglise. Malvières. Bonneval. Burières. Arlanc. Le bourg d'Arlanc. Le quartier de Chanceaux.
Teyras de Grandval, à St-Amant.	La Roche, à Ambert.	La ville d'Ambert. Ambert, quartier du Mas. Ambert, quartier de La Valeyre. Ambert, quart. de La Masse. Ambert, quartier de Vialis. Voissivières. Le bourg de Job. Le quartier de Beaux. Le quartier de Rabousse. Le quartier de la Tour-Goyon Le bourg de Marsat. Le quartier de Chadeyrolles. Le quartier de la Varenne.
	Coiffier, à Tours.	Espinasse et Aubusson. Augerolles, quartier de Frédeville. Augerolles, quartier du bourg bas d'Olliergues. Augerolles, quartier de la Montagne. Augerolles, quartier d'Aubusson. Sauviat, quartier Haut. Sauviat, quartier du Prieuré. Saint-Flour près Courpière. Sandier (Saint-Dier). Saint-Jean-des-Ollières. Sugères. Brousse et Montboissier.

SUBDÉLÉGUÉS et Lieu de leur résidence	CORRESPONDANTS et Lieu de leur résidence	PAROISSES composant l'arrondissement des correspondants
Teyras de Grandval, à Saint-Amant.	Coiffier, à Tours.	Ceilloux. Domaize. Tours. Meymont. St-Gervais-sous-Meymont. La ville d'Olliergues. La Chabasse. Olmet, quartier du Bourg et de la Fage. Olmet, quartier de la Marelie et de la Goute. Marat, quartier du Bourg. Marat, quartier de la Montagne. Marat, quartier de Fradal. Vertolaye. La Chapelle-Agnon. La Chapelle, quartier de la Ribeyre et Celles. Cunlhat, quartier de Montboissier. Cunlhat, quartier de Boissonnet et Meymont. Auzelle. Le quartier d'Auzelle. Condat près Montboissier.

SUBDÉLÉGATION DE BRIOUDE.

Gueyffier, à Brioude.	Altaroche, à Massiac.	Massiac. Saint-Étienne-sur-Massiac. Grenier et Montgon.
	Branche, à Pauliaguet.	Dalmeyrat. Chassaignes. Censsat. Saint-Prejeix. Salezuit. Aurat. Pauliaguet. Couteuge. Flageac.

DANS LA PROVINCE D'AUVERGNE.   215

SUBDÉLÉGUÉS et Lieu de leur résidence	CORRESPONDANTS et Lieu de leur résidence	PAROISSES composant l'arrondissement des correspondants
Gueyffier, à Brioude.	Romeuf, à La Voulte.	Chastel, Reghade. La Voulte. Saint-Cirgues. Blassac. Saint-Austremoine. Cronce. Chiliac. Aubazat. Peyrusse. Arlet. Nozeirolles.
	Marie, à Langeac.	La ville de Langeac. Langeac, pays plat. Mazeirat près Langeac. Saint-Ebbe. Reilhac. Pinols. Croux. Férussac. Desge. Chazelles. Pébrac. Mandement de Digons. Taillac. Chanteuge-le-Bourg. Chanteuge-la-Paroisse. Saint-Arcons. Saint-Julien-des-Chazes. Sainte-Marie-des-Chazes. Charreix. Prades. Saint-Berain. Le Vernet. Nay.

SUBDÉLÉGATION DE LA CHAISE-DIEU.

Ollier, à La Chaise-Dieu	Grangier, à Allègre.	Pour la ville d'Allègre et paroisses voisines.
	Dorier, à Saint-Paulien.	Pour Saint-Paulien et les parties de ce canton.

SUBDÉLÉGUÉS et Lieu de leur résidence	CORRESPONDANTS et Lieu de leur résidence	PAROISSES composant l'arrondissement des correspondants
Olier, à La Chaise-Dieu.	Debrye, à Chomélis-le-Bourg.	Pour Chomelis-le-Bourg et voisinages.
	Oriol, à Léangue.	Pour Léangue, St-Romain et le canton.

SUBDÉLÉGATION DE SAINT-FLOUR.

De Montluc, à Saint-Flour.	Azemard, à Chaudesaigues.	Sarrus. Maurines. Saint-Martial. Mallet. Magnac. Atérieux. Saint-Remizes. Saint-Urcize. La Trinité. Deux-Verges. Lioutadès. Espinasse. Chaudesaigues. La Foraine-de-Chaudesaigues Jabrun.
	Ruynes, à Murat.	Bredon. Auteroche. Albepierre. Murat. Chastel-sur-Murat. La Chapelle-d'Alagnon. Virargues. Chavagnac. La Boissonnaire. Dienne. Colanges. Dreils. La Butgy. Fortuniers. Saint-Saturnin. Marmier. Roche-Ségur. Nouix. Montel. Ségur. La Gazelle. Lugarde. La Griffoul. Sainte-Mandine. Chassanny.

SUBDÉLÉGUÉS et Lieu de leur résidence	CORRESPONDANTS et Lieu de leur résidence	PAROISSES composant l'arrondissement des correspondants
De Montluc, à Saint-Flour.	Ruynes, à Murat.	Bagil. Marchastel. Soubrevèze. Nastrac. Pouzols. Cheylade.. Le Cayre. Veresmes. Le Valrus. Falcimagne.
	Mejansac, à Pierre-Fort.	Oradour. Fressinet. Royre. Pierre-Fort et la Foraine de Pierre-Fort (1). Sainte-Marie. Gourdiges, de tout temps Gourdièges. Paulhaine. Saint-Martin. Vigouroux. Narnhac. Malbo. Chatours. La Chapelle-Barrez. Brezons.

SUBDÉLÉGATION DE MAURIAC.

De Tournemire, à Mauriac.	Gros, à Salers. Forestier, à Méallet. Barrier, à Vebret.	

SUBDÉLÉGATION D'AURILLAC.

Pagès de Vixouse, à Aurillac.	Néant.	

(1) M. Desclauzel, subdélégué de Pierre-Fort fut supprimé en 1759 et sa circonscription réunie à celle de M. de Montluc. Voir : Archives départementales du Puy-de-Dôme (Intendance).

DIVISION DE LA GÉNÉRALITÉ D'AUVERGNE EN COLLECTES

La Généralité d'Auvergne avait également une division plus élémentaire que celles que nous venons d'indiquer, celle des paroisses en quartiers ou collectes (1).

Nous allons dire quelques mots sur les collectes et sur le mode de recouvrement de la taille par les collecteurs, mais il est nécessaire auparavant de donner quelques explications sur ce qu'était la *taille*.

Taille. — La taille était un impôt qui était levé sur les roturiers en proportion de leurs biens et de leurs revenus. C'était à la fois un impôt personnel et un impôt territorial.

Le nom de taille paraît venir de ce que, dans l'origine, les sergents ou collecteurs de tailles se servaient d'une taille de bois pour marquer les sommes qu'ils avaient reçues. Elle devint permanente sous Charles VII, les Etats d'Orléans ayant accordé à ce prince le droit de percevoir une taille perpétuelle.

Elle produisit 1,800,000 livres sous Charles VII, et s'éleva à plus de 4 millions sous Louis XI. Elle continua de s'accroître au XVIe siècle, principalement sous François Ier et Henri II.

Les malheurs des guerres de religion et la dévastation des campagnes rendirent beaucoup plus difficile la perception de la taille. Aussi les rois furent-ils obligés d'accorder des sursis et des remises de taille pour encourager l'agriculture que cet impôt ruinait.

En 1603, elle fut diminuée de deux millions. Depuis cette époque les ministres les plus illustres, et surtout

---

(1) Voir les procès-verbaux de l'assemblée provinciale, novembre 1787 ; mémoire de l'assemblée d'élection de Saint-Flour. Beaucoup de plans furent proposés sur les réformes à faire dans le recouvrement des impôts, séance du 1er décembre. Voir aussi l'état de l'Auvergne en 1763 par M. de Ballainvilliers, intendant.

Richelieu et Colbert, s'occupèrent de la diminution des tailles.

Après la mort de Colbert (1683), la taille s'accrut de nouveau et continua de peser sur le peuple jusqu'à l'époque de la Révolution.

Collecte. — On entendait par collecte la répartition sur tous les contribuables de la part que chacun d'eux devait supporter dans le montant des tailles de la paroisse et le recouvrement de cet impôt. Ceux auxquels incombaient cette répartition et ce recouvrement étaient appelés collecteurs. Ce n'est toutefois que depuis le mois de mars 1600 que les collecteurs furent chargés de la confection de l'assiette ou du rôle de la taille; auparavant leur seule mission était de percevoir les taxes imposées à chaque habitant. L'édit de 1600 auquel nous venons de faire allusion leur attribua les fonctions de *asséeurs* (c'est ainsi qu'on désignait auparavant ceux qui confectionnaient les rôles des tailles pensant avec raison que ceux auxquels incombait le recouvrement de l'impôt étaient mieux placés que personne pour apprécier les ressources de chacun et pour éviter aussi que les habitants les moins aisés fussent taxés au-dessus de leurs moyens).

Nomination des collecteurs. — Les collecteurs étaient nommés par les habitants de l'Election à l'issue de la messe paroissiale ou des vêpres. A défaut de cette désignation par les habitants, prescrite par la déclaration du 28 août 1685, les collecteurs étaient nommés d'office par les intendants et par les officiers des élections. Il était défendu aux officiers des élections, sous peine de suspension et d'amende, de commettre eux-mêmes des collecteurs pour le recouvrement de la taille assise sur les paroisses de leurs élections.

Le nombre des collecteurs variait suivant l'importance de chaque localité : pour les paroisses taxées à 1,500 livres de principal de taille et au-dessus, il y avait huit collecteurs qui pouvaient se distribuer la besogne par quartiers ou par demi-année, mais qui étaient toujours solidairement responsables de la taille à lever sur la paroisse. Il y en avait quatre pour celles taxées à 300 écus de taille et deux pour les moindres paroisses.

L'exercice de certaines professions ou fonctions avait pour effet d'exempter de la collecte ; il en était ainsi de la profession d'avocat, médecin, chirurgien, commis du fermier général.

Les marguilliers, pendant la durée de leurs fonctions, étaient exempts de la collecte.

Une déclaration du 30 novembre 1715 considérait aussi comme une cause de dispense le fait d'avoir huit enfants mariés. Enfin, certaines infirmités, l'âge pouvaient produire le même effet, mais l'exemption ne devait être prononcée que sur la preuve acquise des indispositions ou infirmités mettant obstacle à l'exercice de la collecte.

Cette charge dont étaient également exempts les nobles et les privilégiés, était commune à tous les autres habitants présents dans la localité ; elle était tellement pénible et ruineuse aux pauvres gens des campagnes qu'un très grand nombre de paysans s'expatriaient pour s'y soustraire, puisqu'elle n'était supportée que par les hommes présents dans les localités.

On vit dans la Haute-Auvergne des paroisses où la collecte était faite par des femmes, à défaut d'hommes tous absents.

Les collecteurs étaient tenus d'asseoir et de lever la taille dans la huitaine de leur nomination ; les rôles une fois confectionnés devaient être signés par les élus. Les opérations relatives à la confection des rôles se réduisaient à des calculs ayant pour base des déclarations signées par chaque redevable et reconnues fondées ou discutées par les collecteurs.

Les règles qui avaient été posées pour le recouvrement des taxes avaient pour but de sauvegarder tant l'intérêt des contribuables et des habitants que celui du trésor royal.

Lorsqu'un habitant avait à se plaindre d'être surtaxé, il pouvait assigner les collecteurs sur l'opposition qu'il entendait former à cette surtaxe.

Le droit d'agir appartenait même à tout habitant, qu'il fût ou non lésé, si l'action avait pour objet l'intérêt général de la communauté.

Le jugement était rendu par trois élus au moins sur les conclusions du substitut du procureur général du roi, en présence du procureur syndic de la paroisse, ou du moins après l'avoir sommé de comparaître.

L'action engagée avait pour effet d'entraîner la condamnation des collecteurs à l'amende, à la restitution des sommes indûment perçues et à des dommages-intérêts envers la partie lésée, sans préjudice des peines plus graves qu'ils pouvaient encourir.

Lorsque la condamnation avait été prononcée à la suite d'une poursuite fondée sur l'intérêt général de la communauté, les restitutions et dommages-intérêts étaient répartis entre les contribuables à proportion de la taille de chacun d'eux.

En cas de non-paiement de la taxe, les collecteurs pouvaient recourir à la saisie; mais il importe de remarquer que c'était une voie purement subsidiaire qui ne devait être employée qu'à défaut de toute autre voie possible. C'est ainsi que Colbert écrivit à l'intendant d'Auvergne Le Camus :

« A l'égard des saisies pour le fait des tailles, vous pouvez tenir la main à ce que les receveurs n'en fassent point (1). »

Lorsque la voie de la saisie était employée, les collecteurs devaient se conformer aux règles générales sur la

---

(1) Voir : *Correspondance administrative sous le règne de Louis XIV*. Collection des documents inédits sur l'*Histoire de France*.

matière. Ils ne pouvaient notamment enlever ou saisir les choses nécessaires à la vie, vêtements, instruments de culture, etc.

Les collecteurs répondaient sur leurs biens du non-paiement des taxes par les contribuables et ils étaient souvent obligés d'en faire l'avance, sauf leur recours contre ces derniers.

Si dans le délai fixé les receveurs des tailles n'avaient pas encaissé la somme imposée, les collecteurs pouvaient se voir saisir et soumis à la contrainte par corps; s'ils étaient insolvables, les receveurs avaient à se pourvoir devant les intendants à l'effet d'obtenir la réimposition de la paroisse.

Des quittances devaient être délivrées aux collecteurs par les receveurs, et ces quittances devaient être remises au greffier des tailles de la paroisse.

Chaque année, les collecteurs devaient fournir à l'adjudicataire général des fermes un rôle contenant le dénombrement des personnes de chaque feu de la communauté où ils avaient exercé leurs fonctions.

Nous allons donner maintenant un tableau par élections des paroisses et collectes de la Généralité d'Auvergne avec le nom des seigneurs des paroisses, le chiffre de la taille, etc.

Ce tableau qui est de l'année 1696 est extrait des archives départementales du Puy-de-Dôme : Fonds de l'Intendance, série C, et a été reproduit textuellement dans l'ouvrage déjà cité de M. Cohendy sur les modes successifs de l'administration dans la province d'Auvergne. Nous le donnons ici en y rectifiant toutefois l'orthographe d'un certain nombre de noms de lieux, et en déterminant les noms de famille de divers seigneurs haut-justiciers de fiefs qui ne figuraient que sous leurs noms de terres.

TABLEAU PAR ÉLECTIONS

DES PAROISSES ET COLLECTES DE LA GÉNÉRALITÉ D'AUVERGNE
AVEC LE NOM DES SEIGNEURS,
DES PAROISSES, LE CHIFFRE DE LA TAILLE DE L'ANNÉE 1696.

Nos D'ORDRE	MONTANT de la TAILLE	VILLES BOURGS, VILLAGES réunis par paroisses ou collectes	NOMS DES SEIGNEURS	DÉPARTEMENTS auxquels ont été réunies les paroisses détachées de la province d'Auvergne en 1790
		ÉLECTION DE RIOM.		
1	16000	La ville de Riom et Mozat.	Le Roi.	
2	2300	Auteserre.	Le sieur de Matrou.	Creuse.
3	1000	Arconsat.	de Lauzun.	
4	5200	Anzat le Luguet.	le duc de Foix.	
5	1450	Ars.	Monsieur.	
6	550	Bicon.	de Broglio.	
7	2350	Briffont.	le duc de Ventadour.	
8	580	Buxerolle.	le duc de Bouillon.	
9	1400	Beaumont les Randan.	— Foix.	
10	1050	Bulhon.	— Bouillon.	
11	450	Bussières.	de Beauvoir.	
12	310	Bourg de Bussières.	Monsieur.	
13	1200	Beauvoir-Servant.	de Beauvoir.	
14	900	Bourg de Servant, Chouvigny, Montignac, Le Mas du Bostz, Berthons, Châtel.	—	
15	370	Buzatier.	Monsieur.	
16	5300	Cebazat.	de Châteaugay.	
17	1750	Château d'Ennezat.	Le duc de Bouillon.	
18	620	Cellule et Chauffour.	Le marquis d'Effiat (Cinq-Mars).	
19	900	Comps.	de St-Héran (St-Hérem).	
20	2900	Chapdes et Beaufort.	de Beaufort et de Bois-Franc (1).	
21	1450	Cisternes.	de Culton (de Curton).	
22	3100	Condat.	Le sieur de Bonnafous (2).	
23	1100	Combrailles-Enval.	— de Chalus.	
24	1200	Celles près Fernoël.	— de Saint-Estienne.	
25	700	Chassenet.	Monsieur.	
26	1500	Clerlande.	Le duc de Bouillon.	
27	1870	Chappes.	—	
28	1050	Champeyroux.	de la Richardie (3).	
29	2400	Combronde.	de Brion (4).	
30	3200	Crevant.	Le duc de Bouillon.	
31	8000	Celles sur Thiers.	de Lauzun.	

(1) (Joachim de Seglieres de Bois-Franc, écuyer Sgr de Saint-Ours, baron d'Ambur, vicomte de la Rochebriant.)
(2) (Jérôme de Besse de la Richardie, baron de Palerne, Champeyroux.)
(3) (Jean-Antoine de Brion, marquis de Combronde, baron de Salvert, conseiller au Parlement de Paris.)
(4) Christophe de Sarrazin, écuyer seigneur de Bonnefont et de Condat dès 1683.

N° D'ORDRE	MONTANT de la TAILLE	VILLES BOURGS, VILLAGES réunis par paroisses ou collectes	NOMS DES SEIGNEURS	DÉPARTEMENTS auxquels ont été réunies les paroisses détachées de la province d'Auvergne en 1790
32	1700	Colombier.	Monsieur.	Allier.
33	310	Chevarry.	—	
34	670	Davayat.	d'Effiat et de Brion (1).	
35	1450	Dorat.	Le duc de Bouillon.	
36	550	Durmignat.	Monsieur.	
37	950	Epinet.	Le duc de Bouillon.	
38	4800	Escoutoux.	de Lauzun.	
39	650	Echassières.	de Beauvoir.	
40	3200	Ennezat, la ville.	d'Effiat.	
41	1000	Fernoël.	de Villemont (2).	
42	700	Gimeaux.	d'Effiat et de Brion.	
43	5400	Giat.	de Ligny (3).	
44	290	Glénat.	de Broglio.	
45	550	Geysou et la Godivelle.	Le duc de Foix.	
46	1720	Heume-l'Eglise.	de Culton (de Curton).	
47	2300	Herman (Herment).	Le duc de Ventadour.	
48	470	Jaunet.	Le sieur de la Chaise.	Allier.
49	720	Jussat.	Le duc de Foix.	
50	520	Le Cher (le Cheix).	Le sieur de Drudy.	
51	1200	La Mothade (la Moutade).	d'Effiat.	
52	1750	Loubeyrat.	de Chazeron (4).	
53	270	Lisseule (Lisseuil).	de Blot (5).	
54	270	La Forêt.	Le commandeur de Tortebesse.	
55	1100	Le Puy St-Gulmier.	Le sieur du Puy St-Gulmier (6).	
56	1450	Landogne.	Les demoiselles de Vialleucloux ou de Vialle-Veloux et de Montafoy (7).	
57	1750	Luzillat.	Le duc de Bouillon.	
58	2200	Le Moustier de Thiers.	Le sieur abbé du Moustier.	
59	210	Les Fagots et Marnats	Les religieux de Montpeyroux.	
60	1278	Les villages d'Apchier, Sarrouil, Combaliboeuf, Saigne, le Fayet, Vanoncughe et Vausoubre, en la paroisse de Leyvaux.	Le duc de Foix.	Cantal.
61	770	La Vernade.	Monsieur.	

(1) (Antoine Coiffier-Ruzé, marquis d'Effiat, chevalier des Ordres du Roi, premier écuyer du duc d'Orléans.)
(2) (François de Veyny d'Arbouse, baron de Fernoël, de Marcillat, ambassadeur à Rome.)
(3) (de Bosredont de Ligny.)
(4) François de Monestay, baron de Chazeron, lieutenant-général des armées du Roi, gouverneur de Brest, chevalier des Ordres du Roi en 1688, mari de Anne de Murat et fils de Gilbert de Monestay, baron des Forges et de Claudine Autier de Chazeron dame de Chazeron, Châtelguyon, Pionsat, etc.
(5) (de Chauvigny de Blot.)
(6) Jean de Bosredont, baron du Puy-Saint-Gulmier.)
(7) De la maison de Châlus-Proudines.

DANS LA PROVINCE D'AUVERGNE.

N°s D'ORDRE	MONTANT de la TAILLE	VILLES BOURGS, VILLAGES réunis par paroisses ou collectes	NOMS DES SEIGNEURS	DÉPARTEMENTS auxquels ont été réunies les paroisses détachées de la province d'Auvergne en 1790
62	610	Les habitants de Là-les-Bois.	Monsieur.	Allier.
63	1320	La Crouzille.	id.	
64	2850	La Pérouse et Cornassat.	De Beauvoir (1).	
65	1300	La Balie-Grangeise.	Monsieur.	
66	10200	Maringues.	Le duc de Bouillon.	
67	1600	Marssat (Marsat).	Le sieur de Lughat (2).	
68	2500	Ménétrol et Bourassol.	De Châteaugay.	
69	2200	Miremont.	Les enfants mineurs du sieur de Miremont (3).	
70	1800	Mazayes et Chambois.	Le duc de Roquelaure (4).	
71	750	Montlermy.	Le sieur abbé d'Ebreulle.	
72	4000	Montaigut la ville.	Monsieur.	
73	1950	Montaigut la Franchise et Montunghat.	id.	
74	2600	Montel de Gellat.	Le duc de Foix.	
75	650	Moureuille.	Monsieur.	
76	370	Moncloux.	id.	
77	470	Montceaux.	id.	
78	900	Néronde.	De Lauzun.	
79	3800	Olby.	Le Chapitre de la Cathédrale de Clermont.	
80	2200	Pompignat et Châteaugay.	De Châteaugay.	
81	1400	Pessat et Villeneuve.	D'Effiat.	
82	350	Pontmort.	Le sieur de Roux.	
83	650	Prompsat.	D'Effiat et de Brion.	
84	1750	Prondines et Perol.	De Ventadour.	
85	710	Persignat.	Monsieur.	
86	1300	Pagnans.	Le duc de Bouillon.	
87	650	Pragoulins, les Tourreaux et Blancheraux.	Le duc de Foix.	
88	2200	Peschadoires.	De Lauzun.	
89	2700	Paslières.	id.	
90	1120	Petit Allanches et les villages de Pradières, Corbière, Rouhanbette, qui composent la collecte du Petit-Allanche.	Le duc de Foix.	
91	380	Queuille.	De Saint-Héran (St Hérem).	Cantal.
92	2250	Randan.	Le duc de Foix.	

(1) De la maison le Loup de Beauvoir de Bellenave, alors représentée par deux filles mariées dans les Maisons de Rochechouart et de Choiseul.
(2) Gilbert de Guérin-Pouzols, baron de Lugheac, seigneur de Marsat et des Grèzes.
(3) Gabriel de Combes, vicomte de Miremont, fils de Hierome, qui épousa Suzanne de Murat.
(4) Voir page 226, note 3.

Nos D'ORDRE	MONTANT de la TAILLE	VILLES BOURGS. VILLAGES réunis par paroisses ou collectes	NOMS DES SEIGNEURS	DÉPARTEMENTS auxquels ont été réunies les paroisses détachées de la province d'Auvergne en 1790
93	1650	Saint-Hypolite.	De Monvalat (1).	
94	620	St-Genest-l'Enfant.	id.	
95	380	Saunat.	Le sieur Boyer.	
96	2600	Saint-Coust et Châtelguyon.	De Chazeron (2).	
97	2600	Saint-Bonnet les Champs.	Le Roy.	
98	1500	Saint-Myon.	D'Effiat.	
99	1240	Saint-Angel.	De Saint-Héran (St-Hérem).	
100	950	Saint-Jacques d'Ambur.	De Boisfranc.	
101	1650	Saint-Pierre le Chastel.	De Roquelaure (3).	
102	650	Saint-Genès les Monges.	Les Religieuses du même lieu.	
103	2450	Sauvagnat.	De Ventadour.	
104	1000	Saint-Julien près Herment.	Le Commandeur de Tortebesse.	
105	450	Saint-Germain près Herment.	De Ventadour.	
106	1300	Saint-Avid (Saint-Avit).	Le duc de Foix.	Creuse.
107	240	Saint-Alvrand.	De Lestrange.	
108	850	Saint-André.	Le duc de Bouillon.	
109	570	Saint-Ignat.	De la Richardie (famille de Besse).	
110	1700	Saint-Laure.	Le duc de Bouillon.	
111	1760	Sardon.	D'Effiat.	
112	1350	Saint-Priest de Bramefant.	Le duc de Foix.	
113	4300	Saint-Remy s. Thiers.	De Lauzun.	
114	800	Saint-Jean d'Heurs.	Du Terras (4).	
115	3200	Saint-Alyre aux Montagnes.	Le duc de Foix.	
116	650	Saint-Eloy.	Monsieur.	
117	330	Saugières.	id.	
118	2350	Thelthiède (Teilbède).	De Brion.	
119	330	Tralaigues.	Le Commandeur de Tortebesse.	
120	850	Tortebesse.	id.	
121	600	Tirande.	Le duc de Bouillon.	
122	370	Tissonnières.	id.	
123	22000	Thiers.	De Lauzun.	
124	4650	Volvic.	De Monvalat.	
125	730	Varennes.	D'Effiat.	

(1) Pierre-Priest de Montvallat, baron de Tournoëlle.
(2) Voir page 224, note 4.
(3) Antoine-Gaston-Jean-Baptiste duc de Roquelaure, maréchal de France, etc., seigneur du comté de Pontgibaud et dépendances ; c'était le fils du célèbre bouffon Gaston-Jean-Baptiste, duc de Roquelaure, Pair de France, seigneur du comté de Pontgibaud, St-Pierre-le-Chastel, etc., mort en 1683.
(4) Gaspard d'Estaing, marquis du Terrail et de Saillans, vicomte de Ravel, etc.

DANS LA PROVINCE D'AUVERGNE. 227

Nos D'ORDRE	MONTANT de la TAILLE	VILLES BOURGS. VILLAGES réunis par paroisses ou collectes	NOMS DES SEIGNEURS	DÉPARTEMENTS auxquels ont été réunies les paroisses détachées de la province d'Auvergne en 1790
126	1250	Vandon.	D'Effiat.	
127	710	Vitrac.	De Saint-Heran (St-Hérem).	
128	2550	Vernagbeol (Verneugheol).	Le duc de Ventadour.	
129	2000	Villosanges (Villossanges).	De Fernoel.	
130	770	Voingt.	Le sieur de Barmontel (1).	
131	620	Villeneuve-l'Abbé.	Le duc de Bouillon.	
132	2700	Uriat et Josse.	id.	
133	2500	Vialle et Montgacon.	Le duc de Bouillon.	
134	900	Vinzelle.	Le sieur Dubois.	
135	1800	Virelet et la Communielle.	L'abbé de Bellegue (de Bellaigue).	
136	550	Yssat et la Tourette.	De Saint-Héran (St-Hérem).	
137	700	Youx et Ladoux.	Monsieur.	

ÉLECTION DE CLERMONT.

1	10000 (2)	La ville de Clermont.	Le Roy et le duc de Bouillon par engagement.	
2	1400	Aulnat.	Le Chapitre de la Cathédrale de Clermont.	
3	890	Augerolles (quartier de Frédeville).	Le marquis de Frédeville.	
4	3300	Auzelle (la paroisse).	De Canillac de Dunnes.	
5	1300	Authezat.	De Louradour (3).	
6	3250	Aubière.	Mme des Lignères (4).	
7	1450	Allagnat.	Mr Jouvenceau.	
8	2850	Auzelle (le quartier).	Teillard.	
9	1600	Aurières.	De Curton.	
10	860	Augnat.	De Mercœur.	
11	4000	Apchiat.	id.	
12	1900	Avèze.	Le marquis de Lévis.	
13	7850	Ardes.	Le duc de Mercœur.	
14	2600	Blanzat.	Les héritiers de Mme la présidente de Tubœuf.	
15	2350	Bromont-Lamotte.	Le marquis de Bouzols.	
16	900	Bongheat.	L'Evesque de Clermont.	

(1) Maximilien de Villelume, baron de Vassel, seigneur de Châteaubrun, de Barmontet, etc.

(2) La modicité de ce titre s'explique par l'exemption de taille dont jouissait la ville de Clermont. Ce privilège lui avait été accordé par lettres patentes de Louis XI, du 27 janvier 1481, confirmées par lettres de Charles IX, du mois de janvier 1566 et de Henri III, de 1574, 1577 et 1584. — (Chabrol, *Coutumes*, tome IV, p. 186.)

(3) Jacques-Marie d'Oradour, chevalier seigneur d'Authezat en 1699, marié à Gabrielle d'Aurelle de Terrencyre, fils de Jean, seigneur d'Authezat et de Paule de Bonlieu-Montpentier; et petit-fils de Charles d'Oradour, seigneur d'Authezat, bailli du comté d'Auvergne, marié en 1616 à Anne de Nozières-Montal.

(4) Marie-Françoise de Mascon du Cheix, veuve de Gaspard de Montaignac, baron d'Aubière, des Lignères, seigneur de la Couture, etc.

Nos D'ORDRE	MONTANT de la TAILLE	VILLES BOURGS, VILLAGES réunis par paroisses ou collectes	NOMS DES SEIGNEURS	DÉPARTEMENTS auxquels ont été réunies les paroisses détachées de la province d'Auvergne en 1790
17	1600	Bouzet (Bouzel).	L'Evesque de Clermont.	
18	9400	Billom.	id.	
19	3800	Beauregard.	id.	
20	2000	Bort.	Le marquis du Terrail.	
21	4550	Brousse.	De Soumières et le marquis de Beaune.	
22	2600	Beaumont.	Madame l'Abbesse.	
23	1360	Beaune.	M. le comte d'Estaing.	
24	2750	Besse en Chañdèze.	De Broglio.	
25	700	Beaulieu.	Le marquis de Curton.	
26	750	Bessette (la).	Le baron de La Salle.	
27	7000	Bagnols.	De Broglio.	
28	6100	Bourglastic.	Le comte de Dallet.	
29	1250	Bains (le Mont-Dore).	Les héritiers de M. de Murat (1).	
30	5200	Besle, la ville (2).	De Broglio.	
31	300	Chanat.	Les héritiers de Mme la présidente de Tubœuf.	
32	820	Chavaroux.	Le prieur de Rix et l'abbé de Cluny.	
33	500	Cormède.	Les rep^{ts} de feu s^r Poisson, cons^r à la Cour des Aydes de Clermont (3).	
34	4750	Cournon.	Destrada et M. Saunier, prést à la Cour des Aydes de Paris (4).	
35	5450	Chauriat.	L'Evesque de Clermont et M. Delaire de Bard.	
36	1750	Chas.	De Canillac-Montboissier.	
37	1450	Cunlhat près Lezoux (Culhat).	Le Commandeur de St-Georges.	
38	800	Courteserre.	Le Commandeur de Courteserre.	
39	2400	Ceilloux.	De Canillac et de Montgon.	
40	9200	Cunlhat p^s Domaize.	Le cardinal de Bouillon.	

(1) Il s'agit ici des La Tour d'Auvergne, barons de Murat-le-Quaire.
(2) Lisez : la ville de Besse. Cette terre possédée depuis le xiie siècle par la maison de La Tour d'Auvergne fut partagée par elle en 1615 avec Louis de Rochechouart, marquis de Chandenier. Les droits des Rochechouart sur Besse, Artonne et autres terres en Auvergne passèrent aux de Broglie. La comtesse de Broglie fonda un hôpital à Besse en 1700.
(3) Etienne Poisson, de Durtol, seigneur de Cormède, président à la Cour des Aides de Clermont, trésorier de France à Riom, marié en 1628 à Anne Durand, de Pérignat, mort en 1672, laissa : 1º Etienne Poisson, seigneur de Cormède, conseiller à la Cour des Aides avant 1692 ; 2º Gabrielle, mariée à noble Gabriel Neyron, seigneur de la Roche ; 3º Michel ; 4º Jeanne, mariée à François Carmantrand, seigneur de Bezance, d'où plusieurs fils et deux filles alliées dans les maisons de Varènes et de Girard de la Prugne ; 5º Jeanne, mariée à Charles de Pierrefitte, seigneur de Bosredon.
(4) Jean de Strada, baron de Cournon et d'Aubière, seigneur de Sarliève, en 1685, était fils d'Octavio de Strada, naturalisé Français en 1639, qui avait desséché le marais de Sarliève, en 1629. Michel Saulnier, seigneur de Condé, président à la Cour des Aides de Paris, et Jean Ternier, conseiller à la Cour des Aides de Clermont, étaient seigneurs d'une partie de la terre de Cournon en 1700 et 1717.

Nos D'ORDRE	MONTANT de la TAILLE	VILLES BOURGS, VILLAGES réunis par paroisses ou collectes	NOMS DES SEIGNEURS	DÉPARTEMENTS auxquels ont été réunies les paroisses détachées de la province d'Auvergne en 1790
41	3500	Condat près Montboissier.	Le marquis de Canillac.	
42	3000	Coudes et Montpeyroux.	Le duc de Bouillon.	
43	900	Corent.	Les héritiers de M. de Beaufort-Canillac.	
44	2550	Ceyrat.	Le duc de Bouillon.	
45	2600	Chanonat.	De Broglio.	
46	450	Cheynat.	Le Commandeur d'Olloix.	
47	2120	Chamalières.	Le duc de Bouillon.	
48	470	Crestes.	De Crestes.	
49	4900	Champeix.	Le marquis de Canilhac.	
50	720	Clémansat (Clémensat).	Le marquis d'Allègre.	
51	600	Courgoul.	De Crestes.	
52	1550	Colamine, le Puy.	De Colonges.	
53	4000	Chambon.	Le comte d'Estaing.	
54	4600	Compains et Brion.	Le comte de Brion (1).	
55	8700	Condat en Feniers.	L'abbé de Feniers.	
56	3700	Champs.	Le marquis de Curton.	
57	1471	Cros.	Du Buisson.	
58	3150	Chastreix.	La veuve du sieur Neyron.	
59	660	Chambeson.	Monsieur.	Haute-Loire
60	1700	Chassagne sur Mégemont.	Les Religieux du Prieuré du même lieu.	
61	1500	Chazeaux et Maliargues.	De Saint-Saturnin.	Cantal.
62	2550	Courpière, la ville.	L'abbesse de Ligny.	
63	3100	Courpière, le quartier.	id.	
64	3000	Dallet.	Le comte de Dallet (2).	
65	3200	Domaize.	De Domaises (3).	
66	1220	Dreuil en la Roche.	Le duc de Bouillon.	
67	1300	Dauzat.	Monsieur.	
68	2500	Égliseneuve sr Billom.	L'Evesque de Clermont.	
69	1600	Estandeuil.	Même seigneur.	
70	750	Espirat.	Du Terrail.	
71	1600	Espinasse et Aubusson	De Montgon (4).	
72	5050	Égliseneuve près Condat.	La marquise d'Entraigues (5).	

(1) Jean de Laizer, comte de Brion, baron de Compains, de Siougeat, capitaine de cavalerie, fils aîné d'autre Jean, écuyer du roi, et de Jeanne de Bonnafos de Bellinay.

(2) Marie Roger de Langeac, marquis de Coligny, comte de Dallet, seigneur de Malintrat.

(3) François de Lodan, chevalier, seigneur de Domaize, la Bâtonnie, en 1692, épousa Françoise d'Aurelle de Terreneyre.

(4) Jean-François de Cordebœuf de Beauverger, marquis de Montgon, lieutenant-général des armées du Roi, petit-fils de François, comte de Montgon, et de Marie de Beaune, dame de Boissonnelle, Aubusson, Espinasse, le Monteil, etc., terres dont elle avait hérité de Jacqueline de la Souchère, sa mère.

(5) Guillaume de Cremeaux, marquis d'Entraigues, descendait par les femmes de la maison de Balsac, qui avait possédé longtemps les seigneuries d'Égliseneuve et d'Entraigues. Il vendit ces terres en 1710 à M. de Malras d'Yolet.

Nos D'ORDRE	MONTANT de la TAILLE	VILLES BOURGS, VILLAGES réunis par paroisses ou collectes	NOMS DES SEIGNEURS	DÉPARTEMENTS auxquels ont été réunies les paroisses détachées de la province d'Auvergne en 1790
73	1900	Fayet.	Le comte de Saint-Héran.	
74	770	Felines.	Le marquis d'Allègre (1).	
75	8400	Gerzat.	Le duc de Bouillon.	
76	628	Grandeyrol.	Le comte d'Aubusson, d'Allègre, Mme de Senetaire.	
77	2250	Issarteaux (Isserteaux)	L'Evesque de Clermont.	
78	2600	Ironde et Buron.	Les héritiers de M. de Sarlans (2).	
79	470	Jussat.	L'abbé de Saint-André (3).	
80	1000	Les barils St-Allire.	L'abbé Claustral de Saint-Alire.	
81	720	Le Mas de Durtol.	Poisson de Durtol.	
82	1550	Les Martres sur Morge	De la Richardie (4).	
83	1850	Lussat.	Le marquis du Pont-du-Château (5).	
84	280	Lignat.	Même seigneur.	
85	2050	Les Martres d'Artière.	id.	
86	4200	Lempdes.	Poisson, Rochette, Brun, Molle et Beuf.	
87	1650	Lafouliouze (Lafoulhouze).	Le marq^s du Pont-du-Château.	
88	770	Le Bassinet.	Le duc de Bouillon.	
89	750	Lempty.	De Ribeyre, 1er président de Clermont.	
90	7100	Lezoux.	Même seigneur.	
91	500	Le Mas d'Ochier.	De Saillant (6).	
92	360	Le Mas d'Ornon.	De Chazeron (7).	
93	360	Le Mas de Chassignolles.	De Ribeyre, 1er président de Clermont.	
94	2260	Le quartier haut de la montagne.	De Montgon (8).	
95	4850	Le quartier d'Aubusson.	Même seigneur.	
96	2450	La Chabasse.	Le cardinal de Bouillon.	
97	5800	La Chapelle-Agnon.	Même seigneur.	
98	1250	Las (pour Laps).	Le duc de Bouillon.	

(1) Yves de Tourzel, marquis d'Allègre, comte d'Aubusson, baron de Flaghac, Aurouse, Meilhau, Cordès, Salezuit, seigneur de Saint-Cirgues, Champeix, Tourzel, Chabreuges, Orcival, Saint-Vincent, Saint-Floret, la Roche-Lastic, Laudines, Montaigut-le-Blanc, etc. Maréchal de France, chevalier des ordres du Roi, gouverneur du pays Messin en 1724.
(2) Joseph-Philippe d'Oradour de Saint-Gervazy, baron de Sarlans et de Buron, marié en 1676 à Marie-Catherine de La Tour d'Auvergne, avait déjà aliéné une partie de la terre de Buron. Peu après elle fut acquise entièrement par André de Gironde, comte de Buron, grand-échanson du Roi et lieutenant-général au gouvernement de l'Ile-de-France en 1731.
(3) De l'abbaye de St-André de Clermont qui a conservé cette terre jusqu'en 1789.
(4) (De la maison de Besse.)
(5) (De la maison de Montboissier-Beaufort-Canillac.)
(6) Gaspard d'Estaing, marquis de Saillans, du Terrail, vicomte de Ravel et de Neschers, né en 1648, marié en 1680 à Philiberte de Rochefort, d'Ally, de la Tour-Saint-Vidal.
(7) Voir page 224, note 4.
(8) Voir page 229, note 4.

Nos D'ORDRE	MONTANT de la TAILLE	VILLES BOURGS. VILLAGES réunis par paroisses ou collectes	NOMS DES SEIGNEURS	DÉPARTEMENTS auxquels ont été réunies les paroisses détachées de la province d'Auvergne en 1790
99	3700	La Sauvetat.	Le Commandeur d'Olloix (1).	
100	750	Le Cendre.	Du Cendre.	
101	3600	La Roche d'Onnezat.	Le marquis du Palais, les seigneurs Begon et Poisson.	
102	3950	Le Crest.	De Ribeyre, conseiller d'Etat.	
103	720	La Varenne.	De Broglio.	
104	650	Leozun et Olloix.	Le Commandeur d'Olloix.	
105	550	Ludesse.	Le marquis de Saint-Diéry (2).	
106	230	Laschamps.	L'abbesse de Beaumont.	
107	2800	Le Bosbeleix.	Mme de Senetaire.	
108	2150	Le quartier d'Entraigues.	Mme d'Entraigues.	
109	4200	La Nobre.	De Ribeyre et de Montgon.	Cantal.
110	3350	La Rodde.	Le baron de la Salle.	
111	1550	La Tour.	De Broglio.	
112	1900	La Queille (Laqueuille).	D'Auterive (d'Hauterive) (3).	
113	1100	Le quartier d'Ouaresses.	De Curton.	
114	1900	Le Fromental.	De Mercœur (le duc).	
115	1750	La Chapelle sous Marcousse.	Même seigneur.	
116	2200	Le quartier de Mercœur.	Le comte d'Aubijoux.	
117	1850	Landeyrat.	De Vernol.	Cantal.
118	1520	Malintrat.	De Dallet.	
119	3500	Mezet (Mezel).	L'Evesque de Clermont.	
120	2300	Montmorin.	De Saint-Heran (St-Hérem).	
121	1050	Mauzun.	L'Evesque de Clermont.	
122	1600	Montaigut-Listenois.	Du Terrail (4).	
123	470	Meymont.	Le comte de la Barge.	
124	10400	Marrat.	Le cardinal de Bouillon.	
125	400	Montboissier.	De Canillac de Dune (5).	

(1) La commanderie d'Olloix, de laquelle dépendaient les quatre terres de Chaynat, la Sauvetat, Paulagnat et Aydat, appartenait à l'ordre de Malte. Antoine de Fay de la Tour-Maubourg était qualifié commandeur et baron d'Olloix, de 1669 à 1710.

(2) Le marquis de Saint-Diéry avait la haute justice, mais la terre de Ludesse avait des seigneurs particuliers. Geraud de Crespat, chevalier, seigneur de Ludesse, en 1693, avait épousé Suzanne Pélissier de Féligonde, d'où Jean-Baptiste de Crespat, seigneur de Ludesse, en 1716, qui, de son mariage avec Suzanne de Varènes, laissa une fille mariée à Joseph de Mascon auquel elle apporta la terre de Ludesse.

(3) Paul Chaudessolle, écuyer, seigneur d'Hauterive, de Bergonne, de Gignac, de Saint-Yvoine, baron du Broc et de la Queuille, vicomte d'Argeville (1670-1684). Sa fille unique épousa M. de Lamoignon, marquis de Basville. Ce riche seigneur était fils d'Etienne Chaudessolle, seigneur de Fournols, bailli de Saint-Germain-l'Herm, en 1614, et d'Antoinette Ardier.

(4) Etienne Ranvier, écuyer, seigneur du Cendre, du Fayet, etc., échangea la terre de Montaigut-Listenois pour la vicomté de Neschers avec Jean d'Estaing, marquis du Terrail et de Saillans, vicomte de Ravel, en 1686.

(5) Philippe de Montboissier-Beaufort, marquis de Canillac, prince de Combret, comte de Saint-Cirgues, maréchal de camp, lieutenant-général pour le Roi en Bas-Languedoc, mort en 1725.

Nos D'ORDRE	MONTANT de la TAILLE	VILLES BOURGS. VILLAGES réunis par paroisses ou collectes	NOMS DES SEIGNEURS	DÉPARTEMENTS auxquels ont été réunies les paroisses détachées de la province d'Auvergne en 1790
126	4550	Mirefleur et Chalendras.	Le duc de Bouillon.	
127	1850	Montredon.	De Broglio.	
128	3000	Montaigut sur Champeix.	Le marquis d'Allègre.	
129	1350	Murol.	Le comte d'Estaing (1).	
130	4750	Messeix.	Le comte de Dallet.	
131	2100	Murat le Quaire.	Les héritiers de M. de Murat.	
132	420	Madriat.	De Mercœur (le duc).	
133	3700	Mazoires.	Même seigneur.	
134	7000	Marcenat et Aubijoux.	Le comte d'Aubijoux.	Cantal.
135	1550	Montgreleix.	D'Aubijoux.	id.
136	2000	Montferrand.	Le Roy.	
137	1850	Nohanent.	Brun, Gaite et Chabre.	
138	1600	Neuville.	L'Evesque de Clermont.	
139	600	Nouaillat (Noalhat).	Même seigneur.	
140	1950	Nescher.	L'abbé de Saillant (2).	
141	2100	Nabouzat (Nébouzat).	De Ribeyre, trésorier de France.	
142	2901	Orléat.	De Bouillon, Vandègre et Ribeyre.	
143	570	Olliergues, la ville.	Le cardinal de Bouillon.	
144	1650	id. le bourg bas	Même seigneur.	
145	9200	Olmet.	id.	
146	1650	Orcet.	Le marquis du Palais (3).	
147	350	Omme (Opme).	De Ribeyre, conseiller d'Etat.	
148	2900	Orciunes (Orcines).	Le chapitre de la cathédrale de Clermont.	
149	570	Orphange.	Le marquis d'Allègre.	
150	2250	Orcival.	D'Allègre.	
151	800	Puylavèze.	Le comte de Dallet.	
152	2020	Pérignat outre Allier.	Challier.	
153	230	Pontastier.	De Ribeyre, 1er président de Clermont.	
154	1050	Parent.	Les héritiers de M. de Sarlant.	
155	950	Pignols.	Le duc de Bouillon.	
156	695	Pérignat ps Sarlièves.	Durand, conseiller à la Cour des Aydes de Clermont.	
157	3500	Plauzat.	Le marquis de Bouzols (4).	
158	1850	Pontgibaud.	De Roquelaure.	
159	4250	Picherande.	De Broglio.	
160	6500	Perpezat.	Le marquis de Curton.	
161	10500	Pont-du-Château.	Le marquis du Pont-du-Château.	

(1) Joachim, comte d'Estaing, baron de Murols, en 1650, fut le père de François, comte d'Estaing, baron de Murols, lieutenant-général des armées du Roi, chevalier du Saint-Esprit, gouverneur de Metz, marié à Marie de Nettancourt, de Vaubecourt.

(2) Joachim-Joseph d'Estaing, dit l'abbé de Saillans, évêque de Saint-Flour, usufruitier de la vicomté de Neschers.

(3) Gilbert-François de Rivoire, marquis du Palais, baron d'Orcet; bailli de Montferrand.

(4) Joachim de Montagut, marquis de Bouzols, vicomte de Beaune, baron de Plauzat, marié à Marie de la Beaume-Suze, mort en 1699.

Nos D'ORDRE	MONTANT de la TAILLE	VILLES BOURGS, VILLAGES réunis par paroisses ou collectes	NOMS DES SEIGNEURS	DÉPARTEMENTS auxquels ont été réunies les paroisses détachées de la province d'Auvergne en 1790
162	950	Regnat près Billom.	De Saillans.	
163	2500	Romagnat.	Le duc de Bouillon.	
164	2450	Royat.	L'abbé de Mozat.	
165	550	Reignat sur Champeix.	Le marquis d'Allègre.	
166	500	Rongières (Ronzières)	Monsieur.	
167	1800	Rochefort.	De Curton.	
168	1300	Rozantières.	De Mercœur.	
169	850	Rochecharles.	De Senetaire (1).	
170	1900	St-Vincent près Blanzat.	Pélissier de Féligonde (2).	
171	3800	Saint-Beauzire.	De Bouillon.	
172	2100	Saint-Ours.	De Roquelaure, l'abbé de Mozat, des Roches et le Commandeur de la Tourette.	
173	4800	St-George de Gelle.	De Bansson et les religieux de Saint-Allire (3).	
174	1400	Saint-Estienne des Champs.	Le baron de St-Gulmier (4).	
175	460	Saint-Bonnet outre Allier.	Guérin (5).	
176	471	St-Jean de Glaines.	De St-Heran (St-Hérem) (6).	
177	1800	Seychalle.	De Chazerat.	
178	5200	St-Pierre de Moissat.	Du Terrail.	
179	1800	Salméranges.	Même seigneur.	
180	420	Sauviat, quart^r haut.	Le Prieur de Montgon.	
181	2250	id. du Prieuré.	Même seigneur.	
182	1600	Sermentizoux (Sermentizon).	Les Commandeurs d'Autesserre et d'Auterive.	
183	1910	St-Flour près Courpière.	L'Evesque de Clermont.	
184	2700	Sandier (Saint-Dier).	Même seigneur.	
185	3800	St-Jean-des-Ollières.	De Montgon.	
186	3450	Subgères (Sugères).	Le marquis de Canillac.	
187	3000	St-Gervais-s-Meymont	Le duc de Bouillon.	

(1) Lisez de Sennectaire ou de Saint-Nectaire. La terre de Rochecharles appartenait en 1224 à la maison de Saint-Nectaire, illustre et puissante. Antoine de Pons, chevalier, était seigneur de Rochecharles en 1685, mais la haute justice appartenait à Henri-François de Saint-Nectaire, duc de la Ferté, seigneur de Saint-Nectaire, Valbeleix, lieutenant-général des armées du Roi, mort en 1703.

(2) François, seigneur de Féligonde, Saulces, Saint-Vincent les Blanzat, conseiller au Présidial de Clermont (1665-1696), fils de Mathieu Pélissier, écuyer, seigneur de Féligonde, de la Tour d'Opmes, marquis de la Garde, conseiller secrétaire du Roi, et de Renée du Prat de Saint-Agnès, de la famille du cardinal du Prat, chancelier de France.

(3) François d'Aubusson, comte de Banson, mort en 1722, fils d'autre François et de Gabrielle d'Aurelle de Colombines.

(4) Jean de Bosredon, baron du Puy-Saint-Gulmier, mort en 1720.

(5) Anne-Chardon du Ranquet, dame de Saint-Bonnet, avait épousé François Guérin, écuyer secrétaire du Roi, qualifié seigneur de Saint-Bonnet, en 1699.

(6) François-Gaspard de Montmorin, marquis de Saint-Hérem après 1660, était le petit neveu de Gaspard de Montmorin, seigneur de Saint-Hérem, chevalier de l'Ordre du Roi, gouverneur d'Auvergne, tué au siège d'Issoire, en 1577.

Nos D'ORDRE	MONTANT de la TAILLE	VILLES BOURGS. VILLAGES réunis par paroisses ou collectes	NOMS DES SEIGNEURS	DÉPARTEMENTS auxquels ont été réunies les paroisses détachées de la province d'Auvergne en 1790
188	3050	Saint-Babel.	Même seigneur.	
189	2500	Sallède.	id.	
190	4900	St-Julien de Coppel.	D'Effiat.	
191	750	St-André de Busseol.	De Frédeville (1).	
192	1650	St-Georges outre Allier.	De Pérignat.	
193	2650	St-Maurice près Vic.	Le duc de Bouillon.	
194	5400	St-Allire et Monton.	Les héritiers de M. de Beaufort-Canillac.	
195	4600	St-Martial les Martres.	Mêmes seigneurs.	
196	3600	Saint-Saturnin.	De Broglio.	
197	1450	Saint-Sandoux.	Le premier président de Clermont.	
198	1850	Saint-Julien d'Aydat.	De Broglio.	
199	1900	St-Barthélemy d'Aydat.	id.	
200	2950	St-Genès-Champanelle.	Le duc de Bouillon.	
201	2350	Saint-Diéry.	Le marquis de Saint-Diéry.	
202	640	Saillant.	Mme de Senetaire (2).	
203	4200	Saint-Nectaire.	id.	
204	1750	Saint-Floret.	Le marquis d'Allègre.	
205	1700	Sauriers.	De Murat la Ribe.	
206	1750	St-Vincent près Meillaud.	Même seigneur.	
207	2900	Saint-Victor.	Le comte d'Estaing.	
208	1600	Saint-Eustaise.	Mme de Senetaire (2).	
209	2100	St-Genès-Champespe	De Broglio.	
210	3600	Saint-Donnat.	Le duc de Bouillon.	
211	4700	Saint-Pardoux.	De Broglio.	
212	2500	Saint-Gal.	Le marquis de Lévis.	
213	2300	Singles.	De Lévy (de Lévis).	
214	1150	Savennes.	La Forest-Bulion.	
215	7300	Saint-Sauves.	Le marquis de Lévis.	
216	380	St-Jean-les-Monges.	De Curton.	
217	2500	Saint-Pierre-Roche.	Même seigneur.	
218	1250	St-Martin de Tours.	D'Allègre.	
219	2000	Saint-Bonnet près Orcival.	id.	
220	5250	St-Amand-Tallende.	De Broglio.	
221	1050	Sauzet-le-Froid.	L'abbé de Saint-André.	
222	1250	Saint Bonnet le haut.	Le comte d'Aubijoux.	
223	1750	id. le bas.	D'Aubijoux.	
224	1850	Trézioux.	L'Evesque de Clermont.	

(1) Pierre-Gaspard, marquis de Frédeville, seigneur de Busséol, Cremps (1683-1716), mousquetaire de la garde du Roi, marié à Jeanne de Carmantrand, fille de François, seigneur de Bezance, de Cormède et de Jeanne de Baron de la Martre.
(2) Sainte-Anastaize. Cette terre, ainsi que Saillant et Saint-Nectaire, formaient le douaire de Madeleine d'Augennes, veuve en 1681 d'Henri de Saint-Nectaire, duc de la Ferté-Habert, pair de France, maréchal de France, chevalier du Saint-Esprit.

DANS LA PROVINCE D'AUVERGNE.   235.

Nos D'ORDRE	MONTANT de la TAILLE	VILLES BOURGS, VILLAGES réunis par paroisses ou collectes	NOMS DES SEIGNEURS	DÉPARTEMENTS auxquels ont été réunies les paroisses détachées de la province d'Auvergne en 1790
225	5900	Tours.	Le comte de la Barge.	
226	360	Theix et Nadaillat.	De Vinzelle (1).	
227	1750	Tallande (Tallende).	De Tallende (2).	
228	1500	Tourzet (Tourzel).	Le marquis d'Allègre.	
229	2600	Tremoulle Marchal.	De Broglio, de Curton et d'Auteroche.	
230	1700	Tremoulle St-Loup.	Le marquis de Curton.	
231	4100	Tauves.	Le marquis de Lévy (de Lévis).	
232	350	Ternant.	Monsieur.	
233	700	Tourciat.	De Vic (3).	Cantal.
234	1550	Villemonteix et villages.	Le baron de Villemonteix (4).	
235	8900	Vertaizon.	L'Evesque de Clermont.	
236	1000	Vassel.	Pélissier de la Vernède (5).	
237	16900	Vollore et Chignore.	Le marquis de Saint-Héran.	
238	1840	Vertolaye.	Le cardinal de Bouillon.	
239	3250	Vernet.	De Colombine, Mme de Senetaire (6).	
240	1950	Vernines.	Les héritiers de M. Aragonès (7).	
241	7400	Vic-le-Comte.	Le duc de Bouillon.	

ÉLECTION D'ISSOIRE

1	9000	La ville d'Issoire.	Du Sosset, abbé du lieu (8).	
2	1600	Antoingt.	Monsieur.	
3	3900	Auzat.	Le Roy.	
4	910	Aulhat.	De Bouillon.	
5	4000	Auzom (Auzon).	Boyer de Brassac.	Haute-Loire.

(1) Pierre de Cisternes de Vinzelles, chevalier, baron de Theix, seigneur de Vinzelles, Banssat, Nadaillat, Fontfreyde, Bacon, Bonnac, président à la Cour des Aides de Clermont, né en 1660, mort en 1733.
(2) Jean-Annet de Pons, chevalier, seigneur de Tallende, en 1683, second fils de Pierre et de Antoinette de Fontanges. Cette famille était un rameau des de Pons de la Grange.
(3) François de Boisset, baron de la Salle, co-seigneur de Vic en Carladès et de Torsiac.
(4) François Autier, baron de Villemontée, père de Jean comte de Villemontée, seigneur de Barmontet.
(5) Dominique Pélissier de la Vernède, écuyer, seigneur de Vassel, lieutenant de cavalerie en 1670, troisième fils de Mathieu Pélissier, écuyer, seigneur de Féligonde, de la Tour d'Opme (titré marquis de la Garde en 1641) et de Renée du Prat.
(6) Il s'agit ici du Vernet, près Saint-Nectaire, qui dépendait en grande partie de cette terre.
(7) Claude Aragonès, dame de Vernines, mariée en 1693 à Michel du Fraisse, conseiller à la Cour des Aides. Elle était fille d'Antoine Aragonès, receveur général des Finances en Auvergne et petite-fille de Gabriel Aragonès, châtelain d'Orcet en 1630, auteur des seigneurs de Laval, barons d'Orcet.
(8) Jacques du Sauzet, abbé d'Issoire en 1695, d'une ancienne famille établie au château du Sauzet, paroisse de Saint-Germain-l'Herm.

Nos D'ORDRE	MONTANT de la TAILLE	VILLES BOURGS, VILLAGES réunis par paroisses ou collectes	NOMS DES SEIGNEURS	DÉPARTEMENTS auxquels ont été réunies les paroisses détachées de la province d'Auvergne en 1790
6	2030	Azerat.	De Brassac, l'évesque de Nevers et de Barentin.	Haute-Loire.
7	1050	Aix (Aix la Fayette).	Le marquis de Canillac et le comte de la Fayette.	
8	3050	Arlanc, la ville.	Le comte de Tallard.	
9	6700	id. le bourg.	Même seigneur.	
10	9000	Ambert, la ville.	De Lorat Roche Baron (1).	
11	16000	id. les villages.	Le même seigneur, de Polignac et de Riolles (de Riolz).	
12	850	Bergonne.	La veuve du sr Paul de Chaudesolle.	
13	3260	Boudes.	De Montbrison de Bousde.	
14	780	Beaulieu.	Le marquis d'Yolet.	
15	1750	Brenat.	Le duc de Bouillon.	
16	1200	Bansat.	De Vinzelle.	
17	1300	Bonneval.	De Polignac.	Haute-Loire.
18	160	Baffie.	Le marquis de Colombine.	
19	3500	Burières (Beurière).	D'Auterive, Canillac.	
20	7000	Bertignat.	De Polignac.	
21	1150	Chadeleuf.	Du Sosset, comme abbé d'Issoire.	
22	1130	Chidrac.	Le marquis de Canillac.	
23	1600	Chaslus.	Dufour (2).	
24	850	Collanges.	Du Pons de Frugières (3).	
25	400	Charbonnières.	Le Commandeur du lieu.	
26	750	Chargnat.	Le Roy.	
27	2150	Chassignolles.	De Soliers de Navette (4).	Haute Loire.
28	3950	Champagnat le vieux.	De Barentin et les religieux de la Chaise-Dieu.	id.
29	1150	id. le jeune.	Le marquis de Canillac.	id.
30	480	Châteauneuf du Fraisses.	Même seigneur (5).	
31	2000	Chaméane.	Boyer de Saunat.	
32	2600	Chambon.	De Polignac et de Monpentier.	
33	1450	Cistrières.	L'abbé et les religieux de la Chaise-Dieu, de Lormet, de Couzage, de la Roche, de la Geneste, la dame de Vialard.	

(1) De Chalencon-Rochebaron, comte de Laurac.
(2) David Dufour, seigneur de Villeneuve, la Nobre, Mardogne, lieutenant-général au Présidial de Clermont, acquit la terre de Châlus-Lembron vers 1689.
(3) Jean-Baptiste de Pons de Frugières, comte de Collanges, seigneur de Sainte-Florine, Auzat, Jumeaux, marié en 1693 à Marie-Anne d'Estaing, d'où plusieurs fils et une fille : Françoise, mariée le 12 février 1714 à Jean-Marie de la Chassaigne, comte de Sereys.
(4) Aymar de Navette, écuyer, seigneur des Olliers, de Chassignolle, etc.
(5) Ou plus exactement Châteauneuf du Drac. Il y avait là un château important, une église et un village de plus de cent feux, qui ont été détruits. La famille du Drac possédait cette baronnie depuis 1151. Elle s'éteignit dans les Laqueuille qui portèrent Châteauneuf du Drac aux Montboissier-Canillac. Le comte de Besse, de la Richardie, en fit l'acquisition et ses héritiers revendirent cette terre, en 1778, à Barthélemy Grellet, seigneur de la baronnie de la Deyte, qui l'a possédée jusqu'en 1789.

DANS LA PROVINCE D'AUVERGNE. 237

Nos D'ORDRE	MONTANT de la TAILLE	VILLES BOURGS. VILLAGES réunis par paroisses ou collectes	NOMS DES SEIGNEURS	DÉPARTEMENTS auxquels ont été réunies les paroisses détachées de la province d'Auvergne en 1790
34	1100	Craponne.	De Polignac et de Colombine.	Haute-Loire.
35	1100	Chomond.	De Polignac.	
36	3700	Champétières.	Le marquis de Vaugoy (1).	
37	1800	Doranges.	Le marquis de Monpentier.	
38	5300	Dore-l'Eglise.	De Tallard.	
39	1150	Eglise neuve.	Le Prieur de Sauxillanges.	
40	990	Espinchal.	Mme d'Auberoque.	
41	2700	Echandelis.	Le marquis de Canillac et le comte de la Fayette (2).	
42	1840	Flat.	De Bouillon.	
43	1000	Fayet.	Le Roy, le marquis de Colombine.	
44	2650	Fournols.	Les religieux de la Chaise-Dieu et de Polignac.	
45	1300	Gignat.	Le prieur de Sauxillanges et la duchesse Gon d'Auterive.	
46	3700	Glisolles (Eglisolles).	Le marquis de Riverols, de Colombine.	
47	3100	Grandrif.	Le marquis de Colombine.	
48	1500	Grandval.	De Polignac.	
49	3500	Julhanges.	Même seigneur.	Haute-Loire.
50	12200	Job.	De Polignac, de Commemeyne, d'Olliergues, de Chalmazel et le comte d'Alix.	
51	400	Longchamps.	Monsieur.	
52	3500	Le Broc.	La dame Gon d'Auterive (3).	
53	2140	Le Breuil.	Le marquis de Monpantier (4).	
54	1380	Les Pradeaux.	Le Roy.	
55	310	Lameyrand.	De Pons de Roche Charles.	
56	2400	Lampde (Lempdes).	Le marquis de Bouzols.	Haute-Loire.
57	620	Léotoing.	Monsieur.	id.
58	1250	Laval.	Le Roy, les religieux de la Chaise-Dieu et la dame du Vialard.	id.
59	500	La Chapelle sur Usson.	Le Roy.	
60	3500	Le Vernet.	Le Roy, les marquis de Canillac, de Chaméane, le Prieur de Saint-Germain-l'Herm et les religieux de la Chaise-Dieu.	
61	320	Les villages de la Varenne.	Les s^{rs} Boyer et Matharel.	
62	2000	La Chapelle Geneste.	Les religieux de la Chaise-Dieu.	

(1) Melchior, marquis de Vogüé, baron des Etats du Languedoc, grand-bailli du Vivarais, du Viennois et du Valentinois, marié en 1667 à Gabrielle de Motier de Champétières.
(2) Ils avaient la haute justice, mais le fief d'Echandelys fut apporté en dot, le 7 avril 1502, par Marie de Bourdelles à son mari Valentin des Roys, d'une ancienne maison du Velay. Le marquis des Roys, son descendant, possède encore le château et la terre d'Echandelys.
(3) Marie Gon d'Hauterive, veuve de Paul Chaudessolle, baron du Broc, seigneur de Gignat.
(4) De Boulieu de Montpantier.

Nos D'ORDRE	MONTANT de la TAILLE	VILLES BOURGS, VILLAGES réunis par paroisses ou collectes	NOMS DES SEIGNEURS	DÉPARTEMENTS auxquels ont été réunies les paroisses détachées de la province d'Auvergne en 1790
63	1400	La Chail (la Chaulme).	Les mêmes seigneurs.	Haute-Loire.
64	3000	Le Monestier.	De Polignac.	
65	1890	Meilhaud.	Le marquis d'Allègre.	Haute-Loire.
66	330	Mazerat (Mazeyrac).	Monsieur.	
67	2070	Mareughol.	Monsieur.	
68	2150	Mauriat.	De Barentin.	
69	2770	Mailhat.	Le Roy.	
70	4200	Manglieu.	L'abbé du lieu.	
71	1900	Mayres.	De Monpantier, de Polignac et le comte de Cousage.	
72	1100	Malvières.	De Polignac.	Haute-Loire.
73	1800	Medeyrolle.	Le marquis de Colombine (1).	
74	11600	Marssac.	De Polignac, de Tallard et de Monpantier.	
75	3300	Nonnette.	Le Roy.	
76	2250	Novacelles.	De Monpantier.	
77	980	Notre-Dame de Mons.	L'abbé de Polignac, de Roche-Savine et de Roche-Baron.	
78	810	Orsonnette.	Le Roy (2).	
79	2040	Orbeil.	De Bouillon.	
80	760	Pardines.	Le marquis de Canillac.	
81	850	Parentignat.	Le Roy.	
82	1270	Perier.	Le marquis de Canillac.	
83	450	Peslières.	Le marquis de Canillac, le Prieur de Saint-Germain-l'Herm.	
84	280	Rouheyrand.	Monsieur.	
85	459	Ronnayes.	Les héritiers du sieur Blicq (3).	
86	900	Saint-Yvoine.	Les créanciers d'Hugues de Faidides ont fait saisir réellement la terre.	
87	1660	Sauvagnat.	L'abbé d'Issoire.	
88	700	Saint-Cirgues.	Le marquis de Canillac.	
89	1320	Solignat.	Les héritiers de la marquise de Saint-Diéry.	
90	5300	St-Germain-Lembron	Les chanoines, comte de Brioude.	
91	640	Saint-Hérent.	De la Roque Massebau Paulhac (4).	
92	800	Saint-Gervazy.	D'Auradour (d'Oradour) (5).	

(1) De la maison d'Aureille, ou d'Aurelle de Colombine, à laquelle appartenait le vaillant général d'Aurelle de Paladine, le vainqueur de Coulmiers.

(2) Le Roi avait la haute justice, mais le fief d'Orsonnette appartenait à Alexandre de Montservier, chevalier, seigneur d'Auzat-sur-Allier, capitaine de cavalerie, marié : 1° à Madeleine de Torsiac ; 2° à Jacqueline de Mozac; 3° à Madeleine de Pouzols. — Louis de Montservier, son fils, garde du corps du Roi, était seigneur d'Orsonnette en 1687.

(3) Amable Blich, baron de la Deyte, de Veauce, conseiller du Roi, lieutenant-général et premier président de la sénéchaussée d'Auvergne.

(4) La terre de Saint-Hérem avait passé des Montmorin aux Brezons, qui la portèrent aux de la Roque-Massebeau, seigneurs de Paulhac, d'où elle advint, par alliance, aux de Cassagne-Beaufort, marquis de Miramon.

(5) Joseph-Philippe d'Oradour, baron de Saint-Gervazy, Buron, Sarlans, marié à Catherine de La Tour d'Auvergne.

N°s D'ORDRE	MONTANT de la TAILLE	VILLES BOURGS, VILLAGES réunis par paroisses ou collectes	NOMS DES SEIGNEURS	DÉPARTEMENTS auxquels ont été réunies les paroisses détachées de la province d'Auvergne en 1790
93	1000	St-Cirgues-Moncellet.	De Laval (1).	
94	1050	St-Martin-des-Plains.	De Severas (2).	
95	1040	Saint-Germain sous Usson.	Le Roy.	
96	1100	Saint-Jean-Enval.	id.	
97	2250	St-Etienne sur Usson.	id.	
98	8800	Sauxillanges.	Le Prieur du lieu.	
99	120	Saint-Privat.	De Bousde.	
100	2020	Sainte-Florine.	Le Roy.	Haute-Loire.
101	1400	St-Alire sur Auzon.	De Polignac, Desoliers (3) et de Valiviers (4).	
102	2450	Saint-Vairt.	De Canillac, de Monpantier; de Barentin, les religieux de la Chaise-Dieu et la dame du Viallard.	
103	1150	St-Germain-l'Herm, la ville.	L'abbé de la Chaise-Dieu et l'oratoire de Riom.	
104	2350	St-Germain-l'Herm, les villages.	Le Prieur du lieu, le marquis de Canillac, de Monpantier et Mme de Blicq (5).	
105	1440	St-Martin des Olières	Les marquis de Canillac, de Polignac, de Valiviers, Désoliers et les religieuses de la Vau-Dieu.	
106	800	St-Jean St-Gervais.	Le Roy, de Polignac et le marquis de Canillac.	
107	2200	Saint-Geneix.	Le Roy et le marquis de Canilla	
108	1500	St-Alire près Montboissier.	De Polignac et de Canillac.	
109	4250	St-Bonnet le Chateil.	De Monpantier.	
110	1700	id. le bourg.	De Monpantier et les religieux de la Chaise-Dieu.	
111	2700	Saint-Alire près la Chaise-Dieu.	Les religieux de la Chaise-Dieu et de Cousage (6).	
112	1050	Saint-Sauveur.	De Monpantier (7) et de Cousage.	
113	1600	Saint-Victour.	De Polignac.	Haute-Loire.
114	3140	St-Jean-d'Obrigoux.	Même seigneur.	id.
115	6400	Sauvassanges (Sauvesanges).	Le marquis de Canillac, d'Auterive-Canillac.	
116	13900	St-Eutesme (St-Anthême).	Le marquis de Riverols (8).	
117	3900	Saint-Romain.	De Riverols.	
118	2900	Saint-Clément.	Même seigneur.	

(1) Charles de Roziers, seigneur de Laval et de Montcelet.
(2) De Séverac, comte d'Auxiliac.
(3) De Navette de Chassignolle, seigneur des Olliers.
(4) D'Entil de Valivier.
(5) Mlle de Fretat, dame de la baronnie de la Deyte, épouse du s^r Blich, baron de Veauce.
(6) De la Rochefoucauld, comte de Cousage.
(7) De Boulieu, marquis de Monpantier.
(8) Joseph-Hyacinthe de Saint-Martin d'Aglié, marquis de Rivarolles.

Nos D'ORDRE	MONTANT de la TAILLE	VILLES BOURGS, VILLAGES réunis par paroisses ou collectes	NOMS DES SEIGNEURS	DÉPARTEMENTS auxquels ont été réunies les paroisses détachées de la province d'Auvergne en 1790
119	3850	St-Martin des Olmes.	De Rochebaron (1), le marquis de Colombine (2), l'abbé de Polignac.	
120	3500	St-Just près Baffie.	De Colombine.	
121	3900	St-Ferréol des Costes	De Rochebaron, de Polignac.	
122	5400	Saint-Amant-Roche-Savine.	De Polignac.	
123	4700	Saillans.	Le marquis de Colombine, de Riverols et les religieux de la Chaise-Dieu.	
124	1400	Tiolières.	L'abbé de Polignac.	
125	2750	Voudable (Vodable).	Monsieur.	
126	1150	Villeneuve.	Dufour.	
127	2037	Usson.	Le Roy.	
128	960	Vezezoux.	Boyer de Brassac.	Haute-Loire.
129	410	Val sous Châteauneuf.	Le marquis de Canillac.	
130	1740	Vergonghon.	D'Auterive-Canillac.	id.
131	3500	Viverol, le bourg.	Le marquis de Colombine.	
132	1900	id. les villages.	Même seigneur.	
133	3900	Vossivières (Valsivières).	De Rochebaron, de Polignac.	
134	4540	Usson, Coste d'Auvergne.	Le marquis de Riverols et Mr de Colombine.	Loire.

ÉLECTION DE BRIOUDE

1	8800	Brioude, la ville.	Le chapitre du même lieu.	Haute-Loire.
2	2180	Autrac.	L'abbesse de Blesle.	id.
3	3350	Auriac.	D'Auriac.	Cantal.
4	2160	Aniac (Aniat).	Mme de Crosmaillon ?	Haute-Loire.
5	1800	Ally.	De Rochefort d'Ally.	id.
6	1650	Aubazac.	Le duc de Mercœur.	id.
7	1820	Auteyrac.	De Champétière (3).	id.
8	350	Arlet.	De Rochebaron.	id.
9	2700	Allègre, la ville.	Le marquis d'Allègre.	id.
10	2550	id. la Foraine.	Même seigneur.	id.
11	6100	Blesle.	L'abbesse du même lieu.	id.
12	540	Bousserargues.	Ladite abbesse.	id.
13	2750	Bounat.	De Serre.	Cantal.
14	1330	Bourlonclë.	Le Prieur de Sauxillanges.	Haute-Loire.
15	1150	Beaumont.	Le Chapitre de Brioude.	id.
16	2630	Blassac.	Le duc de Mercœur.	id.
17	1140	Beaune.	De Nerestat (4).	id.
18	330	Berbezit.	De Vichy.	id.
19	860	Coubladour.	Les héritiers du juge mage du Puy (5).	id.

(1) De Chalencon-Rochebaron.
(2) D'Aurelle de Colombine.
(3) Du Motier de Champétières.
(4) De Nerestang-Saint-Didier.
(5) De la famille de Fillère du Charouil.

DANS LA PROVINCE D'AUVERGNE. 241

Nos D'ORDRE	MONTANT de la TAILLE	VILLES BOURGS. VILLAGES réunis par paroisses ou collectes	NOMS DES SEIGNEURS	DÉPARTEMENTS auxquels ont été réunies les paroisses détachées de la province d'Auvergne en 1790
20	700	Cosnac.	D'Allègre.	Haute-Loire.
21	4880	Ceaux.	Même seigneur.	id.
22	1350	Concorrez.	De Saint-Privat.	id.
23	1100	Charreix.	Le comte d'Apchier.	id.
24	1200	Chanteuge, le bourg.	L'abbé de la Chaise-Dieu.	id.
25	2100	id. la paroisse	Le même.	id.
26	660	Chazelles.	Vicomte d'Apcher, de Vazeilhes.	id.
27	310	Croux.	De la Tour.	id.
28	2470	Connangles.	De la Roche-Canillac.	id.
29	1170	Collat.	De Bouzol (1).	id.
30	4190	Chomelis.	Mme de Jonchères (2).	id.
31	2060	Cerezat.	Le duc de Mercœur.	id.
32	1560	Couteuge.	Bon Ribeyre (3).	id.
33	1770	Chiliac.	Le duc de Mercœur.	id.
34	1800	Crouce.	De la Tour (4).	id.
35	1870	Chastel.	D'Apchier et de la Tour.	id.
36	670	Censac.	D'Allègre.	id.
37	600	Chomette.	De Bouzol.	id.
38	2800	Chassaigne.	De la Roche-Canillac.	id.
39	900	Celoux.	Le duc de Mercœur.	Cantal.
40	300	Cougeat.	Mme de Crosmaillon.	Haute-Loire.
41	2070	Charmensac.	De Charmensac (5).	Cantal.
42	970	Dalmeyrat.	Le marquis de Bouzol.	Haute-Loire.
43	1180	Desge.	Du Besset.	id.
44	770	Digons le Mandement.	De Digons.	id.
45	1770	Espalenc.	Le Chapitre de Brioude.	id.
46	620	Fontanes.	id.	id.
47	1140	Frugières.	De la Roche-Canillac.	id.
48	570	Flageac.	D'Allègre.	id.
49	3000	Félines.	Même seigneur.	Haute-Loire.
50	970	Fernssac.	De Rochebaron.	Haute-Loire.
51	470	Fayt.	De Saint-Privat.	id.
52	330	Fressenet (Freycenet).	D'Allègre.	id.
53	200	Grenier et Boissière.	id.	id.
54	1030	id. et Montgon.	Le comte de Montgon (6).	id.
55	470	Javaugues.	De Cuminiac (7) et la Prieure de la Vau-Dieu.	id.
56	910	Jax.	De Champetière.	id.
57	1350	Jouzat.	D'Allègre.	id.
58	1100	Le Tiolent.	Le vicomte d'Ally.	id.
59	570	Le Vernet.	L'Hôtel-Dieu du Puy.	id.
60	7230	Langeac, la ville.	Le marquis de Langeac, de la Rochefoucault.	Haute-Loire.
61	2080	id. en plat pays.	Même seigneur.	id.

(1) Joachim de Montaigu, marquis de Bouzols, vicomte de Beaune, etc.
(2) De Belvézer de Jonchères.
(3) Bon de Ribeyre, seigneur de la Fredière.
(4) De la Tour d'Auvergne, baron de la Margeride, Thoras, Gilbertès.
(5) De la maison de Léotoing-Charmensat, qui est une branche des sires de Mercœur.
(6) François de Cordebœuf de Beauverger, comte de Montgon, lieutenant-général des armées du roi, inspecteur général de la cavalerie française.
(7) Du Crozet de Cuminiat.

16

Nos D'ORDRE	MONTANT de la TAILLE	VILLES, BOURGS, VILLAGES réunis par paroisses ou collectes	NOMS DES SEIGNEURS	DÉPARTEMENTS auxquels ont été réunies les paroisses détachées de la province d'Auvergne en 1790
62	1200	La Chapelle-Bertin.	D'Allègre et de Boissieux (1).	Haute-Loire.
63	3250	La Chaise-Dieu.	L'abbé de la Chaise-Dieu.	id.
64	2650	La Voulte.	Le Prieur de la Voulte.	id.
65	2450	Lubilliac.	De Montgon.	id.
66	1630	Lorlanges.	Le Prévost du Chapitre de Brioude.	id.
67	960	La Roche.	De Vernassal (2).	id.
68	285	Lugeat.	De Lugeat (3).	id.
69	1610	La Vau-Dieu.	La Prieure du même lieu.	id.
70	380	La Brousse.	Mme de Grosmaillon.	id.
71	200	Le village de la Rochette.	Ladite dame.	id.
72	2720	La Motte.	id.	id.
73	1450	La Chapelle-Laurent.	De Vedrine, Pouliagot et la Rochette.	Cantal.
74	940	id. d'Alagnon	L'abbesse de Blesle.	Haute-Loire. (1 dans le Cantal).
75	600	La Bastide, la Besseyre et Luzargues.	Le duc de Mercœur.	Cantal.
76	450	Lussaud.	Même seigneur.	Haute-Loire.
77	1310	Leyvaux.	id.	Cantal.
78	2250	Mollède.	De Colombine.	id.
79	760	Molompize.	L'abbé le Peletier.	id.
80	3029	Massiac.	D'Espinchal (4).	id.
81	850	Mercqueure (Mercœur).	Le duc de Mercœur.	Haute-Loire.
82	2550	Mazerat-Labrequeille	D'Allègre, de Chavagnac et Langeac.	id.
83	470	Montclard.	De Bouzol et de la Roche-Canillac.	id.
84	2280	Mazeirat, près Langeac.	Le marquis de Langeac, la Rochefoucault.	id.
85	3950	Montlet.	Le marquis d'Allègre.	id.
86	6802	Nay (Saint-Jean-de).	La duchesse d'Uzès.	id.
87	970	Nozerolles.	Le Commandeur de la Grange, de Pons et de la Tour.	id.
88	2250	Notre-Dame de Laurie	De Laurie.	Cantal.
89	830	Preissac, Vedrine et Chaniac.	Le Prévost du Chapitre de Brioude.	Haute-Loire.
90	1250	Pauliac.	De la Roque-Massebau.	id.
91	3000	Pauliaguet.	La Prieure de la Vau-Dieu.	id.
92	420	Perusse.	Le Prieur de la Voute et Vialle.	Cantal.
93	1600	Pinols.	L'abbé de la Chaise-Dieu.	Haute-Loire.
94	1270	Pebrac.	L'abbé de Pébrac.	Id.
95	530	Prades.	Le vicomte d'Ally.	id.

(1) De Fretat, comte de Boissieux, baron de Saint-Pal-de-Murs.
(2) Maximilien de Chalvet de Rochemonteix, comte de Vernassal, lieutenant-général des armées du Roi, commandeur de l'ordre de Saint-Louis, lieutenant des gardes du corps, gouverneur de Rocroi (1679-1730).
(3) De Guérin de Pouzols, baron de Lugeac.
(4) François, marquis d'Espinchal, baron de Massiac, mestre de camp de cavalerie, chevalier de Saint-Louis, marié en 1687 à Anne de Montmorin-Saint-Hérem, était fils de Charles-Gaspard, baron de Massiac et de Hélène de Lévis-Châteaumorand.

Nos D'ORDRE	MONTANT de la TAILLE	VILLES BOURGS, VILLAGES réunis par paroisses ou collectes	NOMS DES SEIGNEURS	DÉPARTEMENTS auxquels ont été réunies les paroisses détachées de la province d'Auvergne en 1790
96	580	Reliac.	Le Prieur de la Voute.	Haute-Loire. (Un dans le Cantal).
97	1140	Regeade.	Même seigneur.	Cantal.
98	1950	St-Etienne sur Blesle.	L'abbesse de Blesle.	Haute-Loire.
99	580	St-Victor, près Massiac.	D'Espinchal.	Cantal.
100	1140	St-Etienne sur Massiac.	Même seigneur.	id.
101	2320	Saint-Mary-le-Plein.	De Serre.	id.
102	930	Saint-Laurent.	Le marquis d'Allègre.	Haute-Loire.
103	2590	Saint-Didier.	De Canillac et du Viallard (1) et la Prieure de la Vau-Dieu.	id.
104	2600	St-Just près Brioude.	Monsieur et le Prévost du Chapitre de Brioude.	id.
105	1260	Saint-Féréol.	Ledit chapitre.	id.
106	830	St-Geron (St-Giron).	De la Roche-Vernassal, de la Roque, de St-Giron et le Prévost du Chapitre de Brioude.	Haute-Loire. (Un dans le Cantal).
107	2510	Saint-Beauzire.	Ledit Chapitre.	Haute-Loire. (Un dans le Puy-de-Dôme)
108	12200	St-Ilpice (St-Ilpize).	Le marquis de Langeac.	Haute-Loire.
109	920	Saint-Prejeix.	De la Roche-Canillac et d'Enval du Colombier.	id.
110	940	Salzuit.	D'Allègre.	id.
111	2070	Saint-Cirgues.	De Mercœur-Vendosme.	Haute-Loire. (Deux dans le Puy-de-Dôme, deux dans le Cantal).
112	1000	Saint-Austremoine.	Même seigneur.	Haute-Loire.
113	2700	St-Georges-d'Aurac.	D'Allègre.	id.
114	1770	St-Privat-du-Dragon	De Vendosme.	id.
115	610	Saint-Etienne près Allègre.	De la Roche-Canillac.	id.
116	4850	St-Just près Chomelis	Mme de Jonchères (2).	id.
117	1870	Saint-Badel.	Les religieux de la Chaise-Dieu.	id.
118	380	Saint-Lagier.	De Boissieux de Lorme (3).	id.
119	2080	Saint-Pal-de-Murs.	D'Allègre et de Boissieux.	id.
120	2200	Saint-Ebbe.	De Rochebaron.	id.
121	6200	Seaugues.	Mme la duchesse d'Usez, Mr de Champetières et l'abbesse des Chases.	id.
122	2540	Saint-Arcons.	Ladite abbesse.	id.
123	870	St-Julien-des-Chases.	id.	id.
124	830	Ste-Marie-des-Chases	id.	id.
125	1980	Saint-Berain.	id.	id.

(1) Alix de Mezel dame de Saint-Bonnet et du Vialard avait apporté la terre du Vialard en 1438 à Guillaume de Bouillé, seigneur du Charriol, son mari, dont les descendants étaient seigneurs du Vialard au XVIIe siècle.
(2) De Belvezer de Jonchères.
(3) De Fretat de Boissieux, seigneur de l'Orme.

NOS D'ORDRE	MONTANT de la TAILLE	VILLES BOURGS. VILLAGES réunis par paroisses ou collectes	NOMS DES SEIGNEURS	DÉPARTEMENTS auxquels ont été réunies les paroisses détachées de la province d'Auvergne en 1790
126	7100	St-Privat du Velay.	De St-Privat et Mme de Bains (1).	Haute-Loire. (Un dans le Puy-de-Dôme)
127	1020	St-Julien de Fix.	De Champetière (2).	Haute-Loire.
128	520	St-Geneix de Fix.	Même seigneur.	id.
129	7650	Saint-Paulien.	De Polignac (3).	id.
130	2050	Saint-Geneix près St-Paulien.	Même seigneur.	id.
131	1220	Taillat.	Le vicomte d'Apcher (4).	id.
132	3150	Vieille-Brioude.	Monsieur.	id.
133	960	Vedrines le Quartier.	Même seigneur.	id.
134	380	Valle-Chastel.	D'Enval du Colombier (5).	id.
135	820	Vissac.	De Champetière.	id.
136	1110	Varennes St-Honorat	Le marquis d'Allègre.	Haute-Loire. (Un dans le Puy-de-Dôme)
137	1740	Vazeilles.	La duchesse d'Usez.	Haute-Loire.

ÉLECTION DE SAINT-FLOUR

1	8500	St-Flour, la ville.	L'Evesque de Saint-Flour.	Cantal.
2	1150	Anglards.	Le Roy, de Vendosme, de Sioujac	id.
3	1000	Antérieux.	L'Evesque de Saint-Flour.	id.
4	1800	Andelat.	Ledit sieur Evesque, le marquis du Terrail, Mme du Rochaim et de Montgon.	id.

(1) Jean de Bouchard, baron de Saint-Privat, seigneur de Limaignes ; et la veuve de Gabriel du Saunier, seigneur de Bains et de Mercœur, fils d'Antoine, seigneur des mêmes terres, et de Anne de Vergezac.

(2) Charles de Motier de Champétières, baron de Vissac, seigneur de Fix, Villeneuve, Fargettes, Jax, Vedières, le Bouschet, substitué aux noms et aux biens de Marie-Madeleine de Motier de la Fayette, duchesse de la Tremoïlle, dernière descendante de la branche aînée de sa maison.
Il fut l'arrière-grand-père du célèbre marquis de Lafayette, surnommé : le Héros des Deux Mondes.

(3) Saint-Paulien, ancienne capitale du pays de Velay, avant Le Puy, et siège des premiers évêques de ce diocèse, était le chef-lieu politique de la vicomté de Polignac possédée de temps immémorial par des seigneurs puissants appelés les Rois des Montagnes. Issus des comtes d'Auvergne, les Polignac avaient autant de possessions dans cette province qu'en Languedoc. Titrés ducs à la fin du siècle dernier, et princes romains, les Polignac comptent encore de nombreux représentants.

(4) D'une grande et illustre maison du Gévaudan, détachée en 1180 de la souche commune des marquis de Châteauneuf-Randon et des ducs de Joyeuse.

(5) Vals le Chastel (anciennement Enval) appartenait, ainsi que le Vialard, paroisse de Laval, et le fief du Colombier, à la maison de la Salle. Anne de la Salle, dame de Vals le Chastel, épousa, en 1654, François de Miremont. A la même époque vivaient Gabriel de la Salle, écuyer, marié à Anne de Vichy, d'où : Joseph de la Salle, seigneur de Vals le Chastel, marié après 1670 à Anne Bonnefoy, sœur de Guillaume, bailly d'Allègre.

Nos D'ORDRE	MONTANT de la TAILLE	VILLES BOURGS, VILLAGES réunis par paroisses ou collectes	NOMS DES SEIGNEURS	DÉPARTEMENTS auxquels ont été réunies les paroisses détachées de la province d'Auvergne en 1790
5	3100	Alleuze.	De Sioujac (1).	Cantal.
6	1800	Avèze.	Dufour.	Cantal.(Un dans le Puy-de-Dôme).
7	1750	Allanches.	Le duc de Vendôsme (2).	Cantal.
8	490	Bournoncles.	Le Roy et le Chapitre de St-Flour	id.
9	240	Bussières.	De Pouzols.	id.
10	3350	Bressons (Brezons).	La princesse d'Arcourt.	id.
11	600	Belinaix.	De la Salle.	id.
12	7350	Bredon.	Le Roy et l'abbé de Sioujac.	id.
13	2000	Corent.	De Montgon.	Cantal.(Un dans le Puy-de-Dôme).
14	400	Chaliers.	De Jonchières.	Cantal.
15	1100	Clavières.	Le comte d'Apchier.	id.
16	3600	Chaudesaigues.	Le marquis de Malauze et le comte de Montvallat.	id.
17	4450	Cezens.	La princesse d'Harcourt et le comte de Montvallat.	id.
18	3200	Cussac.	De Rochegonde.	id.
19	3050	Coltines.	Le Chapitre de Brioude et du Terrail.	id.
20	4850	Celles.	Les commandeurs de Malte.	Cantal. (Deux dans le Puy-de-Dôme).
21	2100	Chastel sur Murat.	Le Roy et de Montboissier.	Cantal.
22	700	Chavaignac.	De Dienne.	Cantal.
23	7500	Chalinargues.	De Severac, le Chapitre de Brioude	id.
24	900	Chanet.	Le baron de Feydin.	id.
25	550	Chavanon.	Mlle de Lavenal.	id.
26	300	Combalut.	Le duc de Vendôsme (2).	id.
27	850	Cheylade.	Le comte de Saillant.	id.

(1) François de Lastic, baron de Sieujac, de Saint-Georges et d'Alleuze, seigneur de Neuvéglise, la Trémollière, du Buisson, convoqué au ban de la [province d'Auvergne, en 1693, fils de Philibert de Lastic, baron de Sieujac, d'Alleuze, etc., et de Marguerite de Montboissier-Beaufort-Canillac.

(2) Louis-Joseph, duc de Vendôme, duc de Mercœur, duc de Penthièvre, duc d'Etampes, prince d'Anet et de Martigues, pair de France, chevalier des Ordres du Roi, gouverneur de Provence, général des galères et l'un des plus grands hommes de guerre du siècle de Louis XIV, avait recueilli d'immenses possessions en Auvergne dans l'héritage de sa grand'mère : Françoise de Lorraine, duchesse de Mercœur et de Penthièvre, mariée en 1609 à César de Bourbon-Vendôme, duc de Vendôme, duc de Beaufort et d'Etampes, etc., fils naturel de Henri IV et de la belle Gabrielle d'Estrées, qui était elle-même fille d'Antoine, marquis d'Estrées, grand-maître de l'artillerie de France et petite-fille de Jean d'Estrées, chevalier de l'Ordre du Roi, grand-maître de l'artillerie, et de Catherine de Bourbon-Vendôme. Quant au duché de Mercœur, il avait passé de la grande maison de ce nom aux comtes de Joigny, en 1321, et aux dauphins d'Auvergne, héritiers des sires de Mercœur, en 1329, puis à la maison de Bourbon-Montpensier, et enfin à la maison de Lorraine par le mariage, le 26 mai 1539, de Renée de Bourbon (sœur du connétable), à Antoine de Lorraine, duc de Lorraine et de Bar, duc de Calabre, comte de Provence, de Vaudemont, etc.

Nos D'ORDRE	MONTANT de la TAILLE	VILLES, BOURGS, VILLAGES réunis par paroisses ou collectes	NOMS DES SEIGNEURS	DÉPARTEMENTS auxquels ont été réunies les paroisses détachées de la province d'Auvergne en 1790
28	360	Chazelles.	De Mercœur et de l'Espinasse.	Cantal.(Un dans la Haute-Loire).
29	3800	Chaudesaigues-la-Foraine.	De Montvallat et de Malauze.	Cantal.
30	730	Deux-Vergers.	De Villaret et du Cafour (du Couffour).	id.
31	7000	Dienne.	De Montboissier.	id.
32	1350	Espinasse.	Le comte de Montvallat.	Cantal.(Un dans le Puy-de-Dome).
33	1950	Faveyrolles.	Le Chapitre de Brioude, d'Allègre, de Roquelaure.	Cantal.
34	2100	Fressanges.	Le Chapitre de Saint-Flour.	id.
35	680	Fortunier.	Le duc de Vendosme.	id.
36	1050	Falcimaigne.	Le comte de Saillant et le marquis de Laustange (Lostange).	id.
37	550	Fournolz.	Le Chapitre de Saint-Flour et Mlle de la Faige.	id.
38	550	Gourdièges.	De Castres et l'évesque de Saint-Flour.	id.
39	1600	Jabrun.	Les commandeurs de Malte.	id.
40	2500	Jourssat.	Du Four.	id.
41	1000	Le Serre.	Le duc de Vendosme (1).	id.
42	1000	Le Ballax.	De Mercœur (1).	id.
43	1500	Lorcières.	Le duc de Vendosme (1).	id.
44	270	Lemorle.	De la Feulhade (2).	id.
45	1100	La Trinité.	Le marquis de Canillac.	id.
46	2500	Lioutadez.	Le comte de Montvallat.	id.
47	700	La Chapelle-Barret.	Le marquis de Roussille (3).	id.
48	1800	La Veyssenet.	La marquise de Senetaire.	id.
49	2450	Lesternes.	Mme de Ruberoque (4).	id.
50	2550	Lasvastrie.	Le Roy, de Sioujac et de Chasteauneuf.	id.
51	2200	La Chapelle d'Alagnon	Le Roy.	id.
52	1150	La Buissonneire.	Le Roy, de Chavaignac de Dienne (5).	id.

(1) Voir page 245, note 2.
(2) D'Aubusson de la Feuillade.
(3) De Scorailles, marquis de Roussille.
(4) Lisez : d'Auberoque. Il s'agit ici de la veuve de Jean de Fontanges, baron d'Auberoque, lieutenant de chevau-légers, en 1646, dont le fils, Jean de Fontanges, comte d'Auberoque, lieutenant de la compagnie des chevau-légers du Dauphin, fut tué à la bataille de la Marsaille, le 3 octobre 1693.

(5) Amblard de Dienne (fils de Léon, qui se croisa, en 1190, avec Philippe-Auguste, et petit-fils d'autre Léon, seigneur de Dienne, qui prit la croix au concile de Clermont, en 1095) rendit hommage à l'évêque de Clermont, en 1202 et 1224, à cause de ses terres de Chavagnac et de Collandres. A l'époque qui nous occupe cette terre appartenait à leur descendant : Gabriel, comte de Dienne, seigneur de Chavagnac, etc., marié 1° à Marthe de Cassagnes-Beaufort de Miramon, 2° à Marguerite de Rochefort d'Ally, et mort le 7 juin 1702.

N°s D'ORDRE	MONTANT de la TAILLE	VILLES BOURGS, VILLAGES réunis par paroisses ou collectes	NOMS DES SEIGNEURS	DÉPARTEMENTS auxquels ont été réunies les paroisses détachées de la province d'Auvergne en 1790
53	1100	Lugarde.	De Chavagnac d'Andre-Dieu (1)	Cantal.
54	600	La Griffoul.	De Chalus.	id.
55	500	Le Caire.	Le comte de Saillans et de Nastrac.	id.
56	500	Le Valrus.	Le comte de Saillans.	id.
57	1050	Lastic.	De Mercœur, le marquis de Langeac.	id.
58	1500	Mentières.	De Montgon et Mlle du Rochain.	id.
59	770	Montchant (Montchamps).	L'ordre de Malte (le commandeur de Tortebesse).	id.
60	900	Maurines.	Le Roy et l'abbé d'Aubrac.	id.
61	310	Mallet.	Le Roy.	id.
62	220	Maignac.	Le Prieur du même lieu.	id.
63	3500	Malbos.	Le prince de Monaco.	id.
64	4500	Murat.	Le Roy.	id.
65	700	Moissac-Haut.	De Severac.	id.
66	1450	Moissac-Bas.	Même seigneur.	id.
67	1650	Maliargues (Maillargues).	Le duc de Vendosme.	id.
68	1700	Marchastel.	Les comtes d'Apchon et de Saillans, de Chaslus et de Chavaignac.	id.
69	1600	Narniac.	Le prince de Monaco et M. de Roussille.	id.
70	1450	Nauvialle.	La princesse d'Harcourt.	id.
71	2350	Neuve-Eglise.	De la Rochefoucauld et de Sioujac (2).	id.
72	4500	Oradour.	De Castres et Mlle de Jonchières.	id.
73	1450	Pierrefort.	Le marquis de Riverols.	id.
74	3200	id. la Foraine.	Le même seigneur et de la Volpilières.	id.
75	2200	Paulhinc.	Le prince de Monaco.	id.
76	5900	Paulhiac.	La princesse d'Harcourt et le Chapitre de Saint-Flour.	id.
77	3300	Peyrusse.	De Peyrusse, de Feydin et l'abbé de Feniers.	id.
78	750	Pouzols.	Le comte d'Aubijoux.	id.
79	380	Ruines.	De Mercœur.	id.
80	1400	Ruines la Foraine.	De Mercœur, de Ligonez (3).	id.

(1) Une autre terre de Chavagnac, située dans la paroisse d'Auriac, près Blesle, a donné son nom aux marquis de Chavagnac-Blesle (existants à Moulins et à Paris), qui la possédaient antérieurement à l'an 1200. Christophe de Chavagnac, gouverneur d'Issoire, commandant pour Henri IV en Basse-Auvergne, et l'un des principaux chefs du parti huguenot, avait épousé Catherine d'Ondredieu, veuve d'Antoine du Bourg, baron de Saillans. Leur descendant, Claude-Ferdinand, comte de Chavagnac, baron d'Ondredieu, etc., épousa en 1702 Anne de Montboissier-Beaufort-Canillac.

(2) En 1610 cette terre était déjà partagée entre Philibert de Lastic, baron de Sieujac, etc., et Laurent du Blau de Gilbertès. Cette moitié revint à la maison de la Rochefoucauld-Langeac. Jean de la Rochefoucauld, marquis de Langeac, etc., vivant en 1669, avait épousé Marie de Lascaris d'Urfé, fille de Claude-Emmanuel, marquis d'Urfé et de Marguerite de Tourzel d'Allègre.

(3) D'Entil de Ligonnès, baron de Trémouls.

Nos D'ORDRE	MONTANT de la TAILLE	VILLES BOURGS. VILLAGES réunis par paroisses ou collectes	NOMS DES SEIGNEURS	DÉPARTEMENTS auxquels ont été réunies les paroisses détachées de la province d'Auvergne en 1790
81	2556	Rosfiat (Roffiac).	Le baron de Fargues (1).	Cantal.
82	1650	Rochegoude.	De la Rochefoucauld et le sr Lhuillier.	id.
83	600	Roumaniargues.	De Severac.	id.
84	900	Saint-Jail.	De Sioujac (2) et de Ligonnez (3).	id.
85	2500	Saint-Georges.	De Noailles, de Sioujac (2).	id.
86	1200	Saint-Just.	La duchesse d'Usez.	id.
87	820	Saint-Marc.	La duchesse d'Usez et M. de Roquelaure.	id.
88	870	Sarrus.	Le Roy, de Châteauneuf.	id.
89	360	Saint-Martial.	La duchesse d'Uzès.	id.
90	1900	Saint-Remise.	Le marquis de Canillac.	id.
91	7019	Saint-Urcize.	Même seigneur.	id.
92	1600	Sainte-Marie.	Le marquis de Riverols (4).	id.
93	2800	Saint-Martin.	Le prince de Monaco, de Riverols, de la Volpilière (5).	id.
94	520	Saint-Maurice.	Le marquis du Terrail.	id.
95	500	Serriers.	L'Evesque de Saint-Flour.	id.
96	2050	Sioujac.	De Siaugeac (de Sioujac) (6).	id.
97	1700	Ste-Anastasie-Haute.	Dufour.	id.
98	950	Ste-Anastasie-Basse.	id.	id.
99	4350	Saint-Saturnin.	De Rieux et du Monteil.	id.
100	2800	Ségur.	De Vendosme (le duc).	id.
101	2850	Sainte-Mandine.	De Chavagnac et d'Andredieu.	id.
102	1550	Saint-Mary-le-Croz.	Dufour.	id.
103	2500	Saint-Poncy.	De Mercœur, d'Allègre, de Montgon et Mme du Rochain.	id.
104	650	Solaiges.	Le marquis de Langeac, le comte de Montsuc.	id.
105	1250	Tiviers.	De Montgon et Mme du Rochain.	id.
106	1850	Talizat-Haut.	De Montgon, Dufour et le chapitre de Brioude.	id.
107	1550	Talizat-Bas.	De Montgon et Dufour.	id.
108	2600	Tanavelle.	De Mercœur (le duc).	id.
109	2050	Vahres.	De Sioujac (7).	id.
110	3200	Valeuges-l'Eglise.	La princesse d'Harcourt.	id.
111	2650	Valeuges-le-Haut.	Même dame.	id.
112	2450	Ussel.	Le marquis du Terrail et le chapitre de Brioude.	id.
113	150	Valjouze.	Dufour.	id.

(1) De Meallet, baron de Fargues.
(2) François de Lastic, baron de Sieujac, St-Georges, seigneur d'Alleuze, etc.
(3) Voir page 247, note 3.
(4) Joseph-Philippe-Hyacinthe de Saint-Martin d'Aglié, marquis de Rivarolles, seigneur de Saint-Damien et de Saint-Germain, en Piémont, maréchal de camp, en 1688, grand-croix de l'ordre de Saint-Louis, en 1693, avait épousé, en 1670, Marthe-Gabrielle d'Hérail de Pierrefort de la Roue, héritière de la maison et grandement possessionnée en Auvergne et en Forez.
(5) De Greil de la Volpilière.
(6) De Laizer, baron de Siougeac.
(7) Le comte de Lastic de Sieujac.

DANS LA PROVINCE D'AUVERGNE. 249

Nos D'ORDRE	MONTANT de la TAILLE	VILLES BOURGS. VILLAGES réunis par paroisses ou collectes	NOMS DES SEIGNEURS	DÉPARTEMENTS auxquels ont été réunies les paroisses détachées de la province d'Auvergne en 1790
114	1000	Villedieu.	L'Evesque de Saint-Flour.	Cantal.
115	2600	Virargues.	L'abbé de Sioujac et de Sévérac.	id.
116	1250	Vernolz.	Dufour de Vernolz.	id.
117	580	Veresme.	Le comte de Saillant.	id.
118	1700	Vieilhespesse.	De Mercœur, de Montgon, d'Espinchal et la collégiale de Saint-Flour.	id.
119	790	Vedrines-St-Loup.	Le marquis de Langeac.	id.

PRÉVOSTÉ DE MAURIAC
DÉPENDANTE DE L'ÉLECTION DE SAINT-FLOUR

1	5600	Mauriac, la ville.	L'abbé de la Loubère.	id.
2	500	Arches.	Le doyen de Mauriac.	id.
3	2500	Apchon, le quartier.	Le marquis d'Apchon.	id.
4	5300	Ally.	Le comte de Caylus (1).	id.
5	8300	Anglardz.	Le duc de Noailles.	id.
6	3900	Auzers.	D'Auzers (2).	id.
7	2800	Albanye.	Le marquis de Curton.	id.
8	1300	Bassignac.	Le comte de Charlus (3).	id.
9	1900	Barriac.	Le comte de Lignerac (4).	id.
10	1150	Braghac.	L'abbesse de Braghac.	id.
11	3800	Chaussenac.	Ladite abbesse.	id.
12	2700	Chalvignac.	Le marquis de Malauze.	id.
13	5600	Champagnac.	L'abbesse de Bonnesaigne.	id.
14	3600	Chastel-Marliac.	Le marquis de Curton (5).	id.

(1) Jean-Annet de Tubières-Grimoard de Pestels, comte de Caylus, lieutenant-général des armées du Roi en 1702, frère du duc de Caylus et fils de : Henri de Tubières-Grimoard de Pestels, comte de Caylus, seigneur de Salers, Fontanges, Brauzac, la Roche de Loupiat, mort en 1679, et de Claude de Fabert, fille du maréchal Fabert.

(2) François de Douhet, baron d'Auzers, fils de Gilbert et de Jeanne de la Croix de Castries, mariés le 10 mai 1654.

(3) Charles-Antoine de Lévis, comte de Charlus et de Saignes, colonel d'un régiment de son nom, lieutenant-général pour le Roi en Bourbonnais, en 1680, mort en 1719, avait épousé Françoise de Béthizy. Leur fils, Charles-Eugène de Lévis, comte de Charlus, de Saignes, etc., lieutenant-général des armées du Roi, chevalier du Saint-Esprit, fut créé duc de Lévis, pair de France, et mourut en 1734. De son mariage avec Marie-Françoise d'Albret de Luynes il laissa une fille qui épousa le 12 janvier 1722, Joseph-François de la Croix, marquis de Castries, auquel elle apporta le comté de Charlus.

(4) Joseph de Robert-Lignerac, comte (puis marquis) de Lignerac, brigadier des armées du Roi, en 1702, lieutenant-général de la Haute-Auvergne, marié à Charlotte de Tubières de Grimoard de Pestels ; fils de Jacques, marquis de Robert-Lignerac, seigneur de Pleaux, de Saint-Chamant, etc., et de Catherine de Rillac.

(5) Henri de Chabannes, comte de Rochefort, marquis de Curton, marié : 1º en 1680, à Gabrielle de Montlezun ; 2º en 1709, à Catherine de Scoraille de Roussille, mort en 1714.

HISTOIRE DE L'ADMINISTRATION CIVILE

Nos D'ORDRE	MONTANT de la TAILLE	VILLES BOURGS. VILLAGES réunis par paroisses ou collectes	NOMS DES SEIGNEURS	DÉPARTEMENTS auxquels ont été réunies les paroisses détachées de la province d'Auvergne en 1790
15	3000	Châteauneuf.	Le marquis de Curton (1).	Cantal.
16	2700	Colandres.	Le comte d'Apchon (2).	id.
17	2900	Drughac.	Le comte d'Usas (3).	id.
18	2300	Drignac.	Même seigneur.	id.
19	550	Escorailles.	Le baron d'Escorailles.	id.
20	5100	Fontanges.	Le comte de Caylus.	id.
21	1350	Les Arbres-Quatorze.	Le comte d'Apchon (2).	id.
22	550	Lagane.	Le marquis de Curton.	id.
23	2000	Les Falgoux.	Le comte d'Apchon.	id.
24	1300	Loupiac.	Le comte de Caylus.	id.
25	4000	Le Vigean.	Les enfants du marquis de Noailles (4).	id.
26	4800	Jaleyrac.	Le marquis de Malauze (5).	id.
27	2800	Isdes.	Le comte de Charlus.	id.
28	2700	Menet.	Le marquis de Malauze (5).	id.
29	1350	Madic.	Le marquis de Curton.	id.
30	1700	Muradez.	Le marquis de Malauze (5).	id.
31	3200	Moussages.	Le comte de Broglio.	id.
32	2700	Méallet.	Même seigneur.	id.
33	2100	Proudelles.	Le comte de Charlus.	id.
34	6500	Pleaux.	Le duc de Noailles.	id.
35	2000	Riom-ez-Montagne.	Le marquis de Curton.	id.
36	3000	Salers.	Le comte de Caylus, le baron de Salers (6).	id.

(1) Voir page 249, note 5.
(2) Claude-Éléonor de Saint-Germain d'Apchon, marquis d'Apchon, premier baron d'Auvergne, sénéchal d'Auvergne, en 1693. Sa fille : Philiberte d'Apchon, épousa, en 1708, Gilbert-Gaspard de Chabannes, comte de Pionsat.
(3) Claude-Honoré de Lur-Saluces, comte d'Uza, vicomte d'Oreillan, marquis de Gravelières, baron de Fargues, de Malveyres, etc., épousa, le 1ᵉʳ juin 1666 Claudine-Françoise de Saint-Martial, dame baronne de Drughac, fille de Hercule de Saint-Martial, baron de Drughac, de Saint-Pal de Murs, et de Judith de la Tour-Gouvernet, sa seconde femme.
(4) Les Noailles, originaires du Limousin, étaient seigneurs de Montclar et de Chambres, en Auvergne, dès 1364, puis de Chalvignac, en 1433 ; ils possédaient un hôtel à Aurillac où ils résidaient ainsi qu'au château de Chambres. Il s'agit ici de : Jean-François, marquis de Noailles, maréchal de camp, lieutenant-général au gouvernement de la Haute-Auvergne, mort en 1696, sixième fils de Anne de Noailles, premier duc de Noailles et d'Agen, marquis de Montclar, baron de Chambres, etc., lieutenant-général des armées du Roi, chevalier du Saint-Esprit, capitaine de la compagnie écossaise des gardes du corps, gouverneur du Rouergue, capitaine-général d'Auvergne, du Roussillon et de la Cerdagne, — et de Anne-Louise Boyer.
(5) Guy-Henri de Bourbon-Malause, marquis de Malause, brigadier des armées du Roi, mort en 1706, fils aîné de Louis de Bourbon-Malause, marquis de Malause, vicomte de Lavedan, seigneur de Chaudesaigues, qui avait épousé en 1653 Henriette de Durfort, fille de Guy-Aldouce de Durfort, duc de Duras, et d'Elisabeth de la Tour-d'Auvergne de Bouillon.
(6) François de Scorailles, baron de Salers, seigneur de Mazerolles, marié à Françoise de Caïssac de Tournemire, était fils de Annet de Scorailles, marié le 28 janvier 1650, à Diane-Madeleine de Salers, fille de François, baron de Salers, et de Marguerite de Mossier.

Nos D'ORDRE	MONTANT de la TAILLE	VILLES BOURGS, VILLAGES réunis par paroisses ou collectes	NOMS DES SEIGNEURS	DÉPARTEMENTS auxquels ont été réunies les paroisses détachées de la province d'Auvergne en 1790
37	2650	St-Cipoly (aujourd'hui St-Hippolyte).	Le comte d'Apchon.	Cantal.
38	3400	Saint-Etienne.	De Saint-Etienne.	id.
39	2450	Saignes.	Le comte de Charlus.	id.
40	560	Salsignac.	Le marquis de Curton.	id.
41	2550	Sauvat.	Le comte de Charlus.	id.
42	3400	Saint-Vincent.	Le comte d'Apchon.	id.
43	3300	Saint-Paul.	Le baron de Salers.	id.
44	4400	Saint-Bonnet.	Le comte de Sauvebœuf (1).	id.
45	3900	Saint-Projet.	Le duc de Noailles.	id.
46	1500	Saint-Remy.	Le commandeur de Carlat.	id.
47	3000	Saint-Chamant.	Le comte de Lignerac.	id.
48	4900	St-Martin-Valmeroux	Le comte du Zas (d'Uza) (2).	id.
49	1850	Salins.	L'abbé de Langeron.	id.
50	1550	Salins, le quartier.	Le marquis d'Apchon.	id.
51	550	Sourniac.	Le doyen de Mauriac (de Sartiges).	id.
52	4400	Saint-Christophe.	Le marquis de Curton.	id.
53	2700	St-Martin-Cantalez.	Le comte de Caylus.	id.
54	3000	Sainte-Eulalie.	Même seigneur.	id.
55	1700	Tourniac.	Le marquis de Rilhac.	id.
56	6300	Trizac.	L'abbé de Langeron.	id.
57	4400	Vebret.	Le marquis de Curton.	id.
58	2150	Vignionet.	Même seigneur.	id.

ÉLECTION D'AURILLAC

1	16400	Aurillac.	L'Archevesque de Bourges.	Cantal.
2	7950	Arpajon.	Le marquis de Conroz (3).	id.
3	710	Arnac.	Le sieur Devals et sa belle-sœur.	id.
4	5150	Airem (Ayrens).	Le Chapitre d'Aurillac.	id.
5	5650	Boisset.	Le prince de Monaco (4).	id.
6	1300	Cros de Montamat.	Descaffres de Crusolle (5).	id.
7	3350	Carlat.	Le prince de Monaco.	id.
8	1000	Cros de Montvert.	Le duc de Noailles.	id.
9	3150	Carendelle.	Le Chapitre d'Aurillac.	id.

(1) Claude de Ferrières, comte de Sauvebœuf, seigneur de Leybros et de Saint-Bonnet près Salers, en 1684, comme héritier de Louise de Tournemire, sa mère. Son fils fut sénéchal d'Auvergne avant 1740.

(2) Voir page 230, note 3.

(3) Louis de Saint-Martial, marquis de Conros, baron d'Aurillac, de la Bastide, Puydeval, Lissac, etc., vivant en 1690.

(4) Honoré II Grimaldi, prince de Monaco, et Hercule, son fils, ayant secoué le joug des Espagnols pour se placer sous la protection de la France, reçurent en 1641, du roi Louis XIII, par le traité de Péronne, des terres en France et de même valeur que celles que les Espagnols leur avaient confisquées dans le royaume de Naples et dans le Milanais. Au mois de mai 1642, le duché-pairie de Valentinois fut érigé en faveur du prince de Monaco qui reçut de plus, en Auvergne : la vicomté de Carlat, les terres de Vic en Carladès, Boisset, Calvinet, le mur de Barrès, etc., que ses descendants ont possédé jusqu'en 1789.

(5) D'Escaffre de Crouzols.

HISTOIRE DE L'ADMINISTRATION CIVILE

N°s D'ORDRE	MONTANT de la TAILLE	VILLES BOURGS, VILLAGES réunis par paroisses ou collectes	NOMS DES SEIGNEURS	DÉPARTEMENTS auxquels ont été réunies les paroisses détachées de la province d'Auvergne en 1790
10	1000	Cayrols.	Le Prieur de Cayrols.	Cantal.
11	650	Calvinet.	Le prince de Monaco.	id.
12	2900	Cassanniouze.	Le même seigneur et le Chapitre d'Aurillac.	id.
13	260	Espinadel.	Le marquis de Merville et le Prieur des Calmets.	id.
14	550	Fournollez,	Le Prieur de Fournollez.	id.
15	2100	Girgols.	De Seidages (de Sédaiges) (1).	id.
16	2000	Glenat.	Dosbauclairs (2).	id.
17	3250	Joudemamou.	Le marquis de Lostange.	id.
18	1150	Jou-sous-Monjou.	Le prince de Monaco.	id.
19	3500	Jussac.	Les mineurs du marquis de Noailles, et de Seidages.	id.
20	2150	Junhac.	De Boissieux, de Bosredon.	id.
21	1550	La Cappelle-Viescamp	Le marquis de la Valette et le Chapitre d'Aurillac (3).	id.
22	2700	La Rocquebrou.	Le marquis de Merville (4).	id.
23	4650	La Roque-Vieille.	Des Maillots.	id.
24	5550	Lascelle.	De la Tour de la Peyre (5).	id.
25	400	Laségallasière.	Le Prieur du même lieu.	id.
26	600	La Salvetat.	Le commandeur de Carlat.	id.
27	3500	Leinhac.	Le duc d'Usez.	id.
28	2465	La Besserette.	Le marquis de Chambonas.	id.
29	660	La Capelle-del-Fraisse	Même seigneur et de Senezergues (6).	id.
30	2174	Ladhinac.	L'abbé de Montsalvy.	id.
31	1150	Leucamp	Du Puy la Roque.	id.
32	1700	La Brousse.	Le Chapitre d'Aurillac.	id.
33	800	La Capelle-en-Vézie.	Le marquis de Chambonas.	id.
34	300	Montvert.	Le marquis de Merville.	id.
35	6900	Marmanhac.	De Seidages et Bournazet.	id.
36	3100	Mandailles.	Le Chapitre d'Aurillac.	id.

(1) Béral de Sédaiges.
(2) De Beauclair de Glénat, ancienne noblesse de la Haute-Auvergne.
(3) La maison de la Valette de Viescamp était un rameau des la Valette-Parisot, en Rouergue, auxquels appartenait le célèbre Jean de la Valette-Parisot, grand-maître de l'ordre de Malte.
(4) Charles-François d'Escars de Castelnau, marquis de Merville, de Montal, de la Roquebrou, de Carbonnières, mort à Paris en 1707, de la maison ducale de Peyrusse d'Escars.
(5) Henri de la Tour de la Peyre, seigneur, en 1669, de la Peyre, de Lascelles, de la Veyssière, fit remonter ses preuves de noblesse, en 1666, à Botins de la Tour, son huitième aïeul originaire du Rouergue, qui vivait en 1340.
(6) Louis de Sennezergues, seigneur de la Rode, d'une famille ancienne et distinguée de la ville d'Aurillac, entra au service en 1686, assista, pendant trente-quatre ans, à un grand nombre de sièges et de batailles, où il perdit un bras et reçut plusieurs blessures. Il fut anobli pour faits de guerre, en 1720. — Etienne-Guillaume de Sennezergues de la Rode, son fils, enseigne au régiment de la Sarre, en 1726, servit pendant trente-trois ans, s'éleva par son mérite au grade de brigadier des armées du Roi et fut tué, en 1759, à la prise de Québec, aux côtés du marquis de Montcalm, dont il était l'un des lieutenants.

Nos D'ORDRE	MONTANT de la TAILLE	VILLES BOURGS, VILLAGES réunis par paroisses ou collectes	NOMS DES SEIGNEURS	DÉPARTEMENTS auxquels ont été réunies les paroisses détachées de la province d'Auvergne en 1790
37	3700	Maurs.	L'abbé de Maurs.	Cantal.
38	1350	Montmurat.	Le marquis d'Aynac (1).	id.
39	4450	Marcollez.	Le Prieur de Marcollez.	id.
40	2250	Mourjou.	Le prince de Monaco.	id.
41	1250	Montsalvy.	L'abbé de Montsalvy.	id.
42	500	Nieudant.	Le marquis de Merville.	id.
43	2350	Naucelles.	Le Chapitre d'Aurillac.	id.
44	1480	Omps.	Ledit Chapitre.	id.
45	7400	Polminhac.	Le marquis de Miramont (2).	id.
46	2050	Parlan.	De Saigne (3).	id.
47	2500	Pérol.	Les Jésuites d'Aurillac.	id.
48	1500	Primet (Prunet).	Le marquis de Conroz et le Prieur de Prunet.	id.
49	700	Quezac.	Le Prieur de Quezac.	id.
50	11100	Raulhac.	Le prince de Monaco, le marquis de Roussille et de Vareilles (4).	id.
51	210	Ronnesques.	Descaffres de Crusolles (5).	id.
52	3300	Rouffiat.	Le duc de Noailles, le marquis de Merville.	id.
53	3000	Reilhac.	De Seidages.	id.
54	810	Rouziers.	De Nocaze (6).	id.
55	1350	Roumegoux.	Le marquis de Lavalette et de Merville.	id.
56	1800	Roanne.	Le Chapitre de Saint-Flour.	id.
57	1200	Roussy.	Le prince de Monaco.	id.

(1) Louis de Turenne, marquis d'Aynac, épousa, avant 1671, Catherine de Felzins, dame du marquisat de Montmurat.
Jean-Louis-Anne de Turenne, marquis d'Agnac et de Montmurat, seigneur de Montredon, Livinhac, Flanhac, baron de Felzins et de Saint-Félix, épousa, avant 1750, Anne-Claude de Robert-Lignerac. Cette famille est encore représentée par les descendants de Henri-Amédée-Mercure, comte de Turenne d'Aynac, général de brigade, chambellan de l'empereur Napoléon Ier, pair de France, grand-officier de la Légion d'honneur, marié, en 1799, à Agathe de Brignac de Montarnaud, fille du marquis de Montarnaud et de Françoise de Julien de Vinezac.
(2) Claude-Jacques-Joseph de Cassagnes de Beaufort, marquis de Miramon, seigneur de Paulhac, la Roque, Saint-Hérem, Fouilhol, Balzac et Vic en partie (en Auvergne), seigneur de Cassagnes-Contaux, du Cayla, Flars, Centrès, Tayac (en Rouergue), marié le 11 juin 1670 à Jeanne d'Aureille de Colombine.
(3) Louis de la Garde, comte de Saignes, baron de Parlan, de Palaret, etc.
(4) Bertrand d'Umières (alias d'Olmeiras), marquis de Vareilles, marié, en 1668, à Antoinette de Boisset de la Salle, fille de François de Boisset de la Salle et de Marie de Toursiac, fut le père d'Antoine d'Umières, marquis de Vareilles, de Montamat et de Bassignac, mort sans enfant, en 1742, après avoir testé en faveur de Bertrand d'Umières, seigneur de Griffoul, son cousin.
(5) Bertrand d'Escaffre, seigneur de Crouzols, marié le 24 octobre 1662 à Marguerite Chapt de Rastignac-Messillac, fut la tige des vicomtes de Ronesques.
(6) Claude de Naucaze, seigneur de Saint-Julien de Toursiac, Boisse, les Carrières, la Roque-Vigneron, épousa, le 9 novembre 1660, Rose de Hautefort, fille de François, seigneur de Saint-Chamans et de Françoise d'Escars ; le marquis de Naucaze, leur petit-fils, épousa, en 1734, Françoise de Montvallat de Tournoëlle.

Nos D'ORDRE	MONTANT de la TAILLE	VILLES BOURGS, VILLAGES réunis par paroisses ou collectes	NOMS DES SEIGNEURS	DÉPARTEMENTS auxquels ont été réunies les paroisses détachées de la province d'Auvergne en 1790
58	3200	St-Jacques-des-Blatz.	Le prince de Monaco.	Cantal.
59	2350	Saint-Clément.	Le marquis de la Rocque-Paulhat (1).	id.
60	1450	St-Estienne-de-Carlat	De Lort, lieutenant-général d'Aurillac.	id.
61	1060	Sansac-de-Marmiesse.	Les marquis de Merville et de la Rocque-Chamaran (2).	id.
62	1350	St-Paul-des-Landes.	Le marquis de Merville.	id.
63	470	St-Etienne-Cantalez.	Même seigneur.	id.
64	3400	St-Santin-Cantalez.	id.	id.
65	1050	Saint-Victor.	Le Prieur de Saint-Victor.	id.
66	6000	Saint-Illide.	Le Prieur de Saint-Illide.	id.
67	1820	Saint-Martin.	La communauté des prêtres de Notre-Dame d'Aurillac.	id.
68	10300	Saint-Cernin.	Les mineurs du marquis de Noailles et M. de Sédages.	id.
69	4200	St-Cirgues-Malbert.	De la Roque St-Cirgues (2).	id.
70	5100	St-Cirgues de Jourdane.	De la Tour de Lapeyre.	id.
71	4800	Saint-Simon.	Le Chapitre d'Aurillac.	id.
72	2200	St-Estienne de Maurs	Mlle de Saint-Etienne (2).	id.
73	2550	Saint-Constant.	Le duc d'Usez (3).	id.
74	1550	St-Santin de Maurs.	Le duc d'Usez (3).	id.
75	1250	St-Julien de Toursac.	De Nocaze (4).	id.
76	4500	Sirant.	Le marquis de Merville, le Prieur des Calmetz.	id.
77	1050	Saint-Saury.	id.	id.
78	1500	Saint-Gérons.	Le Chapitre de Saint-Flour.	id.
79	3800	Saint-Mammet (St-Mamet).	Le Chapitre de la Cathédrale de Clermont-Ferrand.	id.
80	1600	Senezergues.	De Senezergues (5).	id.

(1) Claude-Jacques-Joseph de Cassagnes de Beaufort, marquis de Miramon, est appelé ici de la Roque-Paulhat, parce qu'il avait hérité de sa mère Marie-Marguerite de Brezons, dame des dites terres, et fille de Jacques de Brezons, marquis de la Roque-Masseleau, seigneur de Paulhac, etc. Marie-Marguerite de Brezons avait épousé, au château de Paulhac, près Brioude, le 12 février 1649, François de Cassagnes de Beaufort, marquis de Miramon, baron de Centrès, seigneur de Cassagnes-Comtaux, Pestels, Polmignac, etc., gentilhomme ordinaire de la chambre du Roi.

(2) Bertrand de Peyronnenc, seigneur de la Roque, baron de Saint-Chamaran, épousa, le 23 août 1605, Françoise de Bourbon-Malause, d'où sont descendus les marquis de Peyronnenc de la Roque-Saint-Chamaran, seigneurs de Sansac-Marmiesse, Saint-Cirgues-Malbert et Saint-Etienne de Maurs.

(3) François de Crussol, duc d'Uzès, pair de France, prince de Soyons, lieutenant-général des armées du Roi, chevalier du Saint-Esprit, etc., épousa, le 28 septembre 1636, Marguerite d'Apchier qui lui apporta de grands biens en Auvergne. Elle était fille de Christophe, baron d'Apchier et de Sereys, et de Marguerite de Châteauneuf-Rochebonne de Flageac, sœur de la marquise d'Allègre, héritières de leur maison.

(4) Voir page 253, note 6.

(5) Archambault de la Roque, chevalier, était seigneur de Sennezergues vers 1380. Son descendant, François de la Roque, était seigneur de Sennezergues (en Auvergne), de Moret, de Corbières, de Guarrigous (en Rouergue), en 1669.

Nos D'ORDRE	MONTANT de la TAILLE	VILLES BOURGS, VILLAGES réunis par paroisses ou collectes	NOMS DES SEIGNEURS	DÉPARTEMENTS auxquels ont été réunies les paroisses détachées de la province d'Auvergne en 1790
81	1200	Sansac-Vernaxez.	Le marquis de Chambonas (1).	Cantal.
82	180	Saint-Mary.	Le Chapitre d'Aurillac.	id.
83	8200	Thiezac.	Le prince de Monaco.	id.
84	1900	Tournemire.	De Sedages (2).	id.
85	1400	Tessière-de-Cornet.	Le Chapitre d'Aurillac.	id.
86	800	Triolou (Trioulonx).	De Triolou (Trioulonx) (3).	id.
87	1300	Tessière-les-Bouillez.	Le Chapitre d'Aurillac et M. de Montvallat (4).	id.
88	3130	Vezac.	De Caylus (5).	id.
89	6870	Vic.	Le prince de Monaco.	id.
90	2850	Vitrac.	De Fargues (6).	id.
91	900	Vieille-Vie.	De Paga.	id.
92	2600	Yollet.	Le marquis d'Yollet (7).	id.
93	6800	Ytrac.	Le marquis de Merville.	id.

(1) De la maison de la Garde de Chambonnas, en Languedoc.

(2) La terre de Tournemire avait donné son nom à une maison illustre, connue dès 1077, et encore existante. Antoinette de Tournemire porta ce fief en mariage à Brandelet de Gontaut, sénéchal du Périgord. Avant 1540 la seigneurie de Tournemire fut démembrée : une partie appartenait à Louis d'Anjony, dont le fils, Louis d'Anjony, épousa, le 20 février 1557, Germaine de Foix, dame de Merdogne, fille de Louis de Foix et de Gabrielle de Dienne, et petite-fille de Germain de Foix, vicomte de Couzeran, seigneur de Merdogne, et d'Eléonore de Comminges.
L'autre partie de la terre de Tournemire avec la haute justice resta dans la maison de Caissac de Sédaiges, Jean de Caissac (dit de Sédaiges), seigneur de Tournemire, de Chaslier, capitaine de grenadiers au régiment royal et chevalier de Saint-Louis, vivait en 1683 et 1715. Claude-Louis de Léotoing, marquis d'Anjony, seigneur de Saint-Cirgues-Malbert, héritier par alliance de la maison d'Anjony de Foix, habitait, en 1777, le château d'Anjony, paroisse de Tournemire, où ses descendants résident actuellement.

(3) Guillaume d'Escaffre, était seigneur de Triolou, en 1274. Son descendant, Jacques d'Escaffre, seigneur de Triolou, en 1668, était le frère de Bertrand d'Escaffre, seigneur de Crouzols, dont nous avons parlé à l'article Ronnesques.

(4) Pierre-Antoine de Montvallat, chevalier, seigneur de Teissières-les-Bouliès, marié à Catherine de Lestang, vivait en 1668. Il avait deux fils : Jean et François de Montvallat.

(5) Claude-Abraham de Tubières, duc de Caylus, colonel des dragons du Languedoc, maréchal de camp en 1709, lieutenant-général au service d'Espagne, chevalier de la Toison-d'Or, capitaine-général, gouverneur du royaume de Galice.

(6) Amable de Méallet, baron de Fargues, de Vitrac, seigneur de Roffiac, marié : 1° en 1661 avec Jeanne de Felzins de Montmurat ; 2° le 29 juin 1673 à Marguerite Laparra de Verboulès, sœur de Louis, lieutenant-général du génie, tué au siège de Barcelone, en 1706.

(7) François de Malras, marquis d'Yolet, colonel-mestre de camp de cavalerie, marié en 1696 à Marie de Lastic-Sieujac, était fils de François de Malras, baron d'Yolet, seigneur d'Auteyrat, et de Louise de Montboissier-Beaufort-Canillac. Cette famille s'est éteinte par une fille unique mariée au marquis de Montaignac-Chauvance, pair de France sous la Restauration, mort au château de St-Sandoux (Puy-de-Dôme).

Ces tableaux ne contiennent que le montant de la taille propre ou imposition principale ; la capitation et l'impôt accessoire n'y figurent pas.

Nous avons cru utile, dans le but d'éviter des erreurs, de rétablir, pour la plupart des noms de lieux, leur orthographe véritable, quoiqu'ils ne soient pas écrits de cette façon dans le document officiel. Pour les autres nous avons écrit en regard les rectifications.

ASSEMBLÉE PROVINCIALE

SON ORIGINE ET SES SUITES.

En somme, ainsi que nous l'avons dit précédemment, les pays d'Etat et les pays d'Élections étaient au commencement du règne de Louis XVI entièrement dans la main du gouvernement et de ses agents.

Contributions consenties par les Etats ou imposées directement sans discussion et sans contrôle dépendaient également du bon plaisir du roi ; la volonté royale était observée à peu près partout et presque toujours avec une égale servilité.

Cependant l'absorption et la suppression des Etats provinciaux n'avaient pu s'opérer sans exciter des récriminations. Timides d'abord, ces récriminations étaient devenues plus vives dans le cours du xviiie siècle à mesure que les idées étendaient leur horizon. Les philosophes, les économistes leur prêtaient maintenant le concours de leurs études et de leurs écrits.

L'opinion publique réclamait une émancipation et demandait que la nation prît un peu part à ses propres affaires. Or, on commençait au début du règne de Louis XVI à compter avec l'opinion publique (1).

Obéissant à ce courant, obéissant aussi à ses propres idées, un ancien intendant de Limoges, Turgot, devenu ministre, rédigea un plan pour la formation d'assemblées locales dans chaque province avec une assemblée géné-

---

(1) Voir Gomel, *Les Causes financières de la Révolution française.*

rale pour tout le royaume ; mais attaqué par les courtisans, ennemis-nés de toute réforme, mal soutenu par un roi bien intentionné mais faible, Turgot quitta le ministère sans avoir pu mettre son plan à exécution.

Necker fut plus heureux tout d'abord. S'appropriant les projets de Turgot ou les modifiant, il fit rendre le 12 juillet 1778 un arrêt du Conseil qui instituait une assemblée provinciale dans le Berry.

Voici comment, dans le mémoire qui précéda l'édit, Necker définissait les attributions de ces assemblées dont il proposait la création (1).

« Il est sans doute des parties d'administration qui
» tenant uniquement à la police, à l'ordre public, à l'exé-
» cution des ordres de Votre Majesté ne peuvent jamais
» être partagées et doivent, par conséquent, reposer sur
» l'intendant seul ; mais il en est aussi, telles que la répar-
» tition et la levée des impositions, l'entretien et la cons-
» truction des chemins, le choix des encouragements favo-
» rables au commerce, au travail en général et aux dé-
» bouchés de la province en particulier qui, soumises à
» une marche plus lente et plus constante, peuvent être
» confiées préférablement à une commission composée de
» propriétaires, en réservant à l'intendant l'importante
» fonction d'éclairer le gouvernement sur les différents
» règlements qui seraient proposés. »

L'assemblée du Berry qui se réunit le 5 octobre 1778, sous la présidence de M. Phelypeaux, archevêque de Bourges, ayant parfaitement rempli les vues de ses fondateurs, et les membres de tous les ordres ayant mis une généreuse émulation à étudier et résoudre les questions proposées, Necker institua l'année suivante dans la généralité de Montauban une autre assemblée provinciale qui n'eut pas moins de succès.

(1) Voir sur les États provinciaux d'Auvergne *L'Assemblée provinciale*, 1787-1790, par Fr. Mège, 1867. Aubry, édit. Paris, rue Dauphine, 16, et *Les Assemblées provinciales*, par Léonce de Lavergne.

Encouragé par ces deux tentatives heureuses, il voulut créer deux autres assemblées à Moulins et Grenoble, mais il ne put réussir. Ces assemblées étaient trop nuisibles à l'autorité et aux intérêts des intendants et des courtisans et faisaient trop d'ombrage aux membres des cours souveraines pour être admises sans opposition. Necker eut beau lutter, il ne fut pas plus fort; en butte aux attaques incessantes de tous les partisans des anciens abus, il dut à son tour quitter le ministère.

Les assemblées du Berry et de la Haute-Guienne lui survécurent, prouvant par leurs actes la sagesse de leur fondateur et l'utilité de l'institution.

Quelques années plus tard, alors que l'ancien régime semblait à tous déjà frappé de mort, alors que la monarchie aux abois tombant de Calonne à Brienne inventait expédient sur expédient pour remplir ses coffres et retarder la Révolution que tous pressentaient déjà, la question de l'institution des assemblées provinciales fut reprise par le gouvernement.

Les ministres Calonne et après lui Loménie de Brienne soumirent à l'assemblée des notables en 1787 et lui firent adopter un édit signé par le roi Louis XVI en juin de la même année 1787, portant création d'assemblées provinciales dans tous les pays d'élections, avec des assemblées secondaires ou d'arrondissements et des assemblées de municipalités.

En vertu de cet édit, des assemblées provinciales furent instituées dans 23 Généralités.

Mais si aux yeux de Turgot et de Necker la création d'assemblées provinciales était une réforme, une amélioration politique, il n'en fut pas de même pour les ministres qui vinrent compléter leur tentative, il y avait un abîme entre l'auteur et ses continuateurs, entre le protestant philanthrope Necker et des hommes sans moralité tels que Calonne et l'archevêque de Toulouse Brienne.

Pour Necker, l'Institution des assemblées provinciales

était un pas dans la voie du progrès social et politique de la France.

Pour Calonne et Brienne ce ne fut qu'un expédient.

L'opinion publique revendiquait la réunion des Etats Généraux ; on voulut lui donner satisfaction dans une certaine mesure afin de pouvoir en la calmant pour un temps, puiser encore impunément dans les coffres de la nation.

« C'est outrager la nation, écrivait alors le futur jour» naliste Carra, que de lui proposer en l'absence des Etats » Généraux qui tiennent à sa constitution, de consentir à » refondre cette constitution en assemblées provinciales » dont la véritable qualité serait celle de caisses d'em» prunts au gré du contrôleur général (1). »

Si les administrations nouvelles n'étaient pas en faveur auprès des intendants et d'une partie des ordres privilégiés, en revanche, le barreau, la bourgeoisie presqu'entière et en général tous les hommes à la fois éclairés et modérés les accueillirent tout d'abord avec un empressement que l'espérance d'améliorations successives rendait plus vif encore.

Quant au peuple, en Auvergne du moins, il assistait à tous ces essais, à tous ces tiraillements, tranquillement en curieux plutôt qu'en intéressé.

Jacques Bonhomme avait revêtu l'incrédulité de Thomas. Ce féal sujet n'ajoutait plus de foi à la parole de son gracieux souverain. Pourquoi d'ailleurs l'aurait-il cru, lui qui avait été si souvent trompé.

Jacques Bonhomme qui à sa naissance, s'habillait de haillons, qui sous Charles VII avait revêtu l'uniforme de l'armée permanente, qui sous la minorité de Louis XIV s'était fait frondeur, qui sous Louis XV commençait à prendre place dans les parlements ; il grandissait, Jacques Bonhomme, et la royauté allait s'affaiblissant ; ce qu'elle perdait en pouvoir, il le regagnait en audace.

(1) Extrait d'un pamphlet intitulé : M. de Calonne tout entier.

Aujourd'hui enfin il avait atteint l'âge de fougue, et comme il fallait que jeunesse se passe, la Révolution qu'il pressentait comme tout le monde à cette époque fut pour lui sa jeunesse.

Ce qu'il lui fallait à Jacques Bonhomme, c'était un changement plus radical, des modifications plus fondamentales et surtout des réformes dont les effets eussent été immédiatement palpables.

Ces assemblées provinciales n'en furent pas moins d'une très grande utilité. On ne put cependant pas en retirer les fruits qu'on aurait cru devoir en tirer dans le principe, car il n'y eut qu'une seule session et la réunion des Etats Généraux ne laissa pas aux fruits que cette session pouvait produire, le temps d'arriver à maturité. Elles ont servi pour ainsi dire de vestibule à la Révolution. Grâce à elles, des hommes nouveaux, des idées nouvelles se sont produits et ont commencé à essayer leurs forces, leurs travaux ont mis à découvert les plaies qui dévoraient l'ancienne France, elles n'ont rien guéri mais elles ont préparé la guérison en faisant en quelque sorte toucher au doigt les blessures les plus cachées.

Elles peuvent être considérées comme l'origine de nos Conseils généraux actuels qui nous rendent les plus signalés services et avec les fonctions desquels leurs attributions eurent beaucoup d'analogie, mais avec plus d'extension.

L'administration de la province d'Auvergne fut divisée en trois espèces d'assemblées :

Une assemblée municipale ;

Une assemblée d'élection ;

Et une assemblée provinciale.

Nous allons dire quelques mots sur la formation et les fonctions de ces diverses assemblées.

1° ASSEMBLÉES MUNICIPALES.

FORMATION.

Chaque paroisse, suivant l'édit enregistré au Parlement le 22 juin 1787, et le règlement particulier pour l'Auvergne des 8 juillet et 5 août suivant, devait avoir son assemblée municipale présidée par le seigneur et en son absence par le syndic. Celles qui avaient déjà des assemblées devaient les conserver sans modifications pour le présent, celles qui n'en avaient pas devaient en former une composée outre le seigneur et le curé, membres de droit, de trois, six ou neuf membres, suivant que la paroisse comptait cent, deux cents feux au plus.

Chaque assemblée devait avoir de plus un syndic chargé de l'exécution de ces résolutions. Le syndic et les membres de l'assemblée devaient être élus au scrutin, en assemblée générale de la paroisse.

Etaient électeurs, tous les contribuables quels qu'ils soient qui payaient au moins 10 livres d'impôts fonciers ou personnels.

Etait éligible, toute personne noble ou non âgée de 25 ans, domiciliée dans la paroisse depuis un an au moins et payant trente livres au moins d'impôts. Cette assemblée de paroisse devait se tenir tous les ans, le premier dimanche d'octobre et la première année 1787 par exception le deuxième dimanche d'août. Au bout de trois ans d'existence, l'assemblée municipale devait se renouveler par tiers chacune des années 1791, 1792 et 1793.

FONCTIONS.

L'assemblée municipale était chargée de la répartition et de la collecte des impôts auxquels la paroisse était assujettie d'après les mandements arrêtés par l'assemblée d'élection ou sa commission intermédiaire. Elle était aussi chargée d'examiner, surveiller et demander tout ce qui pouvait intéresser la paroisse ou communauté, réparations, constructions, dégrèvements, etc.

2° ASSEMBLÉES D'ÉLECTIONS.

FORMATION.

Chaque élection devait avoir une assemblée particulière qui devait être composée, savoir : celles de Clermont, Riom, Issoire, Brioude et Saint-Flour, de 20 personnes ; moitié des membres devait être prise parmi les députés des villes et paroisses et moitié par égale portion parmi le clergé et la noblesse. Pour être membre de l'assemblée d'élection, il fallait avoir été membre d'une assemblée municipale. Chaque élection était divisée, savoir : celles de Clermont, Riom, Issoire, Brioude et Saint-Flour chacune en cinq arrondissements qui envoyaient chacun quatre députés à l'assemblée d'élection.

Ces députés étaient nommés par une assemblée représentative des paroisses de chaque arrondissement composée des seigneurs, curés et syndics, plus de deux électeurs pris dans l'assemblée municipale ; ce qui revient à dire que chaque paroisse devait fournir cinq électeurs.

Pour la première assemblée, le système général n'ayant pas encore fonctionné, la moitié des membres devait être nommée par l'assemblée provinciale et cette première moitié une fois désignée devait elle-même nommer l'autre moitié destinée à la compléter.

Une fois formées, les assemblées d'élections devaient rester composées des mêmes personnes pendant trois ans ; passé ce temps, elles devaient se renouveler par quart, par la voie du sort à partir de 1791.

Les présidents étaient nommés par le roi et choisis parmi les membres des deux premiers ordres.

Voici la composition de ces assemblées :

ÉLECTION DE CLERMONT.

Antoine DE PONS DE LA GRANGE, président.

Antoine DE PONS DE LA GRANGE, chanoine et vicaire-général du diocèse de Clermont, président de l'assemblée de l'Election de Clermont, naquit à Riom le 29 mars 1759, du mariage de Jean-Joseph, marquis de Pons, seigneur de la Grange, et d'Amable Carmantrand de Cormède. Quand la Révolution éclata, il conduisit en Piémont, à leurs parents émigrés, les nombreux enfants de sa sœur et, sans être porté lui-même sur la liste des émigrés, vécut seize ans hors de France, attaché en qualité d'aumônier à la maison de Mme la comtesse d'Artois. A son retour en Auvergne, il rentra en possession du château de la Grange qui avait appartenu à ses ancêtres. En 1817, Louis XVIII le nomma à l'évêché de Moulins; mais le Concordat, qui créait les nouveaux sièges, n'ayant point été accepté, Monseigneur de Pons ne prit définitivement possession du sien qu'en 1823; il y est resté jusqu'au jour de son décès, le 23 septembre 1849, arrivé dans son château de la Grange.

Portrait : Celui que nous donnons a été exécuté d'après une lithographie d'Anatole d'Auvergne, qui nous a été communiquée par M. le marquis de la Rouzière, son petit-neveu, demeurant à Versailles, 36, rue Saint-Louis.

Clergé.

Denis DE LA CHASSIGNOLE, doyen du chapitre de Vic-le-Comte.

La famille DE LA CHASSIGNOLE (ou de la Chassagnole), connue depuis Bertrand, seigneur de la Chapelle-d'Alagnon, près de Blesle, en 1339, était représentée, en 1760, à Allègre, par Jacques de la Chassignole, écuyer, seigneur du Verdier, lieutenant de robe courte du château de Nonette, capitaine-châtelain du marquisat d'Allègre, du comté de Flaghac et de toutes les chasses du marquis de Maillebois, en Auvergne. Ses descendants existaient encore en 1815.

Joseph DU CROZET DE LIAT, doyen du chapitre d'Orcival.

Il appartenait à la branche cadette de la maison DU CROZET, connue depuis Jean et Pierre du Crozet, damoiseaux, vivants en 1293,

Monseigneur de PONS de la GRANGE
(Antoine)

Président de l'assemblée de l'Élection de Clermont en 1787,
Evêque de Moulins (1823),
Né à Riom, le 29 mars 1759,
Décédé au château de la Grange (Puy-de-Dôme),
le 23 septembre 1849.

qui a produit quatre chanoines-comtes de Brioude, et qui est représentée de nos jours par M. le marquis du Crozet, demeurant au château de Cumignat, commune de Javaugues, près Brioude (Haute-Loire).

De Montchamp, prieur curé d'Auzelles.

Antoine Mathias, curé d'Egliseneuve-près-Condat, plus tard député aux États généraux de 1789 (1).

Noblesse.

Blaise d'Aurelle, comte de Champétières, seigneur de Domaize.

Blaise d'Aurelle, comte de Champétières, chevalier, seigneur de Domaize, Genestoux, Lodant, capitaine au régiment de Beauffremont-dragons, chevalier de Saint-Louis, avait épousé Jacqueline-Marie-Louise-Josèphe de Scepeaux, dont il n'eut pas d'enfant. Il appartenait à la branche des d'Aurelle de Terreneyre, barons de la Garde de Bort et de Pontempeyrat, seigneurs de Montarchier, issue de Pons d'Aurelle, marié le 5 septembre 1656 à Louise de Lodant, frère aîné d'Hector-André d'Aurelle, seigneur de la Fredière, d'où sont descendus les d'Aurelle de Montmorin-Saint-Hérem, existants au château de la Barge, près Courpière (Puy-de-Dôme).

Gabriel-Annet, comte de Bosredont, marquis du Puy-Saint-Gulmier, seigneur de Sugères.

Gabriel-Annet, comte de Bosredont, marquis du Puy-Saint-Gulmier, baron de Sugères, etc., fils de Maximilien de Bosredont, mort au château du Puy-Saint-Gulmier le 9 mars 1780, et de Louise d'Aubusson La Feuillade, fut marié, en 1742, à Marie d'Apchier. Mousquetaire de la garde du roi, lieutenant des maréchaux de France, à Clermont-Ferrand, chevalier de Saint-Louis, conseiller du roi en ses Conseils; dernier sénéchal de Clermont-Ferrand (1763-1789), il présida l'assemblée de la noblesse d'Auvergne tenue à Clermont le 17 mars 1789, et mourut le 5 décembre 1796.

Louis-Gilbert, marquis de Laizer de Siougeat, seigneur de Montaigut-le-Blanc.

---

(1) Nous donnerons le portrait et la biographie de ce personnage dans la Revue biographique des députés de 1789, qui se trouvera dans la troisième partie du présent ouvrage.

Louis-Gilbert, marquis DE LAIZER, comte de Brion, seigneur de Siougeat, Compains, Montaigut-le-Blanc, etc., né en Basse-Auvergne, au château de Chidrac, février 1756; page du roi 1771, capitaine puis colonel de dragons, chevalier de Saint-Louis, fut en 1788 et 1789 président de l'administration provinciale d'Auvergne, puis un des chefs de la coalition de la noblesse d'Auvergne. En 1790, par ordre du roi, il émigre pour prendre rang à l'armée de Condé où il sert, avec son fils, jusqu'à sa dissolution.

Le marquis de Laizer avait été le premier de sa province à réunir une collection de minéralogie très considérable; son château de Montaigut était le rendez-vous des Dolomieux, des Saussures, des Desmarest et de tous les savants qui visitaient l'Auvergne.

Il était fils de Jean-Charles de Laizer, comte de Brion, qui fut président de l'assemblée de l'Élection d'Issoire et dont nous donnerons aussi le portrait ci-après, et de Louise d'Espinchal; petit-fils de François de Laizer, écuyer du roi, aide de camp de Gaston d'Orléans, tué au siège de Gravelines en 1644; petit-neveu du lieutenant général marquis de Laizer, mort gouverneur de Thionville en 1734; neveu du maréchal de camp comte de Laizer, commandant la citadelle d'Hesdin en 1790.

Ses propriétés de Vieille-Brioude et de Chidrac lui venaient de son aïeule maternelle, Louise de Miremont; son château de Montaigut-le-Blanc avait été acquis par son père en 1755 de Marie d'Allègre, femme du maréchal marquis de Maillebois. Il est mort à Clermont en 1808.

Son fils, Louis-Maurice, né à Montaigut le 29 septembre 1782 et mort à Lyon le 5 août 1855, a eu une brillante carrière militaire; après avoir été aide de camp de l'empereur Alexandre Ier, il fut, à sa rentrée en France, confirmé dans son grade de colonel par Louis XVIII et, comme son père, s'est fait un nom dans la science.

La maison de Laizer, une des plus anciennes de la noblesse militaire d'Auvergne, est connue par titres authentiques depuis Guillaume de Laizer qui rendit foi et hommage au comte d'Auvergne en 1227.

La famille est actuellement représentée par les deux petits-fils de celui dont nous venons de donner la biographie, tous deux anciens officiers des mobiles en 1870 :

Le marquis de Laizer, ancien auditeur au Conseil d'État, chevalier de la Légion d'honneur, qui habite le château de Fontnoble, en Bourbonnais;

Et le comte de Laizer, actuellement encore propriétaire des ruines des châteaux de Brion et Montaigut, arrondissement d'Issoire (Puy-de-Dôme), mais résidant principalement à Poitiers.

Marquis de LAIZER de SIOUGEAT, comte de BRION
(Louis-Gilbert)

Seigneur de Siougeat, Compains, Montaigut-le-Blanc, etc.,
Membre de l'assemblée de l'Élection de Clermont en 1787,
Né en Basse-Auvergne, au château de Chidrac, en février 1756,
Mort à Clermont-Ferrand en 1808.

Portrait : D'après une très belle miniature qui nous a été communiquée par M. le comte de Laizer, demeurant à Poitiers.

Le comte d'Oradour, seigneur de Saint-Diéry (remplacé après démission, le 27 octobre 1787, par Bernard, comte de la Salle, seigneur de Chavigné).

Charles-François comte d'Oradour était le fils de Charles-Gilbert marquis d'Oradour, baron de Saint-Gervazy, de Sarlans et de Buron, seigneur de Saint-Diéry, Segonzat, etc., et de Marie de Bosredont-Combrailles. Son aïeul, Joseph-Philippe d'Oradour, baron de Saint-Gervazy, etc., avait épousé Marie-Catherine de la Tour-d'Auvergne, fille de Jean comte de la Tour-d'Auvergne, baron de Murat-le-Quaire, de Gilbertès, etc., et de Marie d'Apchier, dame de la Margeride.

Le comte d'Oradour n'a pas laissé de postérité. L'état de sa santé l'obligea à résigner ses fonctions de député et sa famille, l'une des plus distinguées de la noblesse d'Auvergne, s'éteignit en la personne de ses sœurs :

1° Charlotte d'Oradour, mariée en 1782 à Georges de Ligondès, marquis de Châteaubodeau ;

2° Jeanne-Marguerite d'Oradour, mariée le 8 décembre 1766 à Pierre de la Chassaigne de Sereys, comte de Réal, seigneur de la Tourrette, fils de Jean-Marie de la Chassaigne, comte de Sereys et de Françoise de Pons de la Grange.

Jean-Baptiste-Armand, comte de Montmorin de Saint-Hérem, seigneur de la Barge.

Jean-Baptiste-Armand comte puis marquis de Montmorin, seigneur de Vollore, de la Barge, en 1789, avait épousé Louise de la Queuille-Châteaugay. Il était fils de Jean-Baptiste-Callixte comte de Montmorin, seigneur de Vollore, etc., maréchal de camp et petit-fils de Jean-Baptiste-François, gouverneur de Fontainebleau, lieutenant général des armées du roi. — Louise de Montmorin-Saint-Hérem, sa fille unique, a épousé en 1807 Jean-Narcisse vicomte d'Aurelle des Cornets, capitaine de cavalerie, chevalier de Saint-Louis, dont le fils a été autorisé, par ordonnance royale du 16 octobre 1816, à relever les noms de Montmorin de Saint-Hérem.

Tiers État.

Jean-Baptiste Gros-Sablon, échevin de Clermont.

Jean-Baptiste Gros naquit à Maringues d'une famille très considérée en ce pays. Il épousa Jeanne Sablon, fille de Pierre-Nicolas Sablon, né le 12 mai 1715, consul de la ville de Clermont en 1743, échevin en 1748, juge des marchands en 1756 et 1773, et de Jeanne Méallet, fille de Martial, négociant, et de Marguerite Menou.

Jean Tiolier, avocat à Clermont.

Jean Tiolier naquit le 2 août 1744 du mariage de Jacques, procureur, et de Antoinette Bernard. Il fut avocat de grand talent et mourut en 1828, doyen des conseillers à la cour de Riom, il était chevalier de la Légion d'honneur. On a de lui un journal manuscrit d'événements arrivés à Clermont de 1772 à 1789. Ce manuscrit est conservé à la Bibliothèque de Clermont-Ferrand.

Joseph-Antoine Lasteyras, avocat, bailli de Billom.

Henri Chandèze, avocat, propriétaire à Clermont.

Gilbert-François Costet, avocat, lieutenant général de la prévôté d'Ardes.

Jean Goyon de Francséjour, conseiller, rapporteur du Point d'honneur, propriétaire à Courpière.

Charles Petit, notaire féodiste à Ravel.

Charles-Antoine Guibal, notaire à Avèze, bailli de Tauves.

Michel Moulin-Laborie, notaire, lieutenant de la ville de Latour-d'Auvergne (1).

Claude-Etienne Teallier, avocat, juge à Olliergues.

---

(1) Nous donnerons le portrait et la biographie de ce personnage dans la Revue biographique des députés de 1789, qui se trouvera dans la troisième partie du présent ouvrage.

ÉLECTION DE RIOM.

Jean-Baptiste comte DE LAQUEUILLE, marquis de Châteaugay, président (1).

Clergé.

Claude-Nicolas ORDINAIRE, chanoine de Saint-Amable, à Riom.

L'abbé Claude-Nicolas ORDINAIRE naquit à Riom. Chanoine du chapitre de Saint-Amable de cette ville en 1789, il fut nommé bibliothécaire de la ville de Clermont le 5 janvier 1808 ; il mourut en cette ville en 1809. Il a publié divers ouvrages et a laissé un manuscrit à la Bibliothèque de la ville de Clermont, intitulé : *Essai statistique du département du Puy-de-Dôme*, in-folio, 1804.

Jacques-Gabriel PAGÈS, curé de Montaigut.

Paul MARILHAT, curé de Randan.

Joseph MARTIN, curé de Saint-Genès de Thiers.

Jean-Baptiste BOUYON, chantre et chanoine du chapitre d'Herment.

Jean-Baptiste BOUYON naquit à Herment, le 28 octobre 1760, de Guillaume, notaire, bailli d'Herment et de Marie Guillaumichon, nommé chantre et chanoine du chapitre d'Herment en 1782, où il resta jusqu'en 1792. A cette époque, il fut enfermé dans le séminaire de la Chône, à Clermont. A sa sortie, il fut nommé curé de Ceyrat, et, à la Restauration, chanoine à la cathédrale de Clermont ; il prononça un discours dans l'église des Carmes de cette ville au sujet du rétablissement de Louis XVIII sur le trône (1814). Il mourut à Clermont le 28 février 1832. Il a publié divers ouvrages (2).

Noblesse.

Pierre comte DE SAINT-GIRON, seigneur de Molles et Luzillat en partie.

---

(1) Nous donnerons le portrait et la biographie de ce personnage dans la Revue biographique des députés de 1789 à 1895, contenue dans la troisième partie du présent ouvrage.

(2) Voir *Dict. biog.* de A. Tardieu. Moulins, 1878, page 24.

Jacques marquis DES ROYS D'ECHANDELYS.

Jacques marquis DES ROYS D'ECHANDELYS, chevalier, seigneur d'Echandelys, des Bordes, d'Auzat-sur-Allier, de Lavort, de Dorat, du Genillat, baron des Enclos, naquit le 7 décembre 1724. Il était fils de Claude des Roys, chevalier, seigneur d'Echandelys, baron des Enclos, etc, et de Anne de Morel de la Colombe de la Chapelle; et frère de Marie-Marguerite des Roys d'Echandelys, mariée en 1761 à Annet-Marie de la Chassaigne, comte de Sereys.

Après avoir pris part à la guerre de la succession d'Autriche en qualité de lieutenant dans le régiment de Lameth, puis dans le régiment de Broglie, le marquis des Roys épousa, le 13 décembre 1750, Claudine-Marie-Gabrielle de Roquelaure, dame de Lavort et de Dorat, héritière de sa maison. Il mourut au château de Lavort le 24 octobre 1795. Il avait eu trois fils et trois filles : deux de ses fils ont été commandeurs de l'ordre de Malte; une de ses filles devint chanoinesse de Lavène; les deux autres épousèrent, l'une le comte de Palladuc, l'autre le marquis de Nettancourt-Vaubecourt. Quant à son fils aîné : successivement page du roi, capitaine de cavalerie, grand sénéchal d'épée et président de la noblesse du Limousin, député à l'Assemblée constituante, il a été le père du comte des Roys, pair de France, et l'aïeul du marquis des Roys, d'Echandelys, ancien député de la Seine-Inférieure, actuellement vivant (1).

Portrait : Celui que nous donnons a été gravé d'après une photographie qui nous a été communiquée par M. le marquis des Roys d'Echandelys, ancien député, demeurant à Paris, avenue de Latour-Maubourg, 8, et au château de Gaillefontaine (Seine-Inférieure).

Nicolas-Claude-Martin d'AUTIER DE CHAZERON, comte de Villemontée, seigneur de Barmontet.

Le comte D'AUTIER, né en 1742, devint page du roi Louis XV, il fut juge de paix du canton d'Herment, à la création de cette charge, et mourut le 15 janvier 1820. Il était le chef d'une illustre maison, connue depuis 1075, qui a produit deux chevaliers croisés et qui s'est divisée en deux branches : les seigneurs de Chazeron, de Vollore éteints après avoir jeté un grand éclat; et les comtes de Ville-

---

(1) Cette maison, qu'il ne faut pas confondre avec plusieurs familles du même nom établies en Languedoc, a pour berceau le château des Roys, paroisse du Brignon (en Velay), où elle est connue dès 1253. Elle se transplanta en 1502, par suite d'alliance avec les de Bourdelles, au château d'Echandelys (en Auvergne) qu'elle possède encore.

Marquis des Roys d'Échandelys
(Jacques)

Chevalier, Seigneur d'Échandelys, des Bordes, etc.
Membre de l'assemblée de l'Élection de Riom en 1787,
Né le 7 décembre 1724,
Mort au château de Lavort le 24 octobre 1795.

montée encore existants au château de Barmontet, près Herment (Puy-de-Dôme).

Le député qui nous occupe était fils de Jean-François-Marien d'Autier, brigadier des armées du Roi, et de Françoise de Bosredont de la Breuille. Il tenait la terre de Barmontet de son aïeule Marie-Pétronille de Villelume, descendante de Guillaume de Villelume, chevalier, seigneur de Barmontet, Villelume, Mérinchal, en 1215.

De plus, par son mariage en 1758 avec Marie-Rose de la Rochebriant, dernière de son nom, le comte Nicolas-Claude-Martin d'Autier de Villemontée fut substitué aux noms et armes des marquis de la Rochebriant et devint premier baron de la Marche à cause de sa terre de Cléravaux.

On sait que la maison de la Rochebriant partage avec celle de Montaignac-Chauvauce l'honneur de représenter la famille de saint Amable, patron de la ville de Riom.

Portrait : Celui que nous donnons de ce député est la reproduction du portrait original qui se trouve au château de Barmontet chez M. le comte d'Autier, son descendant.

Gilbert-François marquis DE CAPPONI, seigneur de Combronde (remplacé le 24 octobre 1788, après décès, par M. de Rigaud, seigneur de Pulvérières).

Gilbert-François DE CAPPONI, né le 31 décembre 1730, marquis de Combronde (par érection obtenue du roi Louis XVI), mort sans enfants le 31 août 1788, chevalier de Saint-Louis et major général de la Martinique en 1757. Il acquit le marquisat de Combronde en 1764 et fit partie de l'assemblée provinciale d'Auvergne.

Portrait : Son portrait, peint sur toile, est conservé à l'hôpital général de Riom dont il fut l'un des bienfaiteurs. Nous le reproduisons.

Tiers État.

Claude REDON, avocat, échevin de la ville de Riom (plus tard député aux États généraux et enfin baron de l'Empire) (1).

Claude-Antoine FABRY, seigneur du Cros, échevin de Thiers.

Jean-Baptiste GERZAT, notaire à Ennezat.

Les descendants de ce député existent encore à Ennezat.

(1) Nous donnerons dans la troisième partie du présent ouvrage sous la rubrique Revue biographique des députés de 1789 à 1895, la biographie de ce personnage.

Jean Boudet, notaire à Maringues.

Jean-François de Larfeuille du Mas, seigneur du Mas.

Cette famille est représentée, à Moulins (Allier), par M. de Larfeul du Mas, juge au tribunal civil.

Jean-Baptiste Conchon, notaire et commissaire à terrier à Volvic.

Jacques Gourbine, notaire à Thiers.

Gilbert-Joseph Chacaton de Villobier, à Montaigut.

Jean Tabazier, bailli de Chapdes-Beaufort.

Charles-Alexandre Serciron de la Besse, seigneur de Condat, demeurant au Montel-de-Gelat.

ÉLECTION D'ISSOIRE.

Jean-Charles comte de Laizer, président.

La biographie de ce personnage a été donnée précédemment sous celle de Louis-Gilbert marquis de Laizer de Siougeat, son fils.

Portrait : D'après une très belle miniature communiquée par M. le comte de Laizer, son petit-fils, demeurant à Poitiers.

Clergé.

Jean-Antoine de Massals, comte de Brioude, syndic du chapitre de Brioude, seigneur de Saint-Germain-Lembron.

Benoît-François Grellet, abbé de Saint-Quentin, chanoine de Versailles, chapelain du Roi, maître des requêtes du Conseil de Monsieur.

Benoît-François Grellet, seigneur de la Collange, second fils de François, seigneur de la Deyte, conseiller du roi, président de l'Élection d'Issoire, et de Françoise Blanchard, né à Saint-Germain-l'Herm en 1726, Docteur en Sorbonne, secrétaire de l'évêché de Metz, abbé de Saint-Quentin, chanoine de la cathédrale de Versailles, chapelain du Roi et maître des cérémonies de la chapelle, maître des requêtes du Conseil de Monsieur. Émigré en Angleterre

Comte d'Autier de Villemontée
Marquis de la Rochebriant
(Nicolas-Claude-Martin)

Membre de l'assemblée de l'Élection de Riom en 1787,
Né au château de Barmontet en 1742,
Mort à Clermont-Ferrand, le 15 janvier 1820.

pendant la Terreur, il revint à Versailles où il contribua au rétablissement du culte en disant la première messe dans l'église Saint-Louis-des-Français avant même le Concordat; il refusa un évêché qui lui fut offert à cette époque. L'abbé Grellet, disent les mémoires du temps, était un prédicateur éminent, célèbre à la Cour par la distinction de ses manières et sa conversation spirituelle; il est décédé à Versailles en 1815.

L'abbé Grellet fut désigné pour célébrer la messe du Saint-Esprit à l'ouverture de la session de l'assemblée de l'Élection d'Issoire. Il avait deux frères : Barthélemy Grellet, seigneur des baronnies de la Deyte et de Châteauneuf-du-Drac, dernier président de l'Élection d'Issoire en 1789, et Jean-Baptiste Grellet, seigneur de Moranges et de Beaulieu, conseiller du Roi, maître des Eaux et Forêts à Ambert, d'où postérité.

Portrait : Nous donnons son portrait d'après une peinture originale sur toile conservée par M. Emmanuel Grellet de la Deyte, son arrière-petit-neveu, conseiller général de la Haute-Loire, maire d'Allègre, demeurant au château d'Allègre (Haute-Loire).

Annet-Charles DE BOURDELLES, curé de Mailhat.

Annet-Charles DE BOURDELLES, docteur en théologie, curé de Mailhat, né à Antoingt le 12 janvier 1756, était fils de Marc-Antoine de Bourdelles, écuyer, seigneur du Verger et de Jeanne Triozon. Un de ses cousins : Maurice-François de Bourdelles, chanoine, comte de Brioude, était doyen de ce Chapitre en 1789. La famille de Bourdelles, aujourd'hui éteinte, était très répandue en Basse-Auvergne et alliée à la meilleure noblesse. Elle a été confondue à tort avec l'illustre maison de Bourdeille, en Périgord.

L'abbé DE VERTAMY, prieur des chanoines d'Arlanc.

La famille de l'abbé DE VERTAMY était représentée, à la même époque, par Antoine de Vertamy, seigneur de la Borie, qui fut décapité à Lyon en 1793. Son petit-fils, M. Henry de Brye, ancien président du tribunal de Bourg, a été autorisé, par décret, à relever le nom de Vertamy authentiquement connu en Auvergne, depuis Hugues de Vertamy, damoiseau, seigneur de Vertamy, sur les confins de l'Auvergne et du Forez, en 1335, qui épousa vers 1351, Armande de la Roche-en-Reynier, veuve de Guillaume de Chalencon, seigneur de Sereys, fils de Pierre, seigneur de Sereys, et de Dauphine d'Arzon.

Jean-Baptiste DOM BOHET, bénédictin de Saint-Maur, prieur de l'abbaye royale d'Issoire.

Noblesse.

François comte DE COMBAREL DE GIBANEL.

Pierre-Louis DU PATURAL, chevalier, seigneur de la Bresle.

Jean-Joseph-Michel DE MÉALLET, comte DE FARGUES, chevalier honoraire de l'ordre de Malte, capitaine de cavalerie.

Jean-Joseph-Michel DE MÉALLET, comte DE FARGUES, colonel-propriétaire à l'armée de Condé du régiment de Fargues-dragons; fils aîné d'André, comte de Fargues, baron de Vitrac, marquis de Monteils, seigneur de Rouffiac, Reilhac, la Perle, Roumégoux, Glénat, Pers, Toursac, Barriac, le Rieu, la Roquette, Villerayres, etc., chevalier honoraire de Malte, capitaine dans Bourbonnais-infanterie, démissionnaire, et chevalier de Saint-Louis, qui avait hérité des biens de l'illustre maison de La Valette-Parisot et Cornusson, et de Françoise de Béral de Sédaiges. Il épousa, en 1774, Victoire, fille du marquis de Pons de Bellestat et de Mlle de Bessuejouls de Roquelaure.

De ce mariage naquit : Henry, émigré, chef d'escadron de cavalerie, démissionnaire, mort sans alliance.

L'existence du château de Fargues nous est connue depuis le commencement du XIIIe siècle, époque à laquelle il était possédé déjà par la famille de Méallet, qui l'avait sans doute reçu par alliance et ne paraît pas l'avoir occupé la première. La seigneurie de Vitrac lui appartenait déjà à cette époque, ainsi que la suzeraineté des châteaux de Laborie, du Mas, de Solignac, de Conquans, de la Carrière, d'Entraygues, de Faulat, etc.

Cette famille, qui s'est éteinte par le mariage de Olympe de Méallet, fille du comte de Fargues, ancien maire de Lyon, député du Rhône avec le marquis Guillaume-Louis de Miramon, ancien capitaine de la garde, décoré de la croix de Saint-Ferdinand et de Charles III, ancien conseiller municipal de Lyon et administrateur des hôpitaux, maire de Vitrac depuis 1850 jusqu'à sa mort arrivée en 1867, est aujourd'hui représentée par M. Anatole de Cassagnes de Beaufort, marquis de Miramon-Fargues (fils aîné du marquis de Miramon, et de Mlle de Fargues, né en 1829, marié à Mlle de Mathussière-Mercœur, dont la mère, remariée au baron de Vinols, était née de Romanet de Lestranges), et par le comte de Miramon-Fargues, son frère, demeurant au château de Fargues.

Le marquis de Miramon-Fargues, auquel nous devons l'obligeante communication des renseignements ci-dessus, habite la

Marquis de CAPPONI, seigneur de COMBRONDE
(Gilbert-François)

Chevalier de Saint-Louis,
Membre de l'assemblée de l'Élection de Riom en 1787,
Né le 31 décembre 1730, décédé le 31 août 1788.

Haute-Loire. Conseiller général depuis de longues années, il a été élu une fois député au Corps législatif ; dernièrement les électeurs de la ville du Puy ont acclamé son nom en tête de la liste municipale. De son mariage sont issus : une fille, Edith, qui a épousé le comte Albert de Sinéty, et un fils, le comte Gabriel.

Portrait : D'après une miniature fort belle, enrichie de diamants, appartenant au comte Joseph de Miramon.

Michel-Denis, comte DE PONS DE LA GRANGE.

Il était le frère aîné de l'abbé de Pons de la Grange, plus tard évêque de Moulins, président en 1787 de l'assemblée de l'Election de Clermont dont nous avons déjà parlé.

A la mort de leur père, il devint marquis de Pons de la Grange et fut marié à Albertine de Drée, dont un fils : Antoine-Arthur marquis de Pons de la Grange, marié en 1815 à Amélie de Bouillé. Celui-ci n'eut pas d'enfant et vendit à M. le vicomte de Matharel, qui l'a somptueusement restauré, le château de la Grange que la famille de Pons habitait depuis 1445. La famille de Pons, aujourd'hui éteinte, était une des plus anciennes de l'Auvergne. Trente-sept chanoines de ce nom furent admis au Chapitre des comtes de Brioude.

Tiers Etat

Antoine-Annet PESCHIER, avocat à Ambert.

Antoine CHRISTOPHLE, lieutenant général de la prévôté d'Usson.

GIROT, avocat en Parlement, de Saint-Germain-Lembron (1).

BARRIÈRE jeune, notaire à Saint-Germain-l'Herm.

Balthazard CISTERNES, avocat en Parlement.

Pierre-Claude BRAVARD DE LA BOISSERIE, négociant.

Claude-Pierre BRAVARD, seigneur DE LA BOISSERIE, d'une famille d'ancienne bourgeoisie de la ville d'Arlanc où elle a formé plusieurs branches, né en 1751, député du Tiers Etat à l'assemblée d'Election d'Issoire en 1787, devint, après la Révolution, membre du Conseil général du Puy-de-Dôme et l'un des chefs du parti royaliste dans ce département. Il fut anobli par lettres du 11 octobre 1814. De son

---

(1) Nous donnerons dans la troisième partie des présentes sous la rubrique : Revue biographique illustrée des députés de 1789 à 1895, le portrait et la biographie de ce personnage.

mariage avec Madeleine Vimal, fille de M. Vimal, baron de Saint-Pal de Murs, il a laissé un fils : Pierre Bravard de la Boisserie, conseiller général du Puy-de-Dôme en 1823, juge au tribunal civil d'Ambert, marié à Marie-Charlotte-Henriette Picot-Lacombe, fille de Jacques Picot-Lacombe, ancien membre du Conseil des Cinq-Cents et procureur du Roi à Clermont-Ferrand.

Pierre BOYER, seigneur de Ribain, procureur en la Cour des Aides de Clermont.

Annet-Joseph MOLIN, ancien contrôleur des guerres.

Vital VISSAC, notaire à Champagnat-le-Vieux.

Jean LAURENT, officier municipal de la ville d'Issoire.

TEYRAS, bourgeois demeurant à Sainte-Catherine-du-Fraisse, nommé en remplacement de Barrière, démissionnaire.

ÉLECTION DE BRIOUDE.

Paul-Nicolas-Charles DE BARENTIN DE MONTCHAL, vicomte de Lamothe, lieutenant de la compagnie écossaise des gardes du corps du Roi, président.

Paul-Nicolas-Charles DE BARENTIN-MONTCHAL, vicomte de Lamothe, lieutenant de la compagnie écossaise des gardes du corps du Roi, président de l'assemblée de l'Élection de Brioude, servit à l'armée des princes pendant l'émigration et commanda à Mittau la garde de Louis XVIII. Né en 1737, il se maria avec Mlle de Bressolles et mourut en 1824, lieutenant général et grand'croix de l'ordre de Saint-Louis. Le comte de Montchal, son fils, est mort sans postérité.

Cette famille est représentée en Auvergne par M. le marquis du Crozet de Cumignat, descendant à la quatrième génération de François-Florimond du Crozet, chevalier, seigneur de Cumignat, capitaine au régiment d'Artois-cavalerie, chevalier de Saint-Louis, marié en 1754 à Charlotte de Barentin de Montchal, sœur du vicomte de Lamothe qui a fait l'objet de cet article.

Marquis de LAIZER, comte de BRION
(Jean-Charles)

Président de l'assemblée de l'Élection d'Issoire en 1787.

Clergé.

Dom Castagne, Philippe, prieur de La Chaise-Dieu.

Estienne-Jean Faurier, chanoine régulier, prieur de Pébrac.

Maurice-François de Bourdelles, comte de Brioude, doyen du chapitre.

Fils de Jean de Bourdelles, chevalier, seigneur de Cousances et de Laurie, et de Jeanne-Philippe de Combres. D'un second mariage de Jean de Bourdelles avec Marguerite de Gay de Planhol naquit Marie de Bourdelles, mariée en 1783 à Edouard Onslow, fils de Georges comte Onslow, pair d'Angleterre, d'où postérité.

Jean Compte, curé de la paroisse d'Aurat.

Noblesse.

Louis-Philibert de Cheminade, comte de Lormet, seigneur de Courbière, Aubaron, Duret, Le Monnet, maréchal de camp, chevalier de Saint-Louis.

Le comte de Lormet était né le 28 novembre 1725 au château de Courbière, paroisse de Ceaux-d'Allègre, du mariage de Claude-Dominique de Cheminade, chevalier, seigneur de Lormet, Courbière, Aubaron, officier au régiment d'Orléans-infanterie et de Catherine de Lescure de Saint-Denis. Il épousa le 17 février 1765 Marie-Madeleine Talemandier, sœur de Mmes de Sartiges, Véal du Blau et Rechignat de Marand. Il n'en eut pas d'enfant et mourut, le dernier de son nom, au château de Courbière le 16 décembre 1804.

Joseph-Thomas comte d'Espinchal, baron de Massiac.

Joseph-Thomas d'abord comte, puis marquis d'Espinchal, baron de Massiac, né le 5 novembre 1748, maréchal de camp, émigré, fut l'âme de la coalition royaliste de la noblesse d'Auvergne avec MM. de la Villatte, de Ligondès, de Retz, de Saint-Poncy, de Noyant, etc. Il avait épousé, le 12 juillet 1772, Louise-Gabrielle de Gaucourt. Un de leurs fils fut fusillé à Lyon pendant la Terreur, les deux autres sont morts sans postérité. Le marquis d'Espinchal a laissé de curieux mémoires sur les hommes et les choses de son temps.

Tiers État.

Pierre-Joseph Gueyffier de Longpré, père, seigneur de Lespinasse.

<small>Pierre-Joseph Gueyffier de Longpré était seigneur de Lespinasse, paroisse de Saint-Beauzire, près Brioude; sa descendance s'est éteinte, par alliance, dans la maison de Boisset de Torsiac qui est représentée à Clermont et à Riom.</small>

Paul-Amable de Rozière, avocat à Langeac.
Antoine Branche, père, notaire à Paulhaguet.
Jean Prieur, avocat à Blesle.
Claude-Augustin Chazal, de Mauriac, juge de Saint-Paulien.
Michel Faure, bourgeois à la Chaise-Dieu.
Antoine Rochette, avocat à Brioude.
Pierre-Jean-Ignace Martinon de Saint-Féréol, avocat à Brioude.
Antoine Chapus, avocat à Massiac.

Les procès-verbaux des assemblées d'Élections de Saint-Flour, Murat, etc., dépendant aujourd'hui du département du Cantal, manquant aux archives départementales du Puy-de-Dôme, il nous est impossible de donner les noms des membres de ces diverses assemblées.

Dans les réunions, les ecclésiastiques étaient à la droite du président, la noblesse à gauche et le Tiers État en face. Les délibérations avaient lieu en commun; les voix étaient prises par tête, le président, qui votait le dernier, avait une voix prépondérante en cas de partage.

Chaque assemblée d'Élection avait deux procureurs syndics nommés pour trois ans, l'un par le clergé et la noblesse, l'autre par le Tiers État, et une Commission intermédiaire composée de quatre membres, deux du Tiers État, un du clergé et un de la noblesse.

GRELLET, seigneur de la COLLANGE
(Benoît-François)

Abbé de Saint-Quentin,
Chapelain des rois Louis XV et Louis XVI,
Député du clergé à l'assemblée de l'Élection d'Issoire en 1787,
Né à Saint-Germain-l'Herm en 1726,
Décédé en 1815.

Cette Commission était chargée, de concert avec les procureurs syndics, de veiller à l'exécution de toutes les mesures prises par l'assemblée.

FONCTIONS.

L'assemblée d'Élection était chargée de répartir entre les diverses paroisses les impositions ordonnées par le roi; elle servait de lien pour la correspondance entre les assemblées municipales et l'assemblée provinciale.

Elle délibérait sur tout ce qui pouvait intéresser l'Élection et elle faisait faire l'adjudication des ouvrages décidés par elle.

3° ASSEMBLÉE PROVINCIALE.

FORMATION.

Elle devait se réunir la première fois le 14 août 1787 et devait être composée, pour la première réunion, de six ecclésiastiques, six seigneurs laïques, au nombre desquels M. le VICOMTE DE BEAUNE, que le roi avait nommé président, et de douze représentants du Tiers État.

Ces vingt-quatre membres désignés par le Roi, une fois réunis, devaient désigner eux-mêmes vingt-quatre autres membres, dont douze du Tiers État et douze des deux premiers ordres, de manière à former le nombre de quarante-huit membres, chiffre total de l'assemblée.

Cette assemblée préliminaire devait désigner aussi la moitié des membres de chaque assemblée d'Élection.

L'assemblée provinciale devait nommer, comme les assemblées d'Élections, deux procureurs syndics et une Commission intermédiaire.

Ainsi constituée, l'assemblée devait durer trois ans; ce temps passé, elle devait se renouveler par quart, par voie d'élections.

FONCTIONS.

. Elle avait comme fonctions :

1° A rechercher à améliorer la répartition des impôts et à adoucir le mode de recouvrement jusque-là trop rigoureux;

2° A voter chaque année, après délibération, les sommes nécessaires pour les frais d'administration, les indemnités ou décharges, la construction et l'entretien des routes et travaux dans l'intérêt de la province;

3° A procéder à l'adjudication, à la direction et à la réception des travaux exécutés sur le fonds de la province;

4° A délivrer des mandats pour l'acquittement des charges locales;

5° Délibérer s'il y avait lieu de solliciter auprès du Roi un abonnement pour l'impôt des vingtièmes;

6° Délibérer sur tout ce qui pouvait intéresser la province et transmettre dans ce but au Conseil du roi toute proposition ou mémoire.

L'assemblée provinciale devait se tenir dans la ville de Clermont.

L'assemblée d'Élection dans le chef-lieu de l'Élection.

Et enfin les assemblées municipales dans les villes et paroisses qu'elles représentaient.

Elles étaient élémentaires les unes des autres, en ce sens que les membres de l'assemblée de la province étaient choisis parmi ceux des assemblées d'Élections, et ceux-ci parmi les membres qui composaient les assemblées municipales.

Les sept élections de la Généralité eurent chacune leurs assemblées particulières dans les chefs-lieux ci-après :

Clermont, Riom, Issoire, Brioude, Saint-Flour, Aurillac, Mauriac.

Ces cinq premières Élections : Clermont, Riom, Issoire, Brioude, Saint-Flour, étaient divisées chacune en cinq

DE MEALLET, Comte DE FARGUES
(Jean-Joseph-Michel)

D'abord Vicomte de Vitrac, plus tard Comte de Fargues
A l'âge de 15 ans surnuméraire aux Chevaux-Légers de la Garde
avec la Croix de Malte
Membre de l'Assemblée d'Élection d'Issoire en 1787.

arrondissements; les deux autres, Aurillac et Mauriac, en quatre seulement.

Voici la nomenclature des arrondissements des Élections qui composent aujourd'hui le département du Puy-de-Dôme :

ÉLECTION DE CLERMONT.

Clermont, Besse, Billom, Courpière, Tauves.

ÉLECTION DE RIOM.

Riom, Giat, Maringues, Montaigut, Thiers.

ÉLECTION D'ISSOIRE.

Issoire, Ambert, Arlanc, Saint-Germain-Lembron, Saint-Germain-l'Herm.

Des Commissions intermédiaires permanentes, pendant l'intervalle d'une session à une autre, étaient le lien qui rattachait les assemblées d'Élections aux municipales et à l'assemblée provinciale, et celle-ci avec les autres en même temps qu'avec les intendants et commissaires départis en la Généralité et les ministres de Sa Majesté.

La Commission intermédiaire provinciale correspondait directement avec ces derniers pendant la tenue de ses sessions dans la personne de son président.

La première réunion de l'assemblée provinciale, fixée au 14 août 1787 par le règlement provisoire donné à Versailles le 4 juillet de la même année, eut lieu à Clermont, dans la grande salle du collège royal. Cette première assemblée n'était encore composée que des membres nommés par le Roi. Elle procéda, dans ses séances subséquentes, qui durèrent jusqu'au 21 août, à la nomination des autres membres qui devaient la compléter.

Une fois complète, elle eut une autre session le 12 novembre suivant, conformément à un autre règlement fait par le Roi, en date du 1er novembre 1787.

(Voir pour la formation, les attributions de ces assemblées et leurs rapports avec les intendants, l'édit de juin 1787, les règlements du 8 juillet 1787, du 5 août 1787 et les instructions des 3 octobre et 1er novembre 1787 (*Archives départementales*, 1re partie, série C. Fonds de l'intendance, objets divers, liasse n° 13.)

COMPOSITION DE L'ASSEMBLÉE PROVINCIALE (1):

Messire Joachim-Charles-Laure DE MONTAGU, vicomte de Beaune, lieutenant général des armées du Roi, de l'ordre de la noblesse, fut le président de cette première assemblée.

Joachim-Charles-Laure marquis DE MONTAGU-BOUZOLS, vicomte de Beaune, baron de Plauzat, seigneur de Pradelles et de Lempdes (Haute-Loire), maréchal de camp, gouverneur pour le Roi de la Basse-Auvergne, président de l'assemblée provinciale d'Auvergne, émigra et devint commandant de la coalition de la noblesse d'Auvergne en 1791.

Comme baron de Bouzols, il était un des dix-huit représentants de la noblesse aux États du Velay. Né en 1734, il avait épousé, le 3 mars 1760, Maria-Hélène-Charlotte DE CAILLEBOT DE LA SALLE. Il possédait à Clermont le château du Bois-de-Cros sur l'emplacement duquel est bâti depuis 1836 un asile d'aliénés (2).

Les premiers membres, nommés par le Roi, furent au nombre de six pour le clergé :

1° Messire Claude-Marie de RUFFO, des comtes de la Ric, évêque, seigneur de Saint-Flour, comte de Brioude ;

D'une ancienne famille napolitaine répandue en Provence, appelée aussi : DE RUFFO DE LA FARE et à laquelle appartenaient Boni-

---

(1) Voir Procès-verbal des séances de l'assemblée provinciale d'Auvergne tenue à Clermont dans le mois de novembre 1787. Delcros, Clermont-Ferrand, 1787.

(2) Voir *Histoire de la ville de Clermont*, par A. Tardieu, tome I, page 465.

face DE RUFFO DE LA FARE, juge-mage du comté de Provence en 1300; André DE LA FARE, seigneur de la Celle, en Provence, de 1300 à 1350; Marguerite DE RUFFO, mariée à REINIER II GRIMALDI, seigneur de Monaco, d'où Antoine GRIMALDI, seigneur de Prat, de la vallée de Lentusques, marié à Catherine DORIA, tige des princes de Monaco, seigneurs d'Antibes et de Cagne. Ces seigneurs de la FARE, du nom de RUFFO, n'ont rien de commun avec les marquis de la FARE, barons des Etats du Languedoc et issus, au douzième siècle, de la maison d'Anduze, qui ont donné un cardinal, plusieurs ducs et pairs, un maréchal de France et une foule de grands personnages militaires.

2° Joseph DE MICOLON, abbé commendataire de Beaulieu, prieur de Reugny, chanoine de Clermont, vicaire général et syndic du diocèse;

Joseph MICOLON DE BLANVAL naquit à Ambert le 15 octobre 1730, fit ses études aux séminaires de Clermont-Ferrand et de Saint-Sulpice, à Paris. Prêtre, docteur en théologie, vicaire général du diocèse de Clermont (1756), chanoine de l'église collégiale de Notre-Dame du Port (1757), doyen du chapitre de Notre-Dame du Crest (1757), chanoine de la cathédrale de Clermont (1758), abbé commendataire de Beaulieu (ordre de saint Benoît, diocèse de Tours), 1769, prieur de Saint-Just-sous-Meymont (1773), syndic du clergé du diocèse de Clermont, prieur de Reugny, promoteur de la juridiction spirituelle de l'Église de Clermont (1780), bibliothécaire de la même Église (1787), nommé par le roi député à l'assemblée provinciale, membre de l'Académie de Dijon et secrétaire perpétuel de la Société littéraire de Clermont. Mort au château de Bourgnon le 25 mars 1792.

Portrait : D'après une peinture originale conservée au château de Bourgnon et obligeamment communiquée par M. Arthur de Guérines, son petit-neveu.

3° Henri-Annet DE BRUGIER DE ROCHEBRUNE, archiprêtre de la cathédrale de Saint-Flour, vicaire général du diocèse;

De la famille DE BRUGIER DU ROCHAIN et probablement frère du baron DE BRUGIER DE ROCHEBRUNE; député de la noblesse à l'assemblée de l'Election de Saint-Flour en 1787 et signataire de l'acte de *coalition* de la noblesse d'Auvergne en 1791.

4° Jean-Baptiste DE VAULX, comte de Brioude, vicaire général de Saint-Flour ;

5° Jean-Joseph DE PESTELS, doyen du chapitre d'Aurillac, ancien comte de Brioude ;

Jean-Joseph DE PESTELS, chanoine, comte de Brioude en 1745, puis doyen du chapitre de Saint-Géraud d'Aurillac, député du clergé à l'assemblée provinciale d'Auvergne en 1787, né le 19 juin 1723, était fils de Joseph de Pestels, chevalier, seigneur de la Majorie, de Beauregard, de Violore, etc., capitaine au régiment de Noailles-infanterie, et de Marguerite du Fayet de la Tour de la Borie.

La famille de Pestels, une des plus anciennes et des plus illustres de la Haute-Auvergne, a formé plusieurs branches qui se sont éteintes par alliance dans les maisons de Cassaignes de Miramon, de Caissac et d'Umières.

6° Jean-Pierre DE MEALLET DE FAULAT, abbé et seigneur de Montsalvy ;

L'abbé DE MEALLET DE FAULAT était né au château de Faulat, paroisse de Marcolès (Cantal). Il appartenait à une branche cadette, aujourd'hui éteinte, de la maison de Meallet de Fargues, qui se rattachait au second fils de Jean de Meallet, baron de Fargues, chevalier de l'ordre de Saint-Michel, gouverneur du haut pays d'Auvergne et de Claude de Robert-Lignerac.

D'abord prieur de Marcolès, l'abbé Jean-Pierre de Meallet de Faulat devint, le 27 septembre 1779, prévôt et abbé de Monsalvy. Après avoir représenté le clergé à l'Assemblée provinciale d'Auvergne, il refusa de prêter le serment imposé au clergé par décret du 26 août 1792 et dut se cacher dans le Lot, lorsque les prêtres réfractaires furent poursuivis. Il réussit pendant toute la Terreur à déjouer toutes les recherches, mais après le 9 thermidor il fut découvert, arrêté et conduit à Figeac. Trois jours après il était jugé sommairement par le tribunal révolutionnaire siégeant à Cahors, condamné à mort le 24 septembre 1794 et le soir même il montait sur l'échafaud.

Un de ses cousins, l'abbé de Meallet de Cours, prieur de Junhac près Montsalvy, avait été plus heureux. Arrêté par les gendarmes et conduit à Aurillac, il avait eu la bonne fortune de rencontrer son neveu, le chevalier de Cassaniouze, et le chevalier de Pruines, qui pendant toute la durée de la révolution tinrent la campagne aux alentours de Montsalvy à la tête d'une petite bande de royalistes. Un engagement eut lieu, les gendarmes furent tués et l'abbé de Meallet de Cours délivré.

L'Abbé MICOLON de BLANVAL
(Joseph)

Abbé commendataire de Beaulieu, Prieur de Reugny,
Chanoine de Clermont,
Vicaire-Général et Syndic du Diocèse.
Membre de l'Assemblée provinciale d'Auvergne en 1787.
Né à Ambert le 15 octobre 1730.
Décédé au château de Bourgnon le 25 mars 1792.

7° François DE RIOLZ, trésorier de la Sainte-Chapelle de Riom.

« Ce dernier ayant été nommé en plus du nombre fixé
» pour le clergé, il n'y eut lieu ultérieurement qu'à cinq
» autres nominations. »

Cinq membres pour la noblesse :

1° Jean-Gaspard DE CASSAIGNES DE BEAUFORT, marquis DE MIRAMON, seigneur du marquisat de Miramon, Brezons, Pauliac et autres lieux ;

Jean-Gaspard DE CASSAIGNES DE BEAUFORT, d'abord marquis de PESTEILS du vivant de son père, puis marquis de MIRAMON, de Cassaignes-Miramon ; baron de Giou, etc., comte de Paulhac, etc., baron de Landzer et de Huningue, naquit en 1730 et fut baptisé quatre ans plus tard ; il eut pour parrain son oncle de la Roche-Allard, vice-amiral de France et Cordon-Rouge, qui fut remplacé par Louis de Crussol d'Uzès et pour marraine sa tante, la comtesse de Brugier du Rochain. A peine âgé de 16 ans, il fit les trois dernières campagnes de la guerre de la succession d'Autriche et fut blessé à Lawfeld. Au moment de la signature du traité d'Aix-la-Chapelle, en 1748, n'ayant encore que 18 ans, il était capitaine dans Orléans-cavalerie. Réformé à la paix, il entra deux ans plus tard dans les mousquetaires gris, d'où il ne sortit que pour prendre le commandement d'un régiment de dragons noirs. C'est en cette qualité qu'il fit toutes les campagnes de la guerre de Sept ans pendant lesquelles il reçut plusieurs blessures. Sa santé en ayant été fortement ébranlée, il ne put songer à poursuivre la carrière militaire et, dès la cessation des hostilités, il se retira du service. Peu de temps après il épousa, en Agénois, Marie-Anne DE BARDONIN DE SANSAC, fille du comte de Sansac, marquis de Sonneville, baron d'Allemans et de Pardaillan et de dame Marie de Moret de Peyre de Montarnal.

En juin 1787, une lettre datée de Versailles vint donner au marquis de Miramon une occupation momentanée. Par cette lettre le roi Louis XVI l'avisait de sa nomination comme membre de l'assemblée provinciale d'Auvergne pour y représenter la noblesse des Élections d'Aurillac et de Saint-Flour. La noblesse de l'arrondissement d'Aurillac offrit ensuite au marquis de Miramon la mission de la représenter aux États généraux de 1789 ; mais celui-ci, dans une lettre entre les mains de la famille, déclina cet honneur en alléguant sa mauvaise santé.

Lors de la Révolution, le marquis de Miramon émigra et ses biens furent vendus nationalement. Une note de l'époque nous apprend qu'il en fut vendu pour 2,300,000 francs dans les paroisses de Vic, Polminhac, Badalhac, Palherols, Carlat, Saint-Clément, Yolet, Vézac, Malbos, Brezons, Cezens et Antraygues dans l'Aveyron. Mais cette liste est loin de contenir la nomenclature complète de tous les biens de cette famille qui furent acquis nationalement.

Pendant qu'on pillait ses châteaux et qu'on vendait ses terres, le marquis de Miramon était à Aix-la-Chapelle où, n'ayant pas reçu un sou depuis deux ans qu'il avait quitté la France, il ne tarda pas à être en proie à la plus affreuse misère.

Il réussit à grand'peine à contracter quelques emprunts, après avoir fui à l'approche des armées françaises, car les commissaires traitaient avec la dernière rigueur les émigrés qui leur tombaient sous la main. Il se réfugia à Coblentz, Mayence, Carlsruhe, dans le margraviat de Bade où il arriva en janvier 1795 et séjourna au moins jusqu'en 1798. En 1803, le marquis de Miramon revint se fixer dans le Cantal, essayant de reconquérir quelques bribes de son immense fortune. La mort le surprit en 1810, laissant une situation tellement embrouillée que sa fille, la comtesse de Miramon, ne se sentit pas la force de l'accepter et que seule la comtesse de Châtillon osa la recueillir.

Cette famille, distinguée à tous égards et d'ancienne chevalerie, est représentée : dans la branche aînée, par le marquis DE MIRAMON, demeurant au château de Paulhac (Haute-Loire) et par les enfants de son frère, marié à la fille du duc DE FITZ-JAMES ; — dans la branche cadette, par le marquis DE MIRAMON-FARGUES, ancien député, ancien conseiller général de la Haute-Loire (qui nous a communiqué avec beaucoup d'obligeance des renseignements précieux) et par le comte DE MIRAMON-FARGUES, son frère, ancien conseiller général du Cantal.

Portrait : D'après une peinture existante au château de Fargues (Cantal), dont nous devons l'obligeante communication à M. le marquis de Miramon-Fargues, ci-dessus cité.

2° Henri-Gilbert DE LA ROCHELAMBERT, seigneur de Bansat, Vinzelles, Usson et autres places;

Henri-Gilbert marquis DE LA ROCHELAMBERT-MONTFORT, seigneur de Lavalette, Bansat, Vinzelles, Usson, etc., capitaine au régiment du Roi, marié, le 14 juillet 1749, à Louise-Marthe-Catherine D'ANTEROCHE, fille du comte d'Anteroche, lieutenant général des armées du Roi, et nièce de Monseigneur d'Anteroche, évêque de Condom ; il mourut le 15 juillet 1808, après avoir émigré avec son fils Joseph.

De Cassaignes de Beaufort
Marquis de Miramon (Jean-Gaspard)

Seigneur du marquisat de Miramon, Brezons, Pauliac et autres lieux
Dans son uniforme de mousquetaire gris,
Membre de l'Assemblée Provinciale d'Auvergne en 1787.
Né en 1730, mort en 1810.

Plusieurs branches de cette famille, dont les armes sont à la salle des Croisades, existent encore à Paris et dans la Haute-Loire. (George Sand a donné, dans le premier chapitre de *Jean de la Roche*, une remarquable description du curieux manoir de la Rochelambert.)

Portrait : D'après une peinture originale conservée au château d'Esternay (Marne) et obligeamment communiquée par M. le marquis de la Rochelambert-Montfort, descendant de ce député.

3° Jean-Baptiste comte DE LA QUEUILLE, marquis de Châteaugay, baron de la Queuille;

4° Joseph-Thomas comte D'ESPINCHAL, seigneur, comte de Massiac;

5° Marie-Paul-Joseph-Roch-Yves-Gilbert DU MOTIER, marquis DE LA FAYETTE, baron de Chavaniac, Vissac, Saint-Romain et seigneur du marquisat de Langeac, maréchal des camps et armées du Roi, major général au service des États-Unis d'Amérique, qui devint ensuite député aux États généraux de 1789 et dont nous donnerons le portrait et la biographie dans cette collection qui se trouve à la troisième partie du présent ouvrage.

Douze membres pour le Tiers État :

1° Louis-Anne REBOUL, écuyer, seigneur de Villars, ancien lieutenant général de la sénéchaussée, présidial et police de cette ville de Clermont et maire actuel;

2° Pierre ROCHETTE, chevalier, conseiller du Roi, maire de la ville de Riom;

3° François LEYGONIER DE PRUNS, écuyer, seigneur de Pruns, chevalier de l'ordre royal et militaire de Saint-Louis, capitaine au régiment du Roi-dragons, maire perpétuel de la ville d'Aurillac;

François Leygonier de Pruns fut promu au grade de maréchal de camp, puis à celui de lieutenant général (1792-1793). Son fils, colonel des gardes nationales à Aurillac avant 1830, a épousé la fille du marquis d'APCHIER, héritière du château de Brassac, où leurs descendants habitent présentement.

4° Joseph DAUDE, avocat du Roi au bailliage de Saint-Flour;

5° Marcelin BAYET, avocat du Roi en la prévôté d'Issoire;

6° Léon BEC-DUTREUIL, avocat en Parlement à Brioude;

7° Jean-Baptiste LACOSTE, avocat en Parlement à Mauriac;

8° Joseph-Louis JAFFEUX, bailli de Pont-du-Château;

9° François Teilhard, prévôt de Murat et procureur du Roi de la municipalité de cette ville;

10° Henri-Zacharie COUHERT DU VERNET, avocat en Parlement, bailli de Vivcrols;

11° Maurice BRANCHE, avocat en Parlement à Paulhaguet, plus tard député (1);

12° Guy-François PERRET, négociant à Aurillac.

L'assemblée se compléta au moyen de scrutins successifs qui eurent lieu dans son sein, par la nomination de M. CROIX, avocat à Clermont, comme secrétaire greffier, et de M. Hugues comte DE LASTIC, seigneur de Lescure, comme procureur syndic pour l'ordre de la noblesse et du clergé.

Hugues comte DE LASTIC, seigneur de Lescure et autres lieux en Haute-Auvergne, exempt des gardes du corps du Roi, maréchal de camp, chevalier de Saint-Louis, procureur général syndic de la noblesse et du clergé à l'assemblée provinciale d'Auvergne en 1787. Accusé comme conspirateur des prisons sous la Terreur, après avoir été arrêté comme suspect, il fut exécuté à Paris en 1794.

Le comte Hugues DE LASTIC DE LESCURE était le fils aîné de Guillaume de Lastic, seigneur de Beaulieu, de la Foulho, etc., et de Marguerite de Bonafos de Bellinays, dame de Lescure. Il s'était marié deux fois : 1° à Mlle DE BEAUCLAIR, d'où deux filles mariées dans les maisons de Florac et de Pestels de la Majorie ; 2° à Mlle DE SCORAILLES, morte sans enfant. Le comte de Lastic avait trois frères, savoir : Pierre-Joseph, évêque de Rieux en 1770, sacré en 1771, mort en émigration ; Henri, abbé d'Hauteval, vicaire général de son frère l'évêque de Rieux qui précède ; et Jean, dit le chevalier de

(1) Nous donnerons la biographie et le portrait de ce personnage dans la 3me partie des présentes sous la rubrique « Revue illustrée des députés de 1789 à 1895 ».

Marquis de la Rochelambert-Montfort
(Henri-Gilbert)

Seigneur de Bansat, Vinzelles, Usson et autres places,
Membre de l'Assemblée provinciale d'Auvergne en 1787.
Mort le 15 juillet 1808.

Lastic, capitaine de vaisseau dans la marine royale en 1774, chevalier de Saint-Louis, mort sans alliance.

La maison de Lastic, qui a donné un grand-maître à l'ordre de Malte et tenu de tous temps un des premiers rangs parmi les races chevaleresques de l'Auvergne, est actuellement représentée au château de Parentignat, près Issoire, par M. le marquis de Lastic qui a plusieurs frères et cousins de son nom.

L'assemblée nomma également M. REBOUL, maire de Clermont, comme procureur syndic pour l'ordre du Tiers Etat; et 24 membres qui devaient former le nombre total de 48 fixé par l'édit du Roi et qui furent les suivants :

Pour l'ordre du clergé :

1° L'abbé Jean-Baptiste DE CHAMPFLOUR, prévôt et chanoine de l'Eglise de Clermont-Ferrand ;

L'abbé Jean-Baptiste DE CHAMPFLOUR, né le 27 novembre 1720, mort le 2 avril 1798, était le frère cadet de Etienne DE CHAMPFLOUR, écuyer, seigneur de Moriat, baron de Joserand, procureur général de la Cour des Aides de Clermont-Ferrand (1762-1774). Tous deux étaient fils de Jacques de CHAMPFLOUR, chevalier, seigneur de l'Oradoux, de Moriat, de La Grange, conseiller à la Cour des Aides de Clermont, et de Marie-Anne VIDAL DE BORT.

Cette famille, l'une des plus considérables de la noblesse de robe de la sénéchaussée de Clermont, a produit deux prélats distingués : Etienne DE CHAMPFLOUR, abbé du chapitre de la Cathédrale de Clermont, évêque de La Rochelle le 1er janvier 1703, puis archevêque, mort en 1724; et Jean-Baptiste DE CHAMPFLOUR (neveu du précédent, docteur en Sorbonne, abbé de la Cathédrale de Clermont (1702-1737), vicaire général de ce diocèse, nommé évêque de Mirepoix le 3 octobre 1737, mort en 1768, instituant les pauvres ses héritiers.

2° L'abbé André MORIN DE LETZ, doyen du chapitre de Cebazat ;

D'une ancienne famille de la ville d'Ardes, anoblie par la charge de secrétaire du Roi.

3° L'abbé DE LA MOUSSE, vicaire général de Clermont et chanoine de Mareugeol ;

La famille DE LA MOUSSE est du Bourbonnais. Gabrielle DE LA MOUSSE épousa, en 1755, haut et puissant seigneur Amable DE MONTAIGNAC, comte DE CHAUVANCE, baron de Larfeuillère, fils d'Amable-Gaspard marié en 1729 à Jeanne CADIER DE VEAUCE, et petit-fils d'Amable marié en 1684 à Antoinette DU PESCHIN, issu lui-même du mariage de François DE MONTAIGNAC, marquis des LIGNÈRES, baron de Larfeuillère, de LA Couture, etc., avec Gilberte DE LA ROCHEBRIANT dame DE CHAUVANCE.

4° L'abbé François DE NOZIÈRES DE COTTEUGE, prévôt de MM. les comtes de Brioude;

François DE NOZIÈRES-MONTAL, chevalier, comte DE COTTEUGE, seigneur de Jonnas, épousa, en 1705, Françoise DE GUILHEM, fille d'André, chevalier, seigneur de Veyrières. Jacques, leur fils aîné, n'a pas laissé de descendance masculine, et cette maison a fini par une fille mariée à M. DE RIOLZ. Joseph DE NOZIÈRES-MONTAL fut reçu chanoine-comte de Saint-Julien de Brioude en 1728 ; François-Joseph, qui nous occupe, frère du précédent, fut aussi chanoine-comte de Brioude et prévôt de ce chapitre en 1779.

5° L'abbé [DE MURAT, doyen de Mauriac et aumônier de Madame.

L'abbé Paul DE MURAT D'ANVAL, chanoine, vicaire général de l'archevêché de Sens, aumônier de Madame la Dauphine en 1754, doyen du monastère de Mauriac le 30 janvier 1757, conclaviste du cardinal de Luynes au conclave tenu à Rome, en 1758, pour la nomination du pape Clément XIII ; abbé d'Ambournay (diocèse de Lyon) en 1765. L'abbé de Murat tint sur les fonts du baptême, le 6 septembre 1757, dans l'église de Chavaniac, un de ses jeunes cousins, Gilbert du Motier de La Fayette, dont le nom devait acquérir une grande célébrité (1).

Pour l'ordre de la noblesse :

1° Jean-Baptiste comte DE MASCON, seigneur de Ludesse (2);

(1) (Voy. l'acte de naissance du marquis de La Fayette, publié dans l'*Histoire de participation de la France à l'établissement des Etats-Unis*, par Henry Doniol, membre de l'Institut, tome I, annexes du chapitre XIX.)

(2) Nous donnerons sa biographie et son portrait dans la Revue Biographique es députés aux Etats Généraux de 1789.

Comte de DIENNE de SAINT-EUSTACHE (Jean)

Seigneur de Moissat,
Né le 19 avril 1739, mort à Saint-Flour en 1801.
Membre de l'Assemblée provinciale d'Auvergne en 1787.

2° Gilbert-François marquis de Capponi, seigneur de Combronde (1);

3° le comte Louis DE LA ROCHETTE D'AUGER;

4° Jean comte DE DIENNE DE SAINT-EUSTACHE, seigneur de Moissat;

<blockquote>
Jean comte DE DIENNE DE SAINT-EUSTACHE, né le 19 avril 1739, était fils de haut et puissant seigneur messire Jacques-Noël comte de Dienne et de Marie de Strada d'Arosberg, des barons de Sarliève et de Cournon. Il servit comme lieutenant dans le régiment de la Roche-Aymon et se maria, le 1ᵉʳ août 1777, à Anne-Claudine de Bodinot de la Salle. Ayant émigré, le comte de Dienne signa, ainsi que le chevalier Vital de Dienne, son frère, l'acte de coalition de la noblesse d'Auvergne, fut chef d'escouade dans la troisième compagnie noble, incarcéré à Lyon en 1794 et rendu à la liberté l'année suivante. Il en profita pour passer en Suisse et à Rome. Il mourut à Saint-Flour en 1801, laissant trois filles : la comtesse de Noyant, Mᵐᵉˢ de Vaulx, de Sauvagnac, et un fils, officier, mort dans la campagne de Russie. Il serait superflu de s'étendre sur l'illustration de la maison de Dienne, dont les armes sont à la salle des Croisades. Le frère cadet du comte de Dienne de Saint-Eustache, Vital chevalier de Dienne, épousa Mˡˡᵉ de Douhet. Une de ses filles fut chanoinesse de Blesle, et ses deux fils gardes du corps du roi Louis XVIII. L'un d'eux, Hippolyte comte de Dienne, mort en 1861, est le père de la comtesse de Dienne, chanoinesse du chapitre de Brünn (qui est l'un des quatre grands chapitres d'Autriche), et l'aïeul du comte de Dienne, auteur de plusieurs ouvrages estimés, marié en 1876 à Marie-Antoinette de Dordaygue, demeurant au château de Caziderogue (Lot-et-Garonne).

Portrait : Nous donnons le portrait du comte de Dienne d'après une très belle miniature communiquée par Mᵐᵉ la comtesse de Dienne, petite-nièce du comte de Dienne, chanoinesse honoraire de Maria Schul de Brünn, demeurant au château de Servilly (Allier).
</blockquote>

5° Le comte D'ANGLARD DE BASSIGNAC;

6° Le marquis Charles-Philibert-Marie-Gaston DE LÉVIS, marquis de Mirepoix, seigneur de Dienne, Cheylade et autres lieux.

---

(1) Nous avons précédemment donné parmi les membres de l'assemblée d'Élection de Riom la biographie et le portrait de ce personnage.

Le marquis DE LÉVIS-MIREPOIX, de l'illustre maison de ce nom qui a formé diverses branches et qui a pour chef actuel le duc de Lévis-Mirepoix, demeurant au château de Léran (Ariège), naquit à Saint-Martin-d'Estréaux (Loire), le 9 novembre 1753. Il suivit la carrière des armes et obtint successivement les grades de mestre de camp, lieutenant en second du régiment Colonel-général-infanterie (1er mars 1778), colonel du régiment Maréchal-de-Turenne (1784), chevalier de l'ordre de Saint-Louis et maréchal de camp (1er mars 1791), et fut nommé en 1787 membre de l'assemblée provinciale d'Auvergne. Il était devenu grand propriétaire en Haute-Auvergne par son mariage contracté le 10 avril 1777 (devant Brochard, notaire à Paris) avec Alexandrine-Marie de MONTBOISSIER-BEAUFORT-CANILLAC, née à Pont-du-Château le 15 décembre 1764, qui lui apporta le comté de Dienne, la seigneurie de Cheylade et ses dépendances. Elle était fille de Philippe-Claude II, comte de Montboissier-Beaufort-Canillac, comte de Dienne, seigneur de Cheylade, etc., chevalier des ordres du Roi, lieutenant général de ses armées, gouverneur de la ville de Bellegarde en Roussillon, commandant en chef en Haute et Basse-Auvergne en 1775, élu député aux États Généraux pour le bailliage de Clermont-Ferrand en 1789, émigré, l'un des principaux chefs de l'armée de Condé, mort à Londres en 1797, et de Louise-Elisabeth de Colins de Mortagne.

Charles-Philibert-Marie-Gaston comte (puis marquis) de Lévis-Mirepoix, fut ensuite élu le 9 mai 1789 député de la noblesse aux États-Généraux par la ville de Paris et siégea parmi les partisans de l'ancien régime. Arrêté et incarcéré sous la Terreur, il fut condamné à mort et périt sur l'échafaud le 27 mai 1794, il était fils de M. de Lévis, marquis de Mirepoix, etc., et de Mlle de Lévis-Château-Morand. Il eut de son mariage avec Alexandrine-Marie de Montboissier-Beaufort-Canillac trois enfants :

1° Athanase-Gustave de Lévis, marquis de Mirepoix, maréchal héréditaire de la Foi, pair de France, marié en premières noces en 1810 à Blanche de Bérulle, de laquelle il n'eut pas d'enfant et en secondes noces en 1817 à Adélaïde-Charlotte de Montmorency-Laval, grand'mère du duc de Lévis-Mirepoix, chef actuel de cette illustre maison.

2° Camille-Françoise de Lévis, mariée à Charles de Mouchet, marquis de Lausbépin ;

3° Adélaïde-Céleste-Delphine de Lévis, mariée en premières noces sans postérité au comte de Vichy et en secondes noces à à Gaspard-Louis comte de Roncherolles.

Le comté de Dienne était entré dans la maison de Montboissier par le mariage (en 1592) de Gabrielle de Dienne, fille de Jean II,

Marquis de LÉVIS DE MIREPOIX
(Charles-Philibert-Marie-Gaston)

Seigneur de Dienne, Cheylade et autres lieux,
Membre de l'Assemblée provinciale d'Auvergne en 1787
et Député de la noblesse aux États Généraux de 1789
par la ville de Paris.
Né à Saint-Martin-d'Estréaux (Loire) le 9 novembre 1753.
Mort le 27 mai 1794.

seigneur de Dienne, et de Anne de Roffignac, avec Jean-Claude de Montboissier-Beaufort-Canillac, vicomte de la Mothe, seigneur de la Roche-Canillac, de Mauriat, chevalier des ordres du Roi, gentilhomme de la Chambre, conseiller d'Etat, lieutenant général de la Basse-Auvergne, etc.

La terre de Dienne, apportée en dot par la dernière descendante de cette branche des Montboissier à Charles-Philibert-Marie-Gaston marquis de Lévis-Mirepoix, fut confisquée comme bien d'émigré sur la tête du marquis de Lévis-Mirepoix et vendue nationalement.

Quant à la maison de Dienne, qui est une des plus antiques et des plus illustres races de la chevalerie d'Auvergne, elle s'est perpétuée par d'autres branches et nous avons vu qu'un de ses membres, Jean comte de Dienne de Saint-Eustache, était aussi membre de l'assemblée provinciale d'Auvergne en 1787.

Portrait : D'après une peinture originale conservée au château de Léran (Ariège) et obligeamment communiquée par M. le duc de Lévis-Mirepoix, y demeurant.

Pour l'ordre du Tiers Etat :

1° BRUNEL, doyen des conseillers de la sénéchaussée ;

2° ROUGIER, négociant à Clermont ;

3° HEYRAULD, Robert, bourgeois au Crest ;

4° CHABROL, écuyer, président et lieutenant criminel en la sénéchaussée et présidial de Riom, qui fut aussi plus tard député aux États généraux de 1789 (1) ;

5° RIBEROLLES DES MARTINANCHES, négociant à Thiers, fut aussi député du Puy-de-Dôme (2) ;

6° Etienne DE BENOIST DE BARANTE, écuyer, maire de Maringues ;

7° Jean-Baptiste CHAUMETTE DES PRADEAUX, avocat ;

8° Jean-Baptiste VIMAL-CELEYRON, négociant à Ambert ;

9° Pierre COUTEL, premier échevin à Saint-Flour ;

---

(1) Nous donnerons à la 3ᵉ partie des présentes dans la Revue biographique illustrée des députés de 1789 à 1895 la biographie et le portrait de ce personnage.

(2) Nous donnerons aussi à la 3ᵉ partie des présentes dans la Revue biographique illustrée des députés de 1789 à 1895 la biographie et le portrait de ce personnage.

10° Joseph-Durand Breschet de Vedrine, avocat à Chaudesaigues ;

11° Barthélemy Romeuf, bailli de la Voûte-Chilhac ;

12° Grangier, bailli d'Allègre ;

13° Salvage de Clavières, ingénieur et capitaine au corps royal du génie.

Par suite de démission ou de décès, firent ultérieurement partie de l'assemblée provinciale, élus par elle au fur et à mesure des extinctions :

Dans le clergé :

L'abbé Claude-Nicolas Ordinaire, chanoine de Saint-Amable (1).

Jacques-Sébastien de Bardet de Burc, curé de Saint-Paul.

Dans la noblesse : Néant.

Dans le Tiers Etat :

Pierre-Etienne Archon des Pérouses, lieutenant de maire de la ville de Riom.

Chazal, de Saint-Paulien.

Jean-Baptiste Perret, conseiller au bailliage et siège présidial d'Aurillac.

Le secrétaire de l'assemblée provinciale était M. Jean-Baptiste Grenier, avocat, qui devint plus tard député du Tiers Etat d'Auvergne aux Etats Généraux (2).

Les sessions d'août et de novembre 1787, année de sa création, furent les seules que tînt l'assemblée.

Les titres des membres qui faisaient partie dans l'ordre de la noblesse, tant des assemblées d'élections que de l'as-

---

(1) Nous avons donné précedemment la biographie de ce député.

(2) Nous donnerons à la 3ᵉ partie des présentes dans la revue biographique illustrée des députés de 1789 à 1895, la biographie et le portrait de ce personnage. On peut aussi consulter sur M. Grenier la brochure publiée par Fr. Mège sur les fondateurs du *Journal des Débats* en 1789. Paris, Faure, 1865.

semblée provinciale devaient être produits, à l'ouverture de l'assemblée, par devant une commission nommée à l'effet de les vérifier.

Le règlement arrêté à ce sujet par l'assemblée, sur la proposition d'un des commissaires de la vérification, décida :

1° Que pour la preuve des quatre degrés de noblesse, il serait produit trois titres originaux sur chaque degré ;

2° Que la simple profession de l'état de noblesse, continuée pendant 116 ans, pût suffire sans qu'il fût besoin de rapporter aucun jugement de maintenue ; mais que dans le cas où il apparaîtrait d'un état de roture précédent, on serait obligé à rapporter le titre d'anoblissement ;

3° Que les 116 ans de noblesse seraient comptés à l'époque de la naissance de l'élu qui faisait le cinquième degré.

« Si l'on examine de près la nomenclature que nous venons de donner des membres qui ont pris part à l'assemblée provinciale, on voit que le clergé était composé d'un évêque, de chanoines, de vicaires généraux, en un mot de dignitaires ecclésiastiques et que le bas clergé n'était nullement représenté ; que les députés de la noblesse étaient tous des hommes de haute et ancienne naissance pour la plupart, riches propriétaires fonciers ayant rang à la Cour (de simples gentilshommes, d'écuyers, d'anoblis pas de traces).

Qu'enfin parmi les représentants du Tiers Etat on compte des anoblis, des maires de villes, échevins, baillis, négociants (de propriétaires campagnards, de syndics de paroisses, point).

En résumé, dans chacun des trois ordres l'aristocratie était représentée, non la masse.

C'était peut-être une faute (1) ! »

Les seules nominations vraiment et entièrement popu-

---

(1) Voir *Assemblée provinciale*, par Fr. Mège, p. 24.

laires furent, dans la noblesse, celle du marquis DE LA FAYETTE, que sa conduite en Amérique et dans l'assemblée des notables avait signalé au peuple comme un sauveur, et dans le Tiers Etat, celle d'un bourgeois du Crest, d'un de ces humbles chirurgiens campagnards appelés rebouteurs, Robert HEYRAULD, regardé dans le pays comme la providence des malheureux.

TRAVAUX DE L'ASSEMBLÉE PROVINCIALE.

Après avoir parlé de la formation de l'assemblée provinciale, nous allons résumer à grands traits les travaux de cette assemblée.

Dans la séance du 13 novembre 1787, le président pour simplifier et activer le travail subdivisa l'assemblée en bureaux ou commissions, savoir :

1º Bureau des fonds de la comptabilité et règlement dont firent partie M. l'abbé ORDINAIRE, le comte DE MASCON, M. CHABROL, etc.;

2º Bureau des impôts dont les membres les plus marquants furent l'ÉVÊQUE DE SAINT-FLOUR, le marquis DE CAPPONI, le marquis DE LAQUEUILLE, M. LACOSTE de Mauriac, etc.;

3º Bureau des ponts et chaussées dont les membres principaux étaient MM. d'ESPINCHAL, RIBEROLLES et surtout M. SALVAGES DE CLAVIÈRES qui fut comme homme considéré le plus compétent, le rapporteur de toutes les décisions du bureau;

Et 4º Bureau du bien public, agriculture et commerce dont les membres les plus influents étaient le marquis DE LA FAYETTE et le rebouteur Robert HEYRAULD.

BUREAU DES FONDS DE LA COMPTABILITÉ.

Les travaux de la Commission de comptabilité n'eurent pas une grande importance, elle eut à décider quel traitement ou indemnité pécuniaire l'on allouerait aux divers membres de la Commission intermédiaire et comment seraient administrés les ateliers de charité affectés à l'entretien des routes.

BUREAU DES IMPOTS.

Le bureau de l'impôt eut en revanche à se prononcer sur des difficultés bien graves, les assemblées provinciales ayant été dans l'esprit des successeurs de Necker à la suite de l'assemblée des notables constituées dans le but d'arriver à faire accepter par l'opinion une aggravation dans les contributions publiques et d'assurer au Trésor un accroissement de recettes en obtenant une meilleure répartition, on comprend alors toute l'importance du bureau des impôts.

Au sujet de la taille appelée suivant Gaultier de Biauzat un impôt accordé aux besoins de l'Etat et réparti sur les gens du peuple, sans contribution de la part des ecclésiastiques, des nobles et des privilégiés, qui était perçue sur les personnes en proportion de leurs biens et de leurs revenus et qui quelquefois même, dans certaines provinces, portait sur les profits de l'industrie et sur les capitaux ; elle correspondait à ce que nous appelons aujourd'hui la contribution foncière, mais prenait aussi parfois le caractère de notre impôt des patentes.

Nous avons vu précédemment que l'origine du mot « taille » provient de ce que dans le principe les collecteurs avaient pour chaque contribuable une taille ou comme l'on dit en Auvergne une croche en bois sur laquelle ils marquaient par des entailles ce qu'ils avaient reçu.

En Auvergne, la taille était comme dans tous les pays d'Élection, personnelle et portait non pas tant sur le fonds lui-même que sur le propriétaire du fonds, eu égard aux produits et revenus que son industrie et son travail parvenaient à en retirer ; elle était également arbitraire parce que l'Auvergne n'était pas cadastrée, cet impôt ne reposait sur aucune base fixe et dépendait de l'opinion que se faisaient les répartiteurs de la fortune des taillables, en résumé c'était un impôt sur la fortune, sur le revenu approximatif qui se calculait eu égard au nombre des charrues, des outils, des bêtes de travail, etc. Cette manière de procéder engageait les taillables, pour diminuer leurs impôts, à réduire le nombre et l'importance de leurs instruments de travail, d'où une grande souffrance pour l'agriculture ; d'autre part, les abus étaient aussi nombreux que possible, de même que les injustices ; le bureau de l'impôt fit adopter quelques mesures générales dans le but de soulager toutes les plaies laissées par l'ancienne administration, mais comme toutes ces questions n'avaient pas été étudiées à fond et que d'autre part le temps avait manqué, on chargea les assemblées d'Élection et la Commission intermédiaire de s'occuper activement des réformes à introduire dans cette partie d'administration.

En ce qui concerne l'impôt du vingtième qui avait été établi par déclaration royale du 14 octobre 1710 et proposé originairement par Vauban qui voulait en faire un impôt unique substitué à tous les autres, il avait été appliqué pour faire face aux frais de la guerre, malheureusement il vint s'adjoindre aux autres et ne les remplaça pas.

Cet impôt très discuté, maintes fois remanié, était le vingtième des revenus de toute nature pouvant appartenir aux sujets du Roi ; revenus des terres, des maisons, des usines, revenus des rentes, des droits seigneuriaux, des charges, emplois et pensions, revenus des octrois et biens communaux, du clergé et de la noblesse, des roturiers comme des privilégiés, rien ne lui échappait.

Seulement les pays d'Etat s'étaient abonnés pour des sommes fixes et le clergé s'était racheté en octroyant au Roi des dons gratuits.

En 1787, il se percevait deux vingtièmes et 4 sous pour livre du premier vingtième. Les propriétaires devaient faire la déclaration de leurs biens aux préposés de l'intendance sous peine du double dixième en cas de retard ou de fausse déclaration. Là encore existaient bien des abus, bien des erreurs et bien des difficultés. L'assemblée fit un mauvais accueil aux projets du ministère, elle ne voulut point s'abonner pour l'impôt des vingtièmes, se trouvant surchargée d'impôts outre mesure, et c'est ainsi que le 11 décembre M. de La Fayette soumit à l'assemblée qui l'adopta, une délibération dans laquelle tout en exprimant sa profonde douleur, sa consternation en face des marques inattendues du mécontentement du Roi, tout en abjurant les expressions qui auraient pu déplaire à Sa Majesté, l'assemblée déclare hautement qu'elle doit à la Patrie, au Roi lui-même de persister dans les sentiments qui ont fait le fonds de sa première délibération.

« L'assemblée, dit-elle en terminant, prend la liberté d'observer que les impôts réunis de l'Auvergne sont au delà de toute proportion et privent déjà le peuple d'une partie essentielle de sa subsistance; de manière que tout accroissement de charges augmentant aussi le nombre des champs abandonnés et des cultivateurs forcés à l'émigration tournerait au détriment des finances de Sa Majesté, en même temps qu'elle répugnerait à son cœur. »

« L'assemblée osa espérer que Sa Majesté, touchée de la situation particulière de cette province daignera ne pas rejeter sa première proposition; elle la réitère avec confiance aux pieds d'un Roi chéri dont elle tient une existence qu'elle s'empressera de consacrer à la gloire et à la satisfaction de Sa Majesté, essentiellement liées au bonheur de ses peuples. »

L'affaire en resta là et l'impôt des vingtièmes ne subit aucune augmentation dans la province d'Auvergne.

Quant à l'impôt de capitation qui était une sorte d'impôt personnel, qui avait été établi pour la première fois par les empereurs romains et que Louis XIV rétablit par une déclaration royale du 18 janvier 1695 pour subvenir aux dépenses considérables qu'entraînait la guerre qui se termina par le traité de Rsywyk, elle ne devait durer que trois ans, la promesse royale fut tenue ; en 1698, la capitation fut suspendue, seulement on la rétablit ensuite en 1701 sur les mêmes bases qu'en 1695.

En principe, cet impôt devait peser sur tous les habitants, eu égard à leur fortune, ils étaient divisés en 22 classes dont la première à laquelle appartenait le Dauphin était taxée à 2,000 livres et la dernière à 20 sols ; il n'y avait d'exempts que les taillables dont la cote était inférieure à 40 sols, les indigents et les ordres mendiants. Mais bientôt cette égalité apparente cessa, dès 1710 le clergé se fit exempter de la capitation en payant au Roi une somme six fois égale à sa contribution d'une année. Plusieurs villes se rachetèrent comme le clergé, d'autres ainsi que des pays d'Etat contractèrent des abonnements, quant aux nobles ils se firent donner des receveurs spéciaux avec lesquels ils trouvèrent des accommodements.

En résumé, la capitation arriva comme les autres impôts à peser presque uniquement sur la masse des taillables, inégalité dans l'assiette, arbitraire dans la répartition, privilèges pour certains, tout contribuait à rendre cet impôt impopulaire au dernier degré.

Le bureau aurait bien voulu donner ses observations sur la capitation, il aurait voulu faire ressortir tous les abus et signaler toutes les injustices, il n'en eut pas le temps et il remit ses observations à la prochaine assemblée (1).

BUREAU DES PONTS ET CHAUSSÉES.

D'après les renseignements fournis à l'Assemblée par l'ingénieur en chef Pitot, la province d'Auvergne possédait en 1787 :

1° Quatre grandes routes de 1re classe parcourant une étendue de 536 kilomètres, savoir :

La route de Paris au Languedoc, par Riom, Clermont, Issoire et Brioude ;

La route de Brioude au Gévaudan, par la Chapelle-Laurent, Loubinet et Saint-Flour ;

La route de Lyon à Bordeaux, par Thiers, Clermont et Limoges ;

Et la route de Clermont au Quercy, par Tauves, Bort, Mauriac, Aurillac et Maurs.

Ces routes de 1re classe étaient, suivant le rapport des procureurs syndics, les grandes communications qui traversaient le royaume ;

2° Neuf routes de 2e classe ouvertes sur une étendue de 452,866 mètres, savoir :

La route de Riom au Berry, par Combronde et Montaigut ;

La route de Montbrison, par Billom et Ambert ;

La route de l'Auvergne au Velay, par Courpière, Ambert et La Chaise-Dieu ;

La route de Saint-Flour à Aurillac, par Murat et Vic ;

La route de Saint-Flour au Rouergue, par Chaudes-Aigues ;

La route d'Aurillac au Rouergue, par Montsalvy ;

La route d'Aurillac au Limousin, par Montvert ;

---

(1) *Archives départementales*, 1re partie, série C, fonds de l'Intendance, objets divers, liasse n° 12. Voir Procès-verbal de l'assemblée provinciale d'Auvergne. Clermont, Delcros, 51 pages in-4°.

La route de Brioude au Gévaudan, par Langeac;

Et la route de Chabreloche aux limites du Forez;

Les routes de 2ᵉ classe étaient celles établies pour les communications de province à province;

3° Douze routes de 3ᵉ classe, ouvertes sur une étendue de 224,294 mètres environ, c'étaient :

La route de Mauriac au Limousin, par Pleaux;

La route de Pontary à Besse, par Champeix;

La route de Lempdes à Loubinet, par Mauriac;

La route de Villeneuve et Fix à Allègre;

La route de Brioude à Champagnat-le-Vieux, par Lamotte;

La route de Lezoux à Maringues, par Joze-Tissonnière;

La route de Riom à Volvic;

La route du Trador à la rivière de Chavanon, par le Bourg-Lastic;

La route d'Issoire à Saint-Germain-l'Herm et La Chaise-Dieu;

La route de Clermont aux Bains du Mont-Dore, par Murat-le-Quaire;

La portion de chemin entre Billom et la grand'route.

Et la portion de Saint-Just à Craponne;

Les routes de 3ᵉ classe étaient les routes de communication intérieure.

En tout, la province d'Auvergne avait environ 1,213 kilomètres de routes ouvertes, dont 835 à l'entretien, sans compter une route de Thiers à Puy-Guillaume, qui avait été omise dans le rapport de l'ingénieur.

Il y avait aussi les chemins vicinaux pour communication de village à village qui se faisaient à l'aide des fonds alloués par le Gouvernement pour les ateliers de charité.

Cette étendue de routes n'était pas considérable en raison de la superficie de la province évaluée par l'intendant Ballainvilliers à 800 lieues carrées, c'est ce qui motiva cette observation de M. de La Fayette dans son rapport sur l'agriculture à l'assemblée provinciale où il disait :

« La province d'Auvergne a été tellement oubliée dans
» la distribution des routes qu'à l'inspection de la carte
» des postes, on serait tenté de croire que cette partie du
» royaume n'est pas habitée (1). »

Les travaux de ces routes étaient dirigés par un corps d'ingénieurs ainsi composé, savoir :

Un ingénieur en chef, M. Pitot, aux appointements de 2,200 livres ;

Trois inspecteurs à 1,800 livres ;

Trois sous-ingénieurs à 1,500 livres ;

Et un géographe à 800 livres.

Au-dessous venaient des conducteurs et piqueurs, plus seize directeurs ou sous-directeurs des travaux préposés chacun à un atelier distinct de réparation ou de construction de routes. Il était pourvu aux dépenses des routes, traitements, travaux d'art, au moyen de 184,000 livres allouées à la province par le roi sur les fonds des ponts et chaussées, et aux travaux d'entretien et de construction des chemins au moyen des sommes provenant des fonds représentatifs de la corvée ; cet impôt s'élevait pour la première fois à 310,350 livres. Cette corvée avait été convertie en argent par une déclaration royale du 27 juin 1787.

Le bureau fit adopter par l'Assemblée diverses propositions de l'ingénieur en chef, avec la recommandation expresse de n'ouvrir pour l'instant aucune route nouvelle et de se borner à des réparations ; il constatait en outre dans son rapport que la plupart des routes étaient vicieuses dans leur construction primitive, se dégradaient tous les ans et seraient d'un entretien ruineux jusqu'à ce que la province eût muni d'un empierrement solide et uniforme les vieilles routes ainsi que cela s'était pratiqué avec succès dans d'autres pays.

Il indiquait comme très utile la création de plusieurs nouveaux chemins, entre autres celui de Riom à Marin-

---

(1) Voir : Procès-verbal de l'assemblée provinciale, page 284.

gues, par Ennezat; de Billom à Thiers, par Mauzun et Courpière, et celui de Vic-le-Comte à Billom.

Il demandait le rétablissement des bornes indicatives placées, sur les ordres de M. de Ballainvilliers, sur chaque bord de la route de Bordeaux, au défilé des Goules, près le puy de Dôme, et ce, dans l'intérêt des personnes obligées de voyager dans la saison des neiges.

Malheureusement on ne statua pas sur toutes ces réformes, on se borna à remettre à une autre session le soin d'y porter remède.

Le bureau arrêta l'avant-projet des travaux de reconstruction du pont de la Bajanc, près Brioude, et affecta pour ce travail une somme de 70,000 livres.

On remit à plus tard, par suite du manque de fonds, d'autres travaux tels que la construction du pont de la Dore, sur la route de Clermont à Lyon, par Thiers, et celui sur la Sioule, à Pontgibaud.

De plus, il supprima les seize places de directeurs des travaux qui étaient à la charge de la province.

BUREAU DU BIEN PUBLIC, AGRICULTURE, INDUSTRIE, COMMERCE.

Le bureau du bien public ne put, grâce au peu de temps qui s'était écoulé depuis sa fondation et à la trop courte durée de la session, approfondir toutes les questions relatives à l'agriculture, à l'industrie, au commerce, etc., et se borna à appeler l'attention sur les abus les plus criants ; l'Assemblée renvoya à la Commission intermédiaire la solution des questions qui avaient été posées.

L'Assemblée se préoccupa de l'amélioration des bestiaux, elle voulut faire venir des béliers et des brebis du Rouergue et du Berry ; elle essaya de faire naître dans la Limagne une industrie agricole, l'élevage des mulets, elle sollicita pour cela du Gouvernement les fonds nécessaires à l'achat de cinq baudets de Malte et du Poitou. Ce bureau appela l'attention de l'Assemblée sur les reboisements et sur l'institution des pépinières royales. Nous avons vu précédemment que celles d'Auvergne avaient été créées vers 1750 par l'intendant de Moras. L'Assemblée demanda la suppression des places de directeurs et inspecteurs des pépinières et elle recommanda à la Commission intermédiaire de régler avec la plus stricte économie le régime des pépinières. Elle demanda également la suppression du droit de marque sur les cuirs.

Abondante en bestiaux, l'Auvergne avait de très florissantes tanneries qui prospérèrent jusqu'au milieu du XVIIIe siècle; mais en 1759, le Gouvernement ayant imposé les cuirs et n'ayant permis le débit et l'expédition qu'après l'apposition d'une marque spéciale, le commerce de la tannerie déclina rapidement au détriment de la province. Mais ce qui fut plus désastreux que l'impôt lui-même, ce furent les vexations nombreuses auxquelles donnait lieu sa perception.

L'Assemblée signala la cause de la décadence de cette industrie.

Elle arrêta aussi quelques mesures de bien public, notamment elle sollicita du Gouvernement les fonds nécessaires à l'établissement d'un cours annuel d'accouchement dans quatre hôpitaux de la province.

Elle se préoccupa d'arrêter la mendicité en chargeant sa Commission intermédiaire de prendre les mesures nécessaires pour améliorer la situation du Dépôt de mendicité établi à Riom.

Enfin, obéissant aux vœux de la province par un vote d'acclamation, elle décida qu'elle solliciterait pour Robert Heyrauld, bourgeois du Crest, rebouteur des plus habiles, le cordon de l'ordre de Saint-Michel, pour rendre hommage à la charité éprouvée et reconnue de cet honnête homme qui avait installé chez lui un hôpital où il soignait gratuitement et nourrissait de même autant d'éclopés que ses appartements pouvaient en contenir.

Malheureusement cette demande n'aboutit pas, tout fut inutile, Robert Heyrauld était de trop basse extraction.

Le 11 décembre 1787, en vertu des ordres du roi, l'Assemblée se sépara; sa session, qui devait être la dernière, avait duré trente jours.

En résumé, on peut dire que l'assemblée d'Auvergne a fait dignement son devoir.

Par le fait de la séparation de l'assemblée provinciale, la Commission intermédiaire se trouva légalement investie du pouvoir et chargée de l'administration de la province d'Auvergne.

COMMISSION INTERMÉDIAIRE.

La Commission intermédiaire présidée par M. de Beaune, stimulée et tenue en haleine par le marquis de La Fayette fut bien secondée par le secrétaire provincial M. Grenier. Elle remplit honorablement les fonctions multiples qui lui incombèrent.

Elle ne s'occupa pas seulement des détails administratifs, elle mit aussi ses soins à soulager les misères des populations et à réparer les désastres qui pouvaient les frapper.

Ainsi en 1788, à la suite d'un ouragan terrible qui s'était abattu dans la nuit du 4 au 5 juillet sur l'Auvergne et qui dévasta des milliers de propriétés dans toute l'étendue de la province et qui reparut dans les premiers jours du mois d'août où plus de cent paroisses virent leurs récoltes anéanties, la Commission fit donner des secours aux plus nécessiteux, provoqua des quêtes et des souscriptions, sollicita du Gouvernement des allocations, des remises d'impôts et fit inscrire l'Auvergne au premier rang des provinces qui devaient participer au bénéfice d'une loterie organisée en faveur des populations frappées par la grêle et qui avait été instituée par arrêt du Conseil du 26 juillet 1788.

Son appel fut entendu: des souscriptions furent recueillies tant à Paris que dans la province. Monseigneur de Bonal, évêque de Clermont-Ferrand, en ce moment à Paris, fit parvenir 6,000 livres; le Gouvernement, après avoir fait distribuer aux plus malheureux 24,000 livres pour aider aux achats de semences, fit remise aux paroisses grêlées de l'Auvergne d'une somme de 116,000 livres sur les impositions et le roi envoya lui-même 10,000 liv. Seule la loterie fit défaut. Ses fonds avaient été détournés par l'ignoble ministre Brienne, qui couronna ainsi par un acte ignominieux un ministère déjà fécond en turpitudes (1).

Necker, à peine installé au ministère, fit remettre à la Commission intermédiaire, pour être distribuée aux pauvres des paroisses grêlées de l'Auvergne, la somme de 1,200 livres que l'Académie des Sciences de Paris venait de lui décerner pour le prix donné à son ouvrage : *De l'Importance des Questions religieuses* (2).

La Commission intermédiaire fut formée, ainsi que nous l'avons déjà dit, dans le sein de l'assemblée provinciale; elle fut composée du président, des deux syndics, de M. L'ABBÉ DE LA MOUSSE et de M. PERRET, membres soldés à 1,500 livres chacun par an, et de quatre membres honoraires qui furent :

MM. L'ÉVÊQUE DE SAINT-FLOUR;
LE MARQUIS DE LA FAYETTE;
CHABROL;
SALVAGE.

La Commission géra les affaires depuis l'époque de sa

(1) Voir : *L'Assemblée provinciale*, par Fr. Mège, page 106. Aubry. Paris, 1867. — Bibliothèque de Clermont, n° 628 du Catalogue.
(2) Voir : Extrait du Registre II des Délibérations de la Commission intermédiaire, folio 17, *Archives départementales*.

création, en août 1787, jusqu'au mois d'août 1790, bien que l'assemblée des administrateurs du Département eût complété son organisation le 28 juillet 1790 par la nomination de son président, de son secrétaire et des membres qui devaient composer le Directoire du département, en vertu du décret de l'Assemblée Nationale du 22 décembre 1789, dont nous parlerons ci-après (1).

Avec la Commission intermédiaire finit l'administration de l'assemblée provinciale. Disons en passant qu'elle s'acquitta de sa tâche avec beaucoup de sollicitude et d'abnégation, l'Auvergne lui en garde le souvenir.

---

(1) Voir : Procès-verbal de l'Assemblée provinciale, 1787. — Voir aussi le Compte d'administration de la province d'Auvergne, années 1788-1789-1790, que présentent au nom de la Commission intermédiaire, les procureurs syndics provinciaux, in-4°. Delcros, Clermont, 1790 *Archives départementales*, 1re partie, série C, fonds de l'Intendance, objets divers, liasse n° 12.

HISTOIRE
DE
L'ADMINISTRATION CIVILE

DANS LA PROVINCE D'AUVERGNE
ET LE DÉPARTEMENT DU PUY-DE-DOME

DEPUIS LES TEMPS LES PLUS RECULÉS JUSQU'A NOS JOURS

DEUXIÈME PARTIE

ADMINISTRATION CIVILE A PARTIR DE LA RÉVOLUTION
DE 1789 JUSQU'A NOS JOURS, 1895.

CHAPITRE PREMIER

DE LA RÉVOLUTION DE 1789

JUSQU'A L'AN VIII (1800)

Au moment où éclate le grand mouvement de 1789, la Nation est *tout*.

La Révolution française transforme l'unité monarchique en unité nationale et civique.

L'unité nationale étant faite, au-dessus apparaît la France, la Patrie, qu'il faut débarrasser de la cohue de privilégiés qui l'enserre, l'enlace et l'étouffe.

En détruisant complètement l'ancienne organisation de la société, la Révolution de 1789 détruisit également l'ancienne organisation publique ; de là la nécessité de reconstituer tout sur de nouvelles bases.

Et pour ne pas être débordé par l'anarchie, il fallait se hâter.

A diverses reprises, des députés vinrent à la tribune signaler la nécessité de prendre d'urgence des mesures capables d'assurer la tranquillité publique, gravement menacée, et parmi ces mesures, ils indiquaient comme la plus efficace la création d'assemblées provinciales et municipales.

Le Comité de constitution fut saisi de la question le 29 septembre, son rapporteur, Thouret, député de Rouen, vint présenter à l'Assemblée nationale un projet conçu par l'abbé Siéyès justement appelé « l'auteur de toutes les circonscriptions de la France » et qui aboutissait en réalité à la destruction de l'organisation provinciale.

Partagé inégalement et en autant de divisions différentes qu'il y avait de diverses espèces de pouvoirs :

En provinces, dans l'ordre politique ;
En diocèses, dans l'ordre ecclésiastique ;
En gouvernements, dans l'ordre militaire ;
En généralités, dans l'ordre administratif et financier ;
En bailliages et sénéchaussées, dans l'ordre judiciaire ;

Le royaume ne présentait en fait, au dire du Comité, aucune combinaison qui pût servir de base à une loi électorale.

Partant de là, le Comité proposait un remaniement complet de la carte de France.

D'après ce plan, le royaume devait être partagé en 80 grandes circonscriptions égales appelées départements (nous avons déjà vu plus haut se servir de ce mot dans le sens de répartition appliquée aux impôts, ainsi que par les délégués des intendants qui avaient été désignés sous le nom de commissaires départis, lesquels donnaient parfois le nom de département, à la portion de territoire au gouvernement de laquelle ils avaient été départis ou délégués), d'environ 324 lieues carrées ou de 18 lieues sur 18.

On devait procéder en partant de Paris comme centre, et en s'élargissant de suite et de toutes parts jusqu'aux frontières.

La ville de Paris devait à elle seule constituer un 81ᵉ département.

Les départements se subdivisaient eux-mêmes en 9 districts appelés communes, de 36 lieues carrées, et chaque commune était à son tour partagée en 9 fractions invariables, de 4 lieues carrées, désignées sous le nom de cantons.

Chaque département devait être administré par une assemblée provinciale subordonnée directement au roi et ayant au-dessous d'elle et sous sa dépendance dans chaque chef-lieu de district ou commune une assemblée secondaire.

Ces assemblées devaient elles-mêmes former deux sections dont l'une serait comme le Conseil, comme la législature, en un mot le pouvoir délibérant, et l'autre, appelée Directoire ou Commission intermédiaire, serait le pouvoir agissant, le pouvoir exécutif.

La discussion s'ouvrit à l'Assemblée nationale le 14 octobre 1789, et le plan du Comité subit de vives attaques parmi les députés. Mirabeau était partisan de la division des provinces par crainte du retour des privilégiés, mais il lui répugnait d'adopter un plan qui lui paraissait inexécutable dans la pratique.

Il voulait une division propre aux localités qui ne parût pas une trop grande nouveauté, une division enfin qui, en évitant de démembrer les provinces, permît de composer sans trop de secousses avec les habitudes et les préjugés établis et qui fût fondée sur des rapports déjà connus.

Pour cela, il proposait 120 départements au lieu de 80

et supprimait entièrement les divisions secondaires des communes et des cantons. Son projet ne fut pas adopté.

La grande majorité se montra convaincue de l'utilité et de l'urgence de la division du territoire et en définitive les principes posés dans le projet de Siéyès furent en partie adoptés par l'Assemblée qui, le 11 novembre 1789, décréta :

« Qu'une nouvelle division du royaume serait effectuée tant pour la représentation nationale que pour l'administration des provinces et qu'il y aurait de 75 à 85 départements. »

Une fois le principe de la division décrété, l'Assemblée s'occupa des subdivisions intérieures.

Sur la proposition de Malouet (séance du 12 novembre 1789), le mot de district fut substitué à celui de commune employé par le Comité pour désigner les grandes divisions administratives de chaque département. Ce sont ces divisions qu'on baptisa plus tard du nom d'arrondissements qu'elles portent encore aujourd'hui.

Sur la proposition de Gaultier de Biauzat, il fut décidé qu'il y aurait des municipalités dans chaque ville, bourg, village ou communauté de campagne.

Puis dans la même séance, l'Assemblée décréta que chaque département serait subdivisé en districts au nombre de 3, 6 ou 9.

Que ce nombre ne serait pas nécessairement le même dans tous les départements et serait fixé par l'Assemblée nationale après avoir entendu les députés des provinces et suivant les convenances et les besoins de chaque département.

Et enfin (le 16 novembre 1789) que chaque district serait partagé en divisions appelées cantons, d'environ 4 lieues communes de France, et qu'il y aurait dans chaque canton au moins une assemblée primaire.

Toutes ces décisions partielles furent codifiées en une

seule loi ou décret qui porte la date des 22 décembre 1789 et 9 janvier 1790.

L'organisation municipale fit l'objet d'un décret en date des 14 et 22 décembre 1789.

Les députés se réunirent aussitôt en assemblées de provinces pour procéder à la délimitation de leurs départements respectifs ainsi qu'à la subdivision en districts et en cantons.

Cette opération quoique très laborieuse fut faite et le décret général de division et de dénomination comprenant 83 départements avec la Corse fut rendu les 26 février et 4 mars 1790.

Nous ne parlerons pas ici des difficultés qui s'élevèrent à raison de leur rivalité entre les villes de Riom et de Clermont, lors de la division de la province d'Auvergne en départements, nous nous bornerons simplement à renvoyer le lecteur désireux d'avoir des détails à ce sujet au livre publié par Fr. Mège, chez Aubry, éditeur à Paris, rue Séguier, 18, en 1874, et qui a pour titre : *Formation et organisation du département du Puy-de-Dôme, 1789-1801*.

Le mardi 22 décembre, l'assemblée des députés de l'Auvergne et du Bourbonnais réunie, arrêta définitivement les limites de la province du côté du Bourbonnais et fit passer la ligne de démarcation entre Aigueperse et Gannat. Enfin après de nombreuses réunions et avec l'aide de l'Assemblée nationale qui dut intervenir, la ligne de démarcation entre la Basse-Auvergne, le Velay et la Haute-Auvergne put enfin être fixée le 21 janvier 1790.

Quant à la subdivision du département en districts et en cantons, ce fut encore un sujet des plus vives récriminations, chaque bourg voulait être canton, chaque petite ville chef-lieu de district.

Le 26 janvier, le Comité des députés décida par 10 voix contre 6 que le département de la Basse-Auvergne serait divisé en 8 districts désignés par le nom de leur chef-lieu et qui s'appelèrent ainsi :

Districts d'Ambert, de Besse, de Billom, de Clermont, d'Issoire, de Montaigut, de Riom, de Thiers.

Un certain nombre de députés de la Basse-Auvergne ayant demandé à ce que l'on revînt sur cette division en 8 districts et qu'on s'en tînt à 5 :

Districts de Clermont, de Riom, de Thiers, d'Ambert, d'Issoire ;

Cette proposition fut soumise à une nouvelle réunion de province qui eut lieu le 2 février puis le 5 février sur le rapport de M. Gonin, l'Assemblée décida :

Que le département de la Basse-Auvergne serait provisoirement divisé en 8 districts, et que l'assemblée du département pourrait réduire ces districts à cinq, si ses électeurs le jugeaient convenable.

Le 10 février, le chef-lieu du département de la Basse-Auvergne fut aussi désigné par un décret ainsi conçu :

« L'Assemblée Nationale décrète que la première assem-
» blée du département du bas pays d'Auvergne se tiendra
» à Clermont et que dans le cas où il serait établi un tri-
» bunal supérieur dans le département il sera délibéré par
» les électeurs du département s'il convient d'en fixer le
» siège par préférence à Clermont, auquel cas l'adminis-
» tration du département sera définitivement fixée en la
» ville de Riom. »

Le procès-verbal définitif contenant la démarcation du département avec sa division en districts et sa subdivision en cantons fut arrêté le 14 mars et signé le 20 par les députés.

M. Gaultier de Biauzat le déposa le même jour au Comité de Constitution.

Voici d'après le procès-verbal quelle était la subdivision :

DIVISION DU DÉPARTEMENT DU PUY-DE-DOME EN DISTRICTS

AVEC LA DÉSIGNATION DES CANTONS DE CHAQUE DISTRICT ET DES COLLECTES DE CHAQUE CANTON (1).

Année 1790.

DISTRICT DE CLERMONT.

17 cantons. — 89 collectes.

I.

Clermont.

II.

La ville de Saint-Amant.
Beaune.
Cornol.
La Varesne.
Léozun et Ollois.
Le Vernet.
Montredon.
Saint-Barthélemy d'Aydat.
Saint-Julien d'Aydat.
Saint-Saturnin.
Saulzet le Froid.

III.

Aubières.
Omme.
Pérignat près Sarlièves.
Romagnat.

IV.

Beaumont.
Ceyrat.
Saint-Genès-Champanelle.
Theix, Nadaillat, Fontfreyde.

V.

Bourglastic.
Briffons.
Messeix.
Puy-Lavèze, Bayonne et la Vezolle.
Saint-Julien près Herment.
Saint-Sulpice.
Savennes.

VI.

Cebazat.
Blanzat.
Sayat et Saint-Vincent.

VII.

Chamalières.
Chanat.
Laschamps.
Le Mas de Durthol.
L'Etang et villages.
Montrodès.
Nohanent.
Orcines.
Royat.
Le Mas de Villars.

VIII.

Cornon.
Le Cendre.
Lempde.

IX.

Gerzat.
Aulnat.
Lussat.
Malintrat.

X.

La ville d'Herment.
Lastic.
Prondines et Perol.
Saint-Germain près Herment.
Sauvagnat.
Tortebesse.
Verneghol.

(1) Voir Archives départementales du Puy-de-Dôme, série L. Voir aussi *Mémoire historique*, de M. Michel Coheudy, page 252.

XI.
La Roche Blanche ou la Roche d'Onnezat et Merdogne.
Chanonat.
Jussat.
Le Crest.

XII.
Les Martres-de-Veyre.
Corent.
Orcet.

XIII.
Le Pont du Château.
Les Martres d'Artières.
Cormède.
Lignat.

XIV.
Olby.
Allagnat.
Mazayes et Chambois.
Nabouzat.
Saint-Bonnet près Orcival.

Saint-Georges de Gelle.
Saint-Jean les Monghes.
Saint-Pierre Roche.

XV.
Plauzat.
Autezat.
La Sauvetat.
Saint-Sandoux.

XVI.
La ville de Rochefort.
Aurières.
Heume l'Eglise.
Laqueuille.
Murat le Quaire.
Orcival.
Orcival, quartier d'Ouaresse.
Perpezat.
Saint-Martin de Tours.
Vernines.

XVII.
Saint-Allyre et Monton.
Tallendre.

DISTRICT D'AMBERT.
9 cantons. — 82 collectes.

I.
Ambert.
Ambert, quartier du Mas.
— quartier de Valleyre.
— quartier de la Masse.
— quartier de Vialis.
Job, le bourg.
— quartier de Beaux.
— quartier de Rabousse.
— quartier de la Tour Goyon.
La Tour-Goyon.
Saint-Féréol des Côtes.
Saint-Martin des Olmes.
Thiollières.
Voissivières (Valcivières).

II.
Arlanc.
Arlanc, quartier de Chanceaux.
— le bourg.
Burrières.
Doranges.
Dore-l'Eglise.
Mayres.
Meydeyrolles.

Novacelles.
Saint-Alyre près la Chaise-Dieu.
Saint-Alyre près Montboissier.
Saint-Jean d'Obrigoux.
Saint-Sauveur.

III.
Cunlhat, quart. de Montboissier.
— quart. de Boissonnette.
Auzelle.
Auzelle, le quartier.
Brousse et Montboissier.
La Chapelle-Agnon.
La Chapelle-Agnon, quartier de la Rivière.

IV.
Marsac, le bourg.
Chadernolle, quartier de Marsac.
Chambon.
Champétières.
Chaumont.
Grandrif.
La Varesne, quartier.
Notre-Dame de Mons.

DANS LE DÉPARTEMENT DU PUY-DE-DÔME. 343

V.
La ville d'Olliergues.
Le Brugeron.
La Chabasse.
Marat, quartier du Bourg.
— quartier de la Montagne.
— quartier de Fradal.
Meymond.
Saint-Gervais sous Meymond.
Vertolaye.

VI.
Saint-Amant-Roche-Savine.
Bertignat.
Grandval.
Le Monestier.
Saint-Eloy.

VII.
Saint Germain l'herm.
St-Germain l'herm, les villages.
Aix en la Fayette.
Condat près Montboissier.
Echandelis.

Fayet.
Fournols.
Ronnayes.
Saint-Bonnet-le-Chastel.
Saint-Bonnet-le-Bourg.
Sainte-Catherine.
Saint-Genest près St-Germain.

VIII.
St-Anthème, quartier du Bourg.
St-Anthème, quartier du Gueyt.
— q. du Monerdiol.
— q. de Bergounioux.
La Chaulme.
Saint-Clément.
Saint-Romain.

IX.
Viverols, le bourg.
Viverols les villages.
Baffie.
Eglisolles.
Saillans.
Sauvessanges.
Saint-Just de Baffie.

DISTRICT DE BESSE.
6 cantons. — 43 collectes.

I.
La ville de Besse,
Besse en Chandaise.
Bains du Mont-d'Or.
Colamine le Puy.
Courgoul.
Le Bosbeleix.
Saint-Anastaise ou Eustaise.
Saint-Diéry haut et bas.
Saint-Pierre-Colamine.
Vauzelles et la Chavade.

II.
Eglise Neuve près Condat.
Compains et Briom.
Espinchal.
Geissoux et la Godivelle.
Picherande.

III.
Latour.
Baignols.
Chastreix.
Cros la Tarne.
Saint-Donnat.
Saint-Pardoux-Latour.
Tremouille.

IV.
Tauves.
Avèze.
Beaulieu.
La Bessette.
La Rodde.
Saint-Gal.
Saint-Sauves.
Singles.

V.
Murol.
Le Chambon.
Saillans (Salhens).
Saint-Nectaire.
Saint-Victor.
Verrières (sauf option).

VI.
Condat en Fenier.
Condat, quartier d'Entraigues.
Condat, quartier de Mercœur.
Champespe.
Marcenat et Obijoux.
Montgreleix.
Saint-Genest-Champespe.

DISTRICT DE BILLOM.

8 cantons. — 50 collectes.

I.
Billom.
Montmorin.
Saint-Julien de Coppel.
Tinlhat.

II.
Chauriat.
Chas.
Mezel.
Pérignat outre Allier.
Saint-Bonnet outre Allier.

III.
Mirefleurs et Chalendras.
Dreuil en la Roche.
Saint-André de Busséol.
Saint-Georges outre Allier.
Saint-Maurice.

IV.
Mozun.
Eglise neuve près Billom.
Fayet.
Isserteaux.
Manglieu.
Saint-Jean des Ollières.
Sugères.
Trezioux.

V.
Salmeranges et Ravel.
Bonghat.

Espirat.
Montaigut-Listenois.
Moissat haut.
Saint-Pierre de Moissat bas.
Neuville.
Reignat près Billom.
Saint-Jean de Glaines.
Saint-Pourçain de Bort.

VI.
Tours.
Ceilloux.
Domaize.
Estendeuil.
Saint-Flour près Courpière.
Sandier (Saint-Dier).

VII.
Vic-le-Comte.
Ironde et Buron.
Laps.
Montlouis.
Parent.
Pignols.
Sallèdes.

VIII.
Vertaizon.
Beauregard.
Bouzel.
Dallet.
Vassel.

DISTRICT D'ISSOIRE.

9 cantons. — 102 collectes.

I.
La ville d'Ardes.
Anzat le Luguet.
Apchat.
Augnat.
La Chapelle sous Marcousse.
La Meyrand.
Le Fromental.
Madriat.
Mazoires.
Roche-Cherles.
Rouheyrand.
Rozentières.
Saint-Alyre et Montagne.
Saint-Hérem et Pouillou.

II.
Brassac.
Champagnat.
Chateauneuf du Fraisse.
Jumeaux.
Olliergs.
Saint-Jean-Saint-Gervais.
Saint-Martin des Ollières.
Val sous Chateauneuf.

III.

Champeix.
Chidrat.
Clémensat.
Crestes.
Grandeyrols.
Ludesse.
Meillaud.
Montaigut, quartier de St-Julien.
Orphanges.
Pardines.
Reignat sur Champeix.
Saint-Cirgues.
Saint-Floret.
Saint-Vincent près Meilhaud.
Verières (s'il n'opte pas pour Murol).

IV.

La ville d'Issoire.
Bergonne.
Brenat.
Flat.
Le Broc.
Orbeil.
Parentignat.
Perrier.
Saint-Babel.
Saint-Yvoine.

V.

La Monghe.
Aubiat.
Auzat.
Bansat.
Esteil.
La Chapelle sur Usson.
Les Pradeaux.
Le Vernet.
Maillat.
Orsonette.
Saint-Martin des Plains.
Saint-Remy de Chargnat.

VI.

Neschers.
Chadeleuf.
Cheynat.
Sauvagnat.
Coudes et Montpeyroux.

VII.

Saint-Germain-Lembron.
Beaulieu.
Boudes.
Chalus.
Charbonnier.
Collanges.
Gignat.
Le Breuil.
Mauriac.
Nonette.
Saint-Cirgues-Montcelet.
Saint-Gervazy.

VIII.

Souxillanges.
Auliat.
Chaméane.
Chargnat.
Eglise neuve.
La Varesnes, les villages.
Le hameau de Saint-Quentin.
Sainte-Croix.
Saint-Etienne sur Usson.
Saint-Germain sous Usson.
Saint-Jean en Val.
Saint-Privat.
Usson.

IX.

Vodables.
Antoing.
Chassaigne sur Mégemond.
Dauzat-Trainant.
Félines.
Longchamps.
Mareughol.
Mazerat.
Ronzières.
Sauriers.
Solignat.
Tourzel.
Villeneuve.

DISTRICT DE MONTAIGUT.

5 cantons. — 58 collectes.

I.

La ville de Montaigut.
Ars.
Bussières.
Bussières, le bourg.
Buzatiers.
Chevary.
Durmignat.
Echassières.
La Crouzille.
La Franchise de Montaigut.
La Peyrouse (Le Pérouse).
La Vernade.
Moureuille.
Montcloux.
Saint-Eloy.
Virlet et la Communielle.

II.

Menat.
Beauvoir-Servant.
Blot-l'Eglise.
Lisseuil.
Marcillat.
Neuve-Eglise.
Pouzol.
Saint-Gal.
Saint-Pardoux.
Saint-Quentin.
Saint-Remy.
Saugières.
Servant.
Teilhet.

III.

Montel de Gelat.
Auteserre.
Biolet.
Charensat.
Traslègues.
Vergheas.
Villossanges.

IV.

Pionsat.
Charon.
Château sur Cher.
La Celette.
Le Quartier.
Roche d'Agoux.
Saint-Hylaire.
Saint-Maignier.
Saint-Maurice.
Youx-Ladoux.

V.

Saint-Gervais.
Ayat.
Besserve.
Chambonnet.
Espinasse.
Gouttières.
Saint-Cyr.
Sainte-Christine.
Saint-Julien.
Saint-Priest.
Saint-Valentin de Châteauneuf.

DISTRICT DE RIOM.

11 cantons. — 112 collectes.

I.

La ville de Riom.
Marsat.
Mozat.
Menestrol et Bourassol.
Pessat et Villeneuve.
Pompignat et Chateaugay.
Saint-Bonnet.

II.

Aigueperse.
Bas.
Bussières.
Chassenet.
Chaptuzat.
Denone.
Effiat.
La Chapelle d'Andelot.
Le Couhat.
Le Jeaunet.
Lezat.
Montpensier.
Olliat.
Pagnans.
Saint-André.
Saint-Clément.

Saint-Genest.
Sardon.
Saint-Jean de Vensat.
Saint-Jullien.
Thuret.

III.

Artonne.
Aubiat.
Bicon.
Cellule et Chauffour.
Champs.
Chazelle.
Glenat.
Jozerand.
La Moutade.
Le Cheix.
Persignat.
Pommort.
Saint-Agoulin.
St-Hilaire la Croix } Lac Roué. / Lac Rouge.
Saint-Myon.

IV

Combronde.
Beauregard-Vandon.
Charbonnière les Vieilles.
Davayat.
Gemeaux.
Issat, la Tourette.
Montcel.
Prompsat.
Saunat.
Teilhèdes.

V.

Ennezat.
Ennezat le Château.
Champeyroux.
Chavaroux.
Chappes.
Clerlandes,
Entraigues.
Espinet.
Jussat.
Les Martres sur Morge.
Saint-Beauzire.
Saint-Ignat.
Saint-Laure.
Varesnes.

VI.

Giat.
Condat.
Fernoëls.
La Celle près Fernoëls.
Le Puy Saint-Gulmier.
Saint-Alvard.
Saint-Avit.
Saint-Etienne des Champs.
Saint-Genès les Monges.
Voing.

VII.

Manzat.
Comps.
Queuille.
Saint-Angel.
Saint-Georges de Mons.
Vitrac.

VIII.

Pontaumur.
Cisternes.
Combrailles en Val.
La Forest.
Landogne.
Miremond.
Saint-Hilaire.
Saint-Jacques d'Ambur.

IX.

La ville de *Pontgibaud.*
Bromont la Motte.
Chapdes et Beaufort.
Montfermy.
Saint-Ours.
Saint-Pierre le Chastel.
Villemonteix et villages.

X.

Randans.
Beaumont les Randans.
Jussat.
Saint-Denis-Combarnazat.
Saint-Priest de Bramefant.
Saint-Sylvestre.
Villeneuve des Cerfs ou l'Abbé.

XI.

Volvic.
Charbonnières les Varennes.
Crouzol et villages.
Loubeyrat.
St-Coust et Chatelguyon.
Saint-Genest l'Enfant.
Saint-Hippolyte et Achon.

DISTRICT DE THIERS.

7 cantons. — 62 collectes.

I.

Thiers.
Dorat.
Escoutoux.
Le moûtier de Thiers.

II.

Châteldon.
Charnat.
Lachaux.
Limon.
Nouaillat.
Parlinée.
Paslières.
Ris.
Saint-Alyre.

III.

La ville de *Courpières.*
Courpières, quartier du Pont.
— quartier de la Barge.
— quart. de Frédeville.
Courteserre.
Neyronde.
Peschadoire.
Sauviat, quartier haut.
— quartier du Prieuré.
Sermentizon.

IV.

La ville de *Lezoux.*
Bulhon.
Culhat.
La Fouillouse.
Le Bassinet.
Le Mas d'Ochier.
Le Mas de Chassignoles.
Le Mas d'Ornon.
Lempty.

Orléat.
Pont Astier.
Saint-Jean d'Heurs.
Seychalles.

V.

La ville de *Maringues.*
Crevant,
Luzillat.
Tirande.
Tissonnières.
Vialle et Montgacon.
Vinzelles.
Uriat et Jose.

VI.

Saint-Remy-sur-Thiers.
Arconsat.
Celle sur Thiers.
Les Fagots-Marnat.
Mont Vianey.
Saint-Victor.

VII.

Volore et Chignore, quartier du Bourg.
Volore, quartier de la Rivière et de Montguerle.
Volore, quart. du Pas de l'Arche.
Volore, quartier d'Aubusson haut et bas.
Aubusson.
Augerolles, quartier d'Aubussou.
— quart. de Fredeville.
— qu. de la Montagne.
Augerolles, quartier du Bourg bas
Olliergues.
Espinasse.
Olmet, quartier du Bourg.
— quartier de la Marélie.

RÉCAPITULATION.

I.	District de Clermont......	17 cantons.	89	collectes.
II.	District d'Ambert.........	9	—	82	—
III.	District de Besse..........	6	—	43	—
IV.	District de Billom.........	8	—	50	—
V.	District d'Issoire..........	9	—	102	—
VI.	District de Montaigut......	5	—	58	—
VII.	District de Riom..........	11	—	112	—
VIII.	District de Thiers.........	7	—	62	—
	Totaux........	72 cantons.	598	collectes.

DÉNOMINATION DU DÉPARTEMENT

ET DIVISION EN DISTRICTS

Il y eut également de vives discussions au sujet du nom à donner au département; jusqu'à cette époque on s'était servi des expressions : *département de la Basse-Auvergne, département du Velay*, etc... Mais on ne pouvait, sans commettre une anomalie, conserver ces diverses dénominations. Le Comité de constitution eut alors l'idée qu'il proposa à l'Assemblée de donner aux départements des noms empruntés soit aux principales rivières du territoire, soit à des chaînes de montagnes. Ainsi pour la Basse-Auvergne, on fit diverses propositions : on voulut tout d'abord lui donner le nom de département du Mont-d'Or, mais cette appellation parut choquante et sur la proposition de Gaultier de Biauzat, on le changea en *département du Puy-de-Dôme*, tel qu'on le désigne aujourd'hui (1).

En ce qui concernait les districts l'habitude prévalut, en dehors de toute autre dénomination légale, de les désigner par le nom de leur chef-lieu.

Le décret général de division de la France une fois promulgué, le 4 mars, le roi désigna les agents chargés de veiller à son exécution dans chaque département.

Dans le département du Puy-de-Dôme les trois commissaires désignés furent : MM. Monestier, d'Estaing, de Brugière de Barante.

Mais ils eurent fort à faire, chaque ville voulant supplanter sa voisine ; telle paroisse poussait les hauts cris

(1) Voir Fr. Mège : *Formation du département du Puy-de-Dôme*, page 127.

parce qu'on l'avait réunie à un canton avec lequel elle n'avait jamais eu de relations. Ainsi, à titre d'exemple, je citerai Lempdes, près Pont-du-Château, qui pétitionnait pour être séparé de Cournon, alléguant que depuis de longues années il y avait animosité entre les habitants des deux villages.

La commune de Saint-Beauzire réclamait contre son annexion au canton d'Ennezat et voulait à tout prix faire partie du canton de Gerzat dans le district de Clermont.

Voici une lettre pleine de lamentations écrite à ce sujet par le curé de Saint-Beauzire, M. Majeune, le 2 avril 1790, et qui est extraite de la collection Desbouis :

« A la première nouvelle de notre séparation de Gerzat, quant au district, nous gémîmes sur notre sort, la douce espérance où nous étions que le principal entraînerait l'accessoire, ne fit que l'aggraver.

» La timidité, la crainte de nous nuire nous fit dévorer notre chagrin sans mot dire.

» Mais maintenant qu'il est à son comble par la perspective d'une expatriation monstrueuse, et une promiscuation d'êtres inconnus et indifférents, je ne saurais me taire.

» Gerzat est chef-lieu de canton, plus rapprochés que Lussat et de Clermont et de Gerzat, nous verrons cette paroisse traverser nos appartenances pour aller voter à Gerzat, tandis qu'elle ne soupire que pour le Pont-du-Château, et nous, pauvres malheureux ! quoiqu'aux portes de Gerzat, irons à une lieue et demie commune de France, dans une ville qui nous est totalement étrangère, où nous n'avons ni commerce, ni relations quelconques, ce qui diminuera notablement le nombre de nos électeurs qui refusent de s'y rendre. *Non coütuntur Judæi cum Samaritanis.* »

Montferrand qui depuis l'édit de 1730 avait déjà réclamé maintes et maintes fois contre sa réunion à Clermont, essaya aussi de protester à nouveau et de reconquérir son autonomie municipale. Malheureusement pour cette ville, ses démarches n'aboutirent pas et la demande de Montferrand n'obtint même pas les honneurs de la discussion publique. M. Gaultier de Biauzat y était d'ailleurs personnellement hostile.

Nous avons parlé de la division du département du Puy-de-Dôme en districts, nous allons maintenant parler de l'administration départementale.

Cette administration qui naquit de tâtonnements subit différentes transformations pendant la période qui s'écoula entre 1789 et l'an VIII, on y expérimenta divers systèmes qui se produisirent successivement sous les dénominations suivantes (1) :

1° Administration des districts ;

2° Administration centrale.

3° Gouvernement révolutionnaire. — Permanence. — Comités ;

4° Administrateurs du Département ;

5° Rétablissement des Directoires de département et de districts ;

6° Administration cantonale. — Municipalités de cantons ;

7° Préfectures. — Sous-Préfectures. — Mairies.

PREMIER SYSTÈME.

ADMINISTRATION DES DISTRICTS.

En vertu du décret de l'Assemblée nationale du 22 septembre 1789 et des lettres patentes du roi de janvier 1790, il fut établi : au chef-lieu de chaque département, une assemblée administrative supérieure sous le titre de « *Administration du Département* ; au chef-lieu de chaque district,

(1) Voir Mémoire historique de Michel Cohendy, p. 267.

une assemblée administrative inférieure sous le titre de : « *Administration de district* ».

Et enfin une *municipalité* ou *administration municipale* dans chaque ville, bourg, paroisse ou communauté de campagne.

Tous les membres de ces différentes administrations furent nommés à « *l'élection dans les assemblées primaires* ». Ils devaient être renouvelés par moitié tous les deux ans, la première fois au sort ; ils ne pouvaient être révoqués, ni destitués qu'après un jugement déclaratif de forfaiture.

Aux administrations départementales étaient attachés un *Procureur général syndic ;* à celles de districts et de municipalités un *Procureur syndic*, nommés en même temps que les administrateurs et par les mêmes électeurs pour quatre années au bout desquelles ils pouvaient être réélus.

L'administration de département se composait de 36 membres, élus par les électeurs du département ; celles de districts, de 12 membres élus par les électeurs du district réunis au chef-lieu du district.

L'administration du département, suivant en cela le plan de Siéyès, était divisée en deux sections, l'une sous le titre de *Conseil de département*, qui exerçait le pouvoir délibérant, et l'autre sous celui de *Directoire du département*, représentant le pouvoir agissant, le pouvoir exécutif.

Le Directoire était composé de *huit* membres, élus par les trente-six membres de l'administration du département. Ils étaient renouvelables tous les deux ans par moitié, la première fois au sort.

Le Conseil de département tenait une session annuelle d'un mois au moins, pour fixer les règles de chaque partie importante de l'administration du département et ordonner les travaux et les dépenses générales.

Le Directoire, en fonction permanente pendant l'intervalle des sessions annuelles, était chargé de l'exécution des décisions rendues par le Conseil et de l'administration des affaires courantes.

Un *directoire* existait aussi à la tête de chaque district ; il était formé de quatre membres nommés par les douze membres de l'administration du district (1).

PREMIÈRE ASSEMBLÉE DÉPARTEMENALE DU PUY-DE-DOME.

Le Conseil général du département du Puy-de-Dôme, une fois constitué au complet, se réunit le 28 juillet 1790 à Clermont, dans la salle du Collège, local affecté aux réunions de l'ancienne *assemblée provinciale* pour faire choix, dans son sein, des *membres* qui devaient composer le *Directoire* chargé par les décrets d'administrer *le département du Puy-de-Dôme*.

Il était composé de :

MM. Maignet, Etienne, d'Ambert.
  Col, Mathieu, de Saint-Anthême.
  Coeffier, Guillaume jeune (du Terraule) de Cunlhat.
  Bravard, Pierre-Claude (de Laboisserie) d'Arlanc.
  Lhéritier, Jean, de Champétières.
  D'Estaing, Guillaume, commissaire du roi, d'Issoire.
  Puray, Antoine père, de Champeix.
  Triozon, Pierre fils, d'Antoingt.
  Christophle père, de Sauxillanges.
  Chandezon, Jacques-Joseph, avocat, de Besse.
  Faucher Antoine Mondayre, d'Eglisencuve-près-Condat.
  Burin, Laurent-Marcelin (des Rosiers), de La Tour.

---

(1) Voir pour la formation, l'organisation, la nature et l'étendue des pouvoirs des corps administratifs de département et de district, la formation des assemblées primaires, etc., le décret de l'Assemblée nationale du 22 décembre 1789.

Bleton, Antoine-Alexandre, de Tauves.
Barret, Annet (du Coudert), de Montaigut.
Baisle, Jean-Baptiste, notaire, de Blot-l'Eglise.
Sersiron, Charles-Alexandre (la Besse), de Montel-de-Gelat.
Maymat, Gilbert, notaire, de Pionsat.
Riberolles, Barthélemy (de la Chassaigne), de Thiers.
Goyon-Chassagne, Jean, de Courpière.
Servagnat, Gilbert, de Châteldon.
Petit-Taurin, bourgeois de Lezoux.
Grimardias-Cusson, Etienne, notaire, de Maringues.
Touttée, Jacques fils, de Riom.
Chollet, Pierre (de Beaufort), d'Aigueperse.
Martin, Géraud, notaire, de Randan.
Bouyon, Antoine-Marie, de Bromont.
Maignol, Gilbert, d'Artonne.
Perron, Pierre, médecin, de Billom.
Cuel, François, de Vic-le-Comte.
Téallier, Claude-Etienne, avocat, de Trézioux.
Filère, Marcelin, avocat, de Sugères.
Peyronnet, Pierre, médecin, de Rochefort.
Mazoires, Yves, de Gerzat,
Bonjour, Hugues, des Martres-de-Veyre.
Prevost, Henri-François, de Clermont.
Girot, avocat, de Saint-Germain.
Monestier, Michel, procureur général, syndic de Clermont.

L'assemblée ainsi composée nomma dans sa première séance, pour son *président*, M. Cuel, de Vic-le-Comte, et pour son *secrétaire*, M. Goigoux.

Elle nomma ensuite les membres du Directoire inscrits ci-dessous dans l'ordre de leur nomination.

DIRECTOIRE DU DÉPARTEMENT.

MM. Maignet, Christophle, Chandezon, Maymat, Riberolles, Chollet, Téallier, Prévost.

Le Directoire s'occupa de divers remaniements cantonaux et de la condensation et réunion des nombreuses municipalités qui s'étaient créées spontanément après la réunion des Etats Généraux. Le département du Puy-de-Dôme en comptait 574 et telle paroisse avait jusqu'à quatre municipalités; Arlanc et Courpière étaient dans ce cas.

INSTALLATION DE L'ASSEMBLÉE DÉPARTEMENTALE AUX CORDELIERS.

Un décret du 16 octobre 1790 ayant prescrit aux assemblées départementales de se loger, soit dans les hôtels de villes, soit dans les palais de justice, les autorisa à acheter des bâtiments nationaux tout en leur recommandant l'économie la plus sévère.

Le Directoire et le Conseil général du Puy-de-Dôme avaient commencé par tenir leurs séances ainsi que nous l'avons dit plus haut dans les salles du Collège qui avaient déjà servi à l'assemblée provinciale.

On songea d'abord à faire de la Cour des Aides le siège de l'administration, mais on y renonça et on pensa à l'ancien couvent des Carmes situé près du Collège. Ce projet eut des contradicteurs et on se décida à demander l'autorisation d'acquérir l'ancien couvent des Cordeliers. Le décret d'autorisation fut rendu le 29 avril 1791 et peu après l'administration départementale s'installa aux Cordeliers où elle est aujourd'hui.

Ce décret d'autorisation dont il vient d'être parlé fut donné après qu'un autre décret du 30 octobre 1790, rendu sur le rapport de M. Gonin, eut fixé définitivement à Clermont le titre de chef-lieu du département du Puy-de-Dôme qui ne lui avait été conféré que provisoirement, ainsi qu'on l'a vu plus haut par le décret du 10 février 1790.

Il est juste d'ajouter que c'est grâce à Gaultier de Biauzat et à ses collègues de la députation du Puy-de-Dôme, parmi lesquels figurait l'abbé Louis Bonnefoy, chanoine de Thiers, si le décret du 30 octobre 1790 fut rendu.

Cela résulte d'une lettre de Biauzat ci-dessous transcrite et qui est extraite d'un ouvrage intitulé : *Gaultier de Biauzat, sa vie et sa correspondance*, publié par Francisque Mège dans les *Mémoires de l'Académie de Clermont* chez Bellet, en 1890, page 95.

« J'ai voulu, écrit Biauzat le 2 novembre, j'ai voulu prévenir les tentatives qui auraient pu être hasardées par des ennemis ou des envieux, ou même par des étrangers simplement induits en erreur. J'ai provoqué la suppression du conditionnel et du provisoire dans le décret du 10 février 1790 et j'ai demandé que le chef-lieu du département du Puy-de-Dôme fût définitivement fixé en notre ville. Je fis d'abord ma proposition au Comité où elle parut ne pas devoir éprouver de difficultés. MM. de la ville de Riom en furent d'abord prévenus et par moi dans la personne de M. Redon et par M. Gonin, rapporteur du Comité, et ils obtinrent des retards. J'en fis la proposition aux députés du département à la première assemblée particulière que nous tinmes au sujet des impôts et à laquelle se trouvèrent MM. l'Évêque, Riberolles, Huguet, Vimal, Girot-Pouzol et Bonnefoy.

» Cette proposition n'éprouva aucune difficulté, il faut remarquer qu'il ne s'y trouva aucun de Messieurs de Riom (1). »

---

(1) Voir aussi *Généalogie des familles Bonnefoy et Pons de Pouzol*; Georges Bonnefoy, Clermont-Ferrand, Mont-Louis (1894).

RENOUVELLEMENT DU CONSEIL DE DÉPARTEMENT EN 1791.

Aux élections de 1791, il y eut 18 membres à nommer en remplacement de ceux qui étaient sortis de l'Assemblée par la voie du sort et de ceux qui furent nommés députés à l'Assemblée législative. Ce furent :

MM. Bravard-Lavernière, électeur de la ville d'Arlanc.
Besse de Beauregard, électeur du canton de Vertaizon.
Chandezon, Jacques-Joseph (réélu), électeur de la ville de Besse.
Huguet, citoyen de la ville de Billom et député à l'Assemblée nationale.
Pourrat, électeur de la ville d'Ambert.
Favier, électeur du canton de Saint-Gervais.
Bleton (réélu), électeur du canton de Tauves.
Fressanges, électeur de la ville de Riom.
Imbert, électeur du canton de Viverols.
Puray (réélu), électeur du canton de Champeix.
Riberolles, Barthélemy (réélu), citoyen de la ville de Thiers.
Chanoni, électeur du canton de Vic-le-Comte.
Lami, électeur du canton de Monton.
Conchon, électeur du canton de Volvic.
Feuillant, électeur du canton de Brassac.
Perrier, évêque constitutionnel du département, électeur de la ville de Clermont.
Maymat, Gilbert (réélu), électeur du canton de Pionsat.
Filère, Marcelin (de Sugères), électeur du canton de Mauzun (réélu).

Les nouveaux membres du Directoire furent :

MM. Peyronnet.
    Bravard.
    Chandezon (réélu).
    Besse.
    Riberolles (réélu).

RENOUVELLEMENT DES CORPS ADMINISTRATIFS ET JUDICIAIRES EN 1792.

Par un décret du 19 octobre 1792, la Convention nationale fixa ainsi qu'il suit le mode de renouvellement des corps administratifs et judiciaires, etc.

Les membres des Directoires des administrations dont la nomination était faite par les membres du Conseil général des administrateurs qui les choisissaient parmi eux durent, aux termes du décret, être nommés par les corps électoraux par scrutin de liste simple et séparément des autres administrateurs nommés ensuite aussi par scrutin de liste simple.

Le décret portait que ceux des administrateurs qui auraient réuni le plus de voix seraient suppléants des membres du Directoire.

Conformément aux termes du paragraphe 9 du même décret qui fixa pour le 11 novembre la réunion des corps électoraux au chef-lieu du district qui suivait immédiatement dans l'ordre du tableau celui où avaient été tenues les assemblées électorales pour la nomination des députés à la Convention, l'assemblée réunie à Ambert nomma dans ses séances des 13, 14, 15 et 16 novembre, dans l'ordre suivant :

Procureur général syndic : M. Chauty de Clermont.

MEMBRES DU DIRECTOIRE DU DÉPARTEMENT :

MM. Favier, de Saint-Gervais.
    Chandezon, de Besse.
    Faucher fils, de Saint-Germain-l'Herm.
    Espagnon, de Parentignat.
    Besse, de Beauregard.
    Beaufrère, de Pont-du-Château.
    Goutay aîné, de Joze.
    Molin, de Riom.

Administrateurs du département : MM. Delsuc, Jacques; Noyer-Dubouyt; Filère, juge; Delotz-Darrot, de Thiers.

Ces quatre premiers membres ayant réuni le plus de voix, furent suppléants des membres du Directoire.

MM. Vimal-Flouvat, d'Ambert.
    Dulin-Lamothe, Antoine-Annet.
    Boutarel, Benoît.
    Marillac, de Ravel.
    Morin, Jean-Baptiste.
    Richard, Annet.
    Pourrat, Mathias.
    Chabrol, Gabriel-Jean fils.
    Imbert, de Viverols.
    Lacoste.
    Chomette.
    Rouderon.
    Puray.
    Moussier (Mossier), de Ris.
    Fargeix, de Bourg-Lastic.
    Bonfils, de Coudes.
    Petit, de Lezoux.
    Goyon, de Courpière.
    Enjelvin.

Mornac père.
Borde, de Riom.
Daugerolles.
Viallevielle, du Crest.

Le 13 décembre 1792, l'assemblée du Conseil général du département complétée, conformément au décret du 19 octobre, nomma pour son président le citoyen Imbert; pour vice-président, le citoyen Daugerolles, et pour secrétaire le citoyen Goigoux, Hugues.

DEUXIÈME SYSTÈME.

ADMINISTRATION CENTRALE.

L'œuvre de la Constituante ne fut pas toujours respectée par la Convention nationale.

Bien des décisions de l'assemblée monarchique furent révisées et adaptées aux idées nouvelles par l'assemblée républicaine.

La division du territoire eut son tour; dans l'intérêt de l'unité et de l'indivisibilité de la République, le comité de Constitution imagina de supprimer les districts.

C'était à peu près la reproduction d'une idée de Mirabeau.

Cette proposition qui fut présentée par Condorcet, fut vivement combattue, notamment par Salles, député de la Meurthe. Aussi, dans la séance du 21 mai 1793, ce dernier disait :

« Cette division territoriale en districts existe, et par cette raison surtout vous ne devez pas y toucher sans la plus urgente nécessité. En général, les citoyens tiennent à cette institution parce qu'ils en ont senti les bienfaits. D'ailleurs, savez-vous dans quels inextricables embarras vous vous jetteriez si vous décrétiez une nouvelle division ?

» Pour les connaître, il faut avoir été témoin de ceux

que causa à l'Assemblée constituante la division qui existe aujourd'hui.

» Plus de dix mille députés extraordinaires arrivèrent à la fois de tous les points de la France pour réclamer quelque établissement.

» Il fallut mille fois recommencer les démarcations du territoire pour satisfaire tous les intérêts. Cette précaution n'empêcha pas l'assemblée de faire un grand nombre de mécontents.

» Eh bien! si vous changiez l'ordre établi tout ce travail serait inutile, il faudrait tout recommencer. Vous tomberiez dans le même embarras. Il y a plus, les départements ont fait aujourd'hui de nouvelles dettes, ils ont élevé de nouveaux établissements et les anciennes charges des provinces ne sont pas même encore liquidées entièrement. Vous vous exposeriez donc à enchevêtrer ainsi trois ou quatre régimes différents. »

Après une longue et vive discussion, la division créée par l'Assemblée constituante en départements, districts et cantons fut maintenue par la Convention.

La Constitution du 24 juin 1793 mit fin à l'administration des districts. Elle modifia le système de l'administration de la manière suivante.

Elle créa :

Dans chaque commune de la République *une administration municipale.*

Dans chaque district, *une administration intermédiaire.*

Dans chaque département, *une administration centrale.*

Ces différents corps administratifs furent nommés à l'élection : *les officiers municipaux* par les assemblées de commune ; *les administrateurs de districts et de départements* par les assemblées électorales de district et de département ; les *municipalités* et les administrations renouvelables tous les ans par moitié.

L'*administration centrale* fut composée, dans les mois de juillet, août et 21 premiers jours de septembre 1793, fin de l'an I, des citoyens :

- Besse.
- Chandezon.
- Fauchier.
- Goutay.
- Molin.
- Beaufrère.
- Favier.
- Espagnon.

Chauty, procureur général syndic.
Goigoux, secrétaire général.
Surmes, secrétaire général intérimaire.

Pendant les huit derniers jours de septembre 1793, commencement de l'an II, des citoyens :

- Favier.
- Noyer-Dubouyt.
- Fournial.
- Bonnet.
- Niepce.
- Saulzet.
- Verniette.
- Monestier.

A partir de cette époque, figurèrent à l'*Administration centrale*, pendant des périodes indéterminées plus ou moins longues et à diverses reprises, sous le nom de *Permanence*, les citoyens :

- Noyer-Dubouyt.
- Enjelvin.
- Bonfils.
- Boutarel.
- Petit.
- Lacoste.
- Chomette.
- Mornac.
- Vimal-Flouvat.
- Daugerolles.
- Pourrat.
- Fargeix.
- Viallevielle.
- Puray.
- Delotz-Darrot.
- Dulin.
- Delsuc.
- Archimbaud.
- Chabrol.
- Favier-Girauld, de Thiers.
- Baudet.
- Moulin.
- Daubusson, de St-Jean-les-Monges.
- Mazuel, d'Antoingt.
- Joanny, d'Issoire.
- Brunel, d'Issoire.

Pendant le quartier de vendémiaire ou premier trimestre de l'an II (1793-1794), les citoyens :

Favier.
Saulzet.
Noyer-Dubouyt.
Enjelvin.

Bonnet.
Laforie.
Limet.
Costes.

Boutarel, procureur général, syndic.
Abraham, secrétaire général.
Albarède, secrétaire général par intérim.

TROISIÈME SYSTÈME.

GOUVERMEMENT RÉVOLUTIONNAIRE.

(Période comprise depuis le 14 frimaire an II jusqu'au 1er vendémiaire an IV.)

Par le décret du 14 frimaire an II, sur le mode de gouvernement provisoire et révolutionnaire, la Convention nationale changea complètement la base du système administratif. *Les Conseils généraux, les présidents, les procureurs généraux syndics du département, les procureurs syndics de districts, les procureurs de communes et leurs substituts* furent supprimés et remplacés par des *agents nationaux*, spécialement chargés de requérir et de poursuivre l'exécution des lois, ainsi que de dénoncer les négligences apportées dans cette exécution et les infractions qui pourraient se commettre.

Ils étaient autorisés à se déplacer et à parcourir l'arrondissement de leur territoire pour surveiller et *s'assurer plus positivement de la stricte exécution des lois.*

Ces fonctions furent déférées aux procureurs généraux syndics, procureurs syndics, procureurs de communes.

Ils étaient tenus ainsi que tous les autres fonctionnaires chargés personnellement par le décret ou de requérir l'exécution de la loi ou de la surveiller plus particulièrement, d'entretenir une correspondance exacte toutes les *décades* ou tous les dix jours avec le *Comité de salut public* et le *Comité de sûreté générale*.

L'article 5 de la section III de ce même décret supprima la hiérarchie qui plaçait les districts, les municipalités ou toute autre autorité, sous la dépendance des départements, pour ce qui concernerait les lois révolutionnaires et militaires et les mesures de gouvernement, de salut public et de sûreté générale.

Des *comités de surveillance* ou *révolutionnaires* furent institués dans chaque chef-lieu de district auxquels fut confiée, conjointement avec les municipalités, l'application des lois révolutionnaires et des mesures de sûreté générale et de salut public, à la charge de rendre compte tous les dix jours, tant au comité de sûreté générale qu'au district de leur arrondissement.

Composés de douze citoyens d'un républicanisme éprouvé, ils étaient renouvelables tous les trois mois par moitié. Les présidents et secrétaires devaient être renouvelés tous les quinze jours et ne pouvaient être réélus qu'après un mois d'intervalle.

Une lettre des représentants du peuple, membres du comité de sûreté générale et de surveillance de la Convention nationale au représentant Musset, en mission dans le département, du 22 fructidor an III, par laquelle ils l'invitaient à organiser les nouveaux comités révolutionnaires conformément au décret du 7 fructidor, donne pour raison de cette mobilité :

« Qu'il serait impolitique de trop prolonger l'existence des pouvoirs entre les mains des mêmes individus; ce serait d'ailleurs frapper d'une espèce de proscription ceux qui en auraient été éloignés. »

Pendant la durée de cette période, de l'an II au 1er vendémiaire an IV, les administrateurs ainsi que toutes les autres autorités constituées furent nommés par le *comité de législation* ou par les représentants du peuple en mission. Ceux alors en mission dans le département, furent les représentants Musset, Chazal et Delcher venus successivement. (Voir le décret de la Convention du 2 frimaire an II.)

Les citoyens qui composaient l'administration pendant le quartier de vendémiaire au premier trimestre de l'an II restèrent les mêmes pendant les trois autres trimestres ou quartier de nivôse, germinal et messidor.

AN III.

Par arrêté du 5 brumaire an III, du représentant du peuple Musset, les membres composant *l'administration du département* furent remplacés par les citoyens :

Nicolas, Joseph-Claude, avocat, commissaire du pouvoir exécutif près la municipalité de Clermont, pour Clermont (1).

Portrait : Voir son portrait ci-contre d'après une miniature de l'époque obligeamment communiquée par M. Oscar Cohendy, son arrière-petit-fils, ancien président du Tribunal de commerce de Clermont.

Boutarel, Benoît (de Bromont), district de Riom, pour Riom.

Baudet-la-Roche, Mathieu-Jean (de Maringues), pour Thiers.

Vimal-Flouvat, pour Ambert.

Courbayre, Antoine, notaire public à Solignat, pour Issoire.

Morin, Jean-Baptiste, de Besse, pour Besse.

Archimbaud, Joseph (de Saint-Gervais), pour Montaigut.

Mally, pour Billom.

---

(1) Nous donnerons la biographie de ce personnage sous le chapitre IV relatif aux Conseillers de préfecture.

En nivôse et pluviôse, *l'administration* se trouva composée des mêmes membres, moins les citoyens :

VIMAL-FLOUVAT, remplacé par le citoyen COSTES, Vital, avoué à Ambert;

MALLY, remplacé par le citoyen ROUGIER, François, de Vic-sur-Allier; par arrêtés le 1er du 5 frimaire et le second du 11 du même mois.

QUATRIÈME SYSTÈME.

RÉDUCTION DU NOMBRE DES ADMINISTRATEURS.

La machine administrative était savamment construite, mais les ressorts qui devaient communiquer le mouvement n'existaient point.

Le Gouvernement central, placé au sommet et théoriquement responsable, n'avait pas la puissance nécessaire pour se faire obéir.

Les pouvoirs locaux étaient des obstacles, ils formaient de petites assemblées « délibérant toujours et n'agissant jamais », suivant le reproche que leur adressa un illustre historien.

Étant collectifs, ils étaient presque indépendants et par suite plus portés à la résistance qu'à la soumission.

On était enfin arrivé à une multiplicité de rouages dont le mécanisme compliqué ne pouvait se mouvoir faute d'espace et de matières (1).

Au milieu de la tourmente révolutionnaire, ces institutions furent impuissantes à assurer la cohésion des forces de l'État.

Les législateurs l'ayant compris, par la loi du 1er ventôse an III, ils supprimèrent la permanence des Conseils généraux et districts (supprimés déjà par le décret du 14 fri-

(1) Leroy-Beaulieu, *Organisation administrative en France et en Angleterre.*

NICOLAS (Joseph-Claude)

Avocat,
Administrateur du département du Puy-de-Dôme
en l'an III, IV, VII, etc.,
Né à Clermont en 1763
Mort dans la même ville.

maire) et réduisirent provisoirement, en attendant mieux, à cinq le nombre des administrateurs du département.

Cette réduction devait s'opérer par la voie du scrutin entre eux.

Conformément à cette disposition, les administrateurs réunis en séance le 13 ventôse désignèrent par la voie du sort les cinq d'entre eux qui devaient composer *l'administration du département.* Ce furent les citoyens :

   Nicolas ;
   Morin ;
   Courbayre ;
   Baudet ;
   Rougier.

Ils restèrent en fonctions pendant germinal et floréal.

CINQUIÈME SYSTÈME.

RÉTABLISSEMENT DES DIRECTOIRES DE DÉPARTEMENTS ET DE DISTRICTS.

La loi du 14 frimaire an II, qui n'était que transitoire, fut abrogée par celle du 28 germinal an III.

La Convention décréta que les départements et les districts reprendraient les fonctions qui leur étaient déléguées par les lois antérieures au 31 mai 1793 (vieux style).

Les *Directoires de départements* furent de nouveau composés de *huit administrateurs* qui nommèrent leur *président*.

La fonction de *procureur général syndic* fut rétablie.

Les représentants en mission furent chargés de compléter ou de réorganiser les Directoires dans le délai de deux décades.

Dans le même délai, les nominations furent faites par le *Comité de législation* pour ceux des départements dans l'étendue desquels il n'y avait pas de représentants en mission.

En attendant ces nominations, les *Directoires* désignèrent un de leurs membres pour remplir les fonctions de *procureur général syndic.*

En conséquence de ce qui précède, le *Directoire du département* fut composé en prairial des citoyens :

Nicolas, Courbayre, Rougier.

Morin, élu *président* par ses collègues ;

Farradesche-Gromont, officier municipal de la commune de Riom ;

Fauchier, Joseph, ex-administrateur, officier municipal de la commune de Saint-Germain-l'Herm ;

Thévenin, agent national du district de Montaigut ;

Brugière-Laverchère, procureur de la commune d'Escoutoux, district de Thiers.

Ces quatre derniers nommés par le Comité de législation par arrêté du 21 floréal.

Procureur général syndic, le citoyen Barre, agent national de la commune de Clermont.

Quoique ces quatre administrateurs nommés par le Comité de législation eussent tout d'abord excipé de motifs plus ou moins plausibles pour décliner l'honneur et le danger de ces fonctions, deux d'entre eux se déterminèrent pourtant à accepter.

Les démissions des citoyens Fauchier et Thévenin ayant été maintenues et acceptées, le représentant du peuple Chazal, en mission dans le Puy-de-Dôme, la Haute-Loire, le Cantal, l'Aveyron et la Lozère, nomma par arrêtés des 11 et 16 messidor, en remplacement du citoyen Fauchier, le citoyen Teyras-Grandval, propriétaire de la commune de Saint-Amant-Roche-Savine, et en remplacement du citoyen Thévenin le citoyen Jaladon, de Pionsat, ci-devant juge.

En messidor, le *Directoire* fut donc composé des citoyens :

Farradesche-Gromont, *président.*

Nicolas.   Brugière-Laverchère.
Morin.   Teyras.
Courbayre.   Jaladon.
Rougier.

       Barre, *procureur général syndic*.

En thermidor : B. Laverchère, *président*.

Les mêmes.

En fructidor : Teyras, *président*.

Les mêmes.

Tous les administrateurs furent les mêmes pendant le mois de vendémiaire an IV, moins le citoyen Teyras, démissionnaire, qui fut remplacé par le citoyen Bravard-Laboisserie, nommé au scrutin par les administrateurs.

AN IV. — NOUVELLE ORGANISATION.

SIXIÈME SYSTÈME.

ADMINISTRATION CANTONALE.

Le régime révolutionnaire n'ayant eu qu'une organisation essentiellement provisoire et toute de circonstance, la Constitution remit sur le tapis la division du territoire.

Les anciennes discussions à ce sujet reprirent plus fort que jamais.

La Commission nouvelle de Constitution reprenant les anciens projets de suppression des districts avait chargé Daunou de les soutenir devant l'Assemblée.

Celui-ci et ses partisans s'exprimaient ainsi :

« En supprimant les districts, on donnerait au Pouvoir exécutif et aux administrations départementales une action plus rapide, plus facile et moins compliquée, on détruirait des corps souvent rivaux qui ne font qu'entraver la marche du Gouvernement, on enlèverait en même temps aux villes résidences d'administration de district, une suprématie souvent funeste aux campagnes, etc. »

Enfin, plus heureuse qu'à ses premières tentatives, la Commission de Constitution parvint à faire adopter ses vues par la Convention.

Voici en quels termes cette importante innovation figure dans la Constitution du 5 fructidor an III (22 août 1795) :

Article trois.

La France est divisée en départements.
(Suit le dénombrement.)

La France comprenait à cette époque 89 départements, sans compter les Colonies françaises, divisées elles-mêmes en départements.

Article quatre.

Les limites des départements peuvent être changées ou modifiées par le Corps législatif, mais en ce cas la surface d'un département ne peut excéder cent myriamètres carrés (400 lieues carrées moyennes), la lieue moyenne étant de 2,566 toises.

Article cinq.

Chaque département est distribué en cantons, chaque canton en communes.

Les cantons conservent leurs circonscriptions actuelles.

Leurs limites pourront néanmoins être changées ou rectifiées par le Corps législatif, mais dans ce cas il ne pourra y avoir plus d'un myriamètre... (deux lieues moyennes de 2,566 toises chacune), de distance entre la commune la plus éloignée et le chef-lieu de canton.

En ce qui concerne la division du territoire, la Constitution de l'an III fut complétée par la loi du 19 vendémiaire an IV, qui porte (art. 5) que les administrations centrales seront placées dans les lieux indiqués par le tableau y annexé dans lequel figuraient 89 départements.

Voici, d'après le *Mémoire historique* de M. Cohendy, page 286, la division administrative du département du Puy-de-Dôme, d'après la Constitution de l'an III.

TABLEAU ALPHABÉTIQUE des noms des municipalités de canton (formées par la réunion des agents municipaux de plusieurs communes) et des municipalités des communes dont la population excédait 5,000 habitants.

NUMÉROS D'ORDRE des Municipalités.	NOMS des MUNICIPALITÉS DES COMMUNES dont la population excède 5,000 habitants.	NOMS des MUNICIPALITÉS DE CANTONS.	NOMBRE des collectes qui composent l'arrondiss' des nouvelles municipalités de cantons.
1	Aigueperse (1), Chaptuzat et Montpensier.		3
2		Aigueperse.	10
3	Ambert et la campagne.		1
4		Ambert.	5
5		Ardes.	12
6		Arlanc.	9
7		Artonne.	8
8		Aubières.	4
9		Augerolles.	3
10		Beaumont.	4
11		Besse.	7
12	Billom.		1
13		Billom.	2
14		Bourg-Lastic.	5
15		Brassac.	7
16		Cebazat.	4
17		Chamalières.	8
18		Champeix.	13
19		Châteldon.	8
20		Chauriat.	4
21	Clermont-Ferrand.		1
22		Combronde.	9
23		Cornon.	3
24		Courpières.	6
25		Cunlhat.	4
26		Egliseneuve.	6
27		Ennezat.	8
28		Gerzat.	4
29		Giat.	8
30		Herment.	6
31	Issoire.		1
32		Issoire.	9

(1) Les villes d'Aigueperse, Ambert, Issoire, Riom et Thiers forment à elles seules une administration municipale à raison de leur population. Une municipalité de canton figure en outre sous leur nom pour la réunion des collectes qui les avoisinent.

NUMÉROS D'ORDRE des Municipalités.	NOMS des MUNICIPALITÉS DES COMMUNES dont la population excède 5,000 habitants.	NOMS des MUNICIPALITÉS DE CANTONS.	NOMBRE des collectes qui composent l'arrondiss[t] des nouvelles municipalités de cantons.
33		La Montgie.	9
34		La Roche-Blanche.	4
35		La Tour-Saint-Pardoux.	6
36		Lezoux.	7
37		Manzat.	6
38		Maringues.	7
39		Marsat.	5
40		Mauzun.	8
41		Menat-Neuve-Eglise.	11
42		Mirefleurs.	6
43		Montaigut.	10
44		Montel-de-Gelat.	6
45		Murols.	5
46		Neschers.	4
47		Olby.	8
48		Olliergues.	5
49		Pionsat.	10
50		Plauzat.	3
51		Pontaumur.	7
52		Pontgibaud.	6
53		Pont-sur-Allier.	3
54		Randan.	8
55	Riom.		1
56		Riom.	6
57		Rochefort.	7
58		Saint-Allyre et Monton.	2
59		Saint-Amant-Roche-Savine.	5
60		Saint-Amant-Tallende.	9
61		Saint-Anthême.	4
62		Saint-Germain-Lembron.	11
63		Saint-Germain-l'Herm.	9
64		Saint-Gervais.	10
65		Saint-Martial-les-Martres.	3
66		Saint-Remi.	4
67		Salméranges et Ravel.	8
68		Sauxillanges.	13
69		Tauves.	7
70	Thiers.		1
71		Thiers.	2
72		Tours.	6
73		Vertaizon.	5
74		Vic-sur-Allier.	7
75		Viverols.	5
76		Vodable.	10
77		Vollore-Ville.	2
78		Volvic.	6
		Total des collectes..........	470

Comme on le voit par ce tableau, la division administrative de l'an IV consistait en 78 municipalités de cantons qui comprenaient 470 communes.

ORGANISATION ADMINISTRATIVE.

Au Conseil général et au Directoire chargés de l'administration dans chaque *département*, la nouvelle Constitution ajoutait une *Administration centrale* composée de cinq membres renouvelables tous les ans par cinquième.

Dans chaque *canton*, on institua une *administration municipale* au moins.

Les *Municipalités de cantons* étaient formées de la réunion des agents municipaux de chaque commune à la tête de laquelle il y eut un président choisi dans tout le canton.

Toute commune dont la population était au-dessus de 5,000 habitants eut pour elle seule une *administration municipale*.

Dans chaque commune inférieure à 5,000 habitants, il y eut un *agent municipal* et un *adjoint*.

Les membres de toute administration municipale étaient nommés pour deux ans et renouvelables chaque année par moitié.

Les membres des administrations départementales et municipales pouvaient être réélus une fois sans intervalle; mais après avoir été deux fois élus membres de ces administrations et en avoir rempli les fonctions en vertu de l'une et de l'autre élection, ils ne pouvaient être réélus de nouveau qu'après un intervalle de deux années.

Dans le cas où une administration départementale ou municipale perdrait un ou plusieurs de ses membres par mort, démission ou autrement, les administrateurs restants pouvaient s'adjoindre en remplacement des administrateurs temporaires pour exercer en cette qualité jusqu'aux élections suivantes.

Les administrations municipales étaient subordonnées

aux administrations de département et celles-ci aux ministres.

En conséquence, les ministres pouvaient annuler, chacun dans son service, les actes des administrations de département, et celles-ci ceux des administrations municipales, lorsque ces actes étaient contraires aux lois ou aux ordres des autorités supérieures.

Les ministres pouvaient aussi suspendre les administrateurs de département et ceux-ci avaient la même prérogative à l'égard des membres des administrations municipales, mais aucune suspension ni annulation n'était définitive que par la confirmation formelle du Directoire exécutif.

Le Directoire pouvait également annuler immédiatement les actes de ces administrations, suspendre ou destituer les administrateurs et les envoyer devant les tribunaux du département s'il y avait lieu.

Tout arrêté portant cassation d'actes, suspension ou destitution d'administrateurs devait être motivé.

Le Directoire pouvait, en cas de destitution des cinq membres d'une administration départementale, pourvoir à leur remplacement jusqu'à l'élection suivante; mais, en ce cas, les suppléants provisoires ne pouvaient être que les anciens administrateurs du département.

Il fut institué auprès de chaque administration départementale et municipale pour surveiller et requérir l'exécution des lois un *commissaire* nommé par le Directoire exécutif et révocable à volonté.

Il devait être âgé de 25 ans au moins, domicilié depuis un an dans la localité où siégeait son administration et était tenu d'y résider.

Il devait assister à toutes les délibérations; il n'en pouvait être pris aucune qu'après qu'il avait été entendu.

Il n'avait en aucun cas voix délibérative.

Le vice commun et capital de ces administrations, collectives, était de réunir, confondues entre leurs mains, l'action, la délibération et la juridiction, et par suite de conférer l'administration active, refusée aux procureurs généraux syndics, à leurs Directoires composés de plusieurs membres qui délibéraient toujours et n'agissaient jamais ; un autre vice, bien fait pour engendrer l'anarchie, était l'absence presque complète de liens entre ces administrations et l'administration centrale. — Le gouvernement central était en effet imparfaitement représenté, ainsi que nous venons de le voir, par des commissaires nommés par lui et chargés uniquement de surveiller et requérir l'exécution des lois.

La commune n'existait plus, elle était absorbée par le canton ; tous les pouvoirs étaient confondus et l'Etat n'héritait même pas des droits qui étaient enlevés aux administrations locales.

Les municipalités cantonales n'avaient abouti qu'à un inutile déplacement de l'autorité domestique sans avoir porté les affaires locales assez près de l'œil du Gouvernement pour qu'il pût les saisir.

« Si le système de 1789, a dit Bonjean, était plus propre à la délibération qu'à l'action, celui de l'an III n'était propre ni à l'une ni à l'autre.

» Trop nombreuses pour agir, les municipalités de cantons ne l'étaient pas assez pour délibérer et surtout pour représenter les intérêts divers de l'arrondissement municipal.

» D'un autre côté, le renouvellement trop fréquent des officiers municipaux ne leur permettait pas d'acquérir l'expérience des affaires et rendait impossible l'esprit de suite, si nécessaire cependant au succès de toutes les entreprises. »

Voici quelle fut la nouvelle administration :

En vertu du décret de la Convention du 1er vendémiaire an IV, portant convocation des assemblées électorales, l'assemblée des électeurs du département du Puy-de-Dôme, convoquée à Thiers le 20 vendémiaire, procéda, dans sa séance du 24, à la nomination des cinq citoyens qui devaient former *l'administration du département* et qui furent les citoyens :

Chollet-Beaufort; Besse ; Desribes, d'Issoire ; Vimal-Lajarrige, d'Ambert ; Baudet-Lafarge.

La nouvelle administration prit possession le 5 brumaire.

Dans sa séance du 8 brumaire, elle nomma *commissaire provisoire du Directoire exécutif* le citoyen Chandezon, de Besse; *secrétaire général du département,* le citoyen Labarthe, Michel.

Elle pourvut aussi, le même jour, à la nomination de commissaires provisoires près les tribunaux de police correctionnelle des districts.

Par arrêté du Directoire exécutif, en date du 28 brumaire, le citoyen Tiolier, homme de loi, fut nommé *commissaire du Directoire exécutif près l'Administration départementale,* mais il n'exerça ces fonctions que jusqu'au 10 frimaire suivant ; l'arrêté l'ayant nommé fut rapporté et nomma à sa place le citoyen Madieu, qui fut presque aussitôt révoqué. Ces fonctions furent remplies par intérim par le citoyen Vimal-Lajarrige, administrateur jusqu'au 1er germinal, jour de l'installation du citoyen Boutarel, Benoît.

ADMINISTRATION DE L'AN V.

L'administration en l'an V fut la même qu'en l'an IV, moins le citoyen Besse, qui donna sa démission et fut remplacé par le citoyen Tiolier, nommé lors de l'assemblée électorale tenue à Clermont le 20 germinal et jours suivants.

Le 26 germinal, jour de l'installation de ce nouvel administrateur, l'Administration élut, conformément à l'article 13 de la loi du 21 fructidor an III, pour son *président* le citoyen BAUDET-LAFARGE et pour son *vice-président* le citoyen TIOLIER.

ADMINISTRATION DE L'AN VI.

L'Administration, en l'an VI, fut la même qu'en l'an V jusqu'au 5 vendémiaire, époque à laquelle fut installé le citoyen FOURNIER, Jean-Baptiste-Guillaume-Benoît, nommé administrateur temporaire conformément à l'article 188 de l'acte constitutionnel, en remplacement du citoyen TIOLIER, démissionnaire du 2 vendémiaire.

Les élections qui eurent lieu cette année en floréal, à Clermont, sont remarquables par une scission qui se forma dans l'assemblée électorale.

L'assemblée se divisa; la portion scissionnaire alla tenir ses séances dans le local des Charitains (aujourd'hui la Bibliothèque). Conformément aux termes de l'article 73 de la loi du 22 prairial, ses opérations furent annulées et celles de la fraction qui avait tenu ses séances dans le local des Ursulines furent déclarées valables.

Les citoyens appelés, dans cette élection, à *l'administration départementale*, furent le citoyen Fournier, administrateur temporaire de Menat, et le citoyen GODIVEL, en remplacement du citoyen BAUDET, nommé aux mêmes élections membre du Conseil des Cinq-Cents. Dans leur séance du 7 prairial, les administrateurs procédèrent à l'installation du citoyen GODIVEL et reçurent la démission du citoyen FOURNIER.

En conséquence de cette démission et conformément à l'article 188 de l'acte constitutionnel, ils nommèrent dans la séance du 21 prairial, administrateur temporaire le citoyen TAILHARDAT, commissaire du Directoire exécutif près l'administration municipale du canton de Montaigut, dont la non-acceptation, pour raison modestement alléguée d'insuffisance de capacités, fut admise par les administrateurs dans leur séance du 25 prairial.

Ils nommèrent pour le remplacer le citoyen CHANDEZON, Pierre-Antoine, commissaire du Directoire exécutif près l'administration municipale du canton de Rochefort, et l'installèrent en sa qualité d'administrateur temporaire dans leur séance du 28 prairial.

L'administration comprenait alors les citoyens :
CHOLLET, président ;
DESRIBES, administrateur ;
VIMAL-LAJARRIGE, administrateur ;
GODIVEL, administrateur,
Et CHANDEZON, administrateur temporaire.

La suppression des districts fit des mécontents, mais le régime de la Terreur avait tellement habitué les gens au mutisme que les mécontentements n'osaient se produire au dehors.

Cependant, vers le commencement de l'an VI, l'attention du Gouvernement fut appelée de nouveau sur l'organisation territoriale.

Justement préoccupé de la nécessité qu'il y avait à supprimer les rouages multiples dont le mécanisme compliqué entravait la marche de la machine administrative et grevait inutilement les populations d'un surcroît d'impositions, le 7 frimaire, le ministre de l'intérieur adressa aux administrateurs des départements une circulaire dans laquelle il demandait quels étaient les changements et les rectifications dont les cantons pourraient être susceptibles.

L'administration du département du Puy-de-Dôme se trouva dans la même situation qu'en l'an III; les réclamations qui s'étaient faites précédemment recommencèrent de plus belle, il en survint d'autres nouvelles. Enfin, malgré toutes ces dissidences d'intérêts particuliers, de toutes ces démarches qui étaient suggérées par l'égoïsme le plus exagéré, les administrateurs, pénétrés de leur devoir, soucieux avant tout de l'intérêt général qu'il y avait à accomplir cette réforme, finirent après de nombreuses et pénibles études par proposer au Gouvernement un tableau de circonscriptions des cantons les réduisant à quarante-neuf qui étaient (1) :

	Population.		Population.
Ardes	12.468	Champeix	11.150
Vodable	7.231	Rochefort	9.582
Issoire intérieur,	5.447	Montel-de-Gelat	6.328
id. extérieur	11.649	Pionsat	7.628
Jumeaux	9.217	Montaigut	8.356
Sauxillanges	11.357	Menat	9.097
Saint-Germain-l'Herm.	12.224		52.141
Arlanc	12.750		
	82.343	Saint-Gervais	8.176
		Bourg-Lastic	5.921
		Herment	7.579
Anthème	10.190	Tauves	6.180
Ambert intérieur	5.670	Latour	8.334
id. extérieur	15.023	Egliseneuve	4.549
Olliergues	9.746		40.739
Cunlhat	13.851	Combronde	8.130
Vic-sur-Allier	8.393	Riom intérieur	13.179
Billom intérieur	5.872	id. extérieur	13.406
id. extérieur	13.529	Manzat	8.456
	82.274	Pontgibaud	11.056
		Pontaumur	6.706
		Pont-sur-Allier	15.880
Courpière	14.761	Martres-de-Veyre	10.665
Lezoux	12.524		87.478
Thiers intérieur	12.815		
id. extérieur	12.063	Besse	8.590
Maringues	13.965	Clermont	24.109
Châteldon	10.683	Beaumont	11.996
Aigueperse intérieur	5.673	Cebazat	7.951
id. extérieur	13.391	Saint-Amant	11.464
	95.875		64.110

Total de la population du département en l'an VI (1797-1798) : 504.960 habitants.

(1) Voir *Mémoire historique* de Cohendy, page 297.

Le projet général de réduction des cantons que présenta le Gouvernement d'après les diverses propositions des départements vint en discussion au Conseil des Cinq-Cents à la séance du 3 frimaire an VII (23 novembre 1798) et ne fut pas adopté. Le Conseil se prononça pour l'ajournement. Le nombre des cantons resta donc le même : 78. Le coup d'État du 18 brumaire an VIII étant venu à peu près modifier les formes et les conditions du gouvernement, une nouvelle Constitution fut édictée qui apporta de notables changements dans la division territoriale et administrative de la France.

L'article 1er de cette Constitution du 22 frimaire an VIII (15 décembre 1799) posait en principe la résurrection partielle des districts sous le nom d'arrondissements communaux.

Ces principes furent développés dans la loi du 22 pluviôse an VIII que nous verrons ci-après.

Nous allons auparavant indiquer comment se composait l'administration du département du Puy-de-Dôme en l'an VII.

ADMINISTRATION DE L'AN VII.

Aux élections qui eurent lieu en germinal à Clermont, les citoyens Nicolas, commissaire du Directoire exécutif près l'Administration municipale de Clermont, ancien administrateur, et Moulin, commissaire du Directoire exécutif près l'Administration municipale du canton de Latour, furent nommés aux deux places vacantes dans l'administration ; le premier pour cinq ans en remplacement du citoyen Chollet, membre sortant désigné par la voie du sort, le second pour trois ans en remplacement du citoyen Chandezon, administrateur temporaire, conformément à l'article 36 de la Constitution, aux lois du 28 ventôse an V et du 6 germinal an VI, section première du chapitre 2 de l'instruction à la suite. Leur installation eut lieu le 16 floréal. Le 24 messidor eut lieu celle du citoyen Rouillon, nommé *commissaire du Directoire exécutif* en remplacement du citoyen Boutarel, par arrêté du Directoire du 16 du même mois.

L'Administration resta donc ainsi composée jusqu'au 18 brumaire an VIII, avec MM. Desribes, Vimal-Lajarrige, Godivel, Nicolas, Moulin, Boutarel, *commissaire du Directoire exécutif,* Labarthe, *secrétaire général.*

Après le 18 brumaire an VIII qui amena la chute du Directoire et la création du *Consulat,* le commissaire du Directoire exécutif prit le titre de *Commissaire du Gouvernement.*

Par arrêtés des *Consuls de la République* du 28 brumaire, le citoyen Desribes, président de l'administration centrale du département fut nommé *commissaire des consuls de la République* en remplacement du citoyen Rouillon et fut installé le 7 frimaire.

Le même jour l'Administration nomma *administrateur temporaire,* en remplacement du citoyen Desribes, le citoyen Huguet, ex-député.

AN VIII. — ORGANISATION TERRITORIALE ET ADMINISTRATIVE.

SEPTIÈME SYSTÈME.

CRÉATION DES PRÉFECTURES, SOUS-PRÉFECTURES ET MAIRIES.

Ainsi que nous l'avons dit plus haut, les principes posés par l'article 1er de la Constitution du 22 frimaire an VIII (15 décembre 1799) furent développés et appliqués par la loi du 22 pluviôse an VIII, promulguée le 28 pluviôse an VIII (17 février 1800) qui détermina la division du territoire de la République en *départements* et en *arrondissements communaux*, et qui fixa les règles du système administratif qui nous régit aujourd'hui.

ADMINISTRATION DU DÉPARTEMENT. — PRÉFETS.

La loi du 28 pluviôse an VIII, — la grande loi d'administration, comme on l'appelle à juste titre — a réalisé l'unité administrative jusque-là péniblement cherchée. Elle a séparé l'action, la délibération et la juridiction administratives ; à côté des autorités ou agents chargés de l'administration active, elle a placé des conseils chargés de la délibération et des tribunaux chargés de la juridiction administrative.

A la place du système des administrations collectives sans lien avec le pouvoir central créé par l'Assemblée Constituante et conservé sous une forme différente par la Convention, la Constitution du 22 frimaire et la loi du 28 pluviôse an VIII ont introduit le double principe de l'unité d'agent : *Agir est le fait d'un seul*, et de la hiérarchie administrative fortement rattachée au pouvoir exécutif.

Ces principes sont restés la base fondamentale de l'organisation administrative de la France, ils sont appliqués aux quatre degrés hiérarchiques de l'administration active, occupés :

1° Par le *Chef de l'État* qui préside à l'administration générale de la France ;

2° Par les *Ministres* qui dirigent chaque grand service administratif ;

3° Par les *Préfets* qui administrent les départements ;

Et 4° par les *Maires* qui administrent les communes.

Tous relevant par des liens étroits pour les Ministres et les Préfets, réels, bien qu'affaiblis dans certains cas par la législation relative à leur élection, par les Maires.

La législation consulaire de l'an VIII qui a fondé l'action sur l'unité, a fondé la délibération sur le nombre en plaçant près du fonctionnaire unique qui agit, un ou plusieurs conseils chargés de pourvoir à la délibération qui prépare, dirige, éclaire ou contrôle l'action.

Ainsi près du *Chef de l'État* et des *Ministres* se trouvent placés le *Conseil d'État*, et dans chaque ministère des Conseils spéciaux afférents à chaque branche du service ; près du *Préfet* le *Conseil général du département* ; en son absence et élue par lui la *Commission départementale* qui a été la seule modification portée à la Constitution de l'an VIII par la loi du 10 août 1871 dont nous parlerons ci-après, et le *Conseil de préfecture* dans les cas nombreux où celui-ci fonctionne non comme tribunal, mais comme Conseil administratif.

Près du *Maire* est aussi placé le *Conseil municipal*.

Parlons d'abord du *Préfet*, du *Conseil de préfecture* et du *Conseil général du département*.

L'Administration départementale fut, ainsi que nous venons de le dire, composée d'un *Préfet*, d'un *Conseil de préfecture* et d'un *Conseil général du département*.

Le Préfet fut seul chargé de l'administration dans son département.

Il fut établi trois classes de départements quant au nombre des conseillers de préfecture et des conseillers généraux.

La première qui comprenait vingt-neuf départements, dont celui du Puy-de-Dôme faisait partie, eut dans chacun d'eux un Conseil de préfecture composé de cinq membres et un Conseil général composé de vingt-quatre membres. Un secrétaire général de préfecture avait la garde des papiers et signait les expéditions.

Les conseils de la deuxième classe, qui comprenait dix-neuf départements, furent composés les premiers de quatre membres, les seconds de vingt seulement.

Et enfin les cinquante départements de la troisième classe n'eurent que trois conseillers de préfecture chacun et seize conseillers généraux de département.

ADMINISTRATION DE L'ARRONDISSEMENT. — SOUS-PRÉFET.

L'art. 8, § 2, portait que dans chaque arrondissement il y aurait un *Sous-Préfet* et un *Conseil d'arrondissement* composé de onze membres.

Le Sous-Préfet fut chargé des fonctions qu'exerçaient les administrations municipales et les commissaires du pouvoir exécutif.

Le Conseil d'arrondissement s'assemblait chaque année. Il nommait un de ses membres président et un autre pour secrétaire.

Il faisait la répartition des contributions indirectes entre les villes, bourgs et villages de l'arrondissement; il exprimait une opinion sur l'état et les besoins de l'arrondissement et le transmettait au Préfet.

MUNICIPALITÉS.

L'art. 12 du § 3 établissait que dans les villes, bourgs et autres lieux pour lesquels il y avait un agent municipal et un adjoint, et dont la population n'excédait pas 2,500 habitants il y aurait un *maire* et un *adjoint;* dans les villes ou bourgs de 2,500 à 5,000 habitants, un *maire* et *deux adjoints;* dans les villes de 5,000 à 10,000 habitants, un *maire, deux adjoints* et *un commissaire de police;* dans les villes dont la population excèderait 10,000 habitants, outre le *maire, deux adjoints* et un *commissaire de police*, il y aurait un *adjoint* par 20,000 habitants d'excédant et un *commissaire* par 10,000 d'excédant.

Les maires et les adjoints devaient remplir les fonctions administratives exercées alors par l'agent municipal et l'adjoint, et relativement à la police et à l'état civil ils devaient remplir les fonctions alors exercées par les administrations municipales de canton, les agents municipaux et les adjoints.

DES NOMINATIONS.

Le § 4, art. 18, établissait que le Premier Consul nommerait les Préfets, les Conseillers de préfecture, les membres des Conseils généraux des départements, le Secrétaire général de préfecture, les Sous-Préfets, les membres des Conseils d'arrondissements, les Maires et Adjoints des villes de plus de 5,000 habitants, les Commissaires généraux de police et Préfets de police dans les villes où il en serait établi.

L'art. 19 mentionnait que les membres des Conseils généraux de département et ceux des Conseils d'arrondissement seraient nommés pour trois ans et pouvaient être maintenus.

Les Préfets, d'après l'article 20, nommaient et avaient le droit de suspendre de leurs fonctions les membres des Conseils municipaux ; ils nommaient et pouvaient suspendre les maires et adjoints dans les villes dont la population était au-dessous de 5,000 habitants.

Les membres des Conseils municipaux étaient nommés pour trois ans et pouvaient être continués.

FIN DE L'ADMINISTRATION CANTONALE.

Par application de la loi du 22 pluviôse an VIII, l'administration départementale dans la séance du 20 germinal an VIII installa dans ses nouvelles fonctions le premier préfet du département du Puy-de-Dôme, M. RAMEY DE SUGNY, commissaire du gouvernement près l'administration centrale du département de la Loire, nommé par arrêté du premier Consul du 23 ventôse et remit entre ses mains le pouvoir dont elle était investie.

Par autre arrêté du premier Consul du 3 floréal an VIII :
M. POURRAT fut nommé sous-préfet à Ambert.

M. Amable Faydit fut nommé sous-préfet à Riom; il est décédé le 6 mars 1814.

M. Desribes fut nommé sous-préfet à Issoire.

Et M. Brugière-Laverchère fut nommé sous-préfet à Thiers.

Par le même arrêté les citoyens Moulin, Nicolas, Vimal-Lajarrige, Courbeyre et Fournier, furent nommés membres du Conseil de préfecture de ce département; ils furent installés le 19 floréal an VIII.

Nous donnerons dans les prochains chapitres la nomenclature par ordre chronologique des noms des préfets, sous-préfets, conseillers de préfecture, secrétaires généraux, conseillers généraux, conseillers d'arrondissements, maires et adjoints des villes et communes du département du Puy-de-Dôme depuis la loi de pluviôse an VIII jusqu'à nos jours. Mais au préalable nous allons continuer sous le chapitre II ci-après l'histoire de l'administration civile de notre département depuis la même époque jusqu'à nos jours.

CHAPITRE II

LÉGISLATION ORGANIQUE

DE L'ADMINISTRATION CIVILE DEPUIS L'AN VIII JUSQU'A NOS JOURS

Nous placerons ici les lois ultérieures d'administration départementale et communale qui sont venues se greffer tour à tour sur cette législation organique.

Disons d'abord que la loi de pluviôse an VIII attribua au département du Puy-de-Dôme 5 arrondissements et 72 cantons.

Riom..................	16	cantons
Thiers................	8	—
Ambert...............	9	—
Issoire	14	—
Et Clermont..........	25	—
	72	cantons.

Cependant un an après, sur la proposition du gouvernement, le corps législatif vota la loi du 18 pluviôse an IX d'après laquelle il devait y avoir en France 3,000 justices de paix au moins et 3,600 au plus dont les ressorts étaient réglés à la fois sur le territoire et sur la population. L'étendue d'un arrondissement de justice de paix devait être de 250 kilomètres carrés en moyenne ; 125 au moins, 375 au plus, et la population ne devait pas être inférieure à 10,000 âmes ni supérieure à 15,000.

Cette loi fut complétée par un arrêté du Conseil du 9 fructidor an IX (27 août 1801), qui décida que les arrondissements de justice de paix conserveraient le nom de *cantons* qu'ils avaient porté jusque-là ; et par divers arrêtés en l'an IX et l'an X le nombre des cantons fut encore réduit.

L'arrêté qui concerne le département du Puy-de-Dôme fut du 15 brumaire an X (6 novembre 1801) et fixa à 50 le nombre des *cantons* ou arrondissements de justices de paix.

Le département du Puy-de-Dôme se trouva donc tel qu'il est aujourd'hui avec 5 arrondissements.

Riom avec............	13 cantons
Ambert avec..........	8 —
Issoire avec..........	9 —
Thiers avec..........	6 —
Et Clermont avec.....	14 —
Ensemble....	50 cantons.

Disons maintenant avec M. de Marcère dans le rapport qu'il fit à la Chambre des députés en 1884, que la Révolution avait voulu faire de la France un peuple d'hommes libres, égaux entr'eux, liés par la communion de la fraternité patriotique, une réunion de cités, petites ou grandes libres aussi, agglomérations de familles unies par les liens de la tradition ou par des circonstances fortuites ; image de la société en formation, accommodant leur vie commune à leurs goûts et à leurs besoins ; et cette universalité de citoyens et de cités libres gouvernée par la volonté de tous, n'acceptant pour règle que la raison et pour guide que la justice.

De cette nation généreuse mais assoiffée d'ordre matériel, le premier Consul fit une armée de fonctionnaires et de soldats obéissant à une volonté unique, dont les ordres étaient exécutés sans résistance d'un bout à l'autre du territoire.

Il fit dans cette loi qui conférait au pouvoir exécutif ou aux préfets la nomination des Conseils départementaux et communaux, refusant à ces Conseils toute initiative, certaines exagérations de centralisation qui avaient pu s'expliquer historiquement en présence des désordres de la période révolutionnaire mais que l'avenir devait faire disparaître.

Ainsi le préfet en qualité de représentant du gouvernement, administrateur juré propice du département était investi par l'article 3 de la loi du 28 pluviôse an VIII, d'attributions immenses soit pour l'application des lois d'intérêt général, soit pour l'application des lois d'intérêt local. La réaction cependant se fit contre cet abus de l'unité, et sous le nom de décentralisation administrative il se produisit dans la presse et dans la doctrine, dans les discours des assemblées politiques, des théories qui réclamèrent un système départemental et communal d'après lequel les administrations locales eussent la libre gestion de leurs intérêts et fussent affranchies de la surveillance et du contrôle de l'autorité supérieure.

Entre les données extrêmes, celle de la pratique antérieure qui exagérait le principe de la centralisation administrative et celle des publicistes qui sacrifient complètement ce principe, protecteur de notre organisation administrative et de la grandeur du pays, le législateur a pris le sage parti d'introduire dans la loi un système intermédiaire ayant pour objet de faire disparaître les excès de la centralisation tout en maintenant notre unité administrative et même en conservant l'organisation de l'an VIII.

La Restauration voulut tenter un timide essai de retour vers le système électif, mais il n'aboutit pas.

La seconde Restauration sous le gouvernement de Juillet donna quelque satisfaction aux libertés locales.

La loi du 22 juin 1833 et celle du 21 mars 1831 qui a reçu également sa complète exécution en 1833 en rendant électifs les Conseils généraux de département, les Conseils d'arrondissements et les Conseils municipaux, ont accompli la première et la plus importante mesure de décentralisation bien qu'il s'agît du suffrage restreint qui a fait place en 1848 au suffrage universel.

Les lois du 10 mai 1838 sur les attributions des Conseils généraux et des Conseils d'arrondissement, et du 18 juillet 1837 sur l'organisation municipale, en donnant aux Conseils électifs l'initiative des affaires locales, en les rendant libres d'empêcher tout acte de la vie civile du département ou de la commune non consenti par eux, introduisaient aussi dans la législation et dans l'administration du pays un élément décisif de décentralisation.

L'ensemble de ces lois forme ainsi de 1831 à 1838 une première période de décentralisation administrative, on divise en quatre autres les mesures ultérieures de décentralisation, ce qui fait en tout depuis 1830 cinq périodes de décentralisation. Ainsi dans la première période dont nous venons de caractériser la haute importance, de 1831 à 1838 on rend les Conseils locaux électifs et on leur donne l'initiative. Dans la seconde période de 1848 à 1852, le législateur, sans toucher aux lois d'attributions, substitue le suffrage universel au suffrage restreint pour l'élection des Conseils administratifs, et rend électifs par les Conseils municipaux une partie des maires.

En d'autres termes, le suffrage universel s'installe dans la commune comme dans l'Etat.

La Constitution républicaine consacre cette organisation, institue des Conseils cantonaux et renvoie à une loi organique le soin de compléter son œuvre.

Cette loi qui avait été proposée très soigneusement par l'Assemblée législative n'a pu être votée, le coup d'Etat du 2 décembre 1851 l'en ayant empêché.

Le second Empire arrivant reprit les traditions du premier.

Dans la troisième période, à partir de 1852, on décentralisa en déconcentrant, le décret-loi du 25 mars 1852, le décret du 13 avril 1861 et d'autres décrets encore s'inspirant de la même idée, reportent de l'administration centrale aux préfets la solution de très nombreuses affaires administratives, la liberté électorale se perdait dans l'écheveau des candidatures officielles, la tutelle subsistait tout entière, le tuteur seul était changé.

Dans la quatrième période, à partir de 1866 par les lois sur les Conseils généraux du 18 juillet 1866 et du 10 avril 1871 et à un degré beaucoup moindre par celle du 24 juillet 1867, sur les Conseils municipaux, qui étendit un peu leurs droits de décision mais qui les faisait élire pour sept ans et laissait à l'empereur la nomination des maires et des adjoints. On décentralise en élargissant les pouvoirs des corps électifs, en les émancipant d'une façon plus ou moins complète de la tutelle administrative, c'est-à-dire en permettant l'exécution d'un grand nombre de leurs délibérations sans qu'elles soient soumises à la nécessité d'une autorisation.

Enfin avec la République de 1870 commence la cinquième période ; par la loi du 10 août 1871, le législateur a créé un nouvel organe absolument étranger à la loi de l'an VIII, la *Commission départementale* élue par le Conseil général et destinée à le remplacer dans l'intervalle de ses sessions et faisant ainsi de lui un corps permanent.

C'est là l'œuvre capitale de la loi du 10 août 1871, c'est aussi le plus grand pas qui ait été fait depuis la loi de pluviôse an VIII dans la voie de la décentralisation administrative. Cette Commission départementale née de l'initiative parlementaire, malgré de vives discussions, la défiance et l'opposition du gouvernement et le vote contraire du ministre de l'intérieur, a été créée par la majorité de l'Assemblée nationale en 1871 (voix), jalouse sans doute, à sa première heure, de donner un démenti à cette parole de A. de Tocqueville : « La plupart de ceux-mêmes qui, en France, parlent contre la centralisation ne veulent point, au fond, la détruire, les uns parce qu'ils tiennent le pouvoir, les autres parce qu'ils comptent le posséder. » (Voir *Journal officiel*, 1871.)

Voici les trois premiers articles de la loi du 10 août 1871 :

Article 1er. — Il y a dans chaque département un Conseil général.

Article 2. — Le Conseil général élit dans son sein une Commission départementale.

Article 3. — Le préfet est le représentant du pouvoir exécutif dans le département, il est en outre chargé de l'instruction préalable des affaires qui intéressent le département ainsi que de l'exécution des décisions du Conseil général et de la Commission départementale, conformément aux dispositions de la présente loi.

Le département du Puy-de-Dôme est placé, ainsi qu'il résulte du *Bulletin officiel* du ministère de l'intérieur (1880, n° 1, p. 10, l. IV), dans la seconde classe pour la préfecture ; quant aux sous-préfectures :

Riom est de 1re classe ;

Thiers est de 2e classe ;

Ambert et Issoire sont de 3e classe.

Mais ces classes sont territoriales et indépendantes de la personne du préfet. Le traitement varie avec la classe, cependant un décret du 25 juillet 1855 remanié par celui du 15 avril 1877, permet d'augmenter le traitement d'un préfet sur place.

Le préfet relève plus particulièrement du ministre de l'intérieur dans les attributions duquel se trouvent le personnel des préfectures et des sous-préfectures.

Le préfet est :

1° L'agent du gouvernement et de l'administration centrale ;

2° Leur délégué ou représentant chargé à ce titre de l'administration départementale ;

Et 3° le représentant des intérêts départementaux au point de vue de l'action.

ORGANISATION DES CONSEILS DE PRÉFECTURE.

L'organisation et le mode de procéder des Conseils de préfecture créés dans chaque département par la loi de l'an VIII ont été l'objet d'améliorations commencées par le décret du 30 décembre 1862 et augmentées par la loi du 21 juin 1865 qui fixe pour le département du Puy-de-Dôme à quatre y compris le président, les membres du Conseil de préfecture.

L'article 5 porte qu'il y a dans chaque préfecture un secrétaire général titulaire qui remplit les fonctions de commissaire du gouvernement.

Les auditeurs au Conseil d'Etat attachés à une préfecture peuvent y être chargés des fonctions du ministère public.

L'article 4 décide que chaque année un décret désignera un vice-président pour remplacer le préfet, président de droit, quand il sera empêché.

CONSEIL GÉNÉRAL DU DÉPARTEMENT.

Tandis que le Conseil de préfecture a pour mission d'assister le préfet dans ses fonctions d'agent et de représentant de l'autorité centrale et n'a comme Conseil administratif, sauf dans un cas, qu'un pouvoir consultatif, le Conseil général, au contraire, est un Conseil administratif chargé principalement de délibérer sur les intérêts du département. Si le préfet représente le département dans la sphère de l'action, le Conseil général est le représentant du département dans la sphère de la délibération, et à ce titre il possède l'initiative et la solution sous la réserve du droit de contrôle du gouvernement.

Le préfet, dans le domaine des intérêts départementaux, n'est que l'exécuteur de ses décisions et de celles de la Commission départementale.

Formés par la nomination directe du chef de l'Etat, en vertu de la loi de pluviôse an VIII, sous le Consulat, sous l'Empire et sous la Restauration, les Conseils généraux ne sont devenus des assemblées électives que depuis la loi du 22 juin 1833; ils sont nommés depuis 1848 par le suffrage universel. Les élections aux Conseils généraux ont lieu sur les listes électorales (loi du 10 août 1871, art. 5). L'élection a lieu par cantons, les membres sont élus pour six ans; le Conseil est renouvelable par moitié tous les trois ans, il est divisé à cet effet en deux séries formées par le Conseil lui-même dans la session qui a suivi l'élection primitive; les cantons de chaque arrondissement sont répartis dans une proportion égale dans chacune des séries et le Conseil procède ensuite à un tirage au sort des séries pour régler entr'elles l'ordre du renouvellement (loi du 10 août 1871, art. 21).

Si dans l'intervalle des renouvellements triennaux, il y a lieu de pourvoir à des vacances accidentelles survenues par option (art. 17), décès, démission volontaire (art. 20) ou déclarée (art. 19), perte des droits civils ou politiques, les électeurs doivent être convoqués dans le délai de trois mois à partir du jour où la vacance est constatée. Toutefois si le renouvellement légal de la série à laquelle appartient le siège vacant doit avoir lieu avant la prochaine session ordinaire du Conseil général, l'élection partielle se fera à la même époque. La Commission départementale est chargée de veiller à l'exécution de ces dispositions, elle adresse ses réquisitions au préfet et, s'il y a lieu, au ministre de l'intérieur (loi du 10 août 1871, art. 22).

Chaque canton élit un membre du Conseil général (loi de 1871, art. 4).

L'élection se fait dans chaque commune, au suffrage universel (art. 5), sur les listes dressées pour les élections municipales. Les collèges électoraux sont convoqués par le

Pouvoir exécutif, il doit y avoir un intervalle de 15 jours francs, au moins, entre la date du décret de convocation et le jour de l'élection qui sera toujours un dimanche. Le scrutin est ouvert à 7 heures du matin et clos le même jour à 6 heures. Le dépouillement a lieu immédiatement. Lorsqu'un second tour de scrutin est nécessaire, il y est procédé le dimanche suivant (art. 12). Nul n'est élu membre du Conseil général, au premier tour de scrutin, s'il n'a pas réuni : 1° La majorité absolue des suffrages exprimés ; 2° un nombre de suffrages égal au quart de celui des électeurs inscrits. Au second tour de scrutin, l'élection a lieu à la majorité relative, quel que soit le nombre des votants. Si plusieurs candidats obtiennent le même nombre de suffrages, l'élection est acquise au plus âgé (art. 14).

Pour l'éligibilité au Conseil général, la loi du 18 août 1871 (art. 6), comme les lois antérieures, exige d'abord trois premières conditions qu'elle détermine de la manière suivante :

1° L'âge de 25 ans ; 2° l'inscription sur une liste d'électeurs ou la justification que l'on devait y être inscrit avant le jour de l'élection ; 3° le domicile dans le département avec cette restriction que, pour un quart du nombre total des membres dont le Conseil doit être composé, la condition de domicile peut être suppléée par l'inscription au rôle de l'une des Contributions directes dans le département au 1ᵉʳ janvier de l'année dans laquelle se fait l'élection ou la justification qu'on devait y être inscrit à ce jour ou que depuis la même époque l'on a hérité (ce qui exclut toute dévolution testamentaire sans titre successoral) d'une propriété foncière dans le département.

En outre, cette loi mentionne certains cas d'inéligibilité et d'incompatibilité.

Les élections au Conseil général peuvent être arguées de nullité par tout électeur du canton, les candidats et les membres du Conseil général. Si la réclamation n'a pas été mentionnée au procès-verbal, elle doit être déposée dans les dix jours qui suivent l'élection, soit au secrétariat de la section du Contentieux du Conseil d'Etat, soit au secrétariat général de la Préfecture du département où a lieu l'élection.

La réclamation contre les élections peut émaner aussi du Préfet, mais seulement pour inobservation des conditions et formalités prescrites par les lois; le délai pour lui est de vingt jours.

Les articles 18 et 19 de la loi du 10 août 1871 donnent au Conseil général la mission, qui antérieurement ne lui appartenait pas, de déclarer démissionnaires ceux de ses membres qui se trouvent dans les deux cas prévus par ces articles.

L'article 17 lui confère également, en cas d'élection d'un conseiller général par plusieurs cantons, un pouvoir qui appartenait autrefois au Préfet en Conseil de préfecture; cet article 17 de la loi de 1871 a été mis en harmonie par la loi du 31 juillet 1875 avec la restitution au Contentieux administratif et au Contentieux judiciaire des diverses difficultés relatives à l'élection des membres des Conseils généraux.

Les sessions des Conseils généraux sont de deux sortes : ordinaires et extraordinaires.

Les sessions ordinaires sont au nombre de deux chaque année (art. 23).

La première session, dans laquelle sont délibérés le budget et les comptes, commence de plein droit le premier lundi qui suit le 15 août et ne peut être retardée que par une loi, ce qui prouve qu'une loi même ne peut retarder l'ouverture de la seconde session qui a lieu de plein droit le second lundi qui suit le jour de Pâques (loi du 12 août 1876). La durée de la session d'août ne peut excéder un mois; celle de l'autre session ne peut excéder quinze jours.

Les sessions extraordinaires (art. 24) ont lieu quand les besoins du service l'exigent. La réunion s'opère dans ce cas ou en vertu d'un décret du Pouvoir exécutif ou sur la convocation que le Préfet est tenu d'adresser d'urgence aux membres du Conseil chaque fois que le président du Conseil général lui donne l'avis que les deux tiers des membres du Conseil lui en ont adressé la demande écrite.

La durée de ces sessions ne peut excéder huit jours.

Les articles 25, 26, 31, §§ 1er et 32, § 3 de la loi du 10 août 1871, reproduisent les articles 1, 2 et 3 de la loi du 23 juillet 1870, conférant au Conseil général le droit d'élire son bureau et de faire son règlement intérieur, aux électeurs celui de prendre copie des délibérations et procès-verbaux, aux journaux du département le droit de prendre communication et de reproduire un compte-rendu sommaire et officiel des séances et qui doit être tenu dans les 48 heures à leur disposition.

Les attributions des Conseils généraux sont réglées par les titres IV et V de la loi du 10 août 1871 (art. 37 à 69). Comme il serait trop long de les mentionner ici, nous renvoyons le lecteur désireux de les connaître à l'appendice que nous avons placé à la fin de cet ouvrage où il trouvera le texte complet de cette loi.

ORGANISATION, COMPOSITION ET ATTRIBUTIONS DE LA COMMISSION DÉPARTEMENTALE.

Nous avons vu plus haut que la création de la Commission départementale était l'œuvre capitale de la loi du 10 août 1871 et représentait le pas le plus considérable qui ait été fait depuis le commencement du siècle dans la voie de la décentralisation administrative. Comme toute loi créatrice d'une institution nouvelle, les dispositions qui régissent la Commission départementale présentent des imperfections et des lacunes, surtout au point de vue de la détermination de ses attributions, mais le principe même de cette intervention plus grande des représentants élus du département dans la gestion de ses affaires est de nature à produire en des mains prudentes et dévouées à l'intérêt public de salutaires effets.

Dans la plupart des départements, la première expérience de ces dispositions a montré qu'elles pouvaient s'exécuter sans produire entre la Commission départementale et l'Administration préfectorale, l'antagonisme, les difficultés dans leurs rapports dont on craignait que le germe ne fût renfermé nécessairement dans l'institution même de la Commission départementale. Mais nous pouvons ajouter que les Commissions départementales n'ont pas d'ennemis plus dangereux dans l'avenir de leur institution que ceux de leurs membres qui ne respecteraient pas les limites qui leur sont tracées par la loi.

ORGANISATION.

De même que le Conseil général élit son bureau au commencement de la session d'août pour toute l'année, de même, à la fin de la même session et pour toute l'année, il élit également dans son sein sa Commission départementale, il fixe le nombre de ses membres. Nous donnerons plus loin les noms des divers membres de cette Commission depuis sa fondation jusqu'à nos jours.

L'incompatibilité écrite dans l'article 70 de la loi du 10 août 1871 pour le maire du chef-lieu de département et les députés a été étendue par la loi du 19 décembre 1876 aux sénateurs.

La Commission départementale est présidée par le plus âgé de ses membres, elle élit elle-même son secrétaire. Elle siège à la Préfecture et prend, sous l'approbation du Conseil général et avec le concours du Préfet, toutes les mesures nécessaires pour assurer son service. (Loi du 10 août 1871, art. 71.)

La loi oblige la Commission départementale à se réunir

au moins une fois par mois. Elle peut se réunir aussi souvent qu'elle le juge à propos. Le Préfet a droit d'entrée à la Commission départementale comme au Conseil général dont elle est la représentation dans l'intervalle des sessions. Cette présence du Préfet est toutefois facultative.

ATTRIBUTIONS.

Elles sont de quatre sortes :
1° Elle règle les affaires qui lui sont renvoyées par le Conseil général dans les limites de la délégation qui lui est faite (art. 77, § 1er);

2° Elle délibère sur toutes les questions qui lui sont déférées par la loi (art. 77, § 2).

3° Elle donne son avis au préfet sur toutes les questions qu'il lui soumet ou sur lesquelles elle croit devoir appeler son attention dans l'intérêt du département (même art. 77, § 2);

Et 4° elle a le droit de faire au Conseil général des propositions concertées dans le sein de la Commission et des recommandations sur toutes les questions qui se rattachent à l'intérêt du département (art. 79, § 1).

La Commission départementale est aussi chargée :

1° Des chemins vicinaux ordinaires (art. 86, § 1 et 2);

2° Abonnements relatifs aux subventions spéciales pour dégradations de tous chemins vicinaux (art. 86, § 3);

3° Approbation du tarif des évaluations cadastrales (art. 87);

Et 4° nomination des membres des Commissions syndicales, mais en cas d'entreprises subventionnées par le département (art. 87, § 2).

Enfin l'article 88, § 2 ouvre un recours par voie d'appel au Conseil général, mais ce recours ne s'exerce que contre les quatre sortes de décisions des Commissions départementales prévues par les articles 86 et 87.

Hâtons-nous d'ajouter que les règles du droit commun

sont applicables aux actes de la Commission départementale aussi bien qu'à ceux du Conseil général.

Ainsi l'article 88 n'enlève pas le droit appartenant aux intéressés d'attaquer devant le Conseil d'Etat par la voie contentieuse les actes des Commissions départementales pour excès de pouvoir, ni celui d'annulation dérivant au profit de l'administration de l'article 33 de la même loi.

SOUS-PRÉFETS.

Il y a un sous-préfet par arrondissement, sauf dans chaque chef-lieu qui reste au préfet.

Les sous-préfets sont nommés par le Pouvoir exécutif sans être soumis à aucune condition spéciale d'aptitude et révocables par lui; ils sont divisés en trois classes, nous avons vu plus haut la classification des sous-préfectures du département du Puy-de-Dôme.

Le sous-préfet est le représentant de l'administration active dans l'arrondissement, cependant le droit d'action et de décision ne lui appartiennent qu'exceptionnellement.

En règle générale, le préfet seul administre, il n'est donc qu'un intermédiaire placé entre les préfets et les maires. Sa mission est celle d'un agent de transmission, d'information et de surveillance.

Il agit cependant lorsque le préfet lui a délégué ses pouvoirs, de même en cas d'urgence lorsqu'il est impossible d'attendre la délégation, enfin lorsqu'une décision législative lui confère le droit d'action (voir notamment le décret du 13 avril 1861, art. 6 et 7).

CONSEILS D'ARRONDISSEMENTS.

ORGANISATION ET ATTRIBUTIONS.

Les Conseils d'arrondissements sont régis par les lois des 22 juin 1833 et 10 mai 1838 qui n'ont été abrogées par la loi du 10 août 1871 que dans la partie relative aux Conseils généraux.

Ce sont des assemblées électives comme les Conseils généraux issus du suffrage universel.

Pour être éligible il faut, outre la jouissance de ses droits civils, être âgé de 25 ans au moins, domicilié dans l'arrondissement ou y payer une contribution directe et ne pas être dans les cas d'incompatibilités prévus par les articles 5 et 23 de la loi du 22 juin 1833.

Les Conseils d'arrondissements ont une session annuelle ordinaire partagée en deux parties dont la première précède et la seconde suit la session d'août du Conseil général et dont les époques sont fixées par décret (loi du 10 mai 1838, art. 39).

Chaque Conseil d'arrondissement a autant de membres que l'arrondissement a de cantons, sans que le nombre de conseillers puisse être au-dessous de 9.

Les conseillers sont élus pour six ans et renouvelés par moitié tous les trois ans (loi du 22 juin 1833, art. 25).

En cas de vacances par option, décès, démission, etc., les électeurs doivent être convoqués dans le délai de deux mois (même loi, art. 11 et 26).

Les président, vice-présidents et secrétaires sont nommés par le Conseil (loi du 23 juillet 1870, art. 6).

Le sous-préfet a entrée dans le Conseil, il est entendu quand il le demande et assiste aux délibérations (même loi, art. 27).

La loi du 30 juillet 1874 rend applicables aux élections

des conseillers d'arrondissement les articles 5 et 12 de la loi du 10 août 1871.

Les attributions du Conseil d'arrondissement diffèrent de celles des Conseils généraux autant que les attributions des sous-préfets diffèrent de celles des préfets, les mêmes motifs produisent naturellement les mêmes effets. Ces conseils n'ont de pouvoir propre qu'en tant que chargés de la répartition des contributions directes au troisième degré entre les communes de l'arrondissement; ils forment devant le Conseil général les demandes en réduction du contingent de l'arrondissement et ils délibèrent sur les demandes en réduction formées par les communes; la solution définitive de ces demandes appartenant au Conseil général, cette délibération est la plus importante de ses attributions.

En dehors de ces attributions, le Conseil d'arrondissement n'exerce aucune autorité, il n'a que des attributions consultatives qui se produisent sous forme d'avis.

ADMINISTRATION COMMUNALE.

La commune est à la fois une circonscription administrative, une unité administrative et une personne morale, mais elle diffère du département de ce que celui-ci aussi bien que l'arrondissement est une création artificielle de la loi dont l'existence est récente (1790), tandis que la commune ainsi que nous l'avons vu dans la première partie de cet ouvrage est préexistante à la loi, n'a pas été créée mais seulement reconnue, consacrée et réglementée par la législation moderne.

Nous ne reviendrons pas en arrière, nous dirons seulement que la loi de l'an VIII rétablit la juste distribution des pouvoirs et des fonctions, mais elle sacrifie complètement la vie locale à la toute-puissance du gouvernement central.

Un administrateur unique est substitué au pouvoir collectif créé par les lois de 1789 à 1795.

Dans chaque commune, le maire est à la tête de l'administration active, il est assisté d'un Conseil municipal qui délibère sur les affaires communales; mais tout dans les attributions de ces fonctionnaires est sous la dépendance immédiate des agents du pouvoir central.

Il n'y a pas plus de liberté électorale que de liberté municipale. Les membres du Conseil municipal sont nommés pour trois ans par le préfet et choisis sur une liste de notables présentés par les habitants.

Le sénatus-consulte du 15 floréal an X supprime les listes de notables et les remplace par une triple liste dressée par les électeurs de chaque commune.

Un décret de 1807 retire enfin aux électeurs le droit de présentation quand le gouvernement a pourvu auparavant aux nominations.

A l'égard des attributions des Conseils municipaux, elles sont restreintes au droit de délibérer dans une seule session annuelle sur quelques maigres intérêts communaux sans importance.

Cette manière de procéder pouvait avoir du bon sous le Consulat qui imposait à la nation le plus effroyable despotisme qu'elle ait jamais connu, faisant de la nation une armée de fonctionnaires et de soldats obéissant d'un bout du territoire à l'autre à une volonté unique.

Ce ne fut que par les lois du 21 mars 1831, des 18 juillet 1837 et 10 mai 1838 qui donnèrent quelques satisfactions aux libertés locales en réglant les attributions des Conseils municipaux. Les maires et les adjoints étaient nommés par le roi mais ils devaient être choisis parmi les conseillers municipaux.

Les Conseils municipaux obtenaient le droit, quoique très restreint, de prendre certaines décisions qui devenaient définitives si elles n'étaient pas annulées par l'autorité supérieure dans un délai déterminé.

En 1848, par la loi du 3 juillet, les maires sont élus par les Conseils municipaux dans toutes les communes, sauf dans les chefs-lieux de départements ou d'arrondissements et dans les communes de plus de 6,000 habitants où ils sont nommés par le Président de la République parmi les membres des Conseils municipaux.

La Constitution républicaine consacre cette organisation, institue des Conseils cantonaux et renvoie à une loi organique le soin de continuer son œuvre; survient le coup d'Etat du 2 décembre 1851 qui fait abandonner ces projets.

La loi du 7 juillet 1852 maintient cependant le suffrage universel pour l'élection des conseillers municipaux, mais dans la pratique la liberté électorale se perd dans l'organisation des candidatures officielles.

Les maires et adjoints étaient nommés tantôt par le Président de la République, depuis Empereur, tantôt par les préfets pouvant être pris même en dehors du Conseil municipal.

La loi du 5 mai 1855 maintient cette organisation, celle du 24 juillet 1867 étend le droit de décision des Conseils, mais elle les faisait élire pour sept ans et laissait la nomination des maires et adjoints à l'Empereur.

Nous voici en 1870. Dès les premiers jours de la réunion de l'Assemblée nationale, cette assemblée se préoccupe de la gestion de l'administration municipale, elle reconnaît la nécessité et l'urgence qu'il y a à avoir une loi définitive à ce sujet. Malheureusement la question n'est probablement pas suffisamment mûre, car elle aboutit simplement à la loi du 22 juillet 1870 s'appliquant à des Conseils municipaux issus du suffrage universel et exigeant qu'avant la nomination du maire il fût pourvu à toutes les vacances existant dans le Conseil municipal.

La loi du 14 avril 1871 ne nous donna pas encore l'élection du maire par le Conseil municipal et parmi ses membres dans toutes les communes de France, mais peu s'en fallut; au cours de la discussion de cette loi dans la séance du 8 avril, l'Assemblée Nationale l'avait adoptée par une majorité de 285 votants contre 275. Mais certaines déclarations de M. Thiers, alors chef du Pouvoir exécutif, déterminèrent l'Assemblée à revenir sur sa décision par l'adoption d'un amendement qui l'a modifiée en indiquant toutefois que la réserve n'était admise qu'en raison des circonstances, non à titre définitif mais provisoirement.

Voici le système qui fut consacré par l'article 9 de la loi du 14 avril 1871 dans les circonstances qui viennent d'être rappelées.

La nomination des maires par le Pouvoir exécutif dans les villes de plus de 20,000 âmes et dans les chefs-lieux de départements et d'arrondissements, quelle qu'en soit la population; élection par le Conseil municipal dans les autres communes, avec choix du maire dans les deux cas, parmi les conseillers municipaux.

En 1876-1877, l'œuvre a été reprise et partiellement discutée, elle n'aboutit pas encore. En effet, la loi du 11 août 1876 établit la nomination des maires par le Pouvoir exécutif, dans les communes, chefs-lieux de département, d'arrondissement et de canton. L'élection est faite par le Conseil municipal dans les autres, obligation est faite dans les deux cas de choisir le maire parmi les conseillers municipaux.

C'est, en somme, purement et simplement l'extension du droit de nomination du Gouvernement aux communes chefs-lieux de canton.

Enfin le 26 novembre 1881, après les élections générales, grâce à l'initiative d'une Commission dont faisaient partie MM. de Marcère, Dreyfus et Floquet, une nouvelle proposition de loi municipale fut déposée sur le bureau de la Chambre, c'est cette proposition qui devint la loi du 5 avril 1884.

Cette loi réalise de grands progrès, elle règle d'une façon définitive l'organisation communale.

Elle facilite la formation des communes.

Le mandat des conseillers municipaux est porté à quatre ans et le renouvellement intégral assure l'exécution des volontés du Corps électoral.

Le sectionnement est soumis à des conditions qui doivent empêcher tout arbitraire.

Les droits du suffrage universel sont rétablis dans leur intégrité par la suppression des deux listes électorales; la suspension et la dissolution des corps municipaux sont entourées des plus sérieuses garanties.

Le délai de suppression est réduit à un mois et les décrets de dissolution doivent être motivés; les pouvoirs des délégations spéciales sont limités à ce qu'il est nécessaire de prévoir pour ne pas entraver la vie municipale.

Les maires et adjoints sont élus par les Conseils municipaux dans toutes les communes de France; ils sont les exécuteurs des volontés du Conseil municipal et ne peuvent gouverner la commune que d'accord avec lui; toutes facilités leur sont données pour convoquer leurs Conseils en session extraordinaire.

Les séances des Conseils municipaux sont publiques afin d'associer le peuple aux fonctions municipales et de lui permettre d'exercer son contrôle.

Les attributions des maires et des adjoints et celle des Conseils municipaux sont largement étendues.

La suppression des plus imposés, détachée par une loi spéciale de la loi d'ensemble, est maintenue.

Les Commissions spéciales peuvent librement fonctionner dans l'intervalle des sessions et étudier les questions municipales.

Les maires sont investis d'attributions nouvelles, notamment en matière de chasse, de destruction d'animaux nuisibles, de permissions de grande voirie et dans leurs rapports avec les autorités ecclésiastiques.

Les Conseils municipaux sont investis du droit de décision souveraine sur les affaires de la commune; telle est la règle inscrite pour la première fois dans une loi municipale.

Les délibérations soumises à l'approbation de l'autorité supérieure ne forment plus que des exceptions inscrites dans la loi et en dehors desquelles le Conseil municipal se meut librement dans le cercle de ses attributions.

Toutes les affaires de la communauté se peuvent traiter librement et sans que le Pouvoir central ait le moyen d'entraver son activité.

L'Etat n'intervient que pour assurer l'observation des lois générales et pour empêcher la dilapidation des ressources communales, patrimoine des générations futures dont la conservation est liée au crédit public.

La responsabilité civile des communes est tempérée par de nombreuses exceptions dictées par la justice et confirmées par l'expérience. Les communes peuvent se réunir dans des conférences pour délibérer sur des intérêts communs.

Enfin les rapports entre les Conseils municipaux et les Fabriques ou Consistoires sont détendus et la commune reprend dans la plus large mesure la libre disposition des deniers qu'elle était obligée jusqu'ici de consacrer aux cultes nommés par l'Etat.

Tel est le résumé des principales améliorations réalisées par cette loi si ardemment désirée par le Peuple français.

COMMISSAIRES DE POLICE.

Les commissaires de police sont les auxiliaires et les subordonnés des maires dans l'exercice de leurs fonctions de police municipale et des préfets pour la police générale.

D'après l'article 12 de la loi du 28 pluviôse an VIII, il y a un commissaire de police dans toutes les villes de 5,000 à 10,000 habitants et dans celles d'une population supérieure un commissaire de police de plus par chaque excédent de 10,000 habitants.

Les commissaires de police cantonaux qui pouvaient être établis, aux termes d'un décret du 28 mars 1852, au chef-lieu de canton avec juridiction sur toutes les communes qui le composent, ont successivement disparu, surtout depuis un arrêté ministériel du 10 septembre 1870, dans les communes de moins de 5,000 habitants, mais une circulaire du Ministre de l'Intérieur, du 9 mai 1872, invite les Préfets à lui faire connaître les communes de cette catégorie dans lesquelles il y aurait lieu de rétablir des commissariats de police communaux ou spéciaux en profitant des nouveaux crédits alloués à cet effet.

En outre, il existe dans les villes importantes un commissaire central de police qui a sous ses ordres les commissaires de police de la commune où il siège et qui est directement nommé et révoqué par le Pouvoir exécutif. Les commissaires de police sont répartis en cinq classes d'après le principe posé par le décret du 28 mars 1852 dont les prescriptions ont été réalisées par le décret d'administration publique du 27 février 1855.

CHAPITRE III

REVUE BIOGRAPHIQUE DES PRÉFETS

OU COMMISSAIRES DU GOUVERNEMENT

QUI ONT ADMINISTRÉ LE DÉPARTEMENT DU PUY-DE-DÔME DEPUIS 1800 JUSQU'À NOS JOURS (1895).

La législation organique de l'administration civile ayant été donnée précédemment, nous allons maintenant publier par ordre chronologique la liste des divers préfets ou commissaires du gouvernement qui ont administré le département du Puy-de-Dôme jusqu'à nos jours (1895). Nous donnerons ensuite la biographie et les portraits de ces fonctionnaires qu'il aura été possible de nous procurer.

PRÉFETS DU PUY-DE-DOME (1800-1895)

1. Ramey de Sugny........ 1800-1804.
2. Marquis de la Tourrette 1804-1806.
3. Baron Ramond.......... 1806-1814.
4. Vicomte de Contades.... 1814 (3 janv.-3 nov.).
5. Baron de Lascours...... 1814-1815.
6. Baron Rogniat.......... 1815 (15 avril-11 juillet).
7. Harmand d'Abancourt.. 1815-1817.

8. DE RIGNY............... 1817-1820.
9. Baron DU MARTROY...... 1820-1823.
10. Comte D'ALLONVILLE..... 1823-1828.
11. Baron SERS............ 1828-1830.

RÉVOLUTION DE JUILLET 1830.

A cette époque et spontanément il se forma une *Commission dite de paix et sûreté publique*. Nous nous bornerons à donner sa composition, savoir :

MM. BANCAL, président du tribunal de commerce.
BESSE, avocat.
BAUDET-LAFARGE, de Maringues.
CARIOL, Jules, banquier.
CAVY, notaire.
CHARRAS, général.
CONCHON, avocat.
COURNON, Henri, propriétaire.
DESSAIGNE, avocat.
D'INCOURT DE METZ, propriétaire.
GAULTIER DE BIAUZAT, avocat.
JOUVET, avocat.
PRÉVOST, ancien officier.
VERDIER-LATOUR, avocat.

De cette Commission naquit une autre Commission dite *Commission provisoire d'administration départementale;* elle était composée, savoir :

De MM. GODEMEL, Pierre, avocat à Riom.
GIROT-POUZOL, propriétaire à Issoire.
BAUDET-LAFARGE, propriétaire à Maringues.
BESSE, avocat à Clermont.
COURNON, Henri, propriétaire à Clermont.
GAULTIER DE BIAUZAT, avocat à Clermont.
BANCAL, président du tribunal de commerce.

Cette Commission provisoire a fonctionné du 2 au 29 août, époque à laquelle elle a remis ses pouvoirs à M. Henri Cournon, nommé secrétaire général de la préfecture par ordonnance royale du 10 août 1830.

 6. Baron Rogniat.................... 1830-1832
 12. Baron Dejean.................... 1832-1836
 13. Meinadier...................... 1836-1848

Lors de la Révolution de février 1848, il y eut une *Commission provisoire républicaine* composée des citoyens :

 Gazard, avocat à Clermont.
 Vimal-Lajarrige, avocat à Clermont.
 Jouvet, avocat, ancien député à Clermont.
 Delaire, négociant à Clermont.
 Poncillon, ancien avoué à Clermont.
 Astaix, négociant à Clermont.
 Tachet, ouvrier mécanicien à Clermont.

Cette Commission fonctionna du 26 février au 6 mars 1848.

 14. Altaroche (commissaire du gouvernement).......... 1848 (6 mars au 8 mai).
 15. Dujardin-Beaumetz....... 1848-1849.
 16. Marquis de Crèvecœur.... 1849-1853.
 17. Comte de Preissac........ 1853-1864.
 18. Paillard, Charles......... 1864-1866.
 19. Charles Gimet............ 1866-1870.
 20. Baron Tharreau.......... 1870 (février à sept.).
 21. Girot-Pouzol............. 1870-1871.
 22. Albert Delmas........... 1871-1873.
 23. Joseph Michon........... 1874-1875.
 24. de Bassoncourt.......... 1875-1876.
 25. Tirman.................. 1876-1877.
 26. de Puyferrat............ 1877 (16 mai).
 27. Glaize .... 1877-1883.

28. Lefebvre du Grosriez..... 1883.
29. Le Mallier............... 1883-1884.
30. Reboul.................. 1885-1888.
31. Firbach................. 1888-1889.
32. Alapetite............... 1889-1890.
33. Bardon.................. 1890.

BIOGRAPHIE DES PRÉFETS

DU DÉPARTEMENT DU PUY-DE-DOME

1. RAMEY DE SUGNY
(Marie-Jean-Baptiste-Antoine)

Préfet du Puy-de-Dôme de 1800 à 1804.

Ramey de Sugny, Marie-Jean-Baptiste-Antoine et non Guillaume comme certains biographes l'ont dénommé, naquit le 17 octobre 1746 à Saint-Just-en-Chevalet (Loire) de parents distingués dans des cours souveraines, où souvent, leur voix avait opposé une digue puissante aux prétentions du pouvoir arbitraire. Il fut élevé dans un collège de Lyon; rien n'égalait la facilité de son esprit que la douceur de son caractère et son amitié pour ses condisciples.

L'étude des sciences abstraites, des méditations profondes sur les faits qui ont changé la forme des empires, sur les causes de leur élévation, sur celles de leur ruine, des observations justes et sages sur les sociétés modernes et sur les rapports qui lient les unes aux autres, faisaient les délices de Sugny.

Mais pour tempérer l'austérité de ces lectures et l'âpreté qu'elles peuvent imprimer au caractère, il partageait son temps entre l'étude et les affections de sa famille, il était à la fois le meilleur des fils, l'époux le plus tendre et l'ami le plus sûr.

Les assemblées provinciales succédant à une administration vieillie et censurée, le gouvernement appelle les hommes distingués par leur naissance et leur savoir; le mérite modeste est recherché, Sugny ne pouvait être oublié; il porte dans l'assemblée du Lyonnais cet esprit d'ordre et cette aménité qui entraînent; il concilie les rivalités qui s'élèvent entre les autorités du temps, il étonne dans les discussions par la profondeur des idées et la force du raisonnement; enfin il est chargé d'organiser et de diriger l'administration de Roanne comme procureur syndic.

Dans moins d'une année, les bienfaits de son arrivée à la tête de cette administration se font sentir, il maintint à Roanne l'ordre et le règne des lois.

Cependant en 1792 la Révolution prit des formes tellement sévères que les esprits modérés et conciliants furent souvent éloignés.

Sugny, de retour dans ses foyers, reçoit de ses concitoyens une récompense précieuse à son cœur, il est nommé maire de Saint-Just-en-Chevalet. Le nouveau maire signala son zèle en envoyant aux armées les jeunes citoyens que la loi avait désignés; des exhortations patriotiques précèdent le départ des volontaires et la bienfaisance de Sugny les rassure sur le sort de leurs parents.

Mais cet homme est proscrit : il se voit obligé de fuir, mais il résiste, ne voulant pas appeler la proscription sur sa famille chérie, il attend donc avec la conscience du sage. C'est au milieu de sa famille qu'il est arrêté.

Dans sa prison, Sugny console ses compagnons d'infortune; calme au milieu des dangers, il paraît être le garant des promesses de l'avenir; en effet, l'excès du mal amène la chute de ses auteurs, les portes des prisons s'ouvrent, Sugny va revoir des lieux chers à son souvenir. A peine est-il reposé des fatigues du voyage que Roanne le place pour la troisième fois à la tête de son autorité administrative.

Là encore, grâce à Sugny dont la figure vénérable porte la crainte et le remords dans l'âme des perturbateurs, des troubles et du carnage sont évités à Roanne.

Sugny profite des changements apportés dans l'ordre politique pour rentrer dans la retraite et s'occuper des siens; mais voici le 18 brumaire, Bonaparte tient les rênes du gouvernement et s'entoure d'hommes distingués par leurs talents et une sage expérience.

Sugny est rappelé et chargé d'abord de calmer les agitations du département de la Loire où il est envoyé avec le titre de commissaire du gouvernement près l'administration centrale de la Loire. Quelques mois après, il est nommé préfet du Puy-de-Dôme et installé le 20 germinal an VIII (1800).

Ce département qui à ce moment était en proie aux agitations, aux erreurs, à l'esprit de parti, avait besoin d'un lien de rapprochement.

Le préfet Sugny avec sa simplicité antique, sa physionomie vénérable, sa candeur, sa modeste timidité, jouit de cette heureuse disposition des esprits, il s'applique à concilier les opinions, à rapprocher les hommes, à faire aimer le gouvernement, mettant un terme aux précédents écarts.

Tous les actes de son administration furent empreints d'un caractère spécial. Son habileté dans les affaires, son assiduité au travail, sa clarté dans les discussions, sa délicatesse dans les encouragements, sa douceur dans les réprimandes, son aménité dans ses audiences, sa simplicité dans la vie privée et surtout la bonté de son cœur inspiraient une confiance respectueuse.

Son génie avait hardiment saisi toutes les branches de l'administration. L'agriculture faisait des progrès, le cercle du commerce s'était agrandi, les manufactures étaient encouragées, les hospices recevaient des améliorations, les sciences étaient protégées, et c'est lorsqu'il allait perfectionner son ouvrage qu'une maladie fatale l'a enlevé le 10 germinal an XII (1804) au département, à sa famille, à ses amis. La ville de Clermont a, en reconnaissance, donné son nom à une de ses places publiques.

Sources : Voir éloge funèbre du citoyen Ramey de Sugny, par le secrétaire général de la préfecture du Puy-de-Dôme. Moulin, le 20 germinal an XII (1804). Bibliothèque de Clermont-Ferrand, catalogue Auvergne n° 2949.

2. Marquis de la TOURRETTE
Marie-Louis-Just-Antoine de la RIVOIRE

Préfet du Puy-de-Dôme de 1804 à 1806.

M. Marie-Louis-Just-Antoine DE LA RIVOIRE, marquis DE LA TOURRETTE, né à Tournon (Ardèche) le 3 mars 1751, était fils de François-Antoine-Alphonse de la Rivoire, marquis de la Tourrette, baron de Chalencon et des Etats de Languedoc, né en 1727 à Tournon, reçu aux Etats en 1750, officier aux gardes françaises, et de Marie-Louise-Thérèse, fille de Louis-Claude-Scipion de Grimoard de Beauvoir, comte du Roure, baron des Etats de Languedoc, et de Marie-Victoire-Antonine de Gontaut-Biron, dame d'honneur de Mme la Dauphine et sœur du dernier maréchal de Biron.

Le marquis de la Tourrette avait six frères dont l'un, Marie-Joseph-Antoine-Laurent, né à Tournon le 15 septembre 1762, mourut évêque de Valence en 1840 et deux sœurs. Il a laissé seul postérité ; il succéda à son père comme baron des Etats de Languedoc en 1769, en qualité de baron héréditaire de la Tourrette et de Chalencon.

Le marquis de la Tourrette fut successivement sous-lieutenant au régiment Dauphin-infanterie, en 1767 ; capitaine en 1770, colonel en second au régiment de l'Ile-de-France en 1778, chevalier de Saint-Louis en 1784, colonel commandant les grenadiers royaux de Quercy en 1788, et de ceux de Lyonnais en 1789.

Il fut nommé député des Etats Généraux de Languedoc à la Cour, en 1781, pour y porter le don gratuit de la province. Il eut l'honneur de monter dans les carrosses du roi et de suivre Sa Majesté à la chasse le 3 juillet 1782.

Il fut nommé président de l'administration du département de l'Ardèche en 1790 (1). Il aida puissamment à la destruction du camp de Jalès, n'évita pas la prison pendant le règne de l'anarchie et il dut la vie à la reconnaissante amitié de ses compatriotes. Le premier Consul le nomma sous-préfet de Tournon en mars 1800 ; il passa presque tout de suite à la sous-préfecture d'Alby et fut créé préfet du Tarn (ayant alors Castres pour chef-lieu) le 1er novembre 1801 ; il passa au Puy-de-Dôme le 13 avril 1804 et fut installé le 30 prairial an XII (20 juin 1804). Il y resta jusqu'au 11 janvier 1806, époque à laquelle il fut nommé à la préfecture de Gênes ; il quitta seulement Clermont le 30 mai 1806, jour où fut installé M. le baron Ramond, son successeur, et resta à Gênes du mois de mai 1806 jusqu'en 1809.

Il avait été fait chevalier de la Légion d'honneur en 1804.

Les départements du Tarn, de la Lozère et de l'Ardèche l'élurent candidat au Sénat-Conservateur. Plus tard, ayant voulu s'opposer à des actes arbitraires du prince Camille Borghèse, beau-frère de Napoléon et gouverneur général du Piémont et de la Ligurie, il reçut sa démission le 11 février 1809.

Le marquis de la Tourrette n'avait pas émigré. Le roi lui accorda en avril 1817 une pension de 4,000 francs et le

(1) Trois siècles auparavant, on trouve qu'Imbault de la Rivoire, de la même maison que le marquis de la Tourrette, avait été gouverneur de Gênes sous François Ier.

titre de maréchal de camp. Au retour de Louis XVIII, il fut nommé président du collège électoral du département de l'Ardèche pour les deux sessions de 1815 et 1816. Il est mort à Tournon le 24 janvier 1819. Il avait épousé en 1772 Louise-Ursule-Félicité de Guérin de Tencin, petite-nièce du cardinal de ce nom, et nièce, par sa mère, du marquis de Montaynard, à cette époque ministre et secrétaire d'Etat au département de la guerre. Le marquis de la Tourrette était par sa mère, Mlle du Roure, arrière-petit-neveu du pape Urbain V et de Saint-Elzéar.

Le marquis de la Tourrette, disent les biographes, joignait à beaucoup d'esprit une haute connaissance du monde et une grande habileté d'administration.

A l'occasion du départ de M. de la Tourrette, M. Rabany-Beauregard, professeur à l'Ecole centrale de Clermont, fit les vers ci-dessous littéralement reproduits, tels que nous les a conservés un imprimé existant à la bibliothèque de Clermont sous le n° 3105 du catalogue de l'Auvergne.

Vers à M. de la Tourrette, préfet du département du Puy-de-Dôme.

Lorsqu'après tant de maux, nourris par nos fureurs
La sagesse des lois mit fin à nos malheurs,
Le calme reparut dans ces belles contrées,
Où l'Allier, promenant ses ondes azurées,
Vient arroser les pieds de ce célèbre mont
Qui porte jusqu'aux cieux l'audace de son front.
Ce bonheur des vertus fut le sublime ouvrage :
Nous dûmes à Sugny nos cœurs et notre hommage,
Il fut l'appui des bons et l'effroi des méchants.
Tel qu'un père entouré de ses nombreux enfants,
Et qui les chérit tous d'une égale tendresse,
Il pardonnait l'erreur, soutenait la faiblesse,
Savait encourager le timide talent ;
Et nul d'auprès lui ne sortit mécontent.
Si la Parque du moins, par nos vœux attendrie
Eût prolongé le cours d'une si belle vie !
Mais qui peut la fléchir ou désarmer sa main,

DE LA RIVOIRE MARQUIS DE LA TOURRETTE
(MARIE-LOUIS-JUST-ANTOINE)

Préfet du Puy-de-Dôme (1804-1806),
Né à Tournon (Ardèche), le 3 mars 1751, y décédé le 24 janvier 1819.

Et comment éluder les arrêts du destin.
Combien, nymphe du Tarn, dans nos vives alarmes,
Tu devais, avec nous, répandre aussi de larmes !
Tu crus, dans ton chagrin, voir flétrir les trésors
Dont tes fertiles eaux enrichissaient tes bords,
Avec quelle douleur tu fis un sacrifice,
Qui du sort, envers nous, réparaît l'injustice !
Un mortel révéré pour sa haute vertu,
Nous devait tout le bien que nous avions perdu.
    « Ah ! disais-tu, faut-il qu'à notre amour extrême
    » Tu sois ravi sitôt par un ordre suprême !
    » Mais l'intérêt public t'éloigne de ces lieux :
    » Ta gloire est d'augmenter le nombre des heureux ; »
D'un devoir si sacré tu ne peux te défendre.
Quels accents, quels concerts déjà se font entendre !
Douce reconnaissance ! orne toujours de fleurs,
Les nœuds qui vont pour lui réunir tous les cœurs.
Qu'il est beau de remplir de telles destinées,
Et par le bien qu'on fait de compter ses journées !
Par ton exemple instruit, alors tout citoyen
Des mœurs et de nos lois deviendra le soutien.
Protecteur des talents, tu seras leur asile.
Quel plaisir de penser que le mérite utile,
Assuré désormais de trouver un appui,
Obtiendra les honneurs qui ne sont dus qu'à lui !
Mais comment supporter notre douleur amère,
En perdant avec toi l'épouse qui t'est chère ?
Hélas ! qui nous rendra ces soins consolateurs,
Qui prévenaient nos maux ou tarissaient nos pleurs ?
De son sexe adoré, que la bonté touchante
Ajoute encore aux dons que sa main nous présente !
O vertueux époux ! nos cœurs suivront vos pas,
Aux lieux où vous allez on ne voit point d'ingrats,
Au delà de leurs vœux que par vous tout prospère.
Si l'amour des enfants fait le bonheur du père,
Et si ce noble prix peut seul vous animer,
Jugez par leurs transports comme ils savent aimer.

Portrait : D'après une peinture du temps obligeamment communiquée par M. le marquis de la Tourrette, conseiller général de l'Ardèche, demeurant à Tournon, arrière-petit-fils du marquis de la Tourrette.

3. Baron RAMOND DE CARBONNIÈRES
(Louis-François-Elisabeth)

Préfet du Puy-de-Dôme de 1806 à 1814.

Le baron Ramond de Carbonnières, Louis-François-Elisabeth, commandeur de la Légion d'honneur, né le 4 janvier 1755 à Strasbourg (Bas-Rhin), fils d'un trésorier des guerres, se fit recevoir à la fois docteur en droit et docteur en médecine, fut en 1777 avocat au Conseil souverain d'Alsace, et voyagea en Allemagne et en Angleterre. Il fut ensuite conseiller intime du prince de Rohan, évêque de cette ville, il faisait partie de la maison militaire du roi lorsque la Révolution commença.

Partisan d'une monarchie libérale, il fut élu par le département de la Seine à l'Assemblée législative le 21 septembre 1791 et devint le secrétaire de cette assemblée le 13 décembre de la même année. Là, il jeta les premiers fondements de sa réputation, en soutenant avec éloquence les principes de la Constitution qu'il aimait et dont il avait juré l'observation ; il s'opposa aux mesures contre les prêtres réfractaires, en même temps qu'il déclarait nationales les propriétés délaissées par les émigrés. Le 28 juin 1792, il embrassa la défense du général La Fayette qu'il appela « fils aîné de la liberté » et dut lui-même, après le 10 août, chercher son salut dans la fuite. Il prit ce moment pour faire un voyage scientifique dans les Pyrénées. Il se livra à son amour pour les sciences naturelles que déjà, pendant toute sa vie, il avait étudiées avec tant de fruit. Arrêté et incarcéré à Tarbes de nivôse an II à brumaire an IV, il accepta, après le 9 thermidor, la place de professeur d'his-

Baron RAMOND DE CARBONNIERES
(Louis-François-Elisabeth)

Commandeur de la Légion d'honneur,
Préfet du Puy-de-Dôme (1806-1814),
Né à Strasbourg, le 4 janvier 1755 ; décédé à Paris, le 14 mai 1827.

toire naturelle à l'Ecole centrale du département des Hautes-Pyrénées (an IV, an VIII) et fut nommé associé de l'Institut; les électeurs de ce pays le portèrent en 1800 au Corps législatif; il faisait, dès 1802, partie de l'Institut. Le premier Consul le nomma, le 3 mars 1800, préfet des Hautes-Pyrénées, et le 28 ventôse, soit dix-sept jours après, il fut élu par le Sénat-Conservateur député au Corps législatif, membre de l'Institut en l'an X, membre de la Légion d'honneur le 11 frimaire an XII, vice-président du Corps législatif le 22 nivôse, commandeur de la Légion d'honneur le 25 prairial suivant; il sortit du Corps législatif en 1806, puis nommé à la préfecture du Puy-de-Dôme le 17 janvier 1806, installé le 30 mai suivant; il perdit sa place le 5 janvier 1814 et fut élu député du Puy-de-Dôme en mai 1815 par le collège électoral de Clermont. Il avait été créé baron de l'Empire le 14 février 1810.

Nommé par le roi maître des requêtes en service ordinaire le 8 août 1815 et chargé de liquider notre dette de guerre avec l'Angleterre, il fut ensuite conseiller d'Etat le 14 juin 1818, fit partie de l'Académie des sciences et mourut conseiller d'Etat honoraire le 14 mai 1827, à Paris. Il avait épousé la fille de Dacier, secrétaire perpétuel de la troisième classe de l'Institut. A l'occasion de la naissance de son fils Louis Ramond, il fut publié dans le journal du Puy-de-Dôme du 27 mars 1811 le quatrain suivant :

> Réjouis-toi, Clermont, ville antique et fameuse.
> Reconnais ton bonheur, sache l'apprécier !
> D'un sage, d'un savant, l'épouse vertueuse
> Te donne en un seul fils, un Ramond, un Dacier.

Parmi les ouvrages qui ont assuré sa réputation, on distingue : 1° *Observations faites dans les Pyrénées pour servir de suite à des observations faites dans les Alpes*, 2 vol. in-8°; 2° *Voyage au Mont-Perdu*, 1 vol. in-8°, 1801;

il avait en outre publié : un drame, *La Guerre d'Alsace* (1770), et *Opinion sur les lois constitutionnelles* (1791).

L'administration du baron Ramond n'a laissé en Auvergne que d'honorables souvenirs, et la ville de Clermont lui a témoigné en particulier sa reconnaissance en donnant son nom à l'une de ses rues, apportant ainsi un démenti public à cette affirmation de Sainte-Beuve dans ses *Causeries du lundi*, tome X, qui prétendait que le baron Ramond avait été oublié par l'Auvergne.

Cette province eût été bien ingrate d'ailleurs de laisser le baron Ramond dans l'oubli, car ce dernier avait, après l'avoir quittée, gardé dans son cœur une place à l'Auvergne. La preuve en est dans les écrits qu'il a laissés sur cette province.

Il la connaissait bien pour l'avoir habitée à deux reprises et à vingt ans d'intervalle. Strasbourgeois d'origine, il était attaché au cardinal de Rohan en qualité de conseiller intime et il accompagna ce prince à La Chaise-Dieu quand il y fut exilé après la trop éclatante affaire du collier. Ce premier séjour fut de courte durée, et c'est de 1806 à 1814, alors qu'il administrait, comme préfet, le département du Puy-de-Dôme, que Ramond perfectionna, dans le pays même où Pascal avait fait confirmer la théorie du baromètre par une ascension célèbre, la mesure des hauteurs au moyen de cet instrument. Il reconnut, au cours de ses expériences pour le nivellement barométrique des monts Dores et des monts Dômes que les laves de différents âges étaient aussi de différente composition, et que chacun des sols qu'elles avaient formés avait sa végétation propre. Le résultat de ces observations est consigné dans trois mémoires. Le premier fut imprimé à Clermont, en 1811 ; les deux autres, lus à l'Académie des sciences en juillet et août 1813, ont été publiés dans le volume de 1815 des Comptes-rendus de cette classe de l'Institut. Le dernier, qui a pour titre : *Application des nivellements exécutés dans le département du Puy-de-*

Dôme à la géographie physique de cette partie de la France, a été réédité en 1841 dans les Annales scientifiques, littéraires et industrielles de l'Auvergne (1).

Portrait : D'après une gravure du temps que je possède dans ma collection.

4. VICOMTE DE CONTADES (MÉRI)

Préfet du Puy-de-Dôme du 3 janvier 1814 au 3 novembre 1814.

M. Méri vicomte DE CONTADES naquit à Angers, le 8 septembre 1786; il était fils de Trasme Gaspard comte de Contades et de Marie-Rose de Villiers, dame du Theil, successivement auditeur au Conseil d'État, intendant en Illyrie, il fut nommé préfet du Puy-de-Dôme le 3 janvier 1814, en remplacement du célèbre naturaliste Ramond. La renommée de M. de Contades n'était pas autant étendue que celle de son prédécesseur, il descend du maréchal de France de ce nom dont il est le petit-fils. Ses administrés n'avaient qu'à se louer de la douceur de son gouvernement; lui-même se trouvait à merveille dans sa préfecture lorsque, le 3 novembre 1814, il fut appelé à d'autres fonctions et remplacé par le baron de Lascours. On ignore quelle fut la cause de la disgrâce de M. de Contades; il avait été nommé chevalier de la Légion d'honneur le 2 décembre 1814 et s'était marié le 3 mars 1817 avec dame Adèle du Fou (voir Mémoires du temps).

(1) Voir : Tamizey de Larroque (Ph.). Lettres inédites de Ramond, ancien préfet du Puy-de-Dôme. Toulouse, Privat, 1893. in-8º (Extrait de la Revue des Pyrénées et de la France méridionale) ; et A. Vimont, Mélanges, Revue d'Auvergne. 1893. Nº 4, page 333.

5. REYNAUD de BOULOGNE,
Baron de LASCOURS (Jérôme-Annibal-Joseph)

Préfet du Puy-de-Dôme du 4 décembre 1814 au 30 mars 1815
et du 11 au 14 juillet 1815.

Jérôme-Annibal-Joseph Reynaud de Boulogne, baron de Lascours, né à Boisset-et-Gaujac (Gard), le 5 juin 1761, fils de messire Jean-François-Joseph de Reynaud de Boulogne, seigneur de Lascours, Gaujac, Saint-Martin-de-Légaujac, et de Marie de Rocheblave, suivit la carrière des armes. Comme toute la noblesse d'alors, le Baron de Lascours applaudit à l'insurrection des colonies anglaises et au mouvement de l'opinion qui porta le gouvernement à reconnaître leur indépendance et à les soutenir. Lorsque la guerre eut éclaté contre l'Angleterre, il demanda et obtint la permission de suivre en Amérique le maréchal de Rochambeau, il y fit sous ce général et sous Lafayette les campagnes de 1780 à 1782 et fut décoré de l'ordre de Cincinnatus par le grand Washington.

Le baron de Lascours revint heureux de pouvoir justifier par sa bravoure et une conduite irréprochable la faveur dont l'avait honoré Louis XVI en lui accordant en 1780, avant son départ, la croix de chevalier de Saint-Louis. Il obtint ensuite la croix de la Légion d'honneur, ne quitta pas le service de la France pendant la Révolution, et cueillit des lauriers dans les glorieuses armées des Pyrénées et des Basses-Alpes. Emprisonné à Calais pendant la Terreur, il dut son salut au dévouement d'un ancien serviteur, membre du tribunal révolutionnaire. Ses concitoyens, en reconnaissance de son patriotisme, l'appelèrent le 4 brumaire

REYNAUD DE BOULOGNE, BARON DE LASCOURS
(JÉRÔME-ANNIBAL-JOSEPH)

Commandeur de la Légion d'honneur,
Né à Boisset-et-Gaujac (Gard), le 5 juin 1761,
Décédé à Mézières (Ardennes), le 10 mai 1835.

an IV au Conseil des Cinq-Cents, il quitta alors l'armée des Alpes où il servait en qualité d'adjudant général chef de brigade et se rendit à Paris pour y remplir son mandat. Ce fut le terme de sa carrière militaire. Dans le Conseil des Cinq-Cents il sut se faire apprécier de ses collègues et conquit tout d'abord l'estime de la partie la plus modérée de cette assemblée en prenant la défense de ceux qui étaient dénoncés comme protecteurs des royalistes du Midi et des premiers réfractaires. Après le 18 brumaire, le Sénat l'admit pour le département du Gard au Corps législatif où il fut réélu le 28 ventôse an X. Il se fit remarquer par la sagesse et la modération de ses opinions et y occupa le siège de président pendant le mois de prairial an XI.

Ayant été réélu au Corps législatif en 1807, Reynaud de Lascours fut nommé questeur et il exerça cette fonction jusqu'en 1813.

Il n'avait pas oublié les souvenirs du commencement de sa carrière sous les Bourbons et lorsque Louis XVIII fut porté au trône par les événements de 1814, il adhéra avec empressement au rétablissement de l'ancienne famille royale. Reynaud de Lascours reçut sa nomination, en juin 1814, à la préfecture du Lot qu'il échangea le 4 décembre suivant pour celle du Puy-de-Dôme où il fut installé; il avait été nommé par ordonnance royale du 3 novembre 1814. Ayant donné sa démission le 30 mars 1815 il fut remplacé le 15 avril de la même année par M. Rogniat, sous-préfet à Vienne, qui fut nommé par décret impérial du 30 mars 1815 et installé le 15 avril suivant.

Lors de la seconde Restauration, M. de Lascours fut réintégré dans ses fonctions en remplacement de M. Rogniat, en vertu d'une ordonnance royale du 8 juillet 1815 et réinstallé le 11 du mois de juillet, il est resté en fonctions jusqu'au 14 du même mois, époque à laquelle il fut nommé préfet de la Vienne; il quitta l'administration au mois de décembre 1815, parce qu'il se trouvait en désaccord avec le Ministère. Une ordonnance du 7 mars 1817 l'appela à la préfecture du Gers.

L'année suivante, le 26 octobre 1818, il fut élu député du Gard, malgré l'opposition des électeurs ultra-royalistes qui lui firent opposition uniquement parce qu'il était libéral.

A l'avènement du cabinet Martignac, M. de Lascours rentra encore dans l'Administration et fut préfet de la Drôme (12 novembre 1828), préfet des Ardennes (10 décembre 1828). Il fut un des seuls préfets qui refusèrent de faire afficher les ordonnances de Charles X.

La révolution de 1830 l'éloigna des affaires; officier de la Légion d'honneur du 1er mai 1821, il fut fait commandeur de l'ordre le 1er mai 1823.

Il mourut à Mézières (Ardennes), le 10 mai 1835.

Dans sa longue carrière, soit comme député, soit comme administrateur, Reynaud de Lascours se montra toujours conciliant et modéré. Comme préfet, il se fit notamment aimer et estimer de ses administrés.

Il a, dit-on, laissé des mémoires sur la Révolution et l'Empire, mais qui n'ont pas été publiés.

Portrait : D'après une photographie obligeamment communiquée par M. le comte de Chaponay, descendant du Préfet dont nous nous occupons, demeurant au château de Lascours (Gard).

6. Baron ROGNIAT (Jean-Baptiste)

Préfet du Puy-de-Dôme
du 15 avril au 11 juillet 1815 et du 30 août 1830 au 4 août 1832.

———

Le baron Jean-Baptiste Rogniat, administrateur aussi intègre qu'éclairé était né à Saint-Priest, en Dauphiné, le 3 mai 1771. Son père, député à l'Assemblée législative par le département de l'Isère, s'y montra peu à la tribune; mais, seul de sa députation, il y siégea constamment à droite, près de Vaublanc, de Pastoret et du brave Pérignon qui, plus tard, devint maréchal de France et dont le sang devait un jour s'unir au sien. Par suite des opinions courageuses qu'il avait manifestées dans cette Assemblée, il fut persécuté sous le règne de la Terreur. Contraint de fuir, il vint se cacher dans la capitale, et, pendant ce temps, ses biens furent séquestrés. Ses enfants, qui furent, l'un, l'administrateur éminent dont nous nous occupons dans cette notice; l'autre, le vicomte Rogniat, l'un des généraux les plus distingués de l'Empire, conseiller d'État et pair de France, firent leurs premières études au collège de l'Oratoire, à Lyon, où ils furent les condisciples de Jordan et de Casimir-Périer, puis entrèrent tous deux à l'Ecole Polytechnique.

Rogniat (Jean-Baptiste) entra dans l'Administration et débuta par la sous-préfecture de Bonneville, chef-lieu de la province du Faucigny, qui faisait alors partie du département du Léman.

Il y fit honorer et aimer la domination française par la droiture de son caractère, et surtout par cette obligeance et cette simplicité de manières qui, dans tous les postes publics qu'il a occupés, n'a cessé de constituer le trait le plus éminent de son caractère. Lorsque la Savoie cessa d'appartenir à la France, Rogniat fut nommé sous-préfet à Vienne, résidence de sa famille, et cette circonstance, loin d'être un obstacle à la marche de son administration, servit, au contraire, à lui concilier la faveur publique. L'empereur Napoléon, au retour de l'île d'Elbe, l'appela à la préfecture du département du Puy-de-Dôme où il sut mériter l'estime de tous par l'extrême modération de sa conduite et par la vigilance qu'il montra pour prévenir tout excès populaire, ou tout sentiment de réaction de la part de ceux dont le succès de Napoléon avait froissé les affections ou les intérêts.

Après les Cent-Jours, il fut nommé préfet des Ardennes et s'y fit remarquer par la fermeté périlleuse avec laquelle il lutta contre les exigences sans cesse renaissantes des généraux étrangers qui traitaient en pays conquis cette France dont ils s'étaient proclamés tant de fois les libérateurs et les alliés. En 1816, s'étant trouvé en dissidence sur quelques points essentiels avec la politique suivie par le Ministère, Rogniat crut satisfaire aux devoirs de sa conscience en envoyant sa démission et ce ne fut qu'au commencement de 1819 qu'il fut nommé préfet de la Vendée. Il fut appelé, au mois d'août 1820, à la préfecture de l'Ain et remplit ces fonctions jusqu'à la Révolution de Juillet. Dans cet exercice de dix ans, Rogniat développa toutes les qualités qui lui étaient propres, et conquit un rang élevé dans le personnel de l'Administration. Simple, modeste, bienfaisant, accessible à toute heure et à tous, il traversa, au sein de l'affection universelle, ces années prospères, et maintint l'ordre le plus parfait dans son département où l'impartialité de son administration était devenue en quelque sorte proverbiale. Son expérience dans les affaires, son ardeur pour le travail et la solidité peu commune de son jugement attirèrent plusieurs fois sur lui l'attention du Gouvernement; mais la rare modération de ses goûts le détourna toujours de toute idée

Baron ROGNIAT (Jean-Baptiste)

Chevalier de la Légion d'honneur
Préfet du Puy-de-Dôme du 15 avril au 11 juillet 1815
et de 1830 à 1832
Né à Saint-Priest, en Dauphiné, le 3 mai 1771
Décédé à Fontainebleau, le 31 août 1845.

d'avancement, et l'on peut citer comme une particularité remarquable qu'il ne franchit jamais le modeste grade de chevalier dans l'ordre de la Légion d'honneur.

Aux temps calmes succédèrent les jours d'orages. La Dauphine s'éloignait à peine de Bourg, le 28 juillet 1830, lorsqu'on y ressentit les premières commotions du mouvement insurrectionnel de Paris. Quelques libéraux ayant à leur tête un avocat de la ville allèrent sommer le préfet d'arborer les couleurs révolutionnaires. Rogniat refusa jusqu'à l'arrivée des instructions du nouveau Gouvernement. Une pétition, couverte de nombreuses signatures appartenant à toutes les nuances d'opinions, demanda le maintien de cet éminent administrateur à la tête du département, mais le roi, sur la demande d'une députation du département du Puy-de-Dôme, y nomma Rogniat préfet pour la seconde fois.

Au milieu de la lutte acharnée des partis, il déploya dans son administration son caractère de modération et d'équité et ne cessa d'être partisan de l'ordre légal fondé par la Restauration. Il se prononça avec fermeté, par suite de ses principes, contre la mise en état de siège de la capitale, après les événements des 5 et 6 juin. Cet acte d'indépendance déplut au Gouvernement qui le mit à la retraite en septembre 1832.

Voici ce que dit sur son compte le journal du Puy-de-Dôme *L'Ami de la Charte* du 8 août 1832 :

« M. Rogniat, préfet du Puy-de-Dôme depuis la Révolution de Juillet, vient d'être admis à faire valoir ses droits à la retraite. Quoi qu'il en soit, le département du Puy-de-Dôme, que M. Rogniat a administré dans des temps difficiles, dans les Cent-Jours et après la Révolution de Juillet 1830, conservera un souvenir reconnaissant à cet habile et sage administrateur que les préventions et l'esprit de parti n'ont jamais entraîné hors de la ligne du devoir. Étranger aux coteries, aux passions de toute espèce, il n'a jamais attaché son nom à un acte arbitraire, il a servi divers gouvernements et n'en a trompé aucun, car il ne leur avait promis qu'une chose, de faire exécuter la loi et de défendre et protéger les intérêts qui lui étaient confiés. M. Rogniat n'a pas été un homme de parti, malgré les circonstances qu'il a traversées, il n'a voulu être qu'administrateur. C'est probablement le seul des préfets de la Restauration qui n'ait pas mis les mains aux manœuvres, aux intrigues et aux fraudes électorales commandées par des ministres sans pudeur.

» C'est un éloge que les habitants de l'Ain, qu'il avait administrés pendant dix ans, se sont plu à lui donner lorsqu'il a quitté ce département après la Révolution de 1830.

» Comme administrateur, M. Rogniat laisse une réputation qu'il sera difficile d'atteindre. Profondément versé dans les matières administratives par une étude et une pratique de trente années, aucune difficulté ne pouvait l'embarrasser, tous les détours du dédale des lois et règlements administratifs lui étaient familiers.

» Dans les affaires les plus compliquées, une solution juste, toujours motivée, ne se faisait pas longtemps attendre; qu'on réunisse cela à un amour pour le travail qui n'avait en quelque sorte aucun besoin de distraction et de délassement, on aura l'idée du savant et laborieux administrateur que son âge et ses infirmités nous ont enlevé. Nous perdons de plus en M. Rogniat un homme excellent, de l'accès le plus facile, antipathique à tout ce qui sentait la morgue et l'affectation. »

Il mourut le 31 août 1845, à Fontainebleau, où il avait fixé sa résidence, laissant, de son mariage avec Mlle de Boissat, du Dauphiné, un fils qui a été d'abord secrétaire général de la préfecture des Ardennes, puis successivement sous-préfet de Trévoux et de Sedan, et enfin, sous l'Empire, préfet des départements de l'Ain, de la Vienne et de la Meuse. Son petit-fils, le baron Abel-Joseph-Antoine Rogniat, chevalier de la Légion d'honneur, et le seul héritier du nom, était membre du Conseil d'Etat sous le second Empire, perpétuant ainsi les traditions de famille.

Le baron Rogniat consacra les loisirs de la retraite à la publication de quelques ouvrages intéressants. Nous avons de lui : 1° *Inductions philosophiques d'après les faits*. Paris, 1836, 1 vol. in-8° ; 2° *Essai d'une Philosophie sans système*. Paris, 1841, 2 vol. in-8°. Ces ouvrages dans lesquels il s'est proposé d'opposer les lumières du simple bon sens et de la raison aux rêveries et à l'esprit de système de la métaphysique d'alors, répondent au caractère positif de son esprit et à la droiture consciencieuse de son jugement. Le style en est clair, concis, et le ton de conviction qui y règne est fait pour toucher les esprits même les plus sceptiques. On a encore de lui une traduction en vers du VI° livre de l'*Énéide*, Paris, 1842, et un grand nombre d'opuscules inédits sur divers sujets de religion, d'économie politique, etc.

Portrait : D'après une peinture du temps obligeamment communiquée par M. le baron Rogniat, petit-fils du préfet Rogniat, demeurant à Paris.

---

7. HARMAND Vicomte d'ABANCOURT
(Anne-Étienne-Louis)

Chevalier,
Préfet du Puy-de-Dôme de 1815 à 1817.

Le chevalier Harmand vicomte d'Abancourt, Anne-Etienne-Louis, né à Châlons-sur-Marne (Marne) le 23 août 1774, du mariage de Nicolas-François baron d'Abancourt et de dame Marie-Benoîte-Valentine Gaussard, entra comme surnuméraire au ministère de l'Intérieur en 1807, grâce à l'influence de son père alors préfet de la Mayenne, et devint sous-préfet de Savenay le 24 mars 1809, auditeur au Conseil d'Etat en 1810, puis sous-préfet de Mézières. Le 13 janvier 1814, il obtint la préfecture des Hautes-Alpes qu'il conserva sous le roi jusqu'au 22 mars 1815. A ce poste, au moment du retour de l'île d'Elbe, il publia une proclamation qui traitait l'Empereur « d'aventurier »; ce zèle le fit destituer. Le baron Ladoucette et successivement MM. Triberi-Leroi et Petit eurent la mission de prendre ses fonctions.

Quant à lui, fidèle au gouvernement royal, il en reçut la récompense par sa nomination, le 14 juillet suivant, à la préfecture du Puy-de-Dôme. Le 5 avril 1817, il fut remplacé par M. de Rigny; mais sa disgrâce momentanée se termina le 16 du même mois, époque à laquelle il passa au département de la Corrèze, et le 10 février 1819 il fut destitué sous le ministère Decazes. Nommé ensuite la même année à la préfecture des Ardennes, il passa à la préfecture de l'Allier le 27 juin 1823, officier de la Légion d'honneur le 11 août 1823.

Il quitta l'administration et fut élu député des Ardennes le 25 février 1824, maître des requêtes au Conseil d'Etat et conseiller-maître à la Cour des comptes en 1825. Président de Chambre à la Cour des comptes en août 1829, il fut ensuite le 3 octobre 1837 élevé à la dignité de pair de France.

Le vicomte d'Abaucourt fut admis à la retraite comme président à la Cour des comptes le 21 novembre 1846, rentra dans la vie privée à la Révolution de février 1848 et mourut subitement pendant la messe dans l'église de Saint-Sulpice à Paris le 23 février 1850.

Il était, lors de son décès, conseiller d'Etat honoraire et grand-officier de la Légion d'honneur.

8. Vicomte DE RIGNY

Préfet du Puy-de-Dôme de 1817 à 1820.

Le vicomte DE RIGNY, nommé préfet du département de Saône-et-Loire le 14 juillet 1815, passa à la Corrèze, puis au Puy-de-Dôme par ordonnance royale du 5 avril 1817. Il arriva à Clermont le 16 avril 1817 et prit l'administration du Puy-de-Dôme; il fut destitué le 19 juillet 1820 et remplacé par M. du Martroy. C'est tout ce que nous savons de lui.

---

9. CAMUS BARON DU MARTROY
(EMMANUEL-FRANÇOIS)

Préfet du Puy-de-Dôme de 1820 à 1823.

M. Emmanuel-François CAMUS baron DU MARTROY, né à Paris le 29 janvier 1786, commença sa carrière administrative, disent les mémoires du temps, par être attaché à l'administration du département de Montenotte depuis le mois d'avril 1806 jusqu'au mois de juin 1808. Nommé auditeur au Conseil d'Etat le 12 février 1809, il fut ensuite intendant de la Haute-Autriche pendant la campagne de 1809. Napoléon, dans les Cent-Jours, le nomma préfet de la Creuse le 22 mars 1815; il n'accepta pas cette place d'un homme qu'il considérait comme usurpateur, et ce refus lui valut du roi, le 14 juillet suivant, la préfecture de l'Ain; il la conserva jusqu'au 19 juillet 1820, époque à laquelle une ordonnance royale le transféra à celle du Puy-de-Dôme où il resta trois ans; il avait été installé le 6 août 1820. Le 21 juin 1823 il reçut sa nomination à la préfecture des Ardennes, mais par des motifs qui ne nous sont pas connus, il refusa d'aller administrer ce département et il donna sa démission vers la fin de juillet suivant et eut pour successeur M. Herman.

Il fut regretté de ses administrés, c'est le plus bel éloge que l'on puisse faire de lui.

10. Comte D'ALLONVILLE (Alexandre-Louis)

Préfet du Puy-de-Dôme de 1823 à 1828.

Le comte Alexandre-Louis D'Allonville, chevalier de la Légion d'honneur et de Saint-Louis, issu d'une noble et ancienne famille de Beauce, naquit à Paris le 18 février 1774; il quitta, en 1791, le collège pour suivre son père dans l'émigration. Celui-ci, maréchal de camp et militaire distingué, organisa plusieurs corps destinés à combattre contre la France; le jeune comte d'Allonville en fit partie; il se signala en plusieurs rencontres où, pour le malheur de la Patrie, le sang français coula des deux côtés. M. d'Allonville passa enseigne dans le régiment de Loyal-Emigrant et le suivit en Portugal. Là, il sentit le besoin de revoir la France et pour y rentrer en 1797, il brava les périls qui l'y attendaient. Il venait d'y arriver, lorsque le Directoire se décimant lui-même, décida la journée du 18 fructidor.

Les émigrés qui étaient dans l'intérieur furent vivement poursuivis. M. d'Allonville qui avait vu l'étranger ne put se décider à le revoir encore.

On préparait l'expédition d'Egypte. Il en fit partie, grâce à la protection du général Dommartin, son parent, qui commandait l'artillerie de l'expédition. Ce ne fut point pourtant en qualité de militaire, quoique certes il y eût de la gloire à gagner, que le Préfet futur parut sur la terre des Ptolémées, mais en vrai financier; il eut une place de directeur dans l'administration des finances. Il suivit le sort de l'armée, fut compris avec elle dans la capitulation, et de retour en France, vers la fin de 1802, il entra dans l'administration des domaines.

Le comte d'Allonville servait Napoléon, mais ne l'aimait pas. Il s'empressa, le 3 avril 1814, d'écrire à son Directeur général pour le décider à provoquer une décision favorable à la maison de Bourbon.

Cette lettre, que le royalisme de M. d'Allonville eut soin de faire connaître aux membres du gouvernement provisoire, valut à son auteur la préfecture du département de la Creuse (Guéret), puis il fut le 12 octobre suivant décoré de la Légion d'honneur. Napoléon, à son retour, ne se croyant pas obligé de conserver le comte d'Allonville dans ses fonctions de préfet, le destitua et donna sa place au baron Camille du Martroy vers la fin de mars 1815.

L'administrateur congédié se retira dans sa famille et là dut employer ses instants à étudier les diverses branches des connaissances qu'un préfet doit avoir; il eut peu de temps pour se livrer à de si graves travaux, car, quelques jours après la seconde rentrée du roi, au 8 juillet 1815, une ordonnance appela le comte d'Allonville à la préfecture d'Ille-et-Vilaine (Rennes), où était auparavant le baron Méchin. Le comte d'Allonville se formant toujours davantage, quitta Rennes pour aller gouverner le département de la Somme (Amiens); il a passé ensuite le 27 juin 1823 à la préfecture du Puy-de-Dôme où il est resté jusqu'au 30 mars 1828. A cette époque, il fut appelé à la préfecture de la Meurthe. La croix de l'ordre de Saint-Louis lui avait été accordée le 14 février 1815.

Le journal *L'Ami de la Charte*, du 5 avril 1828, fait de M. d'Allonville l'éloge suivant :

« Son administration a été aussi impartiale et modérée que les circonstances le permettaient. Nous devons même dire à la louange de M. d'Allonville qu'il a encouragé de tout son pouvoir les arts et l'industrie, et Clermont n'oubliera pas qu'elle lui doit et la Chambre de commerce et le cours de dessin linéaire et de géométrie appliqué aux arts et métiers. Quant à sa conduite dans les élections, s'il s'est conformé aux instructions ministérielles avec trop de scrupule, exigeant des formalités minutieuses et qui auraient pu dégoûter les électeurs de faire valoir leurs droits, s'il a élevé des conflits comme la plupart de ses collègues, du moins n'a-t-on pas à lui reprocher les fraudes et les illégalités dont la tribune a retenti. Aussi n'y a-t-il pas eu contre lui ni protestation, ni pétition. On assure que c'est sur sa demande que M. d'Allonville a obtenu son changement afin de se rapprocher du pays où il est né et où il possède des propriétés. »

11. Baron SERS (Jean-André)

Préfet du Puy-de-Dôme de 1828 à 1830.

Le baron SERS, Jean-André, né à Bordeaux (Gironde), le 3 novembre 1786, du mariage du comte Jean-Pierre Sers, député de la Gironde à l'Assemblée législative de 1791, et de dame Suzanne Barthez, entra sous le premier Empire dans l'administration comme chef de division à la préfecture du Mont-Tonnerre.

MEINADIER (Marc-Numa-Alexandre)

Officier de la Légion d'honneur,
Préfet du Puy-de-Dôme de 1836 à 1848,
Né à Saint-André-de-Valborgne (Gard) en 1796,
Décédé en septembre 1867.

Il devint ensuite auditeur au Conseil d'Etat et fut promu successivement sous-préfet de Spire (Mont-Tonnerre) le 14 janvier 1811, sous-préfet de Wissembourg le 22 août 1814, de Saverne le 13 avril 1815, de Lille le 10 juin, et de Nancy le 2 août de la même année.

Il fut rappelé à la sous-préfecture de Wissembourg le 22 février 1816, passa à celle de Coulommiers le 1er février 1819, devint préfet du Haut-Rhin le 19 février 1819, du Cantal le 19 juillet 1820, et du Puy-de-Dôme le 30 mars 1828; il entra en fonctions le 18 avril 1828 et y resta jusqu'à la Révolution de 1830.

Il servit le gouvernement de Louis-Philippe après celui de la Restauration, administra comme préfet les départements de la Moselle et de la Gironde, puis fut élevé à la dignité de pair de France le 19 mai 1845.

Le baron Sers fut rendu à la vie privée par la Révolution de février 1848 et mourut à Paris le 10 mars 1862.

12. Comte DEJEAN (Benjamin-Barthélemy)

Préfet du Puy-de-Dôme de 1832 à 1836.

Le comte Dejean, Benjamin-Barthélemy, fils de Jean-François-Aimé comte Dejean, général, qui fut pair de France sous la première Restauration et pendant les Cent-Jours, était d'une famille originaire de l'Aude; il naquit à Paris le 17 juillet 1804. En juillet 1830, lui fils de pair et héritier de la pairie inscrivait courageusement son nom au bas d'une protestation que firent à cette époque les journalistes, au risque de tout ce qui pourrait advenir. Nommé préfet de l'Aude après les journées de Juillet, il a soutenu pour la cause de l'ordre public une lutte plus opiniâtre et plus dangereuse que celle à laquelle il avait pris part en faveur de la liberté sous le régime déchu. Par ordonnance du 30 juillet 1832, contre-signée par le comte de Montalivet, alors ministre de l'Intérieur, M. le comte Dejean fut nommé préfet du Puy-de-Dôme en remplacement de M. Rogniat admis à la retraite. Il avait été décoré de la Légion d'honneur par Casimir-Périer qui avait tenu à accompagner cette récompense d'une note de sa main qui fut insérée dans la partie officielle du *Moniteur*. M. Dejean resta à Clermont jusqu'au 20 juillet 1836, époque à laquelle il donna sa démission par suite d'un différend intervenu entre le receveur général et lui.

Le Conseil général du département qui le tenait en grande estime vint en corps lui exprimer ses regrets et les conseillers lui déclarèrent que l'expression de ces regrets serait consignée dans le registre de leurs délibérations.

Peu de temps après et par ordonnance royale du 15 septembre 1836, M. le comte Dejean fut nommé conseiller d'Etat en service extraordinaire avec autorisation de participer aux travaux des Comités et aux délibérations du Conseil.

Elu le 4 novembre 1837 député du troisième collège de Castelnaudary par 231 voix sur 387 votants et 453 inscrits, il prit place dans la majorité conservatrice et vota avec elle, fut réélu député le 2 mars 1839 et désigné le 17 mai par le gouvernement pour occuper les fonctions de directeur de la police générale. En raison de cette promotion, M. le comte Dejean sollicita et obtint le 22 juin 1839 le renouvellement de son mandat; il proposa en 1840 divers amendements sur les canaux, les chemins de fer, etc.; il fut encore réélu le 9 juillet 1842 et le 26 juillet 1847. Appelé la même année à la Direction générale des Postes, il conserva ces fonctions jusqu'à la Révolution de février 1848. A cette époque il rentra dans la vie privée.

M. le comte Dejean est mort à Paris en décembre 1885.

ALTAROCHE (Marie-Michel)

Commissaire du Gouvernement dans le Puy-de-Dôme
du 6 mars au 8 mai 1848,
Né à Issoire (Puy-de-Dôme), le 18 avril 1811,
Décédé à Vaux (Allier), le 13 mai 1884.

13. MEINADIER (Marc-Numa-Alexandre)

Préfet du Puy-de-Dôme du 7 octobre 1836 au 17 février 1848.

M. Marc-Numa-Alexandre Meinadier naquit en 1796, à Saint-André-de-Valborgne (Gard), du mariage de M. Alexandre Meinadier, négociant, et de Mlle Mauzaric, son épouse.

Il fut élevé au lycée de Nîmes, vivant chez M. Pierre Meinadier, son oncle, qu'il suivit à Paris où il allait pendant les Cent-Jours comme délégué au Champ de Mai.

Bientôt après, il fut à Châlons, chez un autre oncle, le général Meinadier, qui commandait le département de la Marne.

Puis il entrait dans les gardes du corps qu'il était obligé de quitter au bout d'un an ou deux, menacé par une maladie de cœur dont il a souffert toute sa vie et qui a fini par l'emmener; il ne pouvait, par suite de cette maladie, résister aux marches rapides que Louis XVIII exigeait de son escorte.

Il devint ensuite le secrétaire de M. Pelet de la Lozère, alors préfet de Loir-et-Cher (Blois), et conserva cette situation jusqu'à la destitution de M. Pelet par le ministère de Villèle (1823).

A l'arrivée au pouvoir du ministère Martignac, il fut nommé secrétaire de la Commission chargée de l'organisation départementale, et au terme des travaux de cette Commission, nommé secrétaire général de la préfecture de l'Eure.

A la Révolution de Juillet, M. le comte de Laitre, préfet du département, se retira dès les premières nouvelles en lui confiant l'administration du département.

Après quelques jours de cette administration, sous l'influence de MM. Dupont de l'Eure et de Broglie, il était appelé à la préfecture de l'Indre.

Quatre ans plus tard, il passait à la préfecture de l'Oise et l'année suivante, sous le premier ministère Thiers, il était nommé secrétaire général de l'Instruction publique sous M. Pelet de la Lozère comme ministre.

A la chute du ministère, M. Meinadier était nommé préfet du Puy-de-Dôme où il resta du 7 octobre 1836 au 17 février 1848.

En 1848, il fut élu conseiller général à Saint-André-de-Valborgne et conserva ces fonctions jusqu'à sa mort.

M. Meinadier mourut en septembre 1867, il était officier de la Légion d'honneur.

La réputation que M. Meinadier a laissée partout où il a passé est celle d'un administrateur éclairé, consciencieux et hautement estimé de ses administrés.

Portrait : Le portrait que nous donnons a été gravé d'après une photographie qui nous a été obligeamment communiquée par M. le colonel Meinadier, ancien sénateur du Gard, cousin germain du préfet Meinadier, demeurant à Versailles.

---

14. ALTAROCHE (Marie-Michel)

Commissaire du Gouvernement dans le Puy-de-Dôme
du 6 mars au 8 mai 1848.

M. Marie-Michel Altaroche, littérateur français, ancien représentant du peuple, né le 18 avril 1811, à Issoire, et fils d'un avocat qui le destinait au barreau, vint à Paris après la Révolution de Juillet et ne tarda pas à se jeter dans la Presse républicaine. Il collabora tour à tour au

DUJARDIN-BEAUMETZ (Thadée-Urbain-Hippolyte)

Préfet du Puy-de-Dôme de 1848 à 1849,
Né à Poitiers, le 29 juillet 1801. Décédé à Paris en mai 1862.

Courrier des Électeurs, à *La Révolution de 1830,* au *Diable boiteux,* à *La Tribune,* au *Populaire,* à *La Caricature,* au *National* et donna plus tard des feuilletons au *Courrier français* et au *Siècle.* En même temps, il publiait *La Chambre et les Écoles* (1831), satire en vers, et des brochures imprimées aux frais de la Société des Droits de l'Homme. En 1834, il entra au *Charivari,* qu'il avait contribué à fonder, et succéda bientôt à Louis Desnoyers dans la direction de cette feuille satirique; il la conserva jusqu'au 24 février 1848. A cette époque se rattache la publication de quelques ouvrages politiques : *Chansons* (1835-36), 2 volumes (plusieurs tirages) ; *Contes démocratiques* (1837); la *Réforme de la Révolution* (1841); *Études sur Alexandre VI et Louis XV; Aventures de Victor Augerol* (1838), 2 vol., imitation de celles de Faublas. Il a collaboré au *Dictionnaire politique,* à *Paris révolutionnaire,* à l'*Almanach populaire* et a écrit quelques pièces : *Lestoq* (1836) avec M. Laurençin, le *Corrégidor de Pampelune* (1843) avec M. Molleri, la *Coiffure de Cassandre,* opérette, etc.

Envoyé en 1848 dans le département du Puy-de-Dôme, en qualité de commissaire du Gouvernement, M. Altaroche s'y fit remarquer par une extrême modération, s'attachant surtout dans ses proclamations et dans ses actes à garantir le respect de l'ordre et de la liberté; et aux élections du 28 avril, il fut nommé le premier de la liste à la presque unanimité des suffrages. A l'Assemblée constituante, il fit partie de la gauche modérée qui soutint le général Cavaignac et ne fut pas réélu en 1849, à la Législative.

De la vie politique, M. Altaroche passa à une direction de théâtre et employa beaucoup d'activité dans l'administration de l'Odéon, de 1850 à 1852.

Il s'associa ensuite avec M. Louis Huart pour l'exploitation d'une nouvelle scène de genre, les Folies-Nouvelles, devenue depuis le Théâtre Déjazet, et se consacra enfin à la création de l'établissement de Cabourg-Dives.

Il mourut à Vaux (Allier), le 13 mai 1884.

Portrait : Celui que nous donnons a été exécuté d'après une gravure le représentant et dépendant de la collection des députés de 1848, dont je possède un exemplaire dans ma collection.

15. DUJARDIN-BEAUMETZ
(Thadée – Urbain – Hippolyte)

Préfet du Puy-de-Dôme de juin 1848 au 29 janvier 1849.

M. Thadée-Urbain-Hippolyte Dujardin-Beaumetz, fils de Jean-Jacques Dujardin-Beaumetz, commissaire ordonnateur de guerre de 1re classe, et de Rose-Elisabeth-Gilberte Moreau, naquit à Poitiers, le 29 juillet 1801. Après avoir fait ses études aux collèges de Gand et d'Amiens, il suivit une vocation déterminée en étudiant la médecine et fut nommé au concours successivement externe et interne des hôpitaux civils de Paris. Reçu, en 1830, docteur en médecine de la Faculté de Paris, il exerça principalement dans le faubourg Saint-Germain, où, jusqu'en 1848 et notamment pendant le choléra de 1832, il donna des preuves constantes d'un dévouement au-dessus de tout éloge.

Le docteur Dujardin-Beaumetz fut un des fondateurs de l'Association des médecins de la Seine et médecins administrateurs du grand Dispensaire de la Société philanthropique. Passionné pour le bien public, il fut, comme capitaine de la garde nationale du Xe arrondissement, un des membres les plus influents de l'opposition contre le Gouvernement de Juillet et, en 1848, la voix commune de ses adversaires politiques, confiants dans sa doctrine et sa

SAINT-JOHN Marquis de CRÈVECŒUR
(Guillaume-Alexandre)

Commandeur de la Légion d'honneur,
Préfet du Puy-de-Dôme de 1849 à 1853,
Né à Paris en 1802,
Décédé à Versailles en 1877.

loyauté, applaudit à sa nomination comme adjoint au maire du X⁰ arrondissement.

En juin 1848, il échangea ses fonctions municipales contre celles de préfet du Puy-de-Dôme qu'il conserva jusqu'au 23 janvier 1849. Rentré à cette époque dans la vie civile, il reprit l'exercice de la médecine à Passy jusqu'en 1855; mais, à partir de cette époque, sa santé ébranlée par les agitations de sa vie politique et par les fatigues d'une clientèle très nombreuse à laquelle il prodiguait, sans distinction de rang et de fortune, le dévouement le plus absolu, reçut une grave atteinte qui l'éloigna de la pratique de son art. Il mourut à Paris dans les premiers jours du mois de mai 1862, regretté par ses nombreux amis, par ses anciens collègues et par ceux qui avaient suivi de plus loin cette existence d'une simplicité intègre et remplie de dévouement.

Portrait : Celui que nous donnons est la reproduction d'une maquette donnée par le journal *L'Illustration* dans son numéro du 24 mai 1862.

16. SAINT-JOHN marquis de CRÈVECŒUR
(Guillaume-Alexandre)

Préfet du Puy-de-Dôme de 1849 à 1853.

M. Guillaume-Alexandre Saint-John marquis de Crèvecœur, ancien préfet du Puy-de-Dôme, né à Paris en 1802, décédé à Versailles en 1877. Fils d'un sous-intendant militaire, petit-fils d'un consul de France à New-York, fort connu par ses écrits sur l'Amérique, M. de Crèvecœur ne fit que suivre les traditions de sa famille en consacrant sa vie au service de l'Etat.

En 1830, à l'âge de 28 ans, il débutait dans la carrière administrative comme sous-préfet de Romorantin. En 1836, il était appelé à la préfecture du Tarn; en 1839, à celle de l'Oise; en 1842, on lui confiait l'administration du département de l'Aisne qu'il conserva jusqu'en 1848.

Révoqué par le Gouvernement provisoire, il vint à Paris et paya de sa personne dans les rangs de la garde nationale pendant les Journées de Juin.

Le premier ministère du prince-Président le rappela à l'activité. En décembre 1848, nommé préfet du Puy-de-Dôme, il fut installé le mois suivant. La situation politique était alors fort tendue dans ce département et les premiers efforts de M. de Crèvecœur durent être employés au rétablissement de l'ordre, mais il ne négligea pas les questions administratives. Il s'occupa notamment avec beaucoup de suite et d'activité de perfectionner le bel Etablissement départemental du Mont-Dore et il encouragea de tout son pouvoir le développement de la station thermale de La Bourboule, devenue aujourd'hui si importante.

Il eut quelque peine à quitter le Puy-de-Dôme, où il avait su conquérir toutes les sympathies de la population, et ce ne fut pas sans regret qu'il accepta, en 1853, la préfecture des Bouches-du-Rhône. Là, il eut l'honneur de mettre la première main aux grands travaux de Marseille et d'ouvrir aux navires à vapeur le port de la Joliette. Deux épidémies de choléra, dont l'une d'une intensité exceptionnelle, lui donnèrent l'occasion de signaler son courage et lui firent obtenir la croix de commandeur de la Légion d'honneur.

En 1857, il rentra dans la vie privée et mourut à Versailles en 1877, ayant conservé jusqu'à ses derniers jours toute la lucidité de son esprit et l'intégrité de sa mémoire.

Doué d'un jugement sûr, d'une intelligence élevée, travailleur infatigable, homme d'action et d'initiative, M. de Crèvecœur a toujours passé pour un administrateur de premier ordre et l'on peut ajouter que la bienveillance et

Comte ODON de PREISSAC (Paul-François-Marie)

Commandeur de la Légion d'honneur,
Préfet du Puy-de-Dôme de 1853 à 1864,
Né à La Rochelle, le 17 juillet 1819,
Décédé à Sorèze (Tarn), le 10 octobre 1883.

la justice de son caractère, la sûreté de ses relations ont été très appréciées partout où il a passé. Aussi avait-il conservé, dans tous les départements qu'il a administrés pendant sa longue carrière, des amis nombreux et dévoués.

Portrait : Celui que nous donnons a été gravé d'après une photographie qui nous a été obligeamment communiquée par M. Robert de Crèvecœur, fils de notre ancien Préfet.

---

17. Comte ODON de PREISSAC
(Paul-François-Marie)

Préfet du Puy-de-Dôme de 1853 à 1864.

Le comte Odon de Preissac, Paul-François-Marie, naquit à La Rochelle le 17 juillet 1819. Fils de François-Jean, comte de Preissac, ancien député, puis pair de France, décédé le 5 mai 1852, et de Caroline-Auguste-Aménaïde de Franquefort, décédée en 1866, il avait épousé en 1846 Mme Hélène Richard de Montjoyeux.

Il entra de bonne heure dans l'administration et se trouvait préfet de Lot-et-Garonne au moment du coup d'Etat du 2 décembre 1851 ; il passa ensuite dans le département du Var, puis fut nommé préfet du Puy-de-Dôme par décret impérial du 4 mars 1853 ; il conserva ces fonctions jusqu'au 10 septembre 1864, époque à laquelle il fut mis sur sa demande en non-activité pour raisons de santé. Aux élections sénatoriales du 30 janvier 1876, M. de Preissac se présenta dans le Tarn-et-Garonne. Soutenu d'abord par les seuls bonapartistes du département avec le général de Gondrecourt, il fut ensuite accepté par les légitimistes sur une liste de coalition et fut élu sénateur par 125 voix.

Il alla siéger sur les bancs de l'appel au peuple; il se représenta de nouveau en 1882, mais il ne fut pas élu et se retira alors dans la vie privée.

M. le comte de Preissac est mort à Sorèze (Tarn) le 10 octobre 1883; il était commandeur de la Légion d'honneur du 9 août 1858.

Les départements qu'il a régis se sont toujours loués de ses manières affables et de ses connaissances administratives.

Portrait : D'après une photographie obligeamment communiquée par Mme la comtesse de Preissac.

18. PAILLARD (Alphonse-Charles-Mathurin)

Préfet du Puy-de-Dôme de 1864 à 1866.

M. Alphonse-Charles-Mathurin Paillard, né à Saint-Mihiel (Meuse) le 9 mars 1817, est fils d'Evariste Paillard, directeur de l'enregistrement à Besançon, et de Constance-Engrace Sevestre de la Ville Josse dont le père a, comme ingénieur en chef, dirigé sous Napoléon Ier les travaux de la route du Mont-Cenis.

Substitut du procureur du roi à Avesnes en 1842, et à Valenciennes en 1845, il donna sa démission en 1848. Nommé secrétaire particulier du préfet de police, le 11 juin 1849, il fut nommé sous-préfet de Forcalquier le 8 décembre 1849 et décoré de la Légion d'honneur le 10 décembre 1850. Nommé ensuite sous-préfet de Dunkerque le 1er décembre 1851, il resta à son poste à raison de la gravité des événements, fut blessé et emprisonné le 5 décembre 1851. Echappé de la prison par miracle M. Eugène Thenot dans son livre intitulé : *La Province (en décembre 1851*, parle de ce curieux épisode de la vie

PAILLARD (Alphonse-Charles-Mathurin)

Commandeur de la Légion d'honneur,
Préfet du Puy-de-Dôme de 1864 à 1866,
Né à Saint-Mihiel (Meuse), le 9 mars 1817.

de M. Paillard avec une impartialité assez rare chez un adversaire politique), il fut ensuite nommé préfet du Cantal le 31 octobre 1854, du Lot-et-Garonne le 10 avril 1858, puis enfin du Puy-de-Dôme le 11 septembre 1864 ; il est resté en fonctions jusqu'au 10 mars 1866. Nommé à cette époque préfet du Pas-de-Calais, il y resta jusqu'au 7 septembre 1870, époque où il a cessé ses fonctions ; il a été nommé depuis correspondant du ministère de l'Instruction publique. Il avait été nommé précédemment officier de la Légion d'honneur le 25 septembre 1862 et commandeur le 7 août 1869.

Officier de l'Instruction publique du 1er août 1866, chevalier de Léopold de Belgique du 19 septembre 1854, commandeur de Saint-Grégoire-le-Grand en 1858, chevalier de l'Etoile polaire en 1867, décoré de la 3e classe du Medjidié en 1868, M. Paillard habite aujourd'hui le château de Charly, dans la commune de Mazille (Saône-et-Loire), dont il a été maire de 1888 à 1892.

M. Paillard, par la loyauté et la droiture de son caractère, par sa sollicitude constante pour ses collaborateurs et ses subordonnés, par son urbanité qui le rendait abordable à tous à toute heure, par son travail et par sa grande connaissance de la pratique des affaires administratives, a inspiré partout la sympathie. Partout il a laissé à son départ les meilleurs souvenirs.

Nous devons ajouter que M. Paillard n'a pas été seulement un administrateur éclairé ; il possède les connaissances les plus variées. Ami des arts et des sciences, ancien élève de l'Ecole des Chartes, on lui doit plusieurs écrits sur plusieurs points importants de notre histoire.

Il a publié notamment : Un mémoire sur les Invasions normandes qui a été couronné par l'Académie des inscriptions et belles-lettres en 1839 ;

Deux mémoires sur les Northmans et les institutions religieuses du VIIe siècle en Belgique, couronnés par l'Académie royale de Belgique en 1841 et 1842 ;

Un mémoire sur les Northmans en Morinie qui a également obtenu la médaille d'or à la Société des Antiquaires de la Morinie en 1853 ;

Une notice sur Jean Boutillier, auteur de la *Somme rurale* (1842) ;

L'histoire de l'hôtel de la préfecture d'Agen (1860) ;

Les grandes Remontrances et l'exil du Parlement en 1753 (1876).

Enfin il a publié en 1876 une *Histoire de la transmission du pouvoir impérial à Rome et à Constantinople*. Paris. Grand in-8°. Plon et Cie, éditeurs.

Portrait : D'après une photographie obligeamment communiquée par M. Paillard.

19. GIMET (Jean-Henri-Charles)

Préfet du Puy-de-Dôme de 1866 à 1870.

M. Jean-Henri-Charles Gimet, naquit à Bordeaux le 29 juillet 1823. Il fut successivement attaché au cabinet du ministre des Travaux publics en octobre 1839, secrétaire particulier du ministre de l'Intérieur le 2 décembre 1851, chef du bureau du cabinet du ministre de l'Intérieur en 1852, préfet des Basses-Alpes en 1859 et de la Haute-Marne en 1864, officier de la Légion d'honneur en 1865.

Il a été nommé à la préfecture du Puy-de-Dôme par décret impérial du 10 mars 1866 en remplacement de M. Paillard, a été installé le 2 avril 1866 et est resté en fonctions jusqu'au 31 janvier 1870, époque à laquelle il a passé à la préfecture du Calvados.

M. Gimet quitta ensuite l'administration et fut nommé

GIMET (Jean-Henri-Charles)

Officier de la Légion d'honneur,
Préfet du Puy-de-Dôme de 1866 à 1870,
Né à Bordeaux, le 29 juillet 1823.
Décédé à Paris en 1883.

directeur du personnel à l'agence du Crédit Lyonnais à Paris, fonctions qu'il a conservées jusqu'à son décès arrivé à Paris en 1883.

Les journaux du Puy-de-Dôme de l'époque nous le montrent comme un administrateur bienveillant par nature, voyant les choses de haut et par lui-même, rompu aux affaires, éloignant les difficultés parce qu'il savait les prévenir, aussi avait-il su par son affabilité égale pour tous ainsi que par la franchise et la loyauté de ses allures se concilier les sympathies générales.

Portrait : D'après une photographie obligeamment communiquée par M. Chopinet, ami de M. Gimet.

20. BARON THARREAU (Henri)

Préfet du Puy-de-Dôme de février à septembre 1870.

Le baron Henri Tharreau, fils du baron Pierre-André Tharreau, membre du Conseil de préfecture de la Loire-Inférieure et de Marie-Eulalie Bourgault du Coudray, petit-fils du général baron Tharreau tué, nous croyons, à la bataille de la Moscowa, est né à Nantes (Loire-Inférieure) le 21 août 1826. Après avoir fait son droit, il a débuté en 1852 par remplir les fonctions de secrétaire de son oncle, M. Billault, un des hommes d'Etat éminents du second Empire, il fut ensuite nommé sous-préfet à Ruffec où peu après éclata une violente épidémie de choléra. Parmi les personnes qui se distinguaient le plus dans cette épidémie, le sous-préfet et son commissaire de police ont laissé un souvenir tout spécial ; le commissaire de police mourut victime de son dévouement. Quant au baron Tharreau, il put s'en tirer sain et sauf et fut pour ce fait décoré de la Légion d'honneur. Sous-préfet d'Ancenis (Loire-Inférieure), il fut ensuite chargé d'organiser les services de la sous-préfecture de Cholet (2ᵉ classe) dont le gouvernement venait de décréter le transfert de Beaupréau dans cette nouvelle résidence, cette mesure ayant été nécessitée par l'accroissement considérable de la population de la ville de Cholet. En 1860, il fut appelé à la sous-préfecture de Sedan où il resta jusqu'en 1863; il passa ensuite à la préfecture de Vesoul d'où il fut envoyé à Guéret où son prédécesseur lui laissait une situation fort difficile. Grâce à sa modération, à sa bonhomie, à sa simplicité de ton et d'allure, à sa très grande prudence, il sut se tirer à merveille de ce mauvais pas, et quand il quitta la Creuse, au mois de février 1868, la crise était passée et les bonnes relations d'autrefois rétablies. On envoya M. Tharreau dans les Pyrénées-Orientales où la situation n'était pas moins difficile. M. Tharreau vint à bout de cette mission en faisant échouer à la députation l'opposition au gouvernement ; il fut alors envoyé comme préfet du Puy-de-Dôme en février 1870, et il commençait à s'y faire apprécier lorsque survinrent les événements de septembre ; il offrit sa démission au nouveau gouvernement, mais déclara qu'il ne quitterait la préfecture que pour la remettre à un successeur régulièrement nommé. La transmission des pouvoirs de M. Tharreau à M. Girot-Pouzol fut singulièrement facilitée par l'intervention de M. Bardoux, membre du Conseil municipal de Clermont-Ferrand, premier élu, qui faisait alors fonctions de maire.

M. le baron Tharreau se retira en Bretagne, à Vannes, dans la famille de sa femme, puis il rentra à Paris où il a vécu depuis. Il ne reprit pas de fonctions publiques. Il s'était marié avec Mˡˡᵉ Besquent, fille d'un maître de forges du Morbihan, dont il devint veuf en 1867.

Il avait été nommé officier de la Légion d'honneur en 1867 et officier de l'Instruction publique en 1865.

Le *Moniteur du Puy-de-Dôme* du 19 février 1870 et

Baron THARREAU (Henri)

Officier de la Légion d'honneur,
Préfet du Puy-de-Dôme de février à septembre 1870,
Né à Nantes (Loire-Inférieure), le 21 août 1826.

le *Journal des Pyrénées-Orientales* de la même époque nous donnent M. le baron Tharreau comme un administrateur qui n'a cessé de donner des preuves d'une parfaite entente des affaires et d'un dévouement éclairé aux besoins des départements qu'il a administrés. Tout en lui respirait la loyauté, sa parole donnée était une parole tenue et la bonté de son cœur n'avait d'égale que la fermeté de son caractère.

Portrait : D'après une photographie obligeamment communiquée par M. le baron Tharreau.

21. GIROT-POUZOL (François-Jean-Amédée)

Préfet du Puy-de-Dôme de 1870 à 1871.

M. François-Jean-Amédée Girot-Pouzol, fils du député Maurice-Camille Girot-Pouzol naquit au Broc le 18 avril 1832, étudia le droit et se fit recevoir avocat; il était membre du Conseil général du Puy-de-Dôme lorsque M. de Morny étant mort, il se présenta pour le remplacer au Corps législatif dans la deuxième circonscription du Puy-de-Dôme le 25 juin 1865. Professant les idées libérales, il se porta candidat indépendant, et bien que vigoureusement combattu par l'administration, il fut élu député par 14,159 voix (26,429 votants, 32,461 inscrits) contre 12,251 à M. Meinadier. Son élection avait été un échec personnel pour M. Rouher, grand électeur du Puy-de-Dôme. M. Girot-Pouzol alla grossir à la Chambre le petit groupe de l'opposition. Aux élections générales du 24 mai 1869, il échoua avec 12,721 voix contre le candidat officiel, M. Burin des Roziers, qui fut élu. Après la Révolution du 4 septembre 1870, le gouvernement de la Défense le nomma préfet du Puy-de-Dôme qu'il administra avec sagesse et habileté. Elu le 8 février 1871 député du Puy-de-Dôme à l'Assemblée nationale, le 3ᵉ sur 11 par 74,994 voix (96,000 votants, 170,401 inscrits), il se rendit à Bordeaux, vota contre les préliminaires de paix, et craignant de se trouver en désaccord sur ce point avec plusieurs de ses commettants, il donna sa démission le 4 mars suivant, dans une lettre qui prouve à quel point il avait respect de son mandat : « Je ne saurais, dit-il, me résoudre à voter le projet de traité qui a été soumis hier à l'Assemblée ; mais comme je sais qu'en agissant ainsi je ne donnerais pas satisfaction aux désirs de la grande majorité de ceux qui m'ont élu, je considère comme un devoir de renoncer au mandat qui m'a été confié. » Une élection partielle ayant eu lieu dans le Puy-de-Dôme le 12 octobre 1873, M. Girot-Pouzol, cédant aux instances des républicains, posa sa candidature. C'était au moment même où les monarchistes, avec la complicité du gouvernement, faisaient de suprêmes efforts pour renverser la République et imposer à la France la royauté traditionnelle avec le comte de Chambord. M. Girot-Pouzol, dans sa profession de foi, s'engagea à défendre devant l'Assemblée la République et les principes de 1789, l'intégrité du suffrage universel et à demander la dissolution de la Chambre. Elu député sans concurrent par 79,994 voix (81,384 votants, 168,337 inscrits), il alla siéger à la gauche républicaine, vota contre le septennat, la loi sur les maires, le cabinet de Broglie (16 mai 1874), pour les propositions Périer et Maleville, la Constitution du 25 février 1875, contre la loi sur l'enseignement supérieur, pour le scrutin de liste, etc... Aux élections du 20 février 1876 pour la Chambre des députés, M. Girot-Pouzol posa sa candidature à Issoire. Réélu par 10,936 voix (21,211 votants, 28,063 inscrits) contre 10,252 à M. Burin des Roziers, candidat bonapartiste, il alla siéger à gauche et vota constamment avec la majorité républicaine, notamment pour

GIROT-POUZOL (François-Jean-Amédée)

Préfet du Puy-de-Dôme de 1870 à 1871,
Né au Broc, le 18 avril 1832.

l'accroissement du budget de l'instruction publique, contre les jurys mixtes, pour l'ordre du jour contre les menées cléricales (4 mai 1877). Le 18 mai suivant, il s'associa à la protestation des gauches contre le manifeste du maréchal de Mac-Mahon qui déclarait la guerre aux républicains et appelait au ministère des monarchistes et des bonapartistes. Le 19 juin suivant, il fit partie des 363 qui votèrent un ordre du jour de défiance contre le ministère de combat de Broglie-Fortou. Après la dissolution de la Chambre, M. Girot-Pouzol se représenta devant les électeurs d'Issoire, et malgré la pression électorale exercée par l'administration en faveur du candidat officiel de M. de Mac-Mahon, il fut réélu député le 14 octobre 1877 par 12,887 voix (23,798 votants, 28,437 inscrits) contre 10,884 à M. Burin des Roziers. Depuis lors il a voté avec la majorité républicaine pour la nomination d'une Commission d'enquête chargée de constater les abus commis par l'administration pendant la période électorale (15 novembre), pour l'ordre du jour contre le ministère Rochebouët (24 novembre).

Aux élections législatives du 21 août 1881, il fut réélu député de l'arrondissement d'Issoire par 16,535 voix sans concurrent (17,684 votants, 28,753 inscrits). Il soutint le ministère Ferry et se montra partisan des expéditions coloniales, et le 23 août 1885, le siège de M. de Chabaud-Latour, sénateur inamovible, ayant été attribué par le sort au département du Puy-de-Dôme, M. Girot-Pouzol se présenta et fut élu sénateur sans concurrent par 894 voix (961 votants); il prit place dans la majorité de gauche à la Chambre haute et vota pour les ministères opportunistes, pour la nouvelle loi militaire, contre l'expulsion des princes et en dernier lieu pour le scrutin d'arrondissement (13 février 1889), pour le projet de loi Lisbonne restrictif de la liberté de la presse, pour la procédure à suivre devant le Sénat contre le général Boulanger. Au renouvellement triennal il ne fut pas réélu, et depuis cette époque il est rentré dans la vie privée.

Portrait : D'après une photographie de la collection des députés du Corps législatif dont je possède un exemplaire dans ma collection.

22. DELMAS (Albert)

Préfet du Puy-de-Dôme de mars 1871 à fin décembre 1873.

M. Albert Delmas, fils de M. Justin Delmas, ancien préfet, ancien secrétaire général du ministère de l'Intérieur, est né à Montsalvy, dans le Cantal, le 26 juin 1831. Il entra dans les fonctions publiques dès 1849 en qualité de chef de cabinet de son père, d'abord à la préfecture de la Haute-Garonne, puis au ministère de l'Intérieur. Il ne pouvait être à meilleure école et cette habile direction devait exercer une très heureuse influence sur son esprit et y développer d'excellentes qualités d'administrateur.

Ses études de droit terminées, M. Albert Delmas fut, en octobre 1851, attaché au ministère des Affaires étrangères, où, pendant six ans, il prit une part très active aux travaux du Cabinet et de la Direction politique.

A la suite de cette laborieuse préparation à la diplomatie et après plusieurs voyages instructifs à Vienne, Berlin et dans les principaux Etats de l'Allemagne, il fut nommé secrétaire de la légation de France au Brésil et resta près de trois ans à Rio-de-Janeiro.

Appelé aux postes de secrétaire d'ambassade, d'abord en Suisse, puis en Italie, M. Albert Delmas ne tarda pas à s'y faire remarquer. Son caractère sympathique et droit lui valut de précieux témoignages d'estime, non-seulement

DELMAS (Albert)

Officier de la Légion d'honneur,
Préfet du Puy-de-Dôme de mars 1871 à fin décembre 1873,
Né à Montsalvy (Cantal), le 26 juin 1831.

des diplomates éminents dont il était le collaborateur, mais encore des gouvernements étrangers auprès desquels il servait sa patrie, et il avait déjà plusieurs décorations étrangères lorsqu'en juillet 1863 il reçut la croix de chevalier de la Légion d'honneur.

Ses chefs hiérarchiques encourageaient avec insistance M. Albert Delmas à poursuivre la belle carrière qui s'était si heureusement ouverte devant lui et à laquelle il avait, avec de légitimes succès, consacré déjà douze de ses plus belles années, mais des considérations d'ordre privé lui faisaient vivement désirer rentrer en France. Il demanda donc sa mise en disponibilité et vint s'établir au sein de sa famille dans sa petite ville natale.

C'est avec la satisfaction de n'avoir pas à s'en éloigner qu'il accepta en mars 1866 les fonctions de secrétaire général de la préfecture du Cantal. Mais deux ans plus tard, à la suite d'incidents soulevés par la susceptibilité de l'autorité supérieure et à l'occasion desquelles trop de sympathies s'étaient manifestées sur son nom, M. Albert Delmas était, sans l'avoir désiré, nommé sous-préfet de Montélimar.

Au mois de janvier 1870, il fut appelé à la sous-préfecture de Douai sur la demande de M. Lambrecht qui tenait alors la tête du parti libéral dans le Nord, et c'est encore M. Lambrecht qui, devenu ministre sous le gouvernement de M. Thiers, insista pour faire envoyer à Clermont-Ferrand l'administrateur qu'il avait vu à l'œuvre et apprécié dans son arrondissement de Douai.

Nommé préfet du Puy-de-Dôme en mars 1871, M. Albert Delmas y avait entrepris avec ardeur d'importantes améliorations administratives, notamment l'organisation sur des bases nouvelles de l'assistance publique dans les campagnes, la réorganisation des bureaux de la préfecture, etc., et c'est sur son insistance auprès du Conseil général que l'installation du bel observatoire météorologique du sommet du puy de Dôme fut décidée.

Mais, très apprécié comme administrateur, il était resté libéral, même après le 24 mai. Sa politique avait cessé de plaire et il fut mis en disponibilité à la fin de décembre 1873 par M. de Broglie.

Appelé plus tard à la préfecture de la Vienne, puis à celle de l'Hérault, c'est à Montpellier qu'il fut promu officier de la Légion d'honneur, en août 1876, sous le ministère de M. de Marcère. Les palmes académiques lui avaient été décernées quelque temps auparavant.

Nommé au 16 mai 1877 à la préfecture d'Ille-et-Vilaine, M. Delmas se fit de nouveau mettre en disponibilité au bout de trois semaines (juin 1877).

Au mois de décembre suivant il fut envoyé comme préfet à Nancy, et c'est là que sa nomination de conseiller d'Etat est venue le trouver en juillet 1879. Il n'a toutefois quitté son poste qu'après l'inauguration de la statue de M. Thiers, érigée à Nancy le 3 août 1879, anniversaire de la libération du territoire.

Animé d'un grand esprit de conciliation, républicain libéral et très modéré, M. Albert Delmas a fait dans ses préfectures beaucoup plus d'administration que de politique.

Au Conseil d'Etat, il a appartenu successivement à diverses sections administratives et a siégé pendant trois ans au Contentieux comme délégué de ces sections; il a fait partie pendant dix ans de la très importante Commission mixte des Travaux publics.

Il a été nommé en janvier 1890 Conseiller d'Etat honoraire et Conseiller maître à la Cour des comptes, fonctions qu'il exerce encore actuellement.

Conseiller général du Cantal depuis 1883, M. Albert Delmas avait été réélu à l'unanimité en 1886; mais, estimant qu'il était de son devoir de se consacrer plus complètement à ses autres fonctions, qui le retenaient d'ailleurs à Paris presque constamment, il a refusé, malgré de pressantes instances, de poser de nouveau sa candidature en 1892. Le même scrupule l'avait décidé, quelque temps

MICHON (Joseph-Louis-Alexis)

Docteur en médecine, docteur ès-lettres,
Préfet du Puy-de-Dôme de 1874 à 1875,
Né à Paris en 1836.

auparavant à résigner les fonctions de maire de Montsalvy qu'il avait d'abord acceptées.

M. Albert Delmas est resté cependant très attaché à l'Auvergne; il y passe dans ses propriétés toutes ses vacances et n'a pas cessé de s'intéresser aux progrès de l'agriculture. Il s'est occupé très activement de la mise en valeur des terrains improductifs et a donné, avec un grand succès, le salutaire exemple du reboisement des montagnes.

Le Jury du Concours régional d'Aurillac a couronné ses efforts en lui décernant une médaille d'or de grand module.

Portrait : D'après une photographie obligeamment communiquée par M. Delmas.

23. MICHON (Joseph-Louis-Alexis)

Préfet du Puy-de-Dôme de 1874 à 1875.

M. Joseph-Louis-Alexis Michon, naquit à Paris en 1836, fut reçu docteur en médecine et docteur ès lettres après de brillantes études, puis entra dans la vie politique à la fin de l'Empire.

L'un des fondateurs de l'Union libérale, il a été candidat aux élections de 1869 dans l'arrondissement d'Autun contre M. Schneider, alors président du Corps législatif, qui ne l'a emporté sur lui qu'au scrutin de ballottage.

Candidat aux élections complémentaires de 1871 dans le département de Saône-et-Loire, sa liste a été battue par la liste radicale.

Il n'est entré dans l'administration que le 7 janvier 1874, époque à laquelle il a été nommé préfet du Puy-de-Dôme et a été installé le 11 janvier suivant.

Il est resté à Clermont jusqu'au 27 avril 1875. C'est sous son administration qu'a été terminé l'observatoire du Puy de Dôme.

En quittant Clermont, il n'a voulu accepter aucune compensation et il ne s'est décidé à rentrer dans la vie publique qu'avec le ministère Dufaure qui, après l'échec du 16 mai, l'a appelé à la préfecture du Loiret.

Depuis sa retraite en 1879, il s'est présenté en 1885 aux élections législatives sur la liste conservatrice dans le même département du Loiret; il n'a pas été nommé et s'est retiré dans la vie privée à Paris où il possède encore l'estime de ses anciens administrés.

Portrait : D'après une photographie obligeamment communiquée par M. Michon.

---

24. DE BASSONCOURT (Victor-Ferdinand)

Préfet du Puy-de-Dôme de 1875 à 1876.

M. Victor-Ferdinand DE Bassoncourt, naquit à Chartres, dans le département d'Eure-et-Loir, le 26 juillet 1823. Il entra dans l'administration en 1853 comme conseiller de préfecture de l'Ardèche, fut ensuite nommé en 1854 sous-préfet de Dinan, puis sous-préfet de Chinon ; on l'envoya peu de temps après à Orléans comme secrétaire général du Loiret, puis dans la Somme comme secrétaire général ; on le nomma ensuite sous-préfet de Rambouillet, puis sous-préfet de Dieppe et enfin sous-préfet du Havre jusqu'au 4 septembre 1870.

Après le 8 février, M. de Bassoncourt sollicita une place du gouvernement de M. Thiers et obtint en 1871 la préfecture de la Mayenne, il y resta à Laval jusqu'en 1875,

TIRMAN (Louis)

Grand'croix de la Légion d'honneur,
Préfet du Puy-de-Dôme de 1876 à 1877,
Né à Mézières (Ardennes), le 29 juillet 1837.

époque à laquelle il fut appelé à succéder à M. Michon à la préfecture du Puy-de-Dôme.

Il donna sa démission le 21 mars 1876 et fut remplacé par M. Tirman. Il se retira alors à Paris, puis enfin à Chartres, son pays natal, où il est mort le 26 novembre 1892.

Il était officier d'Académie et chevalier de la Légion d'honneur.

M. de Bassoncourt était un homme de bien, très dévoué aux intérêts de ses administrés, s'occupant beaucoup aux affaires de son département qu'il administra avec autant de modération que de succès et qui laissa après lui les souvenirs les plus honorables.

25. TIRMAN (Louis)

Préfet du Puy-de-Dôme de 1876 à 1877.

M. Louis Tirman, est né à Mézières, dans le département des Ardennes, le 29 juillet 1837.

Après d'excellentes études, il fit son droit et conquit très vite les diplômes de licencié et de docteur en droit. Ses convictions républicaines jointes à de grandes capacités le firent appeler par le gouvernement aux fonctions de secrétaire général de la préfecture et de préfet intérimaire du département des Ardennes en 1870-1871. Il fut nommé définitivement préfet des Ardennes le 6 avril 1871, révoqué le 19 décembre 1873, et le 21 mars 1876 appelé comme préfet du Puy-de-Dôme; le 14 août suivant, chevalier de la Légion d'honneur, puis révoqué le 16 mai 1877.

M. Tirman passa ensuite le 19 décembre 1879 à la préfecture des Bouches-du-Rhône où il resta jusqu'au mois de juillet 1881, époque à laquelle il fut nommé conseiller d'Etat. Le 26 novembre 1881, on lui donna le poste de gouverneur général de l'Algérie, fonctions qu'il conserva jusqu'au 2 mai 1891. C'est pendant son administration comme gouverneur général de l'Algérie qu'il fut promu officier de la Légion d'honneur en 1882, commandeur en 1883, grand-officier en 1885 et enfin grand-croix de la Légion d'honneur en 1891 à raison des nombreux services qu'il rendit dans ces hautes fonctions.

M. Tirman est encore grand-croix du Nicham, grand-croix de l'Etoile polaire de Suède, grand-croix de Saint-Stanislas de Russie, etc., etc.

Retiré chez lui dans les Ardennes, ses compatriotes l'appelèrent aussitôt, en juin 1891, au Conseil général du département des Ardennes, puis lors d'une élection partielle le 18 décembre 1892, ils l'envoyèrent les représenter au Sénat. Il a encore été réélu sénateur lors du renouvellement, le 7 janvier 1894, et avait déjà été, en septembre 1893, appelé aux fonctions de président du Conseil général de son département.

L'étroit espace réservé à la biographie des préfets du Puy-de-Dôme dans notre ouvrage ne nous permet pas de mentionner tous les services que M. Tirman a rendus dans les différentes situations qu'il a occupées, mais nous ne pouvons nous empêcher de dire quelques mots de ce qu'il a été dans le Puy-de-Dôme alors qu'il était notre préfet. Voici, au surplus, quelques extraits d'un article dû à la plume du regretté M. Salneuve, publié dans le journal *Le Moniteur du Puy-de-Dôme* du 6 janvier 1877 :

« Nous garderons à M. Tirman la reconnaissance pour
» la façon loyale et intelligente dont il a administré notre
» département depuis une dizaine de mois. Il nous plai-
» sait de conserver parmi nous un homme dont le carac-
» tère, la facilité d'accueil et les grâces de l'esprit ont
» fait naître ici tant de sympathies. Et ce n'est point un
» compliment banal, tous ceux qui l'ont approché trou-

GLAIZE (Jean-Marie-Paul)

Officier de la Légion d'honneur,
Préfet du Puy-de-Dôme de 1877 à 1883,
Né à Montpellier (Hérault), le 23 mai 1832.

» veront sans aucun doute que nous n'exagérons pas et
» que nous nous sommes borné à exprimer leur pensée. »

« M. Tirman, secondé par M. Catusse, un collaborateur
» zélé et intelligent, a imprimé à toute l'Administration
» départementale une allure loyale, franchement républi-
» caine et profondément conservatrice à laquelle ses ad-
» versaires mêmes ont dû rendre justice. Les municipa-
» lités ont été soigneusement épurées, les affaires étu-
» diées et les sessions du Conseil général auxquelles il a
» pris part ont donné à tous l'assurance que nous tenions
» un administrateur capable. »

D'un caractère bon, généreux et sûr, administrateur éclairé, consciencieux, M. Tirman joignait à la dignité et à l'autorité du commandement la bienveillance et l'affabilité. Aussi était-il aimé et estimé de tous autant que respecté.

Ce qui prouvera mieux que toutes choses la vérité de ce que nous avançons, c'est la manifestation spontanée et éclatante qui s'est produite lors de son départ de Clermont au mois de mai 1877.

Quelques lignes du *Moniteur du Puy-de-Dôme* du 25 mai 1877 nous diront aussi quelle a été cette manifestation dont tout Clermont garde encore le souvenir :

« Quand la voiture de M. Tirman est arrivée dans la
» cour de la gare, toutes les têtes se sont découvertes, les
» mains se sont tendues, et pendant que M. Tirman se
» hâtait pour se dérober à cette ovation pourtant si méri-
» tée, tout en traversant une haie épaisse et respectueuse
» de citoyens, on entendait les cris de : « Au revoir,
» Monsieur Tirman! Vive Monsieur Tirman! et enfin :
» Vive la République! »

C'était la première fois que l'on voyait se produire pareille manifestation pour le départ d'un préfet de notre département.

Portrait : D'après une photographie obligeamment communiquée par M. Tirman.

26. Marquis de PUYFERRAT

Préfet du Puy-de-Dôme du 19 mai 1877 au 18 décembre 1877.

Les biographes sont parfois malheureux; il y a des noms illustres qui leur donnent des peines extraordinaires pour arriver à découvrir quelque chose sur leur compte; M. le marquis de Puyferrat nous a mis dans ce cas; nous sommes persuadé que c'était un homme de talent, d'énergie, mais la renommée ne dit mot de lui. Les journaux de l'époque nous disent seulement qu'étant dans l'administration sous l'Empire, il fut mis à pied au 4 septembre 1870, qu'il demanda malgré cela à Gambetta et qu'il accepta de lui une place de sous-intendant militaire pendant la guerre, qu'il fut ensuite nommé sous-préfet, on ne dit pas où, puis révoqué par Jules Simon, qu'il se fit après donner par le ministère républicain une perception à Clermont-Ferrand, puis arriva le 19 mai 1877 préfet du Puy-de-Dôme, fonctions qu'il a conservées jusqu'au 18 décembre 1877, époque à laquelle il a été remplacé par M. Glaize.

Qu'on ne nous demande aucun autre renseignement en ce qui le concerne, nous n'avons pu rien savoir, c'est le Melchissédech des préfectures; sa gloire, son nom, tout est ignoré.

27. GLAIZE (Jean-Marie-Paul)

Préfet du Puy-de-Dôme de 1877 à 1882.

M. Jean-Marie-Paul Glaize, né le 22 mai 1832, à Montpellier dans l'Hérault, appartient par la ligne paternelle à une famille d'origine espagnole établie depuis le XVIIe siècle dans l'Aveyron et plus tard à Montpellier. — Par sa mère, descend d'une famille lorraine apparentée à celle du conventionnel Merlin de Thionville. Son grand-père maternel, l'ordonnateur Ricard (1769-1847), a laissé un nom dans l'histoire de la grande armée. Volontaire de 1792, il a été successivement attaché à l'armée de Moreau, à celle de Hoche, aux corps d'armée de Bernadotte, de Davoust, de Gilly, etc.

M. Glaize a pris sous le second Empire, dès 1860, une part très active à l'action et à la propagande démocratiques. Il a publié une série d'articles et de correspondances dans le *Progrès de Lyon*, qu'il avait contribué à fonder en 1863 avec Frédéric Morin et Eugène Pelletan, dans la *Gironde* de Bordeaux et dans plusieurs journaux parisiens. De 1863 à 1870, il a participé à la formation et à l'incessante activité de comités démocratiques à Montpellier, à Lyon, etc.; il a constamment suivi, dans leurs campagnes électorales de 1863 et 1869, MM. Jules Simon, Eugène Pelletan et Ernest Picard.

M. Glaize poursuivait en même temps un triple enseignement scientifique : Il a écrit des articles de critique d'art sur le *musée Fabre*, a donné plusieurs conférences sur des questions de philologie générale. Il organisait en 1863, à l'Ecole primaire supérieure de Montpellier, le premier cours d'économie politique qui ait été en France appliqué à l'enseignement primaire.

M. Glaize figurait à la même époque comme fondateur de la *Revue des langues romanes*.

En 1869, il a publié chez Dentu le premier ouvrage élémentaire qui ait paru sur *les inscriptions cunéiformes et les travaux de M. Oppert*.

Le 5 septembre 1870, Gambetta appela M. Glaize au secrétariat général de l'Hérault, dont il accepta les fonctions, sans vouloir en prendre le titre officiel et les émoluments avant de s'être assuré par un stage de deux mois qu'il serait apte à les remplir. A ce titre, M. Glaize fut chargé spécialement de l'organisation de la mobilisation ; quelques jours avant l'armistice, il se trouvait en qualité de lieutenant-colonel sous-chef d'état-major des gardes nationales de l'Hérault, au camp de Sathonay et à Fontaine d'Ain.

Nous trouvons ensuite M. Glaize tour à tour : secrétaire général de l'Hérault jusqu'en février 1872 ; secrétaire général de la Vienne à la suite de l'affaire Cathelineau, qui produisit alors dans l'Assemblée nationale une vive impression (de février 1872 à septembre de la même année); secrétaire général de l'Aude (septembre 1872-24 mai 1873).

Il s'empressa de donner sa démission le soir même du 24 mai, en adressant directement au maréchal de Mac-Mahon un télégramme ainsi conçu :

« Considérant la retraite de M. Thiers comme un » malheur pour la France et un danger pour la Répu- » blique, j'ai l'honneur de vous adresser ma démission. »

M. Glaize fut compris parmi les trois premiers préfets républicains nommés en avril 1876, sous le ministère de Marcère.

Il fut d'abord appelé à la préfecture de la Corrèze (avril 1876) et de là à celle de l'Allier (janvier 1877).

Il figure le premier parmi les préfets révoqués au 16 mai par le ministère de Broglie.

M. Glaize consacra sa liberté à une propagande répu-

LEFEBVRE DU GROSRIEZ
(Charles-Henri-Hector-Albéric)

Officier de la Légion d'honneur,
Préfet du Puy-de-Dôme en 1882-1883,
Né à Abbeville (Somme), le 15 février 1843.

blicaine très active et très énergique, à Paris et dans les divers départements où il avait pu acquérir une certaine influence.

En décembre 1877, il était appelé à la préfecture du Puy-de-Dôme, qu'il n'a quitttée qu'en décembre 1882. Il avait eu l'occasion d'y refuser la préfecture de première classe de la Loire-Inférieure que lui avait offerte M. Goblet, alors ministre de l'Intérieur, à raison de l'état de santé de sa mère et de son affection pour le département qu'il administrait.

M. Glaize a depuis occupé successivement : la préfecture de première classe de la Loire (décembre 1882-mai 1885); la préfecture de première classe de la Haute-Garonne (mai 1885-décembre de la même année); la préfecture de première classe de la Loire-Inférieure (décembre 1885-juin 1887. — Il exerce en ce moment les fonctions de consul de première classe chargé du vice-consulat de Monaco et est officier de la Légion d'honneur depuis 1881.

Au départ de M. Glaize, le Puy-de-Dôme a perdu un administrateur vigilant et éclairé, qui, par l'affabilité de ses manières et l'accueil bienveillant et empressé qu'il faisait à tous, avait su conquérir la confiance et l'estime de tous les corps élus du département et de tous ses administrés en général.

Pour mieux dépeindre l'esprit et le caractère de M. Glaize et la façon dont il comprenait l'administration, nous ne pouvons mieux faire que de rappeler la circulaire qu'il adressa avant son départ de Clermont aux sous-préfets et maires de son département et dans laquelle nous copions textuellement :

« Nous nous sommes toujours inspirés de trois grandes idées que je tiens à vous rappeler encore en vous quittant.

» L'administration est avant tout une œuvre de bonne foi et de justice pour tous. Nous devons la bonne foi et la justice à tous, même à nos adversaires.

» La première préoccupation d'une administration républicaine digne de ce nom, c'est l'amélioration du sort de la partie la moins favorisée et la plus laborieuse de la Nation ; il faut avant tout travailler sans relâche dans l'ordre et dans la liberté, à développer son instruction, son élévation morale, à préparer autant que possible son accession à la propriété du sol.

» Enfin gardons toujours au fond du cœur deux sentiments inséparables qui sont notre force et notre sauvegarde dans tout ce qui peut nous faire défaut ; c'est un honneur dans une grande démocratie comme la nôtre, d'être le représentant de l'autorité, qu'elle sorte directement du suffrage ou qu'elle ne soit qu'une délégation des pouvoirs supérieurs organisés par la volonté nationale.

» Cet honneur impose l'impérieux devoir d'être les serviteurs dévoués, laborieux et sincères de la Nation et du Pays.

» Pendant mon administration dans le département, je me suis toujours rappelé que j'étais constamment au service du maire de la plus humble commune et du plus modeste des citoyens.

» Si un gouvernement vraiment républicain n'imposait pas cette tâche à tous ses administrateurs, la République serait un vain mot. »

En terminant, nous ajouterons que les amitiés durables qu'a laissées en Auvergne M. Glaize nous dispenseront de parler de l'homme privé.

Aussi nous devons dire que tout le monde, à Clermont et dans le département, a applaudi à tous ses succès dans la carrière qu'il a droit d'espérer de plus en plus brillante et que tout le monde lui a souhaités en toute sincérité.

Portrait : D'après une photographie obligeamment communiquée par M. Glaize.

LE MALLIER (Gustave-Louis-Nicolas)

Officier de la Légion d'honneur,
Préfet du Puy-de-Dôme de 1883 à 1885,
Né à Carantan (Manche), le 10 mars 1841.

28. LEFEBVRE du GROSRIEZ
(Charles-Henri-Hector-Albéric).

Préfet du Puy-de-Dôme du 15 novembre 1882 au 4 avril 1883.

M. Charles-Henri-Hector-Albéric Lefebvre du Grosriez est né le 15 février 1843, à Abbeville, dans le département de la Somme; il fut d'abord employé au ministère des Finances.

Pendant la guerre de 1870-1871, il prit part à la défense de Paris comme officier des mobiles de la Somme. Après la capitulation M. Lefebvre du Grosriez entra dans la presse où il défendit vivement les institutions républicaines.

En 1874, élu conseiller général du canton de Nouvion et conseiller municipal d'Abbeville, il conserva ces fonctions jusqu'en 1877.

Après le 16 Mai, qu'il avait énergiquement combattu, il fut appelé, le 30 décembre 1877, à la sous-préfecture de Saint-Omer, et le 12 janvier 1880, il fut nommé préfet de la Haute-Savoie; le 14 juillet 1881, on lui donna les palmes académiques, et le 10 février 1882, M. Goblet, alors ministre de l'Intérieur, confia à M. Lefebvre du Grosriez les importantes fonctions de directeur du cabinet et du personnel au ministère de l'Intérieur qu'il conserva jusqu'à l'avènement du cabinet Duclerc; nommé chevalier de la Légion d'honneur le 11 juillet 1882, il fut appelé, le 8 novembre 1882, à la préfecture de Vaucluse où il ne fut pas installé, et le 15 du même mois de novembre 1882 à la préfecture du Puy-de-Dôme où il est resté jusqu'au 4 avril 1883, époque à laquelle il a été nommé préfet de la Savoie où il est encore aujourd'hui.

Le 31 décembre 1889, M. du Grosriez a été nommé

officier de l'Instruction publique et le 3 août 1890, il a été élevé à la dignité d'officier de la Légion d'honneur.

M. Lefebvre du Grosriez est aussi officier du Nicham-Iftikar de Tunis, commandeur des ordres de la couronne d'Italie, du Sauveur de Grèce et de la Rose du Brésil.

Fin lettré, administrateur intelligent, M. Lefebvre du Grosriez a su conquérir dans tous les postes où il a passé des sympathies fidèles et durables.

Portrait : D'après une photographie obligeamment communiquée par M. Lefebvre du Grosriez.

29. LE MALLIER (Gustave-Louis-Nicolas)

Préfet du Puy-de-Dôme du 4 avril 1883 au 18 novembre 1885.

M. Gustave-Louis-Nicolas Le Mallier naquit le 10 mars 1841 à Carantan, dans le département de la Manche.

Après de brillantes études de droit, il conquit le grade de docteur en droit, puis s'installa au barreau de la Cour d'appel de Caen, où il ne tarda pas à se faire remarquer.

Appelé du 16 janvier au 14 octobre 1867 comme rédacteur attaché au bureau du Contentieux du ministère des Travaux publics, il abandonna le barreau où il avait su se créer une belle situation et fut ensuite nommé successivement : le 12 septembre 1870, sous-préfet de Bressuire ; le 3 juin 1871, sous-préfet de Parthenay ; remplacé le 30 mai 1873, il rentra de nouveau dans l'Administration après le 16 Mai, le 30 décembre 1877, comme sous-préfet de Rambouillet, puis fut nommé sous-préfet de Fontainebleau le 13 février 1880, préfet de l'Indre le 17 novembre de la même année, préfet de l'Allier quelques jours après le 23 novembre, préfet de la Dordogne avec avancement

REBOUL (ÉMILE)

Officier de la Légion d'honneur,
Préfet du Puy-de-Dôme de 1885 à 1888,
Né à Bordezac (Lot), le 18 novembre 1836.

à la 2ᵉ classe le 13 juin 1882. Il arrive enfin à la préfecture du Puy-de-Dôme le 4 avril 1883, avec une 1ʳᵉ classe personnelle; le 8 décembre suivant, il avait été nommé chevalier de la Légion d'honneur; le 9 juillet 1883, officier d'Académie; le 13 juillet même année 1883, il était déjà commandeur du Nicham-Iftikar.

Le 18 novembre 1885, il a été appelé à la préfecture de Saône-et-Loire et promu au grade d'officier de la Légion d'honneur le 2 janvier 1888; il est depuis le 12 mai 1890 préfet du Gard.

Partout où il a passé, M. Le Mallier a laissé d'excellents souvenirs. Partout on a su apprécier son rare mérite. — Pendant les trois années qu'il est resté dans le Puy-de-Dôme, M. Le Mallier avait su s'attirer de nombreuses sympathies. Ses administrés appréciaient surtout sa droiture et la parfaite honorabilité de son caractère; ils ont pu se rendre compte de ses grandes qualités d'administrateur, de son intelligence nette et de la fermeté de ses principes républicains. M. Le Mallier a fait pendant son passage à Clermont de sages et utiles réformes, il est depuis longtemps familiarisé avec tous les rouages de l'administration; il connaît par expérience tous les devoirs attachés à ses hautes fonctions et sait les remplir avec conscience.

C'est enfin un de ces hommes qui vont droit leur chemin, ne s'occupant que de l'intérêt général et tenant en mince considération cette foule d'intérêts particuliers qui viennent toujours se mettre en travers des besognes franches et loyales.

Aussi, lors de son départ de Clermont, a-t-il été accompagné des regrets de ses administrés qui ont conservé et conservent encore de lui le meilleur souvenir.

Portrait : D'après une photographie obligeamment communiquée par M. Le Mallier.

30. REBOUL (ÉMILE)

Préfet du Puy-de-Dôme du 18 novembre 1885 au 10 janvier 1888.

M. Émile REBOUL est né le 18 novembre 1836, à Bordezac, dans le département du Lot. Fils et petit-fils de notaires, après avoir fait son droit et reçu le grade de licencié, il fut lui-même notaire pendant dix ans dans la ville industrielle de Bessèges (Gard), où il sut se concilier les sympathies générales.

En 1877, sur les vives instances de ses amis politiques, M. Reboul entra dans l'administration comme sous-préfet de Saint-Pons le 21 février 1877; remplacé le 24 mai 1877, il fut nommé le 30 décembre suivant sous-préfet de Béziers, puis le 12 janvier 1880 appelé à la préfecture de l'Orne.

Décoré de la Légion d'honneur le 13 juillet 1881, il passa à la préfecture de l'Indre le 28 février 1882, de là à celle du Finistère le 29 novembre 1883, puis à celle du Puy-de-Dôme le 18 novembre 1885 et enfin à celle de Seine-et-Marne où il se trouve encore aujourd'hui. Il a été nommé officier de la Légion d'honneur le 7 janvier 1890 et officier de l'Instruction publique le 10 janvier 1892.

Après avoir été notaire distingué, M. Reboul a été et est encore aujourd'hui un administrateur habile, intègre et justement estimé.

Partout où il a passé et notamment dans le Puy-de-Dôme, nous pouvons dire sans flatterie que son caractère affable pour tous, sa franchise, la loyauté de ses allures et de ses convictions lui ont acquis cette considération et ce respect qui sont quelque chose de plus que l'estime et qui sont si nécessaires pour faire des choses vraiment utiles.

Tout en applaudissant à son avancement, tout le monde

à Clermont et dans le département a regretté son départ et lui garde depuis un fidèle souvenir.

Portrait : D'après une photographie obligeamment communiquée par M. Reboul.

31. FIRBACH (Joseph-Laurent-Louis-Alfred)

Préfet du Puy-de-Dôme du 10 janvier 1888 au 4 mai 1889.

M. Joseph-Laurent-Louis-Alfred Firbach, né à Paris, le 16 janvier 1831, fit d'excellentes études au collège Henri IV, puis suivit les cours de la Faculté de Droit et obtint le grade de licencié.

Il entra dans l'administration, le 31 octobre 1862, comme chef de division à la préfecture de la Vendée; fut ensuite nommé, le 15 mars 1866, comme chef de cabinet du préfet de la Dordogne; le 30 octobre 1867, sous-préfet de Murat; le 6 octobre 1870, sous-préfet de Saint-Flour; le 30 janvier 1871, sous-préfet de Milhau; le 1er décembre 1872, sous-préfet de Béziers, et le 16 décembre 1874, sous-préfet de Compiègne.

Le 13 avril 1876, M. Firbach était nommé préfet de l'Aude; le 24 mai 1876, préfet de l'Ardèche. Le 16-Mai le mit en disponibilité par retrait d'emploi. Le 18 décembre 1877, M. Firbach rentrait dans l'administration comme préfet de l'Eure. Le 30 juillet suivant (1878), il était fait chevalier de la Légion d'honneur. Le 6 août 1880, il était promu officier dans cet ordre et quelques mois plus tard, le 30 mars 1881, placé à la tête de la préfecture d'Alger. Après un séjour de sept ans dans cette résidence et durant lequel il avait été nommé officier de l'Instruction publique le 19 avril 1887 et grand-officier du Nicham-

Iftikar, il rentrait en France, le 10 janvier 1888, comme préfet du Puy-de-Dôme, en recevant par légitime récompense de ses longs et loyaux services la première classe personnelle.

Il y avait à peine seize mois qu'il se trouvait à Clermont, lorsqu'il vint à succomber, le 4 mai 1889, à une longue et douloureuse maladie qui, depuis longtemps, ne laissait à ses amis que très peu d'illusions.

C'était cependant plus de temps qu'il n'avait fallu à M. Firbach pour se concilier toutes les sympathies et s'entourer de l'estime générale. Son exquise courtoisie, son désir constant d'obliger tous ceux qui avaient recours à lui, le tact qu'il apportait en toutes choses, la droiture de son caractère, l'avaient fait aimer de tous ceux qui l'approchaient. Lors de son arrivée à Clermont et à la première session du Conseil général à laquelle il assista en avril 1888, M. Firbach se fit tout d'abord remarquer par la façon sobre et précise dont il présentait les affaires qu'il connaissait à fond, la courtoisie et les talents avec lesquels il les discutait. On reconnut de suite en lui un travailleur plein de zèle, un homme de sens pratique et de jugement droit, en un mot un excellent administrateur par dessus tout soucieux des intérêts départementaux dont il avait la garde et la responsabilité.

Dans son cabinet, M. Firbach se révélait encore plus, s'il est possible, par les qualités qui font les bons préfets. D'une éducation parfaite, ayant pour tous le plus bienveillant accueil, au courant des affaires en instruction dont on venait l'entretenir, il laissait toujours ses administrés satisfaits, quelquefois charmés des promesses qu'il leur faisait et qu'il tenait, des bonnes paroles et des sages avis qu'il leur adressait.

Quand la maladie l'a contraint de cesser ses réceptions, cloué sur son lit de douleur, il s'intéressait à tout ce qui se passait ici, se faisant lire les journaux de Clermont, étudiant encore et donnant solution aux affaires de son

FIRBACH (Joseph-Laurent-Louis-Alfred)

Officier de la Légion d'honneur,
Préfet du Puy-de-Dôme de 1888 à 1889,
Né à Paris, le 16 janvier 1831,
Décédé à Clermont-Ferrand, le 4 mai 1889.

département. On peut dire de lui, comme l'a si bien dit d'ailleurs l'honorable M. Tallon, président de la Commission départementale, dans le discours qu'il prononça lors de ses obsèques : « Il est mort sur la brèche, comme un vaillant soldat. »

M. Firbach n'était pas seulement un administrateur habile et d'une éducation parfaite, il était encore un fin lettré, fortement imbu des solides connaissances qu'on inculquait jadis en latin et en grec ; il était du petit nombre de ceux qui peuvent lire presque couramment Cicéron, Tacite, Virgile et Horace, Plutarque, Démosthène, Homère et Sophocle, et il trouvait dans le commerce de ces anciens auteurs un délassement aux travaux administratifs et comme un retour à ces aimables heures de la vie dont il savourait tout le charme.

La République a perdu en M. Firbach un serviteur éminent et dévoué et le département du Puy-de-Dôme un bon préfet.

Portrait : D'après une photographie obligeamment communiquée par M. Firbach, sous-préfet de Gannat, fils du préfet dont nous nous occupons.

32. ALAPETITE (Gabriel-Ferdinand)

Préfet du Puy-de-Dôme du 24 mai 1889 au 8 janvier 1890.

M. Gabriel-Ferdinand Alapetite est né le 5 janvier 1854, à Clamecy, dans le département de la Nièvre.

Après d'excellentes études, il se fit recevoir licencié en droit, puis s'installa au barreau de Clamecy, comme avocat, de 1874 à 1876 ; il occupait ces fonctions avec succès lorsque les circonstances lui firent changer de plan de vie et tournèrent du côté de l'administration, les dispositions qu'il avait consacrées à la jurisprudence; chef de cabinet du préfet du Pas-de-Calais de décembre 1876 à mai 1877, il fut, après le 16-Mai, nommé chef de cabinet du préfet de la Haute-Garonne de décembre 1877 à février 1879, puis appelé le 25 mars 1879 à la sous-préfecture de Muret, dans le département de la Haute-Garonne.

Il fut ensuite et successivement, le 17 novembre 1880, sous-préfet de Loudun, élevé le 1er janvier 1881 à la 2e classe personnelle. Le 21 octobre 1883, sous-préfet de Châtellerault; le 8 décembre de la même année, élevé à la 1re classe personnelle; le 12 juillet 1884, officier d'Académie; le 25 avril 1885, appelé en qualité de secrétaire général de la préfecture du Rhône pour l'administration (1re classe).

Le 20 juin 1888, M. Alapetite est nommé préfet de l'Indre; le 1er décembre de la même année, préfet de la Sarthe, et le 24 mai 1889, préfet du Puy-de-Dôme où il est resté jusqu'au 8 janvier 1890, époque à laquelle il a passé à la préfecture du Pas-de-Calais où il est encore aujourd'hui; il avait été précédemment nommé chevalier de la Légion d'honneur.

Quoique le séjour de M. Alapetite ait été court parmi nous, il l'a été cependant assez pour permettre à tous ceux qui ont eu l'occasion de l'approcher ou d'entrer en relations avec lui, de déclarer combien était grande sa sollicitude pour ses collaborateurs et ses subordonnés et combien son urbanité le rendait abordable à tous et à toute heure.

Nous devons ajouter au surplus que la Commission départementale, au nom du département tout entier, a, dans sa réunion du 8 janvier 1890, exprimé des regrets unanimes du départ de M. Alapetite dont elle avait pu apprécier le tact, la courtoisie et les hautes qualités administratives.

Portrait : D'après une photographie obligeamment communiquée par M. Alapetite.

ALAPETITE (Gabriel-Ferdinand)

Chevalier de la Légion d'honneur,
Préfet du Puy-de-Dôme de 1889 à 1890,
Né à Clamecy (Nièvre), le 5 janvier 1854.

33. BARDON (Charles-Marie-Joseph)

Préfet du Puy-de-Dôme de 1890 à nos jours.

M. Charles-Marie-Joseph Bardon, né à Nîmes (Gard) le 1ᵉʳ mars 1848, fut reçu licencié en droit à la Faculté d'Aix et se fit inscrire, en 1869, au barreau de sa ville natale. Quelques mois après son installation, en mai 1870, il fit avec ses amis politiques une vigoureuse campagne contre le Plébiscite.

La guerre de 1870 arrivant, il partit dès le début de la campagne comme sergent dans la garde mobile pour faire partie de l'armée de Faidherbe, tomba malade peu de temps après et fut envoyé à l'hospice de Tours, où il resta quinze jours. Une fois rétabli, on lui accorda un congé de convalescence qu'il refusa et partit immédiatement pour aller rejoindre son corps à Abbeville.

Le 4 septembre, ses amis politiques ayant pris en mains le pouvoir, le rappelèrent à Nîmes où il resta 48 heures, puis fut incorporé au 4ᵉ bataillon de la garde nationale mobile du Gard, avec le grade de lieutenant; il partit alors avec son bataillon pour Langres et prit part aux divers combats qui eurent lieu aux environs de Langres, recevant ainsi le baptême du feu à Nogent-le-Roi le 7 décembre, à Longeau le 14 et au fort de Peignet le 23.

Le 4ᵉ bataillon des mobiles du Gard fut adjoint au corps de l'avant-garde de la Délivrance institué par ordre ministériel signé à Tours par M. de Freycinet le 9 novembre 1870, pour la défense des départements des Vosges, de la Meuse et de la Meurthe, dont le commandement fut confié au commandant Bernard. M. Bardon prit part avec lui à l'affaire de Fontenoy et aida à la destruction, sur la ligne ferrée de Paris à Strasbourg, du viaduc de Fontenoy. Cette opération eut pour résultat de couper pendant treize jours aux Allemands victorieux, dont les troupes inondaient notre patrie de Paris à Strasbourg, leur grande voie de communication avec les troupes qui assiégeaient Paris; elle aurait pu avoir une importance plus grande encore si l'armistice conclu à Paris n'était venu, quelques jours après, suspendre les hostilités. Exécutée par un corps de partisans organisé dans les Vosges sous la direction du Comité militaire de défense nationale, à huit kilomètres de Toul, alors occupé par les Prussiens, cette tentative audacieuse eut en Allemagne aussi bien qu'en France un grand retentissement, à tel point qu'elle est citée dans nos écoles militaires et dans les ouvrages militaires allemands comme très importante au point de vue stratégique et surtout comme modèle d'initiative privée d'une petite troupe en campagne. La fureur que ressentirent les généraux prussiens lorsqu'ils apprirent cette nouvelle fut telle que, le 22 janvier 1871, lendemain du jour où eut lieu cette attaque, infanterie, cavalerie et artillerie prussiennes cernèrent et envahirent le petit village de Fontenoy, chassèrent les malheureux habitants de leurs maisons, qu'ils brûlèrent ensuite après les avoir enduites de pétrole; puis, en raison de cette même opération, le nouvel empereur d'Allemagne, par son premier décret du 23 janvier 1871, imposait au gouvernement général de la Lorraine une contribution de dix millions de francs à titre d'amende.

A la suite de cette affaire et le même jour 21 janvier, les mobiles du Gard prirent une part très active au combat qui eut lieu à l'entrée même de Vrécourt, en face de la forêt de la Vaivre occupée par les Prussiens, et à dix heures du matin ils allaient être cernés par ceux-ci, quand le lieutenant Bardon, qui venait d'apparaître sur le lieu de l'action avec 50 hommes, se porta bravement à

BARDON (Charles-Marie-Joseph)

Officier de la Légion d'honneur,
Préfet du Puy-de-Dôme de 1890 à nos jours,
Né à Nîmes (Gard), le 1ᵉʳ mars 1848.

leur rencontre et pendant une demi-heure arrêta net, sans reculer d'un pas, les 300 ennemis qui s'apprêtaient à envelopper ses frères d'armes ; mais nos jeunes mobiles, déconcertés par une fusillade épouvantable, furent saisis d'une panique soudaine. Malgré cela, l'intrépide Bardon tenait toujours et par son indomptable tenacité il donnait le temps aux autres compagnies de se mettre à l'abri. Voyant enfin les deux colonnes prussiennes se resserrer pour l'accabler, il jugea le moment venu de pourvoir à la sûreté de ses braves et couronna une lutte si glorieuse par une retraite plus glorieuse encore. Il céda le terrain peu à peu et il en imposa à l'ennemi, que sa fermeté tint à distance. Le képi troué par deux balles, il parvint, ainsi que ses hommes, à gagner Vrécourt en bon ordre sans avoir été entamé.

Ses chefs, voulant le récompenser de sa belle conduite et de son dévouement, le proposèrent pour la décoration de la Légion d'honneur, mais M. Bardon refusa et demanda au contraire comme une faveur que cette croix de la Légion d'honneur fût remplacée par trois médailles militaires qui furent attribuées par ses soins à trois de ses sous-officiers ou soldats blessés grièvement. Ces actes de courage et d'abnégation honorent hautement M. Bardon.

Nous devons ajouter que le bataillon de la Délivrance, stupéfait de la reddition de Paris ne voulait pas y croire lorsqu'un parlementaire prussien lui apporta les documents officiels établissant cette capitulation ; obligé par l'armistice d'abandonner la position qu'il occupait, il adressa un officier parlementaire aux généraux prussiens Werder et de Manteuffel pour régler avec eux les conditions du passage à Dôle du corps de l'avant-garde de la Délivrance ; ceux-ci, surpris qu'une petite colonne de 2,000 hommes se fût maintenue jusqu'au dernier jour au milieu des armées prussiennes, se comportèrent à leur égard avec loyauté et exigèrent qu'un escadron de dragons prussiens en grande tenue les accompagnât comme escorte d'honneur jusqu'à la ligne de démarcation fixée par le traité de Paris, aux limites du département de Saône-et-Loire. Aussi cette colonne, de laquelle faisait partie notre courageux préfet M. Bardon, traversa, drapeau et musique en tête, les villes de Gray et de Dôle entre deux haies de Prussiens, l'arme au bras, aux cris mille fois répétés de : « Vive la France! vive la République! » que poussaient, rassemblés sur les trottoirs, les populations ébahies. De pareils honneurs ne furent rendus, en 1870, qu'à la garnison de Belfort, et encore ne furent-ils rendus que quatre jours après que ces témoignages d'admiration eurent été donnés à cette admirable petite troupe « le bataillon de la Délivrance », qui a acquis ainsi le droit à une belle page dans notre histoire.

(Extrait d'une brochure publiée en 1886 par l'intermédiaire du journal l'*Armée territoriale* et intitulée : « Campagne de 70-71. — Le pont de Fontenoy. »)

Après la guerre, M. Bardon vint reprendre sa place au barreau des avocats de la Cour d'appel de Nîmes, où il conquit rapidement une excellente situation. Ses confrères surent l'apprécier en le nommant, quoique très jeune encore, membre du Conseil de l'ordre.

Il plaida avec un certain éclat dans divers procès politiques et fonda avec quelques amis l'*Association démocratique du Gard*, dont faisait alors partie M. Emmanuel des Essarts, notre éminent doyen de la Faculté des Lettres, qui était à cette époque professeur de rhétorique au lycée de Nîmes.

Il s'occupa aussi de journalisme et collabora au *Gard républicain* où il fit une campagne très vive dans les différentes élections républicaines qui eurent lieu dans ce département. Il lutta pour MM. Laget et Jules Cazot contre MM. de Larcy, Chabaud-Latour, Baragnon, etc., etc.

Atteint d'une maladie de la gorge et d'après les conseils de médecins, M. Bardon dut abandonner le barreau. Sollicité par de nombreux amis politiques, il entra dans l'administration préfectorale le 30 novembre 1877 comme sous-préfet d'Uzès. Son premier acte administratif fut l'échec de M. Baragnon qui se présentait après avoir été invalidé par la Chambre des députés.

Il fut ensuite nommé, le 12 janvier 1880, conseiller de préfecture des Bouches-du-Rhône, et le 17 novembre de la même année, appelé à la sous-préfecture d'Alais. A ce titre, la grève de la Grand-Combe étant à peine terminée, grève qui avait coûté la vie au préfet, M. Dumarest, qu'éclata le 20 février 1882 une nouvelle grève à Bessèges.

Il rendit en ce pays de très grands services. On sait en effet que cette partie du département du Gard est couverte de grandes usines telles que : forges, hauts-fourneaux, laminoirs, qu'il y a aussi des mines de charbons à Molières, et qu'indépendamment de cela il y a encore de petits centres houillers dans les environs de Rochesadoulle et les salles de Gagnières. On sait enfin qu'il y a dans toute cette contrée et dans un petit rayon environ dix mille ouvriers.

Le 21 février 1882, le directeur de la Compagnie de la Terre-Noire et de Bessèges qui était en même temps maire de cette dernière localité, voyant la situation s'aggraver, télégraphia à M. le sous-préfet d'Alais, M. Bardon, que, à Molières, des mineurs avaient fait irruption sur la place du Ventilateur dans le but de l'arrêter, que le poste de nuit avait réussi à les faire retirer, mais qu'ils restaient agressifs et menaçants, et que si, par malheur, un seul ventilateur était brisé par eux, toute la mine serait obligée de cesser le travail, *et qu'à Bessèges il lui était impossible de maintenir l'ordre.*

A la suite de ce télégramme, et après s'être muni des instructions de ses chefs, M. Bardon partit pour Molières avec un détachement composé de cent hommes ; il y arriva dans la matinée du 22 à la première heure. A Bessèges, la matinée du 22 avait été assez calme, mais à

la suite d'une conférence faite en plein champ par un nommé Fournière, l'agitation avait augmenté. M. Bardon s'y rendit aussitôt, laissant les troupes pour garder le ventilateur et l'entrée de la mine. C'est alors, avant que les troupes amenées à Molières aient eu le temps d'arriver à Bessèges, qu'une bande de plus de trois cents grévistes se promena dans les rues de Bessèges, criant : « Vive la grève ! vive la Révolution sociale ! », et précédée de trois d'entr'eux portant un drapeau rouge, un drapeau noir et un drapeau tricolore. M. Bardon ayant entendu des cris alla au devant des grévistes, les ayant rencontrés sur le pont de Bessèges, il s'en approcha, et avec le plus grand courage et le plus grand sang-froid enleva le drapeau rouge des mains de celui qui le portait et le foulant aux pieds, s'écria : « La République ne connaît d'autre drapeau que le drapeau tricolore. » Après cet incident, M. Bardon fit immédiatement venir 50 hommes des troupes qu'il avait laissés à Molières, et en même temps que ces soldats, arrivait une délégation des députés de l'extrême-gauche. C'est grâce à ces troupes que les députés de l'extrême-gauche, ayant à leur tête MM. Desmons, Lanessan, etc., purent sans avoir reçu de mauvais coups reprendre le premier train de la soirée après avoir vainement essayé de se faire écouter par ces populations qui sous l'influence du socialiste Fournière étaient affolées. Une interpellation de M. de Lanessan, député de la Seine, ayant été adressée à la Chambre le 5 mars 1882 au sujet de l'envoi de troupes dans les localités du Gard où des grèves avaient éclaté, elle fut discutée le 10 mars 1882. C'est à cette occasion que M. Goblet, alors ministre de l'Intérieur, prit la parole et défendit ainsi M. Bardon :
« M. le sous-préfet Bardon a fait son devoir, il l'a fait
» avec fermeté et avec énergie, aussi je suis convaincu
» que la Chambre s'associera à l'éloge public que je lui
» fais ici. » (Très bien ! très bien ! applaudissements.) *Journal officiel*, débats parlementaires, Chambre 10 mars 1882, page 265.

La Chambre repoussa l'ordre du jour de M. de Lanessan par 361 voix contre 71, et approuva les déclarations du Gouvernement en votant l'ordre du jour présenté par MM. Baysset, Turquet, Peulevey, Dreux, Logerolles et Bernier, par 296 voix contre 50.

M. Bardon fut récompensé de cet acte magnanime par la croix de chevalier de la Légion d'honneur qui lui a été accordée par décret du 11 juillet 1882.

Le 4 avril 1883, il fut nommé préfet de l'Aveyron sous le ministère Ferry par M. Waldeck-Rousseau, qui avait apprécié son attitude énergique et son courage dans les différents postes où il avait passé, et comptait sur lui pour maintenir l'ordre dans ce département. M. Bardon là, comme précédemment, parvint à empêcher des troubles qui éclatèrent malheureusement après son départ. Tout le monde se rappelle la malheureuse affaire Watrin qui n'aurait peut-être pas eu lieu si l'on avait continué la politique ferme que M. Bardon avait inaugurée pendant qu'il était à la tête de l'administration dans ce département. Il fut promu le 1er janvier 1884, officier d'Académie; le 25 avril 1885, on le nomma préfet de la Haute-Savoie; le 11 novembre 1886, préfet de Maine-et-Loire; le 8 janvier 1890, préfet du Puy-de-Dôme, et le 13 juillet 1891 il fut élevé à la dignité d'officier de la Légion d'honneur.

Lors de son arrivée à Clermont et dès ses premiers actes, on put se convaincre qu'on avait affaire à un courageux patriote en même temps qu'à un administrateur actif pénétré de tous ses devoirs et bien capable de servir intelligemment les intérêts du pays.

Depuis, par son esprit de conciliation et par l'étude consciencieuse qu'il fait de toutes les affaires qui lui sont soumises, il s'est créé dans tout le département une autorité et une influence incontestables, ses convictions franchement républicaines lui en ont d'ailleurs rendu la tâche facile. Enfin, comme homme privé, tous ceux qui ont l'honneur de se trouver en rapport avec lui en emportent l'impression la plus favorable, car, par son affabilité sé-duisante et sa facilité d'accueil qui ne font cependant pas disparaître chez lui le sentiment de sa position et de ses devoirs, il s'est acquis à Clermont et dans tout le département de nombreuses sympathies.

Portrait : D'après une photographie obligeamment communiquée par M. Bardon, préfet du Puy-de-Dôme.

CHAPITRE IV

FONCTIONNAIRES ADMINISTRATIFS

Nous allons donner sous ce chapitre l'énumération avec la biographie de chacun d'eux, des divers fonctionnaires administratifs tels que : Sous-Préfets, Secrétaires généraux et Conseillers de préfecture qui, sous l'autorité des Préfets, ont coopéré à l'administration de notre département depuis 1800 jusqu'à nos jours (1895).

Le paragraphe 1er sera consacré aux Sous-Préfets ;
Le paragraphe 2, aux Secrétaires généraux ;
Le paragraphe 3, aux Conseillers de Préfecture.

§ 1er

SOUS-PRÉFETS

ARRONDISSEMENT DE CLERMONT-FERRAND

1. Baron GIROT de LANGLADE (Joseph-Henri), nommé premier sous-préfet de l'arrondissement de Clermont-Ferrand le 4 janvier 1811, installé le 27 février de la même année.

Le baron Joseph-Henri Girot de Langlade naquit à Issoire le 16 novembre 1782.

Il était fils de maître Joseph Girot, docteur en médecine, et de Marie-Louise-Alexandrine Libois ; il fut reçu licencié en droit le 18 fructidor an XIII, puis entra dans la magistrature impériale le 27 juillet 1808 comme juge auditeur près la Cour impériale de Riom. Auditeur au Conseil d'Etat le 2 août 1810, il fut nommé sous-préfet de Clermont-Ferrand le 4 janvier 1811 ; il y demeura jusqu'au 7 février 1812, époque à laquelle il fut nommé administrateur en Catalogne, puis ensuite à Mortagne le 7 avril 1813. Le 20 juillet 1814, il fut nommé pour la seconde fois sous-préfet de Clermont-Ferrand, poste où il demeura jusqu'à la suppression de la sous-préfecture (31 janvier 1816). Il y fut sincèrement regretté ainsi qu'en témoigne un vote élogieux de la municipalité.

Chevalier de la Légion d'honneur le 20 novembre de la même année, il fut appelé à la sous-préfecture de Saint-Gaudens le 29 mai 1817, puis nous le trouverons tout à l'heure à la sous-préfecture d'Issoire où il avait été nommé le 5 février 1818. Il fut ensuite le 12 juillet 1826 administrateur des octrois de Paris, et le 21 juin 1834 élu député du Puy-de-Dôme. Nous donnerons sa biographie complète et son portrait, à la troisième partie des présentes, dans la Revue biographique illustrée des membres de l'Etat politique moderne, Députés et Sénateurs de 1789 à 1895.

L'intérim du 7 janvier 1812 au 20 juillet 1814 fut rempli à partir du 28 mars 1812 jusqu'au 20 juillet 1814 par M. Dalmas, conseiller de préfecture du Puy-de-Dôme.

2. TOURNADRE de NOAILLAT, nommé sous-préfet de l'arrondissement de Clermont-Ferrand le 16 mai 1815 (Cent-Jours).

M. Tournadre de Noaillat fut d'abord auditeur au Conseil d'Etat puis sous-préfet de Melun. Pendant les Cent-Jours, le 16 mai 1815, il fut appelé à la sous-préfecture de l'arrondissement de Clermont-Ferrand en remplacement du baron Girot de Langlade qui reprit lui-même sa place lors de la seconde Restauration et la conserva, ainsi que nous l'avons dit plus haut, jusqu'à la suppression de la sous-préfecture de Clermont, le 31 janvier 1816.

ARRONDISSEMENT D'AMBERT

1. POURRAT-MATHIAS (Pierre), nommé premier sous-préfet d'Ambert le 3 floréal an VIII, installé le 19 floréal an VIII.

M. Pierre Pourrat-Mathias naquit à Ambert le 20 septembre 1758.

Il était commissaire du Gouvernement près l'Administration municipale d'Ambert lorsqu'il fut nommé sous-préfet d'Ambert lors de la création des sous-préfectures en l'an VIII. Il y est resté jusqu'à la Restauration, où il fut destitué. Nous le verrons réintégré en 1830 jusqu'au 7 août 1833, époque à laquelle il fut mis sur sa demande à la retraite. Il est mort à Ambert le 4 juin 1835.

2. Baron DE SASSELANGES (Jules DE SAIGNARD), nommé sous-préfet d'Ambert le 6 novembre 1815, installé le 27 novembre 1815.

M. Jules de Saignard, baron de Sasselanges, était maire de la ville de Craponne (Haute-Loire) lorsqu'il fut appelé à la sous-préfecture d'Ambert, où il resta jusqu'en mai 1817, en remplacement de M. Pourrat-Mathias, destitué.

3. BRUGIÈRE DE LAVERCHÈRE (Pierre-Jean-Antoine-Roland), nommé sous-préfet d'Ambert le 28 mai 1817, installé le 6 juillet 1817.

M. Pierre-Jean-Antoine-Roland Brugière de Laverchère naquit à Riom le 24 décembre 1780.

Il fut successivement : surnuméraire au Ministère de l'Intérieur depuis 1805 jusqu'en 1808, avocat en 1806; de 1808 à 1815, sous-préfet de l'arrondissement de Thiers; en 1816, secrétaire général de la préfecture du Puy-de-Dôme; et le 28 mai 1817, nommé sous-préfet d'Ambert, en remplacement de M. de Sasselanges.

4. MATUSSIÈRE du PEYRAND, nommé sous-préfet d'Ambert le 6 septembre 1820, installé le 21 septembre 1820.

M. Matussière du Peyrand était substitut du procureur du Roi à Ambert lorsqu'il fut nommé sous-préfet du même arrondissement en remplacement de M. Brugière de Laverchère, nommé secrétaire général de la préfecture du Rhône.

5. POURRAT-MATHIAS (Pierre) [le même que ci-dessus], nommé sous-préfet d'Ambert le 10 août 1830, installé le 26 août 1830.

M. Pierre Pourrat-Mathias fut réintégré comme sous-préfet d'Ambert par ordonnance du Roi du 10 août 1830, en remplacement de M. Matussière du Peyrand. Il y resta jusqu'au 7 août 1833, époque de sa mise à la retraite pour raisons de santé. Il mourut à Ambert le 4 juin 1835. Nous donnerons à la troisième partie du présent ouvrage la biographie complète et le portrait de ce personnage dans la Revue biographique illustrée des membres de l'état politique moderne, députés et sénateurs de 1789 à 1895.

6. BRETAGNE, nommé sous-préfet d'Ambert le 7 août 1833, installé le 18 septembre 1833.

M. Bretagne était sous-préfet de Vouziers lorsqu'il fut nommé sous-préfet d'Ambert en remplacement de M. Pourrat.

7. PELLETAN, nommé sous-préfet d'Ambert le 17 janvier 1834, installé le 3 février 1834.

M. Pelletan était sous-préfet de Saint-Jean-d'Angély lorsqu'il fut nommé sous-préfet d'Ambert en remplacement de M. Bretagne.

8. ROUEL, nommé sous-préfet d'Ambert le 14 décembre 1834, installé le 6 février 1835.

M. Rouel était sous-préfet de Parthenay lorsqu'il fut nommé sous-préfet d'Ambert en remplacement de M. Pelletan.

9. Baron MASSY (Charles-Oscar), nommé sous-préfet d'Ambert le 29 mai 1839, installé le 22 juin 1839.

M. le baron Charles-Oscar Massy, fils du baron Bertrand Massy, colonel du 4ᵉ régiment de ligne, tué à la bataille de la Moscowa, naquit à Paris le 25 novembre 1810, il était sous-préfet de Largentière lorsqu'il fut nommé sous-préfet d'Ambert en remplacement de M. Rouel, de là il fut appelé à la sous-préfecture de Ruffec. En 1849 on le nomma à la préfecture du département des Hautes-Pyrénées qu'il dirigea pendant dix ans, il passa ensuite à celle de l'Isère en 1859 où il resta jusqu'à sa mort arrivée à Grenoble le 12 août 1862.

M. le baron Massy était officier de la Légion d'honneur, commandeur de l'Ordre pontifical de Saint-Grégoire-le-Grand et de l'Ordre royal d'Isabelle-la-Catholique.

10. CREUZET (André), nommé sous-préfet d'Ambert le 28 juillet 1847, installé le 20 août 1847.

M. André Creuzet, ancien maire, était ancien conseiller d'arrondissement de Saint-Flour, lorsqu'il fut nommé sous-préfet d'Ambert, en remplacement de M. le baron Massy, appelé à la sous-préfecture de Ruffec.

11. LAVIGNE (Etienne-Jacques-Marie), nommé le 24 février 1848 sous-commissaire du Gouvernement.

M. Etienne-Jacques-Marie Lavigne naquit à Ambert le 8 juin 1813, il devint notaire dans sa ville natale, puis conseiller d'arrondissement au moment de la Révolution de 1848; ayant cédé son étude, il fut nommé sous-commissaire du Gouvernement provisoire, à Ambert, en remplacement de M. Creuzet ; il y resta jusqu'au 23 avril suivant (1848), époque à laquelle il fut élu député du Puy-de-Dôme à l'Assemblée constituante. (Voir sa biographie complète à la fin du présent ouvrage dans la Revue biographique des Députés de 1789 à 1895.)

12. POULAIN D'ANDECY (JEAN-BAPTISTE-HENRI), nommé sous-préfet d'Ambert le 2 mai 1848, installé le 5 mai 1848.

M. Jean-Baptiste-Henri POULAIN D'ANDECY naquit à Paris le 10 mars 1818. Il était fils de Célestin-Hector Poulain d'Andecy, avocat à Paris, et de Clémence Orée Brière de Montedour, son épouse.

Il fut nommé provisoirement sous-commissaire de l'arrondissement d'Ambert, en remplacement de M. Lavigne, élu représentant du peuple, puis, le 15 juillet 1848, nommé définitivement sous-préfet d'Ambert, en remplacement de M. Lavigne.

13. DE SAINT-AMOUR (RENAUD), nommé sous-préfet d'Ambert le 26 octobre 1849.

M. Renaud DE SAINT-AMOUR naquit à Strasbourg le 11 juin 1809.

Il fut successivement : sous-préfet de Beaupréau le 17 mars 1848, sous-préfet de Châteaudun le 11 octobre 1848, sous-préfet d'Issoire le 29 septembre 1849, et sous-préfet d'Ambert le 26 octobre suivant, en remplacement de M. Poulain d'Andecy, nommé sous-préfet de Nantua.

14. LE PEINTRE (ALEXANDRE), nommé sous-préfet d'Ambert le 27 février 1850, installé le 31 mars 1850.

M. Alexandre LE PEINTRE fut nommé sous-préfet d'Ambert en remplacement de M. Renaud de Saint-Amour.

15. CHRISTOPHLE (Bertrand-Marie-Luc), nommé sous-préfet d'Ambert le 8 août 1855, installé le 16 août 1855.

M. Bertrand-Marie-Luc Christophle naquit à Issoire le 13 octobre 1827.

Il entra dans l'Administration après le coup d'Etat de 1851, débuta comme conseiller de préfecture de la Somme le 15 février 1852, occupa le même poste dans le Puy-de-Dôme, puis nommé, le 8 août 1855, sous-préfet d'Ambert, en remplacement de M. Le Peintre, passé à la préfecture des Hautes-Alpes; le 2 juin 1857, il fut appelé comme secrétaire général de la préfecture de l'Hérault, et enfin des Alpes-Maritimes ; il se démit de ses dernières fonctions pour se présenter à la députation le 25 mars 1861, dans l'arrondissement d'Ambert; il fut élu, et nous verrons plus loin, à la Revue biographique des Députés de 1789 à 1895, quelles furent ensuite ses fonctions.

16. VIGNOLLES (Antoine), nommé sous-préfet d'Ambert le 2 juin 1857, installé le 7 juin 1857.

M. Antoine Vignolles était conseiller de préfecture de la Loire lorsqu'il fut appelé à la sous-préfecture d'Ambert en remplacement de M. Christophle.

17. De CASTARÈDE (Arnaud), nommé sous-préfet d'Ambert le 13 août 1857, installé le 4 septembre 1857.

M. Arnaud de Castarède était sous-préfet de Mamers lorsqu'il fut nommé sous-préfet d'Ambert, en remplacement de M. Vignolles, qui prit son poste à Mamers.

18. De SAINT-PHALLE (Edgar-Charles), nommé sous-préfet d'Ambert le 30 décembre 1858, installé le 12 janvier 1859.

M. Edgar-Charles de Saint-Phalle était sous-préfet de Forcalquier (Basses-Alpes) lorsqu'il fut nommé sous-préfet d'Ambert, en remplacement de M. de Castarède, mis sur sa demande en non-activité, le 30 décembre 1858 ; il y resta jusqu'au 17 janvier 1861, époque à laquelle il passa à la sous-préfecture de Louhans (Saône-et-Loire).

19. De CASABIANCA (Antoine-Paul), nommé sous-préfet d'Ambert le 17 janvier 1861, installé le 25 janvier 1861.

M. Antoine-Paul de Casabianca naquit à Ajaccio le 21 juillet 1824.

Il était sous-préfet de Joigny lorsqu'il fut nommé sous-préfet d'Ambert en remplacement de M. de Saint-Phalle, et enfin le 18 mai 1861, appelé comme sous-préfet de Louviers (Indre-et-Loire).

20. Baron de CLAMECY (Etienne-Gustave), nommé sous-préfet d'Ambert le 18 mai 1861, installé le 8 juin 1861.

M. le baron Etienne-Gustave de Clamecy naquit à Châteauroux le 19 mars 1824.

Il fut d'abord conseiller de préfecture, puis secrétaire général de l'Indre, et enfin sous-préfet d'Ambert en remplacement de M. de Casabianca, appelé à la sous-préfecture de Louviers ; d'Ambert, il fut nommé sous-préfet de Brive (Corrèze) par décret du 4 octobre 1862.

21. CLAUDON (Pierre-Ernest), nommé sous-préfet d'Ambert le 4 octobre 1862.

M. Pierre-Ernest Claudon naquit à Paris le 19 avril 1823. Il était fils de M. Claudon, docteur en médecine à Paris, qui remplit pendant dix-neuf ans les fonctions de médecin du Bureau de bienfaisance, mort victime de son dévouement lors de l'épidémie de choléra de 1832.

Il s'est marié le 12 février 1863 à Mlle Schreiber (Carlotta-Marie), née le 18 mars 1843, petite-fille du général de division Baron Desvaux de Saint-Maurice, tué à Waterloo, où il commandait l'artillerie de la garde, et fille de M. Schreiber, chambellan et conseiller de légation du prince régnant de Schwarzburg-Sondershausen, décédé en décembre 1864 ; après avoir suivi les cours d'agriculture à l'Ecole des arts et métiers, il fut attaché au Ministère de l'Intérieur. Nommé chevalier de la Légion d'honneur à l'occasion du choléra de 1854 dans la Meuse, et particulièrement à Montmédy où il était conseiller de préfecture. Il fut envoyé comme sous-préfet à Loudun, et passa de là à la sous-préfecture d'Ambert le 4 octobre 1862, en remplacement de M. de Clamecy ; il demeura à Ambert jusqu'au 25 octobre 1865.

22. GUILLABERT (Aimé-Louis-Henri), nommé sous-préfet d'Ambert le 25 octobre 1865, installé le 16 novembre 1865.

M. Aimé-Louis-Henri Guillabert naquit à Saint-Omer le 29 août 1830.

Ancien officier de cavalerie, il débuta dans l'Administion comme sous-préfet d'Ambert, en remplacement de M. Claudon, appelé à la sous-préfecture de Pont-Audemer.

23. GAUTHIER fils (Théophile), nommé sous-préfet d'Ambert le 30 octobre 1867.

M. Théophile Gauthier naquit à Paris le 26 novembre 1836.

Attaché tout d'abord au Ministère de l'Intérieur, il fut nommé, le 30 octobre 1867, sous-préfet d'Ambert, en remplacement de M. Guillabert, appelé à la sous-préfecture de Valognes.

24. TRANCART (Félix-Joseph-Jean-Gaston), nommé sous-préfet d'Ambert le 2 janvier 1869.

M. Félix-Joseph-Jean-Gaston Trancart naquit à Metz (Moselle) le 6 février 1839.

Il fut d'abord attaché au Ministère de l'Intérieur le 13 juin 1860, détaché le 27 juillet 1860, comme chef de cabinet du préfet de la Haute-Savoie et postérieurement de Tarn-et-Garonne, nommé ensuite conseiller de préfecture de la Haute-Marne le 4 novembre 1865, et de la Moselle le 31 août 1867; il fut après appelé à la sous-préfecture d'Ambert et de là à la sous-préfecture de Lure en mars 1870, où il fut installé le 1er août suivant (1870). Il devint ensuite préfet, officier de la Légion d'honneur et habite actuellement Nancy (Meurthe-et-Moselle).

25. DUVIVIER (Eugène-Nicolas), nommé sous-préfet d'Ambert le 16 mars 1870, installé le 5 avril 1870.

M. Eugène-Nicolas Duvivier naquit à Metz le 16 octobre 1813.

Il s'est marié à dame Marguerite-Célestine Klein, dont la famille est de Sarrelouis (Prusse Rhénane), alliée du maréchal Ney. Il fut avocat à Metz en 1834, puis successivement sous-préfet de Sarreguemines en 1848, de Saint-Pons en 1851, de Vitry-le-François en 1853, de Wissembourg de 1862 à 1870, où il fut ensuite nommé sous-préfet d'Ambert, élevé à la deuxième classe, en remplacement de M. Trancart.

26. CHAMPRIGAUD (Marie-Joseph-Cyprien), nommé sous-préfet d'Ambert le 4 septembre 1870.

M. Marie-Joseph-Cyprien Champrigaud, fils de Jean Champrigaud, conducteur des ponts et chaussées, et de Jeanne-Elisa Couchard, naquit à Ambert le 12 novembre 1842.

Après avoir fait son droit, il se fit inscrire au barreau d'Ambert, où il exerça les fonctions d'avocat de 1865 à 1870. Le 4 septembre 1870 arrivant, il entra dans l'Administration comme sous-préfet de l'arrondissement d'Ambert; il y demeura jusqu'au 20 février 1873, époque où il fut appelé à la sous-préfecture de Semur (Côte-d'Or); révoqué en juillet de la même année 1873, il revint dans le Puy-de-Dôme, à Clermont, où il se fit inscrire au barreau de cette ville; il exerça jusqu'en 1880, en 1881 il fut nommé avocat général à Riom, puis de là, en 1883, fut envoyé comme conseiller à la Cour d'appel de Dijon. Il mourut le 13 août 1885, à Ambert, où il était en congé.

27. VEILLARD, nommé sous-préfet d'Ambert le 15 février 1873, installé le 3 mars 1873.

M. VEILLARD était sous-préfet de Bernay lorsqu'il fut appelé à la sous-préfecture d'Ambert, en remplacement de M. Champrigaud.

28. DUFAY (LOUIS-JOSEPH), nommé sous-préfet d'Ambert le 18 juin 1873, installé le 24 juin 1873.

M. Louis-Joseph DUFAY naquit à Gisors (Eure) le 2 septembre 1842.

Il fut d'abord employé pendant quatre ans au Ministère des Finances, puis conseiller de préfecture de la Haute-Marne le 7 juin 1873, puis ensuite sous-préfet d'Ambert en remplacement de M. Veillard, où il resta jusqu'au 21 février 1877.

29. LAUGIER (MATHIEU-PAUL), nommé sous-préfet d'Ambert le 21 février 1877, installé le 5 mars 1877.

M. Mathieu-Paul LAUGIER naquit à Paris le 5 juillet 1847.

Il était ingénieur civil lorsqu'il fut nommé successivement : le 18 mars 1872, sous-inspecteur des travaux d'architecture du Palais de Justice à Paris ; le 18 mars 1873, sous-inspecteur des travaux de l'Hôtel de Ville de Paris ; en octobre 1876, professeur de dessin géométrique dans les écoles municipales de Paris ; il entra ensuite dans l'Administration comme sous-préfet d'Ambert en remplacement de M. Dufay, nommé conseiller de préfecture des Bouches-du-Rhône le 21 février 1877, et fut remplacé le 31 mai de la même année 1877. Il est mort en mars 1894.

30. CHARTIER (HENRY-MARIE-VICTOR), nommé sous-préfet d'Ambert le 31 mai 1877.

M. Henry-Marie-Victor CHARTIER naquit à Laigle le 12 octobre 1838.

Ancien sous-préfet, il fut nommé sous-préfet d'Ambert en remplacement de M. Laugier.

31. GEY (PIERRE-MARIE-LOUIS), nommé sous-préfet d'Ambert le 8 juin 1877, installé le 13 juin 1877.

M. Pierre-Marie-Louis GEY naquit à Tarbes le 11 octobre 1848.

Célibataire. Il fut lieutenant de mobiles en 1870-1871, sous-lieutenant de réserve au 53e régiment de ligne en 1875, entra dans l'Administration comme attaché au cabinet du préfet des Hautes-Pyrénées en mars 1873, fut nommé chef de cabinet du préfet de la Meuse le 1er janvier 1876, chef de cabinet du préfet de l'Ain le 1er juin de la même année 1876, et ensuite sous-préfet d'Ambert en remplacement de M. Chartier, nommé sous-préfet de Villefranche.

32. PHELUT (JEAN-BAPTISTE-PIERRE), nommé sous-préfet d'Ambert le 30 décembre 1877, installé le 1er janvier 1878.

M. Jean-Baptiste-Pierre PHELUT naquit à Issoire le 31 mai 1851.

Publiciste. Il entra dans l'Administration comme sous-préfet d'Ambert en remplacement de M. Gey, nommé à Gannat; fut élevé, le 8 décembre 1883, à la deuxième classe personnelle, et le 3 avril 1884, fut nommé secrétaire général de la Creuse.

33. DESAGNAT (JULES), nommé sous-préfet d'Ambert le 3 avril 1884, installé le 17 avril 1884.

M. Jules DESAGNAT naquit à Mézières (Haute-Vienne) le 1er novembre 1851.

Docteur en médecine. Il débuta comme sous-préfet d'Ambert, puis fut nommé à la sous-préfecture de Gaillac le 13 février 1886 ; non installé, il fut envoyé, le 8 mars suivant à la sous-préfecture de Villefranche (Haute-Garonne).

34. DE LA SOUCHÈRE (MARIE-EUGÈNE-CHARLES), nommé sous-préfet d'Ambert le 13 février 1886, installé le 1er mars 1886.

M. Marie-Eugène-Charles DE LA SOUCHÈRE naquit à Marseille le 22 mai 1856.

Il fut d'abord avocat au barreau de Draguignan (Var), puis entra dans l'Administration comme secrétaire général du Var le 27 juin 1881 ; fut ensuite nommé successivement sous-préfet de Mirecourt le 6 novembre 1881, sous-préfet de Forcalquier le 27 juillet 1882, et sous-préfet d'Ambert en remplacement de M. Desagnat, non installé, le 13 février 1886 ; il y resta jusqu'au 4 août 1888, époque à laquelle il fut nommé secrétaire général de Saône-et-Loire.

35. LEMOINE (JULES), nommé sous-préfet d'Ambert le 4 août 1888, installé le 16 août 1888.

M. Jules LEMOINE naquit à Metz (Alsace-Lorraine) le 7 novembre 1852.

Il débuta dans l'Administration le 5 octobre 1884 comme sous-préfet de Bellac, le 4 août 1888 fut envoyé à Ambert comme sous-préfet, et élevé à la deuxième classe personnelle le même jour ; il fut nommé officier d'Académie le 14 juillet 1890, puis passa à la sous-préfecture de Saint-Claude (Jura).

36. LEFEBVRE DE SAINTE-MARIE (HENRI-DOMINIQUE), nommé sous-préfet d'Ambert le 11 juillet 1893, installé le 24 juillet 1893.

M. Henri-Dominique LEFEBVRE DE SAINTE-MARIE, né le 17 avril 1864, à Porto-di-Borgho, province de Toscane (Italie) — dont le père fut inspecteur général de deuxième classe au Ministère de l'Agriculture de 1875 à 1880, et dont le grand-père avait été directeur au même Ministère de l'Agriculture et du Commerce et inspecteur général de première classe de 1868 à 1875, — continua les traditions de sa famille en entrant, le 3 février 1886, au Ministère de l'Agriculture comme surnuméraire ; il devint ensuite successivement : expéditionnaire auxiliaire le 18 juin 1887, expéditionnaire titulaire le 25 janvier 1888, puis alla au Tonkin, du 1er avril 1890 au 1er avril 1892, en qualité de « rédacteur » de nos résidences, de « chancelier substitué » du Thanhoa (Annam) et d'attaché du cabinet du résident supérieur d'Annam.

Rentré en France, il fut attaché au cabinet du Ministre de l'Instruction publique, des Beaux-Arts et des Cultes le 8 décembre 1892, puis fut nommé chef de cabinet adjoint au Ministère du Commerce et des Colonies le 5 avril 1893, secrétaire adjoint du Conseil supérieur du travail au même Ministère le 29 avril 1893, et enfin sous-préfet de l'arrondissement d'Ambert le 11 juillet 1893, où il est encore actuellement.

M. Lefebvre de Sainte-Marie est en outre officier du Dragon impérial d'Annam depuis le 14 juillet 1893, et officier d'Académie du 15 janvier 1895.

ARRONDISSEMENT D'ISSOIRE

1. Le chevalier DESRIBES (Jean-Marie-Austremoine), nommé premier sous-préfet d'Issoire le 3 floréal an VIII, installé le 19 floréal an VIII.

M. le chevalier Jean-Marie-Austremoine Desribes naquit à Saint-Floret (Puy-de-Dôme), le 7 novembre 1759.

Il était avocat à Issoire avant la Révolution, lorsqu'il fut, après le coup d'État de Brumaire, nommé sous-préfet d'Issoire ; il y demeura jusqu'au 9 thermidor an XI, époque à laquelle il fut choisi comme député du Puy-de-Dôme par le Corps législatif, il mourut en 1814. (Voir son portrait et sa biographie à la fin de l'ouvrage, dans la Revue biographique illustrée des députés de 1789 à 1895.)

2. GIROT-POUZOL (Jean-Baptiste-Maurice), nommé sous-préfet d'Issoire le 8 frimaire an XI.

M. Jean-Baptiste-Maurice Girot-Pouzol naquit à Vodable (Puy-de-Dôme), le 19 janvier 1753.

Nous verrons sa biographie détaillée et son portrait à la fin de cet ouvrage, aussi nous nous bornerons à indiquer ici qu'après avoir été député à la Convention, au Conseil des Anciens, des Cinq-Cents et du Corps législatif en l'an VIII, il en sortit le 8 frimaire an XI, lorsque le gouvernement consulaire le nomma sous-préfet d'Issoire. Il fut déplacé pendant les Cent-Jours et ensuite réintégré. Il mourut au Broc le 29 janvier 1822. Il avait donné sa démission le 5 octobre 1815.

3. Le chevalier de la CHAPELLE, nommé sous-préfet d'Issoire en mars 1815.

M. le chevalier de la Chapelle fut nommé sous-préfet d'Issoire pendant les Cent-Jours et remplacé, en juillet 1815, par l'ancien sous-préfet Girot-Pouzol.

4. L'HUILLIER d'ORCIÈRE (Guillaume), nommé sous-préfet d'Issoire le 5 octobre 1815, installé le 20 octobre 1815.

M. Guillaume L'Huillier d'Orcière naquit à Clermont-Ferrand le 16 juin 1788.

Garde du corps du roi, propriétaire, il fut nommé sous-préfet d'Issoire en remplacement de M. Girot-Pouzol, démissionnaire.

5. BRUAND (Anne-Joseph), nommé sous-préfet d'Issoire le 30 avril 1817, installé le 17 septembre 1817.

M. Anne-Joseph Bruand naquit à Besançon (Doubs), le 20 janvier 1787.

Après avoir été successivement sous-officier dans les chasseurs d'élite, avocat à la Cour d'appel de Besançon, membre de la Société d'encouragement de l'Académie de Toulouse, de celle des Antiquaires de France, il entra ensuite dans l'administration comme sous-préfet des arrondissements de Vitry-le-Français, de Barcelonnette et enfin d'Issoire le 30 avril 1817 en remplacement de M. L'Huillier d'Orcière, appelé lui-même à Barcelonnette (Basses-Alpes).

6. Chevalier GIROT DE LANGLADE (HENRI-JOSEPH), nommé sous-préfet d'Issoire le 6 février 1818, installé le 27 mars 1818.

M. le chevalier Henri-Joseph GIROT DE LANGLADE naquit à Issoire le 16 novembre 1782.

Il était avocat en l'an XIII, lorsqu'il fut nommé juge auditeur près la Cour royale de Riom le 27 juillet 1808, puis auditeur au Conseil d'État, il fut ensuite et successivement le 4 janvier 1811 sous-préfet de Clermont, le 7 février 1812, sous-préfet de Talarue, département de la Sègre en Catalogne, en avril 1813, sous-préfet de Mortagne le 16 juillet 1814, il a passé à la sous-préfecture de Clermont où il est resté jusqu'à la suppression de cette sous-préfecture en 1816, puis il fut appelé à la sous-préfecture de Saint-Gaudens (Haute-Garonne), et le 6 février 1818, il fut nommé à celle d'Issoire par permutation avec M. Bruand.

Il avait été nommé chevalier de la Légion d'honneur par ordonnance du 20 novembre 1814.

7. DE PEQUEYROLLES (LOUIS-ANTOINE-LÉOPOLD), nommé sous-préfet d'Issoire le 14 janvier 1827, installé le 28 février 1827.

M. Louis-Antoine-Léopold DE PEQUEYROLLES naquit à Millau (Aveyron), en juin 1790.

Chevalier de Malte et de la Légion d'honneur, il était sous-préfet d'Espalion (Aveyron), lorsqu'il fut appelé à la sous-préfecture d'Issoire en remplacement du chevalier Girot de Langlade.

8. BAUDET-LAFARGE (Jacques-Antoine), nommé sous-préfet d'Issoire le 10 août 1830.

M. Jacques-Antoine Baudet-Lafarge naquit à Maringues le 28 janvier 1803.

Il resta fidèle aux opinions de son père et salua avec joie la Révolution de 1830 qui le fit sous-préfet d'Issoire en remplacement de M. de Pequeyrolles. (Voir sa biographie complète et son portrait à la fin du présent ouvrage dans la Revue biographique illustrée des députés de 1787 à 1895.)

9. GIROT-POUZOL (Jean-Baptiste-Maurice), nommé sous-préfet d'Issoire le 20 août 1830, installé le 26 août 1830.

M. Jean-Baptiste-Maurice Girot-Pouzol, fils du conventionnel et sous-préfet d'Issoire sous le gouvernement consulaire, était frère de Maurice-Camille Girot-Pouzol, député du Puy-de-Dôme de 1831 à 1834; il appartint à l'opposition libérale sous la Restauration et fut nommé sous-préfet d'Issoire en remplacement de M. Baudet-Lafarge, appelé à la sous-préfecture de Thiers.

Nous avons déjà donné sa biographie ci-dessus comme sous-préfet du même arrondissement en l'an XI.

10. NOUGUIER (Henri), nommé sous-commissaire du Gouvernement provisoire à Issoire le 20 mars 1848.

M. Henri Nouguier était avocat à la Cour de cassation lorsqu'il fut nommé sous-commissaire du Gouvernement provisoire à Issoire le 20 mars 1848, il y resta jusqu'au 18 avril 1848, époque à laquelle il fut remplacé par le citoyen Gazard.

11. GAZARD (Joseph-Auguste), nommé sous-commissaire du Gouvernement provisoire à Issoire le 18 avril 1848.

M. Joseph-Auguste Gazard, resta à Issoire, comme sous-commissaire du Gouvernement provisoire, depuis le 18 avril jusqu'au 25 avril 1848, où il fut remplacé par M. Léon Berger.

12. BERGER (Léon), docteur en droit, nommé sous-préfet d'Issoire le 15 juillet 1848.

M. Léon Berger était l'un des fils de M. Jean-Jacques Berger, avoué à Paris, maire du 2ᵉ arrondissement, député et enfin préfet de la Seine, et de Denisa-Eugénie Biennois.

M. Léon Berger fut d'abord nommé le 3 mars 1848 secrétaire-général du commissaire du Gouvernement provisoire pour le département du Puy-de-Dôme par Altaroche, puis ensuite sous-commissaire provisoire pour l'arrondissement d'Issoire par arrêté de Trélat en date, à Limoges, du 30 avril 1848, et enfin appelé définitivement le 15 juillet 1848 à la sous-préfecture d'Issoire, il resta en fonctions jusqu'au 23 avril 1849, époque où il donna sa démission et fut remplacé par M. Larréguy, il se retira alors dans la vie privée.

13. LARRÉGUY (Adolphe), nommé sous-préfet d'Issoire le 23 avril 1849, installé le 25 avril 1849.

M. Adolphe Larréguy naquit à Paris le 18 avril 1818.

Il fut d'abord attaché à la mission de M. Ségur du Peyroux depuis le 25 octobre 1838 par M. Martin du Nord, ministre du Commerce, jusqu'au 1ᵉʳ juillet 1839, fut ensuite reçu avocat à Poitiers le 15 novembre 1839, secrétaire de M. Larréguy, préfet à Angoulême et à Nevers en 1840, 1841 et 1842, sous-préfet dans la Charente-Inférieure, à Marennes, du 20 janvier 1843 au 4 mars 1848, et nommé ensuite sous-préfet d'Issoire en remplacement de M. Berger, démissionnaire, du 23 avril 1849 au 29 septembre de la même année, époque où il a été envoyé à Thiers.

14. De SAINT-AMOUR (Renaud), nommé sous-préfet d'Issoire le 29 septembre 1849.

M. Renaud de Saint-Amour naquit à Strasbourg le 11 juin 1809.

Sous-préfet de Beaupréau le 17 mars 1848, et sous-préfet de Châteaudun le 11 octobre 1848, il fut envoyé à Issoire le 29 septembre 1849 en remplacement de M. Larréguy, il y demeura jusqu'au 26 octobre suivant, époque à laquelle il fut nommé sous-préfet d'Ambert.

15. CARRÉ de la CROSNIÈRE (Charles-Paul-Anselme), nommé sous-préfet d'Issoire le 26 octobre 1849, installé le 9 novembre 1849.

M. Charles-Paul-Anselme Carré de la Crosnière naquit à Tours (Indre-et-Loire), le 7 avril 1814.

Il fut avocat à la Cour d'appel de Paris, conseiller de préfecture, sous-préfet de Neufchâteau, de Bar-sur-Aube, de Confolens et enfin d'Issoire en remplacement de M. de Saint-Amour. Il resta en fonctions jusqu'au 9 novembre 1850, époque de sa nomination à la sous-préfecture de Brives.

16. AUGRAND, nommé sous-préfet d'Issoire le 9 novembre 1850.

M. Augrand était conseiller de préfecture dans l'Orne lorsqu'il fut appelé à la sous-préfecture d'Issoire en remplacement de M. Carré de la Crosnière, appelé à la sous-préfecture de Brives.

17. BOHAT (Barthélemy), nommé sous-préfet d'Issoire le 27 février 1855, installé le 14 mars 1855.

M. Barthélemy Bohat naquit à Veyre-Monton (Puy-de-Dôme), le 22 décembre 1811.

Il était adjoint au maire d'Issoire lorsqu'il fut nommé sous-préfet de cette même ville en remplacement de M. Augrand.

18. Baron DE BARRAL (EDGAR), nommé sous-préfet d'Issoire le 8 décembre 1859, installé le 26 décembre 1859.

M. le baron Edgar DE BARRAL était sous-préfet de Marvejols lorsqu'il fut nommé à la sous-préfecture d'Issoire en remplacement de M. Bohat, appelé à Riom. Il y resta jusqu'au mois de décembre 1861, époque à laquelle il fut nommé secrétaire général de la préfecture de la Meurthe.

19. Vicomte DE CHERISEY (LOUIS), nommé sous-préfet d'Issoire le 28 décembre 1861, installé le 9 janvier 1862.

M. le vicomte Louis DE CHERISEY naquit à Paris le 26 mai 1830.

Il était sous-préfet de Charolles (Saône-et-Loire), lorsqu'il fut nommé sous-préfet d'Issoire en remplacement du baron de Barral. Il est aujourd'hui propriétaire au château de Lavaur, commune de Neschers (Puy-de-Dôme).

20. DUJARDIN (XAVIER-LOUIS-ALBERT), nommé sous-préfet d'Issoire le 20 février 1869, installé le 10 mars 1869.

M. Xavier-Louis-Albert DUJARDIN naquit à Lille (Nord), le 16 mars 1839.

Il était fils d'un receveur particulier des finances à Lille, de 1835 à 1849, et marié à Mlle Pagart-d'Hermansart, fille d'un conseiller à la Cour de Douai; il débuta dans l'administration, en juin 1863, comme attaché au cabinet du Ministre de l'Intérieur, fut ensuite nommé conseiller de préfecture du Pas-de-Calais en novembre 1865, conseiller de préfecture du Nord en mars 1868, puis appelé à la sous-préfecture d'Issoire en remplacement de M. de Cherisey, le 20 février 1869, il y resta jusqu'au 4 septembre, époque où il fut appelé à d'autres fonctions.

21. HARDY (THOMAS-JOSEPH), nommé sous-préfet d'Issoire le 8 septembre 1870.

M. Thomas-Joseph Hardy naquit le 12 octobre 1818.

Il débuta dans l'administration comme sous-préfet d'Issoire le 8 septembre 1870, y resta jusqu'au 13 juin 1873, époque à laquelle il fut remplacé, puis réintégré le 30 décembre 1877, il fut élevé le 30 décembre 1880 à la 2e classe personnelle. Il est actuellement retiré à Issoire.

22. De VERDAL (Louis-Léon-Godefroi), nommé sous-préfet d'Issoire le 13 juin 1873, installé le 29 juin 1873.

M. Louis-Léon-Godefroi de Verdal naquit à Paris le 9 janvier 1844.

Il fut d'abord, de décembre 1861 à mai 1863, attaché au cabinet du préfet du Cher. Reçu licencié en droit en 1865, il fut du 29 décembre 1865 au 21 février 1869, attaché au ministère de l'Intérieur; le 21 février 1869, nommé conseiller de préfecture de la Corrèze. Pendant la guerre de 1870, il fut nommé lieutenant d'état-major par décret du 1er décembre 1870. Rentré dans l'administration, M. de Verdal, après la guerre, fut nommé sous-préfet d'Issoire en remplacement de M. Hardy le 13 juin 1873. Il était marié à Mlle Clothide Richard, fille d'un intendant militaire, commandeur de la Légion d'honneur, demeurant à Paris.

23. BORELLI (Philippe-Octave-Marie), nommé sous-préfet d'Issoire le 6 avril 1874, installé le 12 avril 1874.

M. Philippe-Octave-Marie Borelli naquit à Marseille le 25 mars 1849.

Célibataire, docteur en droit, officier pendant la guerre de 1870, avocat au barreau de Marseille, membre de plusieurs Sociétés d'archéologie, d'histoire et d'agriculture, il débuta dans l'administration le 7 juin 1873, comme conseiller de préfecture de Tarn-et-Garonne, fut ensuite, le 18 novembre 1873, nommé vice-président du même Conseil de préfecture pour l'année 1873-1874; le 10 février 1874, vice-président du même Conseil pour l'année 1874;

et le 6 avril suivant, appelé à la sous-préfecture d'Issoire en remplacement de M. de Verdal, nommé sous-préfet à Confolens.

24. DE GIRARDIN (VICTOR-ALBERT), nommé sous-préfet d'Issoire le 24 mai 1876, installé le 5 juin 1876.

M. Victor-Albert DE GIRARDIN naquit à Blaison (Maine-et-Loire), le 25 mai 1840.

Il fut engagé volontaire et fit en cette qualité la campagne d'Italie, entra ensuite dans l'administration et fut nommé le 8 septembre 1870 chef de cabinet de M. le Préfet de la Gironde; le 9 septembre 1872; sous-préfet de Gourdon (Lot); le 15 décembre 1875, sous-préfet de Saint-Amand (Cher), et le 24 mai 1876, sous-préfet d'Issoire en remplacement de M. Borelli, nommé sous-préfet de Mirecourt, il y resta jusqu'au 21 février 1877, époque à laquelle il fut transféré à Thiers.

25. DÉDEBAT (JULES-FRANÇOIS), nommé sous-préfet d'Issoire le 21 février 1877, installé le 9 mars 1877.

M. Jules-François DÉDEBAT naquit à Toulouse le 12 novembre 1848.

Célibataire, avocat, docteur en droit, il fit ses débuts dans l'administration comme chef de cabinet du préfet de la Vendée, en décembre 1870; en avril 1871, fut nommé chef de cabinet du préfet du Gers; en janvier 1872, de celui du Rhône, et en décembre de la même année, secrétaire général du Lot; en janvier 1874, il fut appelé à la sous-préfecture de Marvejols (non installé), puis à la suite conseiller de préfecture des Bouches-du-Rhône, et enfin le 21 février 1877, appelé à la sous-préfecture d'Issoire en remplacement de M. de Girardin, nommé sous-préfet de Thiers.

26. PISSIS (LOUIS-VICTOR-EUGÈNE), nommé sous-préfet d'Issoire le 24 mai 1877, non installé.

M. Louis-Victor-Eugène Pissis naquit à Paulhaguet (Haute-Loire) le 9 juillet 1842.

Il fut nommé sous-préfet d'Issoire en remplacement de M. Dédebat. N'a pas accepté, et habite actuellement le château du Boucherand, par Paulhaguet (Haute-Loire).

27. MOIGNON (Ernest-Pierre-Eugène), nommé sous-préfet d'Issoire le 8 juin 1877, installé le 15 juin 1877.

M. Ernest-Pierre-Eugène Moignon naquit à Bar-sur-Aube le 28 octobre 1837.

Marié, licencié en droit, il fut attaché de cabinet le 30 octobre 1856, chef de cabinet en janvier 1862, chef de bureau de préfecture en juillet 1864 et conseiller de préfecture le 15 février 1868, nommé ensuite le 8 juin 1877 sous-préfet d'Issoire en remplacement de M. Pissis, mis en disponibilité sur sa demande, il est resté en fonctions jusqu'au 30 décembre 1877, époque où il a été remplacé par M. Hardy.

28. HARDY (Thomas-Joseph), nommé sous-préfet d'Issoire le 30 décembre 1877, installé le 1er janvier 1878.

M. Thomas-Joseph Hardy fut réintégré dans son poste de sous-préfet d'Issoire le 30 décembre 1877 et élevé le 30 décembre 1880 à la 2e classe personnelle; il a été mis à la retraite le 13 février 1886, et s'est retiré à Issoire.

29. Du CAURROY (Hugues-Charles-François), nommé sous-préfet d'Issoire le 13 février 1886, installé le 22 février 1886.

M. Hugues-Charles-François du Caurroy naquit à Gracia (Espagne), le 17 octobre 1861.

Il fut attaché au cabinet du préfet de la Seine le 1er février 1884, puis appelé le 13 février 1886 à la sous-préfecture d'Issoire en remplacement de M. Hardy, mis à la retraite. Il y demeura jusqu'au 8 janvier 1887, époque à laquelle il fut nommé sous-préfet de Barcelonnette.

30. GAUTHERON (Jean-Baptiste), nommé sous-préfet d'Issoire le 8 janvier 1887, installé le 20 janvier 1887.

M. Jean-Baptiste Gautheron naquit à Givry (Saône-et-Loire), le 14 janvier 1845.

Professeur, il entra dans l'administration en septembre 1880 comme chef de cabinet du secrétaire général, à Lyon ; fut nommé en décembre 1880 chef de cabinet du préfet de la Nièvre ; en mars 1882, du préfet de la Haute-Savoie ; puis le 4 avril 1883, il passa à la sous-préfecture de Saint-Julien ; le 22 mai 1885, à celle de Murat, et enfin le 8 janvier 1887, à celle d'Issoire. Il a été mis en disponibilité, sur sa demande, le 12 février 1890.

31. DUCRET (Armand), nommé sous-préfet d'Issoire le 12 février 1890, installé le 1er mars 1890.

M. Armand Ducret naquit le 30 janvier 1853, à Dôle, dans le département du Jura.

Après avoir été reçu licencié en droit, il entra dans l'administration comme conseiller de préfecture du Jura le 30 mars 1881, fut ensuite nommé sous-préfet de Moutiers le 24 juillet 1883. Il obtint les palmes d'officier d'Académie le 29 décembre 1888 et fut élevé le même jour à la 2e classe personnelle. Le 12 février 1890, il fut appelé à la sous-préfecture d'Issoire, il y resta jusqu'au 22 décembre 1891, époque où il fut nommé secrétaire général de la Dordogne, fonctions qu'il exerce actuellement.

32. MORICE (Hippolyte), nommé sous-préfet d'Issoire le 22 décembre 1891, installé le 14 janvier 1892.

M. Hippolyte Morice naquit le 3 février 1859, à Hazebrouck (Nord).

Licencié en droit, ancien élève de l'Ecole des Sciences politiques, il entra dans l'administration en juillet 1882 comme chef de cabinet du préfet de l'Yonne, fut ensuite chef de cabinet du préfet de Saône-et-Loire jusqu'en décembre 1884. Le 22 décembre de la même année, il fut appelé comme conseiller de préfecture du Pas-de-Calais; le 14 novembre 1886, il passa comme conseiller de préfecture de la Gironde. Le 27 novembre de la même année 1886, il fut nommé sous-préfet d'Espalion; le 18 octobre 1887, sous-préfet de Vitré, et le 22 mars 1889, sous-préfet de Pont-l'Evêque. Nommé le 14 juillet 1890 officier d'Académie et en novembre 1890 officier du Nicham-Iftikar, le 22 décembre 1891, il fut appelé comme sous-préfet d'Issoire où il resta jusqu'au 4 décembre 1894, époque où il passa comme sous-chef de bureau au ministère de l'intérieur (Direction du Service de l'Algérie) et fut remplacé par M. Boiteau.

33. BOITEAU (Georges-Charles-Philippe), nommé sous-préfet d'Issoire le 4 décembre 1894, installé le 15 décembre 1894.

M. Georges-Charles-Philippe Boiteau est né à Paris le 23 janvier 1859.

Reçu licencié en droit en novembre 1882, il avait débuté dans la carrière administrative en septembre 1880 comme attaché au cabinet du secrétaire général de la préfecture de la Seine. Deux ans plus tard, en septembre 1882, il était attaché au cabinet des ministres de l'Intérieur Fallières et Waldeck-Rousseau, et le 23 octobre 1883, il était appelé comme secrétaire général du territoire de Belfort.

Le 1er janvier 1885, il fut nommé officier d'Académie et le 5 octobre 1888, on l'appelait comme sous-préfet de Boussac, avec une 2e classe personnelle. Il est resté dans ce poste jusqu'au 12 février 1890, époque où il a été nommé à la sous-préfecture d'Ussel, et de là, le 4 décembre 1894, à celle d'Issoire où il est actuellement en remplacement de M. Morice, passé au ministère de l'Intérieur.

ARRONDISSEMENT DE RIOM.

1. FAYDIT (Amable), nommé sous-préfet de Riom le 3 floréal an VIII, installé le 19 floréal an VIII.

M. Amable Faydit naquit à Riom le 27 février 1742.

Il était ex-procureur syndic de district, ex-juge lorsqu'il fut nommé sous-préfet de Riom à la création des sous-préfectures en l'an VIII, il y est resté jusqu'au 6 mars 1814, époque de son décès.

Ce fut pendant son administration et grâce à ses démarches que la ville de Riom obtint qu'il y fût établi une maison centrale.

2. Baron de FORGET (François-Alexandre), nommé sous-préfet de Riom le 16 juillet 1814, installé le 18 août 1814.

M. le baron François-Alexandre de Forget naquit à Riom le 19 novembre 1786.

Il était ex-auditeur au Conseil d'État en 1810 et ancien capitaine adjoint à l'état-major de la garde nationale de Paris lorsqu'il fut nommé sous-préfet de Riom en remplacement de M. Faydit, décédé le 16 juillet 1814, il y est resté jusqu'au 7 août 1815, époque à laquelle il a été destitué et remplacé par M. Dutour de Salvert. Il fut ensuite nommé préfet de l'Aude en 1832, et au mois d'octobre 1836, traversant à gué, en voiture, la rivière de l'Allier, non loin de sa terre de Pagnans, il périt tragiquement avec le plus jeune de ses fils en voulant le sauver.

3. DUTOUR de SALVERT (Augustin-Amable-Anne), nommé sous-préfet de Riom le 7 août 1815, installé le 29 août 1815.

M. Augustin-Amable-Anne Dutour de Salvert naquit à Bellenaves (Allier), le 4 août 1781.

Il était propriétaire à Riom, lorsqu'il fut nommé sous-préfet de Riom. Il donna sa démission en 1830 et fut remplacé par M. Molin.

4. MOLIN (Louis-Jean-Baptiste), nommé sous-préfet de Riom le 10 août 1830.

M. Louis-Jean-Baptiste Molin naquit à Riom le 24 août 1789.

Il était propriétaire. Affilié à la Charbonnerie sous la Restauration et hostile au gouvernement des Bourbons, il fut malgré cela nommé sous-préfet de Riom le 10 août 1830, mais il donna sa démission le 19 août suivant; il fut remplacé par M. Goyon. Nous donnons sa biographie et son portrait à la dernière partie de notre ouvrage intitulée : Revue biographique des membres de l'état politique moderne, Députés et Sénateurs de 1789 à 1895.

5. GOYON (Pierre-Joseph-Marie), nommé sous-préfet de Riom le 19 août 1830, installé le 23 août 1830.

M. Pierre-Joseph-Marie Goyon naquit à Riom le 22 germinal an II.

Il fut nommé sous-préfet de Riom le 19 août 1830, y resta jusqu'à la Révolution de 1848 et à cette époque fut remplacé par M. Babeuf, commissaire provisoire. Réintégré dans ses anciennes fonctions le 12 juillet 1850, il y resta jusqu'en 1852, époque de sa mise à la retraite. C'est pendant son exercice que la sous-préfecture de Riom fut élevée à la 1re classe. Il fut nommé, lors de sa mise à la retraite, officier de la Légion d'honneur et mourut à Riom le 20 juillet 1862.

6. BABEUF (Louis), nommé sous-commissaire du gouvernement provisoire à Riom le 15 juillet 1848.

M. Louis Babeuf fut nommé sous-commissaire du gouvernement provisoire à Riom le 15 juillet 1848 en remplacement de M. Goyon et remplacé par M. Vésine-Larue le 17 mars 1849.

7. VÉSINE-LARUE, nommé sous-préfet de Riom le 17 mars 1849.

M. Vésine-Larue, sous-préfet d'Ancenis, fut nommé sous-préfet de Riom en remplacement de M. Babeuf, y resta jusqu'au 12 juillet 1850, époque où il fut appelé à la sous-préfecture de Villeneuve-d'Agen.

8. GOYON (Pierre-Joseph-Marie), nommé sous-préfet de Riom, pour la seconde fois, le 12 juillet 1850.

M. Goyon fut réintégré dans ses anciennes fonctions le 12 juillet 1850, il y resta jusqu'au 9 mai 1852, époque de sa mise à la retraite, et fut remplacé par M. Lorette.

9. LORETTE, nommé sous-préfet de Riom le 9 mai 1852, installé le 20 mai 1852.

M. Lorette naquit à Anet (Eure-et-Loir), le 23 mars 1820.

Il était sous-préfet de Montélimar, lorsqu'il fut appelé sous-préfet de Riom en remplacement de M. Goyon, admis à la retraite.

10. FAVART (François), nommé sous-préfet de Riom le 2 juin 1857, installé le 6 juin 1857.

M. François Favart était maire de Tulle, lorsqu'il fut appelé à la sous-préfecture de Riom en remplacement de M. Lorette.

11. BOHAT (Barthélemy), nommé sous-préfet de Riom le 8 décembre 1859, installé le 26 décembre 1859.

M. Barthélemy Bohat naquit à Veyre-Monton (Puy-de-Dôme), le 22 décembre 1811.

Il était sous-préfet d'Issoire, lorsqu'il fut appelé à la sous-préfecture de Riom ; il y est resté jusqu'au mois de mai 1861, époque à laquelle il a été nommé préfet de la Corrèze, puis de Vaucluse. Il était par sa femme, Mlle Conchon, beau-frère de M. Eugène Rouher, ministre d'Etat.

12. RENEUFVE (Olivier), nommé sous-préfet de Riom le 18 mai 1861, installé le 1er juin 1861.

M. Olivier Reneufve naquit à Paris le 15 septembre 1826.

Il était sous-préfet de Louviers, lorsqu'il fut appelé à la sous-préfecture de Riom en remplacement de M. Bohat. Il y est resté jusqu'au 10 septembre 1864, époque à laquelle il a été nommé préfet du Morbihan, puis de l'Isère.

13. LARRIBE (Alfred-Bordas), nommé sous-préfet de Riom le 10 septembre 1864.

M. Alfred-Bordas Larribe naquit à Paris le 4 octobre 1823.

Il était licencié en droit, avocat à la Cour de Paris en 1844, pendant qu'il était attaché au ministère de l'Intérieur; il fut ensuite nommé sous-préfet de Riom en remplacement de M. Reneufve, et y resta jusqu'en août 1868, époque à laquelle il a passé à la sous-préfecture de Fontainebleau.

14. Baron MOUTON-DUVERNET (Jean-Baptiste), nommé sous-préfet de Riom le 4 août 1868, installé le 18 août 1868.

M. le baron Jean-Baptiste Mouton-Duvernet naquit à Lyon le 11 novembre 1826.

Il était petit-fils du général Mouton-Duvernet, mis à mort en 1816. Il fut d'abord auditeur au Conseil d'Etat en 1849, sous-préfet de Briey en novembre 1855, de Lectoure en janvier 1860. Nommé secrétaire général à Metz en mars 1862, à Strasbourg en mars 1868, il fut nommé sous-préfet de Riom en remplacement de M. Larribe le 4 août 1868. Il était chevalier de la Légion d'honneur du 15 août 1863, on le nomma ensuite conseiller de préfecture à Paris où il devint président de section. Il fut mis à la retraite il y a quelques années et habite actuellement Paris, rue Blanche n° 72.

Ajoutons en outre qu'il possède une collection importante de documents sur la Révolution.

15. ALLARY (Jean-Baptiste-Edouard), nommé sous-préfet de Riom en 1870.

M. Jean-Baptiste-Édouard Allary naquit à Riom le 24 septembre 1824. Après de brillantes études, il se fit inscrire le 8 mai 1848 au barreau de cette ville. Tout de suite il se révéla orateur éloquent, juriste distingué et se plaça au premier plan parmi les mieux doués de ses collègues. Ses opinions libérales ayant appelé sur lui l'attention, le gouvernement de la Défense nationale le nomma en 1870 sous-préfet de Riom. En septembre 1873, il fut révoqué par le gouvernement de l'Ordre moral. Dès lors, M. Allary reprit sa place au barreau où il plaida jusqu'en 1879. On le nomma bâtonnier de l'Ordre. Le 26 juin de cette année, il fut nommé procureur général à Riom; le 24 juillet, il recevait la croix de la Légion d'honneur. Lorsqu'en 1883, M. Moisson fut mis à la retraite en vertu de la loi sur la nouvelle organisation de la magistrature, M. Allary se trouva tout naturellement désigné pour lui succéder et le 5 septembre il fut nommé premier Président. Le 30 septembre 1885, M. Allary était élevé au grade d'officier de la Légion d'honneur. M. Allary était officier de l'Instruction publique depuis 1888, il était en outre président de la Société du Musée de Riom, membre du Bureau de bienfaisance, administrateur du collège Michel-l'Hospital et membre de la Commission de l'Ecole départementale d'architecture de Volvic. Il est décédé à Cannes le 2 février 1893 laissant un fils, M. Georges Allary, conseiller de préfecture du Puy-de-Dôme, qui continue ainsi les traditions de sa famille.

16. De VALICOURT d'AMBRINES (Ernest-Alexandre), nommé sous-préfet de Riom le 4 septembre 1873, installé le 8 septembre 1873.

M. Ernest-Alexandre de Valicourt d'Ambrines naquit à Gand (Belgique), le 28 janvier 1839.

Licencié en droit, il fut conseiller de préfecture du Jura

le 17 avril 1862; le 27 octobre 1865, sous-préfet de La Palisse; le 4 novembre 1867, sous-préfet de Poligny; le 29 novembre 1867, sous-préfet de Montmorillon; le 23 juillet 1870, secrétaire général des Côtes-du-Nord; le 29 mars 1871, secrétaire général de la Manche; le 11 mai 1871, secrétaire général de la Côte-d'Or et ensuite sous-préfet de Riom le 4 septembre 1873 en remplacement de M. Allary, où il est resté jusqu'au 15 octobre 1875.

17. CHASSOUX (Louis-Joseph-Fernand), nommé sous-préfet de Riom le 15 octobre 1875, installé le 1er novembre 1875.

M. Louis-Joseph-Fernand Chassoux naquit à Bourganeuf (Creuse), le 30 décembre 1829.

Il fut d'abord avocat à Limoges, puis, le 16 mars 1853, conseiller de préfecture de la Haute-Loire; le 25 juillet 1855, secrétaire général de l'Aveyron; le 15 décembre 1856, sous-préfet de Marvejols (Lozère); le 7 novembre 1858, sous-préfet de Villefranche (Aveyron); le 18 mai 1861, sous-préfet d'Aubusson (Creuse); le 12 avril 1862, sous-préfet de Millau (Aveyron); le 12 mars 1868, sous-préfet de Moissac (Tarn-et-Garonne); le 7 juin 1873, sous-préfet de Confolens; le 15 avril 1874, sous-préfet de Thiers, puis le 15 octobre 1875, envoyé à la sous-préfecture de Riom en remplacement de M. de Valicourt d'Ambrines, nommé préfet du Gers. Il était chevalier de la Légion d'honneur du 11 août 1864, est demeuré à Riom jusqu'au 21 février 1877.

18. DESAINS (Henri), nommé sous-préfet de Riom le 21 février 1877, installé le 5 mars 1877.

M. Henri Desains naquit à Saint-Quentin (Aisne), le 14 octobre 1845.

Il fut auditeur au Conseil d'Etat et capitaine de mobiles de janvier 1869 à septembre 1870. Nommé sous-préfet de Loudun le 28 septembre 1872, puis le 15 septembre 1875 à Thiers et enfin le 21 février 1877 à Riom en remplacement de M. Chassoux, nommé sous-préfet à Villefranche (Rhône), où il est resté jusqu'au 24 mai 1877.

19. Comte DE GRENAUD-SAINT-CHRISTOPHE (ALEXANDRE-JOSEPH-BONIFORT), nommé sous-préfet de Riom le 24 mai 1877, installé le 5 juin 1877.

M. le comte Alexandre-Joseph-Bonifort DE GRENAUD-SAINT-CHRISTOPHE naquit à Nice (Alpes-Maritimes), le 18 juillet 1835.

Il fut sous-préfet de Sancerre en août 1867, secrétaire général de l'Ain en juin 1874, sous-préfet de Thonon en janvier 1875, conseiller de préfecture de la Haute-Loire en mai 1876, démissionnaire, révoqué comme sous-préfet de Sancerre en septembre 1870 et, le 24 mai 1877, nommé sous-préfet de Riom en remplacement de M. Desains, nommé sous-préfet de Vienne, où il est demeuré jusqu'au 30 décembre 1877.

20. REIBELL (PAUL-JULES), nommé sous-préfet de Riom le 30 décembre 1877, installé le 1er janvier 1878.

M. Paul-Jules REIBELL naquit à Saint-Dié (Vosges), le 29 mars 1843.

Il fut chef de cabinet du préfet du Finistère en avril 1871. Nommé, le 7 mai 1873, sous-préfet de Châteaulin; le 24 mai 1876, sous-préfet de La Palisse; le 1er juin 1877, secrétaire général de l'Hérault et sous-préfet de Riom en remplacement du comte de Grenaud-Saint-Christophe le 30 décembre 1877, il y est resté jusqu'au 4 avril 1883, époque à laquelle il a été nommé préfet de la Haute-Loire, puis de la Sarthe. Il est aujourd'hui trésorier-payeur général.

21. FARJAS (ACHILLE-ANTONIO), nommé sous-préfet de Riom le 4 avril 1883, installé le 17 avril 1883.

M. Achille-Antonio FARJAS naquit à Paris le 15 février 1844.

Il était secrétaire général du Calvados, lorsqu'il fut nommé sous-préfet de Riom en remplacement de M. Reibell, nommé préfet de la Haute-Loire.

22. CHAUVIN (René-Marie-Alphonse), nommé sous-préfet de Riom le 29 novembre 1883, installé le 17 décembre 1883.

M. René-Marie-Alphonse Chauvin naquit à Craon (Mayenne), le 16 mai 1840.

Il était sous-préfet de Lisieux, lorsqu'il fut nommé à Riom en remplacement de M. Farjas, appelé à une autre destination et y est demeuré jusqu'au 22 mai 1885.

23. GIRARD de VASSON (Joseph), nommé sous-préfet de Riom le 22 mai 1885, installé le 7 juin 1885.

M. Joseph Girard de Vasson naquit à Buzançais (Indre), le 16 mars 1841.

Licencié en droit, il débuta dans l'administration le 26 décembre 1877 comme secrétaire général de la Nièvre. Le 25 juillet 1878, il fut nommé sous-préfet de la Réole; le 3 septembre 1879, sous-préfet de Joigny; le 4 avril 1883, sous-préfet de Provins, et le 22 mai 1885, sous-préfet de Riom, il y resta jusqu'au 22 mai 1886, époque à laquelle il fut appelé à la sous-préfecture de Meaux; n'ayant pas été installé, il fut nommé le 26 juin 1886 sous-préfet de Sens.

24. GRAVIER (Léopold), nommé sous-préfet de Riom le 23 mai 1886, installé le 1er juin 1886.

M. Léopold Gravier naquit à Paris le 1er mars 1845.

Licencié en droit, il fut membre non résidant du Comité des Beaux-Arts au ministère de l'Instruction publique et des Beaux-Arts. Attaché le 15 mars 1864 à la préfecture de la Seine; d'avril 1866 à décembre 1870, secrétaire particulier de M. Gréard, directeur de l'enseignement primaire de la Seine; le 2 mai 1871, conseiller de préfecture de l'Aube; le 10 janvier 1872, officier d'Académie; remplacé le 4 août 1873; du 25 août 1873 au 7 mars 1877, avocat à la Cour d'appel de Paris (secrétaire de Me Nicolet); le 7 juillet 1875, secrétaire général de la Drôme; le 31 août

1876, remplacé non acceptant; le 21 février 1877, secrétaire général de l'Isère; le 24 mai 1877, remplacé; le 26 décembre 1877, secrétaire général de l'Isère; le 29 décembre 1878, officier de l'Instruction publique; le 2 janvier 1879, sous-préfet de Toulon; le 12 juillet 1880, chevalier de la Légion d'honneur; le 29 avril 1882, grand officier du Nicham-Iftikar; le 13 juin 1882, sous-préfet d'Aubusson, élevé le même jour à la 1re classe personnelle. Nommé le 22 mai 1886 sous-préfet de Riom en remplacement de M. de Vasson, il y est resté jusqu'au 20 juin 1888, époque à laquelle il a été appelé comme secrétaire général du Rhône (administration).

M. Gravier a publié de nombreux ouvrages et collaboré à des journaux de droit.

25. BLUZET (Denis-Alexandre), nommé sous-préfet de Riom le 4 août 1888, installé le 10 août 1888.

M. Denis-Alexandre Bluzet naquit à Crissey (Jura), le 6 janvier 1845.

Licencié en droit, il fut nommé le 17 novembre 1880 sous-préfet de Montmédy; le 29 novembre 1883, secrétaire général de la Nièvre, élevé le 8 décembre 1883 à la 2e classe personnelle; le 14 novembre 1886, secrétaire général de Saône-et-Loire; le 10 juin 1888, officier d'Académie, et le 4 août 1888, sous-préfet de Riom en remplacement de M. Gravier, il y est resté jusqu'au 12 février 1890, époque à laquelle il a été nommé sous-préfet de Saint-Quentin.

26. GOULLEY (Henri), nommé sous-préfet de Riom le 12 février 1890, installé le 22 février 1890.

M. Henri Goulley naquit à Taulay (Yonne), le 7 juillet 1852.

Avocat à Paris de 1875 à 1878, il fut attaché au cabinet du sous-secrétaire d'Etat au ministère de l'Agriculture et du Commerce; le 12 janvier 1880, secrétaire général du Cantal; le 14 juillet 1881, officier d'Académie; le 26 janvier 1882, secrétaire général du Pas-de-Calais; de février à septembre 1882, administrateur de la mense épiscopale du diocèse d'Arras; le 5 octobre 1883, secrétaire général de la Loire-Inférieure; le 19 décembre 1885, secrétaire général des Alpes-Maritimes; le 14 avril 1887, secrétaire général du Rhône, pour la police, et le 12 février 1890 sous-préfet de Riom en remplacement de M. Bluzet, il y est resté jusqu'au 26 mars 1892, époque à laquelle il a été nommé administrateur du territoire de Belfort.

27. SAGEBIEN (Louis-Démétrie), nommé sous-préfet de Riom le 26 mars 1892, installé le 11 avril 1892.

M. Louis-Démétrie Sagebien naquit à La Havane (île de Cuba), le 22 juillet 1848.

Il était avocat, ancien élève de l'Ecole des Sciences politiques lorsqu'il fut nommé le 12 avril 1879 conseiller de préfecture de la Haute-Loire; le 12 janvier 1880, de l'Oise; le 15 décembre 1880, de la Somme; le 28 février 1882, sous-préfet de Montdidier; le 1er janvier 1885, officier d'Académie; le 22 mai 1885, élevé à la 2e classe personnelle; le 22 mai 1886, appelé à la sous-préfecture de Louviers; le 8 janvier 1887, secrétaire général du Pas-de-Calais, et le 26 mars 1892, sous-préfet de Riom en remplacement de M. Goulley. Il est aujourd'hui sous-préfet de Boulogne-sur-Mer.

28. ARNAULD de PRANEUF (Adrien-Joseph-Auguste), nommé sous-préfet de Riom le 13 août 1892, installé le 1er septembre 1892.

M. Adrien-Joseph-Auguste Arnauld de Praneuf naquit à Lunéville (Meurthe), le 5 mai 1844.

Licencié en droit, il fut appelé le 31 janvier 1870 comme conseiller de préfecture de l'Yonne; le 18 octobre 1870 conseiller de préfecture d'Eure-et-Loir; par arrêté ministériel du 13 mars 1871 il fut nommé préfet intérimaire d'Eure-et-Loir; le 25 mai 1871 conseiller de préfecture de la Haute-Marne; le 25 septembre 1872 officier d'Académie; le 7 juin 1873 conseiller de préfecture de la Savoie;

le 10 février 1874 vice-président du même Conseil; le 24 mai 1877 secrétaire général de l'Ardèche; le 30 juillet 1877 chevalier du Medjidié de Turquie; le 26 décembre 1877 secrétaire général du Cantal ; le 6 avril 1878 secrétaire général de la Haute-Savoie; le 25 juillet 1878 conseiller de préfecture du Nord; le 31 janvier 1880 officier de l'Instruction publique; le 30 novembre 1880 vice-président du Conseil de préfecture du Nord; le 20 avril 1882 commandeur de l'ordre beylical de Tunis; le 1er décembre 1884 trésorier-payeur général intérimaire du département du Nord; le 24 décembre 1884, il fut mis en disponibilité sur sa demande et, le 14 novembre 1886, on le replaça comme conseiller de préfecture de la Seine-Inférieure; le 12 février 1887, il fut nommé sous-préfet de Morlaix (2e classe); le 8 juin 1889, sous-préfet de Toulon (1re classe); le 20 juin 1890, commandeur du Dragon de l'Annam, enfin le 13 avril 1892, il fut appelé comme sous-préfet de Riom, il y resta jusqu'au 4 avril 1893, époque à laquelle il fut mis en disponibilité.

29. HÉLI-DEVALS (Jean-Pierre), nommé sous-préfet de Riom le 4 mai 1893, installé le 12 mai 1893.

M. Jean-Pierre Héli-Devals naquit à Lescure (Tarn), le 6 juillet 1851.

Licencié en droit, le 1er mars 1878, il fut nommé chef de cabinet du préfet du Tarn; le 12 janvier 1880, sous-préfet de Mauléon (Basses-Pyrénées); le 17 novembre 1880, sous-préfet de Mielle (Deux-Sèvres); le 2 mars 1885, secrétaire général de l'Aveyron; le 25 avril 1885, élevé à la 2e classe personnelle; le 14 novembre 1886, nommé sous-préfet de Figeac; le 8 janvier 1890, sous-préfet de Villefranche (Aveyron) (2e classe); le 23 septembre 1890, promu officier d'Académie; le 2 octobre 1890, élevé à la 1re classe personnelle; le 4 janvier 1891, chevalier du Mérite agricole, et enfin le 4 mai 1893, appelé comme sous-préfet de Riom (1re classe), où il est actuellement.

ARRONDISSEMENT DE THIERS

1. BRUGIÈRE DE LA VERCHÈRE (CLAUDE-IGNACE-SÉBASTIEN père), nommé premier sous-préfet de Thiers le 3 floréal an VIII, installé le 19 floréal an VIII.

M. Claude-Ignace-Sébastien BRUGIÈRE DE LA VERCHÈRE père, né à Riom le 23 février 1744, était ancien administrateur du département lorsqu'il fut appelé, lors de la création des préfectures, à la sous-préfecture de Thiers par le gouvernement consulaire, et il y est resté jusqu'en 1808, époque à laquelle il a été nommé député du Puy-de-Dôme. (Voir sa biographie complète à la fin du présent ouvrage sous la Revue biographique des députés du Puy-de-Dôme de 1789 à 1895.)

2. BRUGIÈRE DE LA VERCHÈRE (PIERRE-JEAN-ANTOINE-ROLAND, fils du précédent, sous-préfet de l'arrondissement de Thiers en 1808.

M. Pierre-Jean-Antoine-Roland BRUGIÈRE DE LA VERCHÈRE né à Riom le 24 décembre 1780, du mariage de Claude-Ignace-Sébastien, qui précède, et d'Antoinette Bourlin, fut nommé en 1808, en remplacement de son père, sous-préfet de l'arrondissement de Thiers, y resta jusqu'en 1815. Il fut appelé comme secrétaire général du Puy-de-Dôme en 1816 ; et nous l'avons vu précédemment sous-préfet d'Ambert le 28 mai 1817, et enfin secrétaire général de la préfecture du Rhône ; il avait été antérieurement surnuméraire au ministère de l'Intérieur de 1805 à 1808, et avocat en 1806. M. Brugière de la Verchère était chevalier de la Légion d'honneur, lorsqu'il mourut à Clermont-Ferrand, le 17 décembre 1860.

3. CHARRIER (FRANÇOIS), nommé sous-préfet de Thiers le 16 mai 1815 (Cent-Jours).

M. François CHARRIER naquit à Moulins le 3 avril 1780. Il avait été auditeur au Conseil d'Etat et ancien sous-préfet de Saint-Gaudens (Haute-Garonne), lorsqu'il fut nommé, le 16 novembre 1815, sous-préfet de Thiers pendant les Cent-Jours.

4. VIMAL-DUVERNIN, nommé sous-préfet de l'arrondissement de Thiers le 6 novembre 1815.

M. Vimal-Duvernin, ex-commissaire de marine, demeurant à Billom, fut nommé le 6 novembre 1815 sous-préfet de Thiers, en remplacement de M. de La Verchère fils, appelé comme secrétaire général de la préfecture du Puy-de-Dôme, il y est resté jusqu'à sa mise à la retraite le 20 août 1830.

5. BAUDET-LAFARGE fils (Jacques-Antoine), nommé sous-préfet de l'arrondissement de Thiers le 20 août 1830, installé le 26 août 1830.

M. Jacques-Antoine Baudet-Lafarge fils naquit à Maringues le 28 janvier 1803.

Il fut nommé sous-préfet de Thiers le 20 août 1830, en remplacement de M. Vimal-Duvernin mis à la retraite, et y resta jusqu'en 1832, époque où il quitta la carrière administrative pour s'occuper surtout d'agriculture. (Voir sa biographie complète et son portrait à la 3e partie des présentes, dans la Revue biographique des députés de 1789 à 1895.

6. BOYER (Paul-Félix), propriétaire, fut nommé sous-préfet de l'arrondissement de Thiers le 26 juin 1832, installé le 16 juillet 1832.

M. Paul-Félix Boyer naquit à Cologne le 28 février 1806.

Il fut nommé en quittant Thiers sous-préfet à Saint-Jean-d'Angély (décret du 12 décembre 1838).

7. REYNIER (Yves-Constant), nommé sous-préfet de l'arrondissement de Thiers le 12 décembre 1838, installé le 10 janvier 1839.

M. Yves-Constant Regnier était maire de Vannes lorsqu'il fut nommé sous-préfet de Thiers; il resta en fonctions jusqu'au 6 juin 1840.

8. GAVINI, ancien sous-préfet, nommé sous-préfet de l'arrondissement de Thiers le 6 juin 1840, installé le 17 juin 1840.

M. Gavini fut maintenu en fonctions le 15 juillet 1848 et admis à la retraite le 29 septembre 1849.

9. LARRÉGUY (Adolphe), nommé sous-préfet de l'arrondissement de Thiers le 29 septembre 1849.

M. Adolphe Larréguy naquit à Paris le 18 avril 1818.

Il fut attaché à la mission de M. Ségur du Peyroux depuis le 25 octobre 1838, par M. Martin du Nord, ministre du Commerce, jusqu'au 1er juillet 1839, reçu avocat à Poitiers le 15 novembre 1839, secrétaire de M. Larréguy, préfet à Angoulême et à Nevers en 1840-1842, sous-préfet dans la Charente-Inférieure, à Marennes, du 20 janvier 1843 jusqu'au 4 mars 1848, et fut nommé sous-préfet d'Issoire du 23 avril 1849 au 29 septembre de la même année, époque où il a passé à Thiers en remplacement de M. Gavini. Le 27 mars 1851, il fut appelé à la sous-préfecture de Valenciennes.

10. COURTET, nommé sous-préfet de l'arrondissement de Thiers le 27 mars 1851.

M. Courtet était sous-préfet de Neufchâtel lorsqu'il fut nommé à la sous-préfecture de Thiers en remplacement de M. Larréguy appelé à Valenciennes.

11. De la ROUSSELIÈRE, nommé sous-préfet de l'arrondissement de Thiers le 16 mars 1853.

M. de la Rousselière était sous-préfet de Bayonne lorsqu'il fut nommé à Thiers en remplacement de M. Courtet appelé à la sous-préfecture de Nyons.

12. MENCHE de LOISNE (Charles), nommé sous-préfet de l'arrondissement de Thiers le 8 avril 1853.

M. Charles Menche de Loisne naquit à Aisne-sur-la-Lys le 4 août 1819.

Il était secrétaire général de la préfecture du Rhône pour la police lorsqu'il fut nommé sous-préfet de l'arrondissement de Thiers en remplacement de M. de la Rousselière appelé à la sous-préfecture de Nyons. Il est resté à Thiers jusqu'au 15 décembre 1853, époque où il a été transféré à la sous-préfecture de Boulogne.

13. Vicomte de GAUVILLE (Charles-Louis-Antoine), nommé sous-préfet de l'arrondissement de Thiers le 17 décembre 1853.

Le vicomte Charles-Louis-Antoine de Gauville naquit à Paris le 4 octobre 1823.

Il était sous-préfet de Vitry-le-Français lorsqu'il fut nommé à Thiers en remplacement de M. Menche de Loisne appelé à la sous-préfecture de Boulogne. Il fut transféré de Thiers à Toulon le 15 décembre 1856.

14. LAGARDE (Julien-André), nommé sous-préfet de l'arrondissement de Thiers le 15 décembre 1856.

M. Julien-André Lagarde naquit à Saint-Céret (Lot) le 23 septembre 1809.

Il était sous-préfet de Gourdon lorsqu'il fut nommé à Thiers en remplacement de M. de Gauville appelé à Toulon. Il est resté en fonctions à Thiers jusqu'en avril 1862, époque où il a été transféré à la sous-préfecture de Figeac (Lot).

15. LODIN de LEPINAY (Jean-Baptiste-Emile-Gilles-Anne), nommé sous-préfet de l'arrondissement de Thiers le 12 avril 1862.

M. Jean-Baptiste-Emile-Gilles-Anne Lodin de Lepinay naquit à Combourg (Ille-et-Vilaine) le 23 janvier 1822.

Fils d'un médecin, membre du Directoire de Dôle et maire de Cherbourg jusqu'en 1815, marié à dame Marie-Françoise Lebrun. Il était docteur en droit, chargé temporairement à titre de suppléant provisoire du cours de droit administratif à la Faculté de droit de Rennes, lorsqu'il fut nommé successivement sous-préfet à Fougères, Châteaulin, Falaise, secrétaire général de la préfecture du Calvados, sous-préfet de l'arrondissement de Millau, et enfin sous-préfet de Thiers en remplacement de M. Lagarde, où il est resté jusqu'au 25 octobre 1865.

16. DARD (Joseph-Victor), nommé sous-préfet de l'arrondissement de Thiers le 25 octobre 1865, installé le 13 décembre 1865.

M. Joseph-Victor Dard naquit à Vesoul le 17 août 1823.

Il était sous-préfet de Dôle lorsqu'il fut nommé à Thiers en remplacement de M. Lodin de Lepinay nommé à la sous-préfecture de Rochefort, et y est demeuré jusqu'au 29 décembre 1866.

17. BARBIER (Armand), nommé sous-préfet de l'arrondissement de Thiers le 29 décembre 1866.

M. Armand Barbier naquit à Paris le 13 janvier 1835.

Il était secrétaire général de la Côte-d'Or lorsqu'il fut nommé sous-préfet de Thiers en remplacement de M. Dard appelé à la sous-préfecture de La Flèche.

18. AMIEL-DABEAUX (Joseph-Jean-Louis-Simon), nommé sous-préfet de l'arrondissement de Thiers le 15 septembre 1869.

M. Joseph-Jean-Louis-Simon Amiel-Dabeaux naquit à Aurignac (Haute-Garonne) le 9 février 1829.

Il était secrétaire général de la préfecture du Cher lorsqu'il fut nommé sous-préfet de Thiers en remplacement de M. Barbier.

19. GIRAUD-PROVENCHÈRE (Guillaume, dit Narcisse), nommé sous-préfet de l'arrondissement de Thiers en 1870-1871.

M. Guillaume, dit Narcisse Giraud-Provenchère naquit à Courpière le 13 mai 1803. Fils d'Antoine Giraud, négociant à Courpière, et de Marie-Virginie Paricaud, il était banquier à Thiers, lorsqu'il fut appelé en 1870-1871 comme sous-préfet de cette ville en remplacement de M. Amiel-Dabeaux. Il avait été précédemment avoué et maire de cette même ville en 1848. Il s'était marié à Marie-Mélanie Provenchère le 11 mai 1835; et il est décédé à Thiers le 6 mars 1889.

20. FONTANELLE (Alfred-David), nommé sous-préfet de l'arrondissement de Thiers le 3 juin 1871.

M. Alfred-David Fontanelle naquit à Savigneux (Ain) le 27 avril 1827.

Il était sous-préfet de Rambouillet lorsqu'il fut nommé sous-préfet de Thiers en remplacement de M. Giraud-Provenchère, démissionnaire.

21. Du CHEVALARD (Jules-Lucien-Marie), nommé sous-préfet de l'arrondissement de Thiers le 14 juin 1871, installé le 27 juin 1871.

M. Jules-Lucien-Marie du Chevalard naquit à Mornand (Loire) le 10 avril 1840.

Il était sous-préfet de Cholet lorsqu'il fut nommé le 14 juin 1871 sous-préfet de Thiers en remplacement de M. de Fontanelle, puis envoyé à Valenciennes. De là il passa à la préfecture de l'Ardèche en 1873, à celle de l'Allier en 1876, devint ensuite préfet de la Manche en 1877, et fut révoqué après le 16 mai. M. du Chevalard était en outre officier de la Légion d'honneur et de l'Instruction publique, etc.

22. BLANCHET (Gabriel-Jean-Joseph), nommé sous-préfet de l'arrondissement de Thiers le 28 mai 1873, installé le 6 juin 1873.

M. Gabriel-Jean-Joseph Blanchet naquit à Paris le 20 février 1841.

Après avoir été successivement : avocat, secrétaire de M. Groualle, avocat au Conseil d'Etat et à la Cour de cassation, en mai 1864 chef du cabinet du préfet de l'Aisne, en janvier 1867 chef du cabinet du préfet de la Loire, en avril 1868 conseiller de préfecture des Vosges, en 1869 vice-président du même Conseil de préfecture, en novembre 1870 secrétaire général de la Meurthe pendant l'occupation allemande, il fut nommé le 14 juillet 1881 sous-préfet de Bonneville, et enfin le 28 mai 1873 appelé à Thiers, où il est resté jusqu'au 6 avril 1874. Il avait été intendant militaire du département des Vosges du début de la guerre de 1870 jusqu'après la prise d'Epinal, et préfet intérimaire du département des Vosges par suite de l'absence du préfet du département en octobre et novembre 1870 à Neufchâteau, siège désigné de la préfecture.

23. CHASSOUX (FERNAND), nommé sous-préfet de l'arrondissement de Thiers le 6 avril 1874, installé le 16 avril 1874.

M. Fernand CHASSOUX naquit à Bourganeuf (Creuse), le 30 décembre 1829.

Il était sous-préfet de Confolens (Haute-Garonne) lorsqu'il fut nommé sous-préfet de Thiers en remplacement de M. Blanchet appelé à la sous-préfecture de Beaune.

24. DESAINS (HENRI), nommé sous-préfet de l'arrondissement de Thiers le 15 octobre 1875, installé le 4 novembre 1875.

M. Henri DESAINS naquit à Saint-Quentin (Aisne), le 14 octobre 1845.

De janvier 1869 à septembre 1870, il fut auditeur au Conseil d'Etat, capitaine de mobiles, le 28 septembre 1872 sous-préfet de Loudun, puis le 15 octobre 1875 appelé Thiers en remplacement de M. Chassoux, et de là envoyé à Riom le 21 février 1877.

25. DE GIRARDIN (ALBERT-VICTOR), nommé sous-préfet de l'arrondissement de Thiers le 21 février 1877, installé le 5 mars 1877.

M. Albert-Victor DE GIRARDIN naquit à Blaison (Maine-et-Loire), le 25 mai 1840.

Il fut, de septembre 1870 à septembre 1872, chef de cabinet du préfet de la Gironde Allain-Targé, puis nommé le 9 septembre 1872 sous-préfet de Gourdon, le 15 décembre 1875 sous-préfet de Saint-Amand, le 24 mai 1876 sous-préfet d'Issoire, et le 21 février 1877 sous-préfet de Thiers en remplacement de M. Desains appelé à la sous-préfecture de Riom. Il fut ensuite remplacé le 24 mai 1877.

26. Comte de LAURIS (Raoul-Auguste-Albert), nommé sous-préfet de l'arrondissement de Thiers le 24 mai 1877, installé le 9 juin 1877.

Le comte Raoul-Auguste-Albert de Lauris naquit à Saint-Ay (Loiret), le 2 novembre 1846.

Il fut attaché au ministère de l'Intérieur en 1867, conseiller de préfecture de la Mayenne en 1871, sous-préfet de Loches en 1873, et sous-préfet de Valognes en 1876. Il fut ensuite appelé à la sous-préfecture de Thiers en remplacement de M. de Girardin, puis mis en disponibilité sur sa demande, le 15 novembre 1875.

27. HERTZ (Michel-Henri), nommé sous-préfet de l'arrondissement de Thiers le 15 novembre 1877, installé le 25 novembre 1877.

M. Michel-Henri Hertz naquit à Sarrebourg le 1er novembre 1843.

Il fut attaché au ministère de l'Intérieur le 4 janvier 1866, conseiller de préfecture des Ardennes le 2 janvier 1869, conseiller de préfecture des Basses-Pyrénées le 22 avril 1870, sous-préfet de Mauléon le 13 novembre 1871, sous-préfet de Moutiers le 24 mai 1876, et de Rochechouart le 4 juillet 1877, il fut ensuite appelé à la sous-préfecture de Thiers le 15 novembre de la même année en remplacement du marquis de Lauris mis en disponibilité sur sa demande, et y resta jusqu'au 30 décembre 1877.

28. CADIERGUES (Jean-Baptiste-Louis), nommé sous-préfet de l'arrondissement de Thiers le 30 décembre 1877, installé le 1er janvier 1878.

M. Jean-Baptiste-Louis Cadiergues naquit à La Capelle-Morival (Lot) le 8 janvier 1834.

Il était sous-préfet de Millau (Aveyron) lorsqu'il fut nommé sous-préfet de Thiers, le 30 décembre 1877, et devint ensuite conseiller de préfecture en remplacement de M. Hertz.

29. GIRARD (Jean-Antoine-Ernest), nommé sous-préfet de l'arrondissement de Thiers le 15 janvier 1878, installé le 26 février 1878.

M. Jean-Antoine-Ernest Girard naquit à Nantes le 21 décembre 1832.

Il fut successivement avocat à Montpellier en 1860, sous-préfet de Saint-Pons le 9 septembre 1870, sous-préfet de Vitry-le-Français le 20 mai 1876, sous-préfet de Montreuil le 31 décembre 1877, et le 15 janvier 1878 appelé à la sous-préfecture de Thiers en remplacement de M. Cadiergues nommé conseiller de préfecture, d'où il passa à Cambrai le 25 mars 1879.

30. BAILLY (Benoit-Claude-Félix), nommé sous-préfet de l'arrondissement de Thiers le 25 mars 1879, installé le 1er avril 1879.

M. Benoît-Claude-Félix Bailly naquit à Lyon le 24 janvier 1850.

Licencié en droit, avocat stagiaire à Paris de 1872 à 1875, avocat à Villefranche (Rhône) de 1875 à 1877, sous-préfet de Cosne le 31 décembre 1877, officier d'Académie en mai 1879, il fut nommé à Thiers le 25 mars 1879, en remplacement de M. Girard nommé sous-préfet de Cambrai.

31. MAURAS (Emmanuel), nommé sous-préfet de l'arrondissement de Thiers le 8 mai 1879, installé le 16 mai 1879.

M. Emmanuel MAURAS naquit à Saint-Julien-Chapteuil (Haute-Loire), le 29 juillet 1841.

Il fut nommé successivement : en octobre 1870 conseiller de préfecture de la Haute-Loire, le 4 août 1873 conseiller de préfecture des Basses-Alpes, vice-président le 18 septembre 1873, le 7 juillet 1876 conseiller de préfecture de Saône-et-Loire, le 21 février 1877 sous-préfet de Louhans, le 15 juin 1877 conseiller de préfecture du Puy-de-Dôme, le 7 septembre 1877 révoqué de ses fonctions, réintégré le 30 décembre 1877 comme sous-préfet de Louhans, le 6 août 1878 officier d'Académie, puis le 8 mai 1879, il fut appelé comme sous-préfet de Thiers en remplacement de M. Bailly, et enfin le 13 février 1880 sous-préfet de Montbrison.

32. BOUDET (JEAN-JACQUES-LÉOPOLD), nommé sous-préfet de l'arrondissement de Thiers le 13 février 1880, installé le 23 février 1880.

M. Jean-Jacques-Léopold BOUDET naquit à Caussade (Tarn-et-Garonne) le 23 janvier 1837.

Propriétaire, en septembre 1870, adjoint au maire de Caussade (Tarn-et-Garonne), le 31 août 1871, il a été nommé secrétaire général du Lot, le 20 septembre 1872 sous-préfet de Figeac, en juin 1873 révoqué de ses fonctions par suite du 24 mai, le 7 juillet 1876 nommé sous-préfet de Barbézieux, le 23 mai 1877 révoqué par suite du 16 mai, le 30 décembre 1877 appelé à la sous-préfecture de Pamiers, le 12 janvier 1880 à celle d'Aubusson, et enfin le 13 février 1880 à celle de Thiers en remplacement de M. Mauras où il est resté jusqu'au 30 mars 1881, époque à laquelle on le nomma sous-préfet de Langres (1re classe).

33. CORBIÈRE (FRANÇOIS), nommé sous-préfet de l'arrondissement de Thiers le 30 mars 1881, installé le 14 avril 1881.

M. François Corbière naquit à Montredon (Tarn) le 17 juillet 1833.

Il était licencié en droit, pasteur de l'Eglise réformée, ancien président du Consistoire, ancien rédacteur de l'*Avenir* et du journal *Le Peuple* à Agen, lorsqu'il fut nommé le 12 janvier 1880 secrétaire général de l'Aude, et le 30 mars 1881 sous-préfet de Thiers en remplacement de M. Boudet, appelé comme sous-préfet de Langres. Officier d'Académie du 1er janvier 1883, il a ensuite été nommé le 4 avril 1883 sous-préfet de Péronne et chevalier de la Légion d'honneur.

34. MASCLET, nommé sous-préfet de l'arrondissement de Thiers le 4 avril 1883, installé le 12 avril 1883.

M. Masclet naquit à Vienne (Isère) le 13 août 1842.

Il était ancien notaire, ancien conseiller général de la Drôme, lorsqu'il fut nommé le 30 mars 1881 sous-préfet de Sartène, le 4 juillet 1882 sous-préfet de Péronne, et le 4 avril 1883 sous-préfet de Thiers en remplacement de M. Corbière. Élevé le même jour à la 1re classe personnelle, il est resté à Thiers jusqu'au 22 mai 1885, époque à laquelle il a été appelé à la sous-préfecture de Roanne. Il est aujourd'hui préfet de la Haute-Savoie.

35. FRANCESCHI (Antoine-Simon), nommé sous-préfet de l'arrondissement de Thiers le 22 mai 1885, installé le 1er juin 1885.

M. Antoine-Simon Franceschi naquit à Ajaccio (Corse) le 17 décembre 1842.

Il fut nommé successivement : le 31 août 1876 sous-préfet de Marennes, remplacé le 24 mai 1877, réintégré le 30 décembre 1877 comme sous-préfet de Brives, le 26 décembre 1880 sous-préfet de Morlaix, le 23 novembre 1880 sous-préfet de Montélimar, élevé le 13 mars 1883 à la 1re classe personnelle, le 21 octobre 1883 nommé sous-préfet de Pamiers, officier de l'Instruction publique le 1er janvier 1884, et appelé à la sous-préfecture de Thiers le 22 mai

1885 en remplacement de M. Masclet. Il y est resté jusqu'au 10 janvier 1888, époque à laquelle il a été, sur sa demande, nommé sous-préfet de Nogent-sur-Seine avec 1re classe personnelle.

36. FERRÉ (Edouard-Emmanuel), nommé sous-préfet de l'arrondissement de Thiers le 20 janvier 1888, installé le 7 février 1888.

M. Edouard-Emmanuel Ferré naquit à Brest le 26 juin 1857.

Il était ancien secrétaire particulier du sous-secrétaire d'Etat au ministère de la Justice, lorsqu'il fut successivement nommé le 5 septembre 1881 secrétaire général de la Nièvre, le 29 novembre 1883 sous-préfet de Nogent-le-Rotrou, élevé à la 2e classe personnelle le 8 décembre 1883, le 21 août 1885 sous-préfet de Pont-l'Evêque, et le 10 janvier 1888 sous-préfet de Thiers en remplacement de M. Franceschi, il est resté en fonctions à Thiers jusqu'au 12 février 1890, époque à laquelle il a passé secrétaire général de la préfecture d'Indre-et-Loire.

37. REGNAULT (Raoul), nommé sous-préfet de l'arrondissement de Thiers le 12 février 1890, installé le 1er mars 1890.

M. Raoul Regnault naquit à Nancy le 22 décembre 1846.

Il était chef de cabinet du préfet de Seine-et-Oise, officier d'Académie du 30 décembre 1874, lorsqu'il fut successivement nommé sous-préfet de Calvi le 15 octobre 1875, secrétaire général du Gard le 11 mai 1877, sous-préfet de Bressuire le 29 avril 1878, élevé en avril 1883 à la 2e classe personnelle, officier de l'Instruction publique le 1er janvier 1885, sous-préfet d'Orange le 8 janvier 1877, et le 12 février 1890 sous-préfet de Thiers en remplacement de M. Ferré, élevé ensuite à la 1re classe personnelle en juillet 1891, il a passé le 22 décembre 1891 à la sous-préfecture de Langres, où il est actuellement.

38. DUCLOS (Edouard), nommé sous-préfet de l'arrondissement de Thiers le 23 décembre 1891, installé le 30 décembre 1891.

M. Edouard Duclos naquit à Poucharramet (Haute-Garonne) le 6 septembre 1851.

Il était ancien conseiller général de Rieumes, lorsqu'il fut successivement nommé le 8 janvier 1887 sous-préfet de Lombez, le 20 juin 1888 sous-préfet de Gourdon, le 8 janvier 1890 sous-préfet de Brives, et le 23 décembre 1891 sous-préfet de Thiers où il est encore actuellement. Il vient tout récemment d'être nommé officier d'Académie.

§ 2

SECRÉTAIRES GÉNÉRAUX

(1800-1895)

Nous avons vu précédemment que la loi du 28 pluviôse an VIII avait attaché des secrétaires généraux à toutes les préfectures.

Le secrétaire général avait l'administration du chef-lieu et il en fut ainsi jusqu'au décret du 26 décembre 1809 qui confia cette mission à un auditeur au Conseil d'Etat. Supprimés par ordonnance du 9 avril 1817, pour raison d'économie, les secrétaires généraux sont rétablis moins de trois ans après, le 1er août 1820, et l'ordonnance permet aux préfets de leur déléguer, avec approbation du Ministre, l'administration de l'arrondissement chef-lieu. Une autre ordonnance du 1er mai 1832 supprime de nouveau la fonction sauf dans six départements. Cette fois, ils disparaissent pour longtemps, mais on confie leurs attributions à un conseiller de préfecture en lui donnant une indemnité égale au quart de son traitement.

En 1848, un arrêté du Gouvernement ne laissa même subsister de secrétaire général de préfecture que dans le département de la Seine.

Alors commence la période des rétablissements; des décrets des 2 juillet 1852, 29 décembre 1854 et 1er mai 1858 avaient institué des secrétaires généraux en titre dans 24 départements et dans les autres ces fonctions étaient remplies par un conseiller de préfecture désigné à cet effet.

Le décret du 2 juillet 1852 confiait encore au secrétaire

général l'administration de l'arrondissement chef-lieu; le décret du 29 décembre 1854 la leur a retirée.

La loi du 21 juin 1865 sur les Conseils de préfecture dispose (article 5, § 1) : « il y a dans chaque préfecture un secrétaire général titulaire. »

Les secrétaires généraux de préfecture sont répartis dans l'ordre des préfectures en trois classes.

Les attributions du secrétaire général de préfecture sont de diverses natures.

« Un secrétaire général de préfecture aura la garde des papiers et signera les expéditions », porte l'article 7 de la loi du 28 pluviôse an VIII. Cette disposition est aujourd'hui complétée au point de vue des attributions du secrétaire général par l'ordonnance du 6 avril 1887 et la loi du 21 juin 1865.

Le secrétaire général a, comme les conseillers de préfecture, aptitude à être désigné pour remplacer provisoirement le préfet; il peut, de plus, être chargé par délégation et sous la direction du préfet, avec l'autorisation du Ministre de l'Intérieur, d'une partie de l'administration départementale.

La loi de 1865 en plaçant dans toutes les préfectures des secrétaires généraux titulaires n'a pas changé sous ce rapport la situation, n'a pas créé de droit exclusif à la suppléance des préfets, cependant il semble, en fait, devoir résulter de cette loi que les secrétaires généraux sont les suppléants naturels des préfets, et quelques lois spéciales les désignent à ce titre pour remplir certaines fonctions préfectorales. (Voir notamment l'art. 27 de la loi du 27 juillet 1872 sur le recrutement de l'armée, etc.)

Le décret du 30 décembre 1862, art. 3, avait déjà conféré une nouvelle et très importante attribution aux secrétaires généraux de préfecture en les chargeant, à titre de commissaires du gouvernement, de remplir les fonctions du ministère public créées par ce décret près des conseils de préfectures lorsqu'ils statuent au contentieux.

La loi du 21 juin 1865 a donné à cette innovation considérable la confirmation législative par son art. 5, § 2. Il résulte de cette disposition que le secrétaire général n'est que partie jointe dans les affaires contentieuses, et, par suite sa mission est soumise aux règles qui président aux attributions du ministère public auprès des tribunaux judiciaires dans les affaires civiles ; dans les affaires répressives, il a les droits du ministère public dans les affaires correctionnelles.

Telle est depuis 1800 la série des lois et décrets relatifs à l'organisation des secrétaires généraux.

Ceci expliqué, nous allons donner la liste et la biographie des secrétaires généraux du département du Puy-de-Dôme depuis 1800 jusqu'à 1895.

1. MOULIN (Jean), nommé secrétaire général du Puy-de-Dôme le 15 floréal an VIII, installé le 19 floréal an VIII.

M. Jean Moulin, né à Latour-d'Auvergne (Puy-de-Dôme), le 22 août 1772, décédé à Clermont-Ferrand le 19 décembre 1833, occupa pendant la Révolution les fonctions de juge de paix du canton de Latour, celles de commissaire du Pouvoir exécutif près l'administration municipale de Latour le 6 pluviôse an V, d'administrateur du Département le 23 germinal an VII ; il devint ensuite conseiller de préfecture du Puy-de-Dôme et enfin, le 15 floréal an VIII, secrétaire général du même Départetement. Il exerça ces fonctions jusqu'au moment de son entrée à la Chambre des Cent-Jours comme représentant du Puy-de-Dôme.

Ce fut lui qui prononça, lors des obsèques du préfet Ramey de Sugny, un discours fort élogieux qui a été imprimé et dont un exemplaire existe à la Bibliothèque de Clermont-Ferrand.

(Voir sa biographie plus complète à la 3e partie des présentes, dans la Revue biographique illustrée des députés de 1789 à 1895.)

2. BRUGIÈRE DE LAVERCHÈRE fils (PIERRE-JEAN-ANTOINE-ROLAND), nommé secrétaire général du Puy-de-Dôme en 1816.

M. Pierre-Jean-Antoine-Roland BRUGIÈRE DE LA VERCHÈRE, né à Riom le 24 décembre 1780, débuta dans l'administration comme surnuméraire au ministère de l'Intérieur de 1805 à 1808. Il avait été reçu licencié en droit en 1806 et fut nommé sous-préfet de Thiers de 1808 à 1815. Quelque temps après, en 1816, on l'appela aux fonctions de secrétaire général de la préfecture du Puy-de-Dôme, où il resta jusqu'à sa nomination à la sous-préfecture d'Ambert le 28 mai 1817. (Nous avons déjà donné la biographie de ce fonctionnaire aux sous-préfets de Thiers et d'Ambert.)

3. LETERME, nommé secrétaire général du Puy-de-Dôme le 6 septembre 1820, non installé.

M. LETERME était ancien sous-préfet lorsqu'il fut nommé secrétaire général de la préfecture du Puy-de-Dôme le 6 septembre 1820; n'ayant pas été installé, on l'appela, le 30 du même mois, à la sous-préfecture de Marennes (Charente-Inférieure).

4. DE SAINT-LÉON (ALEXANDRE), nommé secrétaire général du Puy-de-Dôme le 30 septembre 1820, installé le 16 octobre 1820.

M. Alexandre DE SAINT-LÉON était ancien commissaire général de police, commandeur de l'Aigle royal de Prusse et sous-préfet de Marennes (Charente-Inférieure), lorsqu'il permuta avec M. Leterme, et fut nommé à sa place le 30 septembre 1820 comme secrétaire général du Puy-de-Dôme. Il resta en fonctions jusqu'à sa mort arrivée le 4 janvier 1827.

5. Baron DE TRENQUALYE (ANNE-ALEXIS-JEAN), nommé secrétaire général du Puy-de-Dôme le 14 janvier 1827, installé le 27 janvier 1827.

M. le baron Anne-Alexis-Jean DE TRENQUALYE naquit à Clermont-Ferrand le 14 janvier 1772, il suivit la carrière militaire et de grade en grade arriva à celui de colonel d'état-major. Admis à la retraite en août 1809, il fut promu commandeur de la Légion d'honneur la même année et fait baron de l'Empire le 15 juin 1810. La Restauration lui donna la croix de Saint-Louis et le nomma conseiller de préfecture. Elu ensuite député du Puy-de-Dôme en 1822, il ne se représenta pas en 1827 et fut nommé le 14 janvier 1827 secrétaire général de la préfecture du Puy-de-Dôme. Le baron de Trenqualye quitta les affaires publiques à la Révolution de 1830 et mourut à Clermont-Ferrand le 17 mars 1852. (Voir sa biographie complète aux députés de 1789 à 1895, dans la 3ᵉ partie du présent ouvrage.)

6. ROGNIAT (ABEL), nommé secrétaire général du Puy-de-Dôme le 14 février 1830, installé le 5 avril suivant (1830).

M. Abel ROGNIAT naquit à Vienne (Isère), le 27 mai 1803, du mariage du baron Jean-Baptiste Rogniat, dont nous avons précédemment donné la biographie comme préfet du Puy-de-Dôme en 1815 et en 1830, et de Mme de Boissat, du Dauphiné.

Il fut d'abord avocat et entra dans l'administration comme secrétaire général des Ardennes le 20 mars 1828, il passa ensuite comme secrétaire général du Puy-de-Dôme le 14 février 1830 en remplacement du baron de Trenqualye, admis à la retraite; de là, on le nomma sous-préfet de Trévoux et de Sedan, et enfin, sous l'Empire, préfet des départements de l'Ain, de la Vienne et de la Meuse. M. Abel Rogniat eut un fils, le baron Abel-Joseph-Antoine Rogniat, chevalier de la Légion d'honneur, qui était membre du Conseil d'Etat sous le second Empire, perpétuant ainsi les traditions de famille.

7. COURNON (HENRI), nommé secrétaire général du Puy-de-Dôme le 10 août 1830, installé le 29 août 1830.

M. Henri Cournon était propriétaire à Clermont-Ferrand, lorsque la Révolution de 1830 éclata; il fit partie de la Commission dite « de Paix et Sûreté publique » qui se forma à cette époque, puis ensuite de celle intitulée : Commission provisoire d'administration départementale, et qui fonctionna du 2 au 29 août 1830, époque à laquelle elle lui remit ses pouvoirs après sa nomination en remplacement d'Abel Rogniat comme secrétaire général du Puy-de-Dôme le 10 août 1830.

8. BERGER (Léon), docteur en droit, nommé secrétaire général du commissaire du gouvernement provisoire pour le département du Puy-de-Dôme par arrêté d'Altaroche du 3 mars 1848.

M. Léon Berger, qui était l'un des fils du préfet de la Seine et dont nous avons déjà donné la biographie aux sous-préfets d'Issoire, fut d'abord nommé secrétaire général du commissaire du gouvernement provisoire pour le département du Puy-de-Dôme par arrêté d'Altaroche du 3 mars 1848, il fut ensuite transféré à Issoire comme sous-commissaire du gouvernement pour cet arrondissement, par arrêté de Trélat, en date à Limoges du 30 avril 1848, et maintenu comme sous-préfet le 15 juillet de la même année (1848). Il y resta en fonctions jusqu'au 23 avril 1849, époque où il donna sa démission et se retira dans la vie privée. Il est mort, il y a quelques années, dans une de ses propriétés située dans les environs d'Issoire.

9. LADEN, nommé secrétaire général de la préfecture du Puy-de-Dôme le 9 juillet 1851.

M. Laden était avocat lorsqu'il fut nommé conseiller de préfecture du Puy-de-Dôme le 9 octobre 1850 et chargé le 9 juillet 1851 des fonctions de secrétaire général près la même préfecture, il conserva ces fonctions jusqu'au 10 février 1857, époque où il fut appelé comme commissaire du gouvernement près le Conseil d'administration de la Compagnie des mines de la Loire. (Voir sa biographie aux conseillers de préfecture.)

10. DE GRENIER (Léon-Frédéric-Eugène), nommé secrétaire général du Puy-de-Dôme le 25 octobre 1857, installé le 29 octobre 1857.

M. Léon-Frédéric-Eugène DE GRENIER naquit à Amiens le 10 novembre 1839. Après avoir été nommé conseiller de préfecture du Puy-de-Dôme le 10 mars 1857, il fut appelé le 25 octobre de la même année aux fonctions de secrétaire général près la même préfecture.

Il resta à Clermont jusqu'au 11 janvier 1862, époque où il fut nommé secrétaire rédacteur au Corps législatif. (Voir sa biographie complète aux conseillers de préfecture.)

11. DE WATRIGANT (Arthur-Louis-François-Théodore), nommé secrétaire général de la préfecture du Puy-de-Dôme le 11 janvier 1862.

M. Arthur-Louis-François-Théodore DE WATRIGANT naquit à Ensisheim (Haut-Rhin), le 23 février 1835.

Il débuta dans l'administration comme secrétaire particulier du préfet du Puy-de-Dôme, fut ensuite nommé conseiller de préfecture du même département le 28 décembre 1861 et appelé aux fonctions de secrétaire général le 11 janvier 1862.

M. de Watrigant est resté à Clermont jusqu'au 28 mai 1864, époque où il a passé à la sous-préfecture de Saint-Sever (Landes).

(Voir sa biographie complète aux conseillers de préfecture.)

12. LOUBENS (Jean-Louis), nommé secrétaire général de la préfecture du Puy-de-Dôme le 28 mai 1864, installé le 8 juin de la même année (1864).

M. Jean-Louis LOUBENS naquit à Auch (Gers), le 19 avril 1823. Après avoir rempli diverses fonctions dans l'administration, il fut nommé conseiller de préfecture du Puy-de-Dôme le 28 mai 1864 et le même jour désigné pour remplir les fonctions de secrétaire général de ce département. Ayant été installé le 8 juin 1864, il dirigea seul l'administration de ce département jusqu'au mois de septembre 1864, date de la nomination de M. Paillard comme préfet du même département. M. Loubens resta en fonctions jusqu'au 25 octobre 1864, époque où il passa à la sous-préfecture de Semur (Côte-d'Or), y demeura jusqu'au 6 septembre 1870 et se retira à Nevers, où il est encore actuellement.

(Voir sa biographie complète aux conseillers de préfecture.)

13. DEGROND (Jean-Baptiste-Gustave), nommé secrétaire général de la préfecture du Puy-de-Dôme, le 25 octobre 1865.

M. Jean-Baptiste-Gustave Degrond naquit à Bar-sur-Aube le 8 juillet 1828.

Les documents manquant à la préfecture, nous ignorons quelles ont été ses situations antérieures, nous savons seulement qu'il fut nommé secrétaire général du Puy-de-Dôme le 25 octobre 1865 et qu'il conserva ce poste jusqu'à sa nomination comme sous-préfet de Mayenne, par décret du 15 avril 1869.

14. LANGLOIS (Paul-Marie), nommé secrétaire général de la préfecture du Puy-de-Dôme le 15 avril 1869, installé le 1er mai de la même année (1869).

M. Paul-Marie Langlois, né à Calle (Calvados), le 5 janvier 1827, après avoir été avocat, débuta dans l'administration comme conseiller de préfecture du Puy-de-Dôme le 9 juin 1858. Après diverses étapes administratives, il arriva comme secrétaire général de la préfecture du Puy-de-Dôme le 15 avril 1869, il resta en fonctions jusqu'en septembre 1870 où il fut mis en disponibilité et remplacé par M. Chantegrellet.

15. CHANTEGRELLET (Albert), nommé secrétaire général de la préfecture du Puy-de-Dôme le 27 septembre 1870, installé le 1ᵉʳ octobre 1870.

M. Albert Chantegrellet était avocat à Clermont-Ferrand, lorsque le 4 Septembre arrivant, il fut choisi par ses amis politiques pour les fonctions de secrétaire général du Puy-de-Dôme qui lui furent conférées par décret du 27 septembre 1870, en remplacement de M. Langlois, mis en disponibilité.

Une décision ministérielle du 6 février 1871 le chargea d'administrer provisoirement le département du Puy-de-Dôme jusqu'au 31 mars 1871, époque de la nomination de M. Delmas. Il resta dans ses fonctions de secrétaire général jusqu'à cette époque où il fut nommé secrétaire général de la préfecture d'Angoulême.

16. DULÉRY de PEYRAMONT (Jean-Georges), nommé secrétaire général de la préfecture du Puy-de-Dôme le 29 mars 1871, installé le 3 avril suivant (1871).

M. Jean-Georges Duléry de Peyramont, né à Paris le 26 février 1846, était fils de M. André-Adolphe Duléry de Peyramont, qui fut député et sénateur de la Haute-Vienne, conseiller à la Cour de Paris en 1858, avocat général à la Cour de Cassation en 1859 et enfin conseiller à la même Cour le 22 novembre 1862, mort à Versailles le 25 janvier 1880.

Il fut nommé secrétaire général de la préfecture du département du Puy-de-Dôme le 29 mars 1871 et resta en fonctions jusqu'au 15 février 1873, époque où il fut appelé comme sous-préfet de Sceaux.

17. CALMETTE (Guillaume), nommé secrétaire général de la préfecture du Puy-de-Dôme le 15 février 1873, installé le 22 suivant (1873).

M. Guillaume Calmette naquit à Paris le 8 novembre 1822. Il était sous-préfet de Mauriac, lorsqu'il fut nommé le 15 février 1873 secrétaire général du Puy-de-Dôme en remplacement de M. de Peyramont, nommé sous-préfet de Sceaux.

M. Calmette est resté en fonctions à Clermont jusqu'au 24 mai 1876, époque où il a été appelé comme secrétaire général des Côtes-du-Nord.

18. CATUSSE (Anatole-Charles), nommé secrétaire général de la préfecture du Puy-de-Dôme le 24 mai 1876, installé le 2 juin suivant (1876).

M. Anatole-Charles Catusse naquit à Saint-Dizier (Haute-Marne), le 24 décembre 1847.

Docteur en droit, il débuta dans l'administration comme sous-préfet d'Argentan en octobre 1870. Mis en disponibilité le 30 avril 1871, il fut nommé le 13 juillet suivant (1871) sous-préfet de Forcalquier; remplacé le 1er août 1873, il fut réintégré comme secrétaire général du Puy-de-Dôme le 24 mai 1876 et y resta jusqu'au 21 février 1877, époque à laquelle il fut appelé comme secrétaire général de la Loire.

19. GERMEAU (Léon), nommé secrétaire général du Puy-de-Dôme le 21 février 1877, installé le 9 mars suivant (1877).

M. Léon Germeau, né à Metz le 30 octobre 1840, était secrétaire général de la préfecture de l'Isère, lorsqu'il fut nommé le 21 février 1877 secrétaire général de la préfecture du Puy-de-Dôme; il est resté en fonctions jusqu'au 26 décembre 1877.

20. VAISSIÈRE (Pierre-Henry), nommé secrétaire général de la préfecture du Puy-de-Dôme le 26 décembre 1877, installé le 28 décembre.

M. Pierre-Henri Vaissière naquit à Ambert le 21 janvier 1839. Après diverses fonctions administratives, il devint le 1er mai 1871 conseiller de préfecture du Puy-de-Dôme, puis, en juin 1876, sous-préfet de Gannat; il resta dans ce poste jusqu'en juin 1877. Mis en disponibilité à cette date, il reçut en décembre de la même année, le 26, sa nomination au poste de secrétaire général du Puy-de-Dôme où il est demeuré jusqu'à la fin de juillet 1883.

Depuis cette époque, il a quitté l'administration départementale et a été nommé percepteur à Moulins (Allier), où il est encore aujourd'hui.

21. ROGER (Pierre-Silvain), nommé secrétaire général de la préfecture du Puy-de-Dôme le 24 juillet 1883, installé le 28 juillet 1883.

M. Pierre-Silvain Roger naquit à Rouffignac (Dordogne), le 21 juin 1856. Avocat, il débuta dans l'administration le 28 février 1882 comme secrétaire général de la préfecture de l'Orne; le 24 juillet 1883, il fut nommé secrétaire général de la préfecture du Puy-de-Dôme; officier d'Académie le 1er janvier 1884, il resta en Auvergne jusqu'au 13 janvier 1886, époque à laquelle il fut appelé à la sous-préfecture de Lorient. Après avoir été préfet de la Corrèze, M. Roger est actuellement préfet de l'Isère.

22. DUFOIX (Louis), nommé secrétaire général de la préfecture du Puy-de-Dôme le 13 février 1886, installé le 25 février 1886.

M. Louis Dufoix est né à Uzès (Gard), le 3 février 1854.

Licencié en droit, il débuta dans l'administration le 13 février 1880 comme conseiller de préfecture de la Lozère; le 27 juin 1881, fut nommé secrétaire général de Belfort; le 20 décembre 1881, sous-préfet d'Apt; le 4 avril 1883, secrétaire général de la préfecture du Doubs, et le 13 février 1886, secrétaire général de la préfecture du Puy-de-Dôme.

Officier d'Académie le 19 mai 1888, il passa le 24 mai 1889 à la sous-préfecture de Fontainebleau, et fut remplacé par M. Nicolet.

23. NICOLET (Félix), nommé secrétaire général du Puy-de-Dôme le 24 mai 1889, installé le 13 juin 1889.

M. Félix Nicolet est né le 18 mai 1858 à Montblanc (Hérault). Il débuta dans l'administration comme chef de cabinet du préfet du Doubs, fut nommé le 21 octobre 1883 conseiller de préfecture de la Charente-Inférieure; le 2 août 1884 sous-préfet de Limoux, et enfin le 24 mai 1889, secrétaire général de la préfecture du Puy-de-Dôme. Officier d'Académie du 14 juillet 1890, il est resté à Clermont jusqu'au 22 septembre 1894, époque où il a passé à la sous-préfecture de Vienne (Isère).

24. BEAUCAIRE (Georges), nommé secrétaire général de la préfecture du Puy-de-Dôme le 12 décembre 1894, installé le 15 décembre 1894, actuellement en fonctions.

M. Georges Beaucaire naquit à Paris le 2 octobre 1859. Après avoir été reçu licencié en droit et avoir suivi les cours de l'École des Sciences politiques, il a débuté dans la carrière administrative le 2 mars 1885 comme conseiller de préfecture de la Sarthe, il a été nommé vice-président de ce Conseil le 20 avril 1887, puis conseiller de préfecture de l'Aisne le 26 août 1887, conseiller de préfecture de l'Oise le 18 août 1891 et conseiller de préfecture du Nord (1re classe) le 18 avril 1893.

M. Beaucaire était sous-chef du cabinet du Ministre de l'Intérieur depuis le 12 décembre 1893, lorsqu'il a été nommé le 12 septembre 1894 secrétaire général de la préfecture du Puy-de-Dôme en remplacement de M. Nicolet, appelé à la sous-préfecture de Vienne (Isère).

Officier d'Académie du 1er janvier 1894, M. Beaucaire est membre de la Société des auteurs et compositeurs de musique. Il est aussi officier d'administration adjoint de 2e classe du cadre auxiliaire.

§ 3

CONSEILLERS DE PRÉFECTURE

(1800-1895)

1. NICOLAS (Joseph-Claude), nommé conseiller de préfecture du Puy-de-Dôme le 3 floréal an VIII, installé le 19 floréal an VIII.

M. Joseph-Claude Nicolas, né à Clermont-Ferrand le 11 novembre 1763, fils de Joseph Nicolas, procureur à Clermont de 1769 à 1774, et de Claire Mavel, qui fut secrétaire des intendants d'Auvergne Ballainvilliers et Montyon, était propriétaire et avocat à Clermont, ancien administrateur du département du Puy-de-Dôme, lorsque le gouvernement consulaire le nomma membre du Conseil de préfecture du Puy-de-Dôme le 3 floréal an VIII. Il était auparavant greffier de la subdélégation et commissaire du gouvernement près le canton; il fut ensuite juge de paix de 1819 à 1821. Il avait épousé Jeanne Tuayre, dont Côme Damien, né à Clermont le 16 août 1788, aide de camp du maréchal Ney dans la campagne de Russie, notaire à Clermont en 1821, et d'où sont issus par leurs mères : M. Léon Blanc, banquier à Clermont, et M. Michel Cohendy, archiviste du Puy-de-Dôme, officier de l'Instruction publique, qui eut entr'autres enfants : M. Oscar Cohendy, pharmacien à Clermont, ancien président du Tribunal de commerce, officier d'Académie.

(Voir son portrait ci-dessus, page 367.)

2. VIMAL-LAJARRIGE (Benoit-Séverin), nommé conseiller de préfecture du Puy-de-Dôme le 3 floréal an VIII, installé le 19 floréal an VIII.

M. Benoît-Séverin Vimal-Lajarrige, né à Ambert le 9 novembre 1766, était avocat à Ambert lorsqu'il fut nommé conseiller de préfecture du Puy-de-Dôme en l'an VIII. Il exerça ces fonctions jusqu'en 1826 où il fut remplacé par M. André d'Aubière.

3. MOULIN (Jean), nommé conseiller de préfecture du Puy-de-Dôme le 3 floréal an VIII, installé le 19 floréal an VIII.

M. Jean Moulin, né à Latour-d'Auvergne le 22 août 1772, décédé à Clermont le 19 décembre 1833, occupa pendant la Révolution les fonctions de juge de paix du canton de Latour, celle de commissaire du Pouvoir exécutif près l'administration municipale de Latour le 6 pluviôse an V, d'administrateur du département le 23 germinal an VII, fut ensuite conseiller de préfecture du Puy-de-Dôme le 3 floréal an VIII et secrétaire général le 19 floréal suivant, il appartint après à la Chambre dite des Cent-Jours comme représentant du Puy-de-Dôme et rentra enfin dans la vie privée. (Voir sa biographie plus complète à la 3me partie du présent ouvrage dans la Revue biographique illustrée des députés de 1789 à 1895.)

4. COURBAYRE de SOLIGNAT (Antoine), nommé conseiller de préfecture du Puy-de-Dôme le 3 floréal an VIII, installé le 19 floréal an VIII.

M. Antoine Courbayre de Solignat, né à Solignat en 1753, était notaire à Clermont et ancien administrateur du département du Puy-de-Dôme lorsque le gouvernement consulaire le nomma conseiller de préfecture de ce département le 3 floréal an VIII. Il y resta jusqu'en 1829, époque où il fut remplacé par M. Mossier.

5. FOURNIER de MONTAIGUT (Jean-Baptiste-Guillaume-Benoit), nommé conseiller de préfecture du Puy-de-Dôme le 3 floréal an VIII, installé le 19 floréal an VIII.

M. Jean-Baptiste-Guillaume-Benoît Fournier de Montaigut, né à Montaigut, était ancien administrateur de Menat lorsqu'il fut nommé, le 3 floréal an VIII, conseiller de préfecture du Puy-de-Dôme. Il mourut en l'an X et fut remplacé par M. Dalmas.

6. LABARTHE (Michel), nommé conseiller de préfecture du Puy-de-Dôme le 14 prairial an VIII, installé le 29 prairial an VIII.

M. Michel Labarthe, né à Clermont en 1742, ancien secrétaire général de l'administration centrale, fut appelé le 14 prairial an VIII comme conseiller de préfecture du Puy-de-Dôme en remplacement de M. Moulin nommé secrétaire général du Puy-de-Dôme. Il mourut à Clermont le 18 novembre 1813, et fut remplacé par M. Levet.

7. DALMAS (Antoine), nommé conseiller de préfecture du Puy-de-Dôme le 3 nivôse an X, installé le 19 nivôse an X.

M. Antoine Dalmas, né à Clermont le 26 août 1765, propriétaire, ancien administrateur du département, ancien commissaire du gouvernement, fut nommé conseiller de préfecture du Puy-de-Dôme en l'an X en remplacement de M. Fournier, décédé. Il y resta jusqu'en 1815, époque où il fut remplacé par M. le baron de Trenqualye. M. Dalmas ne fut pas seulement un administrateur éclairé, il fut encore inventeur. C'est ainsi que nous le voyons en 1834 déposer à la préfecture du Puy-de-Dôme un pli contenant la description d'un appareil hydraulique fort ingénieux dans le but d'obtenir un brevet d'invention.

8. LEVET (François), nommé conseiller de préfecture du Puy-de-Dôme le 2 décembre 1813, installé le 20 décembre 1813.

M. François Levet, né à Clermont le 18 décembre 1756, notaire royal à Clermont, puis capitaine de la garde à cheval de Clermont, président du canton sud de Clermont, ensuite juge de paix du même canton, membre du collège électoral du département, membre du Conseil d'arrondissement de Clermont et administrateur des hospices de la même ville, fut nommé, par décret impérial du 2 décembre 1813, conseiller de préfecture du Puy-de-Dôme en remplacement de Michel Labarthe, décédé. M. Levet qui était chevalier de la Légion d'honneur donna sa démission en janvier 1822 et fut remplacé le 23 du même mois par M. Bérard de Chazelles.

9. LENORMANT baron DE FLAGHAC (JEAN-JACQUES), nommé conseiller de préfecture du Puy-de-Dôme le 6 novembre 1815, installé le 17 novembre 1815.

M. Jean-Jacques LE NORMANT baron DE FLAGHAC, né à Riom le 15 avril 1754, fils de François-Nicolas Le Normant, chevalier, seigneur de Maupertuy, du comté de Flaghac, baron d'Aubusson et d'Aurouse, seigneur de Sainte-Marguerite, La Brequeuille, etc., receveur des tailles en l'Election de Riom en 1750, trésorier du Marc d'Or, et de Perrette-Madeleine Rollet de Lauriat (sœur de Mmes de Chardon des Roys et de Vissaguet).

Successivement capitaine de dragons, puis maire de Saint-Georges-d'Aurac, Jean-Jacques Le Normant, seigneur du comté de Flagheac et des baronnies d'Aubusson et d'Aurouse après son père, épousa le 12 octobre 1786 Marie-Madeleine-Pétronille Rechignat de Marand, fille d'Annet-Jean Rechignat, seigneur de Marand, et de Jeanne-Marie Talemandier. Il rebâtit, en 1802, le château actuel de Marand et fit ériger sa terre de Marand en majorat avec titre de baronnie le 2 mai 1811. Conseiller général du département du Puy-de-Dôme, de 1800 à 1816, il fut président de cette assemblée.

En 1815, le baron de Flaghac fut nommé conseiller de préfecture du département du Puy-de-Dôme en remplacement de M. Nicolas, et exerça cette charge jusqu'à sa mort arrivée en 1820.

10. Baron DE TRENQUALYE (ANNE-ALEXIS-JEAN), nommé conseiller de préfecture du Puy-de-Dôme le 6 novembre 1815, installé le 17 novembre 1815.

Le baron Anne-Alexis-Jean DE TRENQUALYE, né à Clermont le 14 janvier 1772, fils de Jean-Henri-Alexis, écuyer, et de Madeleine-Anne Bouchard de Florac, entra comme chasseur au 7ᵉ régiment d'infanterie le 22 juin 1789, fit les campagnes de la Révolution, et de grade en grade fut nommé adjudant-commandant (colonel d'état-major) le 20 vendémiaire an XII. Admis à la retraite en août 1809, il fut promu commandeur de la Légion d'honneur et fait baron de l'Empire le 15 juin 1810. La Restauration lui donna la croix de Saint-Louis et le nomma conseiller de préfecture du département du Puy-de-Dôme en remplacement de M. Dalmas. Il mourut à Clermont le 17 mars 1852. (Voir sa biographie complète à la fin du présent ouvrage sous le chapitre intitulé : Revue biographique des membres de l'état politique moderne, députés et sénateurs de 1789 à 1895.)

11. DE MATHAREL (ALEXANDRE), nommé conseiller de préfecture du Puy-de-Dôme le 27 décembre 1820, installé le 8 janvier 1821.

M. Alexandre DE MATHAREL, né le 24 juin 1773, fut marié deux fois : 1° à Sophie de Rochebrune; 2° à Caroline de Montrognon de Salvert, d'où postérité.

Il était le fils aîné de Jean-Baptiste de Matharel, écuyer, seigneur du Chéry, l'un des deux cents chevau-légers de la garde du roi, et le neveu de l'abbé de Matharel, comte du palais apostolique en 1767, vicaire général de l'évêché du Puy. Il fut nommé conseiller de préfecture du Puy-de-Dôme le 27 décembre 1820 en remplacement du baron de Flaghac, décédé, et y resta jusqu'en 1830, époque à laquelle il fut remplacé par le comte de Montlosier. Sa postérité existe encore au château de Chéry (Puy-de-

Dôme). M. de Matharel avait trois frères qui ont tous laissé des descendants.

12. BÉRARD de CHAZELLES (Gilbert), nommé conseiller de préfecture du Puy-de-Dôme le 23 janvier 1822, installé le 4 février 1822.

M. Gilbert Bérard de Chazelles, né en 1781, marié à Mlle Reboul du Saulzet, d'où trois filles : Mmes Daudé-Tardieu de la Barthe, de la Côte et Antoinette, religieuse, était le troisième fils de Pierre Bérard, écuyer, seigneur de Chazelles, mort en 1807, et de Jacquette de Champflour. Il fut nommé le 23 janvier 1822 conseiller de préfecture du Puy-de-Dôme en remplacement de M. Levet, démissionnaire et resta en fonctions jusqu'au 17 août 1830, époque où il démissionna et fut remplacé par M. Charolois.

13. ANDRÉ d'AUBIÈRE (baron Jean-Baptiste), nommé conseiller de préfecture du Puy-de-Dôme le 10 décembre 1826, installé le 15 décembre 1826.

Le baron Jean-Baptiste André d'Aubière, né à Clermont le 8 août 1767, créé baron par décret royal du 16 août 1817, était propriétaire à Clermont quand il fut nommé maire de cette ville en 1815, puis destitué en 1818, renommé maire le 8 novembre 1820, il fut élu député du Puy-de-Dôme. Nous verrons à la fin du présent ouvrage sa biographie plus complète. Après avoir abandonné la vie parlementaire, il fut appelé comme conseiller de préfecture du Puy-de-Dôme le 10 décembre 1826 en remplacement de Vimal-Lajarrige, et il est mort à Clermont le 15 décembre 1842.

14. Comte de COSNAC (Gabriel-Noel-Auguste), nommé conseiller de préfecture du Puy-de-Dôme le 24 janvier 1827, installé le 11 mars 1827.

Le comte Gabriel-Noël-Auguste de Cosnac, né à Beynat (Corrèze) le 27 septembre 1791, fit son droit à Paris avant la Restauration en 1812-1813 et commencement de 1814, puis il fut lieutenant de cavalerie dans les mousquetaires noirs en 1814 et 1815 et enfin aide-de-camp. On le nomma ensuite membre du Conseil de préfecture du Puy-de-Dôme le 24 janvier 1827 en remplacement du baron de Trenqualye appelé aux fonctions de secrétaire général de la même préfecture.

15. MOSSIER (Jean-Baptiste-Amable), nommé conseiller de préfecture du Puy-de-Dôme le 27 décembre 1829, installé le 15 janvier 1830.

M. Jean-Baptiste-Amable Mossier, né à Clermont le 19 mai 1768, docteur en médecine, fut nommé conseiller de préfecture du Puy-de-Dôme le 27 novembre 1829 en remplacement de M. Courbaire, démissionnaire.

16. CHAROLOIS (Jacques), nommé conseiller de préfecture du Puy-de-Dôme le 17 août 1830, installé le 30 août 1830.

M. Jacques Charolois, né le 8 septembre 1767, à Chaufailles (Saône-et-Loire), était célibataire, directeur de la poste aux lettres et conseiller municipal de Clermont, lorsqu'il fut nommé conseiller de préfecture du Puy-de-Dôme en remplacement de M. Bérard de Chazelles, démissionnaire. Il était doyen du Conseil de préfecture et chevalier de la Légion d'honneur lorsqu'il mourut à Clermont le 20 août 1854.

17. DALMAS (Antoine), nommé conseiller de préfecture du Puy-de-Dôme le 17 août 1830, installé le 27 septembre 1830.

M. Antoine Dalmas, né à Clermont le 26 août 1765, était ancien conseiller de préfecture (Voir plus haut sa biographie), lorsqu'il fut réintégré dans ses anciennes fonctions le 17 août 1830 en remplacement du baron André d'Aubière, déplacé. Il exerça longtemps les fonctions de secrétaire général et mourut à Clermont-Ferrand le 1er avril 1836.

18. TIXIER, nommé conseiller de préfecture du Puy-de-Dôme le 17 août 1830, installé le 6 septembre 1830.

M. Tixier était avocat à Clermont lorsqu'il fut nommé conseiller de préfecture du Puy-de-Dôme en remplacement de M. Mossier, déplacé.

19. De RAYNAUD, comte de MONTLOSIER (François-Dominique), nommé conseiller de préfecture du Puy-de-Dôme le 17 août 1830, non installé.

M. François-Dominique de Raynaud comte de Montlosier, né à Clermont le 16 avril 1755, fut nommé conseiller de préfecture du Puy-de-Dôme au lieu et place de M. de Matharel. Il n'accepta pas cette situation et fut remplacé le 23 août suivant (1830) par le docteur Peghoux. (Voir sa biographie et son portrait à la 3me partie des présentes dans la Revue biographique illustrée des députés de 1789 à 1895.)

20. PEGHOUX (Jean-Pierre-Auguste), nommé conseiller de préfecture du Puy-de-Dôme le 23 août 1830, installé le 1er septembre 1830.

M. Jean-Pierre-Auguste Peghoux, né au Puy (Haute-Loire) le 18 juillet 1796, fils de Pierre-Dominique Peghoux, propriétaire à Clermont, et de Antoinette-Elisabeth Laurençon, docteur en médecine, fut d'abord professeur suppléant de la Maternité de Clermont et ne tarda pas à obtenir la chaire de pathologie interne à l'Ecole secondaire de médecine de cette ville. Le 23 août 1830 il fut nommé conseiller de préfecture du Puy-de-Dôme, installé le 1er septembre 1830 en remplacement du comte de Montlosier appelé à d'autres fonctions. Il y resta jusqu'en 1848.

C'était un érudit très versé dans l'histoire d'Auvergne.

On lui doit divers ouvrages imprimés, savoir : *Mémoire sur des faits géognostiques observés au point de contact des laves et des basaltes avec les terrains stratifiés en Auvergne,* 1829; *Recherches sur les épidémies qui ont ravagé l'Auvergne,* 1834, in-8°; *Promenade au Cantal,* 1833, in-8°; *Recherches sur les hôpitaux de Clermont,* 1845, in-8°; *Essai sur les monnaies des Arvernes,* 1857, in-8°, planches.

On a aussi de lui : *Rapport sur le choléra-morbus de Paris,* fait à la Commission sanitaire de Clermont par V. Fleury et Peghoux, 1832; *Note sur deux colonnes itinéraires,* 1845; *Note sur une inscription découverte dans le faubourg de Saint-Alyre,* dans l'église de Notre-Dame d'Entre-Saints où cette inscription était autrefois placée. Clermont. Thibaud, 1854.

Le docteur Peghoux est mort à Royat, près Clermont, le 9 août 1858.

21. DAUPHIN DE LEYVAL (PIERRE-FÉLIX-CÉSAR-ROBERT), nommé conseiller de préfecture du Puy-de-Dôme le 17 août 1830, n'a pas été installé.

M. Pierre-Félix-César-Robert DAUPHIN DE LEYVAL, né à Clermont-Ferrand le 6 février 1783, propriétaire, ancien député, nommé conseiller de préfecture du Puy-de-Dôme le 17 août 1830 en remplacement de M. de Cosnac, n'accepta pas et fut remplacé par M. Gaultier de Biauzat. (Voir sa biographie et son portrait à la 3me partie du présent ouvrage dans la Revue biographique illustrée des députés de 1789 à 1895.)

22. GAULTIER DE BIAUZAT (FRANÇOIS), nommé conseiller de préfecture du Puy-de-Dôme le 4 octobre 1830, installé le 9 octobre 1830.

M. François GAULTIER DE BIAUZAT, né à Clermont le 31 mai 1775, fut d'abord avocat, capitaine d'infanterie légère, chef de bataillon dans la garde nationale, puis il entra dans l'administration comme conseiller de préfecture du Puy-de-Dôme en remplacement de M. Félix de Leyval, démissionnaire.

23. MOLIN (Louis-Jean-Baptiste), nommé conseiller de préfecture du Puy-de-Dôme le 9 juillet 1836, installé le 15 juillet 1836.

M. Louis-Jean-Baptiste Molin, naquit à Riom le 24 août 1789 et mourut à Paris le 27 avril 1880. D'abord député du Puy-de-Dôme de 1834 à 1846, il fut nommé le 9 juillet 1836 conseiller de préfecture du Puy-de-Dôme en remplacement de M. Dalmas, décédé.

On lui délégua ensuite les fonctions de secrétaire général de la même préfecture, le 9 novembre 1836, qu'il conserva jusqu'au 2 décembre 1839, où il fut appelé comme conseiller de préfecture de la Seine. (Voir sa biographie et son portrait à la fin du présent ouvrage, partie intitulée : Revue biographique des membres de l'état politique moderne. Députés et Sénateurs de 1789 à 1895.)

24. GUILLAUME (Pierre), nommé conseiller de préfecture du Puy-de-Dôme le 2 décembre 1839, installé le 10 décembre 1839.

M. Pierre Guillaume, ex-géomètre du cadastre, fut nommé conseiller de préfecture du Puy-de-Dôme en remplacement de M. Molin, le 2 décembre 1839, il lui succéda aussi comme secrétaire général par arrêté du 31 décembre de la même année, et y resta jusqu'au 23 avril 1847, époque où il fut nommé percepteur à Clermont.

25. FLEURY (Robert-François-Xavier dit Léon), nommé conseiller de préfecture du Puy-de-Dôme le 2 juillet 1845, installé le 8 juillet 1845.

M. Robert-François-Xavier dit Léon Fleury, né à Clermont en 1812, licencié en droit, fut nommé le 2 juillet 1845 conseiller de préfecture du Puy-de-Dôme en remplacement de Gaultier de Biauzat, secrétaire général le 23 avril 1847 en remplacement de Guillaume nommé percepteur, révoqué en 1848 et réintégré en remplacement de Montader comme conseiller et secrétaire général le 28 février 1849. Il est décédé rentier à Clermont le 28 avril 1892.

26. TRIOZON-BAYLE (Guillaume), nommé conseiller de préfecture du Puy-de-Dôme le 21 septembre 1847, installé le 30 novembre 1847.

M. Guillaume Triozon-Bayle, né à Issoire le 25 novembre 1792, était maire d'Issoire lorsqu'il fut nommé conseiller de préfecture du Puy-de-Dôme en remplacement de M. Guillaume nommé percepteur à Clermont.

27. DUCHÉ (Frédéric), nommé conseiller de préfecture du Puy-de-Dôme le 11 mars 1848, installé le 21 mars 1848.

M. Frédéric Duché, ancien professeur d'histoire, fut nommé conseiller de préfecture du Puy-de-Dôme par le commissaire provisoire du Puy-de-Dôme Altaroche, le 11 mars 1848.

28. DONIOL (Jean-Henri-Antoine), nommé conseiller de préfecture du Puy-de-Dôme le 11 mars 1848, installé le 21 mars 1848.

M. Jean-Henri-Antoine Doniol, commandeur de la Légion d'honneur et de divers ordres, né à Riom (Puy-de-Dôme), le 20 avril 1818, est fils de Claude-Fortuné Doniol, vice-président de la Société d'agriculture du Puy-de-Dôme, et de Rosalie-Constance de Murat.

Il a épousé le 22 juin 1846 Louise Maizière, fille du général Maizière, grand-officier de la Légion d'honneur, et de Blanche-Clémentine Vial, celle-ci fille du lieutenant-général baron Vial, grand-officier de la Légion d'honneur, qui commanda la division de cuirassiers dans les dernières charges de Waterloo.

Il fut en 1840 avocat stagiaire au barreau de Paris, en 1842 avocat stagiaire au barreau de Riom, en 1843 avocat à Clermont-Ferrand, en 1848 conseiller de préfecture du Puy-de-Dôme puis sous-préfet de Florac (Lozère), en 1849 sous-préfet à Villeneuve-sur-Lot (Lot-et-Garonne), de 1860 à 1869 commissaire ou membre du

DONIOL
(Jean-Henri-Antoine)

Commandeur de la Légion d'honneur et de divers Ordres,
Membre de l'Institut,
Directeur de l'Imprimerie Nationale,
Né à Riom (Puy-de-Dôme) le 20 avril 1818.

jury des Concours régionaux agricoles de la Région sud, en 1863 correspondant de l'Académie des sciences morales et politiques, en 1866 commissaire adjoint à l'Enquête agricole, en 1869 inspecteur adjoint de l'agriculture, en 1871 préfet de l'Isère, en 1872 préfet de la Loire-Inférieure, en 1873 préfet de Meurthe-et-Moselle, en 1876 préfet des Bouches-du-Rhône, en 1877 préfet des Alpes-Maritimes, en 1879 préfet de la Gironde et enfin en 1882 directeur de l'Imprimerie nationale, fonctions qu'il occupe actuellement.

Il devint en 1884 membre associé de la Société nationale d'agriculture, obtint en 1889 le prix Le Dissez de Penanrun (Académie des Sciences morales et politiques), et en 1890 le grand prix Gobert (Académie française).

M. Doniol fut nommé la même année membre de l'Académie des Sciences morales et politiques, et en 1892 membre correspondant de la Société historique de New-York.

Voici ci-dessous la nomenclature des nombreux ouvrages qu'il a publiés :

Essai sur la vie et les ouvrages de Jean Savaron, in-8°, 24 pages. Moulins, P.-A. Desrosiers, 1843. (Extrait de *L'Art en province*.)

Notice historique sur Anne Dubourg, in-8°, 39 pages. Clermont-Ferrand, Pérol, 1845. (Extrait des *Tablettes historiques de l'Auvergne*.)

Pascal d'après la nouvelle édition de ses écrits et les appréciations de la critique moderne, in-8°, 29 pages. Clermont-Ferrand, Pérol, 1846. (Extrait des *Tablettes historiques de l'Auvergne*.)

Description pittoresque de la Basse-Auvergne, in-fol. avec planches, iv-191 pages. Moulins, P.-A. Desrosiers, 1847. Ouvrage formant la première moitié du tome III de *L'ancienne Auvergne et le Velay*.

Note sur la création de bureaux publics de renseignements pour l'offre et la demande d'ouvrage, in-8°, 30 pages. Brioude, Gallice, 1851.

Coutumes seigneuriales de la châtellenie de Laroche en 1291, in-8°, 34 pages. Le Puy, Marchessou, 1853. (Extrait des *Annales de la Société académique du Puy*.)

Histoire des classes rurales en France et de leur progrès dans l'égalité civile et la propriété, 1 volume in-8°, xv-457 pages. Paris, Guillaumin et Cie, 1857. — 2e édition, xxi-516 pages. Guillaumin et Cie, 1865. — 2e édition, 2e tirage, xxi-522 pages. Paris, Guillaumin et Cie, 1867.

La prime d'honneur des Basses-Alpes en 1861, in-8°, 43 pages. Digne, Vial, 1861.

Sur l'échelle mobile, in-8°, 12 pages. Le Puy, Marchessou, 1861. (Extrait des *Annales de la Société d'agriculture, sciences, arts et commerce du Puy*.)

Les enfants des hospices et la mise en valeur des terres incultes, in-8°, 16 pages. Paris, Guillaumin et Cie, 1862. (Extrait du *Journal des économistes*.)

La prime d'honneur des Pyrénées-Orientales en 1862, in-8°, 35 pages. Gap, Jouglard, 1862.

La prime d'honneur du Gard en 1863, in-8°, 24 pages. Montpellier, Gras, 1863. (Extrait du *Messager agricole du Midi*.)

Cartulaire de Brioude, in-4°, xxvi-384 pages. Clermont-Ferrand, Ferd. Thibaud, et Paris, Ch. Dumoulin, 1863. (Extrait des *Mémoires de l'Académie de Clermont*.)

Cartulaire de Sauxillanges, in-4°, xli-740 pages. Clermont-Ferrand, Ferd. Thibaud, et Paris, Ch. Dumoulin, 1864. (Extrait des *Mémoires de l'Académie de Clermont*.)

Statistique agricole sommaire du département de la Haute-Loire, in-8°, 29 pages. Paris, Firmin Didot, 1864. (Extrait de l'*Encyclopédie de l'agriculteur*.)

La prime d'honneur du Var en 1864, in-8°, 28 pages. Montpellier, Gras, 1864. (Extrait du *Messager agricole du Midi*.)

La prime d'honneur des Alpes-Maritimes en 1865, in-8°, 24 pages. Montpellier, Gras, 1866. (Extrait du *Messager agricole du Midi*.)

La prime d'honneur de Vaucluse en 1866, in-8°, 27 pages. Montpellier, Gras, 1866. (Extrait du *Messager agricole du Midi*.)

Dix-neuf lettres de Soubrany, in-8°, v-86 pages. Clermont-Ferrand, Boucart, 1867.

Concours de la prime d'honneur des exploitations dans le département de l'Hérault, in-8°, 31 pages. Montpellier, Gras, 1868.

Eloge de M. Francisque Jusseraud, in-8°, 31 pages. Clermont-Ferrand, Ferdinand Thibaut, 1868. — 2e édition. Corbeil, Creté, 1875. (Extrait des *Mémoires de l'Académie des sciences, belles-lettres et arts de Clermont-Ferrand*.)

La Révolution française et la Féodalité, in-8°, xi-371 pages. Paris, Guillaumin et Cie, 1874. — 2e édition, xi-371 pages. Paris, Guillaumin et Sagnier, 1876. — 3e édition, xi-371 pages. Paris, Guillaumin et Cie, 1883.

Les patois de la Basse-Auvergne, in-8°, 114 pages. Paris, Maisonneuve et Cie, 1877.

Don Lorenzo Milans del Bosch, in-8°, xii-115 pages. Le Puy, Marchessou fils, 1883.

Histoire de la participation de la France à l'établissement des Etats-Unis d'Amérique, 5 volumes in-4° : I, x-707 pages, 1886; II, ii-864 pages, 1886; III, x-868 pages, 1888; IV, xii-722 pages, 1890; V, vi-721 pages, 1892. Paris, Imprimerie nationale ; Alphonse Picard, éditeur.

Feuilles de Buisson, 1864-1888, in-8°, 86 pages. Le Puy, Marchessou fils, 1888.

Correspondance inédite de La Fayette avec le comte d'Estaing, in-8°, 57 pages. Paris, E. Leroux, 1892. (Extrait de la *Revue d'histoire diplomatique*.)

TRAVAUX ACADÉMIQUES

L'extinction de la dîme et du régime féodal en Angleterre, t. 49, p. 295 ; t. 50, p. 213.

L'abolition de la féodalité et des droits seigneuriaux,

t. 71, p. 359; t. 72, p. 253; t. 80, p. 245; t. 91, p. 193; t. 92, p. 27-213.

Abolition du servage en Russie, t. 103, p. 307.

Une correspondance administrative sous Louis XVI, épisode de la jeunesse de Lafayette, t. 104, p. 46-296. — Tirage à part, 32 pages. Orléans, Colas, 1875.

La famille, l'enfance et la première jeunesse du marquis de Lafayette, t. 106, p. 171.

Le marquis de Lafayette, préliminaires de l'intervention de la France dans l'établissement des Etats-Unis d'Amérique, t. 119, p. 769.

La politique de M. de Vergennes, t. 121, p. 481.

Le départ du marquis de Lafayette pour les Etats-Unis, en 1777, t. 125, p. 641.

Documents inédits sur le rapprochement du gouvernement de Louis XVI avec Frédéric II, t. 129, p. 74.

L'introduction par la France du droit des neutres dans le droit public maritime, t. 132, p. 258. — Tirage à part, 19 pages. Paris, Alphonse Picard, 1889.

Ouvrages offerts à l'Académie par M. John Bigelow, t. 134, p. 623.

Lord Shelburne et ses ouvertures pour la paix de 1783, t. 137, p. 191.

Notice sur la vie et les travaux de M. Charles Vergé, t. 137, p. 553. — Publication de l'Institut, in-4°, 27 pages. Paris, Firmin Didot et Cie, 1892.

M. Doniol a en outre collaboré aux journaux et revues ci-après :

Journal de la Haute-Loire, depuis 1841.

Revue de Riom, en 1842.

Courrier du Centre, de Clermont-Ferrand, en 1843.

L'Art en province, depuis 1843.

Tablettes historiques de l'Auvergne, depuis 1845.

Presse judiciaire, de Riom, depuis 1846.

Le Peuple, de Clermont-Ferrand, en 1848.

L'Ami de la patrie, de Clermont-Ferrand, depuis 1854.

Journal d'agriculture, de Bixio et Barral, depuis 1861, et *Journal de l'agriculture*, de Barral, depuis 1866.

Journal des économistes, depuis 1858.

Revue historique du droit français et étranger, depuis 1866.

Et *Revue d'histoire diplomatique*, depuis 1891.

Portrait : En raison de la grande notoriété de notre distingué compatriote et de sa brillante carrière administrative, nous croyons être agréable à nos lecteurs en leur donnant son portrait en costume de préfet.

29. FOURNET (Gustave-Amable), nommé conseiller de préfecture du Puy-de-Dôme le 11 mars 1848, installé le 21 mars 1848.

M. Gustave-Amable Fournet, avocat, marié à la sœur d'un évêque de Rodez, fut nommé conseiller de préfecture du Puy-de-Dôme par le commissaire Altaroche le 11 mars 1848, et maintenu en son poste par arrêté du président du Conseil des ministres du 4 septembre 1848. Il y resta jusqu'au 16 décembre 1857 où il donna sa démission, et se retira à Pont-du-Château où il mourut.

30. JOUVET, nommé conseiller de préfecture du Puy-de-Dôme le 11 mars 1848, installé le 21 mars 1848.

M. Jouvet, docteur en médecine à Clermont, fut nommé conseiller de préfecture du Puy-de-Dôme le 11 mars 1848, et installé le 21 mars de la même année. Il fut maintenu conseiller de préfecture du Puy-de-Dôme par arrêté du président du Conseil des ministres du 4 septembre 1848, et y demeura jusqu'au 28 février 1849, époque où il fut remplacé par M. Nau de Beauregard.

31. MONTADER (Antoine-Alexandre), nommé conseiller de préfecture du Puy-de-Dôme le 11 mars 1848, installé le 21 mars de la même année.

M. Antoine-Alexandre Montader, né à Clermont-Ferrand le 22 juin 1815, fils de François Montader et de

Marie Guillaume, était avocat dans sa ville natale lorsqu'il fut nommé conseiller de préfecture du Puy-de-Dôme par Altaroche, commissaire provisoire du même département le 11 mars 1848, installé le 21 mars de la même année, puis maintenu conseiller de préfecture du Puy-de-Dôme par arrêté du président du Conseil des ministres du 4 septembre 1848 il y demeura jusqu'au 28 février 1849, époque à laquelle il fut remplacé par M. Léon Fleury qui fut réintégré dans ses anciennes fonctions. M. Montader était chevalier de la Légion d'honneur.

32. BRAVARD (JULES), nommé conseiller de préfecture du Puy-de-Dôme le 11 mars 1848, installé le 21 mars de la même année.

M. Jules BRAVARD fut nommé conseiller de préfecture du Puy-de-Dôme par Altaroche, commissaire provisoire du même département, le 11 mars 1848, installé le 21 mars de la même année, puis maintenu conseiller de préfecture par arrêté du président du Conseil des ministres du 4 septembre 1848 il y demeura jusqu'au 9 octobre 1850, époque à laquelle il fut remplacé par M. Antoine Brassier.

33. GAULTIER DE BIAUZAT fils, nommé conseiller de préfecture du Puy-de-Dôme le 11 mars 1848, installé le 21 mars 1848.

M. GAULTIER DE BIAUZAT fils était avocat à Clermont lorsqu'il fut nommé conseiller de préfecture du Puy-de-Dôme par Altaroche, commissaire provisoire, le 11 mars 1848, installé le 21 mars de la même année, puis maintenu conseiller de préfecture par arrêté du président du Conseil des ministres du 4 septembre 1848, et désigné le même jour pour remplir les fonctions de secrétaire général du Puy-de-Dôme.

34. NAU DE BEAUREGARD, nommé conseiller de préfecture du Puy-de-Dôme le 28 février 1849.

M. Nau de Beauregard était avocat lorsqu'il fut nommé conseiller de préfecture du Puy-de-Dôme le 28 février 1849 en remplacement de M. Jouvet, il resta en fonctions jusqu'au 9 octobre 1850, époque à laquelle il passa à la sous-préfecture de Largentière.

35. LADEN, nommé conseiller de préfecture du Puy-de-Dôme le 9 octobre 1850.

M. Laden était avocat lorsqu'il fut nommé le 9 octobre 1850 conseiller de préfecture du Puy-de-Dôme en remplacement de M. Nau de Beauregard. Il fut ensuite chargé des fonctions de secrétaire général près la même préfecture par arrêté du 9 juillet 1851 qu'il conserva jusqu'au 10 février 1857, époque de sa nomination par le Ministre des Travaux publics comme commissaire du Gouvernement près le Conseil d'administration de la Compagnie des mines de la Loire.

36. BRASSIER (Antoine), nommé conseiller de préfecture du Puy-de-Dôme le 9 octobre 1850.

M. Antoine Brassier, avocat, fut nommé le 9 octobre 1850 conseiller de préfecture du Puy-de-Dôme en remplacement de M. Bravard, Jules, il y resta huit ans et fut ensuite secrétaire général à Lille, puis préfet d'Eure-et-Loir en 1869.

37. CLARION de BEAUVAL (Jules-Louis), nommé conseiller de préfecture le 9 juillet 1851, installé le 23 juillet 1851.

M. Jules-Louis Clarion de Beauval, né à Paris le 19 juin 1818, avocat, nommé conseiller de préfecture du Puy-de-Dôme le 9 juillet 1851 en remplacement de M. Fleury, démissionnaire, fut membre du Comité du contentieux des domaines de la couronne avant 1848, commandant de la garde nationale et conseiller municipal à Garches, près Saint-Cloud (Seine-et-Oise), puis appelé le 16 mars 1853 à la sous-préfecture de Saint-Sever.

38. CHRISTOPHLE (Bertrand-Marie-Luc), nommé conseiller de préfecture du Puy-de-Dôme le 16 mars 1854, installé le 24 mars 1854.

M. Bertrand-Marie-Luc Christophle, né à Issoire le 13 octobre 1827, était conseiller de préfecture de la Somme depuis le 15 février 1852, lorsqu'il fut nommé, le 16 mars 1854, conseiller de préfecture du Puy-de-Dôme en remplacement de M. Clarion de Beauval, appelé à la sous-préfecture de Saint-Sever; il y resta jusqu'au 9 août 1855 où il fut transféré à Ambert, de là il passa à la préfecture de l'Hérault comme secrétaire général, ensuite à celle des Alpes-Maritimes et donna sa démission en mars 1861. (Nous donnerons sa biographie complète et son portrait à la fin du présent ouvrage, dans la revue biographique des députés de 1789 à 1895.)

39. De GRENIER (Léon-Frédéric-Eugène), nommé conseiller de préfecture du Puy-de-Dôme le 18 mars 1857, installé le 21 mars 1857.

M. Léon-Frédéric-Eugène de Grenier, né à Amiens le 10 novembre 1839, a été rédacteur en chef d'un journal pendant cinq ans, secrétaire particulier du préfet du Puy-de-Dôme pendant trois ans et demi et appelé comme conseiller de préfecture du Puy-de-Dôme le 18 mars 1857 en remplacement de M. Laden, nommé commissaire du Gouvernement près le Conseil d'administration des mines de la Loire. Un arrêté du Ministre en date du 25 octobre 1857 lui a conféré les fonctions de secrétaire général du Puy-de-Dôme, il y a été installé le 29 octobre 1857 et y est resté jusqu'en décembre 1861, époque où il a été nommé secrétaire-rédacteur au Corps législatif.

40. COLLAS de CHATELPÉRON (Pierre-Louis-Justin-Philippe-Alexis, nommé conseiller de préfecture du Puy-de-Dôme le 29 décembre 1857, installé le 11 janvier 1858.

M. Pierre-Louis-Justin-Philippe-Alexis Collas de Chatelpéron, né à Châtel-Perron, arrondissement de La Palisse (Allier), le 22 mars 1828, propriétaire dans l'Allier, licencié en droit, fut nommé le 29 décembre 1857 conseiller de préfecture du Puy-de-Dôme en remplacement de M. Fournet, démissionnaire par lettre du 16 décembre 1857, il a lui-même démissionné et a été remplacé par M. Chassaigne.

41. LANGLOIS (Paul-Marie), nommé conseiller de préfecture du Puy-de-Dôme le 9 juin 1858, installé le 23 juin 1858.

M. Paul-Marie Langlois, né à Calle (Calvados), le 5 janvier 1827, avocat, a été nommé le 9 juin 1858 conseiller de préfecture du Puy-de-Dôme en remplacement de M. Brassier. Marié à mademoiselle Marie-Adélaïde Tourin, petite-fille du baron Veyler de Navas, décédé, intendant militaire à Clermont en 1850, et fille de Eugène Tourin, décédé, inspecteur général honoraire des prisons en 1862, il était fils de Abel Langlois, ancien inspecteur général des finances sous le premier Empire, ancien payeur divisionnaire à Caen où il est décédé en 1861, avocat à la Cour impériale de Paris, ancien chef de cabinet de M. Gabriel Dufour, président de l'ordre des avocats au Conseil d'Etat, auteur de traités de droit administratif, lorsqu'il fut appelé le 9 juin 1858 comme conseiller de préfecture du Puy-de-Dôme. M. Langlois devint ensuite conseiller de préfecture de la Somme le 5 janvier 1859, puis sous-préfet de La Châtre le 14 août 1861, élevé personnellement à la 2ᵉ classe le 30 octobre 1867, et enfin secrétaire général de la préfecture du Puy-de-Dôme le 15 avril 1869 en remplacement de M. Degrond, sous-préfet de Mayenne, ou il a été installé le 1ᵉʳ mai 1869.

42. BÉNÉZY (Louis), nommé conseiller de préfecture du Puy-de-Dôme le 5 janvier 1859.

M. Louis Bénézy, né à Clermont le 7 février 1825, fut reçu licencié en droit, puis entra le 15 novembre 1854 dans les bureaux de la préfecture du Puy-de-Dôme comme surnuméraire, il fut ensuite nommé le 5 janvier 1859 conseiller de préfecture du Puy-de-Dôme en remplacement de M. Langlois appelé aux mêmes fonctions dans le département de la Somme ; il a été vice-président de ce Conseil de 1866 à 1878 et est resté en fonctions jusqu'au 15 janvier 1878, époque de sa mise en disponibilité. M. Bénézy est décédé à Clermont-Ferrand le 15 février 1886, il était époux de madame Marie Pradon, fille de M. Pradon, notaire et maire d'Artonne.

43. De WATRIGANT (Arthur-Louis-François-Théodore), nommé conseiller de préfecture du Puy-de-Dôme le 28 décembre 1861, installé le 1er janvier 1862.

M. Arthur-Louis-François-Théodore de Watrigant, né à Ensisheim (Haut-Rhin) le 23 février 1835, ancien secrétaire particulier du préfet du Puy-de-Dôme, fut le 28 décembre 1861 nommé conseiller de préfecture du Puy-de-Dôme en remplacement de M. de Grenier appelé au secrétariat de la présidence du Corps législatif. Par arrêté du 11 janvier 1862, on lui a attribué les fonctions de secrétaire général du Puy-de-Dôme qu'il a exercées jusqu'au 28 mai 1864 époque où il a été appelé à la sous-préfecture de Saint-Sever (Landes).

44. BARBAT DU CLOSEL (Roger), nommé conseiller de préfecture du Puy-de-Dôme le 7 mars 1862.

M. Roger Barbat du Closel entra dans l'administration comme conseiller de préfecture du Gers le 4 février 1861, puis le 7 mars 1862 fut nommé conseiller de préfecture du Puy-de-Dôme en remplacement de M. Triozon, admis à la retraite, et enfin le 16 mars 1870 secrétaire général de la préfecture de la Nièvre, il donna sa démission en septembre 1870. Il est fils de M. Barbat du

Closel, conseiller à la cour de Riom, et propriétaire du château de Salles (Allier) qu'il habite actuellement.

45. LOUBENS (Léon-Louis), nommé conseiller de préfecture du Puy-de-Dôme le 28 mai 1864, installé le 8 juin 1864 comme secrétaire général.

M. Léon-Louis Loubens naquit à Auch (Gers), le 19 avril 1823. Après d'excellentes études, il fut agréé en 1843 par M. Edouard Bocher, préfet de ce département, pour être attaché à son cabinet. Il resta dans les bureaux de la préfecture employé au cabinet et au secrétariat général sous l'administration de M. de Saint-Marsault, qui avait remplacé M. Bocher. Il a parcouru, sous les différents préfets qui se sont succédé, tous les échelons de la hiérarchie des bureaux et arriva chef de division, il passait en même temps ses examens de droit jusqu'au premier examen de doctorat. Il occupait ces fonctions en 1849, lorsque M. de Magnitot, nommé préfet du Gers, le prit comme chef de cabinet. Il suivit ce préfet dans les départements de Seine-et-Marne et de la Nièvre.

M. Loubens s'étant fait remarquer en 1851, dans le Gers, fut l'objet auprès de M. de Morny d'une proposition pour la Légion d'honneur et pour la sous-préfecture de Coulommiers; mais le ministère dont faisait partie ce personnage ayant été renversé au moment des décrets contre les princes d'Orléans, cette proposition fut laissée de côté. Ce n'est qu'en 1858, le 1er mai, que M. Loubens reçut la récompense de sa conduite dans le Gers, en étant appelé au poste de conseiller de préfecture de la Nièvre où il était depuis 1853 en qualité de chef de cabinet du préfet, M. de Magnitot, dont nous avons déjà parlé. Le 5 janvier 1861, il était nommé conseiller de préfecture de la Vienne (2e classe), poste qu'il refusait pour rester auprès de son préfet à la fortune duquel il était attaché depuis plus de dix ans.

Le 7 juillet 1864, l'empereur mis au courant de la conduite de M. Loubens dans le Gers en 1851, par un officier de sa maison, le décorait de la Légion d'honneur pour services exceptionnels, lui remettant la croix de la main à la main avec un mot des plus flatteurs. M. de Magnitot ayant été nommé préfet de l'Orne, M. Loubens demanda le poste de conseiller de préfecture du Puy-de-Dôme avec les fonctions de secrétaire général, il fut nommé le 28 mai 1864 et dirigea seul l'administration de ce département jusqu'au mois de septembre, date de la nomination de M. Paillard. M. le comte de Preissac ayant quitté Clermont-Ferrand quelque temps après l'installation de M. Loubens, M. Rouher, qui avait apprécié ses services, lui avait promis qu'il le maintiendrait dans ses fonctions de secrétaire général du Puy-de-Dôme ; mais ce poste équivalant à une sous-préfecture de 2e classe et le Ministre de l'Intérieur ayant décidé qu'à l'avenir l'avancement devrait être hiérarchique (décret du 25 octobre), M. Loubens fut nommé par décret du même jour sous-préfet de Semur (Côte-d'Or), il occupa ce poste jusqu'au 16 septembre 1870.

Rentré à Nevers, devenu son domicile d'élection, M. Loubens ne tarda pas à sentir le besoin de mettre son activité au service de son pays; il se rendit à Tours, où il se mit à la disposition du Ministre de la Guerre pour les fonctions d'intendant. Il préféra au poste de Moulins le service actif dans une division du 18e corps avec lequel il fit toute la campagne de la Loire ; appelé ensuite au Quartier général du même corps en qualité d'intendant de 3e classe, il y fut l'objet de deux propositions pour la croix d'officier de la Légion d'honneur. Il a continué ses services à l'armée de l'Est jusqu'à son entrée en Suisse.

Mais avant de donner son nom, il trouva moyen de s'évader pour rentrer à Nevers. Il y fut attaché au service du territoire et à la liquidation des dépenses du 18e corps, du camp de Saincaize et du camp de Vernuche et ne fut licencié que le 19 mai 1872, ayant été l'objet de la part de ses chefs de deux nouvelles propositions : l'une pour son maintien au titre définitif dans les cadres réguliers de l'intendance, l'autre pour la croix d'officier de la Légion d'honneur.

Ni l'une ni l'autre de ces propositions n'aboutirent. La décision de la Commission des grades rendue le 19 février 1872 sur la première proposition était ainsi conçue : « Rendu à la vie civile, recommandé au Ministre de l'Intérieur. »

Le 28 mai 1873, M. Loubens était appelé à la sous-préfecture de Toulon. C'est pendant la durée de son administration dans cet arrondissement que M. Loubens fut nommé chevalier de la Couronne d'Italie à l'occasion d'un immense incendie qui, ayant éclaté pendant la nuit dans une usine italienne, menaçait de détruire la ville d'Ollioules sur laquelle était située cette usine et où il se distingua particulièrement.

M. Loubens aurait dû en sortant de Toulon être appelé à une préfecture, mais ayant déplu au préfet maritime d'alors, il fut envoyé en disgrâce à Aix, le 2 avril 1875, M. Loubens ne resta pas longtemps dans cette situation, car après avoir refusé la sous-préfecture de Bergerac qui lui était offerte, il était nommé le 24 mai 1876 sous-préfet de Verdun.

Il eut certainement été accepté par M. Ernest Picard, député de la Meuse à cette époque; mais un député de Montmédy s'étant montré hostile au nouveau sous-préfet de Verdun, et malgré ses collègues républicains, il parvint à obtenir le départ de M. Loubens. Le journal *Le Courrier de Verdun*, sous la plume d'un des membres républicains du Conseil général, regrette de voir le sous-préfet de Verdun déplacé, car depuis que M. Loubens était à Verdun, il avait gagné l'estime et l'affection de toutes les personnes qui avaient été en rapport avec lui. Au 16 mai 1877, M. Loubens se trouvant à Paris avait appris qu'il était question de lui pour la préfecture des Ardennes, il crut devoir refuser ce poste pour des raisons toutes personnelles.

Il s'était retiré à la campagne lorsqu'il reçut au courant du mois de juillet, par l'intermédiaire du préfet de la Nièvre, l'offre de la sous-préfecture de Dunkerque. Après avoir d'abord refusé ce poste, il finit par l'accepter sur l'insistance du directeur de l'Administration départementale, et fut installé à Dunkerque le 19 juillet. Il réussit à faire l'élection du candidat du Gouvernement, aussi lorsque, deux jours après, il vint présenter au Ministre son candidat, recevait-il l'assurance d'une promotion au grade d'officier de la Légion d'honneur. D'autre part, M. Batbie, condisciple et ami de M. Loubens, choisissait ce dernier comme chef de son cabinet, alors qu'il devenait, dans le ministère formé par le maréchal de Mac-Mahon, Ministre de l'Intérieur. Ce ministère n'ayant pas abouti, M. Loubens demanda sa mise en disponibilité et, le 17 juin 1880, un décret lui accorda une pension de retraite. M. Loubens est en outre officier d'Académie et vice-président de la Société française de Secours aux blessés militaires (Comité de la Nièvre), consacrant à cette Société les restes d'une activité non encore complètement épuisée.

46. CHARRIÉ, nommé conseiller de préfecture du Puy-de-Dôme en remplacement de M. Loubens, en janvier 1865, est resté en fonctions jusqu'au 31 janvier 1870 où il a été remplacé par M. Dubarry.

47. CHASSAIGNE (Laurent-Hippolyte), nommé conseiller de préfecture du Puy-de-Dôme le 4 novembre 1865, installé le 1er décembre 1865.

M. Laurent-Hippolyte Chassaigne, né à Thiers le 20 septembre 1821, marié à Marie de Moréal de Gloron, fille d'un ancien officier de l'Empire, propriétaire en Franche-Comté, sœur d'un officier de cavalerie (5e hussards), mort en activité de service en 1863, est lui-même fils et frère d'un membre de l'Assemblée législative, du Conseil général et du Conseil d'Etat. Il a été maire, conseiller d'arrondissement de 1855 à 1863, juge de paix du canton de Pont-du-Château en août 1852 et enfin le 4 novembre 1865 conseiller de préfecture du Puy-de-Dôme en remplacement de M. Collas, démissionnaire, il resta en fonctions jusqu'au mois de janvier 1871, époque où il donna sa démission et fut remplacé par M. Eyraud.

48. DUBARRY (Jean), nommé conseiller de préfecture du Puy-de-Dôme le 31 janvier 1870, installé le 18 février 1870.

M. Jean Dubarry, né à Lectoure le 25 août 1825, époux de Madeleine Chamonard, devint après 24 années de services comme secrétaire de préfet, chef de division et chef de cabinet de préfet, conseiller de préfecture de l'Ariège, du 4 juillet 1868 au 31 janvier 1870, époque à laquelle il fut nommé conseiller de préfecture du Puy-de-Dôme en remplacement de M. Charrié. Il resta en fonctions jusqu'au 18 juin 1873 et fut remplacé par M. Malmenayde.

49. MOUSSY (Michel), nommé conseiller de préfecture du Puy-de-Dôme le 16 mars 1870, installé le 25 mars 1870.

M. Michel Moussy, né à Saint-Priest-des-Champs (Puy-de-Dôme), le 8 mars 1823, fut d'abord greffier de justice de paix, puis nommé conseiller de préfecture du Puy-de-Dôme le 16 mars 1870 en remplacement de M. du Closel, appelé comme secrétaire général de la Nièvre, il resta en fonctions jusqu'à son décès arrivé en 1876.

50. EYRAUD (Fidèle), nommé conseiller de préfecture du Puy-de-Dôme le 18 janvier 1871, installé le 19 janvier 1871.

M. Fidèle Eyraud, né à Gap le 22 décembre 1803, appelé comme conseiller de préfecture du Puy-d-Dôme le 18 janvier 1871 en remplacement de M. Chassaigne, démissionnaire, fut, par décret du 6 février 1871, nommé juge de paix du canton Est de Clermont-Ferrand.

51. VAISSIÈRE (Pierre-Henry), nommé conseiller de préfecture du Puy-de-Dôme le 1er mai 1871, installé le 15 mai 1871.

M. Pierre-Henry Vaissière, fils de M. Vaissière, rédacteur en chef du journal *L'Ami de la Charte*, sous la Restauration et pendant les premières années du gouvernement de Juillet, très estimé comme publiciste et qui avait en même temps la réputation d'un poète distingué qui renonça en 1836 au journalisme et fut successivement receveur des finances à Ambert et à Riom où il mourut le 27 septembre 1885, naquit à Ambert le 21 janvier 1839. Après avoir été reçu licencié en droit en juin 1865, il entra dans l'administration en novembre 1868 comme conseiller de préfecture de l'Aveyron. Appelé aux mêmes fonctions le 1er mai 1871 dans le département du Puy-de-Dôme, il les a occupées jusqu'en juin 1876, époque où il fut nommé sous-préfet de Gannat. Il y est resté jusqu'en juin 1877. Mis en disponibilité à cette date, il reçut en décembre de la même année sa nomination au poste de secrétaire général du Puy-de-Dôme où il est demeuré jusqu'à la fin de juillet 1883.

Depuis cette époque, il s'est retiré de l'administration départementale et a été nommé percepteur à Moulins, fonctions qu'il occupe actuellement.

52. MALMENAYDE (Claude-Guillaume dit Edgar), nommé conseiller de préfecture du Puy-de-Dôme le 18 juin 1873, installé le 26 juin 1873.

M. Claude-Guillaume dit Edgar Malmenayde naquit à Thiers, le 7 juin 1846, du mariage de Joseph Malmenayde, docteur en médecine, et de Clauda-Joséphine Suif-Graisse, il s'est marié le 21 août 1872 à Désirée Roy originaire d'Autun et habitant Paris. Il entra dans l'Administration le 18 juin 1873 comme conseiller de préfecture du Puy-de-Dôme en remplacement de M. Dubarry. Il fut remplacé le 28 août 1874 par M. de Blois et se retira à Paris où il habite actuellement.

53. DE BLOIS (AYMARD-JOSEPH-MARIE), nommé conseiller de préfecture du Puy-de-Dôme le 28 août 1874, installé le 7 septembre 1874.

M. Aymard-Joseph-Marie DE BLOIS, né à Ergué-Armel (Finistère), le 23 avril 1842, conseiller de préfecture de la Corrèze, fut nommé le 28 août 1874 conseiller de préfecture du Puy-de-Dôme en remplacement de M. Malmenayde, appelé à la sous-préfecture de Château-Chinon. M. de Blois est resté en fonctions jusqu'au 15 janvier 1878, époque à laquelle il donna sa démission et fut remplacé par M. Roger Blatin. Il est décédé le 25 septembre 1894, dans son château de Poule-Guinan, près Quimper.

54. BLATIN (ROGER-ANTOINE), nommé conseiller de préfecture du Puy-de-Dôme le 24 mai 1876, installé le 4 juin 1876.

M. Roger-Antoine BLATIN, né à Clermont, fils de Claude-Antoine Blatin et de Marie-Anne Blatin, époux de mademoiselle Marie-Amable Bravard de la Boisserie, avocat dans cette ville, entra dans l'administration le 24 mai 1876 comme conseiller de préfecture du Puy-de-Dôme en remplacement de M. Vaissière, nommé sous-préfet, fut remplacé en 1877 et réintégré le 15 janvier 1878 en remplacement de M. de Blois, démissionnaire, il est resté en fonctions jusqu'au 4 juillet 1882, époque où étant malade il se fit mettre en disponibilité. M. Roger Blatin est mort à Saint-Agoulin (Puy-de-Dôme) le 4 janvier 1884, il était frère de M. Antoine Blatin qui fut maire de Clermont et député du Puy-de-Dôme.

55. DURIEU (ALEXANDRE), nommé conseiller de préfecture du Puy-de-Dôme le 7 juillet 1876, installé le 30 juillet 1876.

M. Alexandre Durieu, fut nommé le 7 juillet 1876 conseiller de préfecture du Puy-de-Dôme en remplacement de M. Moussy, décédé, et remplacé le 15 juin 1877.

56. MAURAS (Emmanuel), nommé conseiller de préfecture du Puy-de-Dôme le 15 juin 1877, installé le 1er juillet 1877.

M. Emmanuel Mauras, né à Saint-Julien-Chapteuil (Haute-Loire), le 29 juillet 1841, sous-préfet de Louhans, envoyé en disgrâce comme conseiller de préfecture dans le Puy-de-Dôme après le 16-Mai, a démissionné le 1er septembre 1877, puis a été révoqué et remplacé par M. de Luret, conseiller de préfecture de l'Indre.

(Voir sa biographie aux sous-préfets de Thiers, 1879.)

57. TRAPET (Jean-Marie-François), nommé conseiller de préfecture du Puy-de-Dôme le 3 juillet 1877, installé le 7 juillet 1877.

M. Jean-Marie-François Trapet, ancien notaire, ancien juge de paix, fut nommé conseiller de préfecture du Puy-de-Dôme en remplacement de M. Blatin, et resta en fonctions jusqu'au 1er novembre 1877, époque à laquelle il passa à Moulins comme secrétaire général de la préfecture de l'Allier. Peu de temps après il a été révoqué et est venu s'établir à Clermont où il est mort il y a quelques années.

58. De LURET de FEIX (Jacques-Gabriel), nommé conseiller de préfecture du Puy-de-Dôme le 8 septembre 1877, installé le 20 septembre 1877.

M. Jacques-Gabriel de Luret de Feix, né au château d'Elias, commune de Saint-Priest-Ligoure (Hte-Vienne), le 18 septembre 1826, était conseiller de préfecture de l'Indre lorsqu'il fut nommé le 8 septembre 1877 conseiller de préfecture du Puy-de-Dôme en remplacement de M. Mauras, révoqué.

59. FATON DE FAVERNAY, nommé conseiller de préfecture du Puy-de-Dôme le 1er novembre 1877, installé le 14 novembre 1877.

M. Faton de Favernay, né à Amiens le 9 mars 1827, conseiller de préfecture du Gers, fut nommé le 1er novembre 1877 conseiller de préfecture du Puy-de-Dôme en remplacement de M. Trapet, appelé comme secrétaire général de l'Allier, il est resté en fonctions jusqu'au 26 mars 1880.

60. PICOT (Jean-François-Auguste), nommé conseiller de préfecture du Puy-de-Dôme le 15 janvier 1878, installé le 17 janvier 1878.

M. Jean-François-Auguste Picot, né à Riom le 23 juillet 1830, ancien juge de paix, ancien receveur de l'Enregistrement, fut nommé le 15 janvier 1878 conseiller de préfecture du Puy-de-Dôme et vice-président du même Conseil le 23 janvier 1883, il a été remplacé en 1890, lors de sa mise à la retraite, par M. Assézat, son gendre, et a été nommé conseiller de préfecture honoraire.

61. RAYNAL DE TISSONIÈRE (Joachim-Eugène), nommé conseiller de préfecture du Puy-de-Dôme le 15 janvier 1878, installé le 24 janvier 1878.

M. Joachim-Eugène Raynal de Tissonière, naquit à Cheylade (Cantal), le 16 juillet 1838. Licencié en droit, il débuta dans l'administration civile de l'Algérie le 6 janvier 1858 en qualité de surnuméraire, fut successivement attaché depuis 1860 au service des bureaux arabes départementaux en qualité d'adjoint au commissaire civil de Sidi-bel-Abès (département d'Oran) et au service de la colonisation en qualité de sous-chef du bureau administratif des affaires civiles du territoire militaire de la province d'Oran, où il servit en cette qualité jusqu'à janvier 1874. Nommé en France dans l'administration, comme conseiller de préfecture de l'Yonne le 31 janvier 1874, il fut ensuite et successivement le 7 juillet 1876, conseiller de préfecture de Vaucluse; le 21 février 1877, conseiller de préfecture de Saône-et-Loire, et le 15 janvier 1878, conseiller de préfecture du Puy-de-Dôme. Elevé le 8 décembre 1883 à la première classe personnelle; il a été le 4 mai 1889, nommé officier d'Académie et le 17 novembre 1890 vice-président du Conseil de préfecture du Puy-de-Dôme, fonctions qu'il occupe actuellement. M. de Tissonière est aussi conseiller municipal de la commune de Cheylade.

62. GARDES (Jean-Sébastien-Ferdinand-Alphonse), nommé conseilller de préfecture du Puy-de-Dôme le 26 mars 1880, installé le 7 avril 1880.

M. Jean-Sébastien-Ferdinand-Alphonse Gardes, né à Béziers le 4 mars 1824, ancien magistrat, fut nommé conseiller de préfecture du Puy-de-Dôme en remplacement de M. Faton de Favernay.

63. GALLOT (Paul-Alphonse-Eugène), nommé conseiller de préfecture du Puy-de-Dôme le 17 novembre 1880 (non installé).

M. Paul-Alphonse-Eugène Gallot, né à Châtillon-sur-Seine (Côte-d'Or), le 1er février 1854, licencié en droit, fut le 16 juillet 1876 attaché au ministère des finances, puis le 17 novembre 1880, nommé conseiller de préfecture du Puy-de-Dôme; n'ayant pas été installé, il reçut le 23 novembre 1880 sa nomination comme conseiller de préfecture du Pas-de-Calais.

64. ALLARY (Georges), nommé conseiller de préfecture du Puy-de-Dôme le 23 novembre 1880, installé le 30 novembre 1880.

M. Georges Allary, fils du regretté premier président à la Cour d'appel de Riom, dont nous avons précédemment donné la biographie aux sous-préfet de Riom, naquit à Thiers le 11 juin 1854. Licencié en droit, avocat près la Cour d'appel de Riom, il a été nommé conseiller de préfecture du Puy-de-Dôme le 23 novembre 1880 et élevé à la 1re classe personnelle à la date du 1er novembre 1894. Il est encore en fonctions.

65. QUEYLARD (Charles), nommé conseiller de préfecture du Puy-de-Dôme le 4 juillet 1882, installé le 18 juillet 1882.

M. Charles Queylard, ancien notaire et maire de Plauzat, né à Plauzat le 5 mai 1846, était avocat à Clermont lorsqu'il fut nommé le 26 mars 1880 conseiller de préfecture de la Haute-Loire, et de là, le 4 juillet 1882, conseiller de préfecture du Puy-de-Dôme en remplacement de M. Blatin, mis en disponibilité sur sa demande, fonctions qu'il exerce encore actuellement. Il a été élevé à la 1re classe personnelle le 2 novembre 1891.

66. ASSÉZAT (Jean-Baptiste-Charles), nommé conseiller de préfecture du Puy-de-Dôme le 30 octobre 1890, installé le 13 novembre 1890.

M. Jean-Baptiste-Charles Assézat, naquit au Puy (Haute-Loire) le 22 septembre 1850, Licencié en droit, il débuta dans l'administration comme chef de cabinet du préfet de la Haute-Loire; le 24 juillet 1883, fut nommé conseiller de préfecture du même département; le 12 février 1887, vice-président; du 18 avril au 31 août 1887, administrateur de la mense épiscopale du diocèse du Puy, liquidateur de la caisse des retraites pour les prêtres âgés et infirmes; du 30 avril au 30 juin 1888, gérant intérimaire de la Trésorerie générale de la Haute-Loire; le 2 mai 1888, conseiller de préfecture de Maine-et-Loire, et le 30 octobre 1890, conseiller de préfecture du Puy-de-Dôme, poste qu'il occupe actuellement.

CHAPITRE V

CONSEIL GÉNÉRAL

Nous avons vu plus haut que l'origine des Conseils généraux n'apparaissait réellement qu'avec la Constitution de l'an VIII.

C'est d'après l'article 2 de la loi du 28 pluviôse an VIII qu'a été établi dans chaque département un Préfet, un Conseil de Préfecture et un Conseil général.

D'après l'article 18, nous avons vu également que le Conseil de préfecture était composé de cinq membres et le Conseil général de 24, qui tous étaient à la nomination du premier Consul.

Le Sénatus-Consulte du 16 thermidor an X (4 août 1802) régla ainsi la nomination des membres des Conseils généraux.

« Les collèges électoraux de département présentent au premier Consul deux citoyens domiciliés dans le département pour chaque place vacante dans le Conseil général du département.

« Un de ces citoyens, au moins, doit être pris nécessairement hors du collège électoral qui le présente.

« Les Conseils généraux de département se renouvellent par tiers tous les cinq ans. »

La Restauration n'apporta aucun changement à cette législation.

Nous avons vu également que la loi du 21 mars 1831 et celle du 22 juin 1833 donnèrent enfin aux Conseils généraux une organisation plus conforme à l'esprit des institutions modernes.

Le Conseil général était à cette époque composé d'autant de membres qu'il y avait de cantons dans le département à la condition toutefois de ne pas dépasser le nombre de 30.

Le département du Puy-de-Dôme comptait alors comme aujourd'hui 50 cantons.

L'assemblée électorale était composée dans chaque canton des électeurs et des citoyens portés sur la liste du jury ; s'ils étaient moins de cinquante le complément était formé par l'appel des citoyens les plus imposés. La dissolution du Conseil général pouvait être prononcée par le roi. En ce cas, il était procédé à une nouvelle élection avant la session annuelle et au plus tard dans le délai de trois mois à dater de la dissolution.

En cas de décès ou de démission le conseiller était remplacé dans le délai de deux mois.

L'article 55 de cette loi portait : « que l'élection des Conseils généraux et des Conseils d'arrondissements serait faite dans le délai de six mois à dater de la promulgation de la loi précitée. »

Dans le département du Puy-de-Dôme où le nombre des cantons excédait trente, des réunions furent opérées.

Voici les trente circonscriptions électorales du département du Puy-de-Dôme.

ARRONDISSEMENT D'AMBERT.

8 cantons. — 5 circonscriptions.

1. Ambert.
2. Saint-Amant-Roche-Savine et Saint-Germain-l'Herm.

3. Saint-Anthême et Viverols.
4. Arlanc.
5. Cunlhat et Olliergues.

ARRONDISSEMENT DE CLERMONT.

14 cantons. — 8 circonscriptions.

6. Clermont est et sud.
7. Clermont nord.
8. Clermont sud-ouest.
9. Saint-Amant-Tallende et Veyre-Monton.
10. Billom.
11. Bourg-Lastic, Herment et Rochefort.
12. Saint-Dier et Vic-le-Comte.
13. Pont-du-Château et Vertaizon.

ARRONDISSEMENT D'ISSOIRE.

9 cantons. — 5 circonscriptions.

14. Issoire.
15. Ardes et Saint-Germain-Lembron.
16. Besse et Champeix.
17. Jumeaux et Sauxillanges.
18. Latour et Tauves.

ARRONDISSEMENT DE RIOM.

13 cantons. — 7 circonscriptions.

19. Riom est et ouest.
20. Aigueperse.
21. Combronde et Menat.
22. Ennezat et Randan.
23. Saint-Gervais et Manzat.
24. Montaigut et Pionsat.
25. Pontaumur et Pontgibaud.

ARRONDISSEMENT DE THIERS.

6 cantons. — 5 circonscriptions.

26. Thiers.
27. Châteldon et Saint-Rémy.
28. Courpière.
29. Lezoux.
30. Maringues.

Les membres du Conseil étaient nommés pour neuf ans, renouvelés par tiers tous les trois ans et indéfiniment rééligibles.

En vue de l'application de ces dispositions de la loi le Conseil général du Puy-de-Dôme dans ses séances du 19 juillet 1834 divisa les 30 circonscriptions électorales en trois séries et l'ordre de renouvellement des séries fut tiré au sort par le Préfet en séance publique du Conseil de préfecture le 25 septembre 1835.

La première série dont les pouvoirs devaient être renouvelés en 1836, 1845, etc., était formée des circonscriptions suivantes :

PREMIÈRE SÉRIE.

Clermont sud-ouest, Pont-du-Château et Vertaizon, Veyre et Saint-Amant-Tallende, Randan et Ennezat, Combronde et Menat, Thiers, Lezoux, Saint-Germain-l'Herm et Saint-Amant-Roche-Savine, Saint-Anthême et Viverols, Issoire.

La deuxième série dont les pouvoirs devaient être renouvelés en 1839, 1848, etc., comprenait :

DEUXIÈME SÉRIE.

Clermont nord, Vic-le-Comte et Saint-Dier, Rochefort, Herment et Bourg-Lastic, Aigueperse, Manzat et Saint-

Gervais, Maringues, Courpière, Ambert, Besse et Champeix, Ardes et Saint-Germain-Lembron.

Et la troisième série dont les pouvoirs étaient renouvelables en 1842, 1851, était composée de :

TROISIÈME SÉRIE.

Clermont sud et est, Billom, Riom est et ouest, Pontaumur et Pontgibaud, Montaigut et Pionsat, Châteldon et Saint-Rémy, Arlanc, Cunlhat et Olliergues, Tauves et Latour, Jumeaux et Sauxillanges.

Le roulement continua jusqu'en 1848 ; à cette époque et par le décret du 3 juillet 1848, l'Assemblée nationale tout en maintenant les dispositions de la loi de 1833 prescrivit le renouvellement intégral des conseillers de département et d'arrondissement, elle décida l'élection par le suffrage universel d'un conseiller dans chaque canton sur la liste électorale dressée pour l'élection des conseillers municipaux. Les séances devenaient publiques.

Les élections générales eurent lieu le 3 septembre 1848.

Une loi du 14 juin 1851 prorogea les pouvoirs des conseils municipaux, des conseils d'arrondissements et des conseils généraux soumis à l'élection, l'ajournement ne pouvait dépasser le 1er décembre de la même année. — Le coup d'Etat arrivant, une loi du 7 juillet 1852 prescrivit le renouvellement, dans les quatre mois qui suivraient sa promulgation, des conseils généraux conformément aux lois existantes et sur les listes dressées pour les élections des députés au Corps législatif.

Les Président, vice-Présidents et secrétaires furent nommés au lieu d'être élus par leurs collègues, par le Président de la République. Les séances cessèrent d'être publiques.

Le Conseil général ayant été dissous, des élections générales eurent lieu le 31 juillet 1852 dans chaque commune.

Le Préfet procéda en Conseil de préfecture au tirage au sort des séries prévues par la loi de 1833.

La première série dont les pouvoirs étaient à renouveler en 1855, 1864, etc., comprenait les cantons de :

Saint-Anthême, Arlanc, Olliergues, Billom, Bourg-Lastic, Clermont est, Clermont sud-ouest, Saint-Dier, Ardes, Saint-Germain-Lembron, Latour, Manzat, Menat, Pontaumur, Riom ouest, Courpière et Saint-Rémy.

La deuxième dont les conseillers étaient soumis à la réélection en 1858, 1867, etc., était composée des cantons de :

Saint-Amant-Roche-Savine, Saint-Germain-l'Herm, Viverols, Clermont sud, Herment, Pont-du-Château, Rochefort, Veyre-Monton, Champeix, Issoire, Sauxillanges, Aigueperse, Combronde, Montaigut, Randan, Châteldon et Thiers.

Et la troisième série renouvelable en 1861, 1870, etc., renfermait :

Ambert, Cunlhat, Saint-Amant-Tallende, Clermont nord, Vertaizon, Vic-le-Comte, Besse, Jumeaux, Tauves, Ennezat, Saint-Gervais, Pionsat, Pontgibaud, Riom est, Lezoux et Maringues.

La loi du 7 juillet 1852 ne modifia pas les attributions des Conseils généraux ;

Celle du 23 juillet 1870 laissa aux Conseils généraux le soin d'élire leurs bureaux et consacra le droit qui leur était déjà reconnu depuis longtemps dans la pratique de publier leurs procès-verbaux.

Un décret du gouvernement de la Défense nationale du 25 septembre 1870 dissout les Conseils généraux et les remplace par des Commissions départementales qui ne furent même pas formées pour la plupart, composées d'autant de membres qu'il y avait de cantons dans les départements et nommées par le Gouvernement sur la proposition des Préfets.

Un nouveau décret du 29 mars 1871 abrogea le précédent et ordonna qu'il soit procédé à la réélection des Conseils généraux dans le mois qui suivrait celle des Conseils municipaux.

Nous ne reviendrons pas sur la loi du 10 août 1871 dont nous avons déjà parlé sous le chapitre deuxième ci-dessus, laquelle a réglementé à nouveau la composition et les attributions des Conseils généraux et créé la Commission départementale.

Dans sa session du 8 novembre 1871, le Conseil général du Puy-de-Dôme a divisé en deux séries et par voie de tirage au sort les cantons du département pour le renouvellement par moitié de ses membres.

La première série renouvelable en 1874, 1880, 1886, 1892, 1898, etc., comprend :

Clermont ouest, Clermont nord, Vic-le-Comte, Billom, Veyre, Bourg-Lastic, Pont-du-Château, Pionsat, Riom est, Saint-Gervais, Montaigut, Combronde, Randan, Manzat, Champeix, Sauxillanges, Latour, Issoire, Saint-Germain-l'Herm, Cunlhat, Saint-Amant-Roche-Savine, Ambert, Thiers, Saint-Rémy et Lezoux.

La deuxième série devant être réélue en 1877, 1883, 1889, 1895, etc., comprend :

Clermont sud, Vertaizon, Saint-Amant-Tallende, Herment, Rochefort, Clermont est, Saint-Dier, Aigueperse, Ennezat, Pontgibaud, Riom ouest, Pontaumur, Menat, Saint-Germain-Lembron, Ardes, Tauves, Jumeaux, Arlanc, Saint-Anthême, Viverols, Olliergues, Courpière, Maringues, Châteldon et Besse.

Nous devons aussi indiquer que :

Le 15 février 1872 fut promulguée la loi relative au rôle des Conseils généraux dans des circonstances éventuelles telles que, par exemple, la dissolution illégale de l'Assemblée nationale ou des Assemblées qui lui succéderaient.

Le 7 juin 1873, on édicta une loi relative aux membres des Conseils généraux, d'arrondissements et municipaux qui se refusent à remplir certaines de leurs fonctions.

Le 16 septembre 1879, une loi a fixé les attributions des Conseils généraux en ce qui concerne l'établissement des foires et marchés dans les cas de désaccord avec des départements limitrophes.

Le 20 août 1881, une autre a déterminé les attributions du Conseil général et de la Commission départementale en matière de chemins ruraux.

Et le 31 mars 1886, une loi qui complète l'article 20 de la loi du 10 août 1871, en spécifiant que si le Conseil général ne se réunit pas en nombre légal au jour fixé par la loi, la session est renvoyée de plein droit au lundi suivant ; il pourra, à cette seconde réunion, délibérer quel que soit le nombre des membres présents, lorsqu'en cours de session les membres présents ne formeront pas la majorité, les délibérations seront renvoyées au surlendemain et deviendront alors valables quel que soit le nombre des votants.

Cet exposé terminé nous allons donner la nomenclature des nominations et élections au Conseil général.

NOMENCLATURE DES NOMINATIONS ET ÉLECTIONS AU CONSEIL GÉNÉRAL.

Nous ne répéterons pas les noms des administrateurs du département du Puy-de-Dôme de 1789 à 1793, nous les avons donnés plus haut sous le chapitre Ier, nous commencerons donc par les nominations des conseillers généraux de 1800 à 1833, et dans des tableaux nous ferons figurer avec les résultats des élections dans chacun de nos cinquante cantons les noms des membres qui ont composé notre assemblée départementale depuis 1833 jusqu'à nos jours (1895), mais avant de commencer cette énumération, nous allons, à titre de renseignement, indiquer la copie d'un décret du 4 janvier 1854 et d'une circulaire du Ministre de l'Intérieur du 13 janvier 1854 donnant la désignation complète du costume que les conseillers géné-

BARON DU HAVELT

Conseiller général du Nivernais en 1861,
En costume de Conseiller général.

raux, même ceux actuellement en fonctions, ont le droit de porter, car il n'est à notre connaissance, sauf l'usage, aucune circulaire ou décret qui ait abrogé l'effet de ceux précédemment énoncés :

« *Conseillers généraux.* — Le costume des conseillers généraux est entièrement facultatif. Il est toutefois à désirer que les membres des conseils généraux en soient revêtus dans les cérémonies publiques et lorsqu'ils exercent par délégation les fonctions administratives. — Habit bleu foncé, coupé droit sur le devant et garni de neuf boutons, broderie composée de feuilles de chêne et d'olivier et d'épis de blé, en soie bleue claire nuancée et en argent, au collet, aux parements et à la taille ; baguette autour de l'habit, gilet blanc, pantalon bleu à bandes de soie et argent, boutons argentés à l'aigle, épée à poignée de nacre, garde argentée, chapeau français, ganse en velours noir brodée en soie bleue et argent (Décret du 4 janvier 1854. — Circulaire du Ministre de l'Intérieur du 13 janvier 1854.) »

Pour satisfaire la curiosité de nos lecteurs, nous avons pu, chose extrêmement rare, nous procurer une photographie représentant un conseiller général en costume dont nous avons fait faire la gravure. (La voir ci-contre ; cette gravure représente M. le Baron DU HAVELT, conseiller général du Nivernais en 1861).

§ 1ᵉʳ

CONSEILLERS GÉNÉRAUX

(1800-1833)

Arrêté du 24 floréal an VIII, de Bonaparte nommant les citoyens dont les noms suivent pour remplir les fonctions de membres du Conseil général du département du Puy-de-Dôme.

Les citoyens :

Teyras, ex-receveur à Billom ;

Peyronnet, de Rochefort, ex-administrateur du département ;

Cuel père, de Vic-sur-Allier, ex-législateur ;

Boirot, homme de loi à Clermont, ex-législateur ;

Besse, de Beauregard, ex-administrateur du département ;

Sadourny aîné, négociant à Brassac ;

Chabrol père, de Riom, ex-constituant ;

Dulin-Lamothe, commissaire du gouvernement près l'Administration municipale ;

Dulin, de Combronde, commissaire près l'Administration municipale ;

Le Normand de Flaghac, de Clermont ;

Tailhardat, de Montaigut, commissaire près l'Administration municipale ;

Bletterie, notaire à Issoire, ex-procureur syndic, ex-administrateur ;

D'Estaing de Langlade, ex-administrateur du département ;

Dartis Las Fontille, ex-Procureur au Parlement et administrateur municipal;

Guibal, d'Avèze;

Courret aîné, propriétaire à Vodable;

Godivel de Besse, administrateur du département;

Burin-Desroziers Laurent-Marcellin, ex-administrateur;

Ribeyrolles aîné, de Thiers, ex-administrateur du département;

Debry, notaire à Ris, ex-administrateur du district;

Goyon, de Courpière, ex-administrateur du département;

Bravard-Laboisserie, d'Arlanc, ex-administrateur du département;

Teyras-Grandval, d'Arlanc, ex-administrateur du département;

Grangier de Lamothe, ex-administrateur du district de Clermont.

Arrêté du 3 ventôse an X (1802).

Mozat-Liberty, en remplacement de Cuel père;
Mallet-Lavedrine, en remplacement de Chabrol père;
Madieu Antoine-Amable, en remplacement de d'Estaing de Langlade.

Arrêté du 23 floréal an XI (1803).

Jean-Baptiste Barre, en remplacement de Teyras, sorti par le sort le 29 brumaire an XI;

Christophe Chabrol-Crouzol, en remplacement de Dulin sorti;

Taché, notaire, en remplacement de Le Normand de Flaghac, sorti par le sort le 29 brumaire an XI;

Mallet, de Vendègre, en remplacement de Tailhardat, sorti par le sort le 29 brumaire an XI;

Madieu, réélu ;

Daugerolles Jean-Joseph-Gabriel, en remplacement de Dartis Las Fontille sorti par le sort le 29 brumaire an XI ;

Baudet-Lafarge, en remplacement de Debry, sorti par le sort le 29 brumaire an XI ;

Jacques Bellein, en remplacement de Goyon, de Courpière, sorti par le sort le 29 brumaire an XI.

Décret impérial du 28 août 1808.

En conformité des articles 30 et 28 de l'acte des constitutions de l'Empire en date du 16 thermidor an X (4 août 1802) ont été nommés conseillers généraux :

François Teyras-Grandval, maire, sorti par le sort le 29 octobre 1807 (réélu).

Le Normand de Flaghac Jean-Jacques, propriétaire, sorti par le sort le 29 octobre 1807 (réélu).

Pierre Peyronnet docteur en médecine, sorti par le sort le 29 octobre 1807 (réélu).

Guillaume Sadourny, docteur en médecine, sorti par le sort le 29 octobre 1807 (réélu).

Claude Lamy, magistrat de sûreté, en remplacement de Boirot sorti par le sort le 29 octobre 1807 ;

Claude Triozon-Barbat, avocat, sorti par le sort le 29 octobre 1807 (réélu) ;

Nicolas-Charles Teilhot, propriétaire, sorti par le sort le 29 octobre 1807 (réélu).

Décret impérial du 23 novembre 1808.

Andrieu fils, propriétaire, en remplacement de Jean-Baptiste Barre, décédé ;

Tiolier, banquier, en remplacement de Chabrol, démissionnaire.

Ordonnance du Roi du 2 novembre 1814.

Guillaume-Michel CHABROL DE TOURNOEL, maire de Riom, nommé en remplacement de TEILHOT, décédé ;

Paul-Denis-Joseph VIMAL-MADUR, maire d'Ambert, en remplacement de TEYRAS-GRANDVAL, décédé ;

COMTE DE LASTIC, ancien officier, en remplacement de DAUGEROLLES décédé ;

Jacques-Joseph CHANDEZON, maire de Besse, en remplacement de GUIBAL, décédé.

Ordonnance du Roi du 9 mai 1816.

DE CHAZERAT, ancien intendant d'Auvergne, en remplacement de PEYRONNET, décédé ;

DE GUÉRINES, propriétaire, en remplacement de BESSE ;

DARTIS DE MARCILLAT, ancien avocat au Parlement de Paris, en remplacement de TIOLIER fils ;

TÉALLIER DES MOULINS en remplacement de LE NORMAND DE FLAGHAC ;

DE MONTAGNAC, inspecteur des gardes nationales, en remplacement de MADIEU ;

DE VISSAC Pierre, avocat, en remplacement de CHABROL DE TOURNOEL ;

DU PLANCHAT, propriétaire, en remplacement de BURIN DES ROZIERS, décédé ;

L'abbé DE PONS, grand vicaire, en remplacement de SADOURNY ;

DE SAINT-GIRONS, propriétaire, en remplacement de BAUDET-LAFARGE ;

DE LA VERCHÈRE père, propriétaire, en remplacement de BELLEIN ;

DE MÉRIC DE VIVENS, propriétaire, en remplacement de TRIOZON-BARBAT ;

André D'AUBIÈRES, maire et propriétaire, en remplacement de TACHÉ, notaire ;

De Sampigny aîné, propriétaire, en remplacement d'Andrieu fils ;

Ordonnance du Roi du 4 décembre 1816.

Sieur Chabrol de Tournoel, membre de la Chambre des députés, en remplacement du sieur de Chazerat, démissionnaire par lettre du 26 mai 1816 ;

Ordonnance du Roi du 22 avril 1818.

Pourrat Mathias, juge au Tribunal de commerce d'Ambert, en remplacement de Vimal-Madur, démissionnaire.

Ordonnance du Roi du 20 mai 1818.

Lecourt d'Hauterive, conseiller municipal de Clermont, en remplacement de Malet de la Védrine, démissionnaire ;

Ordonnance du Roi du 27 mai 1818.

Bager-Becker Nicolas, en remplacement de Godivel démissionnaire.

Ordonnance du Roi du 3 juin 1820.

Jean Moulin, Procureur du Roi, en remplacement de Bravard de la Boisserie, démissionnaire ;

Ordonnance du Roi du 22 août 1821.

Vimal-Dubouchet Jacques-Clair, en remplacement de Micolon de Guérines, décédé ;

Ordonnance du Roi du 10 juillet 1822.

Comte de Castellanne, en remplacement de Grangier-Lamothe, décédé.

Ordonnance du Roi du 31 juillet 1822.

Louis-Jean-Baptiste AMARITHON DE MONTFLEURY, en remplacement du marquis de VIVENS, décédé;

Ordonnance du Roi du 14 mai 1823.

DURANQUET DE CHALUS, en remplacement de DE PONS, nommé à l'évêché de Moulins.

Ordonnance du Roi du 21 juillet 1824.

Antoine RIBEROLLES DES GARENNES, en remplacement de RIBEROLLES Barthélemy, démissionnaire;
BURIN DES ROZIERS Joseph-Marie, en remplacement de SAINT-GIRONS, décédé.

Ordonnance du Roi du 4 août 1824.

LASTEYRAS, docteur en médecine à Billom, en remplacement de THÉALLIER DES MOULINS, démissionnaire le 8 février 1822.

Ordonnance du Roi du 20 août 1824.

BRAVARD LA BOISSERIE Pierre-Geneviève, en remplacement de M. CHABROL DE TOURNOEL, décédé;

Ordonnance du Roi du 15 juin 1825.

Emmanuel AUBEIR DE CONDAT, en remplacement de CHANDEZON, décédé.

Ordonnance du Roi du 21 juin 1826.

LECOURT DE SAINT-AGNE, en remplacement de M. DE MONTAIGNAC, décédé.

Ordonnance du Roi du 19 juillet 1826.

Baron DE BLUMENSTEIN, en remplacement d'Antoine RIBEROLLES DES GARENNES, démissionnaire.

Ordonnance du Roi du 11 juillet 1827.

BLATIN Antoine, maire de Clermont, en remplacement d'ANDRÉ D'AUBIÈRES, nommé conseiller de préfecture ;
NEYRON DES AULNATS, maire de la commune de Saint-Genest-l'Enfant (Riom), en remplacement de SAMPIGNY, démissionnaire ;
Vicomte LAROCHE DE FONTENILLE, maire de Savennes, en remplacement de LECOURT SAINT-AGNE, démissionnaire ;
Gabriel PONTAGNIER DE BENOID, juge de paix à Aigueperse, en remplacement de DULIN-LAMOTHE, démissionnaire ;
Marc-Antoine DE RIBEROLLES, en remplacement de DE LA VERCHÈRE, décédé.

Ordonnance du Roi du 19 février 1831.

LAVIGNE Nicolas-François, notaire à Ambert ;
DE PRADT, ancien archevêque de Malines ;
Jacques CHASSAIGNE, notaire et maire d'Arlanc ;
TEYRAS Jean-Baptiste, propriétaire à Billom ;
MADIEU Antoine-Amable, conseiller général du Puy-de-Dôme, Procureur du roi près le Tribunal civil de Thiers ;
BOUDAL Sébastien, maire de Lezoux ;
BAUDET-LAFARGE Mathieu-Jean, député ;
VERNIÈRE-PHILIBÉE Jean-François, conseiller à Riom ;
JUSSERAUD Jean-François, docteur en médecine à Riom ;
GARRAUD-DUPLANCHAT Abdon-Jean-René, propriétaire à Riom ;

Jacques Godemel, avocat à Riom ;
Pierre Andrieu, maire d'Aigueperse ;
Bager-Becker Nicolas, conseiller général du Puy-de-Dôme ;
Cariol Jules-Gilbert-Antoine, banquier et maire de Clermont ;
Blatin aîné Antoine, maire de Clermont ;
Lamy, juge d'instruction à Clermont ;
Comte de Montlosier, propriétaire à Clermont ;
Marquis de Castellane, propriétaire à Cournon ;
Jouvet aîné, avocat à Clermont ;
Antoine Courbayre, ex-administrateur du département ;
Jean Roux, maire de la commune de Varennes ;
Chomette Bertrand-Marie-Luc, maire d'Issoire.

Ordonnance du Roi du 11 mai 1832.

Jean-Baptiste-Amable Simonet, avocat à Riom, en remplacement de Garraud-Duplanchat, décédé le 30 avril 1831 ;
Sébastien Dufour-Bletterie, propriétaire à Thiers, en remplacement de Madieu, démissionnaire le 2 novembre 1831.

Ordonnance du Roi du 16 janvier 1833.

Teyras Come-Damien, maire de Coudes, en remplacement de M. de Pradt, démissionnaire.

§ 2

CONSEILLERS GÉNÉRAUX

(1833-1895)

DATES DES ÉLECTIONS	NOMS DES ÉLUS	Inscrits	Votants	Voix	Motifs	CONCURRENTS
	ARRONDISSEMENT D'AMBERT					
	CANTON D'AMBERT				(1)	
4 novembre 1833.	Bernard fils, Barthélemy-Marie, notaire à Ambert.	86	77	48	R	23 à Vimal-Dumontel, 4 à Pourrat-Mathias, 1 Dulac.
8 novembre 1839.	id.	95	87	61	R	26 à Calmard, président du tribunal civil d'Ambert.
3 septembre 1848.	Dupuy-Imberdis, président du tribunal de commerce d'Ambert.	5025	2262	1623	R	
1 juillet 1852.	id.	5296	2278	2250	R	
6 juin 1861.	id.	5074	2464	2453	R	
2 juin 1870.	id.	5243	2568	2504	R	
8 octobre 1871.	Armilhon, Joseph-Louis, notaire à Ambert.	5310	2267	1530	R	363 à Chabrier, 363 à de Sédaiges.
4 octobre 1874.	id.	5444	2275	2170	R	
er août 1880.	id.	5301	2952	1699	R	1,101 à Quiquandon et 76 à Antoine Ledieu.
9 août 1883.	Bernard, François.	5148	3545	1867	M	1,662 à Féchet.
er août 1886	Féchet, Philippe-Antoine, maire d'Ambert.	5268	2885	2763	R	
1 juillet 1892.	Ledieu-Bazin, Antoine.	5209	2900	2869	R	
	CANTON DE SAINT-AMANT-ROCHE-SAVINE					
	(Réuni à Saint-Germain-l'Herm jusqu'en 1848)					
0 novembre 1833.	Teyras, Louis-Jean, propriétaire à St-Amant-Roche-Savine.	100	49	48	R	1 à Chassaigne, Jean-Baptiste, notaire.
4 décembre 1836.	id.	100	55	51	R	3 à L'Héritier, 1 à Chassaigne.
0 novembre 1845.	Teyras, Louis-Jean, propriétaire à Saint-Amant-Roche-Savine.	100	80	43	R	37 à Barrière, Jean-François.
3 septembre 1848.	id.	1891	852	747	R	104 à Jouvet.
1 juillet 1852.	id.	2001	1289	1287	R	2 à Bernard-Taillandier.
2 et 3 juin 1855.	Teyras de Grandval, François-Antoine-Gustave, juge de paix à Saint-Amant-Roche-Savine.	1849	868	867	R	

(1) R, *Renouvellement*. — M, *Mort*. — D, *Démission*. — I, *Invalidation*.

DANS LE DÉPARTEMENT DU PUY-DE-DÔME.

DATES DES ÉLECTIONS	NOMS DES ÉLUS	Inscrits	Votants	Voix	Motifs	CONCURRENTS
13 juin 1858.	Teyras de Grandval, François-Antoine-Gustave, juge de paix à Saint-Amant-Roche-Savine.	1742	941	894	R	
4 août 1867.	Teyras de Grandval, Charles.	1602	1005	1002	R	
8 octobre 1871.	Chaslus, Louis, conseiller à la cour de Riom.	1640	702	693	R	
4 octobre 1874.	id.	1551	790	785	R	
1er août 1880.	Costes, Thomas-Jean-Baptiste-Antoine-Adolphe, député, banquier à Ambert.	1584	1083	549	R	486 à Louis Chaslus, conseille sortant.
1er août 1886.	Pileyre, Jean-Antoine-Eugène-Pascal, docteur en médecine à Saint-Amant-Roche-Savine.	1612	1146	809	R	274 à Chaslus, avocat.
31 juillet 1892.	Chometon, Jean-Antoine, maire de Grandval.	1600	979	952	R	

CANTON DE SAINT-ANTHÈME

(Réuni à Viverols jusqu'en 1848.)

DATES DES ÉLECTIONS	NOMS DES ÉLUS	Inscrits	Votants	Voix	Motifs	CONCURRENTS
10 novembre 1833.	Imbert, Jean-François, notaire à Viverols.	100	71	41	R	30 à Perret, juge de paix.
4 décembre 1836.	Perret, Mathieu-Jean-Baptiste-Alcide, juge de paix.	100	90	48	R	42 à Imbert, notaire.
30 novembre 1845.	id.	100	49	49	R	
3 septembre 1848.	Chenereilles, notaire à Saint-Anthème.	1881	1226	630	R	
31 juillet 1852.	Chatelus, Benoît-Charles-Antoine, ingénieur des Mines.	1998	970	964	R	
2 et 3 juin 1855.	id.	1951	910	910	R	
18 juin 1864.	Chatelus, Benoît-Charles-Antoine, ingénieur des Mines.	2013	1152	1152	R	
13-14 octobre 1866.	Maisonneuve, Michel, avoué.	2031	1611	1038	M	569 à Blancheton.
8 octobre 1871.	Blancheton, Louis, docteur en médecine.	1988	1112	1087	R	
4 novembre 1877.	id.	1980	1280	759	R	468 à Gagnières.
12 août 1883.	id.	1912	942	888	R	
28 juillet 1889.	Chapot, Camille, docteur en médecine, maire de St-Anthème.	1946	1561	747	R	761 à Blancheton, conseiller sortant. (Election annulée par arrêt du Conseil d'Etat du 17 janvier 1890.)
4 août 1889.	id.	1946	1588	799	I	797 à Blancheton.
6 avril 1890.	id.	1917	1440	729	R	710 à Blancheton.

HISTOIRE DE L'ADMINISTRATION CIVILE

DATES DES ÉLECTIONS	NOMS DES ÉLUS	Inscrits	Votants	Voix	Motifs	CONCURRENTS
	CANTON D'ARLANC					
10 novembre 1833.	Chassaigne, Jacques, notaire à Arlanc.	50	44	31	R	12 à Bravard, juge à Ambert, 1 à Vachier-Degris, d'Arlanc.
11 décembre 1842.	id.	50	43	36	R	2 à Vachier, Maurice; 2 à Bravard de la Boisserie; 2 à Rigodon, notaire; 1 à Portail et 1 à Chandèze.
3 septembre 1848.	id.	3263	1968	995	R	973 à Bravard.
31 juillet 1852.	Chassaigne, Achille, maire d'Arlanc, notaire à Arlanc.	3216	1725	1715	R	6 à Degris et 1 à Ernest Bravard.
2-3 juin 1855.	id.	3129	1552	1552	R	
19 juin 1864.	id.	3253	1761	1745	R	
8 octobre 1871.	id.	3497	1827	1802	R	
4 novembre 1877.	Vachier, Félix, notaire.	3489	2334	1127	R	Election déférée au Conseil d'Etat et annulée.
24 mars 1878.	id.	3446	2231	1214	I	
12 août 1883.	Chassaigne Claude, avocat à Ambert	3507	2159	1404	R	987 à Vachier, notaire à Arlanc, et 42 à Brossard.
28 juillet 1889.	Allard, Antoine, maire d'Arlanc.	3520	1966	1914	R	
	CANTON DE CUNLHAT					
	(Réuni à Olliergues jusqu'en 1848)					
17 novembre 1833.	Mory, Antoine-Amable-Ignace, négociant à Cunlhat.	100	69	37	R	32 à Labrosse, Pierre-Etienne.
4 décembre 1836.	De Labrosse, Pierre-Etienne, juge de paix.	100	86	45	D	40 à Bathier de Roure, et 1 à François Boy.
11 décembre 1842.	De Labrosse, Pierre-Étienne, juge de paix.	50	50	36	R	10 au baron Louis de Chardin, 1 à Duranthon, 1 à Joseph Chardon, et 1 à Bathier de Roure.
3 septembre 1848.	Mory, Pierre-Antoine-Charles, maire de Cunlhat.	2783	876	584	R	296 à Bathier de Roure.
31 juillet 1852.	Bastier-Lafougère, Jacques-Joseph.	2791	1361	1357	R	
16 juin 1861.	id.	2713	1458	1454	R	(Décédé le 19 mai 1862).
20 juillet 1862.	Christophle, Bertrand-Marie-Luc.	2684	1555	1555	M	
12 juin 1870.	id.	2637	1563	1522	R	
8 octobre 1871.	Fustier, Régis-Annet, maire de Cunlhat.	2702	1381	1370	R	
4 octobre 1874.	id.	2550	1521	1471	R	
8 août 1880.	Guyot-Dessaigne, Jean-François-Édmond.	2465	2038	1028	R	995 à Fustier.
1er août 1886.	id.	2461	1407	1358	R	
31 juillet 1892.	id.	2453	1604	1583	R	

DANS LE DÉPARTEMENT DU PUY-DE-DÔME.

DATES DES ÉLECTIONS	NOMS DES ÉLUS	Inscrits	Votants	Voix	Motifs	CONCURRENTS
	CANTON DE SAINT-GERMAIN-L'HERM
	(Réuni à Saint-Amant-Roche-Savine jusqu'en 1848.)
3 septembre 1848.	Barrière, Jean-François, notaire et maire à Saint-Germain-l'Herm.	3436	1812	1379	R	432 au docteur Misson, de Fournols.
31 juillet 1852.	id.	3526	2140	2056	R	84 au docteur Misson.
13 juin 1858.	id.	3235	1806	1805	R	
4 août 1867.	id.	3269	2323	2323	R	
8 octobre 1871.	Barrière, Charles-François-Claude, ancien conseiller de préfecture, avocat à Clermont.	3240	1842	1850	R	1815 à Moinier, tailleur.
4 octobre 1874.	id.	3080	2002	1990	R	
1er août 1880.	id.	3022	1725	1664	R	
1er août 1886.	id.	2956	1701	1667	R	
31 juillet 1892.	Barrière, Charles-Franç.-Claude, avocat, sénateur.	2818	1808	1799	R	
	CANTON D'OLLIERGUES
	(Réuni à Cunlhat jusqu'en 1848)
3 septembre 1848.	Faugières, Alexis, juge de paix.	2286	1370	778	R	450 à Monteillet, notaire, et 142 à Charles Pacros, avocat.
31 juillet 1852.	De Lahrosse, Louis, juge près le Tribunal civil de Riom.	2384	1247	756	R	509 à Alexis Faugières, sortant.
2 et 3 juin 1855.	id.	2930	1882	1374	R	254 à Faugières.
19 juin 1864.	id.	2250	1683	1682	R	
8 octobre 1871.	Duranton-Lachassaigne, notaire et maire de Marat.	2361	1826	970	R	762 à Fafournoux, maire du Brugeron.
4 novembre 1877.	De Nervo, Robert-Ernest-Frédéric-Marie, à Olliergues.	2268	1840	898	R	Annulée par le Conseil d'Etat.
24 mars 1878.	Duranton-Lachassaigne, Claude-François.	2253	1677	891	I	
12 août 1883.	De Nervo, Robert-Ernest-Frédéric-Marie, à Olliergues.	2265	1852	1059	R	758 à Duranton, 2 à Monteillet, 8 à Giraud.
28 juillet 1889.	Giraud, Pierre, médecin, maire d'Olliergues.	2299	1738	847	R	822 à de Nervo, ballottage.
4 août 1889.	id.	2299	1761	934	R	825 à de Nervo.
	CANTON DE VIVEROLS
	(Réuni à Saint-Anthême jusqu'en 1848.)
3 septembre 1848.	Imbert, Marin ou Marien, juge au Tribunal civil d'Ambert.	1995	916	483	R	431 à Barry, médecin.
31 juillet 1852.	id.	2257	950	939	R	3 à Barry, et 2 à Charles Granet, notaire.
13 juin 1858.	id.	1930	1236	1234		
4 août 1867.	Granet, Charles-Auguste, notaire à Viverols.	2032	1180	1133	R	19 à Barry.

HISTOIRE DE L'ADMINISTRATION CIVILE

DATES DES ÉLECTIONS	NOMS DES ÉLUS	Inscrits	Votants	Voix	Motifs	CONCURRENTS
8 octobre 1871.	Granet, Charles-Auguste, notaire à Viverols.	2104	1031	1008	R	18 à Gayard-Michon.
4 novembre 1877.	id.	2114	1377	752	R	579 à Gayard.
9 août 1883. (Scrutin de ballottage.)	Farjon, Adrien-Vital, banquier à Ambert.	1984	1604	835	R	765 à Granet.
8 juillet 1889.	Farjon, Adrien-Vital, banquier à Ambert.	2044	1598	960	R	575 à Antoine Pitavy.

ARRONDISSEMENT DE CLERMONT-FERRAND

CANTON DE SAINT-AMANT-TALLENDE

(Réuni à Veyre-Monton jusqu'en 1848)

DATES DES ÉLECTIONS	NOMS DES ÉLUS	Inscrits	Votants	Voix	Motifs	CONCURRENTS
7 novembre 1833.	Lenormand de Flaghac, Philibert.	100	87	47	R	37 à Claude Lamy, juge d'instruction à Clermont; 3 à Allemand.
4 décembre 1836.	Bonjour, Antoine, notaire aux Martres.	123	88	48	R	38 à de Flaghac, 2 à Tixier, maire.
0 novembre 1845.	Dessaignes, président du Tribunal civil de Clermont, député.	142	119	49	R	41 à Vimal-Duvernin de Fléchat, 28 à Bonjour, conseiller sortant.
3 septembre 1848.	Girard-Pallet, Alexis, notaire, percepteur, puis juge de paix.	2795	1235	704	R	
1 juillet 1852.	id.	2922	1197	1063	R	76 à Lenormand de Flaghac.
6 juin 1861.	id.	2844	1236	1233	R	
2 juin 1870.	Mège, Jean, ancien notaire à Saint-Amant-Tallende.	2823	2240	1517	R	715 à Vimal.
8 octobre 1871.	Bardoux, Agénor, avocat, ancien ministre, sénateur inamovible.	2839	1442	1433	R	
4 novembre 1877.	id.	2825	1933	1777	R	
0 octobre 1881.	id.	2813	2178	1332	R	
2 août 1883.	id.	2769	1707	1596	R	
8 juillet 1889.	id.	2817	1691	1624	R	

CANTON DE BILLOM

DATES DES ÉLECTIONS	NOMS DES ÉLUS	Inscrits	Votants	Voix	Motifs	CONCURRENTS
4 novembre 1833.	Lasteyras, François-Marie, docteur en médecine, à Billom.	55	47	25	R	20 à Buthol aîné, maire de Billom, id.
1 décembre 1842.	id.	61	50	30	R	
3 septembre 1848.	Rochon, juge de paix.	2750	1791	1051	R	
1 juillet 1852.	Laroche, Eugène, notaire et maire de Billom.	3848	2199	2191	R	
2 et 3 juin 1855.	id.	3554	2025	1983	R	
9 juin 1864.	id.	3817	1951	1943	R	
8 octobre 1871.	Laroche, Alfred, notaire à Billom.	4063	2538	1274	R	1207 à Henri Courbaire, propriétaire à Marcillat.
4 octobre 1874.	id.	4046	2753	1488	R	857 à Ligier de la Prade, Guillaume, maire de Billom, et 400 au docteur Brunel.
9 juillet 1875 (ballottage).	»	»	»	»	R	

DANS LE DÉPARTEMENT DU PUY-DE-DÔME.

DATES DES ÉLECTIONS	NOMS DES ÉLUS	Inscrits	Votants	Voix	Motifs	CONCURRENTS
25 juillet 1875.	Laroche, Alfred, notaire à Billom.	3993	3238	1661	R	1557 à Courbaire.
18 juin 1876.	Marret, Jean - Baptiste - Joseph, docteur en médecine.	3975	2063	1308	D	927 au docteur Brunel.
1er août 1880.	id.	3907	2673	1499	R	1136 au docteur Brunel.
18 novembre 1883.	Chaumont, Pierre, au château de la Molière.	3800	2053	1952	M	86 à Chalus.
22 février 1885.	Thomas, Jean-Alfred, docteur en médecine, à Billom.	3684	2644	2594	R	
1er août 1886.	id.	3790	2320	2314	R	
31 juillet 1892.	id.	3817	2597	2527	R	

CANTON DE BOURG-LASTIC

(Réuni à Herment et Rochefort jusqu'en 1848)

DATES DES ÉLECTIONS	NOMS DES ÉLUS	Inscrits	Votants	Voix	Motifs	CONCURRENTS
17 novembre 1833.	Siblon, Jean-Baptiste, propriétaire, à la Grange.	150	88	44	R	39 au comte d'Autier de Villemonteix, 2 à Culhat.
1er décembre 1839.	Pierre Bertrand, docteur en médecine, médecin des Eaux du Mont-Dore.	150	99	91	R	8 au comte d'Autier de Barmonteix.
3 septembre 1848.	Fargeix, Adrien, maire de Bourg-Lastic.	1722	784	700	R	
31 juillet 1852.	Narjot de Toucy, Guillaume-Jean, maire de Messeix.	1716	1072	1001	R	1 à Joseph Tardieu, et 1 à Bony.
2 et 3 juin 1855.	id.	1646	1128	1128	R	
19 juin 1864.	id.	1790	1380	1377	R	
8 octobre 1871.	id.	1814	1317	688	R	598 à Edouard Fargeix.
4 octobre 1874.	Fargeix, Adrien, maire de Bourg-Lastic.	1872	1510	813	R	635 à Narjot.
1er août 1880.	id.	1879	1442	856	R	577 à de Labrosse.
14 décembre 1884.	Chatard, Georges-Bertrand, juge consulaire, manufacturier.	1910	1574	819	M	755 à de Labrosse.
1er août 1886.	id.	2011	978	932	R	
31 juillet 1892.	id.	1935	1001	958	R	

CANTON DE CLERMONT-EST

(Réuni à Clermont-sud jusqu'en 1848)

DATES DES ÉLECTIONS	NOMS DES ÉLUS	Inscrits	Votants	Voix	Motifs	CONCURRENTS
27 novembre 1833.	Blatin aîné, Antoine, ancien maire de Clermont.	233	160	95	R	53 à Cavy, notaire ; 4 au docteur Henry.
11 décembre 1842.	id.	265	133	129	R	1 à Lizet, médecin ; 1 à de Morny, 1 à Léon de Chazelles, 1 à Debert.
29 mars 1846.	Cavy, ancien notaire, directeur du Comptoir d'Escompte et de la Banque de France.	294	233	154	M	68 à Chauvassaigne.

DATES DES ÉLECTIONS	NOMS DES ÉLUS	Inscrits	Votants	Voix	Motifs	CONCURRENTS
3 septembre 1848.	Bérard de Chazelles, Pierre-Léon, avocat, substitut, ancien maire, député.	1371	1251	892	R	344 à de Vissac, 2 à Poncillon.
31 juillet 1852.	Duc de Morny, président du Corps législatif.	3558	1798	1789	R	
2 et 3 juin 1855.	id.	3651	2147	2133	R	
19 juin 1864.	id.	3688	2526	2515	R	
13 août 1865.	Pyrent de la Prade, Edmond, propriétaire à Cebazat.	3751	3151	2015	M	1008 à Léon Fleury, et 135 à Eustache de Féligonde.
8 octobre 1871.	id.	3998	2618	2042	R	473 à Quiquandon.
4 novembre 1877.	Pommerol, François, docteur en médecine, maire de Gerzat.	3845	3412	1786	R	1627 à Pyrent de la Prade.
12 août 1883.	id.	4006	3133	1621	R	1408 à Pyrent de la Prade.
28 juillet 1889.	id.	4344	3112	2050	R	961 au général Boulanger.

CANTON DE CLERMONT-NORD

DATES DES ÉLECTIONS	NOMS DES ÉLUS	Inscrits	Votants	Voix	Motifs	CONCURRENTS
27 novembre 1833.	Blanc, Paul, banquier à Clermont.	149	100	50	R	43 à Prévost, 5 à Blatin, 1 à Lamy.
1er décembre 1839.	id.	158	90	63	R	26 à Bourradier-Voilliat.
3 septembre 1848.	Jouvet, député, avocat.	1933	1335	728	R	245 à Blanc, banquier, et 310 à de Douhet.
31 juillet 1852.	Dessaignes, président du Tribunal civil de Clermont, député.	3539	1577	1516	R	9 à Léon Bérard de Chazelles, 6 à Charras.
16 juin 1861.	Mège, Philippe-Jacques, maire de Clermont.	3406	1943	1934	R	
12 juin 1870.	id.	3818	2042	2003	R	
8 octobre 1871.	Ledru, maire de Clermont.	3898	1890	1389	R	423 à Mollie, notaire.
5 octobre 1874.	id.	4038	2000	1957	R	
1er août 1880.	Blatin, Antoine-Jean-Baptiste, docteur en médecine, à Clermont.	4237	2643	1429	R	855 à Saint-Rame, 256 à Tarucau.
1er août 1886.	id.	4672	2229	1300	R	784 à Goutay-Bernard, 14 à Saint-Rame.
31 juillet 1892.	Néant.	4999	2255	»	R	1220 à Guyard, Paul, et 870 à Gaultier de Biauzat.
7 août 1892 (scrutin de ballottage).	Colombier, Michel-Léon, avocat à Clermont.	4999	2154	1328	R	819 à Eugène Ledru, directeur de l'Ecole de médecine de Clermont.

CANTON DE CLERMONT-SUD
(Réuni à Clermont-est jusqu'en 1848)

DATES DES ÉLECTIONS	NOMS DES ÉLUS	Inscrits	Votants	Voix	Motifs	CONCURRENTS
3 septembre 1848.	Charras, Jean-Baptiste-Adolphe.	1827	1518	952	R	277 à Charles Vazeilhes, et 256 à Cavy.
31 juillet 1852.	Bérard de Chazelles, Pierre-Léon, avocat, substitut, ancien maire.	3779	2016	1950	R	9 à Poncillon, avoué ; 9 à Charras, divers 46.

DANS LE DÉPARTEMENT DU PUY-DE-DÔME.

DATES DES ÉLECTIONS	NOMS DES ÉLUS	Inscrits	Votants	Voix	Motifs	CONCURRENTS
13 juin 1858.	Bérard de Chazelles, Pierre–Léon, avocat, substitut, ancien maire.	3432	1469	1463	R	
4 août 1867.	Astaix, Victor, avocat, ancien maire de Romagnat.	3679	2878	1856	R	1023 à Blatin-Mazelhier.
8 octobre 1871.	id.	4022	2491	1347	R	1122 à Blatin-Mazelhier.
4 novembre 1877.	Blatin-Mazelhier, Antoine, avocat à Clermont.	4273	3329	1788	R	1449 à Astaix.
12 août 1883.	id.	4619	1701	1591	R	
15 juin 1884.	Cote-Blatin, Joseph, propriétaire, agriculteur à Clermont.	4713	1996	1961	M	
28 juillet 1889.	id.	5117	2987	1963	R	734 au général Boulanger.

CANTON DE CLERMONT-SUD-OUEST

17 novembre 1833.	Cariol, Gilbert-Antoine-Jules, banquier, à Clermont.	143	119	63	R	32 à Guillemot, 12 à Dessaigne 12 à Blatin, aîné.
4 décembre 1836.	id.	141	110	62	R	44 à Poncillon, avoué à Clermont.
4 juin 1843.	Verdier-Latour, Junius, avocat, maire de Clermont-Ferrand.	139	108	64	M	36 à Chauvassaigne fils, 4 à Lizet 3 à Cavy.
30 novembre 1845.	id.	177	138	107	R	29 à Vazeilhes.
3 septembre 1848.	Poncillon, Jean-Baptiste, avocat.	2260	1823	960	R	840 à Verdier-Latour, avocat, ancien maire de Clermont.
31 juillet 1852.	Aubergier-Costes, Pierre, premier adjoint au maire de Clermont.	3872	1818	1745	R	16 à Léon Bérard de Chazelles 9 à Poncillon, avoué, et 3 Charras.
2 et 3 juin 1855.	id.	3650	1577	1541	R	8 à Laroche, fils, greffier du Tribunal civil de Clermont.
19 juin 1864.	Montader, avocat, plusieurs fois bâtonnier de l'Ordre.	3556	2553	1521	D	779 à Bideau, ancien notaire, 153 à Aubergier.
12–13 octobre 1867.	Chauvassaignes, Franck, maire de Saint-Genès-Champanelle.	3654	2724	1567	R	1172 à Renoux–Dupuy.
15 octobre 1871.	id.	4075	2631	1486	R	1131 à Alfred Tallon.
5 octobre 1874.	id.	4378	2250	2058	R	
1er août 1880.	id.	4520	2859	1406	I	1294 à Emile Kuhn, brasseur.
3 avril 1881.	id.	4571	2791	1663	R	1037 à Albert Faucon.
1er août 1886.	id.	4850	1795	1636	R	
31 juillet 1892.	id.	5073	2218	2067	R	

CANTON DE SAINT-DIER

(Réuni à Vic-le-Comte jusqu'en 1848)

17 novembre 1833.	Jouvet, député, avocat.	100	57	31	R	26 à Hippolyte de Murat.
1er décembre 1839.	id.	100	45	31	R	14 à Ferdinand de Douhet.
3 septembre 1848.	De Pennautier, Amédée-Guesclin.	4110	1237	1057	R	179 à Borias, Henri, substitut.
31 juillet 1852.	id.	4449	2438	2387	R	50 à Fileyre de Trébuche.
2 et 3 juin 1855.	id.	4244	2488	2486	R	(Décédé en 1857).

54   HISTOIRE DE L'ADMINISTRATION CIVILE

DATES DES ÉLECTIONS	NOMS DES ÉLUS	Inscrits	Votants	Voix	Motifs	CONCURRENTS
2 août 1857.	De Kersaint, Guy-Gabriel-Henri.	4324	2982	2981	M	
16 juin 1861.	Costilhes, Jean-Victor, notaire, maire de St-Dier.	4080	2810	2355	R	434 à Micolon de Guérines, père.
19 juin 1864.	id.	4194	2572	2567	R	
8 octobre 1871.	id.	4203	1696	1677	R	
4 novembre 1877.	Chabanet.	4138	2801	1696	R	(Décédé). 956 à Costilhes fils.
2 janvier 1881.	Fayol, Henri-Jean-Marie.	4088	2383	2307	M	835 id.
12 août 1883.	id.	3938	2039	1166	R	721 à Joseph Chalus.
13 février 1887.	Gardette, Pierre, maire de Fayet.	3847	2660	1942	M	238 au général Boulanger.
28 juillet 1889.	id.	3858	2227	1933	R	

CANTON D'HERMENT

(Réuni à Bourg-Lastic et Rochefort jusqu'en 1848)

3 septembre 1848.	Comte d'Autier de Barmonteix, propriétaire à Herment.	1061	791	501	R	
31 juillet 1852.	id.	1102	636	636	R	
7 août 1853.	Bonnay, Frédéric, chevalier de la Légion d'honneur, notaire à Clermont.	1053	732	732	D	
13 juin 1858.	id.	1080	850	850	R	
4 août 1867.	id.	1089	798	798	R	
8 octobre 1871.	Tardieu, Amédée, docteur en médecine à Herment.	1036	827	440	R	382 à Pouyet
4 novembre 1877.	Pouyet, François-Nicolas-Georges à Sauvagnat près Herment.	1023	822	463	R	323 à Salneuve.
12 août 1883.	id.	1042	724	693	R	
28 juillet 1889.	id.	1077	731	662	R	Décédé le 28 octobre 1892.
8 janvier 1893.	Pouyet, Joseph, fils, avocat à Clermont.	1014	870	481	M	389 à Desaymard.

CANTON DE PONT-DU-CHATEAU

(Réuni à Vertaizon jusqu'en 1848)

17 novembre 1833.	Chaudesaigues de Tarrieux, Pierre-Charles-Casimir, juge de paix.	131	87	45	R	24 à Brosson, ancien notaire : 11 à Desmales-Delaire, 2 à Besse, 2 à Vigeral.
4 décembre 1836.	id.	136	89	61	R	12 à Dessaigne, avocat ; 8 à Duranquet.
30 novembre 1845.	Bertrand, Charles-Alexandre-Hippolyte, docteur en médecine.	156	140	73	R	63 à de Tarrieux, conseiller sortant.
3 septembre 1848.	Bassin, Charles, maire de Pont-du-Château, avocat.	3525	2312	1039	R	
31 juillet 1852.	id.	3484	1922	1920	R	1 à Astier, 1 à Valleix.
13 juin 1858.	id.	3568	2890	2883	R	
4 août 1867.	id.	3602	2692	2681	R	

DANS LE DÉPARTEMENT DU PUY-DE-DÔME.

DATES DES ÉLECTIONS	NOMS DES ÉLUS	Inscrits	Votants	Voix	Motifs	CONCURRENTS
17 et 18 juillet 1869.	Brosson, Camille-Cirgues, maire de Pont-du-Château.	3585	2736	1310	R	De Rioux, 957 ; Parrot 449. Ballottage.
25 juillet 1869.	id.	3585	1860	1836	R	6 à Parrot, 3 à Louret de Rioux.
8 octobre 1871.	Ballottage.	3576	2226	»	R	687 à Burin des Roziers, 639 à Dubest.
16 octobre 1871.	Burin des Roziers, Michel-Amable-Albert, à Pont-du-Château.	3576	2688	998	R	862 à Brosson.
1er août 1880.	id.	3311	2661	1847	R	702 à Dolly.
1er août 1885.	id.	3269	2638	1502	R	1023 au docteur Chambige.
23 mars 1890.	Léon-François-Claude Chambige, docteur en médecine, à Pont-du-Château.	3314	2636	1356	R	1255 à Burin des Roziers.
31 juillet 1892.	id.	3274	2281	2185	R	

CANTON DE ROCHEFORT

(Réuni à Bourg-Lastic et Herment jusqu'en 1848)

DATES DES ÉLECTIONS	NOMS DES ÉLUS	Inscrits	Votants	Voix	Motifs	CONCURRENTS
3 septembre 1848.	Pierre Bertrand, docteur en médecine, directeur de l'Ecole de médecine.	3876	726	619	R	
31 juillet 1852.	id.	4387	2581	2566	R	2 à Audigier.
13 juin 1858.	id.	3987	2424	2422	R	
4 août 1867.	id.	4161	2810	2800	R	1 à Chabory.
8 octobre 1871.	De Lafarge, ancien commandant.	4310	2502	2135	R	219 à Bertrand
4 novembre 1877.	De Lafarge, ancien commandant.	4322	3083	3054	R	
12 décembre 1881.	Gaillard, Gilbert, maire de Clermont-Ferrand.	4111	3313	1792	M	
12 août 1883.	id.	4055	2954	2697	R	
28 juillet 1889.	Dulièges, Guillaume.	4745	3503	1935	R	1441 à Gaillard, député.

CANTON DE VERTAIZON

(Réuni à Pont-du-Château jusqu'en 1848)

DATES DES ÉLECTIONS	NOMS DES ÉLUS	Inscrits	Votants	Voix	Motifs	CONCURRENTS
3 septembre 1848.	Vigeral, Guillaume-Joseph-Emile, notaire, maire de Vertaizon.	3802	2438	1626	R	515 à Escot, juge de paix ; 297 à Chaudesaigues de Tarrieux.
31 juillet 1852.	id.	3803	2753	2742	R	1 à Argellier, 1 à Dumas.
16 juin 1861.	id.	3801	2797	2793	R	
28 février 1869.	Guyot-Dessaigne, Jean-Fr.-Ed.	3751	2912	1478	M	
12 juin 1870.	Vigeral, Antoine-Joseph-Guillme, dit Jules, ancien notaire.	3860	3325	2161	R	338 à de Tarrieux, 816 à Edmond Guyot-Dessaigne.
8 octobre 1871.	id.	3757	2863	2323	R	523 à Rudel du Miral, propriétaire à Chauriat.
4 novembre 1877.	id.	3594	2725	2452	R	
12 août 1883.	id.	3400	2531	2410	R	
6 avril 1884.	Gros, Jean, maire de Chauriat.	3397	3072	1591	M	1457 à Pouchon-Plasse, maire de Bouzel.

HISTOIRE DE L'ADMINISTRATION CIVILE

DATES DES ÉLECTIONS	NOMS DES ÉLUS	Inscrits	Votants	Voix	Motifs	CONCURRENTS
21 avril 1889 (scrutin de ballotage).	Pcuchon-Plasse, Gilbert, agriculteur, maire de Bouzel.	3422	2561	1770	R	732 au général Boulanger, 37 à Goyon, 3 à Bauderon.
28 juillet 1889.	id.	3415	2858	1442	M	1285 à Charles Goyon.
29 novembre 1891.	Serindas, Benoit, maire de Vertaizon.	3338	2497	2459	R	

CANTON DE VEYRE-MONTON

(Réuni à Saint-Amant-Tallende jusqu'en 1848)

DATES DES ÉLECTIONS	NOMS DES ÉLUS	Inscrits	Votants	Voix	Motifs	CONCURRENTS
3 septembre 1848.	Tixier-Courbayre, Jean-Baptiste, docteur en médecine.	3653	2680	1572	R	
31 juillet 1852.	id.	3642	2898	2834	R	
13 juin 1858.	id.	3890	2926	2925	R	4 à Lepelletier, 1 à Charras.
4 août 1867.	id.	3977	3398	3398	R	
12 juin 1870.	Tixier Léon-Pierre-Marie.	3970	3340	2231	R	961 à Tixier de Brolac, 118 à Léonce de Rochefort.
8 octobre 1871.	id.	3877	2495	1571	R	845 à Nony.
4 octobre 1874.	id.	3778	2939	1792	R	1141 à Julliard.
8 août 1880 après ballottage.	Chabory, Léon-Charles-Laurent-Etienne, médecin au Mont-Dore.	3770	2770	1745	R	994 à François Vazeilhes, avoué à Clermont.
8 août 1886. 2º tour.	id.	3905	3010	1817	R	102 à Chauffrut.
31 juillet 1892.	id.	4021	3204	1749	R	1312 à M. Teilhard.

CANTON DE VIC-LE-COMTE

(Réuni à Saint-Dier jusqu'en 1848)

DATES DES ÉLECTIONS	NOMS DES ÉLUS	Inscrits	Votants	Voix	Motifs	CONCURRENTS
3 septembre 1848.	Guyot-Lavaline père, Jérôme-Alexandre, maire de Vic-le-Comte.	1241	755	526	R	
31 juillet 1852.	id.	4463	2392	2384	R	
20 juillet 1856.	Guyot-Lavaline, Jean-Baptiste-Charles, sénateur et maire de Vic-le-Comte.	4323	2923	2459	M	463 à Tixier.
6 juin 1864.	id.	4193	2699	2697	R	
2 juin 1870.	id.	4404	3218	1713	R	1426 à Rougier.
8 octobre 1871.	id.	4378	1795	1761	R	
4 octobre 1874.	id.	4326	2758	2737	R	
1er août 1880.	Guyot-Lavaline, Jean-Baptiste-Charles, sénateur et maire.	4286	2417	2280	R	
1er août 1886.	id.	4228	2503	2455	R	
31 juillet 1892.	id.	4118	2544	2419	R	

ARRONDISSEMENT D'ISSOIRE

CANTON D'ARDES

DATES DES ÉLECTIONS	NOMS DES ÉLUS	Inscrits	Votants	Voix	Motifs	CONCURRENTS
17 novembre 1833.	Baron Simmer, François-Martin-Valentin.	100	70	36	R	33 à Salveton.
1er décembre 1839.	id.	100	73	39	R	17 à Dussuc, 16 à Charmensat.
26 septembre 1847.	Luzuy de Maillargues père, Auguste, ex-officier de cavalerie.	97	62	58	M	
3 septembre 1848.	Trouiller, Joseph-Barthélemy.	2684	1708	698	R	653 à Luzuy de Maillargues, 208 à Charensat.
31 juillet 1852.	Luzuy de Maillargues père, Auguste, ex-officier de cavalerie.	2993	1742	1359	R	367 à Trouiller.
2 et 3 juin 1855.	id.	2744	1550	1462	R	
19 juin 1864.	id.	2569	1789	1406	R	383 à Hippolyte Trouiller.
13 août 1865.	De Maillargues, Gabriel.	2649	1904	1516	M	387 id.
8 octobre 1871.	id.	2586	1671	949	R	712 id.
4 novembre 1877.	id.	2533	1544	1370	R	Sans concurrent.
12 août 1883.	id.	2498	1497	1461	R	
28 juillet 1889.	id.	2565	1682	1604	R	Décédé.
17 décembre 1893.	Serre, Guillaume, notaire à Ardes.	2495	1883	1028	M	854 à Auger, notaire à Ardes.

CANTON DE BESSE

(Réuni à Champeix jusqu'en 1848)

DATES DES ÉLECTIONS	NOMS DES ÉLUS	Inscrits	Votants	Voix	Motifs	CONCURRENTS
20 novembre 1833.	Cougoul, Pierre-Joseph, notaire et maire de Besse.	100	89	47	R	38 à Girot-Gavard, 10 à Mailly, 1 à de Combarel.
1er décembr 1839.	De Combarel-Cornudet, Jean-Louis, maire de Neschers.	101	77	44	R	27 à Cougoul.
17 octobre 1847.	Burin des Roziers, Laurent-Marcellin-Marie, député.	104	87	87	M	
3 septembre 1848.	Cougoul, Pierre-Joseph.	3433	1845	1061	R	681 à Burin des Roziers.
31 juillet 1852.	id.	3171	1922	1735	R	
16 juin 1861.	id.	3106	2037	1970	R	
12 juin 1870.	Aubergier, Hector, doyen de la Faculté des sciences.	3069	2146	2139	R	
8 octobre 1871.	id.	3057	1683	1608	R	
4 novembre 1877.	id.	2917	1735	1706	R	
12 août 1883.	Tixier-Aubergier, ancien membre du Conseil d'Etat.	2993	1653	1625	R	
28 juillet 1889.	Tixier-Aubergier, Jacques-Emmanuel, avocat à Clermont.	3069	1652	1424	R	116 à Boyer-Vidal.

DATES DES ÉLECTIONS	NOMS DES ÉLUS	Inscrits	Votants	Voix	Motifs	CONCURRENTS
	CANTON DE CHAMPEIX					
	(Réuni à Besse jusqu'en 1848)					
3 septembre 1848.	Burin des Roziers, Laurent-Marcellin-Marie.	3433	1399	557	R	517 à Christophle, 328 à Henri Joigny.
1er août 1852.	id.	3268	1693	1683	R	2 à Charras, 4 à Christophle.
3 juin 1858.	id.	3214	2398	2395	R	
4 août 1867.	id.	3275	2798	2423	R	
8 octobre 1871.	Mallet, Alphonse, notaire à Champeix.	3244	1973	1835	R	977 à Istre.
6 octobre 1874.	Tallon, Alfred-Jean-Martin, avocat, propriétaire à Neschers.	3208	2379	1351	R	
1er août 1880.	id.	3188	2114	2055	R	
1er août 1886.	id.	3170	1929	1467	R	Décédé.
8 juillet 1889.	Bony-Cisternes, Antoine, maire de Saint-Cirgues.	3256	2259	2067	M	
1 juillet 1892.	id.	3305	2158	2108	R	
	CANTON DE SAINT-GERMAIN-LEMBRON					
	(Réuni à Ardes jusqu'en 1848)					
3 septembre 1848.	Dorlhac, Bertrand, président du Tribunal civil au Puy.	3353	1569	648	R	
1 juillet 1852.	id.	3282	1445	1418	R	
2 et 3 juin 1855.	id.	3266	2171	2072	R	
2 février 1860.	Girot-Pouzol, Amédée, député.	2870	2284	1570	D	927 à Ernest Salveton.
9 juin 1864.	id.	3304	2185	2183	R	
8 octobre 1871.	id.	2943	1347	1257	R	
4 novembre 1877.	id.	3257	2160	1952	R	Election déférée au Conseil d'Etat.
2 août 1883.	id.	3407	2200	2063	R	
8 juillet 1889.	id.	3620	2457	1965	R	398 au général Boulanger.
	CANTON D'ISSOIRE					
4 novembre 1833.	Chomette, Bertrand-Marie-Luc, époux Chapsal.	102	78	56	R	10 à Girot de Langlade, 5 à Fabre, 1 à Favard de Langlade.
8 mai 1834.	Triozon-Bayle, Guillaume, maire d'Issoire.	100	74	46	M	26 à Fabre.
4 décembre 1836.	id.	102	85	52	R	31 à Triozon-Saulnier.
0 novembre 1845.	id.	120	88	86	R	
2 novembre 1847.	Baron Girot de Langlade, Henri-Joseph.	124	72	70	M	
3 septembre 1848.	Girot-Pouzol, Maurice, ancien sous-préfet.	3889	2261	1070	R	666 à Triozon, 520 à Malas-Lafond Louis.
1 juillet 1852.	Girot-Pouzol, Maurice.	4973	2312	2284	R	
3 juin 1858.	id.	4705	2935	2933	R	(Décédé le 5 février 1862).

DANS LE DÉPARTEMENT DU PUY-DE-DÔME.

DATES DES ÉLECTIONS	NOMS DES ÉLUS	Inscrits	Votants	Voix	Motifs	CONCURRENTS
27 avril 1862.	Clément, Jean-Marie-Austremoine-Léonce, juge.	4472	3400	3392	M	
4 août 1867.	id.	4943	3390	3376	R	
8 octobre 1871.	Naffre Jean, expert, maire d'Issoire.	4843	2993	1608	R	443 à Girot-Pouzol, 605 à Lafarge, 292 à Audibert.
4 octobre 1874.	id.	4702	2802	2729	R	
1er août 1880.	id.	4714	3103	2977	R	
24 septembre 1882.	Audibert Philippe, notaire à Issoire.	4692	3366	1762	R	1504 à Bourrier, conseiller Riom.
8 août 1886.	id.	4835	3329	1699	R	1605 à Ernest Verdier, conseil d'arrondissement.
31 juillet 1892.	id.	4811	3191	1759	R	1372 à Gauttier, maire d'Issoi

CANTON DE JUMEAUX
(Réuni à Sauxillanges jusqu'en 1848)

DATES DES ÉLECTIONS	NOMS DES ÉLUS	Inscrits	Votants	Voix	Motifs	CONCURRENTS
10 novembre 1833.	Roux, Jean, maire de Varennes.	100	74	38	R	31 au général baron Simmer, 1 Andraud-Laborie.
11 décembre 1842.	id.	99	81	54	R	23 à Verny, 2 à Sadourny.
3 septembre 1848.	Bravard, Pierre-Toussaint, médn.	2888	1486	549	R	530 à Eugène Jusseraud.
31 juillet 1852.	Baron Girot de Langlade, Henri-Joseph.	2828	1492	1472	R	
20 juillet 1856.	Vernière-Brès, Antoine, docteur médecin, maire d'Issoire.	2741	1403	1001	R	396 à Triozon.
16 juin 1861.	id.	2639	1666	1665	R	
12 juin 1870.	Chomette, Jacques, notaire à Lamontgie.	2946	2349	1359	R	
8 octobre 1871.	Laroche, H.-Annet-Marie, notaire et maire de Jumeaux.	2876	1890	953	R	875 à Chomette.
4 novembre 1877.	id.	2583	1709	1612	R	
11 août 1878.	Salneuve, Mathieu-Marie-Claude, sénateur.	2879	1996	1618	D	
12 août 1883.	id.	2704	2104	1961	R	
28 juillet 1889.	id.	2942	2249	1414	R	748 à Sauvat, Jean-Louis.
3 novembre 1889.	Sauvat, Jean-Louis, maire, négociant à Brassaget.	2929	2083	1092	M	982 à Reynard-Cassière.

CANTON DE LATOUR
(Réuni à Tauves jusqu'en 1848)

DATES DES ÉLECTIONS	NOMS DES ÉLUS	Inscrits	Votants	Voix	Motifs	CONCURRENTS
17 novembre 1833.	Moulin, ancien magistrat, à Latour.	100	77	75	R	1 à Guibail père, 1 à Burin d Roziers.
2 février 1834.	De Barante, pair de France, ambassadeur.	100	90	55	M	32 à Guibail fils, 3 à Désaulna
11 décembre 1842.	Moulin, Gabriel, député, avocat.	101	93	92	R	
3 septembre 1848.	id.	2331	809	721	R	
31 juillet 1852.	id.	2475	1437	1436	R	
2 et 3 juin 1855.	id.	2306	1712	1711	R	
19 juin 1864.	id.	2513	1980	1979	R	
8 octobre 1871.	id.	2647	1624	1620	R	

HISTOIRE DE L'ADMINISTRATION CIVILE

DATES DES ÉLECTIONS	NOMS DES ÉLUS	Inscrits	Votants	Voix	Motifs	CONCURRENTS
4 août 1867.	Burin des Roziers, Laurent-Marcellin-Marie.	3275	2798	2423	R	374 à Tallon des Granges, avocat.
4 octobre 1874.	id.	2709	2189	1137	R	1023 à Hyacinthe Burin des Roziers
9 janvier 1876.	Burin des Roziers, Octave, avocat à Moulins.	2757	1905	1083	M	802 à Hyacinthe Burin des Roziers.
1er août 1880.	id.	2795	1815	1598	R	67 à Guérin.
1er août 1886.	id.	2862	1801	1794	R	
1 juillet 1892.	id.	2879	2243	1289	R	

CANTON DE SAUXILLANGES

(Réuni à Jumeaux jusqu'en 1848)

DATES DES ÉLECTIONS	NOMS DES ÉLUS	Inscrits	Votants	Voix	Motifs	CONCURRENTS
3 septembre 1848.	Faugières, Robert-Hector, notaire	3765	848	839	R	
1 juillet 1852.	id.	3995	2257	1362	R	913 à Verny Alphonse Jaffeux.
3 juin 1858.	id.	3772	2204	1631	R	256 à Goutay, 35 à Verny, 6 à Quesne.
4 août 1867.	Goutay, Edmond-Jean-Baptiste.	3890	3239	2241	R	
8 octobre 1871.	id.	3756	2647	1519	R	759 à Blais, avocat, 316 à Grollet.
4 octobre 1874.	id.	3760	2089	2000	R	
1er août 1880.	Chantagrel, Jean, avocat, docteur en droit.	3813	2651	1578	R	938 à Goutay, 69 à Chassaing.
7 mars 1881.	id.	4393	2773	1571	D	893 à Boyer-Terrisse.
1er août 1886.	Durand, Marie, docteur en médecine, à Paris.	3863	2418	1461	R	854 à Boyer-Terrisse.
1 juillet 1892.	Brun, Maurice-Blaise, maire et notaire à Sauxillanges.	3799	2215	2178	R	Décédé.
1 juin 1893.	Brun, Pierre-Vincent-Francisque, notaire à Sauxillanges.	3855	2507	2402	M	

CANTON DE TAUVES

(Réuni à Latour jusqu'en 1848)

DATES DES ÉLECTIONS	NOMS DES ÉLUS	Inscrits	Votants	Voix	Motifs	CONCURRENTS
3 septembre 1848.	Guibail, Charles-Antoine, avocat, substitut, juge.	2092	1209	457	R	313 à Combarel de Leyval, 234 à Veysset et 204 à Guillaume.
1 juillet 1852.	id.	2180	1038	948	R	1 à Bertrand, 1 à Fauverteix.
6 juin 1861.	id.	2146	1286	905	R	387 à Eugène Guillaume, ancien notaire.
2 juin 1870.	Bertrand, Léon, conseiller à la Cour d'appel de Riom.	2332	1672	966	R	700 à Guibail.
8 octobre 1871.	id.	2290	1931	1056	R	
4 novembre 1877.	id.	2368	1682	851	R	791 à Fauverteix (Election déférée au Conseil d'Etat).
2 août 1883.	Fauverteix, Emile, notaire et maire de Saint-Sauves.	2331	1632	1477	R	
1er août 1886.	Pailloncy, Charles-Antoine, ancien notaire à Tauves.	2308	1174	1101	R	
9 mai 1887.	Goyon, Jules, docteur en médecine, à Tauves.	2327	1846	1280	M	559 à Ondet, François.
8 juillet 1889.	Goyon, Jules, docteur en médecine.	2324	1451	1371	R	

DANS LE DÉPARTEMENT DU PUY-DE-DÔME.

DATES DES ÉLECTIONS	NOMS DES ÉLUS	Inscrits	Votants	Voix	Motifs	CONCURRENTS

ARRONDISSEMENT DE RIOM

CANTON D'AIGUEPERSE

DATES DES ÉLECTIONS	NOMS DES ÉLUS	Inscrits	Votants	Voix	Motifs	CONCURRENTS
24 novembre 1833.	Andrieux, Pierre, maire d'Aigueperse.	93	72	53	R	15 au général Becker, 2 à de Chazelles, 1 à Maignol et 1 à Degeorges.
30 octobre 1836.	Général Bager-Becker.	85	58	38	M	12 à Jusseraud.
1er décembre 1839.	id.	92	71	39	R	30 à Jusseraud.
27 décembre 1840.	Comte Martha-Becker, Félix-Victor, maire d'Aubiat.	90	80	54	M	26 à Jusseraud.
3 septembre 1848.	Jusseraud Francisque, député.	4349	2297	1340	R	
31 juillet 1852.	Comte. Martha-Becker, Félix-Victor, maire d'Aubiat.	4429	2410	2152	R	222 à de Vernines, 13 à Magnin Létan, 4 à Rollat, 3 à Jusseraud, 2 à Degans, 1 à Salneuve.
13 juin 1858.	id.	4369	2944	2938	R	2 à Francisque Jusseraud, 2 Léon de Chazelles.
4 août 1867.	id.	4356	3324	3275	R	
8 octobre 1871.	id.	4265	3372	2015	R	1185 à Blatin.
4 novembre 1877.	id.	4182	3087	2823	R	Sans concurrent.
12 août 1883.	id.	4067	3058	2580	R	
10 janvier 1886.	Bérard de Chazelles, Pierre-Marie-Etienne, ancien préfet.	3998	3501	1937	M	1504 à Alfred Rouher et 16 à Désanges.
28 juillet 1889.	id.	4091	3641	2057	R	1482 à Rouher Denis, maire d'Aigueperse.

CANTON DE COMBRONDE

(Réuni à Menat jusqu'en 1848)

DATES DES ÉLECTIONS	NOMS DES ÉLUS	Inscrits	Votants	Voix	Motifs	CONCURRENTS
10 novembre 1833.	Vayron, Louis-Solon, maire, notaire à Menat.	100	75	34	R	33 à Croizier, 6 à Maignol, 1 Mathé.
4 décembre 1836.	id.	101	62	35	R	26 à Maignol.
30 novembre 1845.	Pagès Emile-Gaspard, premier président de la Cour de Riom.	99	88	53	R	35 à Louis Vayron.
3 septembre 1848.	Croizier, Michel-J.-Bapt., ancien notaire, maire de Combronde.	2621	1688	648	R	
31 juillet 1852.	Arnauld, Francisque, maire de Combronde.	2673	1846	1843	R	
13 juin 1858.	id.	2766	1966	1936	R	
4 août 1867.	id.	2844	2166	2162	R	
15 octobre 1871. (Après ballottage).	id.	2955	2435	1255	R	1179 à Michel, notaire.
11 octobre 1874. (Après ballottage).	Michel, Antoine-Amable, maire de Combronde.	2929	1756	1602	R	
1er août 1880.	id.	2968	2175	1986	R	
1er août 1886.	id.	3012	2664	1385	R	1184 au vicomte de Chabrol.
31 juillet 1892.	Comte de Chabrol, Marie-Henry-Guillaume, ancien député, maire de Joserand.	3043	2622	1436	R	999 à Laurent Cély.

HISTOIRE DE L'ADMINISTRATION CIVILE

CANTON D'ENNEZAT

(Réuni à Randan jusqu'en 1848)

DATES DES ÉLECTIONS	NOMS DES ÉLUS	Inscrits	Votants	Voix	Motifs	CONCURRENTS
novembre 1833.	Dalmas, François, notaire à Ennezat.	100	68	53	R	9 à de Champrobert, 3 à Rabusson.
décembre 1836.	id.	103	48	47	R	1 à Marnat, J.-B.
juin 1842.	Tardif, Louis-Alexandre, inspecteur des forêts.	100	83	33	R	20 à Roux, 17 à Tallon, 11 à Grenet et 2 à Gerzat.
novembre 1845.	Tallon, Annet, avocat, maire de Riom.	107	80	42	R	37 à Tardif et 22 à Chirol. Cette élection a été annulée par arrêté du Conseil de préfecture du 30 janvier 1846, et du Conseil d'État du 4 septembre 1846.
septembre 1846.	Tardif, Louis-Alexandre, inspecteur des forêts.	101	63	60	I	
septembre 1848.	Gerzat, Henri-Jean-Antoine, maire d'Ennezat.	2763	1615	973	R	
juillet 1852.	Baron d'Arnoux de Maison-Rouge, Joseph-Hippolyte.	3035	1683	1624	R	3 à Gabriel Virevaux, 3 à de la Roussille.
juin 1861.	id.	3069	2191	2177	R	
2 juin 1870.	Gerzat, Henri-Jean-Antoine, maire d'Ennezat.	3121	2623	1633	R	982 à Arnoux de Maison-Rouge.
octobre 1871.	id.	3065	2370	1635	R	647 à Mège.
novembre 1877.	Virevaux, Gabriel, propriétaire à Saint-Beauzire.	2948	2441	1409	R	946 à Gerzat.
août 1883 (scrutin de ballottage).	Lajaunie, Armand, notaire et maire à Ennezat.	2919	2521	1304	R	1209 à de Lauzanne.
juillet 1889.	id.	2884	2496	1258	R	1190 à de Lauzanne. Élection annulée par arrêt du Conseil d'État du 23 novembre 1889.
mars 1890.	De Lauzanne, Edgar, maire de Clerlande.	2853	2542	1300	I	1245 à Lajaunie, conseiller sort. Élection annulée par arrêt du 19 juillet 1890.
octobre 1890.	Lajaunie, Armand, notaire et maire à Ennezat.	2903	2594	1312	I	1264 à de Lauzanne.

CANTON DE SAINT-GERVAIS

(Réuni à Manzat jusqu'en 1848)

DATES DES ÉLECTIONS	NOMS DES ÉLUS	Inscrits	Votants	Voix	Motifs	CONCURRENTS
novembre 1833.	Louis Botte-Labesse, propriétaire à Gouttière, commune de Saint-Gervais.	100	71	49	R	3 à Chardonnet, 10 à Gervais Mazeron.
mai 1835.	Jean Pracros-Visignol, maire de Saint-Gervais.	100	55	37	D	6 à Paul Rambourd, 9 à Mazeron-Dubladeix, 2 à François-Antoine Parrot.
décembre 1839.	Comte Chabrol de Volvic, député, préfet de la Seine.	101	89	49	R	39 à Crosmarias, avoué à Riom.

DANS LE DÉPARTEMENT DU PUY-DE-DÔME.

DATES DES ÉLECTIONS	NOMS DES ÉLUS	Inscrits	Votants	Voix	Motifs	CONCURRENTS
18 juin 1843.	Cromarias, Jean-François, ancien avoué à Riom.	97	84	56	M	26 à Tantillon, 1 à Baret du Coudert. Cette élection a été annulée par arrêté du Conseil de préfecture du 25 juillet 1843
3 septembre 1848.	Breschard, Michel, juge de paix.	3262	2155	1388	R	
31 juillet 1852.	id.	3579	1909	1514	R	
15 juin 1861.	id.	3426	1798	1786	R	(Décédé le 1er décembre 1863).
7 février 1864.	Robert, Jean-Auguste, avocat, juge d'instruction.	3375	2165	1292	M	873 à Botte, ancien notaire.
12 juin 1870.	id.	3505	2328	1268	R	
8 octobre 1871.	Roux, Honoré-Didier, ancien député, avocat à Riom.	3499	2139	1022	R	1009 à Roudaire.
4 octobre 1874.	id.	3445	1909	1823	R	67 à de la Perrière.
8 août 1880 (après ballottage).	id.	3360	2414	1356	R	1008 à Aubignat.
1er août 1886.	Bataille, Victor, docteur en médecine à Saint-Gervais.	3359	2035	2009	R	
31 juillet 1892.	id.	3482	2250	2160	R	

CANTON DE MANZAT

(Réuni à Saint-Gervais jusqu'en 1848)

DATES DES ÉLECTIONS	NOMS DES ÉLUS	Inscrits	Votants	Voix	Motifs	CONCURRENTS
3 septembre 1848.	Randon, Jean-Baptiste, notaire.	3221	1258	800	R	
31 juillet 1852.	Beauloton, Gabriel, juge de paix à Manzat.	3541	1687	1683	R	1 à Parrot, notaire; 1 à Boude de Bardon, avocat.
2 et 3 juin 1855.	id.	3421	1971	1177	R	768 à Parrot, notaire.
13 juin 1858.	Barret du Coudert, Annet-Alexandre.	3367	1956	1955	R	
19 juin 1864.	id.	3349	2316	1900	R	
8 octobre 1871.	Tallon, Eugène, avocat général à la Cour d'appel de Lyon.	3597	2465	1327	R	1094 à Hour.
5 octobre 1874.	id.	3562	2759	1971	R	800 à Hour.
1er décembre 1879.	id.	3832	2283	2249	R	
1er août 1880.	Grange, Michel, notaire et maire à Manzat.	3701	2558	1493	R	
1er août 1886.	id.	3825	2455	1428	R	1014 à de Morny.
1er décembre 1889.	Tallon, Eugène, président de chambre à la Cour d'appel de Lyon.	3832	2261	2249	M	
31 juillet 1892.	id.	3899	2490	2359	R	

CANTON DE MENAT

(Réuni à Combronde jusqu'en 1848)

DATES DES ÉLECTIONS	NOMS DES ÉLUS	Inscrits	Votants	Voix	Motifs	CONCURRENTS
3 septembre 1848.	Mauzat-Laroche, Gilbert-André, notaire et maire de Menat.	2484	1433	1218	R	
31 juillet 1852.	id.	3276	2008	2006	R	
2 et 3 juin 1855.	id.	3200	2303	2296	R	
19 juin 1864.	id.	3241	2149	2148	R	

HISTOIRE DE L'ADMINISTRATION CIVILE

DATES DES ÉLECTIONS	NOMS DES ÉLUS	Inscrits	Votants	Voix	Motifs	CONCURRENTS
juillet 1870.	Mauzat-Laroche, Charles, chef de division au ministère de la Justice.	3272	2379	1302	R	502 à Lecoq, 532 à Senturel.
octobre 1871.	Mauzat-Laroche, Charles-Marie-Joseph.	3225	1800	1739	R	
novembre 1877.	id.	3319	2724	1448	R	1199 à de Frédeville.
août 1883.	id.	3249	2572	1381	R	1053 au commandant Bonnefont, industriel.
juillet 1889. (Ballottage.)	id.	3344	2781	1373	R	1277 à Henri Lecoq, maire de Neuf-Eglise.
août 1889.	Lecoq, Henri, maire de Neuf-Eglise.	3344	2872	1453	R	1352 à Mauzat-Laroche, notaire, conseiller sortant.

CANTON DE MONTAIGUT

(Réuni à Pionsat jusqu'en 1848)

DATES DES ÉLECTIONS	NOMS DES ÉLUS	Inscrits	Votants	Voix	Motifs	CONCURRENTS
novembre 1833.	Thévenin, Antoine, président de chambre à la Cour de Riom.	100	73	38	R	34 à Gilbert Mangerel, 1 à Gilbert Laville.
avril 1839.	Mangerel, Gilbert, maire et notaire à Pionsat.	100	69	46	D	23 à Thévenin fils aîné.
décembre 1842.	id.	100	87	46	R	23 à Laville, A^{te}, 12 à Tailhardat.
septembre 1848.	Laville, Jean-Auguste père, notaire à Montaigut.	2452	2159	1117	R	1033 à Busserolles.
juillet 1852.	id.	2518	1706	1590	D	
juillet 1856.	Laville, André-Gilbert-Adolphe, maire, député.	2390	1749	1740	R	
juin 1858.	id.	2390	1570	1561	R	
août 1867.	id.	2363	1962	1959	R	
octobre 1871.	Laville, André-Gilbert-Adolphe, maire, député.	2811	1748	1728	R	
octobre 1874.	id.	2897	1914	1891	R	
1er août 1880.	id.	3041	2159	2106	R	
1er août 1886.	id.	3436	2045	1980	R	
juillet 1892.	id.	3730	2345	2059	R	

CANTON DE PIONSAT

(Réuni à Montaigut jusqu'en 1848)

DATES DES ÉLECTIONS	NOMS DES ÉLUS	Inscrits	Votants	Voix	Motifs	CONCURRENTS
septembre 1848.	Mangerel, Aimé-Raymond-Jean, notaire à Pionsat.	2367	1026	796	R	Cette élection a été annulée par le Conseil de préfecture le 19 septembre 1848.
mai 1850.	id.	3367	1294	1039	I	252 à Bideau, notaire, 2 à Bathiat fils.
juillet 1852.	Mangerel, Gilbert-Joseph-Achille, maire de Pionsat.	2625	1354	1246	R	112 à Bathiat fils, 3 à Mombrun. (Election annulée, le conseiller n'ayant pas l'âge.)
août 1853.	id.	2657	1373	1370	I	

DANS LE DÉPARTEMENT DU PUY-DE-DÔME.

DATES DES ÉLECTIONS	NOMS DES ÉLUS	Inscrits	Votants	Voix	Motifs	CONCURRENTS
16 juin 1861.	Mangerel, Gilbert-Joseph-Achille, maire de Pionsat.	2622	1262	1260	R	
12 juin 1870.	id.	2785	1700	1105	R	591 à Prodon-Valency.
8 octobre 1871.	id.	2767	1630	1608	R	
4 octobre 1874.	id.	2745	1489	1483	R	
8 août 1880 (après ballottage).	Desmonteix, Gilbert-Edouard, notaire à Pionsat.	2739	1281	1126	R	158 à Mangerel.
1er août 1886.	id.	2831	1953	1034	R	907 à Mangerel.
31 juillet 1892.	id.	2840	1963	993	R	961 à Mangerel. Election annulée par arrêt du Conseil d'Etat du 23 décembre 1892.
22 janvier 1893.	id.	2797	2389	1259	I	1129 à Mangerel.

CANTON DE PONTAUMUR
(Réuni à Pontgibaud jusqu'en 1848)

DATES DES ÉLECTIONS	NOMS DES ÉLUS	Inscrits	Votants	Voix	Motifs	CONCURRENTS
17 novembre 1833.	Louis Combarel de Leyval, propriétaire à Saint-Fargeot.	100	85	75	R	4 au comte de Pontgibaud, 2 à de Bosredon.
11 décembre 1842.	id.	188	70	68	R	2 à Sersiron.
3 septembre 1848.	Martinat de Chaumont, Charles-Jacques, propriétaire.	2978	1747	1743	R	
31 juillet 1852.	id.	4306	2012	1372	R	597 à Ferdinand de Larfeul, avocat.
2 et 3 juin 1855.	id.	4117	1714	1549	R	
19 juin 1864.	Chauvassaignes, Paul, inspecteur des lignes télégraphiques, à Fontenailles.	3726	2230	2190	R	
8 octobre 1871.	id.	3916	2246	1902	R	298 à de Larfeul.
4 novembre 1877.	id.	3805	2434	2333	R	
12 août 1883.	id.	3700	2091	2032	R	
28 juillet 1889.	Petit, Pierre-Philippe, notaire à Pontaumur.	3707	2595	1550	R	952 à Chauvassaignes, conseiller sortant.

CANTON DE PONTGIBAUD
(Réuni à Pontaumur jusqu'en 1848)

DATES DES ÉLECTIONS	NOMS DES ÉLUS	Inscrits	Votants	Voix	Motifs	CONCURRENTS
3 septembre 1848.	Pallu, Alphonse, directeur des mines de Pontgibaud.	2960	1259	1256	R	
31 juillet 1852.	id.	3208	1693	1685	R	
16 et 17 juin 1857.	Rouher, Gustave-L.-Henri, maître des requêtes au Conseil d'Etat.	3150	1653	1653	R	
16 juin 1861.	id.	3151	1683	1653	R	
12 juin 1870.	id.	3459	2179	2172	R	
8 octobre 1871.	De Montlosier, Francisque.	3348	2606	1491	R	511 à Bouyon, 441 à Boutarel.
4 novembre 1877.	id.	3344	2739	1433	R	1088 à Boutarel. Election déférée au Conseil d'Etat.
12 août 1883.	Boutarel, Joseph-Guill.-Antoine-Marie, maire de Pontgibaud.	3380	2796	1604	R	1104 à de Montlosier.
28 juillet 1889.	id.	3445	2250	2051	R	

HISTOIRE DE L'ADMINISTRATION CIVILE

DATES DES ÉLECTIONS	NOMS DES ÉLUS	Inscrits	Votants	Voix	Motifs	CONCURRENTS

CANTON DE RANDAN

(Réuni à Ennezat jusqu'en 1848)

DATES DES ÉLECTIONS	NOMS DES ÉLUS	Inscrits	Votants	Voix	Motifs	CONCURRENTS
3 septembre 1848.	Tallon, Annet, avocat, maire de Riom, chevalier de la Légion d'honneur.	4081	1279	816	R	
4 juillet 1852.	id.	3130	1104	1103	R	
3 juin 1858.	id.	3078	1696	1677	R	
4 août 1867.	id.	3190	2001	1998	R	
3 octobre 1871.	Leguay, Gilbert-Louis, député, né à Clermont, notaire et maire de Randan.	3192	2451	1757	R	635 à Annet Tallon.
4 octobre 1874.	id.	3088	2487	1835	R	564 à Bailhon du Guérinet, 31 à Raynaud, Camille.
5 juin 1876.	Rouher, Eugène, ministre, sénateur, député, grand-croix de la Légion d'honneur.	3131	2438	1234	R	1189 à Mallet, Alexandre.
1er août 1880.	Ballottage.	»	»	»	»	
8 août 1880.	De Moroges, J.-Baptiste-Fernand.	3073	2639	1376	R	1264 à Corre, notaire à Randan.
1er août 1886.	Corre, Jean, maire et notaire à Randan.	3029	2540	1632	R	810 à Georges Salvy, avocat à la Cour d'appel de Riom.
4 juillet 1892.	id.	2977	1740	1696	R	

CANTON DE RIOM-EST

(Réuni à Riom-Ouest jusqu'en 1848)

DATES DES ÉLECTIONS	NOMS DES ÉLUS	Inscrits	Votants	Voix	Motifs	CONCURRENTS
9 novembre 1833.	Godemel Jacques, conseiller à la Cour de Riom.	250	145	66	R	59 à de Vissac, avocat ; 18 à Allemand, avocat, 1 à Vernines.
décembre 1842.	Allemand, Amable, avocat, maire de Riom, chevalier de la Légion d'honneur.	275	198	112	R	83 à de Vissac, avocat ; 2 à Godemel, conseiller sortant, 1 à Chapuzet.
3 septembre 1848.	Montel, André, avocat à Riom.	3451	1299	754	R	194 à Chapuzet.
1er août 1852.	Rouher, Eugène, ministre, sénateur.	3566	1313	941	R	269 à Chapuzet, 66 à Boudet, 24 à de Trémiolles.
5 juin 1864.	id.	3396	2361	2360	R	
2 juin 1870.	id.	3598	2361	2325	R	
8 octobre 1871.	Girard, Jean-Joseph-Amédée, docteur en médecine à Riom.	3531	2162	1113	R	1033 à Voysin de Gartempe, de Riom.
5 octobre 1874.	id.	3323	2380	1697	R	
1er août 1880.	id.	3201	2194	1910	R	
8 août 1886 (scrutin de ballottage).	id.	3276	2609	1407	R	1187 à Groslier, médecin à Châtelguyon.
4 juillet 1892.	id.	3342	2288	2191	R	

DANS LE DÉPARTEMENT DU PUY-DE-DÔME.

CANTON DE RIOM-OUEST

(Réuni à Riom-Est jusqu'en 1848)

DATES DES ÉLECTIONS	NOMS DES ÉLUS	Inscrits	Votants	Voix	Motifs	CONCURRENTS
3 septembre 1848.	Boudet de Bardon, Charles, avocat à Riom.	2788	1335	1084	R	
31 juillet 1852.	id.	3721	2068	1169	R	909 à Molin.
2 et 3 juin 1855.	Id.	3655	1826	1817	R	
22 et 23 juin 1861.	Tailhand.	3597	1480	1458	R	
19 juin 1864.	Vicomte de la Vaissière de Lavergne, Casimir-Pierre-Claude.	3591	2573	1414	R	854 à Boudet de Bardon, et 306 à Desaint.
8 octobre 1871.	id.	3677	1895	1351	R	494 à Salneuve.
4 novembre 1877.	Gomot, Eugène-Hippolyte, député, conseiller honoraire à Riom.	3733	2901	1571	R	793 à Boudet, 361 à Brosson.
12 août 1883.	id.	2728	2743	1393	R	1209 à Boyer François.
28 juillet 1889. (Ballottage).	Néant.	3844	2932	»	R	Miomandre, 1383. Robert, 1311.
4 août 1889.	Robert, Auguste, maire de Riom.	3844	2971	1508	R	1452 à Miomandre. Invalidé, arrêt du 7 décembre 1889.
9 mars 1890.	Miomandre, Adolphe-François, docteur à Volvic.	3763	2921	1512	R	1410 à Robert, invalidé.

ARRONDISSEMENT DE THIERS

CANTON DE CHATELDON

(Réuni à Saint-Remy jusqu'en 1848)

DATES DES ÉLECTIONS	NOMS DES ÉLUS	Inscrits	Votants	Voix	Motifs	CONCURRENTS
3 septembre 1848.	Chassaigne-Goyon, Alexandre.	2042	540	267	R	
31 juillet 1852.	id.	2360	949	946	R	2 à Lapeyre, notaire à Ris.
7 août 1853.	Chassaigne-Dufour, Laurent père, à Thiers.	2326	1068	1067	D	1 à Lapeyre, notaire à Ris.
13 juin 1858.	id.	2252	1259	1259	R	(Décédé en 1863).
10 janvier 1864.	Ballottage.	2363	1712	»	M	Chassaigne, Ernest, 592 ; Lapeyre, 692 ; Yvon, 428.
17 janvier 1864 (après ballottage).	Chassaigne, Ernest-Laurent, maire de Puy-Guillaume (en remplacement de son père, Chassaigne-Dufour.	2368	1809	1018	M	789 à Lapeyre, 1 à Yvon.
4 août 1867.	id.	2592	1492	1455	R	
8 octobre 1871.	Chassaigne Ernest-Laurent, maire de Puy-Guillaume.	2609	1487	934	R	545 à Amédée Poyet, 3 à Chassaigne-Goyon.
4 novembre 1877.		2533	1921	1064	R	752 à Raynaud.
12 août 1883.	Claussat, Joseph, maire de Châteldon.	2711	2150	1081	R	1026 à Ernest Chassaigne. Election annulée le 8 février 1884 par décision du Conseil d'Etat.
6 avril 1884.	id.	2839	2397	1230	R	1144 à Ernest Chassaigne.
28 juillet 1889.	id.	2923	2351	1239	R	1091 à M. Thave.

HISTOIRE DE L'ADMINISTRATION CIVILE

DATES DES ÉLECTIONS	NOMS DES ÉLUS	Inscrits	Votants	Voix	Motifs	CONCURRENTS
	CANTON DE COURPIÈRE					
24 novembre 1833.	Anisson-Duperron, chevalier de la Légion d'honneur, député de la Seine-Inférieure.	50	41	23	R	11 à Goyon-Gourbine, 2 à Gondre, 1 à Bellein.
1er décembre 1839.	id.	50	38	23	R	8 à Delapchier-Duchasseint.
18 août 1844.	Goyon-Gourbine, Jean-Félix-Hippolyte, avocat, juge, ancien notaire.	47	38	27	D	9 à Alexis de Provenchères, 2 à Claude-Guillaume Coiffier.
3 septembre 1848.	id.	4642	1725	1063	R	70 à Gondre Paul-Emile.
31 juillet 1852.	Goyon-Gourbine, Jean-Félix-Hippolyte.	4726	2045	2016	R	
2 et 3 juin 1855.	id.	4670	2028	2016	R	
19 juin 1864.	Dumas, Arthur, maire de Vollore-Ville.	4686	3701	1950	R	1374 à Goyon-Gourbine et 357 au docteur Bourgade.
8 octobre 1871.	id.	4666	3504	1935	R	1516 à Troussel.
4 novembre 1877.	id.	4627	2527	2321	R	
12 août 1883.	id.	4603	3666	1852	R	1697 à Chamerlat.
28 juillet 1889.	Chamerlat, Noël-François-Victor, maire de Courpière.	4763	3852	2064	R	1645 à Dumas de Vollore, conseiller sortant.
	CANTON DE LEZOUX					
24 novembre 1833.	Boudal, Sébastien, maire de Lezoux.	50	43	25	R	14 à Julliard, 2 à Gouttebessis, 1 à de Blumestein, 1 à Gondre.
4 décembre 1836.	id.	50	34	19	R	11 à Gondre.
21 mai 1837.	Julliard, Alcibiade, juge de paix à Lezoux.	50	34	13	M	11 à Gondre, 10 à Boudal.
30 novembre 1845.	id.	58	57	31	R	26 à Delapchier-Duchasseint, Félix.
3 septembre 1848.	Duchasseint, Jean-Baptiste-Félix, député, agriculteur à Lezoux.	3669	2133	1332	R	779 à Gouttebessis, 1 à Cornet.
31 juillet 1852.	Adrian Louis, notaire et maire de Lezoux.	3821	1852	1832	R	19 à Gondre, 1 à Aymard.
16 juin 1861.	id.	3671	2324	2323	R	
12 juin 1870 (ballottage).		4062	2894	»	R	Adrian, 912 ; Bayle, 1168 ; Gondre, 396 ; Marilhat, 368 ; de Montgon, 31.
19 juin 1870.	Antoine Bayle, docteur en médecine, à Lezoux.	4066	3074	1637	R	
8 octobre 1871.	id.	3996	2344	1532	R	624 à Isidore Duchasseint, 122 à Félix Duchasseint.
6 juillet 1873.	Duchasseint, Jean-Baptiste-Félix, député.	4032	2139	1237	R	891 à Adhémar de Montgon.
11 octobre 1874. (Après ballottage.)	id.	3928	2822	1830	R	993 au marquis Adhémar de Montgon.
1er août 1880.	id.	3957	2616	1524	R	1009 à Cornet-Décroix.
1er août 1886.	id.	3990	2815	1659	R	998 à Camille Dumas.
31 juillet 1892.	id.	4047	2852	1572	R	1108 à Dulier. (M. Duchasseint est décédé à Paris en février 1895.)
7 avril 1895.					M	

DANS LE DÉPARTEMENT DU PUY-DE-DÔME.

DATES DES ÉLECTIONS	NOMS DES ÉLUS	Inscrits	Votants	Voix	Motifs	CONCURRENTS
	CANTON DE MARINGUES					
24 novembre 1833.	Baudet-Lafarge, Mathieu-Jean père, député.	50	44	34	R	2 à de Rigault, 1 à Peyrend, 1 Goutay.
28 mai 1837.	Baudet-Lafarge, Jacques-Ant. fils.	50	46	31	M	
1er décembre 1839.	id.	50	43	28	R	7 à Tachard, 5 à Redon et 1 Seguin.
3 septembre 1848.	id.	2472	877	469	R	404 à Redon.
31 juillet 1852.	Andrieu, Maurice, conseiller d'arrondissement, maire de Maringues.	2647	1091	1074	R	
16 juin 1861.	id.	2565	1690	1655	R	
12 juin 1870.	Bergounioux, Pierre-Paul, maire de Maringues.	2631	2199	1234	R	538 à Getting, manufacturier, 42 à Goutay.
8 octobre 1871.	id.	2608	1973	1213	R	708 à Goutay.
4 novembre 1877.	id.	2547	1980	977	R	Election déférée au Cons. d'Etat
19 août 1883.	id.	2477	2131	1100	R	1032 à Jules Marignier.
28 juillet 1889.	Marignier, Jules, maire de Joze.	2588	2188	1254	R	869 au baron de Chardin, maire de Luzillat.
	CANTON DE SAINT-REMY					
	(Réuni à Châteldon jusqu'en 1848)					
17 novembre 1833.	Chomette, Jacques, maire, notaire à Saint-Remy.	110	63	41	R	19 à de Chabrol, 1 à Forissier-Longeville, 1 à de Barante, 1 à La Fayette.
18 décembre 1842.	De Barante, pair de France, ambassadeur.	100	97	49	R	45 à Louis de Riberolles, 1 au vicomte de Chabrol.
3 septembre 1848.	De Riberolles, Louis-Guillaume-Annet, maire, juge de paix.	2635	1777	976	R	801 à Marcland.
31 juillet 1852.	Marcland, Benoît, avocat et maire de Saint-Rémy.	3695	1358	1309	R	
2 et 3 juin 1855.	id.	3528	1440	1432	R	
19 juin 1864.	Brugière, baron de Barante, Prosper-Claude-Ignace-Constant.	3671	1867	1638	R	210 au docteur Bourgade, 1 à Adolphe Chassaigne.
8 octobre 1871.	Brugière, baron de Barante, Prosper-Claude-Ignace-Constant.	3896	1846	1220	R	461 à Bechon-Tarrérias, 134 à Douris-Beaujeu.
4 octobre 1874.	id.	3983	2202	1375	R	786 à Bechon.
1er août 1880.	Chaleil, Jacques, directeur de l'Ecole des Arts et Manufactures.	4168	2908	1481	R	1339 à de Barante.
9 mars 1884.	Bechon-Morel, Rémy, fabricant de coutellerie, à Saint-Rémy.	4224	3107	1561	R	1521 à de Barante.
1er août 1886.	id.	4381	2103	1886	R	189 à Gilbert Auguste.
31 juillet 1892.	id.	4342	2877	1695	R	1056 à Fafournoux.

CANTON DE THIERS

DATES DES ÉLECTIONS	NOMS DES ÉLUS	Inscrits	Votants	Voix	Motifs	CONCURRENTS
24 novembre 1833.	Comte de Chabrol-Crouzol, Christophe, pair de France.	121	90	46	R	40 au baron de Barante, 2 à Darrot, maire.
4 décembre 1836.	Tourraud-Bonnefoy, Marc-François, avocat, député.	102	75	41	R	17 à de Riberolles, 3 à Vidal de Ronat.
30 novembre 1845.	Darrot-Andrieux, Jean-Baptiste, maire et notaire à Thiers.	148	125	86	R	38 à Marc Tourraud, conseiller sortant.
3 septembre 1848.	Giraud, Guillaume, maire de Thiers.	5394	1100	1035	R	
31 juillet 1852.	Chassaigne-Henry, Pierre, banquier à Thiers.	5429	1462	1451	R	
2 et 3 juin 1855.	Berger, Jean-Jacques, ex-député, sénateur.	4989	1684	1655	D	
13 juin 1858.	id.	4639	1869	1861	R	
8 janvier 1859.	Guillemot, Gilbert-Marie-Hercule, conseiller d'Etat.	4506	2079	2075	M	
4 août 1867.	id.	5181	2729	1669	M	1058 à Dumas, maire de Thiers.
15 octobre 1871. (Après ballottage.)	Chomette, Jean-Jacques, expert.	5489	1757	1603	R	139 à Chassaigne.
4 octobre 1874.	id.	5477	2706	1515	R	942 à Cerisier.
9 avril 1876.	Passenaud, avoué à Thiers.	5552	3237	1792	R	1418 à Gazard.
1er août 1880.	Guillemin-Betant, Etienne, maire de Thiers.	5363	3796	1941	R	908 à Malmenayde, 523 à Gazard et 252 à Passenaud.
1er août 1886.	id.	5923	2417	2290	R	
31 juillet 1892 (ballottage).	Néant.	5810	3001	»	R	Guillemin, 1310; Vauzy, Louis, 1220.
5 août 1992.	Guillemin, Etienne, maire de Thiers.	5810	3001	1574	R	1345 à Louis Vauzy.

§ 3

COMMISSION DÉPARTEMENTALE

COMPOSITION DE LA COMMISSION DÉPARTEMENTALE

DEPUIS LA LOI DE 1871 JUSQU'A NOS JOURS (1895).

En exécution de la loi du 10 août 1871 (art. 69), le Conseil général du département du Puy-de-Dôme, dans sa séance du 6 novembre 1871, sous la présidence de M. MOULIN, exprima sa volonté de nommer sept membres pour former la Commission départementale du Puy-de-Dôme. Cette décision fut prise à la majorité de 24 voix contre 21 sur 45 votants. Il fut en outre entendu que cette nomination aurait lieu au scrutin individuel par arrondissement pour les cinq premiers membres, afin que chaque arrondissement soit représenté, et par un scrutin de liste pour les deux derniers.

Les membres de la Commission départementale du Puy-de-Dôme pour l'année 1871-1872 furent élus dans la séance du 7 novembre 1871.

En firent partie :

MM. MARTHA-BECKER, *président;* Claude BARRIÈRE, *secrétaire;* DE LAFARGE, GIROT-POUZOL, Ernest CHASSAIGNE, F. CHAUVASSAIGNES et LAVILLE.

Les membres de la Commission départementale pour l'année 1872-1873 furent élus dans la séance du 28 août 1872.

En firent partie :

MM. Martha-Becker, *président;* Claude Barrière, *secrétaire* ; de Lafarge, Girot-Pouzol, Ernest Chassaigne, Laville et Franck Chauvassaignes.

Les membres de la Commission départementale pour l'année 1873-1874 furent élus dans la séance du 26 août 1873.

En firent partie :

MM. Arnaud, *président;* Claude Barrière, *secrétaire;* Guyot-Lavaline, Naffre, Mangerel, Bergounioux et Franck Chauvassaignes.

Les membres de la Commission départementale pour l'année 1874-1875 furent élus dans la séance du 30 octobre 1874.

En firent partie :

MM. Boudet de Bardon, *président:* Claude Barrière, *secrétaire ;* Guyot-Lavaline, Mangerel, Naffre, Bergounioux et Franck Chauvassaignes.

Les membres de la Commission départementale pour l'année 1875-1876 furent élus dans la séance du 25 août 1875.

En firent partie :

MM. Ledru, *président ;* Claude Barrière, *secrétaire;* de Maillargues, Le Guay, Dumas, de la Farge et Mangerel.

Les membres de la Commission départementale pour l'année 1876-1877 furent élus dans la séance du 30 août 1876.

En firent partie :

MM. Ledru, *président;* Claude Barrière, *secrétaire*, de Maillargues, Mangerel, Dumas, de la Farge et de Montlosier.

Les membres de la Commission départementale pour l'année 1877-1878 furent élus dans la séance du 20 août 1877.

En firent partie :

MM. Ledru, *président;* Claude Barrière, *secrétaire;* de Maillargues, Mangerel, de la Farge, Dumas et de Montlosier.

Les membres de la Commission départementale pour l'année 1878-1879 furent élus dans la séance du 22 août 1878.

En firent partie :

MM. Ledru, *président;* Claude Barrière, *secrétaire;* Dumas, Naffre, Girard, de la Farge et de Montlosier.

Les membres de la Commission départementale pour l'année 1879-1880 furent élus dans la séance du 23 août 1879.

En firent partie :

MM. Ledru, *président;* Claude Barrière, *secrétaire;* Dumas, Naffre, Girard, de la Farge et de Montlosier.

Les membres de la Commission départementale pour l'année 1880-1881 furent élus dans la séance du 24 août 1880.

En firent partie :

MM. Laville, *président*; Claude Barrière, *secrétaire;* Naffre, Guillemin, Chabanet, Gomot et Pommerol.

Les membres de la Commission départementale pour l'année 1881-1882 furent élus dans la séance du 31 août 1881.

En firent partie :

MM. Naffre, *président;* Claude Barrière, *secrétaire;* Fargeix, Grange, Guillemin, de Moroges et Pommerol.

Les membres de la Commission départementale pour l'année 1882-1883 furent élus dans la séance du 30 août 1882.

En firent partie :

MM. Claude BARRIÈRE, *président ;* GRANGE, *secrétaire ;* DE MAILLARGUES, FARGEIX, GUILLEMIN, DE MOROGES et POMMEROL.

Les membres de la Commission départementale pour l'année 1883-1884 furent élus dans la séance du 25 août 1883.

En firent partie :

MM. Claude BARRIÈRE, *président ;* GRANGE, *secrétaire ;* FARGEIX, DE MAILLARGUES, GUILLEMIN, DE MOROGES et POMMEROL.

Les membres de la Commission départementale pour l'année 1884-1885 furent élus dans la séance du 22 août 1884.

En firent partie :

MM. Claude BARRIÈRE, *président ;* GRANGE, *secrétaire ;* DE MAILLARGUES, GUILLEMIN, FARGEIX, POMMEROL et DE MOROGES.

Les membres de la Commission départementale pour l'année 1885-1886 furent élus dans la séance du 26 août 1885.

En firent partie :

MM. MICHEL, *président ;* GRANGE, *secrétaire ;* DE MAILLARGUES, GUILLEMIN, FARJON, CHATARD et POMMEROL.

Les membres de la Commission départementale pour l'année 1886-1887 furent élus dans la séance du 25 août 1886.

En firent partie :

MM. MICHEL, *président ;* GRANGE, *secrétaire ;* GUILLEMIN, FARJON, TALLON, CHATARD et THOMAS.

Les membres de la Commission départementale pour l'année 1887-1888 furent élus dans la séance du 31 août 1887.

En firent partie :

MM. TALLON, *président;* GRANGE, *secrétaire;* GUILLEMIN, FARJON, CHATARD, MICHEL et THOMAS.

Les membres de la Commission départementale pour l'année 1888-1889 furent élus dans la séance du 25 août 1888.

En firent partie :

MM. TALLON, *président;* GRANGE, *secrétaire;* GUILLEMIN, FARJON, CHATARD, MICHEL et THOMAS.

Les membres de la Commission départementale pour l'année 1889-1890 furent élus dans la séance du 24 août 1889.

En firent partie :

MM. MICHEL, *président;* CORRE, *secrétaire;* FARJON, DE MAILLARGUES, CHATARD, MARIGNIER et THOMAS.

Les membres de la Commission départementale pour l'année 1890-1891 furent élus dans la séance du 22 août 1890.

En firent partie :

MM. MICHEL, *président;* CHAMBIGE, *secrétaire;* ALLARD, DE MAILLARGUES, MARIGNIER, THOMAS et PETIT.

Les membres de la Commission départementale pour l'année 1891-1892 furent élus dans la séance du 25 août 1891.

En firent partie :

MM. GIRARD, *président;* CHAMBIGE, *secrétaire;* ALLARD, DE MAILLARGUES, PETIT, MARIGNIER et THOMAS.

Les membres de la Commission départementale pour l'année 1892-1893 furent élus dans la séance du 30 août 1892.

En firent partie :

MM. GIRARD, *président;* CHAMBIGE, *secrétaire;* ALLARD, PETIT, MARIGNIER, DE MAILLARGUES et THOMAS.

Les membres de la Commission départementale pour l'année 1893-1894 furent élus dans la séance du 25 août 1893.

En firent partie :

MM. MARIGNIER, *président;* CHAMBIGE, *secrétaire;* ALLARD, CORRE, GOYON, PETIT et THOMAS.

Les membres de la Commission départementale pour l'année 1894-1895 furent élus dans la séance du 28 août 1894.

En font actuellement partie :

MM. MARIGNIER, *président;* GOYON, *secrétaire;* ALLARD, CHATARD, THOMAS, PETIT et CORRE.

TABLE DES GRAVURES

CONTENUES DANS LE PREMIER VOLUME

	Pages.
Armes de la province d'Auvergne	III
Vue de l'hôtel de la préfecture du Puy-de-Dôme	V
Portrait de Louis Le Febvre de Caumartin, intendant d'Auvergne	27
Portrait de Pierre Séguier, intendant d'Auvergne	37
Portrait de René de Voyer de Paulmy, seigneur d'Argenson, intendant d'Auvergne	41
Portrait de Jean VII de Mesgrigny, intendant d'Auvergne	45
Portrait d'Alexandre de Sève, intendant d'Auvergne	51
Portrait de Jean de Ligny, intendant d'Auvergne	55
Portrait de Daniel Voisin, intendant d'Auvergne	59
Portrait de François de Verthamon, intendant d'Auvergne	63
Portrait d'Auguste-Robert de Pomereu, intendant d'Auvergne	69
Portrait de Jean Le Camus, intendant d'Auvergne	73
Portrait de Pierre de Bérulle, intendant d'Auvergne	79
Portrait de Gilles-François de Maupéou, intendant d'Auvergne	85
Portrait de Claude Le Blanc, intendant d'Auvergne	89
Portrait de Marc-Antoine Turgot de Saint-Clair, intendant d'Auvergne	93
Portrait de Daniel-Charles Trudaine, intendant d'Auvergne	101
Portrait de François-Marie Peyrenc de Moras, intendant d'Auvergne	107
Portrait de Jean-Baptiste-François de la Michodière, intendant d'Auvergne	113
Portrait de Simon-Charles-Sébastien Bernard de Ballainvilliers, intendant d'Auvergne	117
Portrait de Antoine-Jean-Baptiste-Robert-Aujet de Montyon, intendant d'Auvergne	125

Portrait de Charles-Antoine-Claude de Chazerat, intendant
d'Auvergne.. 135
Portrait de Mgr Antoine de Pons de la Grange, évêque
de Moulins, président de l'assemblée de l'élection de Clermont-Ferrand. en 1787.. 265
Portrait de Louis-Gilbert, marquis de Laizer de Siougeat,
comte de Brion, membre de l'assemblée de l'élection de
Clermont, en 1787.. 269
Portrait de Jacques, marquis des Roys d'Echandelys, membre
de l'assemblée de l'élection de Riom, en 1787............... 275
Portrait du comte Nicolas-Claude-Martin d'Autier de Villemontée, marquis de la Rochebriant, membre de l'élection
de Riom, en 1787.. 279
Portrait de Gilbert-François, marquis de Capponi, seigneur
de Combronde, membre de l'assemblée de l'élection de Riom,
en 1787... 283
Portrait de Jean-Charles, marquis de Laizer, comte de Brion,
président de l'assemblée de l'élection d'Issoire, en 1787..... 287
Portrait de Benoit-François Grellet, seigneur de la Coilonge,
abbé de Saint-Quentin, chapelain des rois Louis XV et
Louis XVI, député du Clergé à l'assemblée de l'élection
d'Issoire, en 1787.. 291
Portrait de Jean Joseph-Michel de Meallet, comte de Fargues,
membre de l'assemblée de l'élection d'Issoire, en 1787....... 295
Portrait de Joseph Micolon de Blanval, abbé commendataire
de Beaulieu, membre de l'assemblée provinciale d'Auvergne,
en 1787... 301
Portrait de Jean-Gaspard de Cassaignes de Beaufort, marquis
de Miramon, membre de l'assemblée provinciale d'Auvergne,
en 1787... 305
Portrait de Henri-Gilbert, marquis de la Rochelambert-
Montfort, membre de l'assemblée provinciale d'Auvergne,
en 1787... 309
Portrait de Jean, comte de Dienne de Saint-Eustache, seigneur
de Moissat, membre de l'assemblée provinciale d'Auvergne,
en 1787... 313
Portrait de Charles-Philibert-Marie-Gaston, marquis de Levis
de Mirepoix, membre de l'assemblée provinciale d'Auvergne,
en 1787... 317
Portrait de Joseph-Claude Nicolas, avocat, administrateur
du département du Puy-de-Dôme, en l'an III, IV, VII,
etc... 367

TABLE DES MATIÈRES

CONTENUES DANS LE PREMIER VOLUME

	Pages.
Dédicace.	VII
Introduction.	IX
PREMIÈRE PARTIE. — Administration civile dans la province d'Auvergne depuis les temps les plus reculés jusqu'à la Révolution de 1789.	1
Intendants.	7
Liste des Intendants d'Auvergne.	17
Notices biographiques concernant les Intendants d'Auvergne.	23
Etude sur l'administration de la Généralité d'Auvergne par les Intendants.	138
§ 1ᵉʳ. — Agriculture.	139
§ 2. — Industrie.	161
§ 3. — Commerce.	181
§ 4. — Subsistances.	189
§ 5. — Assistance publique ; Aumônes.	192
Palais de l'Intendance.	197
Généralités.	199
Généralité de Riom ou d'Auvergne.	201
Subdélégations de l'Intendance d'Auvergne des quinze à vingt premières années du xvIIIᵉ siècle.	203
Subdélégations de l'Intendance d'Auvergne de l'année 1732.	204
Subdélégations de la Généralité d'Auvergne en 1746.	205
Subdélégations de la Généralité de Riom des années 1778 et 1786.	206

TABLE DES MATIÈRES.

Subdélégations de la Généralité d'Auvergne ayant des correspondances antérieures à l'année 1770.................. 208
Division de la Généralité d'Auvergne en collectes.......... 218
Tableau, par Élections, des paroisses et collectes de la Généralité d'Auvergne, avec le nom des seigneurs, des paroisses, le chiffre de la taille de l'année 1696........... 223
    Ces tableaux, qui donnent l'état des fiefs haut-justiciers de l'Auvergne en 1696, sont accompagnés de notes absolument inédites établissant l'identité des personnages cités.
Assemblée provinciale; son origine et ses suites............ 257
§ 1ᵉʳ. — Assemblées municipales : Formation ; Fonctions.. 262
§ 2. — Assemblée d'Élections : Formation................ 263
    Composition de ces Assemblées ; Biographies et Portraits. 264
§ 3. — Assemblée provinciale : Formation................ 293
    Assemblée provinciale : Fonctions..................... 294
    Assemblée provinciale ; Composition de cette Assemblée ; Biographie et Portraits des principaux membres........ 298
    Travaux de l'Assemblée provinciale.................... 322
Bureau des fonds de la comptabilité....................... 323
Bureau des Impôts.. 323
Bureau des Ponts et Chaussées............................ 327
Bureau du Bien public ; Agriculture ; Industrie ; Commerce. 330
Commission intermédiaire................................. 332

DEUXIÈME PARTIE. — Administration civile depuis la Révolution de 1789 jusqu'à 1895............................. 335
Chapitre Iᵉʳ. — De la Révolution de 1789 jusqu'à l'an VIII (1800)... 335
Division du département du Puy-de-Dôme en districts (1790)... 341-349
Dénomination du département du Puy-de-Dôme........ 349
Administration des Districts............................. 351
Première Assemblée départementale du Puy-de-Dôme.... 353
Installation de l'Assemblée départementale aux Cordeliers. 355
Renouvellement du Conseil de département en 1791...... 357
Renouvellement des corps administratifs et judiciaires en 1792... 358
Administration centrale.................................. 360
Gouvernement révolutionnaire............................ 363
Constitution de l'an III.................................. 365
Réduction du nombre des administrateurs................. 366

TABLE DES GRAVURES.

Portrait de Marie-Louis-Just-Antoine de la Rivoire, marquis de la Tourrette, préfet du Puy-de-Dôme.................. 421
Portrait du baron Louis-François-Elisabeth Ramon de Carbonnières, préfet du Puy-de-Dôme........................ 425
Portrait de Jérôme-Annibal-Joseph Reynaud de Boulogne, baron de Lascours, préfet du Puy-de-Dôme.............. 431
Portrait du baron Jean-Baptiste Rogniat, préfet du Puy-de-Dôme... 437
Portrait de M. Marc-Numa-Alexandre Meinadier, préfet du Puy-de-Dôme.. 447
Portrait de M. Marie-Michel Altaroche, commissaire du gouvernement dans le Puy-de-Dôme........................ 451
Portrait de M. Thadée-Urbain-Hippolyte Dujardin Beaumetz, préfet du Puy-de-Dôme.............................. 455
Portrait de M. Guillaume-Alexandre Saint-John, marquis de Crèvecœur, préfet du Puy-de-Dôme.................... 459
Portrait de M. le comte Paul-François-Marie Odon de Preissac, préfet du Puy-de-Dôme.......................... 463
Portrait de M. Alphonse-Charles-Mathurin Paillard, préfet du Puy-de-Dôme..................................... 467
Portrait de M. Jean-Henri-Charles Gimet, préfet du Puy-de-Dôme.. 471
Portrait de M. le baron Henri Tharreau, préfet du Puy-de-Dôme... 475
Portrait de M. François-Jean-Amédée Girot-Pouzol, préfet du Puy-de-Dôme....................................... 479
Portrait de M. Albert Delmas, préfet du Puy-de-Dôme..... 483
Portrait de M. Joseph-Louis-Alexis Michon, préfet du Puy-de-Dôme... 487
Portrait de M. Louis Tirman, préfet du Puy-de-Dôme....... 491
Portrait de M. Jean-Marie-Paul Glaize, préfet du Puy-de-Dôme. 495
Portrait de M. Charles-Henri-Hector-Albéric Lefebvre du Grosriez, préfet du Puy-de-Dôme........................ 501
Portrait de M. Gustave-Louis-Nicolas Le Mallier, préfet du Puy-de-Dôme.. 505
Portrait de M. Emile Reboul, préfet du Puy-de-Dôme..... 509
Portrait de M. Joseph-Laurent-Louis-Alfred Firbach, préfet du Puy-de-Dôme.. 515
Portrait de M. Gabriel-Ferdinand Alapetite, préfet du Puy-de-Dôme... 519
Portrait de M. Charles-Marie-Joseph Bardon, préfet du Puy-de-Dôme... 523

Portrait de M. Jean-Henri-Antoine Doniol, membre de l'Institut, directeur de l'Imprimerie nationale, en costume de préfet. 603
Portrait de M. le baron du Havelt, conseiller général du Nivernais, en costume de conseiller général................ 635

ERRATA

Page 27, au lieu de : Intendant d'Auvergne de 1594 à 1599, lire : de 1597 à 1599.

Page 79, au lieu de : Intendant d'Auvergne de 1685 à 1687, lire : de 1685 à 1686.

Page 115, ligne 20, au lieu de : Simon-Charles-Sébastien Bernard baron de BALLAINVILLIERS, lire : Simon-Charles-Sébastien BERNARD baron de BALLAINVILLIERS.

Page 125, au lieu de : DE MONTYON Jean-Baptiste-Robert-Aujet, lire : DE MONTYON Antoine-Jean-Baptiste-Robert-Aujet.

Page 225, en note, au lieu de : (2) Jérôme de Besse, lire : (3) Jérôme de Besse ; — au lieu de : (3) Jean-Antoine de Brion, lire : (4) Jean-Antoine de Brion ; — au lieu de : (4) Christophe de Sarrazin, lire : (2) Christophe de Sarrazin.

Page 289, ligne 12, Jean COMPTE, ajouter : Guillaume-Louis BERTRAND, curé de Brousse.

Page 290, ligne 17, Antoine CHAPUS, ajouter : Julien-Léonard DE VAUZELLES, avocat, syndic de Brioude ; Antoine GRANGIER, bailli d'Allègre. — MM. BERTRAND, DE BARENTIN et GRANGIER n'ayant point accepté leur élection furent remplacés ultérieurement par l'abbé Joseph DE SÉVERAC, curé de la chapelle Laurent ; le comte DE MOLEN DE LA VERNÈDE et Antoine FOURNIER DE LAYOURAILLE, notaire royal à Saint-Ilpize. — L'assemblée se choisit pour greffier : Antoine FREYSSINET et pour ses procureurs syndics : le marquis MOLEN DE SAINT-PONCY et DE VAUZELLES.

Page 330, ligne 12, au lieu de : Bajane, lire : Bajasse.

Page 414, ligne 2, au lieu de : Le Mallier (1883-1884), lire : (1883-1885).

Page 419, ligne 11, supprimer renvoi de note (1) et le placer ligne 21 après : Préfecture de Gênes.

Page 420, ligne 7, au lieu de : Montaynard, lire : Monteynard.

Page 431, ajouter au-dessous de la légende du portrait : Préfet du Puy-de-Dôme du 4 décembre 1814 au 30 mars 1815 et du 11 au 14 juillet 1815.

Page 512, ligne 17, après : et enfin, ajouter : le 10 janvier 1888

Clermont-Ferrand. — Imprimerie G. MONT-LOUIS, rue Barbançon, 1 et 3.

TABLE DES MATIÈRES.

Rétablissement des Directoires de département et de Districts 369
An IV : Nouvelle organisation (administration cantonale). 371
Tableau des noms des municipalités de cantons et des municipalités de communes dont la population excédait 5.000 habitants 373
Organisation administrative 375
Administration de l'an V 378
Administration de l'an VI 379
Administration de l'an VII 382
An VIII : Organisation territoriale et administrative 383
Administration du département : Préfets 384
Administration de l'arrondissement : Sous-Préfets 386
Municipalités 386
Fin de l'administration cantonale 387

Chapitre II. — Législation organique de l'administration civile depuis l'an VIII jusqu'à nos jours (1895) 389
Organisation des Conseils de Préfecture 395
Conseil général du Département 395
Commission départementale : Organisation ; composition et attributions 399
Sous-Préfets 402
Conseils d'arrondissement : Organisation et attributions. 403
Administration communale 404
Commissaires de police 409

Chapitre III. — Revue biographique des Préfets ou Commissaires du Gouvernement qui ont administré le département du Puy-de-Dôme depuis 1800 jusqu'à nos jours (1895) 411
Liste des Préfets du Puy-de-Dôme 411
Biographies des Préfets du Puy-de-Dôme 415

Chapitre IV. — Fonctionnaires administratifs : Listes et Biographies 531
§ 1er. — Sous-Préfets : Arrondissement de Clermont-Ferrand 531
Sous-Préfets : Arrondissement d'Ambert 533
Sous-Préfets : Arrondissement d'Issoire 544
Sous-Préfets : Arrondissement de Riom 556
Sous-Préfets : Arrondissement de Thiers 567
§ 2. — Secrétaires généraux 580
§ 3. — Conseillers de Préfecture 592

Chapitre V. — Conseil général...........................	627
Nomenclature des nominations et élections au Conseil général (1800-1895)...............................	634
§ 1er. — Conseillers généraux (1800-1833) : Nominations..	638
§ 2. — Conseillers généraux : Tableaux contenant les résultats des procès-verbaux d'élections (1833-1895)..	646
Arrondissement d'Ambert.............................	646
Arrondissement de Clermont-Ferrand..................	650
Arrondissement d'Issoire.............................	657
Arrondissement de Riom.............................	661
Arrondissement de Thiers............................	667
§ 3. — Commission départementale : Composition depuis la formation (1871-1895)............................	671
Table des gravures.......................................	677
Table des matières.......................................	681
Errata..	685